Baedeker
Allianz Reiseführer

Vietnam

VERLAG KARL BAEDEKER

Hinweise zur Benutzung

Sternchen (Asterisken) als typographische Mittel zur Hervorhebung bedeutender Bau- und Kunstwerke, Naturschönheiten und Aussichten, aber auch guter Unterkunfts- und Gaststätten hat Karl Baedeker im Jahre 1846 eingeführt; sie werden auch in diesem Reiseführer verwendet: Besonders Beachtenswertes ist durch * einen vorangestellten 'Baedeker-Stern', einzigartige Sehenswürdigkeiten sind durch ** zwei Sternchen gekennzeichnet.

Zur raschen Lokalisierung der Reiseziele von A bis Z auf der beigegebenen Reisekarte sind die entsprechenden Koordinaten der Kartennetzmaschen jeweils neben der Überschrift in Rotdruck hervorgehoben: Ha-Long-Bucht **D 2**.

Farbige Streifen an den rechten Seitenrändern erleichtern das Auffinden der Großkapitel des vorliegenden Reiseführers: Die Farbe Blau steht für die Einleitung (Natur, Kultur, Geschichte), die Farbe Rot für die Sehenswürdigkeiten, und die Farbe Gelb markiert die praktischen Informationen.

Wenn aus der Fülle von Unterkunfts-, Gast- und Einkaufsstätten nur eine wohlüberlegte Auswahl getroffen ist, so sei damit gegen andere Häuser kein Vorurteil erweckt.

Da die Angaben eines solchen Reiseführers in der heute so schnellebigen Zeit fast ständig Veränderungen unterworfen sind, kann der Verlag weder Gewähr für die absolute Richtigkeit leisten noch die Haftung oder Verantwortung für eventuelle inhaltliche Fehler übernehmen. Auch lehrt die Erfahrung, daß sich Irrtümer kaum gänzlich vermeiden lassen.

Baedeker ist ständig bemüht, die Qualität seiner Reiseführer noch zu steigern und ihren Inhalt weiter zu vervollkommnen. Hierbei können ganz besonders die Erfahrungen und Urteile aus dem Benutzerkreis als wertvolle Hilfe gar nicht hoch genug eingeschätzt werden. Vor allem **Ihre Kritik, Berichtigungen und Verbesserungsvorschläge sind uns stets willkommen**. Sie helfen damit, die nächste Auflage noch aktueller zu gestalten. Bitte schreiben Sie in jedem Falle an die

Baedeker-Redaktion
Karl Baedeker GmbH
Marco-Polo-Zentrum
Postfach 31 62
D-73751 Ostfildern
Telefax: (0711) 4502-343; E-Mail: baedeker@mairs.de

Der Verlag dankt Ihnen im voraus bestens für Ihre Mitteilungen. Jede Einsenderin und jeder Einsender nimmt an einer jeweils zum Jahresende unter Ausschluß des Rechtsweges stattfindenden Verlosung von drei JRO-Leuchtgloben teil. Falls Sie gewonnen haben, werden Sie benachrichtigt. Ihre Zuschrift sollte also neben der Angabe des Buchtitels und der Auflage, auf welche Sie sich beziehen, auch Ihren Namen und Ihre Anschrift enthalten. Die Informationen werden selbstredend vertraulich behandelt und die persönlichen Daten nicht gespeichert.

◀ *S. 1: Wächterfigur aus der Tay-Phuong-Pagode bei Hanoi*

Vorwort

Dieser Reiseführer gehört zur neuen Baedeker-Generation. In Zusammenarbeit mit der Allianz Versicherungs-AG erscheinen bei Baedeker durchgehend farbig illustrierte Reiseführer in handlichem Format. Die Gestaltung entspricht den Gewohnheiten modernen Reisens: Nützliche Hinweise werden in der Randspalte neben den Beschreibungen herausgestellt. Diese Anordnung gestattet eine einfache und rasche Handhabung. Der vorliegende Band hat Vietnam zum Thema. Der Reiseführer gliedert sich in drei Hauptteile: Im ersten Teil wird über Allgemeines, Naturraum, Klima, Pflanzen und Tiere, Wirtschaft, Geschichte, berühmte Persönlichkeiten sowie Kunst und Kultur berichtet. Eine kleine Sammlung von Literaturzitaten leitet über zum zweiten Teil des Reiseführers, in dem zunächst einige Routenvorschläge gemacht werden, um dann die Reiseziele in Vietnam im einzelnen zu beschreiben. Daran schließt sich ein dritter Teil mit reichhaltigen praktischen Informationen, die dem Besucher das Zurechtfinden vor Ort wesentlich erleichtern. Specials beschäftigen sich unter anderem mit dem einstigen Revolutionär und späteren Präsidenten Ho Chi Minh, dem Schicksal der Boat people, den Mühen des Reisanbaus, der einzigartigen Kunstform des Wasserpuppentheaters, der Bedeutung des Neujahrsfestes Tet und den Besonderheiten der vietnamesischen Küche. Baedeker Allianz Reiseführer zeichnen sich durch Konzentration auf das Wesentliche sowie Benutzerfreundlichkeit aus. Sie enthalten eine Vielzahl eigens entwickelter Pläne und zahlreiche Abbildungen. Zu diesem Reiseführer gehört als integrierender Bestandteil eine ausführliche Reisekarte, auf der die im Text behandelten Reiseziele anhand der jeweils angegebenen Kartenkoordinaten leicht zu lokalisieren sind. Wir wünschen Ihnen mit dem Baedeker Allianz Reiseführer viel Freude und einen erlebnisreichen Aufenthalt in Vietnam!

In den Pagoden findet man vor dem Hauptaltar sandgefüllte Becken, in die brennende Räucherstäbchen gesteckt werden, um der Ahnen zu gedenken und die Götter zu ehren.

Baedeker
Verlag Karl Baedeker

Inhalt

Natur, Kultur Geschichte

Seite 8 – 101

Zahlen und Fakten 10
Allgemeines 10 · Naturraum 11 · Klima 13 · Pflanzen und Tiere 16 · Staat und Gesellschaft 23 · Bevölkerung 27 · Religion 34 · Wirtschaft 44

Geschichte 50

Reiseziele von A bis Z

Seite 102 – 325

Routenvorschläge 104

Ba-Be-Nationalpark 112 · Buon Me Thuot 113 · Ca Mau 116 · Can Tho 117 · Cao-Dai-Tempel 121 · Chau Doc 125 · Cu Chi 128 · Cuc-Phuong-Nationalpark 132 · Da Lat 134 · Da Nang 145 · Delta des Roten Flusses 152 · Dien Bien Phu 157 · DMZ 159 · Dong Hoi 163 · Ha-Long-Bucht 166 · Ha Tien 170 · Hai Phong 173 · Hanoi 178 · Hoi An 210 · Hue 220 · Hung-Tempel 240 · Keo-Pagode 242 · Lang Son 243 · Mekong-Delta 244 · My Lai 250 · My Son 252 · My Tho 256 · Nha Trang 259 · Phan Rang 265 · Phan Thiet 268 · Phu Quoc 269 · Play Cu 271 · Qui Nhon 272 · Rach Gia 274 · Sa Pa 276 · Saigon 279 · Thanh Hoa 308 · Trockene Ha-Long-Bucht 310 · Vinh 313 · Vinh Long 314 · Vung Tau 318

Praktische Informationen von A bis Z

Seite 326 – 393

Anreise 328 · Auskunft 330 · Badestrände 330 · Diplomatische und konsularische Vertretungen 333 · Einkaufen 334 · Elektrizität 337 · Essen und Trinken 337 · Feiertage 343 · Flugverkehr 345 Fotografieren 346 · Geld 347 · Gesundheit 348 · Hotels 350 · Kleidung 360 Literaturempfehlungen 360 · Maße und

Glossar 394

Register 398

Verzeichnis der Karten und graphischen Darstellungen 406

Bildnachweis 407

Impressum 408

Berühmte Persönlichkeiten 66

Kunst und Kultur 72 ·
Architektur und Bildhauerei 72 ·
Musik und Tanz 80 · Theater 84 ·
Schrift und Literatur 86 · Film 89 ·
Kunsthandwerk 92

Vietnam in Zitaten 97

Gewichte 362 · Mietwagen 362 ·
Nationalparks 363 · Öffnungszeiten 364 ·
Post 364 · Reisedokumente 365 ·
Reiseveranstalter 366 · Reisezeit 367 ·
Restaurants 368 · Sicherheit 375 ·
Spezialtouren 375 · Sport 380 ·
Sprache 381 · Telefon 387 · Trekking 387 ·
Trinkgeld 387 · Verhaltenstips 388 ·
Verkehrsmittel 388 · Zeit 392 ·
Zeitungen · Zeitschriften 392 ·
Zollbestimmungen 392

Baedeker Specials

Boat people 62/63
Onkel Ho 68/69
Mitleidsvolle Wesen ... 78/79
Unterirdisches Labyrinth 130/131
Vietnamesische Puppenkiste 154/155
Ohne Fleiß kein Reis 246/247
À la française oder gebratener Hund und geröstete Schlange 338/339
Glückliches Neues Jahr! 344/345
1700 km auf der Nationalstraße 1 376–379

Good morning,

Ho Chi Minh

wird als Mann des Volkes verehrt

Zuerst kamen die Chinesen. Ein Jahrtausend später die Franzosen, dann die Japaner, bald abgelöst von den Amerikanern. Heute kommen sie alle gleichzeitig und in friedlicher Mission: als Touristen. Wie kein anderes Land hat Vietnam in seiner 4000jährigen Geschichte unter Kriegen und fremden Herrschern gelitten. Doch David siegte über mehrere Goliaths, und jetzt erhebt sich das kleine Land wie Phoenix aus der Asche und verläßt die Riege der weltärmsten Länder – jedenfalls auf den ersten schnellen Blick. Wie andere aus der Not eine Tugend, so machten die Vietnamesen ihre zahllosen Kriegsschauplätze zu lukrativen Touristenattraktionen. Dabei sind die Vietnamesen alles andere als ein nachtragendes Volk: Fast alle wollen verzeihen und einen Neubeginn mit den Feinden von einst. Über die Hälfte der Bevölkerung kennt den Vietnamkrieg nur aus Geschichtsbüchern. Und so kann der Urlauber jetzt den touristischen Kriegspfad und die Vietcong-Tunnel verlassen. Vietnam hat nämlich mehr zu bieten!

Die Trennung zwischen Nord und Süd scheint endgültig überwunden, die gesamte Nation – immerhin "Söhne von Göttern und Drachen" – eint der Stolz auf ihre historischen Ahnen. Zeugen der jahrtausendealten Kultur sind die mit Moos und Patina bedeckten Baudenkmäler, Paläste und Tempel wie in der Kaiserstadt Hue. Doch auch abseits davon verzaubert Vietnam mit völlig unberührten Naturschätzen, etwa der scheinbar mit mythologischen Wesen beseelten Urlandschaft in der Ha-Long-Bucht, und vielen Landstrichen, denen auch Napalm und Sprengstoff ihre Schönheit nicht rauben konnten, wie das

Fahrräder und Kegelhüte

sind aus dem Straßenbild nicht wegzudenken

Marktstände

laden ein, all die exotischen Köstlichkeiten zu probieren

Vietnam!

weitverzweigte Mekong-Delta. Oder mit den beiden Konkurrentinnen Saigon und Hanoi, deren koloniale Kulissen immer weiter in den Schatten von Hochhaustürmen rücken. Die Strände teilen sich die Fischer heute mit Sonnenanbetern und Surfern aus dem Westen, und auch in den abgelegensten und ärmsten Bergregionen ist "Rafting" kein Fremdwort mehr.

Vietnam ist ein angenehmes Reiseland, aber je weiter man die Urlauberzentren hinter sich läßt, desto mehr steckt der Tourismus noch in den Kinderschuhen: Etwa wenn die Klimaanlage sich anhört, als brause nachts ein Endlos-Zug durchs Hotelzimmer oder wenn das Wasser aus dem Hahn endgültig versiegt. Doch die hilfsbereiten Vietnamesen sind unschlagbar in ihrem Ideenreichtum und dem Drang, am Aufbruch in das 21. Jahrhundert teilzuhaben. Doch trotz allen kapitalistischen Strebens lieben die rund 79 Millionen Vietnamesen ihren Onkel Ho – keine Wohnung kommt ohne ein Abbild des hochverehrten Landesvaters aus. Nach wie vor prägen hinter Wasserbüffeln durch die Felder watende Reisbauern das Land, auch wenn im modernen Saigon mittlerweile Geschäftsleute mit Handy zum Stadtbild gehören. Vor allem die Tempel strahlen eine zeitlose Atmosphäre aus: eine weihrauchgeschwängerte und paukentönende Welt mit lichterkettenbehangenen Helden und Göttern, Buddhas und Geistern in Rot-Gold. Die seit Ewigkeiten praktizierten, konfuzianisch geprägten Traditionen haben hier schon so viele Kriege überlebt, daß sie sicherlich auch den Invasoren der Moderne die Stirn bieten können.

Drachen

sind Symbole für Weisheit und Macht

Reisfelder

wie ein Mosaik aus Grünschattierungen

Pagoden

Orte der religiösen Verehrung

Natur, Kultur
Geschichte

Zahlen und Fakten

Allgemeines

Lage und Ausdehnung

Vietnam, das südöstlichste Land des Hinterindischen Subkontinentes, liegt am Südchinesischen Meer. Mit 329 560 km² ist es ähnlich groß wie die Bundesrepublik Deutschland. Die Nord-Süd-Erstreckung beträgt 1650 km, an seiner breitesten Stelle im Norden mißt Vietnam rund 550 km, an der engsten in Mittelvietnam dagegen nur 40 km. Wegen seiner schmalen Gestalt weist das Land lange Küsten (3260 km) auf sowie lange Grenzen mit seinen Nachbarländern China im Norden (1150 km) und Laos (1650 km) bzw. Kambodscha (950 km) im Westen.

Vietnam

Lage:	8° 3' und 23° 22' nördl. Breite	**Fläche:**	331 114 km²
	102° 8' und 109° 28' östl. Länge	**Bevölkerung:**	79,175 Mio (2000)
Hauptstadt:	Hanoi	**Sprache:**	Vietnamesisch

Zu Vietnam gehören einige Inselgruppen im Südchinesischen Meer und im Golf von Siam. Ein landschaftlicher Höhepunkt sind die zu Tausenden in bizarrer Form aus dem Meer aufragenden Kalkinseln in der Ha-Long-Bucht im Norden nahe der chinesischen Grenze. Ganz im Süden vor der

◄ *Arbeiterinnen beim Setzen der kleinen Reispflänzchen*

Lage und Ausdehnung (Fortsetzung)

kambodschanischen Küste befindet sich die größte Insel Phu Quoc und vor dem Mekong-Delta gelegen die Insel Con Dao. Die dort lagernden Öl- und Gasreserven wurden mittlerweile zum größten Devisenbringer des Landes. Im Gegensatz zu diesen küstennahen Inseln sind die weit draußen im Südchinesischen Meer gelegenen Paracel-Inseln mit China und die nahe der Philippinen gelegenen Spratly-Inseln mit nahezu allen Anrainerstaaten (China, Taiwan, Philippinen, Malaysia und Brunei) umstritten. Immerhin hat man sich mit diesen Staaten auf eine ökologische Schonung der Spratly-Inseln geeinigt.

Naturraum

Allgemeines

Die Gestalt Vietnams wird vorgezeichnet durch natürliche Landschaftsgrenzen. Dies sind im Osten das Südchinesische Meer, im Nordwesten und Westen dagegen ausgedehnte Bergländer, die das Land gegen seine Nachbarn abschirmen. Räumlich eng begrenzt sind dagegen die beiden großen Tieflandregionen Vietnams, nämlich das Delta des Roten Flusses im Norden und das Mekong-Delta im Süden. Sie sind die Reiskammern des Landes. Aufgrund der Lage dieser beiden fruchtbaren Tiefländer wie auch der Form des Landes wird Vietnam als "Bambusstange mit zwei Reisschalen" bezeichnet, abgeleitet von der Art und Weise, wie in Vietnam (und China) Lasten transportiert werden, nämlich an einer Tragestange mit zwei Körben.

Drei Großräume

Sowohl von seiner naturräumlichen Ausstattung als auch von seiner soziokulturellen Ausrichtung her läßt sich Vietnam in drei nahezu gleich große Hauptregionen einteilen. Die Bevölkerungsdichte ist sehr unterschiedlich; den dichtbesiedelten Tiefländern stehen die z.T. extrem dünn besiedelten Hochländer gegenüber.

Der Norden (bac bo)

Der Norden nimmt eine Fläche von 115 700 km^2 ein. Er wird umrahmt von dem stark zerklüfteten Bergland von Tonkin, das sich in der chinesischen Provinz Yunnan sowie in Laos fortsetzt und fast drei Viertel der Fläche Nordvietnams einnimmt. Nahe der Grenze ragt der Fan Si Pan, mit 3143 m der höchste Berg Indochinas, empor. Das Gebirgsland (1000–1500 m) umschließt das Senkungsfeld des Roten Flusses und seiner Nebenflüsse, die nordöstlich der Hauptstadt Hanoi in den Roten Fluß münden. Aufgrund des großen Höhenunterschiedes, den der Rote Fluß auf seinem Lauf von 1200 km überwindet, führt er viel Schutt und Schlamm mit sich und sorgt durch seine Ablagerungen für die große Fruchtbarkeit des Landes. Durch die im Jahresverlauf stark schwankende Wasserführung und Brüche in den durch den Fluß selbst erzeugten Dämmen kam es in der Vergangenheit immer wieder zu verheerenden Überschwemmungskatastrophen, die erst durch die Anlage künstlicher Deiche unter Kontrolle gebracht werden konnten. Bac Bo ist das Kernland Vietnams, in dem ca. 40 % der 70 Millionen Menschen leben, die sich jedoch sehr ungleichmäßig auf die einzelnen Regionen verteilen. Während die Bergländer nahezu menschenleer sind, drängen sich im Delta des Roten Flusses fast 2000 Menschen/km^2, womit es zu den dichtest besiedelten Regionen der Erde zählt. Der Grund für diese Ballung liegt in der Fruchtbarkeit des Landes, die einen intensiven Reisanbau ermöglicht.

Die Mitte (trung bo)

Das Zentrum Vietnams, historisch gesehen die Region Annam, wird gebildet durch die über 900 km lange "Tragestange". Im Norden der Region bildet das Gebirge eine schmale Kordillere, die parallel zum Südchinesischen Meer verläuft und an einigen Stellen bis zur Küste vorstößt. Daher beschränken sich die Tiefländer auf kleine Buchten, in denen die großen Städte liegen, wie z.B. Hue und Da Nang. Im südlichen Teil Zentralvietnams weitet sich das Gebirge zu einem Hochland. Die Höhen nehmen von Norden nach Süden immer mehr ab. Da Zentralvietnam keine Bodenschät-

Die Mitte (Fortsetzung)

ze aufweist und sich die landwirtschaftlich nutzbaren Gebiete auf einen schmalen Küstenstreifen beschränken, ist es wesentlich dünner besiedelt als der Norden. Auf 40 % der Fläche leben nur 25 % der Bevölkerung. Die Stärkezentren befinden sich in den kleinen Tieflandbecken entlang der Küste, z.B. um Hue, Da Nang und Nha Trang, während die Hochländer eine geringe Bevölkerungsdichte aufweisen.

Der Süden (nam bo)

Dort, wo die Küste des Südchinesischen Meeres von ihrer Nordwest-Südost-Richtung in die Nordost-Südwest-Richtung übergeht, liegt der Übergang zwischen Zentralvietnam und Südvietnam, das auch als Cochinchina bekannt ist. Es nimmt etwa 35 % der Fläche Vietnams ein und besteht im nördlichen Teil aus einem breiten und niedrigen Hügelland, das nach Süden allmählich in das Mekong-Delta übergeht. Der Mekong durchfließt Vietnam auf den letzten 200 km seines Laufs und bildet an der Küste ein Delta, das mit 45 000 km^2 dreimal so groß ist wie das des Roten Flusses im Norden und damit die zweite große Reiskammer des Landes bildet. Im Gegensatz zum Roten Fluß besitzt der Mekong in dem riesigen, in Kambodscha gelegenen Tonle Sap ein Rückhaltebecken, das die Wasserführung des Flusses reguliert. Daher kommt es im Mekong-Delta viel seltener zu Überschwemmungen als im Norden. Das breite Flußtal des Mekong-Unterlaufs bildet die einzige natürliche Verbindung zum Nachbarland Kambodscha. Daher lag das Delta lange Zeit in dessen Einflußbereich und wurde erst im 18. und 19. Jahrhundert allmählich von den aus Norden vordringenden Vietnamesen in Besitz genommen. Trotz seiner großen Fruchtbarkeit weist das Gebiet daher bis heute eine geringere Siedlungsdichte auf als der Norden.

Bergländer und Tiefländer

Alte Gebirge und jüngere Ebenen

Charakteristisch für die Oberflächenformen Vietnams ist das Nebeneinander von alten Gebirgen, die immer weiter abgetragen werden, und jungen Tiefländern, die als Auffangbecken des Abtragmaterials dienen, das von den großen Flüssen aus den Gebirgen herantransportiert wird. Dabei überwiegen, räumlich gesehen, die Gebirge, die drei Viertel der Landesfläche einnehmen.

Bergländer

Die Bergländer Vietnams sind Teil eines Gebirgssystems, das Hinterindien in mehreren, nahezu parallel verlaufenden Strängen von Nord nach Süd durchzieht. Die östlichsten dieser Gebirgszüge umrahmen Vietnam im Norden und Westen und schirmen es dadurch vom restlichen Hinterindien ab. Die Gebirge sind aufgebaut aus Sedimenten des Erdmittelalters (Mesozoikum), die vor etwa 150 Millionen Jahren abgelagert wurden. Diese Sand- und Kalksteinschichten überdecken ein wesentlich älteres Grundgebirge aus Graniten und Gneisen, das nur in einigen kleineren Bereichen im südlichen Vietnam an die Erdoberfläche tritt.
Die höchsten Höhen werden im Nordwesten des Landes an der Grenze nach China erreicht. Der höchste Berg ganz Indochinas ist der Fan Si Pan mit 3143 m. Hier, im Hoang-Lien-Gebirge, wechseln sich schroffe Gipfel mit weiten Hochplateaus ab. Weiter nach Süden rückt das Gebirge dicht an die Küste des Südchinesischen Meeres heran und bekommt den Charakter eines Kettengebirges mit einer sanften Abdachung nach Westen und einer steileren nach Osten. Hier erreichen die Berge im Norden noch Höhen über 2500 m, nehmen aber nach Süden immer mehr ab. Im zentralen Südvietnam um Da Lat geht das Gebirge allmählich in ein Hochland ohne ausgeprägte Gipfel über, das langsam zur Tiefebene des Mekong hin abfällt. Die Oberflächenformen des Gebirges hängen ab vom vorherrschenden Gestein und den spezifischen Verwitterungsbedingungen. Eine Eigenart bei der Verwitterung von Kalk in tropischen Ländern ist die Entstehung des sog. Kegelkarsts (Graphik s. S. 166) mit vielen, steil aufragenden Höckern, die besonders eindrucksvoll in der Ha-Long-Bucht zu sehen sind, wo Tausende von Kalkbergen aus dem Meer ragen.

Hügellandschaft bei Da Lat

Tiefländer

In auffallendem Kontrast zu den Gebirgen stehen die Tiefländer. Sie bestehen aus Ablagerungsmaterial, das die großen Ströme bzw. deren Nebenflüsse aus den Bergländern herbeischwemmen. Die Flüsse, deren Läufe durch die Gebirgsketten vorgezeichnet sind, entwässern in südöstlicher Richtung, so daß die großen Tiefländer alle im östlichen Teil des Landes liegen. Wegen der starken Sedimentfracht der Flüsse "wachsen" die Tiefländer stetig weiter. So fiel die sog. Trockene Ha-Long-Bucht bei Ninh Binh erst in den letzten paar tausend Jahren trocken. Die Erosionskraft der vietnamesischen Flüsse ist wegen ihrer starken Gefälle und der hohen Niederschläge besonders stark. Aus diesem Grund können große Flüsse wie der Mekong ihre Deltas jährlich um etliche Meter weiter ins Südchinesische Meer hinausschieben.

Bodenschätze

Vietnam ist reich an Bodenschätzen, die sich größtenteils im Norden des Landes befinden. Dazu zählen große Lager von hochwertiger Anthrazitkohle bei Hai Phong nahe der chinesischen Grenze, deren Vorräte auf mehrere Milliarden Tonnen geschätzt werden. Es gibt große Eisenerzlager bei Lao Cai im Nordwesten, wo sich auch Phosphatlagerstätten befinden. Daneben existieren kleinere Vorkommen an Chrom, Mangan und Titan, Kupfer, Zink, Zinn und Bauxit sowie von den Edelmetallen Gold, Silber und Antimon. Vor der Küste Südvietnams lagern außerdem große Mengen an Erdöl und Erdgas.

Klima

Einfluß des Monsuns

Wie in allen Ländern Süd-, Südost- und Ostasiens wird auch das Klima Vietnams bestimmt vom Rhythmus des Monsuns. Das Wort kommt vom arabischen "mausim", was soviel bedeutet wie "Jahreszeit" und einen Wind bezeichnet, der im Lauf des Jahres seine Richtung zweimal in cha-

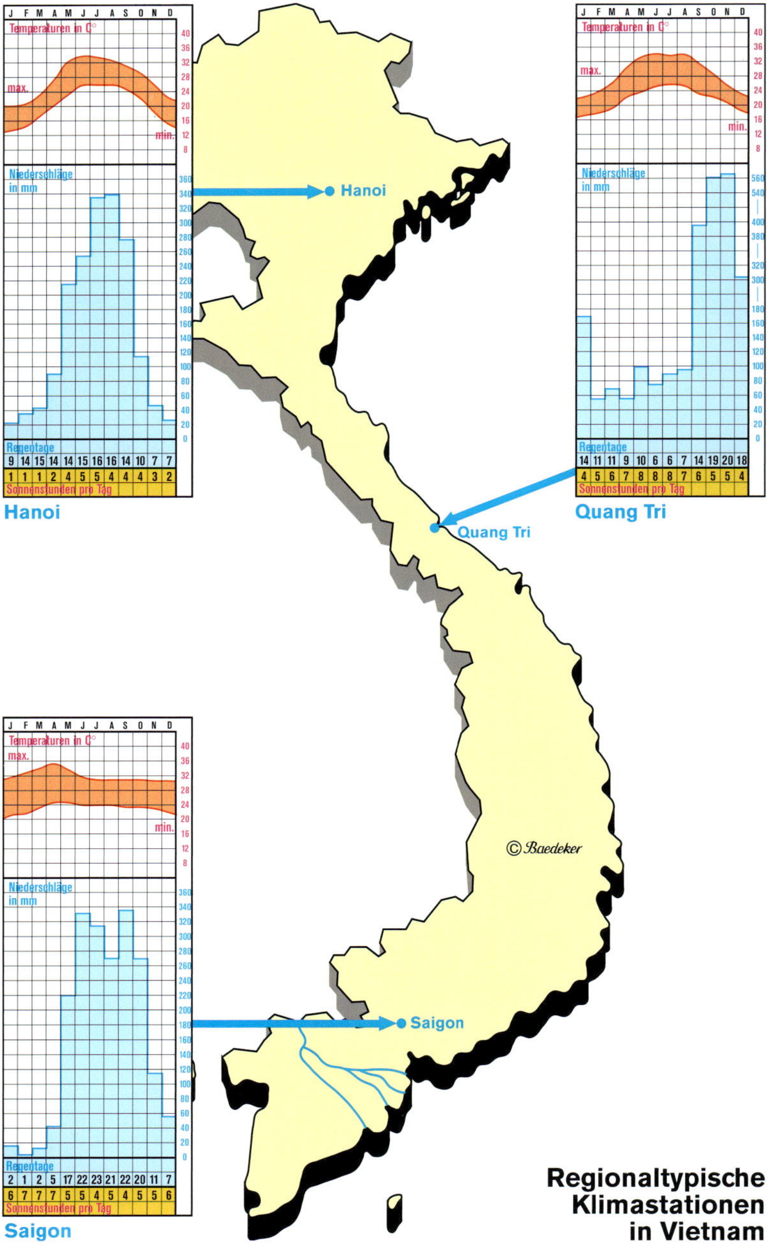

Regionaltypische Klimastationen in Vietnam

Einfluß des Monsuns (Fortsetzung)

rakteristischer Weise ändert. Der Monsun weht im Sommer aus Südwesten (Sommermonsun), im Winter dagegen aus Nordosten (Wintermonsun). Die Araber benutzten diese Winde, um mit ihren Handelsschiffen im Sommer nach Indien zu segeln und im Winter wieder zurück nach Vorderasien. Auch für die Schiffahrt in Südostasien spielte der Monsun eine große Rolle, allerdings nicht über den Indischen Ozean hinweg, sondern über das Südchinesische Meer, von Vietnam nach China bzw. Japan und wieder zurück.

Entstehung des Monsuns

Der Monsun ist Teil des gesamttropischen Zirkulationssystems. Aufgrund der starken Sonneneinstrahlung erwärmt sich die Luft am Äquator sehr stark und steigt nach oben. Von dort fließt sie nach Norden und Süden ab und kommt im Bereich der großen Wüstengürtel (z.B. in der Sahara) wieder auf die Erdoberfläche zurück. Von dort strömen die Luftmassen als kontinuierlich wehende Winde zum Äquator zurück. Diese Winde werden als Passate bezeichnet, auf der Nordhalbkugel der Nordostpassat, auf der Südhalbkugel der Südostpassat. Die beiden Passate stoßen am Äquator aber nicht direkt aufeinander, sondern werden durch eine einige hundert Kilometer breite Zone voneinander getrennt, die sog. "Innertropische Konvergenzzone" (ITC), in der westliche Winde vorherrschen. Die ITC verlagert sich im Lauf des Jahres, nämlich während des Südsommers nach Süden und während des Nordsommers nach Norden.
Aufgrund der starken Erwärmung des asiatischen Kontinents verlagert sie sich dabei über Süd- und Südostasien besonders weit nach Norden. Dadurch erhält der Westwind innerhalb der Innertropischen Konvergenzzone eine nördliche Komponente und erreicht die Küstenländer Südasiens als Südwestwind (Südwestmonsun). Im Winter, wenn sich die ITC dann auf die Südhalbkugel verlagert, geraten Süd- und Südostasien dagegen in den Bereich des Nordostpassats, was gleichbedeutend mit dem Nordostmonsun ist.

Auswirkungen des Monsuns

Kommen die Monsunwinde vom Meer, saugen sie sich mit Feuchtigkeit voll, die sie dann über dem Land wieder abregnen, kommen sie dagegen vom Land, sind sie trocken und sorgen für niederschlagfreies Wetter.

Sommermonsun

Da der Südwestmonsun den Golf von Siam überquert, sorgt er an der Küste Südvietnams und im Mekong-Delta für Niederschläge. Weiter nördlich überquert er die Annamitische Kordillere und erreicht die Küste Mittelvietnams als trockener Fallwind, weshalb dieses Gebiet im Sommer keinen Niederschlag empfängt. Erst über dem Golf von Tonkin weht er wieder übers Meer und bringt dem zentralen Nordvietnam und dem Delta des Roten Flusses Niederschläge im Sommer. Da sich der Sommermonsun von Südwesten nach Nordosten vorarbeitet und in umgekehrter Richtung wieder zurückzieht, beginnt die Regenzeit im Süden früher und endet später als im Norden.

Wintermonsun

Ab September gerät Vietnam dann zunehmend in den Einfluß des Nordostmonsuns. Er kommt in Nordvietnam von China her und ist daher trokken. In Mittelvietnam weht er dagegen übers Südchinesische Meer und prallt frontal gegen das sich direkt hinter der Küste erhebende Annamitische Gebirge, was im Luv zu starken Niederschlägen führt. Daher verschiebt sich in Mittelvietnam die Regenzeit vom Sommer auf Herbst und Winter. Jenseits des Annamitischen Kettengebirges zeigt sich der Nordostmonsun abermals von seiner trockenen Seite, so daß Südvietnam im Winter keinen Regen erhält.

Klimatische Dreiteilung

Allgemeines

Aufgrund des Monsunregimes sowie der Lage und Ausdehnung des Landes ergibt sich für Vietnam eine klimatische Dreiteilung, wie anhand der Klimadiagramme zu sehen ist.

Klima (Fts.)
Südvietnam

Das Klima des Südens kann als tropisch-wechselfeucht bezeichnet werden. Der Hauptniederschlag fällt von Mai bis Oktober während der Zeit des Sommermonsuns, Trockenzeit herrscht dagegen von November bis April. Dennoch ist das Wetter auch in der Trockenzeit feucht und schwül.
Im Gegensatz zum Niederschlag weist die Temperatur keinen ausgeprägten Jahresgang auf. Der Dezember ist am kühlsten, doch beträgt der Unterschied zum wärmsten Monat April nur 3,9 °C. Damit sind die Temperaturunterschiede zwischen Tag und Nacht größer als die zwischen Sommer und Winter.

Mittelvietnam

In Annam wird der Nordostmonsun zum Hauptregenspender, entsprechend verschiebt sich die Regenzeit von Sommer auf Herbst und Winter. Gemäß dem Gebirgsverlauf trifft der Nordostmonsun frontal auf die nur wenige Kilometer landeinwärts der Küste sich erhebenden Bergländer und führt dort zu äußerst ergiebigen Niederschlägen, die während der Hauptregenzeit die Niederschlagswerte des Südens noch weit übertreffen. Diese Niederschläge gehen häufig einher mit Taifunen, die von den Philippinen heranziehen und auf dem Land zu großen Verwüstungen führen können. Im Sommer liegt das Gebiet dagegen im Regenschatten des Annamitischen Kettengebirges, so daß es in dieser Jahreszeit kaum Niederschlag empfängt.
Aufgrund seiner großen Längserstreckung kann Mittelvietnam aber von der Temperatur her zweigeteilt werden. Als Grenze wird gemeinhin der Wolkenpaß angenommen, der zwischen Da Nang und Hue liegt. Südlich davon ist der Temperaturverlauf ähnlich ausgeglichen wie im Mekong-Delta, nördlich davon wird der Unterschied zwischen den Jahreszeiten immer größer, was sich v.a. in niedriger werdenden Wintertemperaturen äußert.

Nordvietnam

Nordvietnam hat eine ähnliche Niederschlagsmenge wie der Süden, allerdings setzen die Niederschläge, die ihren Höhepunkt im Juli und August erreichen, später ein und enden früher als dort.
Die Sommer sind feucht und heiß, im Winter sinken die Temperaturen dagegen deutlich ab, denn der Nordostmonsun bringt trocken-kühle Kontinentalluft aus China nach Nordvietnam. Der Temperaturunterschied zwischen dem wärmsten Monat Juni und dem kühlsten Monat Januar beträgt immerhin schon 12,7 °C, weswegen Nordvietnam vom klimatischen Standpunkt her nicht mehr ohne weiteres den Tropen zugerechnet werden kann. Die kühlen Temperaturen sorgen im Winter für viel Nebel, aus dem ein beständiger Nieselregen fällt, der in Vietnam als "Staubregen" bezeichnet wird. Daher besitzt der Norden keine so ausgeprägte Trockenzeit wie der Süden.

Einfluß der Gebirge auf das Klima

Wie schon dargestellt, tragen die Gebirge durch ihre Luv- und Leewirkung wesentlich zur Niederschlagsdifferenzierung Vietnams bei. Außerdem nehmen die Temperaturen mit zunehmender Höhe immer mehr ab.
So findet man in den zentralen Bergländern des Südens ein tropisches Hochlandklima mit dem gleichen Niederschlagsrhythmus wie im Tiefland, aber dafür mit angenehmeren Temperaturen, weswegen die französischen Kolonialbeamten ihre Wohnsitze bevorzugt in die Bergländer verlegten.
Im Norden, wo sich die höchsten Berge des Landes befinden, wird das Klima schon ausgesprochen rauh, Fröste sind im Winter in den Hochtälern der Gebirge keine Seltenheit.

Pflanzen und Tiere

Pflanzenwelt

Entstehung von Regenwäldern

Wesentliche Voraussetzung für die Entstehung eines tropischen Regenwaldes sind ergiebige, möglichst gleichmäßig über das Jahr verteilte Niederschläge und ganzjährig hohe Temperaturen. Diese Faktoren führen zu

Entstehung von Regenwäldern (Fortsetzung)

einem äußerst raschen und üppigen Pflanzenwachstum, welches das ganze Jahr nicht unterbrochen wird. Entsprechend regenerieren sich die Pflanzen sukzessive, es gibt keine ausgeprägten Zeiten der Blüte, der Reife oder des Laubabwurfs – alles geschieht gleichzeitig und nebeneinander her. Tropische Böden sind oft sehr tiefgründig verwittert, weisen aber nur eine dünne Humusschicht auf und sind dadurch wenig fruchtbar. Unter den tropischen Klimabedingungen ist die Zersetzung des organischen Pflanzenmaterials sehr hoch. Daraus folgt ein rascher Stoffumsatz, so daß sich ein Baum aus dem eigenen Laubfall regenerieren kann. Wird der Wald aber beseitigt, so verliert der Boden schnell seine Fruchtbarkeit.
Wegen seiner Artenvielfalt unterteilt man den tropischen Regenwald nicht nach Baumarten wie in Mitteleuropa (Laubwald, Mischwald, Nadelwald), sondern nach Standorten.

Die Mekongarme sind von Palmen und Mangroven gesäumt.

Mangrovenwälder

In den Überschwemmungsbereichen der Flußdeltas und Meeresküsten findet man Sumpf- und Mangrovenwälder. Sie werden im Wechsel der Gezeiten zweimal am Tag überflutet, so daß nur noch die oberen Baumstämme und Baumkronen aus dem Wasser schauen. Die Bäume weisen hohe Stelzwurzeln und Atemwurzeln auf, die bei Ebbe aus dem Wasser ragen. Sie werden 15 bis 20 m hoch und haben in ihren Blättern Drüsen ausgebildet, die das Salzwasser der Brackwasserbereiche ausscheiden können. Wegen der ständigen Überflutungen weisen die Sumpfwälder kein Unterholz auf, dafür aber Schlingpflanzen und Pflanzen, die ohne Bodenberührung auf anderen Pflanzen leben (Epiphyten).

Trockenwälder im Tief- und Bergland

Außerhalb der küstennahen Überschwemmungsgebiete herrscht der tropische Tieflandswald vor. Er besteht aus Bäumen unterschiedlicher Höhe und weist mit 40 bis 100 verschiedenen Baumarten die größte Artenvielfalt aller Wälder auf. Wegen der dünn ausgebildeten Humusschicht bilden die Bäume keine in die Tiefe gehenden Pfahlwurzeln aus, sondern Brett- und Tellerwurzeln, die in die Breite gehen und gleichermaßen der Nährstoff-

Trockenwälder (Fortsetzung)

aufnahme wie auch der Stabilisierung der hohen Stämme dienen. Das dichte Kronendach der in fünf bis sechs Stockwerken übereinander angeordneten Bäume sorgt für eine starke Sonnenfilterung, so daß im Inneren der Wälder ein ständiges Dämmerlicht herrscht. Bodenbewuchs ist daher ebenfalls selten. Dagegen findet man Kletterpflanzen und Epiphyten, daneben auch viele Orchideen, die der Sonne entgegenstreben. Zudem gibt es echte Schmarotzerpflanzen, die die hohen Bäume nicht allein als Standort benutzen, um mehr Sonnenlicht zu erhalten, sondern als Nahrungsquelle, was die Wirtspflanzen schließlich zum Absterben bringt.
Oberhalb einer Höhe von 700 bis 900 m geht der Wald in den tropischen Bergwald über. Aufgrund der niedrigeren Temperaturen ist er artenärmer, das Wachstum ist zudem verlangsamt. Baumfarne und niedere Palmen sind charakteristisch für das feuchte und mäßig warme Klima dieser Höhenstufe. Daneben findet man schon laubabwerfende Bäume wie Eichen sowie Nadelhölzer. Das Kronendach ist weniger dicht, wodurch vermehrt Sträucher und Gräser wachsen, z.B. Rhododendren, was bei Waldbränden zu einer raschen Ausbreitung der Feuersbrunst führen kann. Aufgrund der hohen Feuchtigkeit sind alle Stämme stark bemoost. Die Baumgrenze wird in Vietnam nur in den höchsten Gipfelregionen des Nordens erreicht, wo der Wald allmählich in eine Gras- und Mattenregion übergeht.

Waldrodung

Seit alters her nehmen die Menschen auch in Vietnam Einfluß auf den Wald, weniger allerdings in Form einer forstwirtschaftlichen Nutzung als vielmehr durch eine fortgesetzte Abholzung. Mit den Rodungen begann man in den Tiefländern des Roten Flusses und des Mekong-Deltas, die sich vorzüglich zum Reisbau eignen. Diese Reisbaulandschaften sind mittlerweile derart eng mit unserem Bild von Vietnam verbunden, daß sie schon gar nicht mehr als künstlich geschaffen angesehen werden. Diese Gebiete im Tiefland sind auch die dichtbesiedelten Regionen des Landes, während die dünnbesiedelten Bergländer ursprünglich kaum von Rodungen betroffen waren. Erst mit dem zunehmenden Bevölkerungsdruck im 20. Jahrhundert wurden auch die Bergwälder in Mitleidenschaft gezogen. Zwar ist die Einwohnerdichte in den Bergen außerordentlich gering, jedoch benötigen der von den Bergvölkern praktizierte Brandrodungswanderfeldbau und die Weidewirtschaft sehr viel mehr Platz als der Reisanbau im Tiefland.

Brandrodungswanderfeldbau

Beim Brandrodungswanderfeldbau wird ein Stück Land gerodet und bebaut, bis es erschöpft ist. Danach überläßt man den Boden zur Regeneration sich selbst und zieht weiter, um an einem anderen Ort wieder ein Stück Land zu roden. Wenn sich der Boden erholt hat, kann man zum Ende der Periode wieder an den Ausgangspunkt zurückkehren, und der Wanderzyklus beginnt von neuem. Durch die wachsende Bevölkerung muß entweder die Rotationsgeschwindigkeit erhöht werden, wodurch sich der Boden nicht mehr richtig erholen kann, oder aber die Rodungsflächen werden vergrößert, was zu vermehrter Waldvernichtung führt. Die Folge dieser Abholzungen ist eine zunehmende Reduzierung des Waldbestandes. So sank der Waldanteil zwischen Anfang und Mitte des 20. Jahrhunderts von 80 % auf 50 % ab.

Kriegsfolgen

Eine weitere starke Reduzierung der Waldbestände war während des Vietnamkriegs zu verzeichnen, als die Amerikaner nicht nur einen militärischen, sondern auch einen ökologischen Krieg führten. Nicht nur Dämme und Deiche wurden bombardiert, auch Erdrutsche wurden künstlich ausgelöst und die Vegetation mit Pflanzengiften besprüht. Dies diente v.a. dazu, dem in den Sumpfwäldern des Mekong-Deltas operierenden Vietcong seine natürliche Deckung zu nehmen. Daneben wurden aber auch Ackerflächen durch Herbizide vernichtet. Während des Krieges wurden insgesamt 72 Millionen Tonnen Pflanzenvernichtungsmittel (Agent Orange, Agent Blue und Agent White) über Vietnam abgeworfen, v.a. über dem Süden des Landes. Dies führte zum Verlust von ungefähr 2,2 Millionen Hektar Waldland und einem Fünftel der landwirtschaftlichen Nutzfläche.

Gewinnung von Baumaterial

Eine weitere Welle der Waldvernichtung ging nach 1975 über Vietnam hinweg, denn zum Wiederaufbau des Landes mußte mangels anderer Baustoffe auf Holz zurückgegriffen werden, so daß nun flächenmäßig mehr Wald verlorenging als während des Krieges. Andererseits sind die ökologischen Folgen der Entlaubungsaktionen durch die Amerikaner schwerer einschätzbar. Zwar zeigen sich die mit Giften besprühten Wälder heute oft schon wieder begrünt, doch weisen Änderungen in der Wuchsform der Pflanzen und Blätter darauf hin, daß die ökologischen Nachwirkungen wesentlich gravierender sind, als auf den ersten Blick zu vermuten ist.

Edelhölzer

Wurde der Wald in früherer Zeit allein dazu gerodet, um neues Ackerland zu erschließen, so geriet er in neuerer Zeit zunehmend selbst ins Blickfeld als Lieferant tropischer Edelhölzer wie Teak- oder Sandelholz, das vorzugsweise ins Ausland exportiert wird. Bei der immensen Pflanzenvielfalt des tropischen Regenwaldes ist das Schlagen und Abtransportieren einzelner Baumarten eine äußerst flächenaufwendige Angelegenheit, d.h. es müssen dazu große Areale abgeholzt werden.

Wiederaufforstung

Aufgrund der oben skizzierten Entwicklungen nimmt der Wald in Vietnam heutzutage nur noch 10 bis 20 % der Gesamtfläche des Landes ein und wäre, die gegenwärtige Waldzerstörung vorausgesetzt, bis zum Jahr 2005 völlig verschwunden. Geschlossene Waldgebiete existieren nur noch entlang der Grenze nach Laos und im südlichen zentralen Bergland. Dies macht Wiederaufforstungs- und Waldschutzmaßnahmen dringend erforderlich. Zwar hat Ho Chi Minh schon in den 50er Jahren diese für den Norden zum nationalen Ziel erklärt, doch blieb der Wald v.a. im Süden ein landwirtschaftliches Nutzreservoir, das man rodete, wenn Ackerland knapp wurde. Außerdem verhinderten die Probleme des Wiederaufbaus lange Zeit eine effektive Forstpolitik. Große Anstrengungen zur Wiederaufforstung werden seit den frühen 90er Jahren unternommen, und laut einem Regierungsplan soll Vietnam bis zum Jahr 2003 wieder zu 50 % bewaldet sein. Zur Zeit werden alljährlich 5,5 Millionen junger Bäume gepflanzt, was einer Fläche von 140 000 ha entspricht. Dies kann aber die jährliche Waldvernichtung kaum kompensieren, zumal nur etwa 15 bis 20 % der neu gepflanzten Bäume überleben. Auch hat eine Aufforstung mit schnellwachsenden Weichholzpflanzen wie z.B. Eukalyptus bei weitem nicht die ökologische Schutzwirkung eines artenreichen tropischen Regenwaldes.

Trocknender Tabak

Kulturpflanzen

In Vietnam wurden rund 7000 verschiedene Pflanzenarten gezählt, doch die gesamte Bandbreite wird auf etwa 12 000 Spezies geschätzt. Rund 40 % der Pflanzen sind endemisch. Etwa 2300 pflanzliche Arten finden im Alltag Verwendung als Nahrungsmittel, Medizin, Tierfutter und Nutzhölzer. Die wichtigsten Kulturpflanzen sind Reis (s. *Baedeker*-Special S. 246/247), Tee, Kaffee, Kautschuk und Tabak. Zudem werden Mais, Süßkartoffeln, Maniok, Erdnüsse, Baumwolle, Zuckerrohr und Sojabohnen angebaut. Im Mekong-Delta gibt es große Obst- und Gemüseplantagen, v.a. wachsen hier schmackhafte Früchte wie Rosenäpfel, Ananas, Rambutan, Jackfruit, Pomelos, Mangos, Papayas und Bananen.
Zudem gibt es etwa 1500 Holzarten: von Palmen und Bambus über Teakholz, Eichen und Fichten bis zum Mangrovenbaum an der Küste. Unter den Blumen finden sich so farbenprächtige und exotische Sorten wie Frangipani, Hibiskus und Hunderte wilder Orchideenarten.

Tierwelt

Es gibt in Vietnam 275 Arten von Säugetieren, darunter viele vom Aussterben bedrohte Tiere wie das Java-Nashorn und den asiatischen Elefanten. 180 Reptilienarten, 80 verschiedene Spezies von Amphibien und 2600 Fischfamilien wurden gezählt. In der Vogelwelt haben die Forscher zwischen 773 und 850 Gattungen von Vögeln aufgelistet, wovon elf endemisch sind. Etwa 6000 verschiedene Insektenformen bereichern zudem die vietnamesische Fauna.

Die Bedeutung der Wasserbüffel als Arbeitskraft zur Bestellung der Felder ist nicht zu unterschätzen. Während der Reis reift, können sie dann geruhsam baden und dösen.

Nashörner

Zu den am meisten bedrohten Tierarten weltweit gehören die Nashörner, die in Asien fast ausgerottet sind. Nur noch wenige Exemplare des Java-Nashorns sollen noch im Cat-Tien-Nationalpark leben. Sie werden wegen

Nashörner (Fortsetzung)

ihres wertvollen Horns gejagt, v.a. in China, Taiwan und Korea behandelt man damit Potenzprobleme, Fieber und Nasenbluten, Schlaflosigkeit und Epilepsie.

Elefanten

In Vietnam kommen schätzungsweise noch 400 bis 600 wildlebende Dickhäuter in verschiedenen Provinzen vor, beispielsweise in Lai Chau, Da Nang, Kon Tum, Dac Lac und Tay Ninh. Der Cat-Tien-Nationalpark gehört zu den wichtigsten Lebensräumen für Elefanten in Vietnam. Wie bei den Nashörnern sind auch die Elefanten wegen der Jagd auf ihre Stoßzähne stark bedroht. Schon seit Jahrhunderten werden Elefanten in Vietnam domestiziert, v.a. die Bergvölker nutzen sie als Arbeitstiere. Im Zentralen Hochland bei Buon Me Thuot werden im Dorf Ban Don Elefanten gezüchtet. Im Frühjahr veranstalten die Bewohner hier ein mehrtägiges Volksfest mit Trachten, Tänzen und Elefanten-Wettrennen; die so behäbig wirkenden Tiere beschleunigen dabei problemlos auf fast 40 km/h.

Tiger

Die Population der wildlebenden Tiger ist in Vietnam seit dem 19. Jahrhundert um 95 % geschrumpft. Heute soll es in den vietnamesischen Nationalparks und den Grenzregionen zu Laos und Kambodscha noch maximal 100 bis 150 Tiger geben. Noch bis vor wenigen Jahrzehnten wurden Großjagden auf diese Tiere veranstaltet. Ihre Überlebenschance ist sehr gering, da die Lebensräume immer weiter eingeschränkt werden. Tiger werden v.a. wegen ihres Felles und der Knochen bzw. anderer Körperteile gejagt. In Vietnam befindet sich Tigerknochen in einer weitverbreiteten Rheumasalbe, in Laos werden die Nasenhaut des Tigers gegen Hundebisse und Tigerzähne zur Fiebersenkung verwendet! Seit 1993 und 1994 gelten in den Hauptverbraucherländern China, Taiwan und Südkorea Verbote für den Handel mit Produkten von Tigern.

Affen

Es gibt zahlreiche Arten von Affen in den vietnamesischen Wäldern. Unter den Gibbons ist der "Crested Gibbon" endemisch, am weitesten verbreitet sind die Makaken. Erst vor einigen Jahren wurden die Delacour-Affen im Cuc-Phuong-Nationalpark wiederentdeckt. Zu den bedrohtesten Spezies gehört der "Tonkin Snub-nosed Monkey", von dem es nur noch rund 300 Exemplare in den Kalksteingebieten im Norden geben soll. Die Affen werden allerdings nur sehr selten gesichtet, da sie sich meist in den Baumkronen verstecken.

Antilopen

Die sensationelle Entdeckung einer neuen Antilopenart im Vu-Quang-Naturreservat im Nordwesten Vietnams machte 1992 weltweit Schlagzeilen. Das scheue, nachtaktive Tier (Pseudoryx nghetinhensis) mit den langen scharfen und geriffelten Hörnern war von einer Delegation aus WWF und Forstministerium gefunden worden; eine von sechs im 20. Jahrhundert neuentdeckten Säugetierarten weltweit! Experten schätzen ihre Zahl auf 300 bis 400 Exemplare.

Schildkröten

Die Ho-Guom-Schildkröte ist die größte Süßwasser-Schildkröte weltweit. Sie erreicht bis zu 130 kg Gewicht. In Vietnam ist sie v.a. wegen ihrer Rolle in der Le-Loi-Legende (→ Hanoi) berühmt. Im Hoan-Kiem-See und im Hoa-Binh-Stausee sollen noch einige wenige Exemplare leben.

Haus- und Arbeitstiere

Eines der wichtigsten traditionellen Haustiere in Vietnam ist der Wasserbüffel, der vor rund 2000 Jahren aus China eingeführt worden ist. Wasserbüffel sind als Zug- und Lasttiere unentbehrlich und aus der vietnamesischen Kulturlandschaft nicht wegzudecken. Außerdem gehören auf dem Land Schweine (eine typisch vietnamesische Variante sind die Hängebauchschweine), Rinder, Gänse, Hühner, Ziegen, Katzen und Hunde zum Haus. Meist laufen sie in den Dörfern und auf den Feldern frei herum. Sie werden gehegt und gepflegt und sind sowohl als Düngerlieferanten wie auch als Nahrungsquelle für den abwechslungsreichen vietnamesischen Speiseplan hoch geschätzt. Während man in den Reisanbaugebieten Tiere nur zum Eigenbedarf hält, wird im Hügel- und Bergland sowie in den Trocken-

Haus- und Arbeitstiere (Fortsetzung)

gebieten Vieh (Rinder, Schafe) gezüchtet. Die Hmong sind für die Züchtung von Pferden und Rindern bekannt. Milchwirtschaft beginnt erst langsam eine Rolle zu spielen. Im Zentralen Hochland bei Buon Me Thuot werden Elefanten zu Arbeitstieren ausgebildet.

Vogelwelt

In Vietnam leben rund 800 verschiedene Vogelarten. Elf davon sind in Vietnam endemisch, z.B. der Halsbandhäherling. Einige Vogelspezies sind stark vom Aussterben bedroht, da ihre Lebensräume (meist Sumpfgebiete) schrumpfen.
In und über den Reisfeldern bekommt man nur wenige gefiederte Exemplare zu Gesicht – daher zieht es immer mehr Ornithologen aus dem Ausland in die vietnamesischen Nationalparks. In deren Lagunen- und Sumpflandschaften kann man noch seltene Vögel wie Kraniche, Kormorane, Fasane, Pfauen, Nashorn-Vögel und Schlangenadler beobachten.
Zu den wichtigsten Vogelbeobachtungsgebieten gehören der Cat-Tien-Nationalpark, die Wälder des Tam-Dao-Plateaus bei Hanoi, der Cuc-Phuong-Nationalpark, das My-Hoa-Vogelreservat bei Ben Tre sowie die Berge der Truong-Son-Kette und in der Umgebung Da Lats.

Umwelt- und Tierschutz

Maßnahmen

Unter der französischen Kolonialregierung wurden die ersten Landschaftsgebiete unter Naturschutz gestellt, beispielsweise im heutigen Bach-Ma-Nationalpark. Erst 1992/1993 hat die vietnamesische Regierung Gesetze zum Schutz von Flora und Fauna verabschiedet, seit 1992 besteht ein Ausfuhrverbot für rohe Nutzhölzer. Zwei Jahre danach trat Vietnam dem Washingtoner Abkommen über Artenschutz bei, wodurch der Handel mit bedrohten Tierarten offiziell verboten wurde. Die Durchsetzung und Kontrolle läßt allerdings zu wünschen übrig.
Seit Mitte der 80er Jahre unterstützen internationale Tierschutzorganisationen die vietnamesische Regierung beim Erforschen ihrer reichhaltigen Fauna. Im "Roten Buch" werden seit 1990 alle Tiere verzeichnet, die vom Aussterben bedroht sind bzw. nur noch sehr selten in Vietnam vorkommen. Derzeit sind das rund 78 Tierarten, darunter 83 Vögel sowie 54 Reptilien und Amphibien, deren Jagd strengstens verboten ist. Doch der Aberglaube in die Heilkräfte von Substanzen und Extrakten tierischer Herkunft ist gerade in Asien noch weit verbreitet: Gekochtes Affenhirn für ein gesundes Leben, potenzbringender Tiger-Penis und Schildkröteneier, Rhinozeros-Horn gegen Nasenbluten oder lukullische Delikatessen wie Schlangenfleisch und Frösche sowie Tigerwein gehören zum asiatischen "way of life".
Die Tierzucht ist eine Maßnahme, um die wildlebenden Tiere vor der Jagd und Ausrottung zu schützen und gleichzeitig den Menschen eine Verdienstquelle zu verschaffen. Die Bauern und Jäger werden seit den 70er Jahren mit der Zucht von bedrohten Arten (Wild, Schlangen, Krokodile, Elefanten) betraut. Die Idee, die dahintersteckt, ist folgende: Die früheren Wilderer und die Angehörigen der Bergstämme werden mit ihren wertvollen Kenntnissen über die Lebensweise der Tiere auf diese Weise zu Tierschützern. Andere Regierungsprojekte sind die Kautschuk- und Zimtplantagen in den schützenswerten Gebieten, um so alternative Verdienstmöglichkeiten zu schaffen, beispielsweise für ehemalige Baumfäller.

Verhalten als Tourist

Bei Exkursionen in die Natur sollte grundsätzlich gelten: Nur Fotos mitnehmen und nichts anderes als Fußspuren hinterlassen! Wer nach Vietnam fährt, um bei Trekkingausflügen wildlebende Tiere zu sehen, könnte leicht enttäuscht zurückkehren. Anders als bei den afrikanischen Safari-Touren in der Steppe leben viele Wildtiere in Asien in sehr abgelegenen Regionen und sind oftmals nur nachts aktiv. Beim Souvenirkauf sollte selbstverständlich auf alle tierischen Produkte, wie Schlangen- oder Krokodilhäute, Reptilienkrallen, in Schnaps eingelegte Schlangen, Schildpatt, Tigerfelle, Korallen, Perlmutt sowie lebende Tropenfische, verzichtet werden.

Staat und Gesellschaft

Staat

Die Sozialistische Republik Vietnam ging 1976 hervor aus der Vereinigung der Demokratischen Republik Vietnam (vormals Nordvietnam) und der Republik Südvietnam. In der Präambel zur Verfassung heißt es in Anlehnung an einen Satz des ehemaligen amerikanischen Präsidenten Abraham Lincoln: "Die Volksrepublik Vietnam ist ein Staat des Volkes, durch das Volk und für das Volk".

Flagge

Die Flagge zeigt einen gelben Stern auf rotem Grund und war vor 1976 das Emblem der Demokratischen Republik Vietnam. Nach der Vereinigung wurde sie auf das ganze Land übertragen und ersetzte die im Süden gültigen Farben, drei horizontale rote Streifen auf gelbem Grund.

Nationalhymne

Die Nationalhymne Vietnams spiegelt die Geschichte und Ideologie des Staates wider: "Vietnamesische Soldaten, wir marschieren vorwärts,/geeint im Willen, das Vaterland zu retten./Unsere kräftigen Schritte dröhnen auf dem langen und schweren Weg./Die Seele der Nation ist in unserer vom Blut des Feindes getränkten Fahne./Das ferne Grollen der Geschütze gibt unseren Marschrhythmus vor./Leichen der Feinde pflastern den Weg zum Sieg./Gemeinsam trotzen wir den Schwierigkeiten und bauen den Widerstand aus...".

Die Kommunistische Partei

Allgemeines

Gemäß der Verfassung ist die Kommunistische Partei Vietnams (KPV) mit über 2 Millionen Mitgliedern die alleinige politische Kraft im Lande. Sie bestimmt nicht nur die Richtlinien der Politik, ihre Mitglieder besetzen auch sämtliche Spitzenämter in Politik und Verwaltung. Die Partei ist omnipräsent auf allen Ebenen der Gesellschaft. Jeder Bürger sollte Mitglied der Partei oder einer ihrer Unterorganisationen sein.

Geschichte

Die Kommunistische Partei wurde unter Vorsitz von Ho Chi Minh 1930 in Hong Kong unter dem Namen "Indochinesische Kommunistische Partei" gegründet – ursprünglich als Widerstandsorganisation gegen die französische Kolonialmacht. Bei der Proklamierung der Demokratischen Republik Vietnam im Jahre 1946 wurde sie jedoch wieder aufgelöst, vermutlich um auch die westlichen Staaten für den Kampf der Vietnamesen um ihre Unabhängigkeit zu gewinnen. Acht Jahre später, nachdem die Teilung des Landes und die Unabhängigkeit Nordvietnams durchgesetzt war, kam es zur Neugründung der Partei als "Vietnamesische Arbeiterpartei". Zum ersten Mal wurde auch in der Verfassung die führende Rolle der Partei in Politik und Verwaltung festgeschrieben. Doch neben dem Aufbau des eigenen Landes wurde in einem Passus auch die Unterstützung der Widerstandsbewegungen in Südvietnam fixiert. Nach dem Sieg des Nordens und der Wiedervereinigung des Landes 1976 wurde sie schließlich umbenannt in "Vietnamesische Kommunistische Partei". Ihre führende Rolle wurde weiterhin betont, dagegen aber der Passus vom Kampf des Nordens gegen den Süden durch das Gebot, im Süden des Landes das System des Marxismus-Leninismus zu verwirklichen, ersetzt.

Parteiorgane

Der Kongreß ist das höchste Parteiorgan. Er tagt ungefähr alle fünf Jahre oder wenn besondere Umstände es erfordern. In der Theorie wird hier die Parteipolitik festgelegt, in der Realität wird darüber jedoch in anderen Parteigremien entschieden. Stattdessen dient er in erster Linie als Forum, um die politischen Entscheidungen publik zu machen. Obwohl auf den Parteikongressen alles festgelegt ist und das Geschehen stark ritualisiert

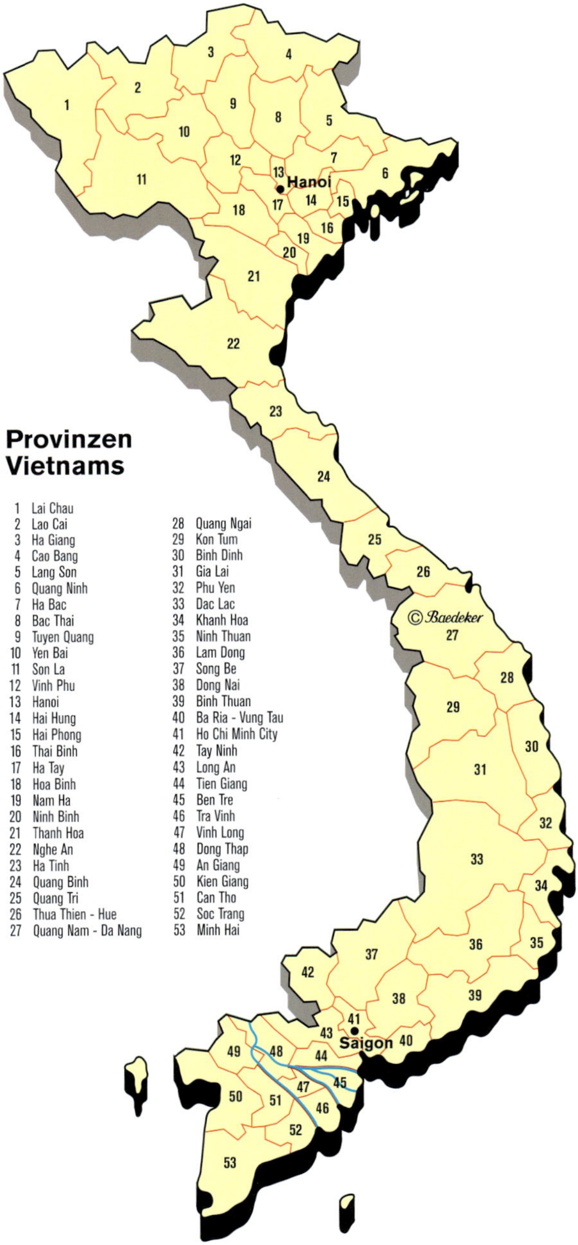

Provinzen Vietnams

1 Lai Chau
2 Lao Cai
3 Ha Giang
4 Cao Bang
5 Lang Son
6 Quang Ninh
7 Ha Bac
8 Bac Thai
9 Tuyen Quang
10 Yen Bai
11 Son La
12 Vinh Phu
13 Hanoi
14 Hai Hung
15 Hai Phong
16 Thai Binh
17 Ha Tay
18 Hoa Binh
19 Nam Ha
20 Ninh Binh
21 Thanh Hoa
22 Nghe An
23 Ha Tinh
24 Quang Binh
25 Quang Tri
26 Thua Thien - Hue
27 Quang Nam - Da Nang
28 Quang Ngai
29 Kon Tum
30 Binh Dinh
31 Gia Lai
32 Phu Yen
33 Dac Lac
34 Khanh Hoa
35 Ninh Thuan
36 Lam Dong
37 Song Be
38 Dong Nai
39 Binh Thuan
40 Ba Ria - Vung Tau
41 Ho Chi Minh City
42 Tay Ninh
43 Long An
44 Tien Giang
45 Ben Tre
46 Tra Vinh
47 Vinh Long
48 Dong Thap
49 An Giang
50 Kien Giang
51 Can Tho
52 Soc Trang
53 Minh Hai

Parteiorgane (Fortsetzung)

erscheint, sind einige doch als Meilensteine in die neue vietnamesische Parteigeschichte eingegangen: der 4. Kongreß 1976 war der erste nach der Wiedervereinigung, der fünfte im Jahre 1982 zementierte die enge Anlehnung an die Sowjetunion und der 6. Parteikongreß 1986 ging als Reformparteitag in die Geschichte ein, denn es wurde die neue Wirtschaftspolitik Doi Moi eingeführt. Auf dem 7. Parteitag 1991 wurde die Wirtschaftspolitik festgeschrieben und der Erwerb von Grund und Boden verbrieft.
Da der Parteikongreß nur etwa alle fünf Jahre tagt, übernimmt in der Zwischenzeit das Zentralkomitee dessen Aufgabe. Es besteht aus über 170 Mitgliedern und hält zweimal im Jahr Sitzungen ab, die als Plenum bezeichnet werden. Die Mitglieder des Politbüros werden vom Zentralkomitee aus seinen eigenen Reihen gewählt. Hier werden die eigentlichen politischen Entscheidungen getroffen, die dann später von Zentralkomitee und Parteikongreß gebilligt werden. Die Zusammensetzung des Politbüros versucht, den unterschiedlichen politischen Strömungen Rechnung zu tragen.
Im Prinzip ist jeder Bürger Vietnams Angehöriger einer Parteiorganisation. Diese können nach Geschlecht, Alter, Nationalität, Berufsgruppen u.a. eingeteilt sein. Allen Organisationen übergeordnet ist die "Vaterländische Front", deren Ziel die Rekrutierung und Mobilisierung der Menschen für die Partei ist. Teilweise treten diese Organisationen aber auch als Interessenvertreter auf, z.B. zur Verbesserung der Arbeitsbedingungen und zur Schaffung sozialer Einrichtungen.

Regierung

Verfassung

Innerhalb der letzten fünfzig Jahre übte die von den Kommunisten kontrollierte Regierung Vietnams unter drei verschiedenen Verfassungen ihre Macht aus. Die erste Verfassung (1946) war als Angebot des noch nicht anerkannten Staates an die Westmächte gedacht und enthielt viele demokratische Elemente wie Presse- und Versammlungsfreiheit sowie Freiheit der Rede. Da die Kommunistische Partei kurz vorher aufgelöst worden war, existiert auch kein Passus, der ihre führende Rolle in der Politik festlegte. In der zweiten Verfassung von 1959 wurde die Demokratische Republik Vietnam als Volksrepublik unter Führung der Arbeiterklasse definiert. Auch der Alleinvertretungsanspruch der Kommunistischen Partei wurde hier verankert. Der Anstoß zur dritten Verfassung kam durch den Sieg Nordvietnams über den Süden zustande. Mit der Vereinigung sollte ein neues politisches und gesellschaftliches System entstehen, das den sozialistischen Menschen hervorbringt. Während die 1959 verabschiedete Verfassung noch einige Unabhängigkeit gegenüber dem sowjetischen Modell erkennen ließ, war die neue Verfassung nahezu eine Kopie der wenige Jahre vorher in der Sowjetunion verabschiedeten. Sie sollte Vietnam in einer Zeit großer politischer und militärischer Spannungen mit der VR China in das System des Warschauer Paktes verankern. Diese letzte Verfassung wurde 1992 nochmals einer "Revision" unterzogen. Darin wird insbesondere der veränderten wirtschaftlichen Lage Vietnams Rechnung getragen, indem der Besitz von Privateigentum garantiert wird, ebenso die Privatwirtschaft und die Überlassung staatlichen Bodeneigentums an Privatpersonen. Auf administrativem Gebiet wurde eine stärkere Trennung von Partei und Regierung festgeschrieben, ebenso zwischen den drei Gewalten Legislative, Exekutive und Rechtsprechung.

Nationalversammlung und Staatsrat

Die Nationalversammlung, ein Einkammerparlament mit ca. 500 Deputierten, ist die höchste gesetzgebende Körperschaft in Vietnam. Sie wird vom Volk in fünfjährigem Turnus gewählt. Bei der Vereinigung von Nord- und Südvietnam achtete man darauf, daß beide Landesteile etwa gleich stark vertreten sind. Die Kandidaten für das Parlament werden von den Parteiorganisationen der niederen Hierarchieebenen ausgewählt und vom Volk meist nur bestätigt. Dennoch herrscht in Vietnam Wahlpflicht. Zweimal im Jahr tritt die Nationalversammlung für etwa vierzehn Tage zusammen und berät über Gesetze, die aber meist schon vorher von Politbüro und Partei

Nationalversammlung und Staatsrat (Fortsetzung)

erlassen wurden. Am Schluß steht, nach oftmals kontroverser Diskussion, die einstimmige Verabschiedung dieser Gesetze. Die Nationalversammlung entscheidet über Krieg und Frieden und steht dem Obersten Gericht vor. Weiter gehört zu ihren Aufgaben die Ernennung und Entlassung von hohen Staatsbeamten (Minister, Richter etc.) sowie die Wahl des Staatsrats.
Aus den Reihen der Nationalversammlung wird der 17köpfige Staatsrat gewählt. Er ist das höchste Organ der Nationalversammlung und zugleich höchster Repräsentant des Staates. In der Verfassungsreform von 1992 wurde die kollektive Staatsführung durch einen Staatspräsidenten ersetzt. Diese Funktion wird seit September 1997 von Tran Duc Luong wahrgenommen.

Ministerrat

Der Ministerrat stellt die Regierung und setzt sich zusammen aus einem Premierminister und den Fachministern, die für die Umsetzung und Anwendung der von der Nationalversammlung verabschiedeten Gesetze zuständig sind. Um eine stärkere Trennung von Legislative und Exekutive zu gewährleisten, sollen mit Ausnahme des Ministerpräsidenten die Regierungsmitglieder nicht auch Mitglieder der Nationalversammlung sein.

Rechtsprechung

Die obersten Richter des Landes werden von der Nationalversammlung gewählt und sind dieser auch verantwortlich. Der Oberste Gerichtshof des Landes überwacht die lokalen Gerichte auf Provinz-, Distrikt- und Stadtebene. Nur auf Dorfebene liegt die Gerichtsbarkeit in deren Verantwortung. Im Jahre 1986 wurde in Vietnam ein neues Strafrecht erlassen, das das alte, auf dem französischen "Code Civil" basierende ersetzt. In dem neuen Strafrecht werden eine Reihe Verbrechen am Sozialismus besonders hervorgehoben wie Korruption, Devisenvergehen und Schmuggel. Laut Verfassung haben die Bürger das Recht, Petitionen und Beschwerden an die Gerichte einzureichen, über die innerhalb eines angemessenen Zeitraumes entschieden werden muß, doch bleiben diese allzuoft innerhalb der Bürokratie hängen.

Lokale Regierungen

Unterhalb der Landesebene wird Vietnam in Provinzen gegliedert. Durch mehrfache Neueinteilungen und Aufspaltungen (zuletzt am 1. Januar 1997) beträgt deren Zahl mittlerweise über fünfzig. Daneben existieren noch einige autonome Städte, die direkt der Zentralregierung unterstellt sind, nämlich Hanoi, Hai Phong und Ho-Chi-Minh-Stadt. Je dichter besiedelt eine Region ist, desto kleiner sind die Provinzen. In den Tiefländern ist die hohe Bevölkerungsdichte der Hauptgrund für die vielen Provinzen, während in den Bergländern eher die ethnische Zusammensetzung für die Grenzziehung verantwortlich ist.
Die Provinzen sind in Distrikte, Städte, Ortschaften und Dörfer unterteilt. Jede Verwaltungsebene hat ihren eigenen Rat (Volkskomitee), der die Staatsautorität repräsentiert. Durch die kleinen Verwaltungseinheiten unterhalb der Staatsebene besitzen die Provinzregierungen und Dorfräte seit jeher eine große Autorität. Hierarchisch, aber nicht zentralistisch geführt, wurde Vietnam auch schon als "Staat der Dörfer" bezeichnet. Die Macht der Provinzen wird noch verstärkt, seit sie dazu angehalten werden, selbständig und unternehmerisch zu wirtschaften. Dadurch vertieft sich aber auch die Kluft zwischen unternehmerischen und wirtschaftlich prosperierenden Gebieten, die sich vor allem im Süden befinden, und denen, die nach wie vor in der Kommandostruktur des alten Wirtschaftssystems verhaftet sind.

Ausblick

Vietnam hat seit dem Ende des Krieges enorme Veränderungen in allen Bereichen des politischen Lebens durchgemacht. Dies ist bemerkenswert, weil sich die politische Führung bis September 1997 seit der Zeit des Krieges oder sogar der Teilung des Landes kaum geändert hat. Dadurch war ein Wechsel an der Spitze des Staates schon aus Altersgründen unumgänglich. Eine Verjüngung der Führungsriege war schon allein deshalb zu begrüßen, da heutzutage mehr als die Hälfte der Bevölkerung nach dem

Ausblick (Fortsetzung)

Vietnamkrieg geboren wurde. Der Staatspräsident Tran Duc Luong und der Ministerpräsident Phan Van Khai wurden 1997 in ihre Ämter gewählt. Auf dem 9. Parteitag im April 2001 konnte sich der bisherige Parlamentspräsident Non Duc Manh durchsetzen als Nachfolger des orthodoxen Le Kha Phieu, Generalsekretär der Kommunistischen Partei. Seine Wahl wurde nicht nur von der Bevölkerung, sondern auch von einheimischen und ausländischen Geschäftsleuten als Stärkung des Reformflügels in Hanoi begrüßt. Non Duc Manh aus dem Volk der Tay ist der erste vietnamesische Parteichef, der einer ethnischen Minderheit angehört; nicht dementierten Gerüchten zufolge soll er ein unehelicher Sohn des immer noch sehr verehrten Staatsgründers Ho Chi Minh sein.

Bevölkerung

Bevölkerungsdichte und -entwicklung

Mit 79 Millionen weist Vietnam etwa dieselbe Einwohnerzahl auf wie die BR Deutschland und gehört damit zu den bevölkerungsreichen Ländern Südostasiens. Auch die Bevölkerungsdichte ist mit 230 Einw./km² ähnlich hoch wie in Deutschland. Große Unterschiede ergeben sich aber hinsichtlich der Bevölkerungsverteilung und der Bevölkerungsdynamik. Während Deutschland, abgesehen von einzelnen Ballungszonen, relativ gleichmäßig besiedelt ist, herrscht in Vietnam ein krasser Gegensatz zwischen den extrem dicht besiedelten Tiefländern und den nahezu menschenleeren Hochländern. Vietnam weist zudem ein rasches Bevölkerungswachstum auf, wie aus folgender Tabelle hervorgeht:

Jahr	Einw. (in Mio.)
1850	8,1
1910	13,2
1945	22,6
1960	30,1
1980	57,7
1993	70,4
1996	76,0
2000	79,2

Maßnahmen zur Geburtenkontrolle

In Nordvietnam hat man schon ab 1963 versucht, der schnellen Bevölkerungszunahme durch Aufklärungskampagnen zur Familienplanung entgegenzuwirken. Im Süden wurden solche Maßnahmen erst nach der Vereinigung ab 1976 ergriffen. Propagiert wird die Zweikind-Familie, die Heraufsetzung des Heiratsalters und die Festlegung des Geburtszeitpunkts für das erste Kind nicht vor dem 22. Lebensjahr der Frau. Zudem wird ein Abstand zwischen beiden Kindern von mindestens fünf Jahren empfohlen.

Statt auf staatliche Zwangsmaßnahmen setzt man auf die Einsicht der Menschen. Durch derartige Kampagnen gelang es zwar, den jährlichen Bevölkerungszuwachs von 3,4 % im Jahr 1960 auf 2,7 % 1976 zu drücken, aber die bis Ende der 80er Jahre anvisierte weitere Senkung auf 1,7 % wurde erst En-

"Hört auf nach zwei Kindern!" – Familienplanung auf vietnamesisch

Mehr als die Hälfte aller Vietnamesen ist jünger als 20 Jahre.

Geburtenkontrolle (Fortsetzung)

de der 90er Jahre des 20. Jahrhunderts erreicht. Die Einwohnerzahl Vietnams wächst heute jährlich um ca. 1,4 %. So müssen jedes Jahr Nahrungsmittel für zusätzlich fast 1 Million neue Einwohner produziert werden, was einen enormen Druck auf die landwirtschaftlichen Reserveflächen darstellt.

Bevölkerungsaufbau

Entsprechend der hohen Geburtenzahl weist Vietnam einen großen Anteil junger Menschen auf. Über 50 % der Bevölkerung sind unter 20 Jahre und 71 % unter 30 Jahre alt. Das bedeutet, daß mehr als zwei Drittel der Einwohner nach dem Krieg geboren wurden, zumindest aber den Krieg nicht mehr bewußt miterlebt haben. Auch dies ist ein Grund für den raschen gesellschaftlichen Wandel, der sich heute in Vietnam abspielt, und für die pragmatische Haltung, die man gegenüber dem ehemaligen Erzfeind Amerika an den Tag legt.

Gesundheitswesen

Ein System sozialer Sicherheit soll Sozialleistungen unentgeltlich gewähren, allerdings sind in den Gesetzen keine konkreten Daten verankert. Das Gesundheitswesen hat zwar einige hochentwickelte Zentren, doch Überbesetzung, Ärztemangel bzw. zu geringe Bezahlung der Ärzte bewirken landesweit eine Unterversorgung. Zugunsten der meist mittellosen Landbevölkerung wurden die medizinischen Einrichtungen dezentralisiert, die Vorsorge intensiviert und in die Behandlungsmethoden traditionelle Heilverfahren aufgenommen. Wie man bei Fahrten über Land unschwer erkennen kann, gilt die Sorge der Regierung im medizinischen Bereich v.a. der Familienplanung und der Aids-Aufklärung (s.a. S. 350).

Bildungswesen

Vietnam verfügt über ein vergleichsweise gut ausgebautes Bildungssystem. Der Schulunterricht ist kostenlos. So konnte die Analphabetenrate seit 1979 von 16 % auf weniger als 6 % gesenkt werden. Allerdings spielt sich das alles auf einem relativ geringen Niveau ab. Nach einer Studie der Weltbank von 1997 sind verschiedene Faktoren zu beklagen: u.a. zu große

Bildungswesen

Klassen, zu wenig Unterrichtsstunden, schlecht ausgebildete und unterbezahlte Lehrer sowie viele Schulabbrecher. Nur mit einer gut ausgebildeten Jugend wird das Land den Aufbruch ins 21. Jahrhundert erfolgreich bewältigen können. Dafür sollte die Regierung, die bisher nur 1% ihres Bruttosozialprodukts in die Bildung investiert hat, die Bedingungen deutlich verbessern.

Vietnamesen

Herkunft und Verbreitung

Ungefähr 88% der im Land lebenden Menschen sind Vietnamesen. Damit gehört Vietnam, ähnlich wie Kambodscha oder Thailand, zu den Ländern Südostasiens mit einer relativ einheitlichen Bevölkerungsstruktur. Die Vietnamesen gingen hervor aus einer Vermischung austro-indonesischer Völker, die übers Meer nach Norden kamen, und mongolischer Stämme, die auf dem Landweg bzw. über die großen Ströme und die dazwischenliegenden Gebirgszüge einwanderten. Ihr ursprüngliches Siedlungsgebiet ist das Delta des Roten Flusses im Norden des Landes. Erst relativ spät, im 15. Jahrhundert, breiteten sie sich nach Süden aus und unterwarfen die Cham im heutigen Mittelvietnam. Drei Jahrhunderte später nahmen sie auch das Mekong-Delta in Besitz. Ihre wirtschaftliche Grundlage ist seit jeher der Naßreisanbau, der sich auf die Tiefländer beschränkt. Dementsprechend sind die Vietnamesen immer Flachländer gewesen. Die 100 m-Höhenlinie stellt so etwas wie eine Grenze dar, oberhalb derer man bis heute nur wenige Vietnamesen antrifft.

Dörfer und Städte

In ihrer Siedlungsweise mußten sie sich den starken jahreszeitlichen Wasserschwankungen und den häufigen Laufveränderungen der Flüsse sowie den Dammbauten zur Bändigung der Wassermassen anpassen. Daher haben sich in Vietnam mit Ausnahme von Hanoi (und später auch Saigon) keine Städte entwickelt. Alle anderen heute existierenden Städte des Landes gehen auf Gründungen der Franzosen zurück. Auch heute leben noch 80% der Vietnamesen in Dörfern. Meist sind es kompakte, nach außen durch Hecken, Zäune oder Mauern abgegrenzte Siedlungen, die vollkommen nach innen orientiert sind. Das dörfliche Leben ist streng hierarchisch geregelt durch ein Netz gegenseitiger Hilfsdienste, das den einzelnen ganz in den Dienst der Gemeinschaft stellt. Dabei existieren drei Hierarchiestufen: Die niedrigste ist die Familie, dann das Dorf als große Familie und schließlich die Zentralmacht in der Hauptstadt als großes Dorf. Entsprechend sehen sich die Vietnamesen nicht als Individuen, sondern immer als Teil einer Gruppe.
Da die meisten Vietnamesen das Dorf, in das sie hineingeboren werden, nie verlassen, muß dieses mit allen Einrichtungen und Befugnissen ausgestattet sein, die das menschliche Leben von der Wiege bis zur Bahre bestimmen. Dazu zählen der Tempel samt Schutzgottheit, der von den Dorfbewohnern selbst immer wieder neu bestimmt wird, ein Ältestenrat, der für alle Belange des Dorfes zuständig ist, und eine Gerichtsbarkeit gegenüber den einzelnen Bewohnern.

Ethnische Minderheiten

Bedeutung und Verbreitung

Zwar machen die ethnischen Minderheiten in Vietnam nur 12% der Bevölkerung aus, bei der großen Gesamteinwohnerzahl sind dies aber immerhin fast 9 Millionen Menschen. Akzentuiert wird ihre Bedeutung noch dadurch, daß zwei Drittel des heute zu Vietnam gehörenden Territoriums ursprünglich gar nicht von Vietnamesen besiedelt war, sondern von nationalen Minderheiten, deren Verbreitungsgebiet die Hochländer und Gebirgsregionen des Landes waren. Charakteristisch für Vietnam ist also der Gegensatz zwischen relativ kleinen, sehr dicht und überwiegend von Vietnamesen bevölkerten Tiefländern sowie großen, sehr dünn besiedelten und von Minderheiten bewohnten Hochländern. Hinzu kommen Völkerschaften, die

Ethnische Minderheiten, Verbreitung (Fortsetzung)

von den Vietnamesen auf ihrem Weg nach Süden unterworfen und in ihr Land eingegliedert wurden. So setzt sich die Gruppe der Minderheiten aus einer bunten Schar von nach Herkunft und Verbreitung völlig unterschiedlichen Bevölkerungsgruppen zusammen. Insgesamt zählt man in Vietnam 53 verschiedene Gruppen, deren Zahl von einigen tausend bis zu mehreren Millionen reicht.
Wer sich für die verschiedenen ethnischen Gruppen interessiert, sollte in Hanoi das 1998 eingeweihte Ethnologische Museum besuchen. Die Ausstellung beschäftigt sich intensiv mit den verschiedenen Volksgruppen und ihren kulturellen Eigenheiten.

Minderheiten der Tiefländer
Hoa (Chinesen)

Die größte Gruppe unter den nationalen Minderheiten stellen die Auslandschinesen (Hoa) dar. Wie fast alle Länder Südostasiens weist auch Vietnam eine große Zahl an Chinesen auf, die im Lauf der Zeit aus verschiedenen Teilen Chinas nach Vietnam eingewandert sind. Die große Mehrheit davon lebt aber nicht im Norden, sondern im Süden des Landes. Im Gegensatz zu den Vietnamesen leben die Chinesen in Städten, deren größte Cholon (ein Teil Ho-Chi-Minh-Stadts) ist. Sie sind stark auf die Bewahrung ihrer kulturellen Identität bedacht. Verbindungen mit den Vietnamesen werden nur sehr selten eingegangen. Zudem organisieren sie sich intern nach Landsmannschaften; auf diese Weise existieren zahlreiche chinesische Gemeinden nebeneinander, die alle die Traditionen ihrer chinesischen Heimatprovinzen bewahren.
Die Chinesen sind vor allem in Wirtschaft und Handel tätig. Dies wurde deutlich bei der Machtübernahme Südvietnams durch den Norden, als die Chinesen im Süden den Großhandel zu 100 % kontrollierten, daneben fast das gesamte Import-Export-Geschäft, 80 % der Schwerindustrie (Maschinenbau, Metallverarbeitung), ebenso die Leichtindustrie (Textilproduktion und Nahrungsmittelverarbeitung). Die Lebensbedingungen verschlechterten sich für die Chinesen allerdings rapide, als 1978 die Betriebe verstaatlicht wurden, was sie ihrer wirtschaftlichen Grundlagen beraubte. Dies geschah zeitgleich mit dem Anwachsen der Spannungen zwischen Vietnam und China infolge der vietnamesischen Kambodscha-Politik, was 1979 sogar zum Krieg zwischen beiden Ländern führte. Die Folge davon war eine starke Fluchtbewegung, die die chinesische Bevölkerung um über eine Million auf die Hälfte reduzierte. Die Flüchtlinge suchten als Boat people (→ *Baedeker Special* S. 62/63) sowohl Zuflucht im Mutterland China als auch in Übersee, wohin sie ihre Ersparnisse mitnehmen konnten. Die wirtschaftlichen Reformen der Regierung seit Ende der 80er Jahre erlauben es aber den Chinesen wieder, in ihren angestammten Tätigkeitsfeldern aktiv zu werden. Nicht zuletzt durch private wie auch wirtschaftliche Kontakte in die anderen südostasiatischen Anrainerstaaten sind sie auf dem besten Wege, ihre frühere Bedeutung wiederzuerlangen.

Cham

Die ebenfalls im Tiefland wohnenden Cham sind die Nachfahren des einstmals mächtigen Reiches von Champa, das bis zu seiner Eroberung im Widerstreit mit Vietnam und dem Reich der Khmer, dem heutigen Kambodscha, lag. In den Jahrhunderten nach der Einnahme des Reichs ging die Bevölkerung immer mehr in den Vietnamesen auf, so daß sich heute nur noch etwa 60 000 Menschen zu dieser Volksgruppe bekennen. Die Cham, die früher dem Hinduismus anhingen, sind heute Muslime, also nicht nur eine ethnische, sondern auch eine religiöse Minderheit.

Khmer

Die Khmer siedeln im Mekong-Delta, das von Vietnam seit dem 18. Jahrhundert in Besitz genommen wurde. Ihre Zahl beläuft sich auf 900 000 Menschen und hat durch Flüchtlinge aus Kambodscha während der Herrschaft der Roten Khmer (1975 – 1979) noch zugenommen. Wie ihre Landsleute in der Heimat sind sie ganz dem Theravada-Buddhismus verhaftet und unterscheiden sich dadurch in ihrer Lebensauffassung stark von den Vietnamesen. Ganz auf die Erlangung einer besseren Wiedergeburt fixiert, fehlt ihnen das Streben nach materiellem Reichtum. Da nach ihrem Glauben jeder selbständig den Weg zur Erleuchtung suchen muß, haben sie

Ethnische Minderheiten in Vietnam

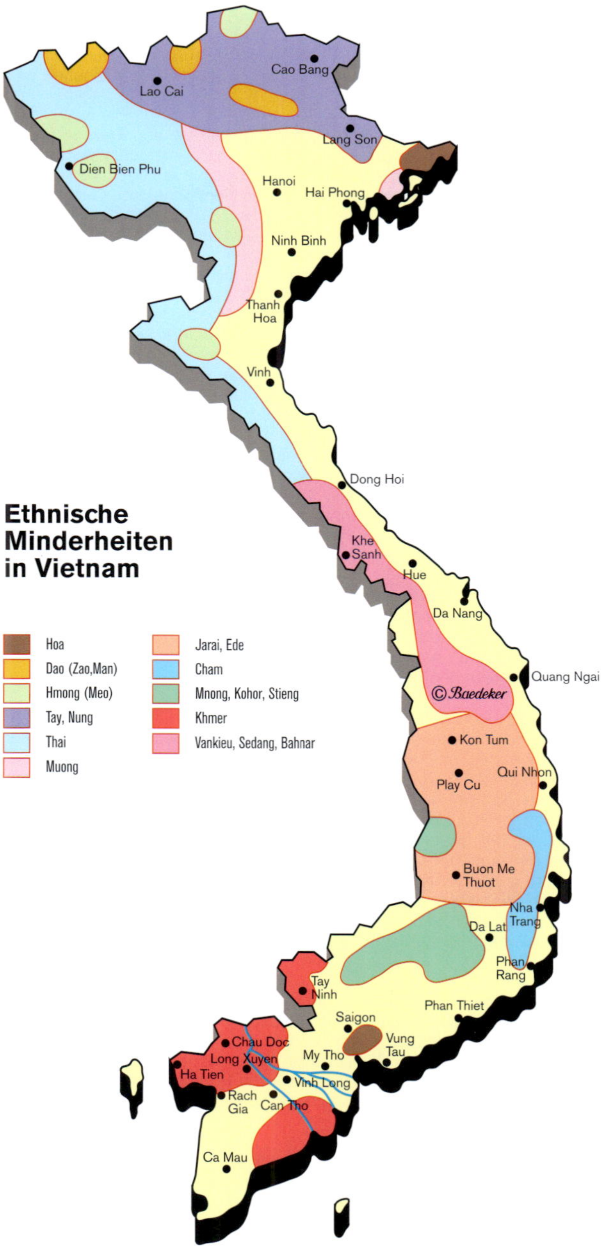

Khmer (Fortsetzung)

nicht den ausgeprägten Gemeinschaftssinn der Vietnamesen. Dies drückt sich sogar in der Siedlungsweise aus, denn ihre Dörfer bestehen aus verstreut liegenden und auf Stelzen stehenden Holzhäusern. Deren unterer Teil dient den Haustieren als Unterschlupf, während die Menschen eine Etage höher wohnen.

Minderheiten der Bergländer

Den Minderheiten der Tiefländer ist gemein, daß sie von Fremden meist nicht als solche erkannt werden, denn äußerlich unterscheiden sie sich meist kaum von den Vietnamesen. Die Unterschiede liegen vor allem in Tradition, Religion, Lebensweise, Schrift und Siedlungsform. Ganz anders verhält es sich mit den Minderheiten, die die Bergregionen bevölkern. Sie sind nach Aussehen und Habitus so verschieden von den Vietnamesen, daß sie sofort als eigenständige Volksgruppen zu erkennen sind. Von den Franzosen wurden sie Montagnards genannt, ein Begriff, der sich bis heute erhalten hat und von den Bewohnern selbst verwendet wird. Von den Vietnamesen werden sie dagegen oft als "moi" bezeichnet, d.h. Wilde, wobei die Vorbehalte gegen die teilweise völlig andere Lebens- und Wirtschaftsweise dieser Völker zum Ausdruck kommen.
Im Gegensatz zu den Vietnamesen fußt ihre wirtschaftliche Grundlage nicht auf dem Naßreisanbau, sondern auf Ackerbau in Form des Brandrodungswanderfeldbaus und auf Viehzucht. Je nachdem, welche Wirtschaftsform betrieben wird, ist ihre Siedlungsweise seßhaft bis nomadisch. Dabei muß der Tatsache Rechnung getragen werden, daß der Wohnplatz nach wenigen Jahren wieder aufgegeben wird, wenn z.B. der Boden erschöpft ist oder neues Weideland für die Tiere erschlossen werden muß. Daher bewohnen sie keine kompakten Dörfer wie die Vietnamesen, sondern lockere Streusiedlungen mit Pfahlbauten oder im Süden z.T. auch Langhäusern.

Ethnische Differenzierung

Ethnisch kann man zwei große Gruppen unterscheiden:
- die aus Südostasien stammenden malaiisch-polynesischen Völker in den Bergländern Südvietnams und
- die aus Ostasien stammenden sino-tibetisch-mongolischen Völker, die überwiegend in den Bergen Nordvietnams leben.

Diese lassen sich dann intern wieder in zahlreiche Untergruppen mit jeweils eigener Sprache und Kultur differenzieren. Im Gegensatz zu den Vietnamesen haben sie sich nie miteinander vermischt, sondern in unterschiedlichen Regionen des Landes angesiedelt. Die Mehrzahl (68 %) dieser Völker lebt im Norden des Landes. Zudem sind sie zu ganz unterschiedlichen Zeiten nach Vietnam eingewandert. Einige gelten als direkte Nachfahren der "Urvietnamesen", andere sind erst in den letzten Jahrzehnten aus den Nachbarländern nach Vietnam gekommen. Auch das religiöse Spektrum ist groß. Als ethnische Minderheiten gehören sie oft auch einer religiösen Minorität an, um sich von der überwältigen Mehrheit der Vietnamesen abzuheben. Animismus ist weit verbreitet, daneben findet man auch überproportional viele Christen, sowohl Katholiken als auch Protestanten.

Bergvölker im Süden

Die größte Gruppe der in den Bergländern des Südens lebenden Minderheiten sind die Jarai mit 250 000 Menschen. Sie leben von der Rinder- und Pferdezucht und betrieben ursprünglich einen Wanderfeldbau mit Trockenreis, Gemüse und Süßkartoffeln, heute dagegen zunehmend auch Kaffee, Tee und Tabak. Ihre südostasiatische Herkunft ist noch sichtbar in ihrer Siedlungsweise in Form von Langhäusern, wie sie auch auf der Insel Borneo gepflegt wird.

Bergvölker im Norden

Die Bergstämme des Nordens tragen noch wesentlich häufiger als die im Süden ihre eigenen Trachten, die sie nicht nur von den Vietnamesen, sondern auch untereinander unterscheiden. Für jeden Reisenden ist es daher ein Erlebnis, über einen Markt zu spazieren und die vielen bunten Trachten zu bewundern. Bei Frauen weit verbreitet ist auch das Tragen von Silber-

Bergvölker im Norden (Fortsetzung)

schmuck, was bei den Vietnamesinnen völlig unüblich ist. Die größten Gruppen sind die Tay mit 1,2 Millionen Menschen in den Grenzregionen zu China. Sie gelten in Kultur und Religion als stark "vietnamisiert" und sind in Politik und Verwaltung recht stark vertreten. Weitere Gruppen sind die Nung, die aus Südchina kommen und Wanderfeldbau und Viehzucht betreiben, genauso wie die Thai, die sich je nach Kleidung in Rote, Weiße oder Schwarze Thai unterteilen lassen und auch auf die Nachbarländer Laos, China und Thailand verstreut sind. Die Muong gelten als Nachfahren der vietnamesischen Ureinwohner, sind also schon sehr lange im Land, während die Hmong (Meo) erst im 19. Jahrhundert aus Südchina nach Vietnam einwanderten.

Hmong-Mädchen in Sa Pa

Minderheiten und Politik

Aufgrund ihrer weiträumigen Verbreitung in strategisch sensiblen Regionen wurden die Bergstämme insbesondere zur Zeit des Indochina-Konflikts von den einzelnen Kriegsparteien umworben. Schon die Franzosen wollten mit deren Hilfe ihr Kolonialreich gegen die Unabhängigkeitsbewegung der Vietminh verteidigen. Ho Chi Minh seinerseits versuchte, die Bergstämme des Nordens für seinen Kampf zuerst gegen die Franzosen, später gegen Südvietnam zu gewinnen. Er räumte ihnen eine weitgehende Autonomie ein, denn immerhin lief der nach ihm benannte Versorgungspfad durch das Gebiet der Minderheiten. Die Amerikaner stifteten sie dagegen zu Überfällen auf den Ho-Chi-Minh-Pfad an, indem sie ihnen Opium zur Versorgung der eigenen Truppe abkauften. Im Gegensatz zu Nordvietnam betrieb Südvietnam seinen Minderheiten gegenüber eine ausgesprochen zentralistische Politik, um dem Vietcong möglichst keine Unterwanderungsmöglichkeiten zu bieten. Es kam sogar zu Umsiedlungsaktionen der Bergbewohner in große Dörfer. Damit wurden zwar die Einflußmöglichkeiten des Vietcong geringer, dafür wandte sich aber die Bevölkerung auch ohne besondere Agitation von der Zentralregierung in Saigon ab und Nordvietnam zu. In dem Maße wie man die wirtschaftliche Bedeutung der einst unzugänglichen und uninteressanten Bergländer erkannte, wurden nach dem Krieg die Freiheitsrechte der Minderheiten wieder eingeschränkt bzw. im Süden überhaupt nie in Kraft gesetzt. Durch den zunehmenden Bevölkerungsdruck müssen immer größere Gebiete für Reispflanzungen erschlossen werden. Außerdem wird der Anbau von Kaffee, Tee oder Tabak ausgeweitet, die nur in den tropischen Hochlagen wachsen. Durch die Einführung dieser neuen Feldfrüchte soll nicht nur der weitverbreitete Opiumanbau reduziert, sondern die Bevölkerung auch zu einer seßhaften Lebensweise animiert werden. Um die Bergregionen stärker an das vietnamesische Kernland anzubinden, werden auch vermehrt Vietnamesen angesiedelt, was die Bergbewohner allerdings immer mehr zur Minderheit in ihrem eigenen Siedlungsgebiet macht. Schließlich befinden sich in den Bergregionen des Nordens auch die gesamten Bodenschätze des Landes.

Religion

Geistige Vielfalt

Politisch wie kulturell im Spannungsfeld zwischen Süd- und Ostasien gelegen, haben in Vietnam nahezu alle Weltreligionen ihre Spuren hinterlassen. Im Gegensatz zu den Nachbarländern Laos und Kambodscha mit ihrer Allgegenwart des Buddhismus herrscht in Vietnam eine wesentlich größere Vielfalt an geistigen Strömungen. Im Land selbst entstanden sind die Ahnenverehrung und der Animismus. Von außen kam dagegen der Buddhismus, sowohl aus China in Form des Mahayana (Großes Fahrzeug), als auch aus Indien als Hinayana (Kleines Fahrzeug). Der Hinduismus war die Religion der Cham in Mittelvietnam, deren Nachfahren sich heute zum Islam bekennen. Von europäischen Missionaren wurde schließlich der Katholizismus ins Land gebracht. Hinzu kommen etliche, meist regional operierende Sekten, die aber in der jüngeren vietnamesischen Vergangenheit eine große, auch politische Bedeutung hatten. Anders als in Europa spielt die Philosophie auch im Alltagsleben eine wichtige Rolle. Hier sind in erster Linie der Konfuzianismus und der Taoismus zu nennen.

Tolerantes Nebeneinander der Religionen

Diese verschiedenen geistigen Strömungen rivalisieren nicht miteinander, sondern sie ergänzen sich und werden von den Vietnamesen dazu verwendet, unterschiedliche Lebensbereiche abzudecken. Während z.B. der Ahnenkult dazu dient, den Umgang mit den Verstorbenen zu regeln, wird das Zusammenleben im Staat und in der Familie durch den Konfuzianismus bestimmt. Im Umgang mit der Natur vertraut man wiederum dem Taoismus, was sich beispielsweise bei der Anlage eines Landschaftsgartens zeigt. Und wenn es Mode ist, in Weiß zu heiraten, so zieht man eine christliche Trauung einer anderen Form der Eheschließung vor.

Begünstigt wird diese Vielfalt durch die Toleranz asiatischer Religionen. Während es Europäern unmöglich erscheint, gleichzeitig Christ und Bud-

Der Ahnen wird an kleinen Altären in den Wohnungen der Familien und in Pagoden gedacht.

dhist zu sein, ist es umgekehrt für einen Vietnamesen kein Problem, sich zu beiden Religionen zu bekennen, genausowenig wie für einen Inder, Hindu und Christ zu sein. Daher sind also Doppelnennungen bei Religionsangaben durchaus nichts Besonderes.

Tolerantes Nebeneinander (Fortsetzung)

Ahnenverehrung

Grundlage der Religiosität

Die Ahnenverehrung kann als urvietnamesisch angesehen werden, da sie nicht von außen ins Land gebracht wurde. Sie hatte nie mit der Ablehnung anderer Religionen zu kämpfen, sondern wurde neben allen anderen Glaubensformen praktiziert. Ausgehend von der Überlegung, daß die Menschheit aus wesentlich mehr Toten als Lebenden besteht, kommt der Verehrung der Verstorbenen in einer würdigen Form eine große Bedeutung zu. Der Tod steht dabei nicht im Mittelpunkt, wohl aber der Tote selbst, der nach der Vorstellung der Vietnamesen als Geisterseele weiterlebt und fortwährend der Fürsorge durch die Lebenden bedarf. Die Geisterseele stellt nicht nur die Verbindung her zwischen den Lebenden und den Toten, sondern auch zu den zukünftigen Generationen.
Durch das Abbrennen von Räucherstäbchen und Opfergaben (z.B. Lebensmittel) am Ahnenaltar wird die Verehrung an wichtigen Feiertagen bzw. am Geburtstag oder Todestag des Verstorbenen ausgedrückt. Bei wichtigen Entscheidungen werden die Toten um Rat gefragt, ebenso über alle Entwicklungen unterrichtet. Die Totenverehrung ist Grundlage der gesamten Religiosität der Vietnamesen, insbesondere ihres Glaubens an Geister und Dämonen.

Animismus

Glaube an Geister und Dämonen

Als ursprünglich bäuerliches Volk, das stark von Gunst oder Ungunst der Natur abhängig ist, hat sich in Vietnam ein ausgeprägter Animismus entwickelt. Grundlage dafür ist die Vorstellung, daß das Universum in drei Sphären (Himmel, Erde, Menschheit) unterteilt ist. Ong Troi, der Herrscher des Himmels, wacht über deren Gleichgewicht, wobei er von den Geistern der Erde, der Berge und des Wassers unterstützt wird. Innerhalb dieser Ordnung haben auch die vier heiligen Tiere, denen man an vielen Bauwerken in Vietnam begegnet, ihren Platz. Der Drache steht dabei als Symbol für den König (auch Macht und Intelligenz), der Phoenix für die Königin, Schönheit und Frieden. Langes Leben wird der Schildkröte zugespochen, die gleichzeitig auch den Schutz des Reiches sichern soll. Und zu guter Letzt der mythische Kylin, eine Art Einhorn, der mit der Weisheit in Verbindung gebracht wird.
Man nimmt an, die Natur sei von Geistern und Dämonen beseelt, die den Menschen wohl oder übel gesonnen sein können. Durch Opfergaben gibt es aber die Möglichkeit, diese gnädig zu stimmen. Solche Geister leben u.a. in Steinen, Pflanzen oder Tieren. Jedes Haus und jedes Dorf hat seine eigenen Schutzgeister, die in den Tempeln und Gemeindehäusern verehrt werden. Manchmal handelt es sich dabei um eine legendäre Figur wie Bach Ma, eine taoistische Gottheit oder eine historische Persönlichkeit.

Konfuzianismus

Allgemeines zu den chinesischen Philosophien

Das Faszinierende an China besteht nicht nur darin, daß es eine Hochkultur hervorgebracht hat, die schon im 6. vorchristlichen Jahrtausend am oberen Hoanghe entstand, sondern auch, daß diese Kultur eine ausgeprägte Kontinuität besitzt, die fast bruchlos bis ins 20. Jahrhundert reicht. Die Geschichte Chinas offenbart sich also nicht in streng voneinander getrennten Phasen, sondern als eine Abfolge von Dynastien, deren Wirken sich nach einem immer wieder ähnlichen Muster vollzieht. Auf die Phase der Machtergreifung und Machtfestigung folgt eine zweite Phase der

Konfuzianismus, Allgemeines (Fortsetzung)

Machtentfaltung und Blütezeit der Dynastie. Der schließt sich dann eine mehr oder weniger lange Phase des Machtverfalls und Niedergangs an, die in einer Zeit der Wirrnis endet, bis eine neue Dynastie die Macht ergreift und diesen Zyklus von neuem durchlebt. Dabei sind es gerade die Zeiten des Chaos und Umbruchs, in denen vermehrt Philosophen hervortraten, die sich darüber Gedanken machten, wie das "Staatsschiff" wieder auf den richtigen Kurs gebracht werden kann. Man kann also davon ausgehen, daß China im 5. und 6. Jahrhundert v. Chr., zu Lebzeiten der beiden berühmtesten Philosophen Konfuzius und Laotse, eine solche Phase der Verwirrung durchlebte.

Wesen der Gesellschaft

Der oben skizzierte Machtzyklus war auch Konfuzius bekannt, wobei er sich vor allem mit der Frage beschäftigte, wie es zu dem fast unvermeidlichen Niedergang einer Dynastie kommen kann. Aufgrund seiner Studien schloß er, daß der innere Zustand der Gesellschaft verantwortlich ist für das Gedeihen eines Landes. In Zeiten der Blüte ist auch das soziale Gefüge intakt, in Zeiten des Niedergangs hingegen gerät die Gesellschaft aus den Fugen, weil die Menschen die ihnen zugedachten Aufgaben im sozialen Miteinander nicht mehr wahrnehmen. Wenn z.B. ein Herrscher seine Regierungsaufgaben vernachlässigt, weil er Vergnügungen frönt, so fühlen sich auch die Untertanen nicht mehr an ihre Pflichten gegenüber dem Herrscher gebunden. Chaos und Korruption breiten sich aus, und die Gesellschaft gerät aus dem Gleichgewicht.

Konfuzius-Statue

Von dieser Überlegung ausgehend, entwarf Konfuzius ein streng hierarchisches Gesellschaftsmodell, das jedem Individuum seinen Platz in der Gemeinschaft zuweist mit genau festgelegten Rechten und Pflichten. Je strenger sich der Einzelne an dieses Modell hält, desto besser funktioniert die Gesellschaft und desto stärker ist das Reich. Nach Meinung des Konfuzius funktioniert der Staat wie eine große Familie, d.h. beide sind nach denselben Richtlinien aufgebaut.
Innerhalb seines Gesellschaftsmodells unterscheidet er fünf Formen des Zusammenlebens: Herrscher – Untertan, Vater – Sohn, Mann – Frau, älterer Bruder – jüngerer Bruder sowie Freund – Freund. Dabei stellen die ersten vier Paare eine Beziehung der Über- und Unterordnung dar, das letzte dagegen eines von Gleich zu Gleich.
Pflichtbewußtsein ist die Grundforderung an sämtliche Mitglieder einer Gesellschaft. Für die Untergebenen kommen Loyalität, Gehorsam und Unterordnung gegenüber Herrn und Herrschern hinzu, während diese Vorbildfunktion haben und Fürsorge gegenüber den Untergebenen walten lassen müssen.

Menschenbild

Konfuzius sucht das Edle im Menschen, wobei der Edle alle Tugenden verkörpert wie Bildung, Toleranz, Pflichtbewußtsein, Gemeinsinn und Gerechtigkeit. Je mehr eine Person diesem Idealbild entspricht, desto eher ist sie auch berechtigt, Führungsfunktionen in einem Staat zu übernehmen. Diese Tugenden sind aber nicht angeboren, sondern müssen durch Bildung und Studium erst erworben werden. Daher hat Bildung, unabhängig vom sozialen Stand, für Konfuzius allergrößte Bedeutung. Konfuzius lehnt daher eine Erbmonarchie ab und plädiert stattdessen für eine Auslese der Herrscher, die sich streng an den Prüfungen orientiert.

Wirkung

Die große Wirkung des Konfuzianismus in späterer Zeit beruht wesentlich darauf, daß seine Lehre auch von dem einfachen Volk verstanden wurde, denn Konfuzius war der Meinung, daß eine Philosophie, die nicht nachgelebt werden kann, auch keine Existenzberechtigung habe. Indem er dem Volk einige wenige klare Regeln in die Hand gab, ermöglichte er es den Menschen, auch danach zu leben. Allerdings fand seine Lehre erst Jahrhunderte nach seinem Tod Verbreitung und diente über 2000 Jahre hinweg als Staatsphilosophie. In der Endphase des chinesischen Kaiserreichs 1908 wurde Konfuzius sogar heiliggesprochen. Der Konfuzianismus erreichte Vietnam im 2. Jahrhundert und wurde zur beherrschenden Philosophie. Bevor sie in den Staatsdienst eintreten konnten, wurden bis zum Jahr 1915 die Beamtenanwärter in konfuzianischer Lehre geprüft (s. S. 195).

Wandlungen

Lange Zeit blieb der Konfuzianismus die vorherrschende Philosophie, doch sie verkam auch langsam. So wurden die Herrscher in Vietnam nicht ausgewählt, sondern es wurde das dynastische System beibehalten, wodurch nicht unbedingt die fähigsten Leute das Land regierten. Die Herrscher waren zwar gerne bereit, die Rechte in Anspruch zu nehmen, die ihnen der Konfuzianismus zugestand, ohne aber deren Pflichten zu erfüllen. Daneben entwickelte sich eine Gelehrtenzunft, die ihre Aufgabe darin sah, die reine Lehre zu bewahren, aber nicht mehr weiterzuentwickeln. Auf diese Weise erstarrte der Konfuzianismus in einer rückwärtsgewandten Haltung, die die Vergangenheit glorifizierte und daher immer weniger in der Lage war, neuen Entwicklungen zu begegnen. Nicht zuletzt deshalb war es für die europäischen Kolonialmächte im 19. Jahrhundert einfach, in Vietnam Fuß zu fassen.

Konfuzianismus heute

Im Alltagsleben spielt der Konfuzianismus allerdings bis heute eine große Rolle, denn alle Umbrüche der letzten 100 Jahre haben nicht vermocht, die hierarchischen Strukturen in Staat und Familie aufzulösen. Dies merkt man beispielsweise daran, daß man im Gespräch immer zuerst nach dem Alter

Die Achtung vor älteren Personen ist eine Säule des Konfuzianismus.

Konfuzianismus heute (Fortsetzung)

gefragt wird, wobei die Regel gilt: je älter, desto besser. Dies dient dazu, zwischen beiden Personen eine Rangfolge herzustellen, die eine Einschätzung des anderen erlaubt. Außerdem gibt es in Ländern, die vom Konfuzianismus geprägt sind, jeweils eigene Begriffe für den älteren und den jüngeren Bruder sowie für die ältere und die jüngere Schwester. Auch dies dient dazu, die Position unter den Familienangehörigen festzulegen.
Nicht zuletzt hätte sich Konfuzius auch bestätigt gesehen in dem Sieg des gesellschaftlich wie politisch straff organisierten Nordens über den in viele Gruppen und Cliquen zersplitterten Süden, von denen jede nur ihre eigenen Interessen im Auge hatte.

Taoismus

Naturphilosophie nach Laotse

Im Gegensatz zum Konfuzianismus ist der Taoismus eine Naturphilosophie, die auf den chinesischen Philosophen Laotse zurückgeht, der im 6. Jahrhundert v. Chr. in Nordchina lebte. Zentraler Punkt seiner Philosophie ist das Tao (Dao), wörtlich übersetzt "der Weg". Laotse versteht darunter eine allen Dingen innewohnende Kraft, die mit unseren Sinnen aber nicht erfaßbar ist. Sie wirkt nicht durch ihre Stärke, sondern durch ihre (scheinbare) Schwäche, durch ihre Unmerklichkeit. Als Beispiel hierfür dient das Wasser als schwächstes Medium, das aber in der Lage ist, den stärksten Stein auszuhöhlen. Laotse nimmt keine Wertung vor zwischen Gut und Schlecht, denn das Tao wohnt beiden inne, und das Wasser kann seine Wirkung nur im Zusammenspiel mit dem Stein tun. Diese Vorstellung wird symbolisiert durch Yin und Yang, das männliche und das weibliche Urelement, das in seinem Zusammenspiel und seiner wechselseitigen Durchdringung zu Harmonie führt.

Menschenbild

Idealbild des Taoismus ist der souveräne Mensch (der Weise). Er hat Autorität, ohne autoritär sein zu müssen. Allein durch seine Anwesenheit leitet

Dem Herrscher des Nordens wird Macht über die Winde zugesprochen.

er die Menschen und vermittelt ihnen die Gewißheit, daß alles seine Ordnung hat, ähnlich einem Dirigenten, der mit wenigen Bewegungen seines Taktstocks ein ganzes Orchester zum Zusammenspiel bringt. Gesetze, Verordnungen und Verbote lehnt Laotse ab, denn sie zeigen bereits einen Mangel an Souveränität. Obwohl seine Lehre in dem Buch Tao-te-ching (Daodejing) niedergeschrieben wurde, ist Laotse gegen schriftliche Verlautbarungen, da sie bereits eine Auswahl und damit eine Einengung darstellen. Auch Ratschläge werden nicht erteilt, weil sie eine Bewertung in Gut und Böse mit sich bringen. Stattdessen verbreitet Laotse seine Ansichten in manchmal scheinbar paradoxen Sinnsprüchen. So schreibt er z.B. über den vollkommenen Herrscher: "Liebt er das Volk und regiert das Land, so kann er ohne Tun sein. Mit Ungeschäftigkeit gewinnt man das Reich".

Taoismus, Menschenbild (Fortsetzung)

Seinen spirituellen Ausdruck findet der Taoismus in der Verehrung von Göttern, Geistern und Dämonen der Natur. Diese wurden in ein hierarchisches System eingebunden, an deren Spitze der Jadekaiser Ngoc Hoang steht. Unterstützt wird er von Bac Dau (Stern des Nordens), der über die Toten wacht, und Nam Tao (Stern des Südens), der über die Lebenden Buch führt. Ihnen untergeordnet sind die vier Mütter, die für die vier Himmelsrichtungen stehen, aber auch die Elemente Himmel, Erde, Wasser und Holz darstellen. Es gibt wenige rein taoistische Tempel in Vietnam. Meist finden sich taoistische und buddhistische Gottheiten nebeneinander oder man verehrt sie in Gemeinschaftshäusern und auf Hausaltären.

Taoismus und Spritualität

Buddhismus

Die Lehre des Buddhismus geht zurück auf Siddharta Gautama, einen Prinzen, der im 5. Jahrhundert v. Chr. in Nordindien am Fuß des Himalaya lebte. In Reichtum und Luxus aufgewachsen, traf er bei einem Ausritt auf einen alten, einen kranken und einen toten Menschen sowie auf einen Mönch. Diese Begegnungen wurden für ihn zum Schlüsselerlebnis, und er entschied sich, dem höfischen Leben zu entsagen und fortan den Sinn des Lebens zu suchen. So folgte er verschiedenen philosophischen Schulen, ohne eine befriedigende Antwort auf seine Fragen zu erhalten. Im Alter von etwa 30 Jahren gelangte er aber durch eigene Meditation zur Erkenntnis, er wurde zum Buddha, was soviel wie "der Erleuchtete" bedeutet. In den folgenden Jahrzehnten wanderte er durch Indien und verbreitete seine Lehre, ehe er im Alter von ungefähr 80 Jahren verstarb bzw. ins Nirwana einging.

Siddharta Gautama – der Begründer des Buddhismus

Wie alle östlichen Religionen geht auch der Buddhismus von einer zyklischen Lebensauffassung aus – d.h. Geburt, Tod und Wiedergeburt folgen in einer ewigen Reihe aufeinander. Buddha lehrt, daß alles Leben Leiden ist und daß es das Ziel des Menschen sein muß, diesen Zyklus zu durchbrechen. Leiden bedeutet in diesem Zusammenhang allerdings nicht körperlichen Schmerz, sondern Nutzlosigkeit und Schein, da alles Irdische vergeht. Der Grund für das Gefangensein der Menschen in diesem ewigen Lebenszyklus ist, daß sie an irdischen, speziell materiellen Gegenständen hängen. Erst wenn es gelingt, sich von den vergänglichen Dingen des Lebens zu lösen, wird man zur Erleuchtung kommen und diesen ewigen Kreislauf durchbrechen. Der Erleuchtete wird nicht mehr wiedergeboren, sondern geht ins Nirwana ein. Das Nirwana bedeutet nicht Paradies im christlichen Sinn, sondern es meint das Verlöschen aller irdischen Existenz.

Lebenszyklus

Die Fähigkeit zur Erleuchtung wohnt nach Meinung Buddhas allen Menschen inne, sie muß nur geweckt werden. Um zur Erleuchtung zu kommen, hat Buddha Regeln aufgestellt, den sog. achtfachen Pfad. Er besteht aus:
1. der richtigen Erkenntnis
2. dem richtigen Denken

Achtfacher Pfad

Buddhismus, Achtfacher Pfad (Fortsetzung)

3. der rechten Rede
4. den rechten Taten
5. dem rechten Lebenserwerb
6. der rechten Bestrebung
7. der rechten Aufmerksamkeit
8. der rechten Konzentration.

Buddha ging nicht davon aus, daß der Mensch in einer Lebensspanne die Erleuchtung erreichen kann, sondern daß er sich von Wiedergeburt zu Wiedergeburt hocharbeitet und irgendwann in einer fernen Existenz ins Nirwana eingeht.

Menschenbild

Gelassenheit und Zuversicht sind die Wesenszüge der Buddhisten. Sie wissen, daß sie nichts versäumen, denn was in diesem Leben verwehrt bleibt, kann im folgenden nachgeholt werden. Sie sind keine Asketen, streben aber auch nicht nach Wohlstand, da alles Irdische (Materielle) vergänglich ist. Gleichzeitig besteht aber auch die Zuversicht, eines Tages die irdische Existenz hinter sich lassen zu können. Gegenüber allen Mitgeschöpfen wird Nachsicht geübt, da sie sich – wie man selbst – auf dem mühsamen Weg zur Erleuchtung befinden.

Altar mit verschiedenen Buddha-Statuen und reichhaltigen Gaben

Mahayana-Buddhismus

Der Buddhismus kam im 2. Jahrhundert aus zweierlei Richtungen nach Vietnam, auf dem nördlichen Weg über China in Form des Mahayana (Großes Fahrzeug) und auf dem südlichen Weg von Indien her als Hinayana (Kleines Fahrzeug). Der Mahayana-Buddhismus ist in ganz Ostasien verbreitet und stellt auch in Vietnam die Hauptrichtung dar. Nach seiner Auslegung gibt es nicht nur Buddhas, sondern auch sog. Bodhisattvas. Dies sind Menschen, die den Zustand der Erleuchtung schon erreicht haben, aber freiwillig auf den Eingang ins Nirwana verzichten, um anderen Menschen auf ihrem Weg dorthin zu helfen. Mit deren Unterstützung können nicht nur Mönche zur Erleuchtung kommen, sondern auch gewöhnliche Sterbliche.

Hinayana-Buddhismus

Der Hinayana, der hauptsächlich in Burma, Thailand, Laos und Kambodscha verbreitet ist, lehrt dagegen, daß jeder einzelne für sich allein den Weg zur Erleuchtung finden muß. Außerdem kann ein Mensch erst als Mönch zur Erleuchtung kommen. Der Weg ins Nirwana steht also immer nur wenigen Menschen offen, daher die Bezeichnung "Kleines Fahrzeug".

Seine größte Förderung erhielt der Buddhismus vom 10. bis 12. Jahrhundert, als er zur Staatsreligion in Vietnam wurde. In dieser Zeit entstanden viele Tempel und Klöster. Ab dem 13. Jahrhundert wurde er allerdings vom Konfuzianismus wieder zurückgedrängt, der ihm Staatsferne und fehlendes soziales Engagement vorwarf. Der Buddhismus entwickelte sich zur Religion des einzelnen. Dabei fand er allerdings weniger Anhänger bei den gebildeten Bevölkerungsschichten als beim einfachen Volk.

Wirkung des Buddhismus

Da die wenigsten der Leute mit dem theoretischen Gebäude des Buddhismus vertraut waren, suchten sie eher Zuflucht und Hilfe bei den Bodhisattvas. Ganz oben in der Hierachie der buddhistischen Heilsgestalten stehen die Buddhas der drei Generationen (Vergangenheit, Gegenwart und Zukunft). Der Buddha der Vergangenheit A Di Da (Amitabha) hilft dem Menschen auf dem Weg der Läuterung. Wohingegen der Buddha der Gegenwart Thich Ca Mau Ni, der dem historischen Buddha Siddharta Gautama entspricht, als Lehrer gilt und Di Lac (Maitreya) als Buddha der Zukunft immer lachend und dickbäuchig gezeigt wird. Unter den Bodhisattvas ist die beliebteste Figur die Göttin der Barmherzigkeit (Quan Am oder Guan Yin). Die buddhistischen Heilsbringer wurden aber mit den Gottheiten anderer Religionen zu einer ganzen Götterwelt erweitert. Daher finden sich in buddhistischen Tempeln häufig auch taoistische Gottheiten oder Elemente der Ahnenverehrung (→ *Baedeker Special* S. 78/79).

Buddhismus und Spiritualität

Christentum

Auf die europäischen Entdecker folgten im allgemeinen direkt die Missionare – in Asien genau wie in Amerika. Im Gegensatz zu Amerika trat das Christentum aber in Konkurrenz zu den dort bereits existierenden Religionen. Die ersten Aktivitäten sind aus dem frühen 16. Jahrhundert überliefert, denn bereits 1533 wurde erstmals von einem Verbot der "Lehre eines Jesus" gesprochen. Missionierungen durch Dominikaner aus Spanien, Portugal und Frankreich folgten, ab dem 17. Jahrhundert auch durch Jesuitenpatres, die vorher aus Japan ausgewiesen worden waren. Zu nennen ist hier v.a. Alexandre de Rhodes (→ Berühmte Persönlichkeiten), der zuerst in Annam (Mittelvietnam), später auch in Tonkin (Nordvietnam) tätig war. Neben seiner missionarischen Tätigkeit entwickelte er auch das erste vietnamesisch-spanisch/portugiesische Wörterbuch und brachte dadurch die lateinische Schrift nach Vietnam, die hier auch heute noch geschrieben wird. Am Ende seines Aufenthalts schätzte man die christliche Gemeinde in Vietnam auf ungefähr 300 000 Menschen.

Missionierung Vietnams

Obwohl es das ganze 18. Jahrhundert hindurch zu Christenverfolgungen kam, wuchs die Zahl der Gläubigen bis zum Beginn der Nguyen-Dynastie im frühen 19. Jahrhundert auf 400 000 an. Mit der Hinwendung zu den Lehren des Konfuzius kam es zwischen 1825 und 1883 zu erneuten Verfolgungen, denen rund 100 000 Christen zum Opfer fielen.

Christenverfolgungen

Nach der Ankunft der Franzosen gewann das Christentum abermals an Einfluß, und am Ende des Zweiten Weltkriegs zählte man in Vietnam etwa 2 Millionen Christen, was knapp 10 % der Bevölkerung entsprach. Bei der Teilung des Landes 1954 lebte die Mehrzahl der Christen im Norden, nämlich 1,2 Millionen, im Süden dagegen nur 400 000. Aus Furcht vor Übergriffen durch die Kommunisten setzte eine riesige Fluchtbewegung ein, so daß sich das Verhältnis nahezu umkehrte (460 000 im Norden und 1,14 Mio. im Süden). Gleichzeitig mit der Unterdrückung im Norden ging eine Aufwertung des Christentums im Süden einher, denn der von den Amerikanern unterstützte Präsident Diem war ein überzeugter Katholik, der nicht nur die Kommunisten bekämpfte, sondern auch gegen die anderen Religionen im Land vorging. Obwohl die Christen nur eine Minderheit in der Bevölkerung waren, stellten sie in der Regierung Diem die Mehrzahl der Minister und hielten in der Armee die wichtigsten Positionen inne.

Christentum während der Kolonialzeit und der Teilung des Landes

Christentum nach der Vereinigung

Nach der Machtübernahme durch die Kommunisten im Jahre 1975 mußten die Christen die gleichen Beschränkungen hinnehmen wie die anderen Religionsgemeinschaften auch: Einschränkung der Bewegungsfreiheit, Sonntagsarbeit, Schließung von Priesterseminaren etc. Doch trotz der wechselvollen Geschichte bekennen sich heute ca. 4 Millionen Menschen zum Christentum (v.a. zum Katholizismus). Damit verfügt Vietnam unter den asiatischen Ländern über den zweithöchsten Anteil an Christen – nach den Philippinen.

Islam

Isolierte Glaubensinsel ohne Verbindung zu den Zentren des Islam

Der Anteil der Muslime an der Bevölkerung Vietnams beträgt heute etwa 0,5 %, wobei es v.a. die Volksgruppe der Cham ist, die sich zu dieser Religion bekennt. Die Cham bildeten vom 4. bis 14. Jahrhundert eine regionale Macht in Zentralvietnam, die sich im Widerstreit mit den Khmer und den Vietnamesen befand. Das Reich der Cham gehörte zur hinduistischen Glaubenswelt, die sich damals in einem weiten Bogen von Indien bis nach Indonesien spannte und deren Außenposten heute noch die Insel Bali ist. Relikte aus jener Zeit sind die weithin sichtbaren Cham-Türme in Zentralvietnam.

Nach ihrer Unterwerfung durch die Vietnamesen traten die Cham zum Islam über. Dieser neue Glauben wurde vom 7. bis 10. Jahrhundert durch arabische Händler und Seefahrer auch nach Südostasien gebracht, allerdings fand er in Vietnam keine große Verbreitung. So bilden die Cham heute eine isolierte Glaubensinsel ohne Verbindung zu den Zentren des Islam. Daher werden die religiösen Gebote auch weniger streng gepflegt als in den arabischen Ländern. Die vietnamesischen Muslime pilgern nicht nach Mekka, das fünfmalige Gebet am Tag wird nur freitags praktiziert und auch der Fastenmonat Ramadan wird auf drei Tage verkürzt. Außerdem werden neben dem Islam auch andere in Vietnam übliche Formen der Religiosität gepflegt, wie z.B. der Animismus oder die Ahnenverehrung.

Caodaismus

Allgemeines zu den lokalen Glaubensgemeinschaften

Zusätzlich zu den großen geistigen Strömungen existieren in Vietnam etliche lokale religiöse Vereinigungen. Sie wurden häufig erst im 20. Jahrhundert gegründet und sind regional begrenzt, meist auf den Süden des Landes. Ihre Bedeutung lag in der jüngeren Vergangenheit aber nicht allein im religiösen Bereich, sondern in ihrer politischen und auch militärischen Macht. Auf Privatarmeen gestützt brachten sie große Gebiete unter ihre Kontrolle und bildeten auf diese Weise kleine isolierte Staaten. Durch wechselnde Koalitionen trugen sie zur Destabilisierung und Zersplitterung der Zentralmacht Südvietnams bei, so daß ihre Bedeutung für die Entwicklung der jüngeren vietnamesischen Geschichte nicht unterschätzt werden kann.

Vereinigung vieler Religionen

Wie schon dargestellt, werden in Vietnam viele Religionen und geistige Strömungen nebeneinander praktiziert. Noch einen Schritt weiter geht hierbei die Glaubensgemeinschaft der Cao Dai, zu der sich heute etwa 2 Millionen Menschen bekennen und die ganz auf Südvietnam beschränkt ist. Sie versucht nämlich, alle diese Religionen in einem Glauben zu vereinigen. Gegründet wurde die Cao-Dai-Sekte in den 20er Jahren von dem Spiritisten Ngo Van Chieu.

Cao Dai sieht sich als dritte und letzte Offenbarung der Religionen, die sich schon zweimal offenbart haben – in früherer Zeit durch Moses und mythische Gestalten der östlichen Religionen, danach durch die historischen Gestalten Konfuzius, Laotse, Buddha, Jesus und Mohammed. Die dritte Offenbarung zeigt sich in Gestalt des Cao Dai, der höchsten Gottheit, die die Menschen erlösen wird. Ihr Zeichen ist ein Auge auf einer Weltenkugel, auf die ein Strahlenbündel gerichtet ist. Ihre Lehre bedient sich der Glau-

Symbol des Caodaismus: das allessehende Auge

Caodaismus (Fortsetzung)

benssätze aller Religionen, die aber dem Außenstehenden ziemlich zufällig ausgewählt erscheinen. In spiritistischen Sitzungen versuchen ihre Mitglieder mit der höchsten Gottheit Kontakt aufnehmen. Als Medium hierfür dienen auch historische Figuren wie der französische Schriftsteller Victor Hugo oder der Begründer der chinesischen Republik Sun Yatsen.

Organisation

Die Organisation der Cao Dai ist straff und orientiert sich an der katholischen Kirche, wobei aber auch Frauen das Priesteramt ausüben dürfen. Der Hauptsitz der Cao Dai, der sog. Heilige Stuhl, befindet sich in Tay Ninh, nordwestlich von Saigon nahe der kambodschanischen Grenze.

Wirkung

Den größten Einfluß hatte die Cao-Dai-Sekte in den 40er und 50er Jahren, nicht allein als Religionsgemeinschaft, sondern auch als politischer Faktor, der mit einer Privatarmee große Teile Südvietnams beherrschte. Da die Cao Dai als "Staat im Staate" auch von den Vietminh umworben wurden, gingen die Amerikaner und die Regierung Südvietnams vehement gegen sie vor. Wie alle religiösen Glaubensgemeinschaften befindet sich die Cao-Dai-Sekte seit den frühen 90er Jahren wieder in einem Stadium der Neuformierung.

Hoa-Hao-Sekte

Reformbuddhistische Bewegung

Die Hoa-Hao-Sekte wurde 1939 von dem Mönch Huynh Phu So gegründet und nach dessen Heimatort im Mekong-Delta benannt. Er predigte einen Reformbuddhismus, der auf Prunk und Repräsentation verzichtet und ein einfaches Leben propagiert. Aufgrund seiner Verbindung zu Spiritisten wurde Huynh Phu So von den Franzosen für verrückt erklärt und in ein Irrenhaus gesteckt, wo es ihm aber gelang, den Institutsleiter von seiner Religion zu überzeugen. Im Zweiten Weltkrieg baute er mit japanischer Hilfe eine schlagkräftige Armee auf, die Teile des Mekong-Deltas kontrol-

Religion, Hoa-Hao-Sekte (Fortsetzung)

lierte. Nach einem Streit mit den Vietminh wurde Huynh Phu So im Jahre 1947 ermordet. Neun Jahre später wurde auch der militärische Arm der Sekte von der Diem-Regierung zerschlagen.
Die Anhängerschaft der Hoa-Hao-Sekte wird heute auf etwa 1,5 Millionen Gläubige geschätzt. Es fällt schwer, ihre Anzahl genau zu bestimmen, da sie keine eigenen Tempel besitzen und ihre Mitglieder auch nicht durch besondere Kleidung hervortreten.

Wirtschaft

Wirtschaftsstruktur

Grundlage der vietnamesischen Wirtschaft ist seit alters her der Naßreisanbau in den Tiefländern des Landes, dem Delta des Roten Flusses im Norden und dem Mekong-Delta im Süden. Daneben spielt die Fischerei eine große Rolle, einerseits wegen der langen Küste des Landes und andererseits wegen der zahlreichen Bewässerungsteiche in den Reisanbaugebieten, die zur Fischzucht benützt werden. Auch heute noch sind 67 % der Bevölkerung in der Landwirtschaft tätig. Im Gegensatz dazu ist der industrielle Sektor, in dem nur 13 % der Bevölkerung arbeiten, unterentwickelt, ebenso wie der Dienstleistungssektor mit 20 %.

Merkmale der wirtschaftlichen Unterentwicklung

Damit weist Vietnam die klassischen Merkmale wirtschaftlicher Unterentwicklung auf. Ein hoher Anteil von Menschen arbeitet in der Landwirtschaft, einer Subsistenzwirtschaft, die in erster Linie zur Deckung des Eigenbedarfs dient. Zudem verfügt der wenig entwickelte Industriesektor über eine geringe Verarbeitungstiefe. Dadurch werden überwiegend Rohprodukte und Rohstoffe exportiert, für die dann wiederum hochwertige und teure Fertigprodukte eingeführt werden müssen. Ein chronisches Handelsbilanzdefizit ist die Folge dieser einseitigen Wirtschaftsstruktur. Der Aufbau einer eigenen Industrie scheitert an der geringen Kapitalbildung im Land, denn mit einem Durchschnittseinkommen von 370 US-Dollar (2000) gehört Vietnam statistisch gesehen zu den ärmsten Ländern der Welt.

Wirtschaftliche Voraussetzungen

Landwirtschaft und Industrie

Die Voraussetzungen für die vietnamesische Landwirtschaft sind gar nicht schlecht. Die fruchtbaren Tiefländer ermöglichen einen Reisanbau, der nicht nur den Eigenbedarf deckt, sondern Vietnam auch zu einem der größten Reisexporteure der Welt macht. Die Palette der Anbauprodukte wird ergänzt durch typische Hochlandprodukte wie Kaffee, Tee, Süßkartoffeln und Kautschuk.
Auch die Voraussetzungen für eine stärkere Industrialisierung des Landes sind gegeben, denn Vietnam ist reich an Bodenschätzen wie Anthrazitkohle und Metalle (Eisenerz, Bauxit, Mangan, Chrom, Zink, Silber) sowie die Energieträger Kohle und Erdöl. Außerdem kann Energie aus Wasserkraft gewonnen werden, nämlich aus den großen Flüssen, die aus den Gebirgen im Norden kommen.

Natürliche Hemmnisse

Daß Vietnam trotzdem bis heute zu den ärmsten Ländern der Welt zählt und wirtschaftlich auch gegenüber den anderen größeren südostasiatischen Staaten im Hintertreffen ist, hat teilweise natürliche Gründe, denn die Bodenschätze sind mit Ausnahme des Erdöls ausschließlich im äußersten Norden Vietnams zu finden, was bei der großen Ausdehnung des Landes und der ungleichmäßigen Bevölkerungsverteilung zu Transportproblemen führt. Außerdem ist wegen der ungleichmäßigen Wasserführung der Flüsse eine kontinuierliche Stromerzeugung aus Wasserkraft schwierig.

Fehlentwicklungen

Vor allem war es aber eine ganze Kette von Fehlentwicklungen, Fehlentscheidungen und politischen wie wirtschaftlichen Katastrophen, die verhindert hat, daß Vietnam eine Entwicklung entsprechend der anderen großen

Fehlentwicklungen (Fortsetzung)

südostasiatischen Länder Thailand, Malaysia oder Indonesien durchmachen konnte.
In der ersten Hälfte des 20. Jahrhunderts war Vietnam Teil des französischen Weltreiches. Es entsprach jedoch nicht dem kolonialen Gedanken der Großmächte, ihren Kolonien zu einer blühenden Wirtschaft zu verhelfen, vielmehr dienten sie als billige Rohstofflieferanten für das Mutterland. Wirtschaftliche Entwicklung wurde nur insoweit zugelassen, als sie Frankreich nützte, zumindest aber nicht schadete. Unter diesem Aspekt sind auch an sich wünschenswerte Begleiterscheinungen des Kolonialismus zu sehen wie z.B. der Ausbau der Verkehrswege, die Förderung des Bergbaus oder Bildungsmöglichkeiten für eine kleine vietnamesische Oberschicht in Frankreich.

Wirtschaftspolitik während der Teilung des Landes

Die Zweiteilung des Landes nach dem Abzug der Franzosen führte nicht nur zur Etablierung zweier völlig unterschiedlicher Systeme, sie durchtrennte auch die wirtschaftlichen Handelswege zwischen den beiden Landesteilen. Außerdem machte sie Vietnam immer mehr zum Puffer zwischen den Supermächten.
Daher dienten deren wirtschaftliche Hilfsmaßnahmen in erster Linie ihren eigenen Zielen und nicht denen Vietnams. Die Schwerindustrie, die die Sowjetunion und China im Norden des Landes aufbauten, sollte Nordvietnam im Kampf gegen den Süden stärken. Die Amerikaner ihrerseits wollten durch die Förderung der Leichtindustrie im Süden ein Bollwerk gegen den Kommunismus errichten. Gleichzeitig zerstörten sie aber durch ihr Engagement im Vietnamkrieg das eigene, selbst in Gang gesetzte Wirtschaftswerk, denn von dem Krieg war sowohl der Norden als auch der Süden betroffen. Während die Luftangriffe auf den Norden nicht nur militärische Ziele hatten, sondern das Land schlicht seiner ökologischen und wirtschaftlichen Grundlage beraubt werden sollte, wurde der Süden vor allem durch direkte Bodenkämpfe und ihre Konsequenzen (z.B. Entlaubungsaktionen) in Mitleidenschaft gezogen.

So wird das Wasser aus den Kanälen in die Reisfelder geschöpft.

Wirtschaftliche Maßnahmen nach der Vereinigung

Kollektivierung

So übernahm Nordvietnam bei seinem Einmarsch in den Süden ein Land, das wirtschaftlich schwer unter den Kriegsfolgen zu leiden hatte. Zusätzlich stand es vor der Aufgabe, zwei völlig unterschiedlich strukturierte Landesteile vereinheitlichen zu müssen. Dabei wurde das Wirtschaftssystem des Nordens auf den Süden übertragen. Dies bedeutete zunächst die Kollektivierung der Landwirtschaft. Die an Selbständigkeit und privates Wirtschaften gewöhnten Bauern im Süden drängte man in immer größere Genossenschaften. Ab 1978 wurden auch Industrie und Handel verstaatlicht, wodurch insbesondere den in Südvietnam ansässigen Chinesen ihre wirtschaftliche Grundlage entzogen wurde.

Ziegelei im Süden Vietnams

Außenwirtschaft

In dieser wirtschaftlich angespannten Situation kam hinzu, daß Vietnam eine aggressive Außenpolitik betrieb, die sich auf militärische Auseinandersetzungen zuerst mit Kambodscha, später auch mit China einließ. Die Folge davon war nicht nur, daß dringend für den Aufbau der Wirtschaft benötigte Mittel in den militärischen Sektor flossen, sondern auch eine zunehmende wirtschaftliche Isolierung des Landes. Wegen des vietnamesischen Einmarsches in Kambodscha und des anschließenden Grenzkrieges mit China fiel der nördliche Nachbar als Handelspartner aus. Andererseits hatten auch die USA einen Handelsboykott verhängt, dem sich die ASEAN-Staaten anschlossen. Dadurch wendete sich Vietnam nicht nur militärisch, sondern auch wirtschaftlich den Staaten des Warschauer Paktes zu und wurde Mitglied im Rat für gegenseitige Wirtschaftshilfe. Vor diesem Hintergrund geriet Vietnam Ende der 70er Jahre in eine schwere Wirtschaftskrise. Selbst Reis, das Grundnahrungsmittel der Vietnamesen, mußte importiert werden.

Erste Reformversuche

Aufgrund der katastrophalen Wirtschaftslage wurde zwar schon früh die Notwendigkeit von Reformen erkannt, doch verhinderten in den frühen

Erste Reformversuche (Fortsetzung)

80er Jahren politischer Dogmatismus und die Orientierung des Landes nach Moskau eine wirksame Umsetzung dieser Reformbemühungen. Man erkannte zwar die wirtschaftlichen Erfolge Chinas im Zuge der Reformen Deng Xiao Pings, doch konnte der politische Feind schwerlich als Vorbild zur Umgestaltung der eigenen Wirtschaft herhalten. Die frühen 80er Jahre waren geprägt von halbherzigen Reformbemühungen, die aber, kaum in die Tat umgesetzt, von der Bürokratie in Hanoi schon wieder zurückgenommen wurden. So wurde 1982 den Industriebetrieben mehr Eigenständigkeit bei der Materialbeschaffung und Produktion zugestanden, aber bereits ein Jahr später auf Druck der Hardliner in der Regierung wieder zurückgenommen.

Währungspolitik

Um das Handelsbilanzdefizit der mittlerweile ganz auf die Sowjetunion fixierten Wirtschaft auszugleichen, wurde 1985 die Notenpresse in Bewegung gesetzt. Die Folge war ein enormes Anwachsen der Inflationsrate, die 1987 einen Wert von 1000 % erreichte und zur Entstehung eines Schwarzen Marktes parallel zur staatlich gelenkten Wirtschaft führte, wo Währung und Waren nicht nach den staatlich festgelegten Preisen verkauft wurden, sondern nach den Gesetzen des freien Marktes.

Neue Wirtschaftspolitik Doi Moi

Reform der Wirtschaftspolitik

Ähnlich wie in der Sowjetunion markiert das Jahr 1986 auch für Vietnam einen Wendepunkt, denn durch den Tod des Staatschefs Le Duan gelangten jüngere, undogmatische Politiker an die Macht. Sie beschlossen auf dem 6. Parteitag im Dezember eine neue, reformorientierte Wirtschaftspolitik, die unter dem Begriff Doi Moi bekannt wurde. Dabei wurde ein Übergang von der Planwirtschaft zur Marktwirtschaft beschlossen, wobei sich Staat und Partei aus der Wirtschaft zurückziehen sollten und nur noch den politischen Anspruch aufrechterhielten. Die neue Wirtschaftspolitik war dem sehr ähnlich, was in China schon fast ein Jahrzehnt vorher eingeleitet worden war, auch wenn der große Nachbar aus politischen Gründen in dem Reformwerk mit keinem Wort erwähnt wurde. Die wichtigste Voraussetzung für eine neue Wirtschaftsordnung bestand darin, das zentrale Planwirtschaftssystem abzuschaffen und marktwirtschaftliche Strukturen zu errichten.

Neue Eigentumsverhältnisse

In der Landwirtschaft wurden an die Familien langfristige Pachtverträge des einstmals kollektivierten Bodens vergeben. Produktion und Absatz wurden in die Hand der Familien gelegt, nur die Bestellung von Düngemitteln und Maschinen bzw. Ackergerät oblag weiterhin den Kooperativen.

Neues Management

Auch im industriellen Sektor wurden seit 1987 keine Planvorgaben mehr gemacht, Rohstoffbeschaffung, Produktion und Finanzierung waren fortan Sache der Unternehmen selbst. Man schaffte Subventionen ab, dafür wurden Kredite vergeben, die zurückgezahlt werden müssen. Entsprechend sind die Betriebe für Gewinn und Verlust selbst verantwortlich. Ebenso haben sie die Möglichkeit, selbständig Leute einzustellen und zu entlassen. An den Staat werden keine Gewinne mehr abgeführt, sondern Steuern entrichtet. Die Preisbindung wurde ebenfalls aufgehoben. Der Preis bestimmt sich ausschließlich nach Angebot und Nachfrage.

Zweistufenplan

Die Durchführung der Wirtschaftsreformen war in zwei Stufen vorgesehen. In der ersten Stufe von 1991 bis 1995 sollte die Wirtschaftskrise überwunden werden, in der zweiten Stufe bis zum Jahr 2000 der Anschluß an die Nachbarländer vollzogen werden. Bis dahin war eine Steigerung des Nationaleinkommens pro Kopf von 200 US-Dollar auf 400 US-Dollar geplant, 80 % der Bevölkerung sollen Zugang zu sauberem Wasser haben, 95 % sollen mit Rundfunk ausgestattet sein und 80 % mit Fernsehern. Die Vorgaben konnten zwar nicht vollständig erfüllt werden, doch trotzdem betrug das durchschnittliche Wirtschaftswachstum 6–8 % im Jahr.

Wirtschaftssektoren

Landwirtschaft

Vietnam, das bis 1988 noch Lebensmittel einführen mußte, konnte 1989 bereits wieder 1,4, sechs Jahre später 2 Millionen Tonnen Reis exportieren und ist heute eines der Hauptausfuhrländer für Reis. In den Bergländern wurden die Anbauflächen erweitert und die Palette der Anbauprodukte verbreitert auf solche Produkte, die überwiegend in den Export gehen, wie Kaffee, Tee und Kautschuk. Der Anteil der Landwirtschaft am Bruttosozialprodukt Vietnams (30 Mrd. US-Dollar) betrug 2000 etwa 26 %.

Fischerei

Aufgrund seiner langen Küsten und seiner häufig künstlich angelegten binnenseen war Vietnam schon immer eine Exportnation für Fischereiprodukte. Auch hier konnten die Exportmengen von 83 Millionen Tonnen (1985) auf mehr als 240 Millionen Tonnen (1999) gesteigert werden.

Industrie

Gerade die Industrie wurde von der neuen Wirtschaftspolitk extrem hart getroffen, denn die mit Hilfe der Sowjetunion und anfangs auch mit China aufgebaute Schwerindustrie arbeitete besonders unrentabel. Im Gegensatz zur Landwirtschaft konnten diese Betriebe nicht an eine privatwirtschaftliche Tradition anknüpfen, sondern waren von Anfang an als Staatsbetriebe konzipiert. Der Wegfall der Subventionen ließ die Produktion schrumpfen und entließ viele Werksangehörige in die Arbeitslosigkeit. Umgekehrt befindet sich die Leichtindutrie (Nahrungsmittel und Bekleidung) erst im Aufbau, so daß sich Produktion und Export von Industrieprodukten immer noch auf niederem Niveau bewegen. Trotzdem trug die Industrie 1999 etwa 33 % zum Bruttosozialprodukt Vietnams bei.

Energieversorgung

Immerhin hat sich in der für die Industrie wichtigen Energieversorgung Wesentliches zum Positiven verändert. Neben den schon seit langem bekannten Kohlevorkommen im Norden des Landes wurden im Südchinesischen Meer große Erdöl- und Erdgaslagerstätten entdeckt. Die Ölförderung betrug 1994 7 Millionen Tonnen und soll bis zum Jahr 2004 auf 24 Millionen Tonnen gesteigert werden.

Dienstleistung

Auch der tertiäre Sektor entwickelt sich in den letzten Jahren rasant – im Jahre 1999 erwirtschaftete er 42 % des Bruttosozialprodukts. Es sind gerade die kleinen Dienstleistungsbetriebe auf Familienbasis, die das Alltagsbild in jeder vietnamesischen Stadt prägen und die Menschen mit allen Gütern und Dienstleistungen versorgen können.

Tourismus

Als einer der Hauptantriebsmotoren dafür entpuppt sich der zunehmende Tourismus, seitdem Vietnam auch als Reiseland immer beliebter wird. Die Zahl der ausländischen Besucher betrug 1990 etwa 250 000, 1999 bereits 1,8 Millionen. Entsprechend schnell entwickelte sich die Zahl der Hotelneubauten, nicht nur für Geschäftsreisende und Gruppentouristen, sondern auch für Einzelreisende. Wie in vielen Bereichen ist auch hier der Süden der Wachstumsmotor. Gerade beim Fremdenverkehr macht sich die Nähe zu Thailand bemerkbar, denn innerhalb weniger Jahre hat sich hier ein Wirtschaftssektor entwickelt, in dem auch der Einzelreisende vom kleinen privaten Hotel über eine vielfältige Gastronomie bis zum privaten Transportsystem mit Minibussen alles zur Verfügung hat.

Außenwirtschaft

In die Zeit der ökonomischen Neuorientierung des Landes fielen auch gravierende außenpolitische Veränderungen, die wiederum Rückwirkungen auf die Wirtschaft hatten. Der Zusammenbruch der Sowjetunion beraubte Vietnam seines bei weitem größten Handelspartners, der aus Mangel an Alternativen fast eine Monopolstellung im Außenhandel hatte, und aus politischen Gründen auch Jahr für Jahr durch immer neue Kredite das Außenhandelsdefizit Vietnams ausglich. Auf diese Weise mußte man sich den Nachbarländern mit westlichem Wirtschaftssystem zuwenden, wie z.B. Taiwan, Singapur und Japan, was wiederum den Wandel zur Marktwirtschaft im eigenen Land beschleunigte.

Im Jahre 1989 zogen sich die Vietnamesen aus Kambodscha zurück. Dies führte zwar kurzfristig zu einer Erhöhung der Militärausgaben durch die Demobilisierung der zurückkehrenden Truppen, längerfristig entlastete es aber den Haushalt, weil weniger Geld für die Truppen bereitgestellt werden mußte. Der Rückzug aus Kambodscha beseitigte auch eines der Haupthindernisse für eine Normalisierung der Beziehungen zu China, die 1990 offiziell vollzogen wurde. Dadurch entstand ein neuer großer Partner im Norden, was an dem zunehmenden Handel zwischen beiden Ländern an der einst hermetisch abgeriegelten Grenze abgelesen werden kann.
Die Vereinigten Staaten beendeten 1994 das Wirtschaftsembargo, nahmen 1995 offiziell diplomatische Beziehungen mit Vietnam auf und seit 2000 besteht ein Wirtschaftsabkommen zwischen den Ländern. 1995 wurde Vietnam zudem Mitglied in der Vereinigung der ASEAN-Staaten, die einstmals als Verband antikommunistischer Länder gegründet worden war.

Außenwirtschaft (Fortsetzung)

Probleme der neuen Wirtschaftspolitik

Arbeitslosigkeit

Bei allen positiven Entwicklungen in den letzten Jahren bringt der Übergang zur Marktwirtschaft auch enorme Probleme für Vietnam mit sich. Das größte sind zweifellos die Arbeitslosen. Durch die Schließung unrentabler Staatsbetriebe werden viele Beschäftigte in die Arbeitslosigkeit entlassen. Dies fällt in eine Zeit, in der auch zahlreiche Arbeitskräfte aus Übersee nach Vietnam zurückkehren, v.a. aus den ehemaligen Ländern des Warschauer Paktes. Gleichzeitig müßte aber wegen des starken Bevölkerungszuwachses jährlich für 1 Million Menschen zusätzlich Arbeit geschaffen werden.

Soziale Unterschiede

Ein weiterer Punkt ist die zunehmende Kluft zwischen Arm und Reich. So wie es eine kleine Anzahl von Menschen gibt, die durch die ökonomischen Reformen innerhalb kurzer Zeit zu Geld gekommen sind, so lebt die große Mehrheit der Bevölkerung immer noch an der Armutsgrenze. Nach einer Erhebung aus dem Jahr 1999 können ca. 6 % der Bevölkerung als “wohlhabend” gelten, wobei wohlhabend ein Einkommen von mehr als 600 US-Dollar/Monat bedeutet, während ca. 25 % mit 11 US-Dollar oder weniger auskommen müssen. Hieran läßt sich ermessen, wie relativ der Begriff “Wohlstand“ in Vietnam zu bewerten ist. Ihr niedriges Einkommen zwingt viele Staatsangestellte dazu, eine Nebentätigkeit anzunehmen und führt zu wachsender Korruption im Land.

Räumliche Unterschiede

Der zunehmende Wohlstand ist nicht nur ungleich auf die Bevölkerung verteilt, sondern auch über das Land, denn der Süden Vietnams profitiert wesentlich stärker von den wirtschaftlichen Umgestaltungen als der Norden. Die Bevölkerung des Südens tut sich mit der Marktwirtschaft leichter, denn sie kann an die Tradition von vor 1975 anknüpfen. Dies trifft insbesondere für die ins Land zurückkehrenden Auslandschinesen zu, die ihre Verbindungen zu chinesischen Auslandsgemeinden in anderen Ländern Südostasiens dazu benutzen, um ihre alte Stellung wiederaufzubauen.
Der Gegensatz zwischen dem bürokratischen Norden und dem quirligen Süden ist frappierend und hat Saigon (Ho-Chi-Minh-Stadt) längst zur heimlichen Hauptstadt des Landes werden lassen. Ein Bonmot sagt auch: “In Hanoi werden die Gesetze gemacht, in Saigon dagegen die Geschäfte”.

Äußerer Eindruck

Mehr als durch alle Statistiken wird der Besucher aber den Wirtschaftsaufschwung im Lande selbst erfahren. Wer die Vorstellung hegt, in ein Land zu reisen, das vom Krieg zerstört ist und in dem wirtschaftliche Tristesse vorherrscht, der wird von der Betriebsamkeit der Menschen überrascht sein. Überall wird gehämmert, gebaut und gehandelt. Während der Wirtschaftsaufschwung im Norden noch in geregelten bürokratischen Bahnen verläuft, ist der Süden um Saigon vollkommen umtriebig.

Geschichte

Frühe Reiche und Kulturen

Legenden der Frühzeit

Es gibt verschiedene Theorien über die ethnologische Abstammung der Vietnamesen. Heute wird allgemein angenommen, daß die Viet eine stark aufgesplitterte Völkergruppe melanesisch-indonesischen Ursprungs waren, die im Süden Chinas siedelte. Ihre Angehörigen zogen im 4. Jahrhundert v. Chr. allmählich nach Süden in das Delta des Roten Flusses.
Die ersten Jahrtausende der rund 4000jährigen Geschichte der Vietnamesen verlieren sich größtenteils in Legenden, bei denen Drachenkönige und Bergfeen sowie die beiden Völker Han und Viet die Hauptrolle spielen. So sollen 100 Viet-Fürstentümer im 3. Jahrtausend v. Chr. aus dem Reich Bach Viet des Drachenkönigs und der Urmutter Au Co hervorgegangen sein (s.a. S. 238). Doch alle Viet-Stämme wurden schließlich im 3. und 2. Jahrhundert v. Chr. unter dem Einfluß der Han-Chinesen fast gänzlich sinisiert. Das Königreich Van Lang war vermutlich eine der letzten legendären Dynastien, die wissenschaftlich nicht eindeutig belegt werden können.

Dong-Son-Kultur (5.–3. Jh. v. Chr.)

Die Dong-Son-Kultur ist nach einem nordvietnamesischen Dorf (Provinz Thanh Hoa) benannt, in dem Archäologen 1924 u.a. Beile, Dolche und Gürtelschnallen fanden. Die zweifellos bemerkenswertesten Überreste der Dong-Son-Ära sind die Bronzetrommeln (s. S. 308), von denen mehr als 150 in Vietnam gefunden wurden.

Königreich Au Lac (257–207 v. Chr.)

Mit der Gründung des Königreichs Au Lac löste sich Vietnam im 3. Jahrhundert v. Chr. aus dem Reich der Mythen und Legenden. Einige Fürstentümer im Delta des Roten Flusses hatten sich vermutlich um 257 v. Chr. unter An Duong Vuong (auch Thuc Phan) zusammengeschlossen, um gemeinsam die Angriffe der Chinesen abzuwehren.

Unabhängiges Reich Nam Viet (207–111 v. Chr.)

Der chinesische General Trieu Da eroberte Au Lac nach mehrmaligen erfolglosen Angriffen, begründete das Königreich Nam Viet um 200 v. Chr. und legte den Grundstein für die Trieu-Dynastie. Die Hauptstadt seines Reiches, das von China weitgehend unabhängig war, befand sich in der Nähe des heutigen Guangzhou (Kanton).

Vietnam als chinesische Kolonie

Chinesisches Protektorat Giao Chi (111 v. Chr.– 622 n. Chr.)

Im Jahr 111 v. Chr. gelang dem Han-Kaiser Wudi die Eroberung des Reiches Nam Viet, das er zum chinesischen Protektorat mit Namen Giao Chi ("Land der Barfüßigen") machte. Damit begann die rund 1000jährige Herrschaft der Chinesen über die "Barbaren" in Vietnam. Die Unterwerfung hatte die Ausbeutung der Rohstoffe in Vietnam, regelmäßige Tributzahlungen und die kontinuierliche Einwanderung der Chinesen zur Folge. Der Alltag veränderte sich durch den chinesischen Einfluß so stark, daß der Adel der Viet schließlich aufbegehrte und um seine nationale Identität

Geschichte im Überblick

Bronzezeit (Dong-Son-Kultur), Reich Van Lang der legendären Hung-Könige	7.–3. Jh. v. Chr.
Zusammenschluß einiger Fürstentümer zum Reich Au Lac	3. Jh. v. Chr
Beginn der tausendjährigen Herrschaft Chinas	111 v. Chr.
Sieg Ngo Quyens über die Chinesen, Unabhängigkeit wird eingeleitet	931/938
Ly-Dynastie: Festigung der Staatsmacht, Hanoi wird Hauptstadt, Konfuzianismus wird Staatsreligion, Expansion nach Süden	1009–1225
Tran-Dynastie: Buddhismus gewinnt Einfluß, Einfälle der Mongolen, Krieg gegen Champa; ab 1400 herrschen die Chinesen, bis Le Loi die Le-Dynastie 1427 etabliert	13.–15. Jh.
Portugiesen landen in Da Nang und errichten eine Niederlassung in Faifo	1535
Die Le herrschen nur noch nominell, während die Trinh und Nguyen das Land unter sich aufteilen; 1771–1802 Tay-Son-Revolte	16.–18. Jh.
Gia Long gründet die Kaiser-Dynastie der Nguyen, Hue wird Hauptstadt, das Reich heißt erstmals Viet Nam	1802
Französische Truppen erobern den Süden Vietnams, Kambodscha, später auch den Norden und Laos	ab 1847
Widerstandsbewegungen gegen die Franzosen bilden sich	ab 1900
Japan besetzt 1940 das Land, duldet jedoch die französische Verwaltung; Vietminh nutzt nach der japanischen Kapitulation 1945 das Machtvakuum und ruft am 2. September 1945 die Demokratische Republik Vietnam aus	1940–1945
Erster Indochinakrieg, nach dem Genfer Abkommen wird das Land am 17. Breitengrad geteilt. Im Norden herrschen die Kommunisten, im Süden der von den USA gestützte Katholik Diem.	1946–54
Bei einem Militärputsch mit CIA-Hilfe wird Diem ermordet.	1963
Zweiter Indochinakrieg, USA verstärken ihre Truppen und bombardieren Ziele im Norden; Tet-Offensive bringt 1968 die Wende; Pariser Waffenstillstandsabkommen 1973; FNL-Truppen "befreien" bis zum 30. April 1975 den gesamten Süden; Gründung der Sozialistischen Republik Vietnam am 2. Juli 1976	1964–1976
Vietnamesische Truppen erobern Phnom Penh und stürzen das Terrorregime Pol Pots; Straffeldzug von Seiten Chinas 1979	1977–1979
Zerfall des Ostblocks zwingt die Partei zum Reformprogramm Doi Moi (wirtschaftliche Erneuerung, langsame Öffnung des Landes)	seit 1986
Ende des US-Wirtschaftsembargos und Wiederaufnahme diplomatischer Beziehungen mit den USA (Febr. 94/Aug. 95); Mitgliedschaft im ASEAN-Bund	1994/95
Erstes Handelsabkommen mit den USA	Juni 2000

Aufstand der Trung-Schwestern

kämpfte. Im Jahr 40 kam es zum Aufstand der Trung-Schwestern (→ Berühmte Persönlichkeiten) und ihren Gefolgsleuten. Sie ernannten sich zu Königinnen und herrschten drei Jahre lang, ehe die chinesischen Truppen sie überwältigten. Viele adlige Viet wurden verbannt oder wanderten aus. Ab dem 7. Jahrhundert nannten die Chinesen das vietnamesische Gebiet Annam, das "befriedete Land". Doch es kam weiterhin zu Aufständen und Aufruhr gegen die chinesischen Besatzer.
Seit dem 2. Jahrhundert gelangten die Lehren Buddhas durch Pilger von Indien nach Vietnam. Die meisten Vietnamesen nahmen später die Dhyana-Lehre des indischen Mönches Bodhi Dharma (6. Jh.) an, der den Zen-Buddhismus begründete.

Unabhängigkeit (ab 939)

Reich Dai Co Viet (968–1009)

Als die Chinesen im eigenen Reich durch den Untergang der Trang-Dynastie geschwächt waren, konnte der vietnamesische General Ngo Quyen nach jahrelangen Schlachten 939 die Unabhängigkeit Vietnams erlangen und die Ngo-Dynastie begründen – die erste rein vietnamesische Dynastie. Seine Hauptstadt sollte Co Loa sein, der alte Regierungssitz des Königreiches Au Lac. Nach dem Tod Ngo Quyens (944) kämpften Generäle und Fürsten um die Macht, bis einer von ihnen, Dinh Tienh Hoang, im Jahr 968 siegte und das Königreich Dai Co Viet schuf. Durch die Anerkennung der chinesischen Oberhoheit konnte die Grenze nach Norden gesichert werden. Doch König Dinh Tieng Hoang wurde 979 ermordet, so zerfiel das Reich erneut. Nun brach die Zeit der frühen Le-Dynastie (980–1009) an, die zwar das Königreich Dai Co Viet gegenüber den Expansionsbestrebungen aus China verteidigen und sogar nach Süden ausdehnen konnte, aber dennoch von Anarchie und Machtkämpfen gekennzeichnet war.

Ly-Dynastie (1009–1225)

Die erste bedeutende Dynastie Vietnams entstand während der Herrschaft der Ly. Unter dem ersten König Ly Thai To wurde die Hauptstadt im Jahr 1010 nach Thang Long, dem heutigen Hanoi, verlegt. Viele wichtige und weitreichende Reformen fielen in seine Regierungszeit: Er schuf ein Beamtenwesen, das durch Abgaben und Steuern finanziert werden konnte und nicht mehr nur aus kaiserlichen Familienmitgliedern bestand. Die allgemeine Wehrpflicht wurde eingeführt. Auch Wissenschaft und Kultur erlebten eine Blütezeit, zudem entstand die chinesisch-vietnamesische Schriftsprache Chua Nom. Der Deichbau wurde entwickelt und konnte die alljährlich steigenden Wassermassen im Delta des Roten Flusses bändigen.
Die Herrscher der Ly-Dynastie waren große Anhänger des Buddhismus. Bei der Bildung der Gelehrten wurde allerdings die Verbreitung der konfuzianischen Philosophie gefördert, die ab dem 10. Jahrhundert zur Staatsreligion erhoben wurde. Das einfache Volk vermischte dagegen die buddhistische, konfuzianische und taoistische Lehre mit animistischen Glaubenselementen zum Volksbuddhismus, der im großen und ganzen bis heute so praktiziert wird.

Konfuzianismus wird Staatsreligion

Ly Thanh Tong, der dritte Ly-Herrscher, besiegte im 11. Jahrhundert die Cham und besetzte ihre nördlichen Provinzen. Das gesamte Reich nannte er Dai Viet (erst 800 Jahre später wurde dieser Name durch Kaiser Gia Long in Viet Nam geändert). In dem rund 200jährigen Bestehen der Ly-Dynastie wurden Handelsbeziehungen zu den asiatischen Reichen aufgenommen, v.a. ab Mitte des 12. Jahrhunderts mit Java und Siam. Unter dem Herrscher Ly Cao Tong kündigte sich der Niedergang der Ly-Dynastie an. Kämpfe an allen Fronten und eine verschwenderische Hofhaltung schwächten das Königreich.

Tran-Dynastie (1225–1400)

Der mit der Ly-Dynastie verwandte Tran-Clan übernahm die Regentschaft in Dai Viet. Im Alter von 8 Jahren wurde Tran Thai Tong zum Thronfolger ernannt, doch der eigentliche Herrscher war Tran Thu Do. Eines der Familienmitglieder der Tran erlangte Berühmtheit durch seine glorreichen Siege über die Mongolen: Tran Hung Dao hatte 1288 die zahlenmäßig weit über-

Diese Pfähle sollen bei der Schlacht am Bach Dang River die chinesischen Schiffe durchbohrt haben (Historisches Museum, Hanoi).

Schlacht am Bach Dang

legenen Truppen des Mongolenführers Kublai Khan am Bach-Dang-Fluß in die Flucht geschlagen. Die Tran vergrößerten ihr Reich aber auch auf friedliche Weise, etwa durch die Heirat einer Königsschwester mit dem Cham-König im Süden zu Beginn des 14. Jahrhunderts. Das Reich Champa wurde zum tributzahlenden Vasallenstaat gemacht, doch 1371 und 1377 überfielen die Cham-Truppen die Hauptstadt Thang Long, zerstörten den kaiserlichen Palast und annektierten die südlichen Provinzen.

Rückkehr der Chinesen (ab 1407)

Schließlich wurde die Tran-Dynastie Opfer einer familieninternen Intrige, die um 1400 die Ho-Dynastie auf den Thron brachte. Die neuen Herrscher waren die ersten in Vietnam, die den Gebrauch der vietnamesischen (Volks-) Sprache propagierten und die sowohl chinesische Werke als auch die Gesetze ins Vietnamesische übertragen ließen. Die Ho-Dynastie wurde durch einen Angriff der Ming-Chinesen bereits im Jahre 1407 beendet. Die Chinesen gaben dabei vor, lediglich die gesetzmäßige Tran-Dynastie wieder einsetzen zu wollen. Doch ihre wahre Absicht bestand in der Wiederherstellung des alten chinesischen Protektorats Giao Chi.

Späte Le-Dynastie (1428–1788/bzw. bis 1527)

Unter dem Großgrundbesitzer Le Loi wehrten sich die Vietnamesen erfolgreich gegen die chinesischen Machthaber. Nach einem Jahre andauernden Guerillakrieg vertrieb Le Loi 1428 die chinesische Armee aus dem Reich Dai Viet. Er wurde zum Kaiser ernannt und hieß fortan Le Thai To. Regierungssitz war die Stadt Dong Kinh (Tonkin). Einer seiner Nachfolger, der Kaiser und Gelehrte Le Thanh Tong, ließ 1483 ein äußerst liberales Bürgerliches Gesetzbuch veröffentlichen, in dem auch die Rechte der Frauen und das Recht auf Privateigentum festgelegt waren. Im Jahr 1471 besiegten seine Truppen das Reich Champa, das nun endgültig zerfiel.

Doppelherrschaft Trinh und Nguyen

Der ehrgeizige Provinzgouverneur Mac Dang Dung hatte 1527 in der allmählich zerfallenden Le-Dynastie die Macht vorübergehend an sich geris-

Doppelherrschaft der Trinh und Nguyen (Fts.)/ Teilung des Landes

sen, konnte sich jedoch nur kurz halten. Die 1533 wiedereingesetzte Le-Dynastie herrschte ab jetzt eigentlich nur noch dem Namen nach, denn die Fäden zogen die Mitglieder der feudalen Familien Trinh und Nguyen. In dieser Epoche erlebten die Schönen Künste eine Blütezeit, besonders die Keramiken aus Vietnam waren in ganz Asien begehrt und wurden nachgeahmt.

Die Macht über den Marionettenkönig aus der Le-Dynastie erlangten die zunächst mächtigeren Trinh durch die Einheirat in die kaiserliche Familie und die Besetzung wichtiger militärischer Posten im Norden des Landes. Die Nguyen weiteten ab dem Ende des 16. Jahrhunderts ebenfalls ihre Macht aus und errichteten ihre Höfe in Zentralvietnam. Die beiden Familien lieferten sich einen über Jahrzehnte andauernden Bürgerkrieg, bis sie schließlich Vietnam um 1673 unter sich aufteilten. Trotzdem zogen die Trinh wiederholt nach Süden, blieben aber stets erfolglos in den Schlachten gegen die Nguyen. Die Nguyen konnten ihren Herrschaftsbereich – mit militärischer Unterstützung der inzwischen auf dem Seeweg eingetroffenen Portugiesen – dann stetig nach Süden bis an den Golf von Siam ausbauen. Ende des 17. Jahrhunderts besaßen sie eine beachtliche Flotte aus 133 Schiffen. Der Nguyen-Clan schlug seinen Regierungssitz 1687 in Phu Xuan, dem heutigen Hue, auf. Von hier aus eroberten sie 1767 Kambodscha und verdrängten die Khmer aus dem Mekong-Delta, wo sie zuvor etwa 1694 die Stadt Gia Dinh (Saigon) gegründet hatten. In den Jahrtausenden zuvor hatten hier die Bewohner des Reiches Funan, später die Khmer und Cham gesiedelt.

Tay-Son-Aufstand (1771 – 1802)

Im Jahre 1771 begann der Aufstand gegen die beiden Fürstenfamilien Trinh und Nguyen. Anführer waren drei Brüder aus Tay Son, die sich mit Hilfe von unzufriedenen Bauern und Soldaten gegen die hohe Besteuerung, die verheerende Korruption und schlechte Wirtschaftslage im Lande auflehnten. Letzten Endes erfolgreich, denn die Tay-Son-Rebellen konnten 1776/1777 das Herrschaftsgebiet der Nguyen-Dynastie erobern. Diese jahrelangen Unruhen nutzten wiederum die Chinesen der Qing-Dynastie, um erneut einen Angriff auf das geteilte, durch Bauernaufstände und interne Machtkämpfe aufgeriebene Land zu wagen. Vergeblich – sie wurden von einem der Tay-Son-Brüder (der sich mittlerweile Kaiser Quang Trung nannte) 1789 wieder aus Thang Long vertrieben.

Nguyen-Dynastie (1802 – 1945)

Der einzige überlebende Nguyen-Fürst, Nguyen Anh, besiegte die Tay-Son-Brüder nach zwei Jahrzehnten des Kampfes und Exils in Siam endgültig – wenn auch mit Hilfe der Franzosen. Er eroberte nacheinander die Städte Saigon und Hue zurück und marschierte in Hanoi ein. Im Jahr 1802 ernannte er sich unter dem Namen Gia Long zum ersten Kaiser der Nguyen-Dynastie, der letzten vietnamesischen Dynastie. Die Nachbarländer Laos und Kambodscha wurden bei Feldzügen zu Vasallenstaaten gemacht. Hauptstadt des wiedervereinigten Reiches Viet Nam war Hue (ab 1804). In dieser Epoche stand Vietnam unter den zunehmenden Machtansprüchen zweier fremder und rivalisierender Länder: China und Frankreich. Der europäische Einfluß rief die nationalistischen Kräfte auf den Plan, darunter auch die Anhänger der Chinesen am Hof. Unter der Herrschaft des Kaisersohnes Minh Mang und seines Nachfolgers Thieu Tri verschlechterten sich die vietnamesisch-französischen Beziehungen zusehends. (Die Nguyen werden in diesem Band – wie international üblich – als Kaiser bezeichnet, obwohl sie nach vietnamesischer Benennung eigentlich Könige waren).

Die berühmten Dynastischen Urnen symbolisieren die Kaiser der Nguyen-Dynastie aus Hue.

Der Einfluß der Europäer

Händler und Missionare

Es heißt, Marco Polo soll bereits Anfang des 13. Jahrhunderts entlang der Küste vor Vietnam gesegelt sein. Doch erst 300 Jahre später hatten die Europäer auf ihren Handelsrouten schließlich Vietnam erreicht. Katholische Missionare aus Frankreich schufen Mitte des 17. Jahrhunderts eine lateinische Schrift für die vietnamesische Sprache (quoc ngu), bes. Alexandre de Rhodes (→ Berühmte Persönlichkeiten u. S. 87) hatte daran entscheidenden Anteil. Die Franzosen versuchten ihren Einfluß auf das vietnamesische Volk über katholische Missionarsarbeit und Militärhilfe auszuweiten, was von der konfuzianisch geprägten Führungselite ab 1665 mit zunehmendem Mißtrauen und schließlich der Christenverfolgung beantwortet wurde. Als der Kaiser Tu Duc um 1850 befahl, alle missionarischen Tätigkeiten zu beenden und sogar eine Art Kopfgeld auf Europäer und Geistliche aussetzte, entschloß sich die französische Regierung zum militärischen Eingreifen.

Französische Kolonialherrschaft (1858, 1863–1954)

Im Jahre 1858 landeten französische Kriegsschiffe in Da Nang (damals Tourane). Nur ein Jahr später hatten die Franzosen Gia Dinh (Saigon) und gegen Ende des 19. Jahrhunderts auch den Norden mit Hanoi erobert. Die Kolonialtruppen besetzten nach und nach das gesamte indochinesische Terrain (Kambodscha, Laos und Vietnam). Die Herrschaft im Land ging 1862/1863 vertraglich von den Nguyen auf Frankreich über. Vietnam wurde unterteilt in die Kolonie Cochinchina im Süden sowie die Protektorate Annam im Zentrum und Tonkin im Norden. Besonders die reichhaltigen Bodenschätze (v.a. Kohle und Zinn) und landwirtschaftlichen Produkte (wie Kautschuk, Reis, Tabak, Tee und Kaffee) lohnten den Einsatz im Fernen Osten.

Die französische Kolonialregierung besetzte alle Verwaltungsstellen mit Franzosen und ihnen wohlgesonnenen Mandarinen bzw. französisch sprechenden Katholiken. Die Vietnamesen wurden größtenteils als Tagelöhner und Zwangsarbeiter ohne staatsbürgerliche Rechte behandelt. Das einfache Volk litt unter Hungersnöten, während der Reis exportiert wurde. Mit Hilfe Frankreichs wurde aber auch die Infrastruktur mit einem Straßennetz, Eisenbahnstrecken, Hafenanlagen, Bergwerken und Fabriken aufgebaut. Finanziert wurden diese Projekte durch Steuern und das staatliche Monopol auf den Opiumhandel.

Erste Widerstandsbewegungen im 20. Jahrhundert

Im 20. Jahrhundert verstärkten sich die Anzeichen für eine antikoloniale Bewegung. Sie kamen v.a. aus der gebildeten Oberschicht, deren Söhne und Töchter teilweise sogar in französischen Schulen und Universitäten unterrichtet worden waren. Nationale politische Unabhängigkeit und die Theorien der großen Revolutionäre wie Lenin und Sun Yatsen fanden zunehmend Gehör. Im Jahre 1930 wurde in Hong Kong die Kommunistische Partei Vietnams (später KP Indochinas) gegründet. Der heftigste Widerstand gegen die Franzosen fand Ende dieses Jahres in Zentralvietnam mit einer Erhebung der Bauern und Arbeiter in Nghe An statt. Doch die französischen Kolonialherren schlugen die nationalistischen Bewegungen und Aufstände mit äußerster Gewalt nieder und verbannten die Oppositionellen, u.a. auf die Gefängnisinsel Con Dao, darunter fast die gesamte Führungsschicht der vietnamesischen KP. Elf Jahre später gründete sich unter Führung von Ho Chi Minh (→ Berühmte Persönlichkeiten) die kommunistische Liga für die Unabhängigkeit Vietnams, die auch Vietminh (Viet Minh) genannt wurde. Der Vietminh wurde bei seinem Kampf gegen die Besatzungsmacht Japan in den folgenden Jahren von den Vereinigten Staaten von Amerika unterstützt und mit Waffen ausgerüstet.

Zweiter Weltkrieg (1939–1945)

Während des Zweiten Weltkrieges war es nämlich erneut zu einer Doppelherrschaft in Vietnam gekommen: Die Japaner hielten das Land seit 1940 besetzt, duldeten aber weiterhin die französische Verwaltung. Japan erklärte Vietnam erst 1945 für unabhängig, nachdem es die französische Kolonialarmee gegen Kriegsende doch noch entwaffnet und interniert hatte. Nun durfte Nguyen-Kaiser Bao Dai (→ Berühmte Persönlichkeiten) kurz-

Französischer Kolonialherr in Riksha mit Kuli (Anfang 20. Jh.)

Zweiter Weltkrieg (Fortsetzung)

zeitig das Land unter Aufsicht der Japaner regieren, bis diese im August des gleichen Jahres kapitulierten.

Unabhängigkeitserklärung 1945

Jetzt hieß es für die vietnamesischen Kommunisten: Schnell handeln! Denn im Nachkriegseuropa wurden bereits neue Pläne für die zukünftige Verwaltung Vietnams geschmiedet – diesmal unter britischer und chinesischer Kontrolle. Nach der Kapitulation der Japaner ergriff Ho Chi Minh die Gelegenheit und rief den bewaffneten Aufstand aus. Am 2. September 1945 erklärte er in Hanoi die Unabhängigkeit des Landes – die Demokratische Republik Vietnam (DRV) war gegründet. Bao Dai mußte abdanken. Erstmals fanden im Januar 1946 in ganz Vietnam Wahlen statt, in der der Vietminh siegte.

Der Erste Indochinakrieg (1946–1954)

Reaktion der Franzosen

Doch die Vietnamesen hatten die Rechnung ohne die Franzosen gemacht, die sich nach fast einem Jahrhundert Herrschaft nicht vertreiben lassen wollten. Die ehemaligen Kolonialherren hatten zwar das französisch-vietnamesische Abkommen von Hanoi unterzeichnet, das die Unabhängigkeit der DRV anerkannte, doch sie besetzten Saigon und Hanoi kurz darauf erneut. Mit dem Beschuß des Hafens Hai Phong im November 1946 begann offiziell der Erste Indochinakrieg zwischen Vietnam und Frankreich. Ein viele Jahre währender Partisanenkampf begann. Dabei war die Regierung Ho Chi Minhs gezwungen, in den Untergrund zu gehen und sich in den schwer zugänglichen Bergen im Norden bei Cao Bang zu verstecken. Der ehemalige Kaiser Bao Dai wurde von den Franzosen 1948 erneut als Regent des formell unabhängigen Staates Vietnam eingesetzt. So entwikkelte sich der ehemals rein koloniale Konflikt zum internationalen Stellvertreterkrieg und spaltete die Nationen während des "Kalten Krieges" schließlich weltweit: Während China und die Sowjetunion den Norden mit

Waffen unterstützten und als legitime Regierung anerkannten, stellten sich die westlichen Staaten auf die Seite Frankreichs und seiner Marionette Bao Dai.

Reaktion der Franzosen (Fortsetzung)

Nachdem die Franzosen jahrelang militärisch keine nennenswerten Erfolge gegen die Befreiungsbewegung erzielen konnten, kam es im äußersten Norden bei Dien Bien Phu 1954 zur entscheidenden Schlacht. Die französischen Truppen wurden von den Soldaten der Vietnamesischen Volksarmee (VVA) in ihrer Festung belagert, beschossen, ausgehungert und schließlich besiegt. In den 55 Tagen der Belagerung bis zum 7. Mai 1954 fielen rund 3000 Franzosen. Oberbefehlshaber war General Vo Nguyen Giap, der später auch die amerikanischen Truppen immer wieder herausforderte.

Schlacht um Dien Bien Phu (März – Mai 1954)

Auf der Genfer Indochinakonferenz trafen sich im April 1954 in Paris die beteiligten Kriegsgegner, die Nachbarländer Laos und Kambodscha und die Weltmächte (USA, die Sowjetunion und China sowie Großbritannien), um die Zukunft des südostasiatischen Landes zu bestimmen. Die als Provisorium beschlossene Demarkationslinie am 17. Breitengrad bei Dong Ha sollte das Land lediglich bis zu den gesamtvietnamesischen Wahlen im Juli 1956 trennen. Doch Dong Ha wurde zur dauerhaften Grenze für die nächsten 21 Jahre. Das Genfer Abkommen ist weder von Südvietnam noch von den USA unterzeichnet worden.

Erneute Teilung Vietnams / Genfer Indochinakonferenz

Zwischen den Kriegen

Im Norden des faktisch erneut geteilten Landes regierten die Kommunisten unter Führung von Ho Chi Minh in der Hauptstadt Hanoi. Die Demokratische Republik Vietnam entwickelte sich zu einem sozialistisch geprägten Landesteil, in dem städtische und bäuerliche Familienbetriebe verstaatlicht wurden und der alleinige Herrschaftsanspruch der Kommunistischen Partei galt. Die Machthaber begannen das Land nördlich des 17. Breitengrades systematisch zu säubern und lösten damit eine Flüchtlingswelle von rund 1 Million Nordvietnamesen nach Süden aus. Denunziationen und Hinrichtungen von angeblichen Landesverrätern waren an der Tagesordnung. Eine 1955/1956 rigoros durchgesetzte Bodenreform verunsicherte die Bevölkerung zusätzlich, wodurch es zu weiteren Unruhen im Norden kam.

Der Norden – Demokratische Republik Vietnam

In Saigon, der Hauptstadt des prowestlichen Südens, wurde im Oktober 1955 die Republik Südvietnam ausgerufen, in der der Antikommunist und Katholik Ngo Dinh Diem herrschte. Die in Genf für Juli 1956 vereinbarten gesamtvietnamesischen Wahlen ließ er aus Angst vor einem wahrscheinlichen Sieg der Kommunisten gar nicht erst stattfinden. Stattdessen hatte sich Ngo Dinh Diem bei einem manipulierten Referendum im Süden als Präsident bestätigen lassen. Die französischen Truppen zogen erst 1956 aus Südvietnam ab. Dafür traten die USA mit der Entsendung militärischer Hilfe und Berater verstärkt ab Mitte der 50er Jahre in den Konflikt mit dem Norden (s.u.) ein. Der südvietnamesische Regierungschef entwickelte sich unterdessen immer mehr zum Diktator und ging mit unverhohlener Härte gegen Buddhisten und politisch Andersdenkende vor, was 1963 öffentliche Selbstverbrennungen buddhistischer Mönche und Demonstrationen südvietnamesischer Studenten zur Folge hatte.

Der Süden – Republik Süd-Vietnam

Südvietnamesische Guerillas waren seit 1956 bei Widerstandskämpfen aktiv, sie wurden als Vietcong (vietnamesische Kommunisten) bezeichnet. Die regulären Truppen Südvietnams waren durch weitverbreitete Korruption und zahlreiche Deserteure bereits erheblich geschwächt. Durch die politische Verfolgung in den Untergrund getrieben, gründete die südvietnamesische Opposition mit kommunistischer Unterstützung aus Hanoi 1960 die FNL, die Nationale Befreiungsfront Südvietnams.

Erneute Kriegsvorbereitungen auf beiden Seiten

Erneute Kriegsvorbereitungen (Fortsetzung)

Insgeheim war der Krieg in beiden Landesteilen bereits jahrelang vorbereitet worden. Ho Chi Minh konnte dabei mit der Hilfe der Sowjetunion und China rechnen. Der Bau des Ho-Chi-Minh-Pfades, dieses für den Krieg so entscheidende Wegenetz durch den Dschungel nach Süden, war beispielsweise schon seit 1959/60 von Nordvietnam aus vorangetrieben worden. Im Süden dagegen unterstützte die Schutzmacht USA seit Beginn der 50er Jahre die Saigoner Regierung von Ngo Dinh Diem. Hintergrund hierfür war die sog. Dominotheorie, denn die westlichen (v.a. die amerikanischen) Politiker befürchteten nach einem Sieg der Kommunisten in Vietnam weitere Umstürze in den Nachbarländern. Mit Beginn der 60er Jahre schickten die USA stetig Militärberater nach Südvietnam: Ihre Zahl stieg von 2000 (Ende des Jahres 1960) auf 16300 (Ende 1963).

Sturz des Diktators Diem (1963)

Nach mehreren gescheiterten Putschversuchen wurde Ngo Dinh Diem schließlich 1963 von den Militärs mit Hilfe der CIA und dem Wissen Präsident John F. Kennedys gestürzt und erschossen. Es folgten weitere Putsche gegen seine Nachfolger. Anfang 1964 kontrollierte die Regierung in Saigon nur noch etwa ein Drittel aller Dörfer in ihrem Herrschaftsbereich, der Rest befand sich bereits unter Kontrolle der FNL.

Der Vietnamkrieg (1964–1975)

Vorfall im Golf von Tonkin (1964)

Als offizieller Kriegsbeginn und Auslöser des Vietnamkrieges (Zweiter Indochinakrieg) gilt ein Vorfall im Golf von Tonkin: Der US-Zerstörer "Maddox" geriet vor der nordvietnamesischen Küste im August 1964 in ein Feuergefecht mit zwei Torpedobooten. Wie sich bei amerikanischen Untersuchungen später herausstellte, war die "Maddox" in ein geheimes Manöver mit der südvietnamesischen Marine verwickelt gewesen. Der Vorfall wurde von US-Präsident Lyndon B. Johnson zum Anlaß genommen, die weitere Verstärkung der amerikanischen Truppen im Süden und die Bombardierung Nordvietnams zu befehlen, mit fast einhelliger Zustimmung im US-Kongreß. Merkwürdigerweise lag die sog. Tonkin-Resolution aber schon Monate vor dem vermeintlichen Angriff in der Schublade des Präsidenten – so berichtete die "New York Times" später mit Auszügen aus den streng geheimen "Pentagon Papers".
Es kam nie zu einer offiziellen Kriegserklärung der Amerikaner an Nordvietnam. "Rolling Thunder" lautete das Einsatzkommando, mit dem die ersten US-Kampftruppen im März 1965 an der vietnamesischen Küste bei Da Nang landeten. Ihre Zahl stieg in den nächsten vier Jahren von 25000 auf über eine halbe Million. Der Luft- und Bodenkrieg zwischen der Demokratischen Republik Vietnam und den Vereinigten Staaten hatte begonnen – und endete erst acht Jahre später offiziell bei den Pariser Friedensverhandlungen im Januar 1973.

Mit "Tigerfallen" gegen US-Panzer

Mit modernsten Waffen sollten die kommunistischen Soldaten von den US-Truppen aus dem Süden vertrieben und der Norden besiegt werden. Doch der Vietcong kämpfte mit Guerillataktik auf einem ihm vertrauten Terrain, teils mit Unterstützung der ländlichen Bevölkerung. Durch die repressive Herrschaft in den Jahren zuvor hatten die Machthaber in Saigon die Sympathie vieler Bauern in den umkämpften Gebieten verloren. Die Vielzahl der Kriegsopfer unter der Zivilbevölkerung tat ein übriges – viele aus den Kriegsgebieten fliehende Südvietnamesen liefen zu den Kommunisten über. Schließlich wurden große Teile der Landbevölkerung in sog. Wehrdörfer und in die Städte umgesiedelt, womit dem Vietcong seine Versorgungsquelle entzogen werden sollte. Rund 10 Millionen Bauern und Dorfbewohner sollen insgesamt während des Krieges auf der Flucht gewesen sein.
Trotz ihrer militärischen Überlegenheit mußten die amerikanischen Offiziere und Generäle bald feststellen, daß ihr mit modernster Technologie ausgerüstetes Kriegsgerät im Dschungel und im undurchdringlichen Grenzgebiet zwischen Vietnam, Laos und Kambodscha weitgehend unnütz war. "Charlie", wie die US-Truppen die südvietnamesischen Untergrundkämp-

Mit "Tigerfallen" gegen US-Panzer (Fortsetzung)

fer bald nannten, sorgte mit Tretminen, Tigerfallen, Überraschungsangriffen und Sabotageakten für große Verluste auf seiten der Amerikaner. Die heute für Touristen geöffneten Tunnel von Cu Chi machten den Vietcong quasi unsichtbar, und so gelang es den kommunistischen Kämpfern, sich in einem weitverzweigten Tunnelsystem unaufhaltsam sogar der südvietnamesischen Hauptstadt Saigon zu nähern. Tagsüber schienen die US-Truppen die Oberhand zu haben, nachts jedoch schlug der Vietcong zurück und brachte der Weltmacht empfindliche Niederlagen bei. Doch ein militärischer Gesamtsieg der kommunistischen Partisanen war aufgrund der Übermacht aus amerikanischen, südvietnamesischen und alliierten Soldaten (u.a. Australier und Südkoreaner) unmöglich. Mehr als 600 000 Alliierte kämpften gegen rund 200 000 kommunistische Soldaten aus dem Norden und Süden. Um die militärische Patt-Situation zu beenden, erwägten die Militärs in den USA sogar den Einsatz von Nuklearwaffen in Vietnam.

Doch es blieb beim Einsatz herkömmlicher Waffen. Um den Dschungelkrieg zu gewinnen, befahl der US-Oberbefehlshaber General Westmoreland schließlich den Einsatz der dioxinhaltigen Chemikalie "Agent Orange". Großflächige Gebiete wurden zur "Feuer-frei-Zone"; bevorzugtes Ziel der Entlaubungsaktionen mit Napalmbomben und Sprengstoff war der sog. Ho-Chi-Minh-Pfad (→ DMZ), ein etwa 16 000 km langes und weitverzeigtes Wegenetz, das sich z.T. auf südlaotischem und kambodschanischem Grenzgebiet befand. Auf diesen Pfaden brachten nordvietnamesische Kämpfer pausenlos (militärischen) Nachschub in den Süden und kehrten sofort für neue Einsätze wieder in den Norden zurück.

Überraschung zum Tet-Fest 1968

Die Wende im Kriegsgeschehen trat zum vietnamesischen Neujahr Tet am 31. Januar 1968 ein. Trotz des Waffenstillstandes für diesen Feiertag griffen die Kämpfer Ho Chi Minhs und des Vietcong landesweit die Stellungen der amerikanischen und regulären südvietnamesischen Verbände an – mit geringem militärischen Erfolg und hohen Verlusten für die Kommunisten (schätzungsweise 30 000 bis 50 000 Tote), aber auch mit verheerenden Folgen für die US-Regierung. Denn die Fernsehbilder zeigten einige Vietcong-Soldaten auf dem Gelände der US-Botschaft und straften die seit Jahren übertriebenen amerikanischen Erfolgsmeldungen über das nahe Kriegsende Lügen. Die Bilder hatten eine außerordentliche Symbolkraft und lösten geradezu einen Schock in der amerikanischen Öffentlichkeit aus. Auch die Schlacht um die belagerte US-Stellung in Khe Sanh im Mai 1968 weckte Erinnerungen an den Sieg der Vietnamesen über die französischen Kolonialherren in Dien Bien Phu.

Stimmungs-umschwung

Im Jahre 1968 schlug die Stimmung schließlich auch in den USA um: Immer mehr Kriegsveteranen und als Invaliden zurückgekehrte GIs schlossen sich der Antikriegsbewegung an. In Amerika und Westeuropa gingen Millionen Menschen auf die Straße, um die Beendigung des Vietnamkrieges zu fordern. Selbst in den Vereinigten Staaten hatte der Krieg im fernen Indochina mittlerweile Familien zerstört und zu vehementen Protestaktionen von Kriegsgegnern geführt. Präsident Johnson kündigte im gleichen Jahr offizielle Friedensverhandlungen an, die schließlich im Mai in Paris begannen. Der Waffenstillstand, eine der Voraussetzungen für die Aufnahme der Verhandlungen, dauerte nur kurz – die Kriegshandlungen wurden bald fortgesetzt und schließlich sogar offiziell auf die Nachbarländer Laos und Kambodscha ausgeweitet. Unter Präsident Richard Nixon wurde die Vietnamisierung des Konfliktes ab Juli 1969 vollzogen: Der schrittweise Abzug der US-Armee sollte durch die Aufrüstung der regulären südvietnamesischen Truppen ausgeglichen werden.
In keinem anderen Krieg hatte die unzensierte Berichterstattung in den Medien eine derartig durchschlagende Wirkung – allerdings ganz anders als die amerikanischen Militärstrategen geplant hatten. So ließ die Berichterstattung über die Massaker bei My Lai (16. März 1968) das öffentliche Meinungsbild vollends kippen. Bei einem 90minütigen "search and destroy"-Einsatz hatten die US-Soldaten insgesamt 504 Dorfbewohner erschossen: Alte, Frauen, Kinder und Babies. Eine noch größere, bis heute symbolische Wirkung auf die Weltöffentlichkeit hatten aber die Bilder aus Trang Bang (1972). Sie zeigten u.a. ein nacktes Mädchen, das vor der Zerstörung seines Dorfes durch amerikanische Napalmbomben weinend dem Fotografen Nick Ut entgegenlief.

Sicherlich eines der prägendsten Bilder des Jahrhunderts

Pariser Abkommen (1973)

Trotz der 1968 begonnenen Friedensgespräche und geheimer Verhandlungen wurde der Krieg noch jahrelang fortgesetzt, auch mit schweren Bombardierungen Hanois. Erst am 27. Januar 1973 unterzeichneten die Kontrahenten das Pariser Abkommen über die Beendigung des Krieges und den Abzug der Amerikaner. Doch die nationale Aussöhnung war immer noch nicht in Sicht. Die Regierung in Nordvietnam trieb die Eroberung des Südens nach dem Abzug der US-Truppen offensiv voran – Anfang 1975 mit einem Generalangriff.

Fall Saigons (1975)

Als sich die nordvietnamesischen Truppen unaufhaltsam Saigon näherten, desertierten und flüchteten Tausende von Soldaten der südvietnamesischen Armee. Präsident Nguyen Van Thieu trat zurück und floh ebenfalls – nach Großbritannien. Am 30. April 1975 zogen die nordvietnamesischen und kommunistischen Truppen in Saigon ein und eroberten den Präsidentenpalast, ohne auf nennenswerte Gegenwehr der südvietnamesischen Armee zu stoßen. Die Republik Südvietnam kapitulierte bedingungslos.

Kriegsbilanz

Insgesamt waren 7,5 Millionen Tonnen Bomben beim Luftkrieg (sowie die gleiche Menge im Bodenkrieg) in Indochina explodiert – mehr als dreimal soviel wie im gesamten Zweiten Weltkrieg. Der Krieg kostete die Amerikaner rund 150 Milliarden US-Dollar. Die Gesamtzahl der toten Soldaten und Zivilisten wird auf bis zu 3,5 Millionen geschätzt (davon 1,1 Mllionen in der DRV und unter FNL-Kämpfern, 223000 tote Soldaten aus der Republik Südvietnam, ca. 58000 getötete Amerikaner sowie 5200 Alliierte). Hunderttausende wurden verletzt, verkrüppelt oder vermißt. Außerdem zogen schätzungsweise 10 Millionen Flüchtlinge und Ex-Soldaten entwurzelt durch das kriegszerstörte Land. Noch immer gelten rund 1600 US-Soldaten als vermißt: die sog. MIA's ("missing in action").
Selbst heute fordern die Millionen Liter versprühter Giftgase ihre Opfer – unter den Nachkommen der US-Veteranen ebenso wie in Form von unzähligen embryonalen Mißgeburten in vietnamesischen Kliniken. Die Dioxine wirken Jahrzehnte nach Kriegsende weiter in der Nahrungsmittelkette und erzeugen Gebärmutterkrebs. Die Bombardierungen hatten das Land in Schutt und Asche gelegt: zahllose Fabriken, Schulen und Krankenhäuser, Verkehrswege und zivile Dörfer und fast die Hälfte aller Städte waren zerstört. Wildtiere und ein Großteil der Wälder wurden ebenfalls vernichtet.

Die Nachkriegszeit

Folgen der Wiedervereinigung

Bei den ersten gesamtvietnamesischen Wahlen im April 1976 gewannen erwartungsgemäß die Kommunisten. Am 2. Juli 1976 wurde die Sozialistische Republik Vietnam (SRV) gegründet und die beiden Landeshälften wiedervereint. Ho Chi Minh konnte diesen Triumph nicht mehr miterleben: Bereits 1969 war der nordvietnamesische Präsident gestorben. Die Eingliederung des kapitalistischen Südens nach 20 Jahren Trennung ließ die Kommunistische Partei nun mit rigiden Maßnahmen durchführen. Dazu gehörten neben der Kollektivierung der Wirtschaft in Südvietnam auch die sog. Umerziehungslager.
Die Folgen des radikalen Umbruchs im Süden waren katastrophal. Die Religionsausübung wurde stark beschränkt, die politische Verfolgung traf auch Künstler, Journalisten und Intellektuelle. Besonders die als Amerasier bezeichneten Kinder aus vietnamesisch-westlichen Beziehungen hatten unter den Diskriminierungen zu leiden – sie wanderten größtenteils nach Amerika aus. Nach der Verstaatlichung der landwirtschaftlichen Betriebe zu Genossenschaften verboten die Machthaber in Hanoi 1978 schließlich auch jeglichen privaten Handel. Die Enteignungen lösten die bis dahin größte Fluchtbewegung aus – v.a. die chinesischstämmige Bevölkerung floh über Land und über das Südchinesische Meer: Rund 2 Millionen Menschen haben Vietnam zwischen 1975 und 1990 verlassen, zumeist als Boat people (→ *Baedeker Special* S. 62/63). Außenpolitisch näherte sich die Hanoier Regierung der Sowjetunion, zum Unmut der Chinesen. Das internationale Ansehen Vietnams litt weltweit, zunehmend auch bei den einstigen Anhängern und Genossen im Westen.

Besetzung Kambodschas (1979–1989)

In Vietnam machten sich allmählich wieder die alten Expansionsbestrebungen in Richtung Laos und Kambodscha bemerkbar. Die Besetzung Kambodschas war nicht nur eine Vergeltung für die wiederholten Übergriffe und Massaker der Roten Khmer auf vietnamesischem Territorium ab 1977. Hier lockte das kriegszerstörte Vietnam auch eine blühende Wirtschaft, die v.a. auf Reisanbau und Fischfang beruhte. Doch die Roten Khmer hatten das

Baedeker Special

Boat people

Huynh Hanh war 17 Jahre alt, als er 1977 Hals über Kopf aus Vietnam flüchtete. Nach der Machtübernahme der Kommunisten im Süden galten seine Brüder, die in der südvietnamesischen Armee gewesen waren, als Verräter. Sofort wurde die Apotheke seines Vaters in Saigon beschlagnahmt. Hanh mußte die Flucht alleine antreten. Von meterhohen Wellen wurde der Fischerkahn, in dem er nach Thailand flüchtete, hin- und hergeschüttelt. Für die 24 Flüchtlinge an Bord reichte das Trinkwasser gerade mal einen Tag. Doch nicht nur an Land, auch auf hoher See lockten die Habseligkeiten der Flüchtenden, oft waren darunter Gold und andere Wertgegenstände. Überall lauerten Piraten, die die Boote überfielen.

Hanh gelangte schließlich über Lager in Thailand und Italien nach Deutschland, wo er als Flüchtling anerkannt wurde. Er machte eine Ausbildung, und bald kam sein Vater nach. Der Rest der Familie ist heute in alle Teile der Welt zerstreut. Doch weil die Oma zu Hause im Sterben lag, kehrte Hanh vor kurzem nach Vietnam zurück. Denn die Angehörigen sind bis zum Tode zu versorgen und zu ehren – so verlangt es der konfuzianische Verhaltenskodex von den Kindern und Kindeskindern. Der junge Mann, nun KFZ-Mechaniker bei einer deutschen Niederlassung in Saigon, wirkt im Gespräch eher wie ein Deutscher als ein Vietnamese. Er klagt über Schikanen der Behörden und die Behandlung als Bürger 2. Klasse sowie über die weitverbreitete Armut in seiner neuen alten Heimat. Die Rückkehr nach 18 Jahren Konsumgesellschaft, deutscher Ordnung und Disziplin war wie ein Schock. Karl Marx ist den allgegenwärtigen korrupten Gestalten gewichen, so war Hanhs erster Eindruck: Schon am Flughafen mußte er heimlich 100 Dollar extra für das Visum zahlen, damit er ohne Probleme seine Heimat betreten durfte.

Die Geschichte von Huynh Hanh ist eine von vielen Hunderttausenden. Unter den zwei Millionen Boat people waren vorwiegend ethnische Chinesen, wohlhabende Geschäftsleute, die nach dem Kriegsende von den Kommunisten verfolgt wurden. Viele hatten während des Krieges für die Amerikaner oder für internationale Konzerne gearbeitet und wurden nun zu Tausenden enteignet und in die "Umerziehungslager" gesteckt. Oder sie verloren auf Jahrzehnte ihre Arbeitserlaubnis – die ehemaligen Händler und Geschäftsleute sollten nun auf den Feldern in den "Neuen Ökonomischen Zonen" als Fischer, am Fließband oder notfalls als Cyclo-Fahrer ihren Lebensunterhalt verdienen.

Der Exodus aus Vietnam über die Südchinesische See lief in drei großen Wellen: Die ersten flohen panikartig mit den Amerikanern gleich nach dem Fall von Saigon 1975. Im Laufe der nächsten Jahre kehrten fast 300 000 Auslandschinesen (Hoa) aus Furcht vor Vergeltungsakten der neuen Machthaber nach China zurück. Ein Großteil der Boat people wollte in die USA – und die meisten wurden dort auch aufgenommen. Mit der Verstaatlichung der Privatwirtschaft im Süden Vietnams (März 1978) und der angekündigten Währungsreform lösten die Kommunisten den Höhepunkt der Fluchtbewegung von Mensch und Kapital aus. Unter den Bootsflüchtlingen in der letzten Phase ab 1987 befanden sich besonders viele Wirtschaftsemigranten und nachziehende Familienangehörige – getrieben von Armut, Naturkatastrophen und Hungersnöten. Wie die meisten, die zuvor ihr Vermögen in Sicherheit bringen wollten, bezahlten viele der ärmsten die riskanten Bootsfahrten mit dem Leben.

Rund 33 000 Boat people aus Vietnam strandeten in der Bundesrepublik und wurden laut internationalen Vereinbarungen als sog. Kontingentflüchtlinge aufgenommen. Nach den dramatischen Fernsehbildern von ertrinkenden Schiffbrüchigen aus dem Südchinesischen Meer begegnete den Vietnamflüchtlingen Ende der 70er Jahre anfangs eine beispiellose Hilfbereitschaft. So machte Niedersachsen 1978 mit einer Aufnahmezusage der qualvollen Odyssee von 1000 Bootsflüchtlingen ein Ende, die auf dem Schiff "Hai Hong" schon Monate vor der malaiischen Küste warteten – Malaysia verweigerte die Einreise, da das Land am stärksten von der Flüchtlingswelle betroffen war. Mit Spenden finanzierten die Bundesdeutschen das Rettungsschiff "Cap Anamur", das bis 1982 rund 9000 schiffbrüchige Boat people rettete. Die Vietnamesen hatten hierzulande Anspruch auf finanzielle Hilfen, Sprachkurse und Umschulungen. Doch schon bald galt die Aufnahmebereitschaft nur noch den Familienangehörigen – die Obergrenze von 38000 Kontingentflüchtlingen sollte nicht überschritten werden.

Die Vietnamesen haben weltweit den Ruf, sich im Vergleich zu anderen Volksgruppen im Zufluchtsland weitgehend zu assimilieren und sich schnell selbständig zu machen. Da der Flüchtlingsstrom aus Vietnam aber nie vollständig abebbte, sich die politischen Verhältnisse jedoch verändert hatten, landeten die "Nachzügler" ab 1989 meist in Flüchtlingslagern, v.a. in Hongkong. Rund 56000 Vietnam-Flüchtlinge lebten zeitweilig in den hoffnungslos überfüllten Lagern unter menschenunwürdigsten Bedingungen – hinter Stacheldraht in übereinander gestapelten, rechteckigen Sperrholzboxen und mit allgegenwärtiger Cholera-Gefahr.

Rettung eines jungen Mannes

Seit dem Repatriierungsabkommen von 1990 und mit finanzieller Hilfe der EU kehrten v.a. die Wirtschaftsflüchtlinge wieder nach Hause zurück, die wenigsten freiwillig. Jeder Heimkehrer, ob Erwachsener oder Kind, erhielt bis zu 410 US-Dollar zur Wiedereingliederung, mehr als ein Jahresgehalt für den Durchschnittsvietnamesen. Die Anwesenheit des UN-Hochkommissariats für Flüchtlinge in Hanoi und Saigon sollte verhindern, daß die Rückkehrer diskriminiert werden. Doch wie intensiv die Betreuung von hunderttausend Repatriierten im ganzen Lande durch eine Handvoll UN-Beobachter sein kann, bleibt fraglich. Zumal die einstigen Landeskinder nicht gerade mit offenen Armen empfangen wurden. Die heimgekehrten Boat people und die zur gleichen Zeit zurückgeschickten Vertragsarbeiter aus den ehemals kommunistischen Staaten sorgten für einen immensen Nachschub im Arbeitslosenheer. Die meisten hatten Probleme bei der Arbeitssuche, neben den Schwierigkeiten im Umgang mit der schleppenden Bürokratie und Korruption. Und so wehrten sich viele mit allen Mitteln gegen die Rückführung, sogar mit Selbstverstümmelung und Selbstmorddrohungen – wie bei der zwangsweisen Abschiebung der letzten Boat people aus Hongkong.

Andererseits haben aber auch Hunderttausende Vietnamesen in den 80er und 90er Jahren das kommunistische Land legal im Rahmen des "Orderly Departure Program" verlassen, d.h. offiziell eine Ausreise beantragt – sie mußten nicht wie der junge Huynh Hanh in einem winzigen Fischerboot auf dem Südchinesischen Meer ihr Leben riskieren.

Besetzung Kambodschas (Fortsetzung)

Land in dreieinhalb Jahren Diktatur (1975–1979) in ein einzigartiges "Killing Field" verwandelt: mit 1 bis 2 Millionen Ermordeter und Hungertoter.
Ende des Jahres 1978 begann die vietnamesische Großoffensive in das Nachbarland. Die vietnamesische Armee marschierte im Januar 1979 in der kambodschanischen Hauptstadt Phnom Penh ein und stürzte das Terrorregime Pol Pots. Der Völkermord war beendet, die zehnjährige Phase der Besetzung des Nachbarn mittels einer vietnamgesteuerten Regierung begann. Zeitweilig waren bis zu 150000 vietnamesische Soldaten in Kambodscha stationiert. Erst nach Verhandlungen auf internationaler Ebene zog sich die vietnamesische Armee ab September 1989 aus Kambodscha zurück. Die Chinesen, die die Roten Khmer während ihres grauenhaften Regimes unterstützt hatten, reagierten auf den Einmarsch der Vietnamesen in Kambodscha mit einer Strafaktion, dem sog. Erziehungsfeldzug, an der nordvietnamesischen Grenze im Frühjahr 1979.

Die Wende seit den 80er Jahren

Erneuerung – Doi Moi (1986)

Seit 1979 kündigte sich der Zusammenbruch der vietnamesischen Wirtschaft an. Die Gründe waren offensichtlich: die zerstörte Infrastruktur und lahmgelegte Industrie, Naturkatastrophen, enorme Militärausgaben, die 1978 eingestellte Wirtschaftshilfe aus China, das von den USA und anderen westlichen Staaten auf ganz Vietnam ausgeweitete Embargo, eine verheerende Inflation (um 1000 %), die Flucht des Kapitals und der gebildeten Bevölkerungsschicht ins Ausland, die wachsende Korruption, ethnische Widerstandsbewegungen und die weitgehend internationale Isolation nach der Besetzung Kambodschas.
Die Notwendigkeit von durchgreifenden Reformen wurde auch den Machthabern in Hanoi immer deutlicher. Eine neue Verfassung leitete 1980 die Veränderungen ein. In den 80er Jahren vollzog sich zudem ein Generationswechsel im Politbüro, dem dann die "Erneuerung des Denkens" (doi moi) folgte. Auf dem 6. Parteitag 1986 beschlossen die Delegierten ein wirtschaftliches Reformprogramm, das beispielsweise die Dezentralisierung und mehr Marktwirtschaft, die Erlaubnis betrieblicher Eigeninitiativen und Joint-ventures sowie Leistungsprämien für Arbeiter und Betriebe ermöglichen sollte. Spätestens mit dem Zusammenbruch der Sowjetunion und der Auflösung des Ostblocks 1989 wurden diese Reformen zwangsläufig durchgesetzt – die alten Verbündeten waren keine mehr. Anfang 1988 kam es erneut zu einer Hungerkatastrophe im Norden. Daraufhin schaffte die Regierung die Genossenschaften in der Landwirtschaft endgültig ab; die Bauern durften das Land fortan wieder pachten und ihre Ernte selbst vermarkten. In der 1992 geänderten Verfassung wurde das Recht auf Privateigentum verankert, abgeschafft dagegen wurden z.B. das Recht auf kostenlose Bildung und Gesundheitsversorgung. Mehrere hunderttausend Vietnamesen konnten im Rahmen des "Orderly Departure Program" (ODP) die Ausreise beantragen und ihre Heimat verlassen.

Werbung für die Öffnung des Landes

Phase der Öffnung und Normalisierung

Seit den 90er Jahren sehen ausländische Beobachter in Vietnam bereits einen der asiatischen "Tiger" und "Drachen" – wie Hong Kong, Taiwan, Südkorea, Singapur und Thailand – heranwachsen, beeindruckt angesichts der zeitweilig fast zweistelligen Wachstumsraten. Vor allem im Export holte die kriegsgebeutelte Nation schlagartig auf, seit man sich von

Öffnung und Normalisierung (Fortsetzung)

der einst stark geförderten Schwerindustrie wieder mehr der landestypischen und immer noch vorherrschenden Agrarproduktion zuwandte: Vietnam ist heute der zweitgrößte Reisexporteur weltweit – nachdem der Export von Reis erst 1989 wiederaufgenommen worden wurde! Die horrende Inflationsrate ist auf ein normales Level zurückgegangen. Vietnam lockt ausländische Investoren mit großen Ölvorkommen, freizügigen Gesetzen, hoher Arbeitsmoral und niedrigen Löhnen.

Doch der Aufschwung begann quasi bei Null: 30 Jahre Krieg und zehn Jahre Planwirtschaft hatten das Land vollkommen heruntergewirtschaftet. Vietnam war laut Weltbank noch Mitte der 90er Jahre unter den elf ärmsten Ländern der Welt. Und so mahnen ausländische Experten vorsichtig, daß ein Großteil des wirtschaftlichen Booms ausschließlich auf ausländischem Kapital basiert. Mittlerweile hat sich der Wachstumsprozeß tatsächlich wieder verlangsamt. Auch zeigen sich die Schattenseiten der Boom-Wirtschaft, zum Beispiel die hohe Arbeitslosigkeit und der unvermeidbare Bankrott vieler unrentabler Staatsbetriebe. Verbessert hat sich jedoch der Lebensstandard der Städter in Vietnam, v.a. sie profitieren von den (wiederaufgenommenen) Investitionen ihrer Auslandsverwandtschaft.

Präsident Bush führte erstmals 1990 wieder Gespräche mit Regierungsvertretern aus Vietnam. Vier Jahre später hoben die Vereinigten Staaten von Amerika ihr 1975 verhängtes Wirtschaftsembargo endgültig auf. Mit der Öffnung der amerikanischen Botschaft in Hanoi im Jahre 1996 haben sich die Beziehungen zwischen den einstigen Kriegsgegnern weitgehend normalisiert; der erste US-Botschafter nach dem Krieg war übrigens selbst Gefangener des Vietcong gewesen.

Perspektiven

In den vergangenen Jahren mußten auch die letzten der ca. 90 000 Bootsflüchtlinge, die nach Ende des Vietnamkriegs 1975 geflohen waren und nicht als Flüchtlinge anerkannt wurden (→ *Baedeker Special* S. 62/63), in ihre Heimat zurückkehren – ob sie wollten oder nicht –, denn die Zufluchtsländer (wie Hong Kong) sind längst nicht mehr bereit, die Vietnamflüchtlinge weiterhin zu beherbergen. Dagegen verläuft das 1995 mit Deutschland vereinbarte Rückführungsabkommen, das die Abschiebung von 40 000 illegal in der Bundesrepublik Deutschland lebenden Vietnamesen (v.a. Gastarbeiter in der ehemaligen DDR und abgelehnte Asylbewerber) schleppend. Sorgen macht den internationalen Beobachtern das immer noch zu hohe Bevölkerungswachstum von fast 1,5 % pro Jahr. Politisch herrscht weiterhin die Ein-Parteien-Regierung in Hanoi – eine Opposition und eine wirklich demokratische Entwicklung mit pluralistischem Parteiensystem ist in Vietnam nicht in Sicht, Oppositionellen drohen weiterhin langjährige Haftstrafen. Bei aller wirtschaftlichen Liberalisierung behalten die Genossen der vietnamesischen Kommunistischen Partei die Zügel fest in Händen und die alleinige politische Kontrolle im Land.

Berühmte Persönlichkeiten

Bao Dai
(1913–1997)
letzter Kaiser
Vietnams

Bao Dai (eigentl. Nguyen Vinh Thuy) war der letzte Kaiser der Nguyen-Dynastie, die von 1802 bis 1945 in Vietnam herrschte. Doch seit Annam, das Kernland des Kaiserreiches, 1883 französisches Protektorat geworden war, regierten die Monarchen nur noch dem Namen nach.
Als sein Vater Khai Dinh 1925 starb, folgte Bao Dai ihm zwar formell auf dem Thron. Der Dreizehnjährige wurde zu dieser Zeit aber in Europa erzogen und kam erst sieben Jahre später in seine Heimat zurück, um repräsentative Pflichten zu erfüllen. Während des Zweiten Weltkriegs geriet Vietnam unter japanische Herrschaft; ungefähr zur gleichen Zeit entstand die nationalistische Widerstandsbewegung Vietminh, die sich gleichermaßen gegen die Japaner wie auch gegen die Franzosen richtete. Nach der Kapitulation der Japaner mußte auch Bao Dai am 24. August 1945 abdanken. Vorerst blieb er sogar "Berater" der Vietminh-Regierung, die am 2. September 1945 die Unabhängigkeit des Landes proklamierte.
Im März 1946 entschloß sich Bao Dai nach Hongkong zu reisen, dann nach Genf, wo er zwei Jahre später von den Franzosen, die ihren Einfluß weiter ausbauen wollten, zur Rückkehr nach Annam überredet wurde. Am 14. Juni 1949 setzten sie ihn sogar in ihrem Einflußbereich (Mittel- und Südvietnam) als "Staatschef" ein. Bao Dai berief daraufhin den Katholiken Ngo Dinh Diem zu seinem engsten Berater. Während der nächsten Jahre war seine Position recht unklar, denn er hielt sich meist an der Côte d'Azur auf. Nach der Niederlage von Dien Bien Phu 1954 zog sich Frankreich aus Indochina endgültig zurück, doch als das weitere Schicksal des Landes auf der Genfer Indochina-Konferenz beraten wurde, blieb Bao Dai lieber in seiner Villa in Cannes. Das Ergebnis der Verhandlungen war ein brüchiger Waffenstillstand und die Teilung des Landes am 17. Breitengrad. Diem wurde Präsident Südvietnams, unterstützt von den Vereinigten Staaten von Amerika. Er veranlaßte die Auflösung der kaiserlichen Garden, womit Bao Dais letzte Stütze in Vietnam verloren ging.
Nach einer Volksbefragung am 23. Oktober 1955, die zu seinen Ungunsten ausfiel, wurde der einstige Kaiser 1957 per Gesetz enteignet. Offensichtlich verfügte er aber bereits über genügend Mittel im Ausland. Denn von nun an lebte er im Exil, vorzugsweise in seinem Domizil an der Französischen Riviera. Im hohen Alter von 83 Jahren verstarb Bao Dai am 31. Juli 1997 in Paris.

Marie-David de Mayréna Abenteurer

Eine der kuriosesten Episoden der vietnamesischen Kolonialgeschichte ist die des Franzosen Marie-David de Mayréna, die durchaus Parallelen zu Joseph Conrads “Heart of Darkness” (dt. “Herz der Finsternis”) aufweist. Der Roman handelt von einem Europäer, der sich selbst zum Herrscher eines abgelegenen Teils Belgisch-Kongos ernennt – eine Geschichte, deren Grundzüge später auch Francis Ford Coppola in seinem Film “Apocalypse Now” verarbeitete.
Der Lebenslauf des eher windigen Marie-David de Mayréna war ziemlich abwechslungsreich, u.a. versuchte er sich in der französischen Armee, als Banker und schließlich als Pflanzer im Süden Vietnams. Im Jahre 1888 schickte ihn der Gouverneur zu einer Expedition in die Berge, bei der ihn Hunderte von Trägern und Soldaten begleiteten. Was dann genau geschah, weiß niemand. Doch am Ende (in Kon Tum) war nur noch Alphonse Mercurol bei ihm. Mit Hilfe der französischen Missionare traf er mit Stammeshäuptlingen der Sedang zusammen, die schon bald – wohl wegen seiner blauen Augen und seines herrischen Auftretens – in seinen Bann gerieten. Mayréna nutzte die Situation und rief sich selbst als König Marie I. von Sedang aus, Mercurol erhielt den Titel eines Marquis von Hanoi. So residierte er in einer Strohhütte, entwarf eine eigene Flagge, schuf Gesetze, stellte eine Armee auf und erklärte den benachbarten Jarai den Krieg. Trotz allem wurde ihm das majestätische Gebaren nach ein paar Monaten langweilig, da er letztlich weniger an Macht als an Geld interessiert war. Er brach seine Zelte hier ab und begann, aus seinem Titel Kapital zu schlagen. Umringt von Höflingen lebte er in teuren Saigoner Hotels. Und auch in Europa versuchte er seine Erscheinung in klingende Münze umzusetzen, indem er fiktive Titel und Konzessionen verkaufte. Auf die Dauer konnte er aber nicht vermeiden, daß seine Geschichte häßliche Risse bekam und ihm immer weniger Glauben geschenkt wurde. Im Jahre 1890 kehrte er schließlich nach Asien zurück, wo er sehr bescheiden auf der malaysischen Insel Pulau Tioman bis zu seinem Tod lebte. Vermutlich verstarb Mayréna an einem Schlangenbiß.

Phan Thi Kim Phuc (geb. 1963) UNESCO-Botschafterin

Eines der einprägsamsten Pressebilder dieses Jahrhunderts zeigt ein kleines, nacktes Mädchen, das zusammen mit anderen Menschen aus einem brennenden Dorf flüchtet und schreiend auf den Betrachter zuzurennen scheint. Es wurde zum Sinnbild für den Vietnamkrieg und die Schrecken des Krieges überhaupt (Abb. s. S. 60).
Kurz nach einem Napalmbombenabwurf war der vietnamesische Fotograf Nick Ut am 8. Juni 1972 in Trang Bang angekommen. Grauenhafte Bilder wie diese boten sich ihm zuhauf – und er drückte auf den Auslöser. Die 9jährige Phan Thi Kim Phuc hatte bei dem Angriff Verbrennungen dritten Grades erlitten, an denen sie auch heute noch leidet. Nach langen Krankenhausaufhalten und einem Studium auf Kuba lebt sie heute in Kanada. Mittlerweile ist sie selbst Mutter von zwei Kindern. Im Jahre 1997 wurde Phan Thi Kim Phuc zur UNESCO-Botschafterin ernannt. Es heißt, sie habe dem amerikanischen Verantwortlichen für den Angriff auf ihr Dorf ein Jahr zuvor bei einem persönlichen Treffen vergeben.

Alexandre de Rhodes (1591 – 1660) Missionar

Als einziges asiatisches Land verfügt Vietnam über eine Schrift, die auf lateinischen Buchstaben basiert – wie kam es dazu? Im Zuge der Missionierung Südostasiens gelangte 1627 Alexandre de Rhodes, ein französischer Jesuit, der neben mehreren europäischen Sprachen auch das Chinesische beherrschte, nach Vietnam. Schon nach sechs Monaten war er in der Lage, seine Predigten auf vietnamesisch zu halten. Und um das Evangelium einem möglichst großen Kreis zugänglich zu machen, entwickelte er die Schrift “quoc ngu”, ein auf lateinischen Buchstaben basierendes, phonetisches Alphabet, das bis heute für die vietnamesische Sprache verwendet wird (s. S. 87). Dann gab er einen Katechismus und ein Lexikon heraus, indem er das Vietnamesische in lateinische Schriftzeichen transkribierte, – womit ein vollständiges Lexikon für Latein, Portugiesisch und Vietnamesich vorlag, geschrieben in lateinischen und chinesischen Schriftzeichen. Doch neben der Alphabetisierung und der Unterweisung im christli-

Baedeker Special

Onkel Ho

Von den meisten Vietnamesen wird er noch heute vertrauensvoll Bac Ho (Onkel Ho) genannt, doch nur wenig Privates ist über **Ho Chi Minh** bekannt, dessen Leben vollkommen verknüpft zu sein scheint mit der Geschichte seines Landes und dessen Kampf um Unabhängigkeit. Er hinterließ kaum persönliche Aufzeichnungen und führte im Laufe seines Lebens etwa 50 verschiedene Namen, meist Tarnnamen. Was weiß man über seine Person? Nur, daß er sehr kultiviert war – ein Ästhet, der Zeit seines Lebens unverheiratet blieb und sich vollkommen seiner Familie verschrieb, womit er das gesamte vietnamesische Volk meinte.

Als Nguyen Sinh Cung kam er am 19. Mai 1890 in einem kleinen Dorf in der Nähe von Vinh als Sohn eines niederen Beamten zur Welt. Da sein Vater viel Wert auf Bildung legte, schickte er ihn 1905 auf das französische Gymnasium von Hue, obwohl er die französischen Kolonialherren und ihre lokalen Mandarine ablehnte – eine Haltung, die der Junge direkt übernahm. Ho verließ 1911 das Land und reiste als Schiffsjunge nach Amerika und Europa, wo er u.a. in den Docks von Brooklyn und als Konditor bei Escoffier im Londoner Carlton-Hotel arbeitete. Schließlich gelangte er 1917 nach Paris, arbeitete dort als Fotograf und Journalist und nahm wegen seines zunehmenden politischen und nationalistischen Engagements den Namen Nguyen Ai Quoc (Nguyen, der Patriot) an. Schon damals erregte er Aufsehen, als er zur Zeit der Versailler Konferenz eine Petition veröffentlichte, in der er eine demokratisch gewählte Regierung für Indochina forderte. Einige Zeit war er Anhänger der französischen Sozialisten, doch als diese Gruppierung sich auflöste, wurde er – beeindruckt von der strikten Ablehnung des Imperialismus durch Lenin – zu einem Gründungsmitglied der Kommunistischen Partei Frankreichs. Und so begann Ho Chi Minhs Karriere als Revolutionär.

Im Jahre 1923 wurde er von der Kommunistischen Internationalen (Komintern) nach Moskau berufen und zum Sekretär für Kolonialfragen ernannt. Im Auftrag der Komintern unternahm Ho in den folgenden Jahren Reisen nach China, Westeuropa, Thailand und Hong Kong. Vor allem junge Leute fühlten sich von der ersten vietnamesischen Befreiungsbewegung angezogen, die er 1924 in Kanton organisierte. Doch der Anführer der chinesischen Nationalisten Chiang Kai Shek wandte sich drei Jahre später gegen die Kommunisten, so daß Ho gezwungen war, außer Landes zu fliehen.
Eine Zeitlang lebte er getarnt als buddhistischer Mönch in Thailand, doch zurück in Hongkong gründete er 1930 die KP Vietnams, die er wenig später auf Anweisung der Komintern in die "Kommunistische Partei Indochinas" umbenennen mußte. Wegen Anstiftung zum Aufstand verhängten die Franzosen die Todesstrafe über ihn. Ho wurde aufgrund fingierter Beweise festgenommen, freigelassen, wieder festgenommen und wegen seines gesundheitlich schlechten Zustands in ein Krankenhaus gebracht. Doch mit Hilfe des Personals, das die französische Polizei von seinem angeblichen Tod überzeugen konnte, gelang ihm die Flucht. So lebte er einige Jahre im Untergrund, die meiste Zeit davon in Moskau. Erst Ende der 30er Jahre tauchte er wieder im südchinesischen Grenzgebiet auf, wo er den antikolonialen Widerstand organisierte.

Nach 30 Jahren im Ausland betrat er schließlich Anfang 1941 wieder vietnamesischen Boden, wobei er nur die Kleidung und Sandalen, die er am Leib trug, einen Bambusstock und seine alte Schreibmaschine bei sich hatte –

51 Jahre alt, an Ruhr, Malaria und Tuberkulose erkrankt. Wieder daheim, nahm er den heute bekannten Namen Ho Chi Minh (der nach Erleuchtung Strebende) an, den er bis zu seinem Tod beibehielt.
In den Bergen Nordvietnams schlossen sich ihm Vo Nguyen Giap, Pham Van Dong und andere junge Soldaten an, mit denen er die Liga für die Unabhängigkeit Vietnams (Vietminh) aufbaute, einen Zusammenschluß antikolonialer Gruppen unter der Führung der Kommunistischen Partei Vietnams. Ihre Zielsetzung war, die Unabhängigkeit des Landes von der französischen Kolonialmacht und der

Keine Wohnung ohne sein Bild, keine Stadt ohne eine Statue von ihm und keine Politikerrede, in der man sich nicht auf ihn beruft – Ho Chi Minh

japanischen Besatzung zu erkämpfen. Doch erst einmal richteten sich die Ereignisse erneut gegen ihn. Bei einer Reise nach China wurde er 1942 unter dem Verdacht, ein französisch-japanischer Spion zu sein, festgenommen. Mehr als ein Jahr lang mußte er in verschiedenen Gefängnissen einsitzen – Zeit, in der er sein legendäres Gefängnistagebuch, eigentlich eine Sammlung von Gedichten, niederschrieb.

Mittlerweile war die Situation in Vietnam immer brisanter geworden, und als die japanische Besatzung im August 1945 endete, entstand ein Machtvakuum. Der Vietminh war nun, wenn auch nur für kurze Zeit, in der Lage, das Land zu regieren, doch die Franzosen eroberten schon 1946 die Macht zurück, und die Regierung floh in den Dschungel von Cao Bang. Von hier aus leitete Ho Chi Minh den Partisanenkampf, der erst 1954 mit dem Sieg über die Franzosen bei Dien Bien Phu enden sollte. In den nächsten 15 Jahren, als Präsident der Demokratischen Republik Vietnam, führte Onkel Ho sein Land auf einem teilweise ziemlich steinigen sozialistischen Pfad, immer bemüht, die Wiedervereinigung durch Verhandlungen und schließlich auch durch Krieg zu erreichen. Sein Kampf gegen die von den USA unterstützte Republik Südvietnam machte ihn zur Symbolfigur einer gegen das amerikanische Engagement in Vietnam gerichteten Protestbewegung in Europa und Amerika. Allerdings konnte er das vereinigte Vietnam nicht mehr erleben. Er verstarb am 2. September 1969, dem vietnamesischen Nationalfeiertag. Sein Todestag wurde daraufhin offiziell auf den 3. September verlegt.

Inzwischen scheinen der Mythos und das wirkliche Leben Hos in einer Art Kult verschmolzen zu sein, der ihn an die Spitze aller vietnamesischen Nationalhelden stellt – entsprechend der konfuzianischen Tradition und sicher entgegen seiner eigenen Vorstellungen und Wünsche.

Alexandre de Rhodes (Fortsetzung)

chen Glauben vermittelten die Missionare den Vietnamesen noch andere Fertigkeiten wie die Grundlagen des Schiffsbaus oder die Herstellung von Uhren und Schußwaffen.
Immer zwischen Hanoi, Macao, Paris und Rom unterwegs, um Geld und Unterstützung für seine Arbeit zu bekommen, wurde Rhodes auch in Europa bekannt. Aufgrund seines Wirkens übertrug der Vatikan den Missionsauftrag in Indochina vermehrt Priestern aus Frankreich. Dies half den Franzosen später enorm dabei, hier Fuß zu fassen und ihre Macht als Kolonialherren auszubauen. Am Hof von Hanoi, wo Rhodes seit 1627 ein gern gesehener Gast war, bildete sich allerdings langsam eine Front gegen ihn. Denn der Mönch vertrat nicht nur eine kompromißlose Haltung zu vietnamesischen Traditionen wie Buddhismus, Ahnenkult und Polygamie. Er erhielt auch großen Zulauf bei seinen Predigten, was vor allem die konfuzianischen Gelehrten störte. Schließlich wurde Rhodes 1630 dazu gezwungen, das Land zu verlassen und nach Macao zu gehen. In den folgenden Jahren kehrte er mehrmals illegal nach Südvietnam zurück, bis er 1645 endgültig des Landes verwiesen wurde. Im Alter von 69 Jahren verstarb Alexandre de Rhodes 1660 in Isfahan (Persien).

Thich Quang Duc (1897–1963) Mönch

Am frühen Morgen des 11. Juni 1963 brachen einige buddhistische Mönche von der Xa-Loi-Pagode in Saigon auf zur Ecke Cach Mang Thang Tam/Nguyen Dinh Chieu Street. In Meditationshaltung ließ sich der aus Hue angereiste, 66jährige Thich Quang Duc auf der Straße nieder. Seine Begleiter übergossen ihn mit Benzin und zündeten ihn an – als Protest gegen die Diskriminierung der Buddhisten durch die Regierung des katholischen Präsidenten Diem. Als die Flammen Thich Quang Duc zu verzehren begannen und sich zufällig anwesende Fußgänger vor ihm auf die Knie warfen, kamen auch westliche Journalisten und Fotografen dazu. Am Tag nach diesem grausigen Ereignis waren die Titelseiten der internationalen Zeitungen voll davon.
Doch die Übergriffe auf Klöster, Verwüstungen und Morde an mehreren hundert Nonnen und Mönchen gingen weiter, Diem verhängte das Kriegsrecht. Die Xa-Loi-Pagode wurde zum Zentrum des Protestes, es kam zu Massendemonstrationen. Und mehr als 30 Mönche und Nonnen folgten dem Beispiel Thich Quang Ducs, um auf diese Weise gegen die Politik Diems und die Einmischung der USA in Südvietnam zu protestieren. Auch zwei junge Amerikaner schlossen sich an und verbrannten sich öffentlich im November 1968, einer vor dem Pentagon und ein anderer in der Nähe des UN-Gebäudes. Auf der ganzen Welt war man schockiert, aber weniger noch wegen der Selbstmorde als über die zynische Reaktion der Schwägerin des Präsidenten, der legendären Madame Nu, die dazu nur meinte: "Laßt sie brennen, wir werden dazu applaudieren". Für die Macht des Präsidenten Diem hatte die Selbstverbrennung Thich Quang Ducs allerdings auch den Anfang vom Ende eingeleitet. Die Weltöffentlichkeit wandte sich von ihm ab und kurze Zeit später wurde er mit seinem Bruder bei einem Militärstreich getötet.

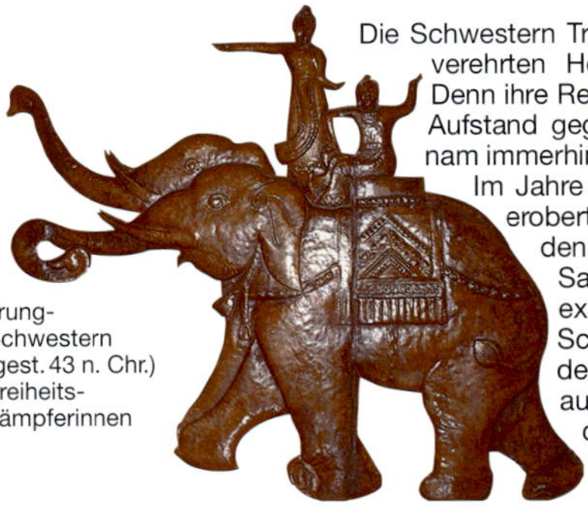

Trung-Schwestern (gest. 43 n. Chr.) Freiheitskämpferinnen

Die Schwestern Trung sind die bekanntesten und am meisten verehrten Heldinnen der vietnamesischen Geschichte. Denn ihre Rebellion gilt nach wie vor als der berühmteste Aufstand gegen die Chinesen, deren Herrschaft in Vietnam immerhin fast 1200 Jahre andauerte.
Im Jahre 111 v. Chr. war Vietnam von den Chinesen erobert und zum Protektorat Giao Chi erklärt worden. Trung Tac war mit dem Feudalherrn Thi Sach verheiratet, den die Chinesen 40 v. Chr. exekutieren ließen. Zusammen mit ihrer Schwester Trung Nhi verbündete sie sich mit den anderen Fürsten, sie stellten eine Armee auf und befehligten diese auch – so erfolgreich, daß der chinesische Gouverneur fliehen mußte. Bald erklärten sich die Trung-

Trung-Schwestern (Fortsetzung)

Schwestern zu Königinnen über das nun unabhängige vietnamesische Gebiet. Doch ihre Herrschaft währte nicht lange: Drei Jahre später marschierten die chinesischen Truppen wieder ein; diesmal wurde der Widerstand blutig niedergeschlagen. Es heißt, Trung Tac und Trung Nhi seien gefangengenommen und geköpft worden. Doch eine andere Version erzählt, die beiden hätten sich, um der Festnahme zu entgehen, in die Fluten des Hat Giang gestürzt.
In Vietnam werden die Schwestern auch heute noch als Symbole des Unabhängigkeitskampfes verehrt. Fast jede Stadt hat eine Straße nach ihnen benannt, viele Tempel sind ihnen geweiht und einige Denkmäler wurden zu ihren Ehren errichtet. Bei der alljährlichen Gedenkfeier am 2. Tag des 5. Mondmonats werden die Statuen der Königinnen zur rituellen Waschung in die Flüsse getragen.

Alexandre Yersin (1863–1943) Tropenarzt

Alexandre Jean Emile Yersin war am 22. September 1863 in Rougemont im schweizerischen Kanton Waadt als Sohn französischer Eltern geboren worden. Nach einem Medizinstudium ging er nach Frankreich, wo er Louis Pasteur traf und auch einige Zeit mit ihm zusammenarbeitete. Als Schiffsarzt kam er in den Fernen Osten, wo es ihn 1891 nach Nha Trang verschlug. Bei einer seiner Erkundungstouren entdeckte er zwei Jahre später den Bergort Da Lat. Wegen seiner Schönheit und des gemäßigten Klimas empfahl er ihn als geeigneten Urlaubsort, woraufhin Da Lat zu einem beliebten Ferienziel der Franzosen avancierte. Im folgenden Jahr 1894 half er in Hong Kong die Cholera-Epidemie einzudämmen. Bald nach seiner Rückkehr richtete er in Nha Trang ein Laboratorium ein, das 1902 zum Pasteur-Institut wurde, dem ersten außerhalb Frankreichs. Hier gelang es ihm auch, unabhängig von S. Kitasato, den Erreger der Pest zu finden, zu deren Behandlung er ein nach ihm benanntes Serum entwickelte. Des weiteren baute er eine Rinderzuchtfarm auf, um Seren und Impfstoffe zu gewinnen. In den 50 Jahren, die er bis zu seinem Tod in Nha Trang verbrachte, reformierte Yersin das vietnamesische Gesundheitswesen entscheidend, oft auch gegen den Willen seiner Auftraggeber.
Doch neben seinen Erfolgen als Mediziner zeichneten ihn noch viele weitere Interessen und Fähigkeiten aus: Yersin wird z.B. die Einführung der Kaffee- und der Kautschukpflanze in Vietnam zugeschrieben, zudem soll er die industrielle Kautschukverarbeitung vorangetrieben haben. Als er sich vom aktiven Arbeitsleben zurückgezogen hatte, befaßte er sich vor allem mit Astrologie, Fotografie und den gewässerkundlichen Gegebenheiten der Nha-Trang-Bucht. Im Alter von 79 Jahren starb Alexandre Yersin am 1. März 1943, sein Leichnam wurde in Suoi Dau, einem Dorf südlich von Nha Trang, beigesetzt.

Kunst und Kultur

Dong-Son-Kultur

Der erste Höhepunkt vietnamesischer Kunst geht zurück bis ins 5. bis 3. Jahrhundert v. Chr. In dem kleinen nordvietnamesischen Dorf Dong Son in der Provinz Thanh Hoas wurden bei Ausgrabungen im Jahre 1924 Beile, Dolche und Gürtelschnallen aus Bronze zutage gebracht. Doch die zweifellos bemerkenswertesten Überreste dieser Ära sind die Bronzetrommeln, von denen mehr als 150 in Vietnam gefunden wurden. Reich mit Gravuren verziert, die fliegende Kraniche und Hirsche, Menschen und Menschenopfer, Reisernte und Schiffahrt darstellen, sind diese bis zu 2500 Jahre alten Kesseltrommeln die wichtigsten und geheimnisvollsten Relikte der Dong-Son-Kultur. Die Experten rätseln u.a. noch heute über das sternförmige Gebilde in ihrem Zentrum. Bis Anfang des 20. Jahrhunderts waren sie in Burma, Thailand, Laos und Vietnam in Gebrauch – bei rituellen Zeremonien (z.B. dem Beten um Regen) und auch als Grabbeigaben.

Architektur und Bildhauerei

Überblick über die Baukunst

Bei einer Reise durch Vietnam wird man den verschiedenartigsten Bauten begegnen: schlichten Häusern mit Strohdach und Bambuswänden, eleganten Kolonialvillen, nüchternen Plattenbauten im sozialistischen Stil sowie postmodernen Hochhäusern mit spiegelverglasten Fronten. Zu den beeindruckendsten Bauten gehören sicherlich Paläste und Kaisergräber, Tempel, Pagoden und Gemeinschaftshäuser. Diese wurden etwas "halt-

Pfahlbauten findet man v.a. in den Bergregionen Vietnams.

Überblick über die Baukunst (Fortsetzung)

barer" aus Holz, Stein und Ziegeln erbaut und meist mit Schnitzereien und Skulpturen geschmückt. Im Laufe der Zeit waren zwar immer wieder Renovierungen notwendig, doch es sind noch viele alte Elemente zu erkennen. In der Regel sind die Heiligtümer der verschiedenen Glaubensgemeinschaften ausgesprochen variationsreich, meist sehr verspielt und verschnörkelt. Auf dem Land dominieren einfache Häuser. Einstöckig und bunt gestrichen sind sie an der Küste Zentralvietnams, in den Berggebieten aus Holz und Bambus gearbeitet und auf Pfählen erhöht errichtet. Besonders die ethnischen Minderheiten bevorzugen Bambus als Baumaterial, da dieser in ihrer Umgebung vorhanden und vielseitig einsetzbar ist.
Zu den ältesten Relikten gehört Co Loa, einst Hauptstadt Vietnams (3. Jh.). Die Überreste der Zitadelle, die von den Chinesen zerstört wurde, sind noch bei Hanoi zu besichtigen. Verteidigungsanlagen wie diese umschlossen oft Städte und Paläste. Doch von den zahlreichen, im 18. und 19. Jahrhundert errichteten Festungen sind mit Ausnahme von Hue nur noch Ruinen oder Wachtürme erhalten. Gerade an der Zitadelle von Hue lassen sich fremde Einflüsse dieser Zeit deutlich ablesen – zum einen das Vorbild Pekings und seiner Verbotenen Stadt, zum anderen der französische Festungsbau. Hier und an den Grabanlagen der Umgebung kann man ein Grundprinzip vietnamesischer Baukunst recht anschaulich nachvollziehen. Bei der Wahl des geeigneten Standorts und der Anordnung ging man sehr sorgfältig vor, denn hier spielen nicht nur ästhetische, sondern auch geomantische Gesichtspunkte eine wichtige Rolle. Angestrebt wurde die absolute Harmonie von Kunst und Natur, um das Schicksal günstig zu beeinflussen.

Lehre von Wind und Wasser

In einigen Souvenirläden wird man kleine kompaßähnliche Instrumente finden, voller kleiner Felder, chinesischer Schriftzeichen und mit einer Magnetnadel in der Mitte. Mit ihrer Hilfe wird aber nicht die Himmelsrichtung bestimmt, sondern geomantische Daten angezeigt, die für jedes Bauvorhaben in Vietnam dringend notwendig sind. Eine mehr als tausend Jahre alte, aus China stammende Lehre besagt nämlich, daß jeder Ort schlechte oder gute Eigenschaften besitzt, gemäß seiner physischen Beschaffenheit und des Strömens kosmischer Energien. Im "feng shui" (Lehre von Wind und Wasser) wird diesen Gegebenheiten großer Einfluß auf die Menschen und ihr Schicksal zugeschrieben, so daß bei der Anlage von Grabmälern, Palästen, Tempel und normalen Wohnbauten ein Ausgleich der Urkräfte "yin" (weiblich, dunkel, passiv) und "yang" (männlich, hell, aktiv) angestrebt wird. Dabei dominiert yin meist in nördlichen Lagen, in denen Grabstätten gebaut werden, und yang im Süden, was besonders für Städte und Wohnhäuser geeignet zu sein scheint. Allerdings wird der Natur ein wenig nachgeholfen, um die ideale Lage, Umgebung und Ausrichtung zu gestalten. Da es u.a. heißt: "Sucht am Vorsprung die flache, im Ebenen die erhabene Stelle (...) Wo viele Berge sind, wählt das Wasser, wo viel Wasser ist, die Berge", werden oftmals kleine Hügel und Seen hinzugefügt oder abgetragen bzw. trockengelegt.
Bei fast allen historischen Gebäuden (z.B. in Hue) kann man sehen, daß dieses Prinzip befolgt wurde. Die Gräber weisen auf Friedhöfen oft in verschiedene Richtungen, denn wenn die Lage nicht exakt bestimmt wurde, können die Verstorbenen der Familie noch viel Ärger bereiten. Man ist auch gerne bereit, Türen und Fenster zu versetzen, um wieder Erfolg im Geschäftsleben zu haben – und aufgestörte Geister versucht man im Tempel mit Geldspenden zu beschwichtigen, v.a. wenn man etwas bauen will, was dem Geist die Aussicht verstellen könnte. Zwar taten die kommunistischen Machthaber Vietnams und Chinas die Geomantie als Aberglauben ab, doch die Erdwahrsagung spielt nach wie vor im alltäglichen Leben eine wichtige Rolle.

Steinerne Löwen und grimmig blickende Wächter beäugen die Besucher der Quan-Am-Pagode in Cholon.

Überblick über die Baukunst (Fortsetzung)

Die Franzosen ließen während ihrer Kolonialherrschaft in Hanoi und Saigon Verwaltungs- und Repräsentationsgebäude sowie Stadtvillen erbauen, geschmückt mit Stuck und Kolonnaden. Angepaßt an das tropische Klima wurden Fensterläden und Veranden zugefügt. Einen etwas rustikalen Touch mit Ziegeldächern und Holzbauten erhielten die Wohnhäuser außerhalb der Zentren und in Ferienorten wie Da Lat und Sa Pa. Noch heute tragen etwa ein Drittel der Kolonialbauten Hanois Züge der Art déco, teilweise verbunden mit asiatischen Elementen (z.B. Oper, Residenz des britischen Botschafters). In den 30er Jahren entwickelten einige vietnamesische Architekten den puristischen Stil, in dem die Villen Bao Dais in Da Lat, Vung Tau und So Son erbaut wurden.

Die Sakralgebäude – meist mit geschnitzten Säulen und anmutig geschwungenen Dächern geschmückt – vereinigen oftmals Symbole mehrerer Glaubensrichtungen. Neben Buddhas und Bodhisattvas sind fast immer auch Figuren taoistischer Gottheiten, Ahnengeister und lokaler Schutzgötter zu finden (→ *Baedeker Special* S. 78/79). Ihre Gestaltung zeichnet eine ungeheure Kunstfertigkeit aus, sei es bei kunstvoll gedrechseltem Gitterwerk, phantasievollen Lackierungen, außergewöhnlichen Holzplastiken oder überbordendem Dachschmuck. Nicht vergessen sollte man zudem die Kulthäuser auf den Dörfern. In diesen Gemeinde- und Versammlungshäusern wird der Schutzgeist verehrt, meist ein Urahn. Die Umfriedungen dieser Dinh sind meist außergewöhnlich gestaltet, die Bauten selbst im "indonesischen" Stil auf Pfählen.

Bildhauerei

Die Bildhauerei befaßte sich fast ausschließlich mit religiösen Themen und ergänzte so die aufwendigen Pagodenbauten und Grabanlagen. In Heiligtümern fallen die zahlreichen gelackten Holzfiguren auf, während die Gemeindehäuser in den Dörfern mit aufwendigen Schnitzereien geschmückt sind. Diese Dinhs dienen nicht nur Versammlungen, hier kann man auch Kunsthandwerkern bei ihrer Arbeit zusehen. Beeindruckend sind auch die

Bildhauerei (Fortsetzung)

steinernen Stelen in manchen Pagodenanlagen, die von der Grundsteinlegung oder einer anderen wichtigen historischen Begebenheit berichten. Die interessantesten Figuren und Reliefs entstanden zweifellos in der Cham-Kultur.

Cham-Türme

Geschichte der Cham

Die betagten, aber ausgesprochen interessanten Türme, denen man zwischen Phan Thiet und Da Nang begegnet, sind Relikte der Cham, einer indisierten Dynastie, die mehr als 1400 Jahre lang über Teile Mittel- und Südvietnams herrschte.

Nach chinesischer Überlieferung hat ein Mann namens Khu Lien sich mit einigen lokalen Fürsten bei Quang Tri 192 v. Chr. zusammengetan, um sich gegen die Han-Chinesen im Norden zu schützen. Er gründete einen unabhängigen Staat, den die Chinesen Lin Yi nannten. Bald vereinigte Champa den Küstenstreifen von Phan Thiet bis Dong Hoi, und am Ende des 4. Jahrhunderts umfaßte es vier Provinzen: Amaravati (Umgebung von Hue und Da Nang), Vijaya (um Qui Nhon), Kauthara (um Nha Trang) und Panduranga (heutiges Phan Thiet bis Phan Rang). Die Hauptstadt des ersten vereinigten Reiches wurde Simhapura (Löwenstadt), etwa zur gleichen Zeit wurde mit der Anlage der Tempelstadt My Son begonnen. Aufgrund der Lage zwischen den Khmer im Süden und Gruppen der Viet (damals noch unter chinesischer Herrschaft) im Norden mußte sich Champa andauernd gegen die Nachbarn verteidigen. Vor allem zwischen dem 3. und 5. Jahrhundert kam es immer wieder zu harten Auseinandersetzungen mit den Chinesen. Die Kämpfe gegen die Khmer waren besonders schwer während des 12. und 13. Jh.s und gipfelten schließlich in der partiellen Zerstörung Angkors. Unter Binasuor expandierte das Reich weiter, doch als er 1390 starb, hatten die Viet schon die Region um Indrapura unter ihre Herrschaft gebracht. Bei dem entscheidenden Schlag der Viet wurde 1471 Vijaya eingenommen. Die Cham mußten ihre Kapitale in den Süden verlegen und büßten gewaltig an Macht ein. In den folgenden Jahrhunderten herrschten sie noch nominell über das Gebiet zwischen Phan Rang und Phan Thiet, doch als der letzte unabhängige Cham-König 1697 starb, war von dem einst so mächtigen Reich nicht viel mehr als ein Vasallenstaat der Viet übriggeblieben. Kaiser Ming Manh machte auch dem um 1820 ein Ende. Heute leben noch ca. 100 000 Nachfahren der Cham in Vietnam.

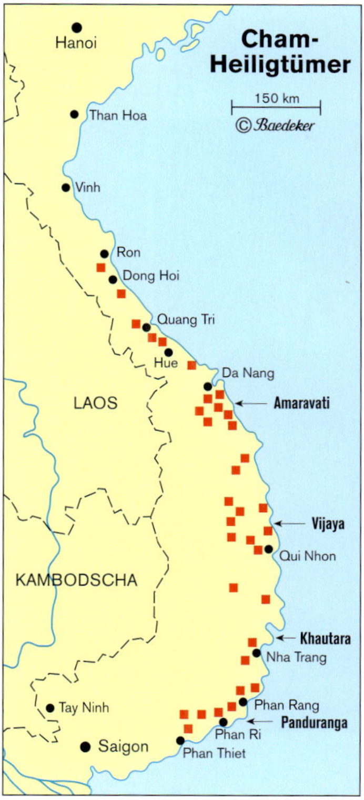

Baukunst und Bildhauerei

Wenn es jemals eine goldene Epoche vietnamesischer Kunst und Architektur gegeben hat, war es die des Cham-Reiches. Leider sind aufgrund der Verwitterung im tropisch-heißen Klima, wegen Plünderungen und Bombardierungen von den einst 250 Stätten nur etwa 20 erhalten. Viele der schönsten Arbeiten befinden sich heute in Privatsammlungen und Museen im Ausland, andere wurden während des Vietnamkrieges zerstört. Doch sollte man sich unbedingt die Sammlung im Cham-Museum in Da Nang ansehen, die einen guten Überblick über die Entwicklung dieser Kunst gibt.

Die frühesten Stücke gehören zur Gruppe E1 der Tempelanlage von My Son und wurden auf das 8. Jahrhundert datiert. Sie sind der indischen Kunst dieser Zeit zwar ähnlich, zeigen aber schon einen eigenen Charak-

Baukunst und Bildhauerei der Cham (Fortsetzung)

ter, v.a. in der naturalistischen Darstellung der Menschen. Archäologen unterscheiden sechs Perioden der Cham-Kunst, die nach verschiedenen Fundorten benannt sind: My Son (E1, frühes 8. Jh.), Hoa Lai (frühes 9. Jh.), Dong Duong (spätes 9. Jh.), Tra Kieu (spätes 9. bis frühes 10. Jh.), Thap Mam (12. bis 13. Jh.) und Po Klong Garai (13. bis 16. Jh.).
Die Religion der Cham war der Hinduismus, durchsetzt mit Elementen des Buddhismus und des Volksglaubens. Im späten 14. Jahrhundert kamen islamische Einflüsse hinzu. Bauwerke und Skulpturen waren im wesentlichen religiös geprägt. Die verstorbenen Herrscher wurden als Gottkönige verehrt und mit hinduistischen Gottheiten, v.a. Shiva, verschmolzen. Auch Ganesha, Vishnu und Lakshmi wurden daher entlehnt.
Die Urmutter Uroja scheint lokalen Vorstellungen zu entstammen. Meist wurde sie als Brust oder Brustwarze dargestellt (Abb. s. S. 255). Doch sie kann auch die Züge der Gattin Shivas, Bhagavati, tragen – in den Po-Nagar-Türmen bei Nha Trang wird sie als Frau verehrt. Daß auch Einwirkungen aus Java vorhanden waren, zeigen Kala- und Makara-Figuren sowie der bootsähnliche Dachaufbau mancher Gebäude.

Die Tempelgruppe bei Nha Trang ist der Muttergöttin Po Nagar geweiht.

Turmheiligtümer

Um ihre Götter angemessen ehren zu können, ließen die Chamkönige imposante Ziegelbauten errichten. Im Mittelpunkt eines typischen Komplexes ragte der Kalan (Turm) empor, dessen Inneres das Sanktum mit einem Götterbild barg. Meist war ein Lingam, das phallische Symbol Shivas, dargestellt. Bei Reinigungsritualen wurde er mit heiligem Wasser übergossen, das durch eine Rinne im Sockel, der das weibliche Gegenstück (Yoni) darstellte, abfloß. Die Pilger gingen allerdings erst durch die Meditationshalle (mandapa), bevor sie durch einen Torbogen und das nach Osten gerichtete Vestibül das Heiligtum betraten. Rituelle Gegenstände wurden in einer nahegelegenen Halle oder Bibliothek aufbewahrt, die in der Regel mit einem bootsförmigen Dach bekrönt war. Die Fassaden der Bauten waren mit Säulen, Reliefs sowie Blatt- und Flechtornamenten geschmückt, kleine Nischen bargen Götterstatuen.

Turmheiligtümer der Cham (Fortsetzung)

Diese Cham-Türme – oder besser gesagt ihre Überreste – wird man in beinahe regelmäßigen Abständen zwischen Phan Thiet und Da Nang finden. Doch viele von ihnen sind fast vollkommen zerstört oder können nicht besucht werden. Interessant sind die Anlagen Po Klong Garai, Po Re Me (beides → Phan Rang), Po Nagar (→ Nha Trang), Thap Doi (→ Qui Nhon) und My Son.

Die vietnamesische Pagode

Allgemeines

Ursprünglich bezeichnete das vietnamesische Wort "chua" nur eine buddhistische Pagode, doch mittlerweile wird der Begriff auch für die Tempel anderer Glaubensrichtungen verwendet. Zudem sind in den meisten buddhistischen Heiligtümern auch Schutzgeister sowie taoistische und konfuzianische Gottheiten zu finden (→ *Baedeker Special* S. 78/79). Während der Ly- und der Tran-Dynastie (11.–14. Jh.) hatte die Pagodenarchitektur ihren Höhepunkt erreicht, allerdings sind nur noch wenige aus dieser Zeit erhalten. Die meisten Bauten, die man heute besuchen kann, stammen aus dem 18. und 19. Jahrhundert. Doch da man meist Holz als Baustoff verwendete, das im feuchtheißen Klima Vietnams stark der Zersetzung ausgesetzt war, mußten die Heiligtümer in regelmäßigen Abständen erneuert werden. Häufig wurden sie dabei nicht nur rekonstruiert, sondern auch umgebaut.

Vietnamesische Pagode

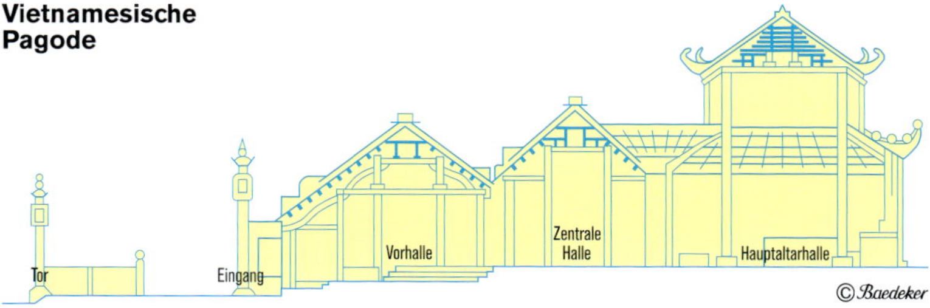

Anlage

In ihrer Gliederung lehnt sich die vietnamesische Pagode stark an chinesische Vorbilder an. Meist zeigt ihr Grundriß die Form eines liegenden H oder eines auf dem Kopf stehenden T. Das Areal, entlang einer Nord-Süd-Achse errichtet, ist in der Regel von einer 2 bis 3 m hohen Mauer umgeben. Ein dreiteiliges Tor (tam quan) im Süden führt zu den Tempelgebäuden, die inmitten eines Parks, manchmal mit See und Glockenturm, liegen. Die Chua ist immer dreigeteilt, d.h. eine größere Halle wurde in drei Altarräume unterteilt, es waren drei ineinanderübergehende Hallen angelegt oder drei hinteinanderliegende Räume sind durch einen Gang miteinander verbunden.
Von außen fällt auf, daß die geschwungenen Dächer trotz ihrer Größe und Ornamentfülle relativ leicht wirken – ein Effekt, der durch hochgezogene Dachenden und verzierte Firste erzeugt wird. Innen kann man sehen, wie der schwere Dachaufbau von einer komplizierten Säulen- und Balkenkonstruktion getragen wird.
Die Vorhalle ist meist einfach gestaltet, Wächterfiguren und lokale Gottheiten haben hier ihren Platz. Leicht erhöht folgen dann die zentrale Halle und die Hauptaltarhalle. Im zweiten Raum stehen ein schlichter Altar und Tische, auf denen Räucherstäbchen und Lebensmittel als Opfergaben dargebracht werden. Auch hier kann man vielerlei Statuen finden wie die kindliche Darstellung Buddhas oder den lachenden Buddha der Zukunft. Doch auf den Stufen des Altars in der Haupthalle drängen sich die Figuren meist nur so (→ *Baedeker Special* S. 78/79).
Ihre Anordnung ist in jedem Tempel unterschiedlich, es können bis zu 100 Statuen sein. Grundsätzlich gilt, daß eine ungerade Anzahl auf den einzel-

Baedeker Special

Mitleidsvolle Wesen und ein jüngstes Gericht

Wer die beeindruckenden Heiligtümer Vietnams besucht, dem werden immer wieder eine Fülle fremd anmutender Statuen begegnen. Um die Verwirrung in Grenzen zu halten und den Kreis der Figuren etwas überschaubarer zu machen, werden hier die wichtigsten vorgestellt:

Oft sitzen ganze Buddha-Gruppen auf dem Hauptaltar. Denn der Religionsstifter wird in verschiedenen Erscheinungen verehrt, meist als Buddha der Vergangenheit, der Gegenwart und der Zukunft. **Sakyamuni**, den historischen Buddha Siddharta Gautama, erkennt man meist an seiner schlichten Erscheinung als Asket. Er steht für die Gegenwart und wird oft als Lehrender mit seinen Lieblingsschülern gezeigt. Meist sitzt er auf einem Lotosthron, manchmal trägt er verlängerte Ohrläppchen, ein drittes Auge auf der Stirn und gelocktes Haar. Es gibt auch Abbildungen des liegenden Sakyamuni (auf dem Weg ins Nirwana) sowie den kindlichen Buddha, **Thich Ca**, umringt von neun Drachen. Der Legende nach sollen diese nämlich vom Himmel hinabgestiegen sein, um den Neugeborenen zu baden, wonach er sieben Schritte ging und auf Himmel und Erde (als Sinnbild für seine Mittlerposition) zeigte. **Amitabha**, der Buddha der Vergangenheit, steht den Menschen auf dem Weg der Läuterung bei. Seine Anhänger glauben, daß sie nach ihrem Tod in das westliche Paradies kommen, von dem sie ins Nirwana geleitet werden. Amitabha gilt als gnädig und weise. In manchen Darstellungen hat er einen besonders langen rechten Arm, mit der er die ganze Menschheit umarmen kann, oder er wird von gnadenreichen Bodhisattvas (s.u.) begleitet. Sehr häufig findet man auch den Buddha der Zukunft, **Maitreya** oder Di Lac – lachend und mit einem dicken Bauch. Von ihm heißt es, er kehre alle 5000 Jahre auf die Erde zurück, um die Menschen zu retten. **Bodhisattvas** sind erleuchtete Wesen, die nicht ins Nirwana eingehen, sondern auf der Erde bleiben, um anderen zu helfen. Am beliebtesten ist ohne Zweifel die Göttin der Barmherzigkeit **Quan Am**. Sie entspricht Avalokiteshvara, hat aber im Mahayana-Buddhismus weibliche Züge angenommen. Meist ist sie weiß gekleidet, wird jedoch in den verschiedensten Formen dargestellt: eine Flasche mit dem Wasser der Reinheit haltend, mit 100 Armen und Augen versehen als Zeichen ihrer Macht oder auf einem Lotosblatt stehend mit einem Kind auf dem Arm, was kinderlosen Frauen Fruchtbarkeit verheißt. **Avalokiteshvara** wird in der Regel in Meditationshaltung gezeigt, einen Wasserbehälter und Lotos haltend. Manchmal hat er auch vier Arme und trägt zusätzlich Rosenkranz und Buch. Er spendet allen, die Qualen leiden, Trost und Mitleid.

In buddhistischen Pagoden wird man außerdem auch Wächterfiguren, Gruppen der zehn Höllenrichter und der 18 Arhat finden. Der mildtätige **Ong Thien** mit dem weißen Gesicht und der bösartige, rotgesichtige **Ong Ac** sind die Wächter des buddhistischen Glaubens. Es heißt, Ong Thien sehe alles, das Gute und das Böse, während Ong Ac sehr streng über die Menschen richte. Die **Zehn Höllenrichter** (meist in zwei Reihen zu je 5 Figuren aufgestellt) erwarten den Menschen nach seinem Tod. Jeder von ihnen ist für eine andere Sünde (Mord, Betrug etc.) zuständig, und sobald man von einem abgeurteilt ist, wird man an den nächsten weitergegeben. Doch auch hier gibt es, wie manchmal im richtigen Leben, Korruption – man kann seine Strafe nämlich etwas schmälern, wenn ein wenig Geld gespendet wird! Nach dem abschließenden Urteil aller Richter wird die arme Seele schließlich an die **Mutter Meng** weitergegeben. Sie verabreicht dem mittlerweile geläuterten Sünder die Suppe

Fremde, sonderbare Figuren bevölkern die Pagoden und Tempel

des Vergessens. Ihm entfallen dann alle Erinnerungen an sein Leben und das Höllengericht, so daß er vollkommen rein und unbelastet wiedergeboren werden kann. Vom künstlerischen Standpunkt sind die realistischen Darstellungen der **Arhat** (La Han) besonders interessant, das sind heilige Asketen, die v.a. in den Pagoden Nordvietnams zu sehen sind.

An Nebenaltären findet man sicherlich auch Statuen der Pagodenstifter, besonders verdienstvoller Mönche, Ahnengeister, Helden und anderer nicht-buddhistischer Schutzgottheiten. Vor allem taoistische Götter und Dämonen haben auch in buddhistischen Heiligtümern ihren Platz. Der bedeutendste ist der **Jadekaiser** mit seinen Gehilfen Bac Dau (Stern des Nordens) und Nam Tao (Stern des Südens), die über die Toten und die Lebenden Buch führen. Häufig sind auch Altäre für die Fruchtbarkeit aufgestellt, meist mit Statuen der Mütter der Himmelsrichtungen (Himmel, Erde, Wasser und Wald) sowie Dienerinnen, die Säuglinge versorgen. Zudem kann man in den Höfen oftmals Grotten für die Naturgeister entdecken.

In chinesischen Pagoden und Versammlungshallen dürfen auch **Thien Hau**, die Patronin der Seefahrer, sowie **Quan Cong**, der chinesische General der Drei Königreiche mit seinen Helfern und dem Zauberpferd, nicht fehlen. Thien Hau, ursprünglich die Tochter eines Fischers aus der chinesischen Provinz Fujian, wird meist sitzend mit einer flachen Krone gezeigt. Zu ihr gehören immer zwei Helfer: der grüngesichtige Thien Ly Nhan, der mehr als 1000 Meilen weit hören kann, und der rotgesichtige Thuan Phuong, der mehr als 1000 Meilen weit sehen kann. Beide sind gezähmte Dämonen, die der Göttin dabei helfen, länger reichende Wettervorhersagen zu machen. Natürlich findet man die drei v.a. in den Tempeln der Küstenstädte.

Auch zieren allerlei Glückssymbole die Heiligtümer, beispielsweise **Drachen** in vielerlei Formen, die im asiatischen Raum als göttlich und wohltuend, nicht als gefährlich und böse wie in unseren Märchen, gelten. Einige Besucher werden sich wundern, in den Tempeln, auf Gräbern oder Särgen ein **Hakenkreuz** (Swastika) zu sehen. Ursprünglich ist es nämlich ein Glückszeichen der Buddhisten, das die Nationalsozialisten übernommen und seiner eigentlichen Bedeutung entfremdet haben. Die Swastika symbolisiert das Herz Buddhas und steht für ein langes Leben. Es wird sowohl links- als auch rechtslaufend gebraucht. Das **Yin-Yang-Symbol** schließlich hat seinen Ursprung im Taoismus. Ein Kreis ist hierbei durch eine S-förmige Linie geteilt und trennt einen hellen und einen dunklen Part voneinander. So versinnbildlicht es den Dualismus, der allen Dingen innewohnt.

Architektur, Anlage der Pagode (Fortsetzung)

nen Stufen stehen muß und daß die wichtigste Figur immer in der Mitte plaziert ist. Ganz oben thronen dann die Buddhas der drei Generationen. Im hinteren Teil der gesamten Anlage liegen die Wohn- und Schlafräume der Mönche oder Nonnen. Manchmal stehen in den Hallen relativ unauffällige Altäre, an denen der toten Ordensleute gedacht wird; in anderen Pagodengärten sind kleine Stupaanlagen mit den Grabstätten der einstigen Klostebewohner vorhanden.

Stupaanlage des Chua Chuc Thanh in Hoi An

Hinweis

Um eine Pagode zu besichtigen, ist jeweils der 1. oder 15. Tag eines Mondmonats (Halbmond oder Vollmond) besonders geeignet, da dann die meisten Gläubigen hierherkommen. Bevor man das Hauptheiligtum betritt, sollte man immer die Schuhe ausziehen!

Musik und Tanz

Allgemeines

Vietnam zählt mit Laos und Kambodscha zu den drei Ländern Südostasiens, die die französischen Kolonialherren Indochina nannten. So fraglich ein solcher Begriff ist – in der vietnamesischen Musik scheinen sich die Kulturkreise China und Indien zu verbinden. Das chinesische Erbe hat sich besonders in der höfischen Musik und im klassischen Theater niedergeschlagen.
Vom Nachbarn im Norden übernahmen die Vietnamesen verschiedene Instrumente, die Notation und die pentatonischen Skalen. In der südvietnamesischen Musik dagegen zeigen sich indische Einflüsse besonders in der Rhythmik und in bestimmten Improvisationstechniken. Sie gehen auf die indisierten Khmer und vor allem die Cham zurück. Trotz dieser Einflüsse haben die Vietnamesen aber eine im Stil und in der Instrumentierung originäre Tonkunst entwickelt, und zwar für Solomusik genauso wie für Ensembles.

Höfische Musik

Musik gehörte im alten kaiserlichen Vietnam zu den sechs freien Künsten (Musik, Riten, Bogenschießen, Wagenfahren, Schreiben und Mathematik), und sie zählte neben dem Schachspiel, der Dichtung und der Malerei zu den vier "Vergnügungen des Lebens". Gemäß der konfuzianischen Überzeugung, daß Musik veredelnde Auswirkungen auf die Menschen habe, schätzten und förderten die Herrscher Vietnams die Tonkunst. Nach der Abdankung des letzten vietnamesischen Kaisers (1945) verschwanden der Hofstaat, die Musiker und Schauspieler, Sänger und Tänzer. Die feudale und aristokratische Kultur sollte endgültig überwunden werden. Mittlerweile bemühen sich einige engagierte Gruppen wieder um die Hofkunst. In Hue kann man Darbietungen dieser Art besuchen.

Religiöse Zeremonial- und Kultmusik

Religion, Kult und Gottesdienst wurden während der Aufbaujahre der sozialistischen Republik stark behindert, doch heute haben Tempel und Pagoden, Kirchen und Klöster wieder größeren Zulauf. Die buddhistischen Priester deklamieren ihre Sutren und Gebete in einer Mischform aus Vorlesen und Singen. Die Melodie folgt der Intonation, die schon allein aufgrund der sechs verschiedenen Betonungen in der vietnamesischen Sprache eine Art Musik oder Gesang ist. Zudem wird der meist gleichmäßige Rhythmus der Gebete mit Glöckchen oder einem kleinen Gong unterstrichen. Häufig benutzen die Priester auch schellenförmige, mit Schnitzereien verzierte Holztrommeln. Bei manchen Zeremonien werden sie von Fidel, Laute, einer kleinen einfelligen Trommel und Holzklappern begleitet.
Viermal täglich können Gläubige den Gottesdienst der Cao Dai (bei Tay Ninh) besuchen. Ihre Kultmusik setzt mit einem musikalischen Vorspiel ein, das von zweisaitigen Fideln bestimmt wird. Mit dem Schlag eines großen Gongs beginnen die Priester in der Halle des Gotteshauses ihre Zeremonie. Für die musikalische Begleitung sorgt ein kleines Orchester, das auf der Empore sitzt. Daneben stehen junge Frauen in weißen langen Gewändern und singen einstimmige Lieder. Die Musiker spielen Schlagstäbe, Gongs, Zimbeln, Lauten, Gitarren und zweisaitige Fideln.
Bei Trauerfeiern in Südvietnam sind fünf Musiker für Feier- oder Bestattungsmusik zuständig. Sie untermalen die einzelnen Kulthandlungen mit entsprechender Musik. Dabei spielen sie normalerweise Zeremonialtrommeln, ein Büffelhorn, das mit einem Holzstab geschlagen wird, eine Oboe, Gongs und Becken sowie die einfellige Bechertrommel. Gesang ist bei diesen Trauerfeiern ausschließlich den Sargträgern vorbehalten: Wenn sie den Sarg forttragen, stimmen sie Lieder an, die die Seele des Verstorbenen "begleiten" sollen.

Klassische Unterhaltungsmusik

Der Begriff der vietnamesischen Unterhaltungsmusik hat nichts mit unserem westlichen Verständnis von U-Musik zu tun. Sie wird – als klassische und exklusive Musik – von wenigen Musikern gespielt und soll einen kleinen Kreis von Zuhörern unterhalten und erfreuen.
Die Tradition des "Gesangs der professionellen Sängerinnen" reicht in Nordvietnam bis ins 11. Jahrhundert zurück. Seit dem 15. Jahrhundert werden sie von einer Querflöte, einem mit zwei Holzstäbchen geschlagenen Bambusstab, einer Doppelklarinette, einer Laute und einer Sanduhrtrommel begleitet. Die Sängerinnen selbst mußten Schlagstäbe bedienen und außerdem darstellen und tanzen können. Sie sangen die Lieder zur Unterhaltung, trugen sie vor den Tempeln für die Schutzgeister und bei Gesangswettbewerben vor. Die "Musik von Hue" gelangte am Anfang des 18. Jahrhunderts zur Blüte. Sie wird solistisch oder in kleinen, drei bis sechs Instrumente umfassenden Ensembles vorgetragen. Meistens kommen Saiteninstrumente zum Einsatz, aber auch Querflöte, Trommel und Sapekenklapper (s.u.). Heute wird diese virtuose Musik wieder öfter öffentlich aufgeführt, beispielsweise im ehemaligen Kaiserpalast von Hue. In derselben Tradition wie die Musik von Hue steht die "Musik der Liebhaber" in Südvietnam. In beiden nimmt der Gesang eine wichtige Rolle ein: In der Musik von Hue singen vor allem Frauen, im Süden haben sich auch Sänger hervorgetan. Einem größeren Publikum ist diese Musik im sogenannten erneuerten Theater zugänglich. Eines der populärsten – und viele Zu-

Klass. Unterhaltungsmusik (Fts.)

hörer zu Tränen rührenden – Stücke der südvietnamesischen Unterhaltungsmusik heißt Heimweh nach der Vergangenheit (vong co).

Volkslieder

Wichtigster Bestandteil der Volksmusik sind die Lieder (hat), die das Leben des Volkes und die "vietnamesische Seele" besingen. Diese Seele kommt in den Melodien und Liedern, der Poesie und Dichtung zum Ausdruck und ist oft von Sentimentalität, tiefer Melancholie und Liebe zum Land erfüllt. Viele Volkslieder erzählen von Liebesleid, der Vergänglichkeit der Natur – und der Arbeit. In Vietnam hat jede Zunft, jeder Berufsstand seine eigenen Lieder. Traditionell sind die der Bauern und Landarbeiter am stärksten vertreten.

Musik der ethnischen Minderheiten

Über 6 % der Gesamtbevölkerung Vietnams gehören ethnischen Minderheiten an, von denen die meisten abgeschieden im zentralen Hochland und in den Bergregionen des Nordens leben. Sie alle pflegen eigene Musik- und Tanztraditionen, die mit indonesischen, thailändischen oder burmesischen verwandt sind.
Diese Gemeinschaften stellen verschiedenste Musikinstrumente aus Bambus her, etwa Xylophone, Schlagröhren, Rasseln, Maultrommeln und Flöten. Verbreitet sind außerdem Trommeln und aus Kürbissen und Holz hergestellte Saiteninstrumente. Ihre Musik ist stark an kultische Handlungen gebunden und wird zu Ehren der Feldgeister, bei schamanistischen Riten oder Totenfeiern gespielt.

Musiker mit traditionellen Instrumenten

Instrumente

Allgemeines

Musik ist für Vietnamesen ein abstrakter Begriff. Sie sprechen normalerweise nicht von "Musik hören". Vielmehr bezeichnen sie sprachlich genau, daß sie Lieder, ein bestimmtes Ensemble oder ein Instrument, zum Beispiel "die birnenförmige Laute hören".

Lithophone

Die ältesten Instrumente Vietnams wurden im südlichen Hochland gefunden. Im Jahr 1949 kamen beim Bau einer Straße in der Provinz Dac Lac große Lithophone zutage. Sie bestehen aus elf Steinplatten und stammen aller Wahrscheinlichkeit nach aus der Steinzeit. Einige dieser Instrumente sind in kleinen Provinzmuseen ausgestellt.

Schlag- und Percussionsinstrumente

Seit der Bronzezeit (Dong-Son-Kultur) sind Instrumente aus Metall (Glokken, Zimbeln, Gongs und Bronzetrommeln) in Vietnam verbreitet. Trommeln gibt es heute in verschiedenster Ausführung. Wie in südost- und ostasiatischen Orchestern üblich (etwa bei den Gamelan-Orchestern Indonesiens oder im japanischen Gagaku-Orchester), leitet auch in Vietnam ein Trommler die Ensembles und bestimmt Tempo und Rhythmus der Musik.

Sapekenklapper

Ein original vietnamesisches Percussionsinstrument ist die Sapekenklapper Sinh Tien. Sie ist aus Holz und vereint die Eigenschaften von Klapper, Rassel und Kratze. Sie entfaltet ihren Klang, wenn mit einem hölzernen Stab über die Rillen gestrichen und rhythmisch darauf geklopft wird. Die Sapekenklapper ist in der klassischen und auch in der Volksmusik zu hören. Wenn Musiker im Wasserpuppentheater oder im Theater "hat cheo" eine Abendstimmung auf dem Land vermitteln wollen, benutzen sie ein hölzernes Instrument, das an eine Zuckerzange erinnert. Wenn die elastisch-federnden Zangen zusammengedrückt werden und die feinen Zakken aufeinanderschlagen und vibrieren, klingt es, als ob ein Frosch aus voller Kehle quakt.

Saiteninstrumente

Generell haben gezupfte oder gestrichene Saiteninstrumente in Vietnam eine große Bedeutung. In der klassischen wie in der Volksmusik trifft man auf zahlreiche Varianten mit und ohne Hals: Lauten, Gitarren, Geigen, Fideln, Hackbretter und Zithern. Ihr Resonanzkörper besteht aus Holz, aus Kürbis oder Kokosnußschalen, und sie können mit nur einer, mit zwei, drei, ja bis zu 25 Saiten bespannt sein. Auch die "fünf Vollkommenen" des vietnamesischen Quintetts sind Saiteninstrumente: die 16saitige Zither, die zwei-, drei- und viersaitige Geige und die Mondgitarre.

Monochord

Ein ganz besonderes Instrument ist das Monochord (dan bau), eine schmale langgestreckte Kastenzither mit einer Saite, die an einem Ende an einem Wirbel, am anderen Ende in einer hölzernen Halbkugel angebracht ist. Diese Kugel steckt an einem elastischen, leicht gekrümmten Bambusstab. Der Spieler biegt diesen Stab mit der linken Hand zur Seite und ändert so die Tonhöhe. Mit der rechten Hand reißt er mit einem Bambusstift-Plektrum die Saite an, deren Spannung er ständig verändert. Das Instrument ist überwiegend in Nordvietnam zu Hause. Der Sage nach brachte es eine Zauberfee auf die Erde, um unglückliche Menschen und Verliebte zu trösten. Lange zählte es auch zu den Lieblingsinstrumenten der Blinden und der Bettler, die am Rande der Märkte musizierten und ihr Geld damit verdienten. Seit Anfang des 20. Jahrhunderts ist es auch in der Kunstmusik zu hören, mittlerweile wird es oft auch elektrisch verstärkt.

"Halbe Zither"

Eines der beliebtesten Instrumente der klassischen Unterhaltungsmusik ist die 16saitige "halbe Zither" (dan tranh). Eine alte Legende erzählt, daß diese Zither ursprünglich 32 Saiten hatte. Doch dann trug sich folgendes zu: Ein Meister der Zither lehrte seine beiden jungen Töchter die Kunst des Zitherspiels. Eines Tages stritten sie sich heftig darüber, wer von beiden das einzige Instrument im Hause spielen durfte. Der Vater war über diesen Streit sehr erzürnt. Er zerbrach das Instrument in zwei Teile und baute aus den beiden Hälften zwei identische Zithern mit je 16 Saiten.

Zweisaitige Fidel

Vor allem die zweisaitige Fidel ist aus der Musik Vietnams nicht wegzudenken: Sie hat einen zylindrischen Klangkörper, der mit Schlangenhaut bespannt ist, und einen langen Hals mit zwei Saiten aus Seide oder Kupfer. Der Bogen wird zwischen den beiden Saiten eingespannt und auch bewegt. Diese Fidel ist bevorzugtes Instrument der Blinden und der Wandermusiker. Sie wird aber auch in der Hofmusik, bei rituellen Zeremonien und Theaterorchestern gespielt.

Erdzither

Wenn junge Frauen und Männer sich im Wechselgesang trong quan messen, werden sie von der Erdzither (cai trong quan) begleitet. Sie hat eine

Musik, Saiteninstrumente (Fortsetzung)

einzige Saite, die zwischen drei und zehn Meter lang ist und aus einem Stengel der kletternden Rotangpalme besteht. Ihre Enden werden mit Pflöcken im Boden befestigt. Auf halber Strecke wird die Saite über einen bis zu 50 cm hohen Bambusstab geführt, der senkrecht aus einem Brett ragt. Das dünne Brett deckt eine kleine Resonanzgrube zu, die im Erdreich ausgehoben wurde. Wenn ein Spieler nun an der Saite zupft, überträgt sich der Ton auf den Stab und von dem Stab auf das Brett. Die Erdgrube wird so zu einem Resonanzkörper, der den Ton sehr weit trägt. Dieses Instrument wird in Vietnam wegen seines Tons auch Erdtrommel genannt. Es hat lediglich eine rhythmische Funktion und kommt ausschließlich bei den Gesangswettbewerben im Delta des Roten Flusses und in Mittelvietnam zum Einsatz.

Blasinstrumente und Aerophone

Blasinstrumente sind normalerweise aus Holz oder Bambus. Sie ergänzen die vietnamesischen Musikensembles. Es gibt Oboen, Flöten mit dreizehn, neunzehn oder 36 Grifflöchern, zwei Querflöten mit sieben und neun Löchern und eine Flöte aus gebrannter Erde. Ein Aerophon besonderer Art besteht aus acht einzelnen Bambusröhren, die in aufsteigender Größe nebeneinander angebracht sind. Die Länge der Röhren bestimmt die Tonhöhe. Wenn die Spielerin oder der Spieler vor ihnen die hohlen Hände ineinanderschlägt, bringt der entstehende Luftdruck die Röhren zum Klingen. Solche Aerophone werden auch bei bestimmten Bergstämmen, etwa den Bahnar, gespielt.

Tanz

Aufführungen bei Feierlichkeiten

Die Minderheiten und auch die Cham pflegen verschiedene Tänze, doch bei den Viet hat der Volkstanz kaum Tradition und Bedeutung. Allerdings werden im Theater Hat Tuong, Hat Cheo und auch bei bestimmten religiösen Anlässen Tänze aufgeführt, etwa bei taoistischen Feiern oder bei großen Opferfesten und Zeremonien. Sie ähneln, wie auch die japanischen Shintotänze, einem feierlichen Schreiten und leben von stilisierten Handgebärden.

Ballett am Kaiserhof

Bis 1945 gab es am Kaiserhof zwei professionelle Ballette mit jeweils 64 Tänzern. Jede Formation bestand aus acht Mann in acht Reihen. Die "Ziviltänzer" hielten eine Fasanenfeder in der linken und eine Flöte in der rechten Hand, die "Militärtänzer" ein Schild in der linken und eine Hellebarde in der rechten Hand. Sie traten zu zeremoniellen Anlässen auf. Bei Geburtstagen, Hochzeiten, Banketten und kleineren Hoffesten tanzten sie u.a. sogenannte Blumentänze. Außerdem interpretierten sie Episoden aus der Geschichte und alte Legenden. Dazu zählt etwa der Tanz der vier heiligen Tiere (Kylin, Phönix, Schildkröte und Drachen). Wenn diese Kreaturen zusammen tanzen, so verheißt dies in Vietnam ein friedliches Leben.

Theater

Volkstheater (hat cheo)

Im 10. Jahrhundert wies der König drei ausgewählte Männer an, die Soldaten seiner Truppen singen zu lehren und ihre Moral durch Spiel und Musik zu stärken. Es heißt, daß einer der Beauftragten damals das bereits bekannte Cheo-Spiel standardisiert haben soll. Das Hat Cheo ist das populäre volkstümliche Theater Mittel- und Nordvietnams und wurde im allgemeinen im Hof des Gemeindehauses aufgeführt. Schminke und Kostüme sind denkbar einfach – alle Requisiten passen in eine Kiste. Die Schauspieler verkörpern typisierte Charaktere: den Armen, den Reichen, die Alte, den Possenreißer, den Mönch oder den Helden. Ihre Texte sind meistens von beißendem Spott gegen die Machthaber durchzogen – was ihnen schon oft in der Geschichte Ärger und Berufsverbot einbrachte. Sie geißeln Laster und preisen (buddhistische) Tugenden, indem sie – gespickt mit aktueller Zeitkritik – volksnahe Schicksale und das Leben der Helden darstellen. Sie spielen Szenen und Sketche, tanzen und singen volkstümliche Lieder. Auch alte Lieder der verschiedenen Berufe sind hier noch konserviert. Bis heute ist die Improvisation fester Bestandteil des Spiels, an dem sich das Publikum lautstark beteiligt. Ebenso gehört ein Musikensemble untrennbar zu einer Theateraufführung. Das Hat Cheo ist eine spezifisch vietnamesische Form des Singspiels. Die Besucher wollen, so lautet die gängige Redensart, das "Hat Cheo hören", dagegen das "Hat Tuong sehen".

Volkstheater (Fortsetzung)

Das klassische Theater Hat Tuong ist von der chinesischen Oper beeinflußt. Seine Wurzeln reichen ins 12. und 13. Jahrhundert. Später gehörte es fest zur höfischen Unterhaltung. Kaiser Tu Duc höchstpersönlich hat sogar Texte für das "hat tuong" geschrieben. Generell sollen die Tuong-Stücke den Nationalgeist festigen und Loyalität gegenüber den Herrschern befördern. Ihre Themen sind vorwiegend der nationalen Geschichte entnommen, wie etwa die der Schwestern Trung oder des Befreiers Le Loi. In Südvietnam wird dieses Theater Hat Boi genannt, d.h. Lieder, die im Kostüm und mit Gebärden vorgetragen werden. Die Kostüme des höfischen "hat tuong" sind kostbarer als die des Cheo-Spiels, und es enthält mehr zeremonielle Elemente. Die Gesten der Mimen sind sehr stilisiert, ihre Botschaft ist die des Konfuzianismus. Sobald sie die Bühne betreten, erkennen die Zuschauer an Schminke und Kleidung die Identität der dargestellten Charaktere. Ein rotgeschminktes Gesicht signalisiert ihnen sofort Mut, Ehrlichkeit und Loyalität, ein weißes dagegen Brutalität und Hinterlist (!).

Klassisches Theater (hat tuong)

Um 1920 entwickelte sich in den Städten des Mekong-Delta in Südvietnam das erneuerte oder reformierte Theater (hat cai luong). In ihm verschmolzen Elemente des klassischen und des Volkstheaters mit denen des europäischen Theaters. Ungewohnte und modernere Ausstattung, Beleuchtung und Kostüme machten dieses Theater schnell populär. Wie beim hat

"Erneuertes Theater" (hat cai luong)

Aufführung im Stadttheater von Saigon

"Erneuertes Theater" (Fts.)

Cheo ist auch beim erneuerten Theater die – romantische bis sentimentale – Musik die Hauptsache.

Modernes Sprechtheater (kich noi)

Das moderne Sprechtheater Kich Noi hat sich westlichen Schauspielen und Dramen verschrieben. Es entstand ebenfalls in den 20er Jahren und ist vor allem bei Intellektuellen und Studenten sehr beliebt. Um die Erwartungen der an Musik gewohnten Theaterbesucher nicht zu enttäuschen, wird selbst im Kich Noi vor und nach den Aufführungen Unterhaltungsmusik gespielt. Seit sich die neuen Theaterformen etabliert haben, führen Reformer und Traditionalisten (und mittlerweile auch Funktionäre) immer wieder leidenschaftliche Diskussionen um Form und Inhalte der darstellenden Kunst und um ihren Stellenwert im Kulturleben des Landes. Ein Ende der Kontroverse ist nicht in Sicht.

Wasserpuppentheater (mua roi nuoc)

Aus Nordvietnam stammt eine weltweit einzigartige Kunstform: das Wasserpuppentheater. Es hat zwar Einflüsse vom Cheo-Spiel und teilweise auch vom klassischen Theater aufgenommen, aber seine Hauptmotive findet es im Alltagsleben der vietnamesischen Bauern und in alten Legenden. Im und auf dem Wasser schweben, tanzen, pflügen und pflanzen die aus Holz gefertigten Puppen und führen kleine, oft herrlich ironische Geschichten auf. Musiker spielen zu diesem faszinierenden Theater verschiedene Percussionsinstrumente aus Metall und Holz, Saiteninstrumente und verschiedene Bambusflöten. Außerdem singen sie und verleihen den Puppen ihre Stimmen (→ *Baedeker Special* S. 154/155). Die meisten Szenen sind nicht aufgeschrieben, sondern mündlich und in der Praxis entwickelt und weitergegeben, und sie werden von den Zuhörern und Zuschauern sofort erkannt.

Der Ursprung des Wasserpuppentheaters liegt in den religiösen Feiern und Wasserritualen der Landbevölkerung. Vermutlich entstand es, als die Puppenspieler im Delta des Roten Flusses trotz heftiger Monsunschauer und Überflutungen auch zur Regenzeit ihre Geschichte aufführen wollten und so ihre einzigartige Technik entwickelten. Erwähnt sind Aufführungen vom Wasserpuppentheater bereits im 11. Jahrhundert, doch man nimmt an, daß diese Volkskunst auf dem Land bereits noch früher existierte. Ab dem 16. Jahrhundert entstanden feste Spielstätten, so etwa in der Thay-Pagode (Quoc Oai, Son-Tay-Provinz → Hanoi, Umgebung) oder im Dong-Tempel (Dong Anh, Hanoi). Hier sind auch die kleinen Tempel für den Wassergott noch erhalten, von denen aus die Spieler ihre Puppen tanzen ließen. Im 20. Jahrhundert – während den Kriegen und in der entbehrungsreichen Zeit des Wiederaufbaus – waren Aufführungen selten. Erst in den letzten Jahren erlebte diese einzigartige Kunst eine neue Blüte. Heute können Wasserpuppentheater in Hue (am Duftfluß), in Hanoi (u.a. im Literaturtempel oder im Thang-Long-Theater nahe des Hoan-Kiem-Sees) und auch in Saigon (im Historischen Museum) besucht werden.

Schrift und Literatur

Einzige asiatische Schrift mit lateinischen Buchstaben

Viele Reisende wird es sicherlich überraschen, in einem asiatischen Land eine vertraut wirkende Schrift vorzufinden, die lateinische Buchstaben (mit einigen Variablen) verwendet. Die offizielle Übernahme der Quoc-Ngu-Schrift ist auch relativ neu. Erst nach dem Ersten Weltkrieg konnte sie sich durchsetzen, obwohl sie schon im 17. Jahrhundert von dem französischen Missionar Alexandre de Rhodes (→ Berühmte Persönlichkeiten) entwickelt wurde.

Fast 200 Jahre lang blieb sie allerdings vor allem auf den Wirkungskreis der christlichen Missionare beschränkt. Doch die Verwendung dieser vereinfachten und nachvollziehbaren Schrift untergrub die Position der Mandarine, deren Macht auf der traditionellen Lehre basierte, die in den althergebrachten Zeichen geschrieben war und somit den Massen verschlossen blieb. Vom 8. Jahrhundert an hatte man das Vietnamesische in chinesi-

Schrift (Fortsetzung)

schen Schriftzeichen (chu nho) geschrieben, erst etwa 500 Jahre später ließ sich ein eigenes Schriftsystem (chu nom) entwickeln, das allerdings davon abgeleitet war. Bis zu Beginn des 20. Jahrhunderts war die Verwendung Chu Nhos im öffentlichen Leben und in der Wissenschaft und parallel dazu Chu Noms in der volkstümlichen Literatur üblich.
Rhodes System beruht auf einer Transkription der vietnamesischen Laute in lateinische Buchstaben mit Akzenten, die die jeweilige Tonhöhe markieren. Ihr liegen 26 Buchstaben des lateinischen Alphabets zugrunde, wobei die Buchstaben f, j, w und z nur in Fremdwörtern und in fremden Eigennamen vorkommen. Zusätzlich enthält das vietnamesische Alphabet einige Variablen und diakritische Zeichen für geschlossene und kurze Vokale sowie Verschlußlaute und die sechs Silbentöne (gleichmäßig verlaufender Ton, fallender Ton, steigender Ton, fallend steigender Ton, unterbrochen steigender Ton und tiefer ebener Ton).
Interessant ist auch, daß die vietnamesische Schrift keine Wörter, sondern Silben fixiert (vgl. beispielsweise Sai Gon, Ha Noi etc.). Bei mehrsilbigen Wörtern ist aus dem Schriftbild also nicht erkennbar, welche Silben zueinandergehören.

Durch die Verwendung lateinischer Schriftzeichen scheint das Vietnamesische leichter "lesbar" zu sein.

Bedeutung der Lieder

Es scheint kein Zufall zu sein, daß gerade Lieder in Vietnam so beliebt sind. Die gesprochene Sprache mit ihren sechs Tonhöhen, die die Bedeutung der Worte mitbestimmen, ist eine sehr musikalische Sprache. So klingt ein Satz oder Vers immer wie eine melodiöse Mischung aus Gesang und Deklamation. Vietnamesische Kinder wachsen ganz selbstverständlich mit Liedern auf. Ihre Großmütter und Mütter singen sie in den Schlaf und bringen ihnen Kinder-, Wiegen- und Liebeslieder bei. Sie lernen Revolutions-, Militär- und Freiheitslieder, hören Klage- und Begräbnislieder, lauschen den Liedern der Blinden und den Melodien und Texten, die die Frauen singen, wenn sie auf die Fähre warten. Zu jeder Gelegenheit werden in Vietnam Lieder gesungen, oft ohne instrumentale Begleitung.
Heutzutage, wo fast jeder Vietnamese lesen und schreiben kann, beschäftigt man sich vermehrt mit jeder Form von Literatur. Dazu wird sowohl das überlieferte wie auch neues Liedgut gezählt. Jeder kann mehrere Lieder oder vertonte Gedichte singen, neue Gedichte werden auswendig gelernt, indem sie singend rezitiert werden – eine alte Tradition, die auch dazu dient, die Metrik eines Gedichtes zu beurteilen.

Bedeutung der Literatur in der Geschichte Vietnams

Stellenwert in der Gesellschaft

Die Literatur an sich nimmt seit vielen Jahrhunderten einen besonderen Stellenwert in der Gesellschaft ein: Das Beherrschen der Schrift und das Lesen der Klassiker waren Sprungbrett für eine Beamtenkarriere, den traditionell am höchsten angesehenen Stand. Noch bis Anfang des 20. Jahrhunderts bedeutete die Kenntnis der konfuzianischen Klassiker und der vietnamesischen und chinesischen Dichtung den Beginn einer Karriere. Einen sehenswerten Eindruck der damaligen Bedeutung von Literatur vermittelt jedem Vietnam-Besucher ein Besuch des Literaturtempels in Hanoi (s. S. 195, Mandarinprüfungen).
An dieser ersten Universität Vietnams, einem der Machtzentren des Landes, wurden seit dem 11. Jahrhundert Staatsbeamte ausgebildet. Die Prüfungen bestanden aus Abhandlungen über Literatur, Ethik und Politik, poetischen Textkompositionen und dem "richtigen" Abfassen administrativer Texte.

Reaktionen auf koloniale und politische Einflüsse

Mit der Entwicklung einer eigenen vietnamesischen Prosa machten sich nach und nach auch die Einflüsse der führenden europäischen Weltliteratur bemerkbar, die für die gebildete Mittel- und Oberschicht Vietnams durch französische Übersetzungen zugänglich war. Zeitgleich entwickelte sich die junge vietnamesische Presse als wirksames Propagandamittel gegen die französischen Kolonialherren.
Schriftsteller wie Phan Ke Binh (1875–1921) verbanden mit ihrem literarischen Engagement zugleich ein politisches, sei es gegen die französische Kolonialregierung, gegen die Regierung Südvietnams oder für die kommunistische Regierung Nordvietnams. In dieser Tradition schrieb auch Ho Chi Minh in frühen Jahren als Journalist. Viele Autoren bezahlten seitdem für ihre Äußerungen mit dem Leben oder mit langen Gefängnisstrafen – je nach Regime.
Und auch in den Jahren nach 1954 stand die Literatur in beiden Teilen des Landes vor allem unter dem Zeichen der Rücksichtnahme auf die jeweils regierende Partei, auf die Militärregierung im Süden oder die kommunistische Partei im Norden. Nach der Teilung des Landes 1975 breitete sich auch in der Literatur der sozialistische Realismus aus. Stilistisch herausragende Werke dieser Zeit zeichnen sich aus durch eine gewisse inhaltliche Steifheit. Immer wieder werden Parteisitzungen, konformes Verhalten und die strenge Hierarchie im Staatsapparat thematisiert, privates Glück und ein Familienleben existieren nur nach streng sozialistischem Modell. Nur zu leicht kann dabei Unliebsames als konterrevolutionär interpretiert und mit Gefängnis oder Umerziehungslager quittiert werden.

Literatur nach der Öffnung des Landes

Doch wer nicht nur schreiben, sondern auch veröffentlichen will, braucht neben Talent auch Mut und Courage. Je wichtiger Profit und Marktwirtschaft werden, um so schwieriger wird es für die Autoren, ihr Auskommen zu finden. In der neuen Businesswelt droht die Schriftstellerei zum puren Luxus erklärt zu werden.
Einer, der das weiß, ist der über 70jährige poetische Humanist Le Dat aus Hanoi: "Jede Zeit hat ihre Literatur und jede Literatur ist eine Stimme ihrer Zeit. Unsere Literatur spielte eine große Rolle bis in die frühen Doi-Moi-Jahre hinein. Jetzt ist sie bedeutungslos. Wir haben andere Sorgen. Vietnam braucht Wohlstand, Wohlstand für alle, auch für die bettelarme Landbevölkerung." Ein Problem, das auch die Schriftstellerin Pham Thi Hoai sieht. Sie betrachtet zum einen die immer noch bestehende staatliche Zensur als Bremse für die Literatur, viel stärker aber verliere das Lesen durch den Wandel in der Gesellschaft an Bedeutung: "Viele Leute wundern sich, daß ein Buch vor doi moi Hunderttausende an Auflage erreicht hat. Ein Schriftsteller oder Journalist erfuhr die höchste Achtung. Das hat sich geändert. Jetzt geht man ins Kino, tanzen oder in die Restaurants – es gibt alle Formen der Unterhaltung wie in der ganzen Welt auch."

Zeitgenössische vietnamesische Literatur

Themen des Alltags

Dreißig Jahre Freiheitskampf werden in der zeitgenössischen vietnamesischen Literatur ebenso thematisiert wie das Verhalten einzelner, die Einflußnahme der Partei oder die Korruption unter den Beamten. Im Ausland ist das Bild Vietnams noch immer von westlichen Klischees bestimmt, doch in den Büchern junger vietnamesischer Autoren kommt einmal die Gegenseite zu Wort.
Dabei kann man feststellen, daß die Hoffnungen und Wünsche dort gar nicht soviel anders sind als bei uns. Alle wichtigen Themen des Alltags werden literarisch bearbeitet, und zumindest ein kleiner, sehr lesenswerter Teil der Bücher ist auf deutsch erschienen (→ Praktische Informationen, Literaturempfehlungen). Zwar werden Literatur und Poesie in Vietnam seit Jahrhunderten gepflegt und gefördert, doch die Literaten müssen auch nach der wirtschaftlichen Öffnung der Sozialistischen Republik Vietnam (doi moi) noch heute mit Zensur und Repression rechnen, wenn sie in ihren Büchern unbequeme Themen zur Sprache bringen.

Duong Thu Huong beispielsweise, wahrscheinlich die im Ausland bekannteste vietnamesische Autorin, beschreibt in ihrem "Roman ohne Titel" neben Heldentum und Kriegsbegeisterung des jungen Kommandanten Quan auch Trauer, Verzweiflung und Leere. Die Autorin selbst ging als 19jährige freiwillig an die Front und kämpfte mehr als zehn Jahre lang gegen amerikanische GIs und südvietnamesische Soldaten. Ihre Bücher unterliegen in Vietnam einem Veröffentlichungsverbot. Im Jahre 1991 aus dem Schriftstellerverband ausgeschlossen, wurde sie für ihre Ansichten vor Gericht gestellt und mußte ins Gefängnis. Amnesty International setzte sich für sie als "prisoner of conscience" ein. Ebenfalls Kritik – diesmal an der kommunistischen Partei – übt Duong Thu Huong in ihrem Buch "Liebesgeschichte vor der Morgendämmerung erzählt". Sie beschreibt, wie Luu, eine einfache Frau vom Dorf, ihren Ex-Ehemann durch die Partei bespitzeln läßt. Durch ihre Machtgelüste wird jegliches Privatleben zur öffentlichen Parteisache, die Gefühle aller Beteiligten werden rücksichtslos ignoriert und zerstört.

Duong Thu Huong

Die zweite große unbequeme Autorin aus Vietnam ist Pham Thi Hoai. Wie die vietnamesischen Journalisten und Literaten, die sich in den 30er Jahren dieses Jahrhunderts wochenlang als Tagelöhner verdingten oder mit Prostituierten auf der Straße lebten, um später mit Autorität darüber schreiben zu können, mischt sich auch Hoai unter das Volk und arbeitet mit den ländlichen Neuankömmlingen aus Vietnams verarmten Dörfern, die dann später in ihren Kurzgeschichten wieder auftauchen. Pham Thi Hoai studierte 1977 bis 1983 in Berlin (Ost), hat sich als Übersetzerin von Kafka, Grass, Brecht und Dürrenmatt einen Namen gemacht und lebt heute abwechselnd in Berlin und Hanoi. Im Jahre 1993 wurde sie in Frankfurt/Main mit dem LiBeraturpreis ausgezeichnet. Obwohl Pham Thi Hoi das Schreiben von Kurzgeschichten eher als stilistische Vorübung für einen Roman betrachtet, gilt die Kurzgeschichte als das wichtigste Genre in der vietnamesischen Prosa.

Pham Thi Hoai

Film

Vietnam im Film

Total erschöpft, vollkommen verdreckt und schwer bepackt schlägt sich eine Gruppe junger US-Soldaten durch den Dschungel. Hitze, Moskitos, Angst und Verzweiflung. Der Vietcong ist überall und nirgends. Die Spannung steigt ins Unerträgliche. Dann plötzlich: Mörsergranaten durchbohren die feuchte Luft und die verschwitzten Körper der Soldaten. Schreie, Blut, Verletzte, Tote.

Hollywood und Vietnam

Hollywood goes Vietnam. Jeder von uns hat schon solche Filme gesehen. Zahllose Streifen benutzten in den 70er und 80er Jahren den Vietnamkrieg der USA als bloße Staffage für brutale Kampfszenen in exotischer Landschaft. Meist allerdings im Studio gedreht und lediglich angereichert mit Landschaftsaufnahmen aus Thailand oder den Philippinen, denn bis vor kurzem war den Filmemachern die sozialistische Republik Vietnam verschlossen. Die Klischees solcher Vietnamfilme, die mit dem Land selbst kaum etwas zu tun hatten, werden dennoch oft für Realität gehalten. Das Bild vom schlitzäugigen, unberechenbaren Vietcong hat sich in den Köpfen der Kinozuschauer fester eingeprägt, als viele zugeben wollen. Harte Action-Movies und sogenannte Veteranen-Filme bilden dabei die große Masse. Von ein paar wenigen sehenswerten Ausnahmen abgesehen, die wirklich etwas von Land und Kultur zeigen.

Der bekannteste Vietnamfilm ist zweifellos "Apocalypse Now". Im Jahre 1979 für die Rekordsumme von 30,5 Mio. US-Dollar gedreht, wurde "Apocalypse Now" von Francis Ford Coppola mit der Goldenen Palme von Cannes ausgezeichnet und erhielt einen Oscar für die beste Kameraführung. Doch auch diese Geschichte nimmt einige der üblichen Klischees

Kriegsfilme

Szenenfoto aus "Apocalypse Now"

Kriegsfilme (Fortsetzung)

auf: Ein amerikanischer Captain erhält den Auftrag, einen Colonel zu liquidieren, der nicht mehr zurechnungsfähig ist und sich im Dschungel als Herrscher aufspielt. Ähnlichen Inhalt zeigen "Rambo II - Der Auftrag" (USA 1985) mit Sylvester Stallone, "Full Metal Jacket" (Regie: Stanley Kubrick, USA 1987) und "Missing in Action" (USA 1984). Im letzteren geht es um ein Straflager amerikanischer Kriegsgefangener in Vietnam.
Auch in "Platoon" (USA 1986, Drehbuch und Regie: Oliver Stone) haben vor allem harte Männer das Wort: langes Warten unter sengender Sonne, gefährliche Patrouillen, plötzliche Kämpfe. Daß historische Tatsachen hierbei nicht nur verleugnet, sondern regelrecht entstellt werden, scheint den Machern und dem Publikum egal. Es geht um muskelbepackte Einzelkämpfer und Ersatzväter in Uniform. Um nur ein Beispiel zu nennen: das Massaker von My Lai, stattgefunden am 16. März 1968, wird in "Platoon" zu einem idyllischen Spektakel, bei dem lachende GIs, kleine Kinder auf den Schultern und im Arm, das brennende Dorf My Lai über saftig grüne Reisfelder verlassen. In Wahrheit richteten amerikanische Soldaten bei diesem Massaker mehr als 500 meist wehrlose Zivilisten brutal hin, in der Mehrzahl Frauen, Kinder und Greise. Reihenweise vergewaltigte und verstümmelte Vietnamesinnen werden im Film lediglich durch das Zuknöpfen einer geöffneten Soldatenhose angedeutet. Über historische Tatsachen erfährt man also nicht viel, um so mehr aber über die Verdrängung des Geschehenen in der amerikanischen Gesellschaft.

Veteranen-Filme

Eine zweite Gruppe von Filmen zeigt diese Verletzung noch deutlicher: der Veteranen-Film. Gezielt beschäftigten sich diese Produktionen mit den physischen und psychischen Verletzungen, verbunden mit der verzweifelten Frage, was man als amerikanischer GI überhaupt im Dschungel Vietnams verloren hatte. Die Filme zeigen verkrüppelte Heimkehrer, die Vietnam als Zerstörung ihrer Gesundheit, aber auch ihrer Persönlichkeit erlebten. Dazu gehören "Coming Home" (USA 1978), der die Dreiecksgeschichte der Frau eines Vietnamkämpfers (Jane Fonda) erzählt, die während dessen Abwesenheit eine Beziehung mit einem Vietnam-Kriegs-

Veteranen-Filme (Fortsetzung)

invaliden eingeht. Ebenso werden "Heroes" (USA 1977) oder "Welcome Home" (USA 1989 mit Kris Kristofferson) zu diesem Genre des zerbrochenen Heimkehrers gezählt. Am bekanntesten aber ist "Geboren am 4. Juli" (USA 1989), in dem Oliver Stone den Wandel eines nun querschnittsgelähmten GIs zum engagierten Kriegsgegner beschreibt. "Asche und Glut" (USA 1982) dagegen greift die besonderen Wiedereingliederungsschwierigkeiten schwarzer US-Soldaten auf, die innerhalb der Gesellschaft wie auch in der Armee zu den Underdogs gehörten.
Themen des Veteranen-Films sind typischerweise heimkehrende Soldaten, die ihre Frauen mit einem anderen antreffen, Veteranen im Rollstuhl, die sich der Friedensbewegung anschließen, zerrissene Antihelden und Amerikaner in vietnamesischen Strafgefangenenlagern, die noch immer auf ihre Befreiung warten. Ob Veteranen-Film oder Action-Film – beide Arten des Vietnam-Films wiederholen, bis auf wenige Ausnahmen, ständig festgelegte Stereotypen.

Empfehlenswerte Ausnahmen dieser Genres

Eine solche Ausnahme bildet "Dear America – Letters from Vietnam", eine Collage, gedreht 1987 in den USA, die tatsächlich an Freundinnen, Mütter und Ehefrauen verfaßte Briefe amerikanischer Soldaten mit Original-Filmmaterial des Kriegsgeschehens und damaliger US-Nachrichtensendungen verarbeitet. Durch die Originalbilder des Kriegsgeschehens kann dabei keine falsche Abenteuerromantik im Schützengraben aufkommen.
Ebenfalls nicht zu vergessen: Ein unbedingt sehenswerter Vietnamfilm, der zeigt, daß es sogar möglich ist, das Thema als Komödie und doch mit Tiefgang zu behandeln: "Good Morning Vietnam" (USA 1987). Der neue Discjockey Adrian Cronauer (Robin Williams) eines Soldatensenders wird wegen seiner frechen Sprüche schnell zum Liebling der Hörer, doch sein loses Mundwerk führt zu Ärger mit den Vorgesetzten. Als Cronauers vietnamesischer Freund als Vietcong entlarvt wird, wird der DJ versetzt. Die Tragikomödie zeigt Anteilnahme für die Opfer auf beiden Seiten des Kriegs und stimmt trotz ihres atemberaubenden Tempos nachdenklich.

Liebesfilme

Populäre Klischees und aufregende Exotik statt Authentizität vermittelt erwartungsgemäß dagegen die Verbindung Asiens mit dem Liebesfilm. "Der Liebhaber" (Frankreich/England 1991), nach dem autobiographischen Roman der französischen Schriftstellerin Marguerite Duras, zeigt den chinesischen Schauspiel-Star Tony Leung als reichen Chinesen, der eine junge Französin in die Geheimnisse der Liebe einweiht.
Viel von Vietnam sieht man leider nicht, trotz der eindrucksvollen ersten Einstellung am Beginn des Films, in der die beiden Hauptpersonen mit einer Fähre den riesigen Mekong überqueren. Danach spielt der Film zum größten Teil im Schlafzimmer.
Ebenfalls ein Liebesfilm des französischen Indochina der 30er Jahre ist das Melodram "Indochine" mit Cathérine Deneuve (ebenfalls Frankreich 1991). Immerhin wurde er als erster europäischer Film an den Originalschauplätzen in der Ha-Long-Bucht, der Trockenen Ha-Long-Bucht und auf den Kautschukplantagen vor Saigon gedreht. Die koloniale Besitzerin einer Plantage erzählt vor dem historischen Hintergrund des nahen Endes der Kolonialzeit die Dreiecksgeschichte ihrer vietnamesischen Adoptivtochter und ihres gemeinsamen Liebhabers.

Der Krieg aus vietnamesischer Sicht

Erst in allerjüngster Zeit versuchen einige Filme, das Geschehen aus vietnamesischer Sicht zu betrachten. Regisseur Oliver Stone hat nach mehreren konventionellen Vietnam-Filmen ("Platoon", "Geboren am 4. Juli") auch einen aus vietnamesischer Sicht gedreht. Die stark veränderte Verfilmung des lesenswerten Buches "Geboren in Vietnam" von Le Ly Hayslip (→ Literaturempfehlungen) erschien unter dem Filmtitel "Zwischen Himmel und Hölle" (USA 1993).
Le Ly Hayslip schildert darin autobiographisch ihre Jugend auf dem Dorf, in das immer mehr der Krieg eindringt. Sie wird erwachsen zwischen Bombenhagel, Vietcong-Training und den Verdächtigungen, eine Kollaborateurin mit den Südvietnamesen zu sein. Als Hausmädchen flieht sie in die

Film, Der Krieg aus vietnamesischer Sicht (Fortsetzung)

Großstadt, dort wird sie vom Hausherrn geschwängert und von dessen Gattin auf die Straße gesetzt. Als Schwarzmarkthändlerin verdient sie dann den Lebensunterhalt für sich und ihren Sohn, bis sich eine große Chance bietet. Ein Soldat (Tommy Lee Jones) verliebt sich in sie und nimmt sie mit in die USA. Doch Buch und Film enden hier nicht: die sozialen Schwierigkeiten in einer fremden Kultur, der Wunsch und die Sehnsucht nach Rückkehr in die Heimat, gleichzeitig aber auch das Wissen, daß die zurückgebliebenen Verwandten ohne Hilfe entsetzlichen Hunger leiden und großer Gefahr ausgesetzt sind – all das wird nicht ausgespart. Le Ly besucht 1986, unmittelbar nach der Öffnung Vietnams, ihre Familie, und der Kontrast zwischen Amerika und Vietnam wird aufs neue deutlich. Aber auch dieser Film spart nicht mit amerikanischer Rührseligkeit.

Filme vietnamesischer Regisseure

Vu Le My

Leider gibt es kaum Filme, die von Vietnamesen aus deren Sicht gedreht worden sind. Eine absolute Ausnahme bildet "Wo der Krieg vorbeizog" von Vu Le My. Dieser Film, ausgezeichnet 1997 auf dem Ökomedia-Festival, stellt endlich einmal die Folgen der Zerstörungsmaschinerie des Krieges dar. Betroffene sprechen in diesem Dokumentarfilm über ihr Leid und darüber, daß noch immer mißgebildete Kinder zur Welt kommen. Sie beschreiben ihre Schmerzen und Krankheiten, mit denen sie noch heute zu kämpfen haben. Körperlich und seelisch entstellt, vegetieren Kinder ohne Gliedmaßen, ohne Augen oder mit riesigen Köpfen, die erst lange nach Kriegsende geboren wurden, ohne finanzielle oder medizinische Hilfe von außen. Dieser Film wurde erst 20 Jahre nach dem Vietnamkrieg möglich und zeigt Bilder, die dem Besucher des Landes verschlossen bleiben.

Tran Anh Hung

Deutschen Zuschauern von Programmkinos eher bekannt sind die beiden Werke des vietnamesischen Regisseurs Tran Anh Hung: "Der Duft der grünen Papaya" und "Cyclo". In seinem ersten Film zeigte der Vietnamese Tran Anh Hung (gedreht 1993 in Frankreich) ästhetisch und kunstvoll das Leben einer Dienerin in Vietnam zu Beginn des 20. Jahrhunderts. Obwohl auch dieser Film, wie so viele zuvor, gar nicht in Vietnam, sondern in französischen Studios gedreht worden ist, so transportiert er doch eine eindrucksvolle und fast authentische Stimmung.
Mit "Cyclo" (1995) dagegen macht Tran Anh Hung das Vietnam der Gegenwart zum Thema. Die lärmenden Straßen, Slums und Bars von Saigon sind Schauplätze dieses schnellen und düster-gewalttätigen Films. Jugendbanden liefern sich darin Kämpfe, und die Stadt zuckt dabei wie im Fieber. Ein junger Cyclo-Fahrer und seine Schwester geraten darin unter die Mörder. Tempo und Stimmung dieses Films reißen einen mit hinein in die verwirrende Schnelligkeit der Stadt. Er macht deutlich, daß sich die Gesellschaft des Landes dramatisch verändert und die Familie ihren festen Zusammenhalt verliert. Dieser auch zärtlich-poetische Film zeichnet neben dem Dokumentarfilm "Wo der Krieg vorbeizog" von Vu Le My am stärksten ein realistisches Bild des heutigen Vietnam.

Kunsthandwerk

Kunsthandwerk ist in Vietnam sehr vielfältig und weitverbreitet. Vor allem in den Zentren Saigon, Hue und Hanoi kann man eine große Auswahl finden. Denn in den umliegenden Handwerksdörfern leben fast alle Bewohner von den besonderen Fertigkeiten, auf die man sich spezialisiert hat. Lackarbeiten, Keramiken, Stickereien, Schnitzereien und Intarsienarbeiten werden hauptsächlich in Souvenirläden angeboten, während man auf den Dorfmärkten sehr schöne Korb- und Bambussachen kaufen kann. Auf das Weben, Färben und Besticken von Textilien haben sich v. a. die Bergvölker spezialisiert.

Lackarbeiten

Lacktechnik

Die ursprünglich aus China stammenden Lackarbeiten werden heute überall feilgeboten und sind seit mindestens 1500 Jahren in Gebrauch. Der schwarze oder braune Lack wird aus dem Harz des Son-Baumes gewonnen. Allerdings gibt es große Qualitätsunterschiede in Herstellung und Verarbeitung. Früher zeichneten sich gute Arbeiten durch bis zu zweihundertmaliges Lackieren, Lufttrocknen und stundenlanges Polieren aus, was Monate bis Jahre dauern kann. Heute sollten die Stücke wenigstens ein dutzendmal lackiert worden sein. Erst dann wird das Motiv aufgemalt bzw. das Muster für die Einlegematerialien (Muscheln oder Eierschalen) eingeritzt. In der Provinz Song Be, südwestlich von Saigon, stellen Handwerksbetriebe seit Jahrhunderten diese Waren her.

Das Grundmaterial der Lackarbeiten ist Holz – meist wird Teakholz verwendet, aber auch der Brotfrucht-, Lorbeer- oder Jackfruit-Baum ist geeignet. Zunächst muß es abgeschliffen und poliert werden. Kleine Unebenheiten werden mit Kitt ausgeglichen. Als nächstes ist die Qualität des Lackes entscheidend. Man unterscheidet zwei Arten von Lack: den Glanzlack (aus Lackharz und Mu-Öl) und den wertvolleren Bimslack (aus Lack- und Kiefernharz). Der Grundstoff für beide ist das Harz des Lackbaumes, der v.a. im Mekong-Delta zu finden ist. Nach Beimischung eines weiteren Harzes (Kolophonium) wird die zähe Masse elastischer; verschiedene Farbstoffe verändern die Tönung. Nun wird sie mit Wasser vermischt und die oberste Schicht, auch Öllack genannt, abgeschöpft. Diesen verwendet man als letzte Schicht auf den Lackarbeiten, die abschließend mit feinem Kohlepulver und Kalktünche poliert wird.

Lackwaren und Möbel im klassischen Design

Bemalung und Intarsienschmuck

Heute gehören Lackarbeiten zu den Hauptexportgütern des Landes, sei es als Bilder, Kästchen, Vasen, Tabletts oder Möbelstücke. Zumeist wird man aber zusätzlich geschmückte Objekte finden – bemalt, graviert oder mit Perlmutteinlagen versehen. Nach der dritten oder vierten Lackschicht wird

Lackarbeiten (Fortsetzung)

mit dieser Arbeit begonnen. Im Gegensatz zu chinesischen und japanischen Lackmalereien, bei denen die Farbe auf den Lack aufgetragen wird, malt man hier unter (!) den Lack (en profondeur). Dabei muß jede Farbe in einer gesonderten Schicht gemalt, von Lack überzogen, geschliffen und poliert werden. Was nicht nur besonders arbeitsaufwendig ist, sondern auch voraussetzt, daß der Künstler von Anfang an sein Motiv fertig im Kopf hat. Denn Korrekturen sind hier nicht möglich, wenn ein Arbeitsgang konsequent auf den nächsten folgt.

Bei Intarsien wird nach den ersten Schichten eine Lage feinster Baumwolle oder Seide dazwischengelegt, die wieder mit Lack überzogen wird. Nachdem dieser getrocknet ist, wird eine Mischung aus Wachs, Sägemehl und Kaolin aufgetragen. Einige Tage später poliert der Künstler den Überzug und ritzt Muster in die obersten, den Stoff bedeckenden Lackschichten, dann werden die Fugen mit schwarzem Lack ausgestrichen, der als Leim für die Applikationen (Perlmutt, Gold, Silber, Muschel- und Schneckenschalen) dient. Wieder wird Lack aufgezogen, getrocknet und abgerieben, um die Struktur der Einlage zu betonen. Das Objekt erhält zusätzlichen Glanz, wenn mit feinem Puder oder Asche poliert wird.

Hinweis

Wer sich für die einzelnen Arbeitsgänge genauer interessiert, kann Staats- und Familienbetriebe in Hanoi und Saigon besichtigen, in denen Lackarbeiten hergestellt werden. Eine kleine Ausstellung ist diesem besonderen Verfahren im Kunstmuseum in Hanoi gewidmet.

Holzschnitte und Schnitzarbeiten

Neujahrsbilder

Untrennbar mit dem Tet-Fest (→ *Baedeker Special* S. 344/345), dem wichtigsten Feiertag im Jahr, sind die Neujahrsbilder (tranh tet) verbunden. Die auf Seide oder Papier gedruckten Farbholzschnitte werden an Hauseingängen und in Wohnungen aufgehängt. Sie sollen das Böse bannen und Glück bringen. Diese ursprünglich bäuerliche Tradition wird seit dem 15. Jahrhundert in allen Kreisen gepflegt und ist nationales Kulturgut geworden. Die begehrtesten Bilder stammen aus dem Dorf Dong Ho, das etwa 50 km von Hanoi entfernt liegt. Dort gestalten kleine Familienbetriebe und eine Kooperative jährlich über 500 000 Drucke solcher Graphiken. In Hanoi kann die Herstellung dieser Holzschnittbilder in der Hang-Trong-Gasse im Handwerkerviertel der Altstadt bewundert werden.

Glücksbringer dieser Art werden zum Tet-Fest verschenkt.

Zuerst fertigen die Künstler einen Entwurf an. Sie übertragen ihn auf einen Holzblock und schnitzen dann einen Druckstock. Nach dem Druck erscheinen die Umrisse der Motive schwarz, die Flächen werden mit dem Pinsel ausgemalt. Traditionell werden die dafür verwendeten Farben aus Blüten, Früchten, Rinde, Blättern, Asche oder zerstoßenen Mineralien hergestellt – Rezepturen, die von den Künstlern eigens entwickelt und natürlich geheimgehalten werden. Heute verdrängen immer mehr synthetische (und billigere) Farben die Naturfarben. Zuletzt werden die Graphiken noch mit einem glänzenden Überzug versehen, für den ursprünglich fein zermahlene Perlmuscheln benutzt werden sollten.

Die Neujahrsbilder zeigen Episoden aus der nationalen Geschichte oder Volkssagen, Szenen aus dem Alltag – etwa eine Bäuerin mit einem Wasserbüffel –, Helden, Schutzgeister und natürlich die segenspendenden Tiere: Der Hahn schützt das Haus vor Unheil, die Gans symbolisiert Sanftmut, der Frosch Tapferkeit, das Schwein Wohlstand und Fruchtbarkeit. Blumen verheißen Glück, der Pfau verkündet Schönheit und Frieden. Ein Jahr lang schmücken die Glücksbringer die Häuser – bis sie am nächsten Tet durch

Neujahrsbilder (Fortsetzung)

neue ersetzt werden und es wieder heißt: "Auf dem Hof brennt das Feuerwerk, an der Wand hängt des Hahnen Bild ...".

Figuren des Wasserpuppentheaters

Die Figuren des Wasserpuppentheaters (→ *Baedeker Special* S. 154/155) sind aus dem weichen und leichten Holz des weit verbreiteten Feigenbaums geschnitzt. Zwischen 30 cm und 1 m sind sie groß: Boote und Bälle, die Büffel, Enten und Drachen, Bauern, Kinder, Könige und Feen. Damit das Wasser sie nicht allzu sehr angreift, werden sie von den Puppenmachern mit Harzen und Lacken wasserfest überzogen. Zusätzlich soll dies auch resistent gegen Holzwürmer machen. Darüber werden dann Farben, auch Gold und Silber, aufgetragen.
Die Puppenkörper und ihre unteren Gliedmaßen sind aus einem Stück Holz geschnitzt, Kopf und Arme werden durch Gelenke beweglich gehalten. Bei den Aufführungen in Teichen oder Wasserbecken liegt die Basis der 1 bis 5 kg schweren Puppen unter Wasser. Bewegt werden sie mit einer 3 bis 4 m langen Holz- oder Bambusstange. An ihr sind kleine Ruder und oft noch Schnüre angebracht. Mit der Stange kann der Spieler die Puppe dann schieben, ziehen und zur Seite, nach vorne und hinten wenden; mit den Schnüren bewegt er Arme, Kopf und Gliedmaßen. Auch wenn das Äußere der Puppen stilisiert ist, so wirken ihre Bewegungen und ihr Ausdruck meist sehr realistisch.

Weitere Schnitzarbeiten

In Vietnams Wäldern wachsen viele Edelhölzer wie Mahagoni, Teak, Eisenholz oder Rosenholz. Vor allem an den Verzierungen alter Gemeindehäuser und den Ornamenten chinesischer Pagoden zeigt sich die Kunstfertigkeit der Schnitzer. In der Altstadt Hanois und in den Werkstätten Hoi Ans kann man zusehen, wie kleine Meisterwerke (Dachverzierungen, Figuren, Möbelstücke) entstehen, z.T. auch mit Perlmuttintarsien.
Kleinere Figuren (meist Wasserbüffel und Elefanten) werden auch aus Büffelhorn, Elfenbein oder Schildpatt angeboten. Allerdings dürfen diese nach dem Washingtoner Artenschutzabkommen nicht nach Europa oder in die USA eingeführt werden!

Weitere kunsthandwerkliche Fertigkeiten

Keramik und Porzellan

Die Produktion von Keramik hat eine lange Tradition in Vietnam. Ursprünglich wurden dafür geflochtene Formen mit Ton beschichtet und gebrannt, erst später wurden Verfahren und Formen verfeinert. Auffallend ist, daß die verschiedenen Dynastien unterschiedliche Techniken, Farben und Motive bevorzugten: jadefarben oder blau, mehr oder weniger transparent und variabel in der Glasur.
Die Chinesen hatten die Kunst des Glasierens eingeführt. Während der Tran-Dynastie (1225–1400) wurden Ziegel, Kacheln und Keramiken noch hauptsächlich in Grün-, Ocker- und Brauntönen produziert, im 15. Jahrhundert entwickelte man eine Vorliebe für die blau-weiße Keramik, die auch heute noch gefertigt wird. Unter den Nguyen-Fürsten entstand in Hue etwa 200 Jahre später das kräftig blaue Porzellan, das in Gestalt und Ornamenten den chinesischen Einfluß zeigte. Bis heute gehören Hue und die Handwerksdörfer Bat Trang und Tho Ha bei Hanoi zu den Töpferzentren des Landes. (s. S. 208).

Seidenmalerei und Seidenstickerei

Rein asiatische Motive wie Landschaften, Blumen oder Dorfszenen herrschen bei Seidenmalerei und Seidenstickerei vor. Die Malerei entstand vermutlich im 13. Jahrhundert, ursprünglich als Kalligraphie, der nach und nach kleine Naturszenen hinzugefügt wurden. Den kleinen Mädchen wird schon sehr früh das Sticken beigebracht. Tischdecken, Blusen und Kimonos werden oft mit Drachen, Vögeln und chinesischen Schriftzeichen verziert. Bekannt sind hierfür die Seidengeschäfte in Saigon, in der Altstadt Hanois (Hang Trong) und die Schneidereien in Hoi An. Sehr kunstvolle, seidengestickte Bilder kann man dagegen in der Galerie der Bao-Dai-Villa (Da Lat) ansehen und auch kaufen.

Kunsthandwerk

Flechten von Kegelhüten

Im ganzen Land sieht man Männer und Frauen auf den Straßen und Feldern arbeiten. Als Sonnenschutz dienen ihnen die allgegenwärtigen Kegelhüte, die durch ihre Form vollkommen sind und – egal wie die Sonne steht – dafür sorgen, daß sich der Kopf immer im Schatten befindet. Gefertigt werden sie aus jungen Palmenblättern; diese werden auf Rahmen aufgezogen, fixiert und festgeknüpft. Die einfacheren Modelle kann man im ganzen Land bekommen, doch besonders schön sind die Exemplare aus Hue. Zwischen die einzelnen Palmblattlagen werden hier Scherenschnitte mit romantischen Motiven oder Verse gelegt, die leicht durchscheinen, wenn man den Hut gegen das Licht hält. Zudem kann man bunt bestickte Exemplare finden. Und auch bei den Kinnbändern, die zum Halt der Hüte dienen, werden Unterschiede gemacht: es gibt sie aus Baumwolle, Samt und Seide.

Kunsthandwerk der Minderheiten

Die kunsthandwerklichen Fertigkeiten der ethnischen Minderheiten sind sehr vielseitig: Stoffe, Schmuck und Korbwaren werden fast überall hergestellt. Hervorzuheben sind die feinen Webarbeiten der Muong und die indigoblau gefärbten und bestickten Kleider der Bahnar. Wer sich genauer interessiert, sollte das Ethnologische Museum in Hanoi besuchen, in dem viele der Techniken erläutert werden. Zudem kann man in der Van Mieu Street (neben dem Literaturtempel) in den Geschäften Craft Link und Hoa Sen Gallery die Vielfalt (Stoffe, Webarbeiten, Lackarbeiten, Holzfiguren etc.) der Produkte kennenlernen, evtl. einige Stücke kaufen. Mit dem Gewinn dieser Läden werden Projekte für die Bergvölker und Straßenkinder finanziert.

Vietnam in Zitaten

Graham Greene
(1904–1991)
Schriftsteller

Mit Beginn der französischen Kolonialherrschaft in Indochina stieg auch das Angebot an Opiumhöhlen, da die Vietnamesen, um die hohen von Frankreich geforderten Kriegsentschädigungen zahlen zu können, den ansässigen Chinesen das Opium-Handelsmonopol verkaufen mußten. Für viele Besucher aus dem Westen hatten diese "Lasterhöhlen" einen ganz besonderen Reiz – wie auch das Rauchen von Opium als sanfte, legale Alternative zum Alkoholgenuß. Der englische Schriftsteller Graham Greene beschrieb seine ersten Erfahrungen folgendermaßen:

Meine Erfahrung mit Opium begann im Oktober 1951, als ich mich auf dem Wege nach der Baie d'Along in Haiphong aufhielt. Nach dem Abendessen brachte mich ein französischer Beamter zu einem kleinen Appartement in einer Hintergasse; ich konnte das Opium schon riechen, als wir die Treppe hinaufgingen. Es erschien mir wie der erste Anblick einer schönen Frau, bei der man das Gefühl hat, daß man mit ihr in nähere Beziehungen treten kann: die Erinnerung an sie wird nicht durch den Schlaf einer Nacht verblassen.

Die Madame entschied, daß ich ein Anfänger sei und nur vier Pfeifen rauchen dürfe. Ich bin ihr heute noch dankbar, daß meine erste Erfahrung köstlich war und nicht durch die Übelkeit getrübt wurde, die auf übermäßiges Rauchen folgt. Das Milieu gewann sofort mein Herz – das harte Sofa, das Lederkissen, so fest wie ein Ziegelstein –, diese Dinge symbolisieren eine gewisse Kärglichkeit, die Abhärtung im Vergnügen, während der Schein des Lämpchens im Gesicht des Mannes, der die Pfeifen vorbereitet, indem er die kleine Kugel aus einer braunen gummiartigen Masse über der Flamme knetet, bis sie blasig aufwallt und gleich einem Traum ihre Gestalt verändert, das gedämpfte Licht und die keuschen Tassen ungesüßten Tees Sinnbilder sind für *luxe et volupté.*

Von dem Augenblick an, da die Nadel das Kügelchen in den Pfeifenkopf hineinstößt und dieser über der Flamme umgekehrt wird, reicht der Inhalt einer Pfeife nur für eine Viertelminute – ein geübter Raucher kann eine ganze Pfeife in einem langen Zug inhalieren. Nach zwei Pfeifen empfand ich eine gewisse Schläfrigkeit, nach vier war mein Geist wach und ruhig – Betrübnis und Angst vor der Zukunft wurden zu Gefühlen, von denen man die Erinnerung hatte, daß sie einst wichtig gewesen sein mochten. Sonst scheute ich mich, die Ungeschliffenheit meines Französisch zur Schau zu stellen, hier aber rezitierte ich zu meiner eigenen Überraschung vor meinem Begleiter ein Gedicht von Baudelaire. Als ich in jener Nacht nach Hause zurückkehrte, erlebte ich zum erstenmal die weiße Nacht des Opiums. Man liegt entspannt und hellwach da und hat kein Verlangen nach Schlaf. Wenn unsere Gedanken aufgewühlt sind, dann fürchten wir uns vor der Schlaflosigkeit; in diesem Zustand aber ist man ganz gelassen – es wäre falsch zu behaupten, man sei glücklich; das Glücklichsein erregt den Puls. Plötzlich und ohne Warnung versinkt man in Schlaf. Niemals noch hatte ich so tief geschlafen, eine ganze lange Nacht. Beim Erwachen zeigt einem das Leuchtziffernblatt der Uhr, daß nur zwanzig Minuten der wirklichen Zeit verronnen sind. Wieder liegt man ganz entspannt und wach da, wieder folgt der tiefe, kurze Schlaf, der die ganze Nacht zu dauern scheint.

Graham Greene (Fortsetzung)

In Saigon ging ich einmal nach dem Opiumrauchen um halb zwei ins Bett und mußte um vier wieder aufstehen, um ein Bombenflugzeug nach Hanoi zu erreichen, aber in jenen zweieinhalb Stunden hatte ich meine ganze Müdigkeit ausgeschlafen.
Nicht in derselben Nacht, wohl aber mehrere Nächte danach hatte ich einen auffallend lebhaften Traum. In der Regel träumt man gleich nach dem Opiumrauchen nicht, wenn ich auch bisweilen in panischem Schrekken erwachte. Man träumt erst in der Entgiftungsphase, wenn Körper und Geist miteinander im Streit liegen.

Zit.n.: Graham Greene: Der stille Amerikaner. © 1995 Paul Zsolnay, Wien.

Jane Fonda (geb. 1937) Schauspielerin

Aus Protest gegen den Vietnamkrieg reiste die Schauspielerin Jane Fonda, im Juli 1972 in die Demokratische Republik Vietnam. Dort hielt sie im Radio eine Rede an die in Vietnam stationierten amerikanischen Soldaten und sprach von ihrer Überzeugung, daß das amerikanische Vorgehen unrechtmäßig sei. Von Veteranen und Kongreßmitgliedern wurde sie daraufhin des Verrats bezichtigt und als “Hanoi Jane” verspottet. Als auch ein Bild von ihr auf einem Flugabwehrgeschütz in den Medien erschien, wie sie den Helm der Nordvietnamesen trug, kam das auch bei Kriegsgegnern nicht gerade gut an. Der Fall Fonda wurde zwar nicht strafverfolgt, doch befaßte man sich selbst 1984 (unter der Regierung Reagan) noch damit.

Hier spricht Jane Fonda. Während meines zweiwöchigen Aufenthalts in der Demokratischen Republik Vietnam hatte ich die Gelegenheit, viele Orte zu besuchen und mit vielen Menschen – aus allen Lebensbereichen – zu sprechen: Arbeitern, Bauern, Studenten, Künstlern und Tänzern, Historikern, Journalisten, Filmschauspielerinnen, Soldaten, Mädchen aus der Miliz, Mitgliedern der Frauenunion, Schriftstellern.
Ich besuchte die (Dam Xuac) Landwirtschaftskooperative, in der Seidenraupen gezüchtet werden und Garn gesponnen wird. Ich besuchte eine Textilfabrik, einen Kindergarten in Hanoi. An dem schönen Literaturtempel sah ich traditionelle Tänze und hörte Widerstandslieder. Ich sah auch das unvergeßliche Ballett über die Guerilla, die im Süden Bienen trainieren, feindliche Soldaten anzugreifen. Frauen tanzten den Part der Bienen, und sie machten ihre Sache sehr gut.
Im Schatten des Literaturtempels sah ich vietnamesische Schauspieler und Schauspielerinnen, die den zweiten Akt von Arthur Millers Stück “All My Sons” aufführten, und das bewegte mich sehr – die Tatsache, daß hier Künstler amerikanische Theaterstücke übersetzten und aufführten, während US-Imperialisten ihr Land bombardierten.
Ich erinnere mich an die errötenden Mädchen aus der Miliz, die auf dem Dach einer Fabrik saßen und eine von ihnen ermutigten, ein Lied von einem Vogel zu singen, der den blauen Himmel Vietnams preist – diese Frauen mit ihren schönen Stimmen, die so sanft und poetisch sind, die aber, wenn amerikanische Flugzeuge ihre Städte bombardieren, solch gute Kämpferinnen werden. Ich denke an den Bauern, der aus Hanoi evakuiert worden war und mir, einer Amerikanerin, ohne zu zögern, den besten Schutz anbot, als in der Nähe amerikanische Bomben fielen. Tatsächlich teilten seine Tochter und ich die Zuflucht, einander umarmend, Wange an Wange gedrückt. Ich war auf dem Weg zurück nach Nam Dinh, wo ich Zeuge der systematischen Zerstörung ziviler Ziele – Schulen, Krankenhäuser, Pagoden, Fabriken, Häuser und Deiche – wurde.
Als ich die Vereinigten Staaten zwei Wochen zuvor verließ, hatte Nixon den Amerikanern wieder gesagt, daß er den Krieg nun abwickeln werde, doch in den mit Schutt übersäten Straßen von Nam Dinh hallen die Worte unheilvoll (*die Worte sind hier undeutlich*) wie von einem echten Mörder wider. Und wie die junge vietnamesische Frau, die ich – Wange an Wange – eng an mich gedrückt in den Armen hielt, dachte ich, dieser Krieg wendet sich vielleicht gegen Vietnam, aber die wahre Tragödie ist die Amerikas.
Eine Sache, die ich, seit ich hier bin, ganz ohne Zweifel gelernt habe, ist, daß Nixon niemals den Willen dieser Menschen brechen wird; er wird nie-

Auch bei Gegnern des Vietnamkrieges kam dieses Bild Jane Fondas auf einem nordvietnamesischen Flugabwehrschütz nicht gut an.

Jane Fonda (Fortsetzung)

mals Vietnam, Norden und Süden, durch Bombardierung, Invasion oder Angriffe welcher Art auch immer, zu einer neuen Kolonie der Vereinigten Staaten machen können. Man muß nur auf das Land fahren und den Bauern zuhören, wie sie von ihrem Leben vor der Revolution erzählen, um zu verstehen, warum jede Bombe, die abgeworfen wird, ihren Widerstandsgeist mehr stärkt.
Ich habe mit vielen Bauern gesprochen, die von der Zeit erzählten, als ihre Eltern sich selbst wie Sklaven an Großgrundbesitzer verkaufen mußten, als es nur wenige Schulen, viele Analphabeten und eine unzureichende medizinische Versorgung gab, als sie nicht Herr ihres eigenen Lebens waren.
Nach 4000 Jahren des Kampfes gegen die Natur und fremde Invasoren – und den letzten 25 Jahren des Kampfes, nahe der Revolution, gegen den französischen Kolonialismus – glaube ich nicht, daß die Menschen in Vietnam bereit sind, in irgendeiner Weise Kompromisse einzugehen, Freiheit und Unabhängigkeit ihres Landes irgendwie anzupassen oder umzuformen, und ich denke, Richard Nixon täte gut daran, etwas über vietnamesische Geschichte zu lesen, v.a. Poesie, und ganz besonders die, die Ho Chi Minh schrieb.

Rede Jane Fondas in Radio Hanoi vom 22. Juli 1972

Vernehmungsprotokolle von Beteiligten am Massaker von My Lai

Am 16. März 1968 wurden in dem kleinen Weiler My Lai 504 Personen, fast ausschließlich Alte, Frauen und Kinder, aufs Grausamste von US-amerikanischen Soldaten ermordet. Da einer der Beteiligten mit dieser Schuld nicht leben konnte und wollte, kam der Fall an die Öffentlichkeit. Lieutenant William Calley wurde als einziger verantwortlich gemacht und 1971 vor Gericht gestellt. Obwohl man ihn zu lebenslanger Haft verurteilte, stand er nur drei Jahre auf Bewährung unter Hausarrest, bevor er von Präsident Nixon begnadigt wurde. Hier einige Auszüge aus den Vernehmungsprotokollen:

Vernehmungsprotokolle (Fortsetzung)

Calley damals: 'Unser Hubschrauber war der erste, der an dem Dorf ankam. Wir sprangen heraus und suchten Deckung. Unsere Bomber bearbeiteten das Dorf noch. Dann kam unser Einsatzbefehl. Wir begannen mit schwerem Feuer (...) Das ist die amerikanische Taktik: Feuerübergewicht erkämpfen und es halten. Wir halten den Feind am Boden. Darum ist die amerikanische Armee die beste, die es gibt (...) Es war kein Abwehrfeuer des Vietcong zu hören. Wir marschierten in Linie auf das Dorf zu. Wegen der Häuser und Bäume war sie nicht zu halten (...) Ich kam an ein großes Haus aus Steinen und guckte durch ein Fenster. Sechs oder acht Menschen lagen auf dem Boden. Ein Mann ging gerade zum Fenster. Ich erschoß ihn. Dann stand da ein Mann am Kamin, sah aus, als ob er da rausgekrochen sei. Ich erschoß ihn (...) Einer von meinen Leuten hatte sich ein vietnamesisches Mädchen geschnappt, seine Hosen waren schon runter. Es mag altmodisch klingen, aber ich bin gegen Vergewaltigung im Gefecht. Das gehört nicht zu unserem Job, das lenkt nur ab (...) Meine Männer hatten eine große Gruppe von Dorfbewohnern zusammengetrieben. Wir kamen zu langsam voran. Über Funk beschwerte sich Captain Medina, warum wir so lange brauchen. »Beseitigen Sie diese Leute, aber schnell.« Ich sagte zu Mitchell: »Stell dein Maschinengewehr da bei den drei Bäumen auf (...) « An einem Wassergraben hatten meine Leute einen Haufen Vietnamesen vor sich und schossen auf sie. Ich stellte mich dazu und hielt auch hinein.'

Die Untergebenen von Lieutenant Calley schilderten während der Untersuchungen das Vorgehen ihres Vorgesetzten detaillierter. Paul Meadlo, von dem Calley sagte, er sei ein perfekter Soldat, einer, der nie Fragen stelle, sagte aus: 'Wir hatten dreißig bis vierzig Dorfbewohner zusammen und bewachten sie. Lieutenant Calley kam und sagte: »Ich will sie tot.« Er trat ein paar Schritte zurück, stellte seine MP auf Automatik und feuerte los. Er sagte, ich solle ihm helfen. Ich schoß auch. Wir wechselten sechs- oder siebenmal die Magazine (...) Danach trieben wir siebzig bis hundert Leute in einen Graben. »Da wartet noch ein anderer Job auf uns, Meadlo«, sagte der Lieutenant. Ich konnte nicht mehr, ich begann zu heulen. Calley feuerte in den Graben und ich auch (...)'

Grenadier Conti: 'Ich sah das Mündungsfeuer, schaute nach unten und sah eine Frau, die versuchte, noch hochzukommen. Lieutenant Calley zielte auf sie und schoß ihr den halben Kopf weg.'

MG-Schütze Olsen: 'Im Graben waren in der Mehrzahl Frauen, Kinder, Babys. Manche schienen schon tot zu sein, andere verfolgten mich mit ihren Augen, als ich den Graben überquerte.'

Funker Sledge: 'Jemand schrie, da ist ein Kind! Es rannte ins Dorf zurück. Lieutenant Calley lief hinterher, grapschte den Kleinen am Arm, warf ihn in den Graben und schoß.'

Calley: 'Babys! Die kleinen unschuldigen Babys! Falls Ihr Sohn eines Tages von diesen Babys getötet wird, werden Sie mich anschreien: Warum haben Sie damals diese Babys nicht umgelegt?'

Zit.n.: Cordt Schnibben: Saigon export. Vietnams Comeback. Seltsame Berichte aus einem neueröffneten Land. Hamburg: Rasch & Röhring 1989.

Heinz Kolte und Rüdiger Siebert Journalisten

In ihrem 1997 erschienenen Buch berichten die Journalisten Heinz Kolte und Rüdiger Siebert im Kapitel "Kriegsschauplatz. Die Schlucht der verlassenen Seelen" von einem Besuch des einst schwer umkämpften 17. Breitengrads und der Tunnel von Vinh Moc:

Vor allem das Gebiet südlich der EMZ wurde zum Schauplatz einer der opferreichsten Schlachten des Vietnamkrieges, die die Amerikaner dem Land aufzwangen. Zurück in die Steinzeit bomben? Es gelang! Zumindest zeitweise. Daran ist in den Tunneln von Vinh Moc zu denken, 20 Kilometer nördlich des Flusses direkt am Meer gelegen. Hier fielen 1965 amerikanische Bomben; und die Dorfbewohner, Fischer und Bauern, taten das, was Menschen taten, lange bevor sie mit tödlicher Fracht aus der Luft ihresgleichen auszurotten fähig waren: Die Menschen von Vinh Moc verkrochen

Heinz Kotte und Rüdiger Siebert (Fortsetzung)

sich in Erdlöchern. Weil es davon natürlicherweise für 1200 Männer, Frauen und Kinder zu wenige gab, begannen sie zu graben, buddeln, schürfen. In ihrem Überlebenswillen versteckten sie sich unter Tage. 18 Monate lang trieben die Leute von Vinh Moc ihre Stollen in die rote Tonerde, Maulwürfen gleich. Mehr als zwei Kilometer verzweigten sich die Tunnel schließlich mit ausgeklügeltem Belüftungssystem und aufs Notwendige reduzierten Einrichtungen, die letztlich doch Unterschiede zur Steinzeit und den Maulwürfen gestatteten.

Ein kleines Museum hält heute die Erinnerung daran wach und ein paar bescheidene Werkzeuge instand: Hacke, Schaufel, Gabeln, Bastkörbe, mit denen das Erdreich befördert wurde. In der Querschnittzeichnung wird das unterirdische Innenleben der Kriegsjahre sichtbar. Wir kriechen gebückt in die Tiefe, dem die Tunnelwände abtastenden Strahl der Taschenlampe folgend. Die Luft ist dumpf. Wer von klaustrophobischen Ängsten geplagt wird, hätte hier im offenen Oval der Gänge keine Chance gehabt. Ständig eckt der Körper im Vorwärtstappen an. Gelegentlich verbreitert sich der Höhlenschlauch an einer Seite; die jeweilige Ausbuchtung war Lebensraum einer Familie. Wir rutschen mehr, als daß wir gehen, in Innenräume, die einstige Versammlungen beherbergten, gemeinschaftlichen Radioempfang erlaubten – 'window into the outside world', nennt das der Text im Museum –; wir erreichen Hohlkörper, in denen Schule abgehalten wurde, und eine andere Höhle, die als Sanitäts- und Entbindungsstation diente.

Der Schweiß perlt von der Stirn. Hier lebten Menschen über drei, vier Jahre? Hier wurden Kinder gezeugt, geboren, geschult? In solcher Enge und bedrückender Finsternis? Unglaublich. Welcher Wille machte solches Dasein im Extrem möglich? Die Einschüchterung durch den Vietcong, der selbstverständlich die Gänge für den eigenen Schutz nutzte, um aus diesem verborgenen Hinterhalt anzugreifen und vorgelagerte Inseln im Niemandsland zwischen Nord und Süd zu versorgen? Sicher. Und doch bleibt dem Besucher nach drei Jahrzehnten nur das stumme Staunen darüber, daß letztlich unerklärlich ist, was die Gattung Mensch überleben läßt. 17 Kinder wurden in den Tunneln geboren – und erblickten fürs erste alles andere, nur nicht das Licht der Welt. Während die Erwachsenen tagsüber die Felder bestellten, die Netze auslegten, während Vietcong den Nachschub regelten, blieben die Kinder in der düsteren Geborgenheit in Mutter Erdes Schoß.

Nguyen Quang Cuc ist eines jener Höhlenkinder, die in ihren ersten Lebensjahren der Steinzeit verbundener waren als der Zeit des hochtechnisierten Krieges, der außerhalb ihrer Tunnel tobte. Der Junge war sechs Jahre alt, als er hier einzog; und er war neun, als er das Versteck verlassen durfte. Nun ist er 36 Jahre alt und führt Touristen durch die verschlungenen Gänge seiner frühen Kindertage. (...) Er erinnert sich an die Schulstunden und an den Versuch der Erwachsenen, die eigenen Ängste nicht spüren zu lassen und einen verkrampften Hauch von Normalität zu verbreiten, den die wenigen Fotos im Museum als Propagandaauftrag entlarven.

'Wir hatten Angst', sagt der Mann, der hier Kind war, 'immer wieder Angst.' Das klingt ehrlicher als dieses ideologisch verbrämte Heldentum, das in den Vitrinen und an den Wänden des Museums inszeniert wird.

Nur einmal lacht der Führer Nguyen Quang Cuc. Was er denn heute von Amerikanern halte, wenn sie als Touristen kommen, vielleicht sogar wiederkommen als jene Veteranen, die hier ehedem Bomben schmissen und als Feind schlechthin galten in den ersten Unterrichtsstunden seines Lebens? Er antwortet gelassen. 'Wenn sie sich anständig benehmen, sind sie willkommen. Sie haben ja keine Waffen mehr, keine Pistolen. Nein, das macht keine Probleme. Wir haben damals nicht gegen die Amerikaner, gegen das amerikanische Volk gekämpft, sondern gegen die Regierung in Washington', sagt er überzeugt und wie einstudiert in einem Unterricht, der da unten in der Nachbarschaft der Steinzeit begonnen hatte.

Zit.n.: Heinz Kotte und Rüdiger Siebert, Vietnam. Die neue Zeit auf 100 Uhren. Göttingen: Lamuv 1997.

千秋義氣壯南

Reiseziele von A bis Z

Routenvorschläge

Hinweis

In Vietnam wird der Internationale Führerschein nicht anerkannt. Deswegen ist es am sinnvollsten – will man mit dem Auto reisen –, einen Wagen mit Fahrer zu mieten. Dies hat zudem den Vorteil, daß sich die Fahrer sehr gut mit den Straßenverhältnissen, Übernachtungsmöglichkeiten, Restaurants und Imbißständen entlang der Strecken auskennen.
Die Hinweise in der Marginalienspalte geben einen Überblick über den Routenverlauf. Innerhalb der aufgeführten Routen erscheinen Orte, die bei den 'Reisezielen von A bis Z' mit einem Hauptstichwort genannt sind, in **halbfetter** Schrift. Alle erwähnten Städte, Orte, Landschaften sowie einzeln stehende Sehenswürdigkeiten, gleichgültig ob Hauptstichworte oder Umgebungsziele, sind jedoch im Namensregister am Ende dieses Reiseführers zusammengefaßt und können so rasch aufgefunden werden.
Einen ersten Überblick über den groben Routenverlauf gibt die nebenstehende Karte. Im Detail können die vorgeschlagenen Strecken auf der zu diesem Band gehörenden Reisekarte nachvollzogen werden.

Route 1 – Von Saigon ins Bergland (7 Tage)

Abwechslungsreiche Tour im Süden (insg. 530 km)

Diese Route gehört zu den abwechslungsreichsten Vietnams. Sie führt von der südvietnamesischen Metropole zu einem der artenreichsten Nationalparks im Zentralen Hochland um Da Lat und über einen atemberaubenden Bergpaß zurück an die Küste nach Nha Trang oder nach Phan Thiet, falls man eine Rundfahrt zurück nach Saigon machen will. Unterwegs kann man Vögel beobachten und auf Elefanten reiten, Bergstämme besuchen, Relikte von Cham-Türmen besichtigen und im Meer baden. Die Strecke ist in vier Tagen zu bewältigen. Will man aber einige Ausflüge machen und sich auch ein wenig erholen, sollte eine Dauer von sieben bis zehn Tagen veranschlagt werden.

1. Tag: Saigon – Cat-Tien-Nationalpark

Auf der Nationalstraße 1, etwa 30 km nordöstlich von ****Saigon**, kann bei Bien Hoa, einem Zentrum für Kunsthandwerk, der erste Stop eingelegt werden. Nach einigen weiteren Kilometern biegt man auf die Nationalstraße 20 ab, die in die Berge führt. Hier geht es vorbei an Kautschukplantagen und weiten Feldern mit Obstbäumen. Am La-Nga-See (auch Tri-An-Stausee) gibt es Hausboote und schwimmende Dörfer zu sehen, in denen die Fischer leben. Will man den Nationalpark Cat Tien besuchen, muß man der Schotterpiste, die im Ort Ma Da Gui links abzweigt, folgen.

2./3. Tag: Cat-Tien-Nationalpark – Da Lat

Vom Nationalpark geht es zurück auf die Schotterpiste Richtung Nationalstraße 20. Langsam schraubt sich diese hoch auf 1500 m Höhe in die Provinz Lam Dong, wo dichter Dschungel die Paßstraße umgibt. Am Wegesrand liegen einige pittoreske Tempelschreine und Wasserfälle. Das Hochplateau erreicht man bei dem Städtchen Bao Loc, in dessen Umgebung Teefabriken und Seidenraupenfarmen zu besichtigen sind. Eine kleine Rast kann man am Lien-Khang-Wasserfall einlegen. Haushohe Plakatwände

◂ *Vor der Quan-Cong-Pagode in Hoi An*

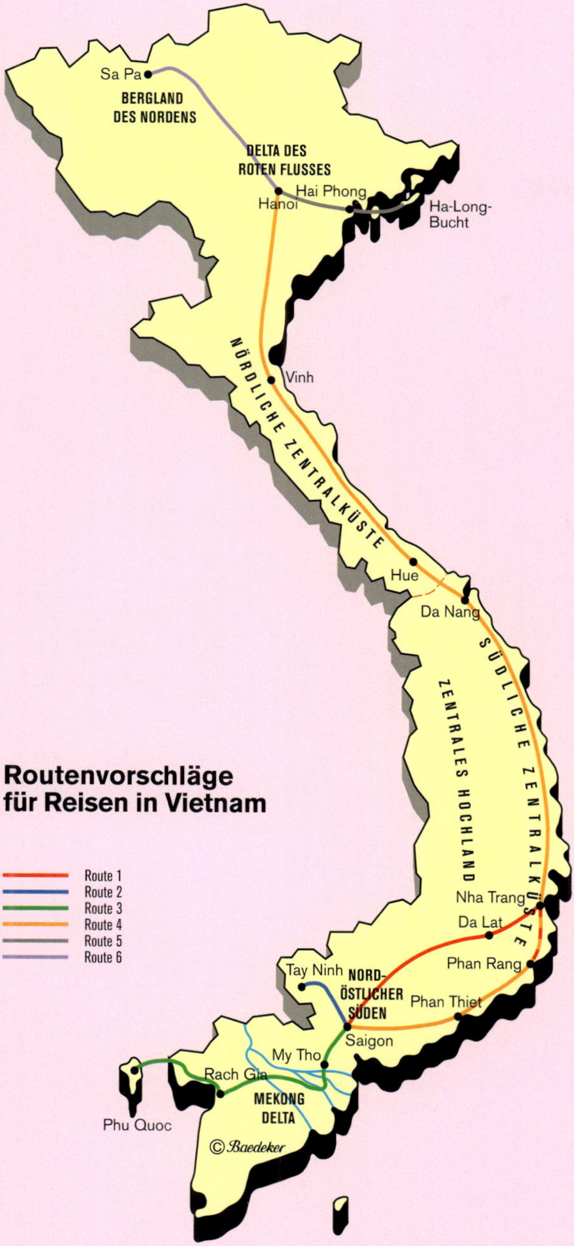
Sa Pa
BERGLAND DES NORDENS
DELTA DES ROTEN FLUSSES
Hai Phong
Hanoi
Ha-Long-Bucht
NÖRDLICHE ZENTRALKÜSTE
Vinh
Hue
Da Nang
SÜDLICHE ZENTRALKÜSTE
ZENTRALES HOCHLAND
Nha Trang
Da Lat
Phan Rang
Phan Thiet
Tay Ninh
NORDÖSTLICHER SÜDEN
Saigon
My Tho
Rach Gia
MEKONG DELTA
Phu Quoc
© Baedeker
Routenvorschläge für Reisen in Vietnam
Route 1
Route 2
Route 3
Route 4
Route 5
Route 6

Route 1 (Fortsetzung)

kündigen schließlich die ruhige Bergstadt *Da Lat an, deren Umgebung für Wanderungen bestens geeignet ist.

Abstecher nach Buon Me Thuot

Ein mehrtägiger Abstecher könnte beispielsweise von Da Lat über die nicht durchgehend gut ausgebaute N27 nach Westen in die Provinzhauptstadt **Buon Me Thuot** führen. Aus dieser Gegend soll der beste Kaffee Vietnams stammen. Besucher können hier in einfachen Unterkünften oder bei den Bergvölkern der Stieng, Ede und Mnong übernachten. Zudem bietet sich ein Besuch in dem Dorf Ban Don (Buon Don, ca. 60 km nördlich) an, in dem Elefanten gezüchtet werden. Über den gleichen Weg geht es wieder zurück nach Da Lat.

Korbverkäufer an der Hochebene von Bao Loc, nur wenige Kilometer von Da Lat entfernt.

4.–7. Tag: Da Lat–Nha Trang

Man verläßt Da Lat zunächst südwärts über die N20 in Richtung Osten nach Phan Rang. Dabei führt die Fahrt am Don-Duong-Stausee (auch Da Nhim) und dem riesigen Wasserkraftwerk vorbei. Der landschaftlich faszinierende Ngoan-Muc-Paß, von dem bei gutem Wetter sogar die rund 60 km entfernte Küste zu erblicken ist, windet sich allmählich von rund 1000 m Höhe in die Küstenebene hinunter, bis wieder Palmen und Kakteen die Landschaft beherrschen. In der Umgebung der Küstenstadt **Phan Rang** erblickt man die Cham-Heiligtümer Po Klong Garai und Po Ro Me aus dem 13. und 14. Jahrhundert. Auf der Nationalstraße 1 geht es nun nordwärts dem Fischer- und Badeort **Nha Trang** entgegen. Dabei passiert man zunächst zwei weitere Türme der Cham (Hoa Lai) und weiter nördlich den Hafen Cam Ranh, der den Amerikanern zwischen 1964 und 1973 als Marinestützpunkt diente. Zur Pause laden auf dieser Strecke die auf Stelzen gebauten Restaurants am Meer ein. Alternativ dazu könnte man von Phan Rang auch auf der N1 an der Küste südlich Richtung Saigon zurückfahren und dabei unterwegs nach weiteren 150 km einen Badestop in der Nähe von **Phan Thiet** einlegen. Sanddünen, Salzberge und Fischerorte bestimmen hier die Küstenszenerie.

Route 2 – Von Saigon über Cu Chi nach Tay Ninh (1–2 Tage)

Fahrt zu den Vietcong-Tunneln und dem Heiligtum der Cao Dai

Man verläßt Saigon auf der N22 Richtung Westen zu den Tunneln von *Cu Chi, die zu den meistbesuchten Attraktionen in Vietnam gehören. Die Abzweigung in der Stadt Cu Chi zur touristischen Tunnelanlage bei Ben Duoc ist mit blauen Schildern gekennzeichnet. Zur Weiterfahrt in die Provinz Tay Ninh kehrt man nach dem Tunnelbesuch auf die N22 zurück. Auf diesem Weg fährt man durch den unscheinbaren Ort Trang Bang, der 1972 nach einem Napalmbombenabwurf durch das Foto eines flüchtenden Mädchens berühmt wurde (Abb. S. 60). Nach rund 50 km ist Tay Ninh erreicht – die Provinzhauptstadt ist der Hauptsitz der Cao-Dai-Sekte. In deren farbenfrohem ***Cao-Dai-Tempel** finden täglich vier Gottesdienste statt. Ein Tip: Wer die Andacht um 12.00 Uhr besucht, schafft die Rückkehr nach Saigon am gleichen Tag.
Es können aber auch weitere Abstecher in dieser Gegend unternommen werden, beispielsweise auf den fast 1000 m hohen Ben-Da-Berg in der Nähe von Tay Ninh oder nach Moc Bai zur kambodschanischen Grenze. In Tay Ninh ist die Übernachtung in einfachen Provinzhotels möglich.

Route 3 – Von Saigon ins Mekong-Delta (1–3 Tage)

Reise durch die "Reiskammer der Nation" (Tagesausflug 180 km)

Da viele Bewohner des Mekong-Deltas noch in Hausbooten leben, gehört eine Bootsfahrt auf dem Fluß und ein Besuch seiner "Schwimmenden Märkte" zum touristischen Standardprogramm bei dieser Route. Fähren transportieren die Besucher über die vielen Wasserläufe und Kanäle. Zudem sind hier aber auch zahlreiche Überreste der Cham-Herrschaft und Khmer-Heiligtümer zu bewundern. Auch die Ruinen der rund 2000jährigen Oc-Eo-Kultur liegen nördlich von Rach Gia. Bei Ha Tien ist die Küste im äußersten Südwesten erreicht – bis zur Grenze nach Kambodscha sind es nur wenige Kilometer. Die südlichste Ecke des Deltas besteht vorwiegend aus Sumpflandschaften und ist daher am wenigsten besiedelt – für ornithologisch Interessierte ist beispielsweise das Vogelschutzgebiet Tan Khanh ein ideales Ziel. Will man allerdings einen Badeaufenthalt zum Abschluß dieser Tour anschließen, bietet sich ein Abstecher auf die Insel Phu Quoc an. Die Hotels im Mekong-Delta gehören größtenteils der einfachen Mittelklasse an. Wegen der vielen Überfahrten mit kleinen Fähren ist diese Tour mit einer Reisegruppe und Minibus zu empfehlen, und es sollte mit längeren Wartezeiten an den Fährhäfen gerechnet werden. Zudem sind die Fähren meist stark frequentiert.

1. Tag: Saigon–Ben Tre/Vinh Long

In das ****Mekong-Delta** führt die Nationalstraße 1 in Richtung Süden, doch es verkehrt auch ein Fährboot zwischen Saigon und My Tho. Flußarme und Kanäle ziehen sich durch die Landschaft, geprägt von Reisfeldern, Bambusdickichten, Obstplantagen, Orchideengärten sowie Aufzuchtfarmen für Fische und Shrimps. Erster Stop wäre die Provinzhauptstadt ***My Tho**, in der die Vinh-Trang-Pagode und eine Schlangenfarm besichtigt werden können. Per Fähre geht es weiter nach Ben Tre, wo die berühmte Fischsauce hergestellt und Kokosnüsse verarbeitet werden. Nach einer Bootsfahrt durch die mangrovenbewachsenen Kanäle können die Tagesausflügler jetzt die Rückfahrt antreten. Wer mehr Zeit hat, kann in **Vinh Long** im Herzen des Mekong-Deltas übernachten – die kleine Stadt ist von den zwei Armen des Mekong, dem Tien und dem Hau, umgeben.

2.–3. Tag: Vinh Long–Rach Gia/bzw. Phu Quoc oder Ha Tien

Von Vinh Long fährt man weiter ostwärts nach Tra Vinh, wo einige Khmer-Pagoden zu bewundern sind: Ba Om soll mehr als 1000 Jahre alt sein. In Cai Be ist der schwimmende Markt, der auch mit einem Boot zu erreichen ist, eine farbenprächtige Attraktion. Man läßt sich nun per Fähre nach ***Can Tho** übersetzen. Einen Besuch wert ist auch hier der "floating market" bei Phung Hiep, zu dem man per Boot oder Bus gelangen kann.

Route 3
(Fortsetzung)

Eine Alternative wäre die Weiterfahrt Richtung Westen (mit Boot oder auf der Straße Nr. 91) nach ***Chau Doc**, wo nahe der kambodschanischen Grenze der Sam-Berg, ein beliebtes Pilgerziel, emporragt. Die Rückfahrt erfolgt auf der gleichen Straße nach Long Xuyen. Die Überreste des Oc-Eo-Reiches Funan liegen auf dem Weg nach **Rach Gia** (Thoai-Ha-Kanal oder N80).
Von hier kann die Nachtfähre (8–10 Std.) zur größten Insel Vietnams, ***Phu Quoc**, bestiegen werden – das Eiland ist die westlichste Region im Süden Vietnams und liegt bereits im Golf von Thailand. Wer will, kann von Rach Gia über eine relativ schlechte Straße (N80) weitere 90 km in den äußersten Südwesten bis zum Hafen von **Ha Tien** vorstoßen. Die Gegend ist bekannt für ihre Schildkrötenzuchtstationen und die bizarren Felsformationen im Meer. Von hier ist ebenfalls eine Fährüberfahrt nach Phu Quoc möglich.

Route 4 – Von Süden nach Norden auf der N1 (14–21 Tage)

Einmal durch das ganze Land
(ca. 1750 km)

Von der lebendigen Metropole Saigon im schwülen Süden in die Hauptstadt und Verwaltungszentrale Hanoi im kühleren Norden – die Nord-Süd-Route durch Vietnam ist einer der beliebtesten touristischen Pfade. Landschaftliche Attraktionen und historisch bedeutende Sehenswürdigkeiten liegen entlang dieser Strecke, beispielsweise die Kaiserstadt und die Mausoleen in Hue, die Cham-Türme bei Nha Trang, der Wolkenpaß Hai Van und die sagenumwobene Landschaft der Trockenen Ha-Long-Bucht. Zwischenstops können während dieser Strecke in einigen Badeorten eingelegt werden: Phan Thiet/Mui Ne, Nha Trang und Da Nang sowie Lang Co. Bis auf Lang Co haben diese Orte eine relativ moderne Infrastruktur und die beste Auswahl an Unterkunftsmöglichkeiten in Vietnam. Außerdem ist unterwegs ein Abstecher in die Berge möglich, z.B. nach Da Lat, wo sich das waldreiche Hochplateau nur rund 100 km von der Küste entfernt erhebt.
Die Tour kann sowohl auf der N1 als auch mit der Bahn oder dem Fahrrad (→ *Baedeker Special* S. 376–379) unternommen werden. Für diejenigen, die weniger als zwei Wochen Zeit haben, empfiehlt es sich, die Reise ab Hue mit dem Flugzeug fortzusetzen, da auf diesem Abschnitt weniger kulturelle Attraktionen vorhanden sind. Wer es nicht so eilig hat, kann diese Reise im Anschluß noch verlängern: im Süden mit der Route 3 ins Mekong-Delta bzw. in den Badeort Vung Tau oder im Norden mit der Route 5 in die Ha-Long-Bucht bzw. der Route 6 nach Sa Pa. Man trifft während dieser Tour auf die besten Hotels in Vietnam, jedenfalls im südlichen Küstenbereich und in den beiden Großstädten Saigon und Hanoi.

1. Tag:
Saigon–Phan Thiet/Mui Ne

Der erste Teil der Tour führt nach vier bis fünf Stunden Fahrt vorbei an Reis- und Zuckerrohrfeldern, Obstständen und Rinderherden an die lange Küste Vietnams – zum Baden. Etwa 30 km von der Fischer- und Hafenstadt **Phan Thiet** entfernt wurden einige wenige, dafür aber sehr gute Hotel- und Bungalowanlagen am Strand angesiedelt. Besonders am Wochenende strömen die Saigoner hierher. Der Strand wird mehr noch von Fischern als von Händlern bevölkert – ideal für Strandläufer, die auf Ruhe und Erholung statt Trubel Wert legen. Die Sanddünen der Halbinsel Mui Ne gehören zu den beliebten Ausflugszielen.

2./3. Tag:
Phan Thiet/Mui Ne-Nha Trang

Auf dem Weg nach Norden empfiehlt sich nun bei **Phan Rang** ein Besuch der sehenswerten Cham-Türme (Po Ro Me, Po Klong Garai). Bei der Weiterfahrt passiert man den Hafen Cam Ranh, den die US-Marine im Vietnamkrieg als Stützpunkt benutzte. Auch in der Nähe des Badeortes ****Nha Trang** können Cham-Bauwerke (Po Nagar) besichtigt werden. Das Ozeanische Institut mit seinem Aquarium, Fischzuchtanlagen oder auch Taucherausflüge auf die vorgelagerten Inseln gehören hier zum obligatorischen Besucherprogramm während eines mehrtägigen Aufenthalts.

Abstecher ins Zentrale Bergland nach Da Lat

Bei Phan Rang schlängelt sich die Nationalstraße 27 ins Bergland. Die Strecke über den Ngoan-Muc-Paß ist sehr kurvig und landschaftlich reizvoll. Auf dem Hochplateau liegt die kleine Stadt *Da Lat, die schon seit 100 Jahren als angenehmer Erholungsort gilt. Die Rückkehr an die Küste erfolgt über die gleiche Strecke.

4./5. Tag: Nha Trang – Qui Nhon

Die Tour entlang der Küste führt über die spektakuläre Strand- und Paßstraße: Etwa 80 km nördlich von Nha Trang überquert man auf holprigem Untergrund den Dai-Lanh-Paß oberhalb der Küste und hat von hier eine schöne Aussicht auf die bergige Halbinsel Hon Gom. Auf den nächsten 100 km rücken die Berge wieder näher an die Küste heran – ein wunderschöner Abschnitt der Strecke. Dann geht es weiter nach **Qui Nhon**, einer Küstenstadt mit rund 200000 Einwohnern, die ebenfalls einige von der Khmer-Baukunst beeinflußte Cham-Türme aufweist (Thap Doi; etwa 3 km außerhalb des Stadtzentrums gelegen). Man kann in Qui Nhon übernachten oder die Fahrt nach Da Nang fortsetzen, wenn man früh genug aufgebrochen ist.

6./7. Tag: Qui Nhon – Da Nang

Fischerhäfen und palmenbestandene Strände säumen die Nationalstraße 1, bis nach 170 km der Ort Quang Ngai erreicht ist. Von hier aus wird hinter der Flußbrücke auf eine Landstraße Richtung Meer abgebogen, falls man den 14 km entfernten Ort Son My und die dortige Gedenkstätte für die Opfer des Massakers von ***My Lai** besichtigen möchte.
Das weitere 130 km entfernt liegende ***Da Nang** ist heute die viertgrößte Stadt Vietnams und kann auf eine jahrtausendealte Geschichte zurückblikken. Vom 2. bis 10. Jahrhundert siedelten hier am Han-Fluß die Cham, über deren Kultur in einem sehenswerten Museum informiert wird. Im 16. Jahrhundert landeten am hiesigen Strand die Spanier und Portugiesen, ihnen folgten 300 Jahre später die Franzosen und im März 1965 schließlich die Amerikaner. Das Stadtbild der einst größten US-Militärbasis in Südostasien wird noch heute von Kasernen und militärischen Baracken geprägt. Der kilometerlange China Beach und die Marmorberge lohnen einen Besuch.

Eingang des Tiger Temple in Hoi An

Abstecher nach Hoi An und My Son

Etwa 30 km südlich von Da Nang liegt ****Hoi An**. Auf der Nationalstraße 1 bei Thanh Phuoc An zweigt rechts eine Landstraße nach Hoi An ab. Die kleine Stadt am Fluß Thu Bon hat bereits seit rund 1000 Jahren eine wichtige Bedeutung als asiatischer Handelshafen. Sie lohnt einen Abstecher wegen ihrer schönen Handelshäuser, den chinesischen Tempeln und der überdachten Japanischen Brücke.
Man kann nun auf die N1 zurückkehren und bei einem weiteren Abstecher einige Kilometer nördlich hinter dem Fluß nach Westen Richtung ****My Son** abbiegen. Auf schlechten Straßen geht es zu der Tempel- und Ruinenstadt

Route 4
(Fortsetzung)

der Cham. Hier sollte man auf keinen Fall von den markierten Wegen abweichen – My Son wurde im Vietnamkrieg stark bombardiert!

8.–10. Tag:
Da Nang – Hue

Eine herrliche Panoramastrecke steht nun auf dem Programm: Die Küstenstraße verläuft zwischen Da Nang und Hue in 496 m Höhe über den Hai-Van-Paß – bei gutem Wetter bietet sich vom Wolkenpaß ein geradezu atemberaubender Blick auf die Halbinsel und Lagune Lang Co. Der Wolkenpaß wird allerdings nicht ohne Grund so genannt – häufig wehen hier stürmische Winde und verhüllen leider die Aussicht mit Wolken und Regenschleiern. Bahnreisende sollten wissen: Die Expreßzüge halten hier nicht. Die Berge der Umgebung gehören zur Truong-Son-Kette und erheben sich in bis zu 1400 m Höhe. Diese Gegend war strategisch stets äußerst wichtig, daher kann man hier noch Befestigungsanlagen aus unterschiedlichen Epochen sehen.
Die alte Kaiserstadt **Hue** liegt am "Fluß der Düfte" und ist einer der am meisten besuchten Orte Vietnams. Im Jahre 1802 ließ Kaiser Gia Long hier seine Residenz mitsamt Palast errichten. Die gesamte Kaiserstadt war architektonisch stark der kaiserlichen Anlage in Peking nachempfunden. Heute sind die Reste des Palastes, die Grabanlagen einiger Kaiser und die berühmte Thien-Mu-Pagode in der Umgebung zu besichtigen.

Abendstimmung bei den Tempeln der Ahnen in der alten Kaiserstadt der Nguyen

11./12. Tag:
Hue – Vinh

Die Gegend nördlich von Hue hat im Vietnamkrieg eine wichtige Rolle gespielt und wird deswegen häufig von Veteranen aus allen beteiligten Ländern besucht. Bei der Weiterfahrt auf der N 1 können kriegsinteressierte Reisende nach ungefähr 75 km Fahrt einen Abstecher zum Kriegsschauplatz Khe Sanh einplanen. Dafür sollte man bei Dong Ha auf die N 9 ins Inland abbiegen. Dieser stark befahrene Weg führt auch durch bergige Gegenden zum Grenzübergang Lao Bao nach Laos. In dieser Region befinden sich mehrere ehemalige Schlachtfelder, militärische Stützpunkte und ein Teil des legendären Ho-Chi-Minh-Pfades.
Zurück auf der N 1: Die ehemalige "Entmilitarisierte Zone" (**DMZ**) liegt weiter nördlich am 17. Breitengrad um das Gebiet des Ben-Hai-Flusses. Beim Ort Ho Xa zweigt eine Landstraße nach Vinh Moc und zu den dortigen, im Original erhaltenen Vietcong-Tunneln ab. Im weiteren Verlauf der N 1 bietet sich ein Stop nahe der Stadt **Vinh** an: 15 km westlich im Ort Kim Lien steht das restaurierte Haus, in dem Ho Chi Minh aufgewachsen ist. Vor der Wei-

Route 4 (Fortsetzung)

terfahrt ins rund 300 km entfernte Hanoi ist in Vinh die Übernachtung in einem einfachen Hotel möglich.

13./14. Tag: Vinh–Hanoi

An diesem Tag erreicht die Nationalstraße das **Delta des Roten Flusses**, eine fruchtbare und dichtbevölkerte Ebene, die seit Jahrtausenden von Überflutungen heimgesucht wird. Doch zuvor durchquert die Straße die **Trockene Ha-Long-Bucht**, eine märchenhafte Landschaft mit steil aufragenden, wild bewachsenen Kalksteinriesen, die zwischen den Reisfeldern in der Umgebung der Stadt Ninh Binh (93 km südlich Hanois) liegt. In der Nähe kann man sich im Ruderboot durch die Kanäle fahren lassen, z.B. zu den Grotten von Tam Coc. Hier befinden sich auch die auffällige Kathedrale von Phat Diem (ca. 30 km vor Ninh Binh, Abzweig nach rechts), eine der größten Vietnams, und die Überreste der ehemaligen Kaiserstadt Hoa Lu aus dem 10./11. Jahrhundert.

Abstecher in den Cuc-Phuong-Nationalpark

Etwa 10 km hinter Ninh Binh ist auf der holprigen Landstraße 12A ein Abstecher in den *Cuc-Phuong-Nationalpark** möglich, der älteste und meistbesuchte in Vietnam. Dieses Naturschutzgebiet, in dem auch übernachtet werden kann, ist für seine Baumriesen und Höhlen bekannt.

Route 5 – Von Hanoi in die Ha-Long-Bucht (2 Tage)

Fahrt in eine märchenhafte Landschaft (ca. 160 km)

Auf der Nationalstraße 5 verläßt man Hanoi zunächst ostwärts, wo man nach ca. 100 km ***Hai Phong**, die drittgrößte Stadt in Vietnam, erreicht. Die Weiterfahrt auf der zum Teil recht holprigen N 18 führt nach Bai Chay, wo in den letzten Jahren viele Hotels entstanden sind, oder gleich mit der Fähre in die Hafenstadt Hon Gai. Beide Orte sind Ausgangspunkte für die Bootstouren in die ****Ha-Long-Bucht** bzw. den Nationalpark Cat Ba. Die Ha-Long-Bucht im Golf von Tonkin fasziniert mit einer atemberaubenden Szenerie: 3000 bizarr zerklüftete Kalksteinfelsen und Inseln, die aus dem grünen Ozean wachsen, dazwischen vereinzelt Dschunken mit rostbraunen Segeln, Ausflugsboote und kleine Lastkähne.
In den Nationalpark Cat Ba, der größten Insel in der Ha-Long-Bucht, gelangt man per Fähre von Hon Gai aus oder über die Brücke von Hai Phong. In Cat Ba gibt es einige Übernachtungsmöglichkeiten in Hotels.

Route 6 – Von Hanoi nach Sa Pa (3 Tage)

In das Gebiet der Bergvölker (300 km)

Um in das kleine Bergstädtchen Sa Pa nahe der chinesischen Grenze zu gelangen, kann man mit dem Zug nach Lao Cai (8–10 Std.) fahren und sich von hier mit dem Taxi oder Bus nach ****Sa Pa** bringen lassen. Oder man nimmt die etwas beschwerliche Busfahrt (ca. 6 Std.) auf sich, die aber durch eine wunderbare Landschaft führt. Man verläßt Hanoi auf der N 23 in nordwestlicher Richtung, ab Phuc Yen geht diese in die N2 über. Etwa 12 km hinter der Industriestadt Viet Tri weist an einer Abzweigung ein Schild zu den **Hung-Tempeln**, Heiligtümer legendärer Könige, die als Gründer der vietnamesischen Nation gelten.
Zurück auf der N2 geht es weiter bis Doan Hung, dann biegt man links auf die Straße Nr. 70 ab und fährt vorbei am Thac-Ba-See. Langsam bemerkt man, wie die Landschaft sich verändert: Man sieht auf einmal terrassenförmige Anbauflächen, Palmen mit fast kreisrunden Wedeln und imposante Häuser auf Stelzen. Die letzte Etappe vor Lao Cai (30 km nördlich von Sa Pa) verläuft entlang des Roten Flusses, an dessen anderer Uferseite bereits China liegt. In südwestlicher Richtung fährt man dann auf den größten Berg Vietnams Fan Si Pan (3143 m) zu, dem direkten Nachbarn Sa Pas. Hier kann man Bergwanderungen und Spaziergänge unternehmen oder einfach den Markt besuchen, an dem Hmong und Rote Dao ihre Waren anbieten.

Reiseziele von A bis Z

Ba-Be-Nationalpark D 1

Provinz: Cao Bang (Bergland des Nordens)
Größe: 50 000 ha
Entfernung: 230 km nördlich von Hanoi

*Lage und Bedeutung

Der größte natürliche See Vietnams, der Ho Ba Be, bildet den Kern des gleichnamigen Nationalparks im Norden des Landes. Inmitten von immergrünem Regenwald und bis zu 1800 m hohen Karstbergen, die aus der Ebene zu wachsen scheinen, erstreckt sich der 9 km lange See über drei Täler. Mit blühenden Orchideen, Flamboyants sowie Palmen sind die Hügel bewachsen, die den Lebensraum für Affen, Flughörnchen, asiatische Bergziegen und Fledermäuse bilden. Zur Flora gehören etwa 350 Spezies, darunter viele Bambus- und Rattangewächse. Vermutlich leben in dem Gebiet noch Tiger und Leoparden sowie einige Herden Makaken. Mit dem Boot können Ausflüge zu nahegelegenen Tay- und Hmong–Dörfern sowie zur Puong-Höhle (nördliches Seeufer) unternommen werden. In deren Nähe stürzt auch der imposante Dau-Dang-Wasserfall aus 45 m Höhe in die Tiefe.

Blühender Flamboyant

Von Hanoi kommend biegt man auf der N 3 bei Nha Phac in westlicher Richtung nach Cho Ra ab und folgt dann der Straße weiter bis zum Park. Innerhalb der Anlage gibt es kleine Gästehäuser, in denen man übernachten kann.

Umgebung des Ba-Be-Nationalparks

Cao Bang

Cao Bang, die Hauptstadt der gleichnamigen Provinz und Grenzort zu China, liegt rund 40 km nordöstlich des Nationalparks. Im Jahre 1979 wurde sie von den Chinesen fast zerstört, doch heute profitiert Cao Bang vom Grenzverkehr mit dem großen Nachbarn.

Pac Bo

Weitere 60 km nördlich von Cao Bang, bei Pac Bo, betrat Ho Chi Minh (→ *Baedeker Special* S. 68/69) nach mehr als 30jährigem Exil im Jahre 1941 erstmals wieder vietnamesischen Boden. Von hier aus organisierte er mit Unterstützung der ansässigen Bevölkerung den Widerstand gegen die Japaner und Franzosen. Wie fast alle Gedenkstätten für Ho Chi Minh ist auch diese besonders idyllisch an einem glasklaren Bergbach gelegen. Es heißt, “Onkel Ho” habe seine Unterkunft Suoi Le Nin (Lenin-Quelle) am Nui Cac Mac (Karl-Marx-Berg) genannt.

Buon Me Thuot E 6

Hauptstadt der Provinz Dac Lac (Zentrales Hochland)
Einwohnerzahl: 65 000
Entfernung: 635 km nordöstlich von Saigon

Lage und Bedeutung

Buon Me Thuot, die Hauptstadt der von ethnischen Minderheiten dicht besiedelten Bergprovinz Dac Lac, wurde von den Franzosen zu Beginn des 20. Jahrhunderts gegründet. Wegen ihrer angenehmen Höhenlage (451 m), der hübschen Umgebung und des kolonialen Flairs wurde aus ihr ein beliebter Kurort. Heute ist der Charme des Ortes etwas abgebröckelt, doch die reizvolle Landschaft und die kleinen Dörfer in der Umgebung machen Buon Me Thuot nach wie vor zu einem lohnenden Ausflugsziel.
Kaffee- , Tee- und Kautschukplantagen prägen das Bild der größten Provinz des Landes, aber auch Reis- und Maisfelder sowie Rinderherden. Trotz der Zuwanderung vieler Vietnamesen in diese Region spielen die Bergvölker, v.a. Ede und Mnong, noch eine wichtige Rolle. Bekannt ist die Gegend auch für ihre Elefanten. Bis in die 30er Jahre hinein galt die Umgebung Buon Me Thuots als Jagdparadies; selbst heute gibt es in den Wäldern noch einen großen Wildbestand. Die Seen, v.a. der Dac-Lac-See im Süden, sind bekannt für ihren Fischreichtum. Allerdings sind an einigen Stellen des Waldes die Auswirkungen von Agent-Orange-Einsätzen und Abholzung kaum zu übersehen.

Sehenswertes in Buon Me Thuot

Panzerdenkmal

Der zentrale Platz Buon Me Thuots wird von einem gewaltigen Panzerdenkmal dominiert, das an die Ereignisse vom 10. März 1975 erinnert, als Vietcong- und nordvietnamesische Truppen die Stadt "befreiten" und die Niederlage Südvietnams nicht mehr aufzuhalten war.

Dac-Lac-Museum

Interessant ist ein Besuch im Dac-Lac-Museum (1 Doc Lap Street), in dem man sehr viel über die Provinz, ihre Flora und Fauna sowie ihre Kultur erfahren kann. Herausragend ist die Sammlung zu den ethnischen Minderheiten der Umgebung – es sollen 31 Gruppen sein. Zu den Exponaten gehören v.a. Kleidungsstücke und Musikinstrumente, aber auch Geräte zur Zähmung von Elefanten sowie das Modell eines Ede-Stelzenhauses.

Kulturzentrum

Im nahegelegenen Cultural Centre finden gelegentlich Tanzaufführungen der Bergvölker statt.

Markt

Wer gerne das Leben und Treiben am Markt beobachtet, sollte den täglich stattfindenden großen Lebensmittelmarkt in der Quang Trung Street nicht versäumen.

Elefantentrainingscamp

Am Stadtrand werden in einem Elephant Training Centre Elefanten gezähmt und als Reit- oder Arbeitstiere vermietet. Wer gerne einen Ritt durch den Urwald unternehmen möchte, kann sich beim Touristenzentrum (3 Phan Chu Trinh Street) informieren.

Umgebung von Buon Me Thuot

Buon Tur

Zu den schön gelegenen Dray-Sap-Fällen gelangt man von Buon Me Thuot aus in südwestlicher Richtung über Doc Lap. Zuvor lohnt es sich allerdings, nach 14 km nach links zum Dorf Buon Tur abzubiegen, dessen Bewohner zur Ede-Minorität gehören und von Viehzucht und Gemüseanbau leben. Obwohl das Dorf vietnamisiert wurde, kann man noch Reste der kulturellen Identität der Ede erkennen. Die herausragende Stellung der Frau im matriarchalischen System ist nach wie vor intakt, sie gilt als Haus-

Buon Tur (Fortsetzung)

haltsvorstand und Mittelpunkt der Familie. Als Großfamilien leben die Ede in etwa 30 m langen Pfahlbauten, die in kleinere Teile für die jeweiligen Ehepaare mit ihren Kindern unterteilt sind. Untern den Häusern tummeln sich Rinder, Schweine und Geflügel.

Dray-Sap-Wasserfälle

Wenige Kilometer weiter kann man mitten im Regenwald die bogenförmigen Dray-Sap-Wasserfälle (zugänglich 6.00–19.00 Uhr) entdecken. Mit einer Höhe von fast 15 m und einer Breite von über 100 m ist die Sicht an diesem Ort vor lauter Sprühnebel ein wenig behindert; das erklärt auch den Namen der Fälle, denn Dray Sap bedeutet "Wasserfall des Nebels". Besonders erfrischend kann man die Gischt an der linken Seite des Pools genießen, zu der man durch Bambusdickicht und über Felsen gelangt.

*Yok-Don-Nationalpark

Der Yok-Don-Nationalpark (58 000 ha) liegt nahe der Grenze zu Kambodscha, nur 37 km westlich von Buon Me Thuot. In den Mischwäldern wachsen viele Arten von pharmazeutisch verwertbaren Pflanzen sowie Orchideen und verschiedene Bambusarten. Die Blätter der Bambushölzer sind besonders bei Elefanten beliebt – 80 bis 100 Dickhäuter sollen in den grasreichen Wäldern des Nationalparks leben. Außerdem wollen die Wildhüter noch einige Tiger und sogar Leoparden gezählt haben. Stärker verbreitet sind Gibbons, Sambarwild, Wölfe, Wildbüffel, Krokodile sowie Nashornvögel, Pfauen und Fasane. Fast 500 Pflanzenarten, 62 Säugetierarten und 196 unterschiedliche Vogelfamilien sind in dem Gebiet anzutreffen.
Besonders beliebt sind hier die Expeditionen auf Elefanten, die man für einige Stunden, aber auch für einige Tage buchen kann. Neben der schönen Landschaft und dem besonders artenreichen Tierbestand kann man auf dem Gebiet auch die Überreste des Ho-Chi-Minh-Pfades (→ DMZ) und einiger Schlachtfelder sehen. Den Besuch des Yok-Don-Nationalparks sollte man möglichst außerhalb der Regenzeit (April–Oktober) planen. Übernachtungsmöglichkeiten sind in einem Camp und in den umliegenden Dörfern vorhanden.

*Elefantendorf Ban Don

Im ganzen Land bekannt ist das Elefantendorf Ban Don, das nur 2 km vom Yok-Don-Nationalpark bzw. ca. 55 km nordwestlich von Buon Me Thuot entfernt liegt. In seiner Umgebung siedeln Khmer, Thai, Lao und Jarai. Ban Don selbst wird vornehmlich von den Minoritäten Mnong und Ede bewohnt, die beide matriarchalisch organisiert sind. Wilde Elefanten werden von den Mnong gejagt und mit Hilfe zahmer Artgenossen gefangen und domestiziert. Später werden sie meist zum Transport von Edelhölzern eingesetzt. Ungefähr 50 Tiere leben ständig in Ban Don.
Am Rand des Dorfes kann man sich das Grab des legendären Khonsonuk (1850–1924), der seinerzeit der berühmteste Elefantenfänger weit und breit gewesen ist, zeigen lassen. Unter seinen 244 gezähmten Elefanten soll sich auch ein weißes Exemplar befunden haben, das er dem König von Siam schenkte. Noch immer kommen Elefantenführer (Mahouts) hierher, um Gaben zu bringen und für eine erfolgreiche Zähmung zu bitten. Einige Gräber der Umgebung zeigen Pfauen auf Stoßzähnen, die als erlesene Gaben für das nächste Leben angesehen wurden.
In Ban Don findet jeden Frühling ein großes Fest mit Elefantenrennen statt. Von Buon Me Thuot verkehrt 2- bis 3mal am Tag ein Bus in das Dorf.

Dac-Lac-See

Einen Ausflug ist auch der 500 ha große Dac-Lac-See (Ho Dac Lac), 50 km südlich von Buon Me Thuot, wert. Seine Lage am Fuß der Annamitischen Berge ist sehr hübsch; es lohnt ein kleiner Aufstieg, um die Aussicht über den See und seine Umgebung zu genießen. Für seinen Fischreichtum und den vielfältigen Vogelbestand (u.a. Kraniche und Störche) ist er weithin bekannt. Direkt am See steht ein kleiner Palast des früheren Kaisers Bao Dai (→ Berühmte Persönlichkeiten). Besonders im Frühjahr kommen viele Vietnamesen hierher, um bei Boots- und Elefantenrennen zuzuschauen. Interessant ist zudem ein Besuch des benachbarten Dorfes der Mnong.

Elefantenführer im Dorf Ban Don ▸

Ca Mau C 8

Hauptstadt der Provinz Minh Hai (Mekong-Delta)
Einwohnerzahl: 150000
Entfernung: 347 km südwestlich von Saigon

Lage und Bedeutung

Als wirtschaftliches Zentrum der am dünnsten besiedelten Provinz des Mekong-Deltas hat der Ort Ca Mau – wie all die anderen Mekongstädte auch – in den letzten Jahren einen raschen Aufschwung genommen. Es liegt im südlichen Teil der gleichnamigen Halbinsel und ist Hauptstadt der Provinz Minh Hai.

Da Minh Hai als einzige der Provinzen im Mekong-Delta von keinem der großen Mündungsarme des Mekongs mehr durchflossen wird, findet man hier viele stehende Gewässer mit Sümpfen und Mooren. Das Land ist bedeckt von dichten Mangroven- und Sumpfwäldern. Myriaden von Mücken schwirren durch die Luft. Der Ort selbst bietet nicht sehr viel Sehenswertes, doch vor allem Botaniker und Vogelkundler kommen in den Feuchtbiotopen der Umgebung voll auf ihre Kosten.

Bottiche voller fangfrischer Fische und Meerestiere werden am Markt in Ca Mau angeboten.

Kirchen und Tempel

Neben einer katholischen und einer evangelischen Kirche gibt es in Ca Mau auch einen großen Cao-Dai-Tempel, der in den 60er Jahren erbaut wurde.

Markt

Ca Mau hat einen Markt, auf dem Fische, Schildkröten und Schlangen verkauft werden, letztere davon lebendig, denn nach Meinung der Feinschmecker ißt man Schlangenfleisch am besten von frisch geschlachteten Tieren. Ein großer Teil der Reptilien wird vom Markt in Ca Mau nach Saigon gebracht und in den dortigen Spitzenrestaurants zubereitet (→ *Baedeker Special* S. 338/339).

Umgebung von Ca Mau

*U-Minh-Wald

Der U-Minh-Wald liegt direkt nördlich von Ca Mau. Dieser ungefähr 1000 km² große Urwald gilt als einer der größten geschlossenen Mangrovenwälder der Erde. Er ist Lebensraum für Vögel und Reptilien, die in diesem Sumpfland ideale Lebensbedingungen finden.
Da das Areal dem Vietcong sehr gute Unterschlupfmöglichkeiten gewährte, diente es lange als Rückzugs- und Operationsgebiet gegen die US-Amerikaner. Diese versprühten Entlaubungsmittel, um dem unsichtbaren Feind seine natürliche Deckungsmöglichkeit zu nehmen. Zwar erholen sich die Bäume allmählich von dieser Zerstörung, doch droht dem Wald heute neue Gefahr durch Abholzung, einerseits zur Nutzholzgewinnung, andererseits, um Wasserflächen für die Fisch- und Shrimpszucht zu gewinnen. Maßnahmen der Regierung zur Eindämmung der Abholzung fruchten bisher noch wenig. Von Ca Mau aus kann man per Boot hierher gelangen.

Vogelschutzgebiete

Etwa 50 km südlich von Ca Mau liegen zwei Vogelschutzgebiete: Hiep Hung und Than Khanh. Es besteht die Möglichkeit, von Ca Mau aus Bootstouren dorthin zu unternehmen, doch man wird die scheuen Vögel nur selten aus der Nähe beobachten können.

Can Tho C 7

Hauptstadt der Provinz Can Tho (Mekong-Delta)
Einwohnerzahl: 310 000
Entfernung: 135 km südwestlich von Saigon

*Lage und Bedeutung

Wegen der vielen Kanäle in und um Can Tho wird die Stadt von ihren Bewohnern auch als "Venedig ohne Touristen" bezeichnet. Konkreter müßte es allerdings heißen "ohne Touristen und fast ohne Sehenswürdigkeiten".
Wie viele Städte im Mekong-Delta präsentiert sich Can Tho lärmend und ein wenig chaotisch. Allerdings hat Can Tho durch einige schöne Hotels und gute Restaurants entlang der eines Seebades würdigen Uferpromenade einen etwas vornehmeren Touch erhalten. Ihren besonderen Reiz machen aber sicherlich die Flußarme und Kanäle aus, die sich durch und um die Stadt ziehen und sich am besten mit dem Boot erkunden lassen. Can Tho erstreckt sich rechts des Hau Giang, des südlichsten der großen Me-

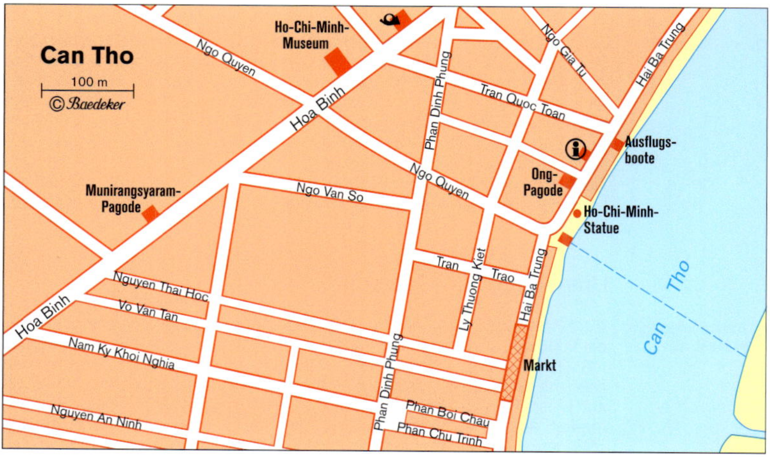

Lage und Bedeutung (Fortsetzung)

kongarme. Ziemlich genau in der Mitte zwischen Saigon und Phnom Penh (Kambodscha) gelegen, gilt sie als bedeutendste Stadt des Mekong-Deltas, zudem als wichtiger Umschlagplatz für Reis und tropische Früchte, die in der Umgebung der Stadt angebaut werden. Seit 1966 verfügt Can Tho über eine Universität mit Fakultäten für Pädagogik, Medizin, Sprachen und Landwirtschaft.

Sehenswertes in Can Tho

*Munirangsyaram-Pagode

Die Munirangsyaram-Pagode (36 Hoa Binh Street) wurde 1946 erbaut. Sie dient der Khmer-Gemeinde Can Thos (ca. 2000 Mitglieder) als Tempel. Da die Khmer dem Theravada-Buddhismus anhängen, findet man keine Darstellungen von Bodhisattvas, Göttern oder Schutzpatronen, sondern nur Abbildungen des historischen Buddha Sakyamuni. Durch ein mächtiges, reich verziertes Portal gelangt man in den Hof der Pagode. Im oberen Stockwerk ist eine 1,5 m hohe Buddha-Statue unter einem heiligen Bodhibaum zu sehen. Seit kurzem leben hier wieder mehrere Mönche, die Besucher gerne willkommen heißen. Über Mittag kann man allerdings vor verschlossenen Türen stehen.

Ho-Chi-Minh-Museum

Folgt man der Straße in nördlicher Richtung, so gelangt man zum örtlichen Ho-Chi-Minh-Museum, dem einzigen im Mekong-Delta. Vor allem Fotografien und Waffen, darunter eine Armbrust, sind hier zu sehen. Geöffnet: Mo.–Sa. 7.00–10.30, 14.00–16.30 Uhr.

Markt

Über die Ngo Quyen Street kommt man in Richtung Fluß direkt zum Eingang des lebhaften, bunten und lärmenden Marktes von Can Tho, der quasi den mittleren, für den Verkehr gesperrten Teil der Hai Ba Trung Street vollständig einnimmt. Von Geflügel über Fisch und Meeresfrüchte, Gemüse, Obst bis hin zu Reis und Teigwaren kann man hier alles an Lebensmitteln bekommen, was das Herz begehrt.

Uferpromenade

Nur wenige Meter vom Eingang des Marktbereichs entfernt ragt die beeindruckende silberne Statue Ho Chi Minhs (→ Berühmte Persönlichkeiten) empor und markiert den Beginn der hübschen, mit Blumen und Bäumen geschmückten Uferpromenade. An der direkt daneben verlaufenden Hai Ba Trung Street liegen mehrere nette Cafés, von denen man dem Markttreiben, den flanierenden Pärchen und den unaufhörlich hin- und herfahrenden Sampans zusehen kann.

Quang-Thanh-De-Pagode

Ganz nahe liegt die Quang-Thanh-De-Pagode, die von der ehemals zahlenmäßig großen chinesischen Gemeinde der Stadt erbaut wurde. Ihre Zahl nahm allerdings in den Jahren 1978/79 stark ab, als viele Chinesen Vietnam den Rücken kehrten, weil sie als Händler und Geschäftsleute dem kommunistischen System verhaßt waren. Auf dem Hauptaltar steht Quan Cong mit seinen Wächtern, links davon Thien Hau (Göttin des Meeres) und rechterhand der Wächter des Glücks Ong Bon. Meist kann man an dem Tisch, an dem Räucherstäbchen verkauft werden, einen Kalligraphen sehen, der rote Gebetsrollen mit chinesischen Schriftzeichen beschriftet. Geöffnet: 5.00–20.00 Uhr.

Umgebung von Can Tho

**Bootstouren auf dem Mekong

Viele Reisende besuchen Can Tho wegen der verschiedenen Bootstouren, die von hier aus angeboten werden. Man kann ein kleines Ruderboot mieten, Fahrten durch Apfelsinen- und Mangostan-Plantagen unternehmen oder mit größeren Motorbooten den Mekong befahren. Empfehlenswert ist auf jeden Fall der Besuch eines sog. Schwimmenden Marktes (floating market), auf dem allerlei Obst und Gemüse, aber auch Getränke und Küchengeräte zu erwerben sind. Selbst die Haare kann man sich hier schnei-

Sehr freundlich sind die Khmer-Mönche der Munirangsyaram-Pagode.

Bootstouren auf dem Mekong (Fortsetzung)

den lassen. Oftmals sind die kleinen Kähne so voll beladen, daß man meint, sie müßten gleich sinken; manche Hausboote tragen ein schiefes Gestänge und eine leichte Abdeckung, die mit Mühe den "Wohnbereich" der Familie verbirgt. An den überkreuzstehenden Rudern einiger Sampans mühen sich Frauen und Männer ab.

*Schwimmende Märkte

Zwei der drei größeren Schwimmenden Märkte der Gegend liegen westlich von Can Tho; der kleinere nur 7 km entfernt in Cai Rang, der größere nach weiteren 3 km in Phong Dien. Da vergleichsweise wenig Touristen hierher kommen, sind die meisten Händler sehr freundlich. Allerdings geht es hier sehr hektisch und turbulent zu.
Die Ortschaft Phung Hiep, 25 km südöstlich von Can Tho, ist ein Verkehrsknotenpunkt, denn hier vereinigen sich mehrere Kanäle, deren längster in die entlegene Provinz Minh Hai führt. Auf einem dieser Wasserwege, dem Yang-Kanal, findet früh morgens ebenfalls ein Schwimmender Markt statt. Bei Touristen ist er sehr beliebt, denn von einer Brücke kann man das Treiben auf dem Markt gut beobachten und natürlich auch fotografieren (s. Abb. S. 120). Da Phung Hiep direkt an der N 1 liegt, ist es sehr gut auch mit öffentlichen Verkehrsmitteln zu erreichen.

Obstgärten

Per Boot läßt man sich auch zur Insel My Phuoc im Hau-Fluß, einem Seitenarm des Mekong, bringen. Auf der Fahrt durch die engen Kanäle muß man sich unter den mächtigen Wedeln der Kokospalmen, die weit über das Ufer wachsen, ducken. Gärten und hübsche Häuschen ziehen an einem vorbei. Hier kann man sich wie im Garten Eden fühlen, die vielfältigen Obstgärten besuchen und die hier wachsenden Jackfruits, Bananen, Ananas, Mangos, Papayas etc. probieren.

*Soc Trang

Nach Soc Trang, dem Hauptort der gleichnamigen Provinz, gelangt man von Phung Hiep aus nach weiteren 30 km in südöstlicher Richtung. Ziel der Reisenden ist meist die nahegelegene Matoc-Pagode der Khmer, die

Blick auf den Schwimmenden Markt von Phung Hiep

Soc Trang (Fortsetzung)

reichlich mit Darstellungen von Tänzerinnen und Tieren geschmückt ist. Eigentümlich erscheinen die großen Fledermäuse, die in den Bäumen rund um das Heiligtum leben. Wenn man am späten Nachmittag hier ist, sieht man, wie sie aufgrund der sinkenden Temperatur allmählich aufwachen, sich für ihre nächtlichen Raubzüge vorbereiten und losflattern. Einige haben gar eine Flügelspannweite von 1,50 m! Im Innenraum der Pagode kann man an den Wänden die Namen anderer Khmer-Gemeinden lesen und Bilder aus dem Leben Buddhas sehen. Erstaunlich ist die lebensecht wirkende Darstellung eines Mönchs, dem man sogar eine Brille aufgesetzt hat. Bekannt ist zudem das Tempelfest am 14. Tag des 10. Mondmonats, das mit Bootsrennen und Tänzen begangen wird.

Xa-Lon-Pagode

Fährt man von Soc Trang auf der N 1 in Richtung → Ca Mau, so kommt man nach etwa 12 km zur klassischen Xa-Lon-Pagode, in der zur Zeit mehr als zwei Dutzend Mönche leben. Hier werden die Lehren des Buddhismus vermittelt und Sanskrit gelehrt, da alle Originalwerke dieser Religion in der alten Sprache verfaßt wurden.

Bac Lieu

Hauptsächlich als Durchgangsstation nach Ca Mau wird die etwa 30 km südwestlich gelegene kleine Stadt Bac Lieu besucht. Die Gegend ist wegen des hohen Salzgehalts im Wasser sehr unfruchtbar, die meisten Menschen leben von Fischfang, Shrimpszucht oder Salzgewinnung.

Cao-Dai-Tempel (Tay Ninh) D 7

Provinz: Tay Ninh (Süden)
Entfernung: 90 km nordwestlich von Saigon

Lage und Bedeutung

Die Provinz Tay Ninh mit der gleichnamigen Hauptstadt im bergigen Hochland Südvietnams ist durch die farbenprächtigen Gotteshäuser der Cao-Dai-Sekte berühmt geworden. Diese Religionsgemeinschaft hat hier ihren Hauptsitz, allerdings amtiert seit den 30er Jahren kein Cao-Dai-Papst mehr in den heiligen Hallen, was jedoch ihrer Macht keinen Abbruch tun konnte. In den 40er Jahren besaßen die Cao Dai großen wirtschaftlichen und politischen Einfluß sowie eine etwa 20000 Mann starke Privatarmee, die in wechselnden Allianzen agierte. Wegen ihrer oppositionellen Haltung wurde die Cao-Dai-Sekte einst vom katholischen Präsidenten Diem bekämpft und unterdrückt. Aber auch mit dem Vietcong und den Nordvietnamesen konnten sich die Caodaisten offenbar nicht anfreunden – zeitweilig kämpften sie an der Seite der südvietnamesischen Armee gegen die Kommunisten. Unter deren Regierung (ab 1975) wurden sie an der Religionsausübung gehindert. Ihre Besitztümer hat man beschlagnahmt. Erst seit Mitte der 80er Jahre hat sich das Verhältnis zu den politischen Machthabern wieder normalisiert.
Abgesehen vom Gotteshaus der Cao Dai entspricht Tay Ninh einer typischen Provinzstadt und hat keinerlei Sehenswürdigkeiten zu bieten. In einer etwa zweistündigen Fahrt über die Nationalstraße 22 ist es von Saigon aus zu erreichen. So unternehmen die meisten Reisenden einen Tagesausflug in Verbindung mit einem Abstecher zu den Tunneln von → Cu Chi. Leider ist man in diesem Fall aus Zeitgründen auf den mittlerweile von Touristen sehr stark frequentierten Gottesdienst um 12.00 Uhr mittags angewiesen.

Der Heilige Stuhl der Cao Dai

Cao Dai bedeutet "der Hohe" oder "der Große Palast" und ist gleichbedeutend mit Gott. Ein gewisser Ngo Van Chieu begründete den Glauben der Cao Dai im Jahre 1926, inspiriert durch spirituelle Frage-und-Antwort-Spiele mit Geistern. Dabei soll sich Gott zum dritten und endgültig letzten Mal auf Erden manifestiert haben – am Heiligabend des Jahres 1925. So entstand eine kunterbunte Mischung aus den moralischen Lehren des Buddhismus, des Konfuzianismus, des Taoismus, des Christentums und des Islam. Noch heute bedienen sich die Anhänger okkulter Praktiken, um die göttlichen Botschaften aus dem Universum empfangen zu können: Medien werden dabei in Trance versetzt, es gibt spezielle Schreibvorrichtungen, und das göttliche oder automatische Schreiben wird praktiziert, d.h. Botschaften erscheinen plötzlich in versiegelten Briefumschlägen.
Bei den Séancen ließen Berühmtheiten wie Winston Churchill, William Shakespeare und Jeanne d'Arc, der chinesische Revolutionär Sun Yatsen und der französische Dichter Victor Hugo angeblich von sich hören. Die beiden letzteren finden sich sogar auf dem Wandgemälde im Tempel als Heilige wieder, die die Grundprinzipien des Caodaismus in französisch und chinesisch auf eine Tafel malen: "Gott und Humanität, Liebe und Gerechtigkeit". Nur wer die Prinzipien treu befolgt – nicht töten, stehlen, lügen usw. – wird im Nirwana seine Erlösung vom Weltschmerz und endlich die Glückseligkeit finden. Die Hierarchie der Würdenträger ähnelt jener des Katholizismus.
In den 50er Jahren hatte die bizarre Sekte ihre Blütezeit und soll damals aus rund 4 Millionen vietnamesischen Mitgliedern bestanden haben. Heute schätzt man maximal 1 bis 2 Millionen Anhänger weltweit. Strenggläubige Caodaisten sind zumeist Vegetarier, die Priester ordnen sich außerdem dem Zölibat und anderen Regeln unter.

**Tempelanlage

Allgemeines

Das Gelände des Heiligen Sitzes der Cao-Dai-Sekte befindet sich im Osten der Stadt hinter großen, schmiedeeisernen Toren. Über breite Alleen, vorbei an bunten Tempeln, Häusern, Gärten, Statuen und Obelisken erreicht der Besucher das Gotteshaus. Im Jahre 1933 begann man mit dem Bau des beeindruckenden Haupttempels. Zu seinem Erbauer, Seiner Heiligkeit Pham Cong Tac, verraten die Annalen der Sekte, daß er keineswegs ein Architekt oder Ingenieur war – nur göttliche Eingebung habe ihn zu diesem Meisterwerk inspiriert, bevor er 1941 von den Franzosen ins Exil nach Madagaskar verbannt wurde.
Der Tempel besticht durch seine Mixtur aus fernöstlichen und westlichen Architekturelementen und jede Menge schreiend bunten Dekors und Schnickschnacks, vorzugsweise in Rosa, Hellblau und Gold. Besonders

Wie eine kunterbunte Kulisse wirkt das Heiligtum auf den ersten Blick.

Tempelanlage (Fortsetzung)

auffallend sind die Malereien, die Figuren und Symbole aus verschiedenen Religionen darstellen. "Kitsch as kitsch can" – und doch faszinierend.

Tempelgestalt

Der beigefarbene Bau ähnelt einer barocken Kirche mit zwei quadratischen Glocken- bzw. Trommeltürmen im vorderen Teil. Zwischen den Türmen befindet sich ein geschwungenes Dach, auf dem eine Di-Lac-Figur (Buddha der Zukunft) thront. Am linken Turm prangt die Figur des ersten weiblichen Kardinals (First Lady Cardinal), am rechten der erste Papst der Cao Dai. Die Symbole darunter stehen für das Böse (links) und das Göttliche (rechts). Überall, z.B. über dem Haupteingang und auf dem Altar, wacht ein überdimensionales Auge, von dem helle Strahlen ausgehen – es symbolisiert das göttliche Auge. An den Seitenwänden des Tempels ist das Auge von einem Dreieck umgeben; einige Betrachter sehen darin das Zeichen auf dem Ein-Dollar-Schein, für die Caodaisten ist dies aber ein Zeichen für Gerechtigkeit. Zu den zahlreichen Abbildungen gesellen sich die glücksbringenden mythologischen Figuren: Drachen (für die Weisheit), Schildkröten (Langlebigkeit), das Einhorn (Frieden) und der Phönix (Wohlstand). Und auch die hinduistische Dreieinigkeit von Brahma, Shiva und Krishna darf natürlich keinesfalls fehlen. Auf dem dreifach gestaffelten Hauptdach erheben sich noch zwei weitere Türme: der runde, von einer Kuppel mit einem Drachenpferd gekrönte Turm in der Mitte sowie ein achteckiger Aufbau. Ein Arkadengang umgibt den Tempel.

Innenraum

Im Inneren des Gotteshauses stößt man auf ein Kabinett aus Figuren und Statuen, bekannt aus Religion und Mythen, Weltliteratur und Politik. Auf einem Wandgemälde am Eingang sieht man u.a. den französischen Dichter Victor Hugo und den chinesischen Revolutionär Sun Yatsen als Heilige, die auf eine Tafel mit dem caodaistischen Leitspruch "Gott und Humanität, Liebe und Gerechtigkeit" weisen.

Der Hauptaltar ist bestückt mit Laotse (hinten links), dem Sakyamuni Buddha (Mitte) und Konfuzius (rechts), in der zentralen Reihe der Bodhisattva in Gestalt der barmherzigen Göttin Guan Yin (links), in der Mitte der geistige Papst Ly Tai Pe und der sagenumwobene General Quan Cong (rechts), davor Jesus Christus und eine weitere Figur namens Khuong Thai Cong. Seit 1934 ist der Stuhl des Papstes unbesetzt, da es bisher keinen gebührenden Nachfolger im wirklichen Leben zu geben scheint. Die riesige Weltkugel mit dem göttlichen Auge steht unübersehbar im Mittelpunkt des Altarbereichs. Hier werden auch Relikte und Ahnentafeln verstorbener Würdenträger aufbewahrt. Obst, Blumen, Kerzen und Räucherstäbchen stehen als Gaben auf dem Schrein und sollen sich wie die Prinzipien Yin und Yang ergänzen. Außerdem: drei kleine Gläser Wein, eine Tasse Tee und ein Glas Wasser.

Der mosaikbelegte Fußboden steigt zum Altar in neun flachen Absätzen an. Die Zahl 9 symbolisiert die neun Stufen zur Glückseligkeit und Vollkommenheit und gleichzeitig die neun verschiedenen Hierarchien im Caodaismus vom Papst über die Bischöfe und Kardinäle bis hin zu den einfachen Gläubigen. Die Halle ist von einer blaugetünchten Himmelsdecke überwölbt, die mit blitzenden Spiegel-Sternchen und Halbmonden besprenkelt ist und von imposanten Säulen getragen wird: Um diese kunterbunten und reich verzierten Säulen in zwei Zwölferreihen schlingen sich Drachenwesen und Ranken.

Verhalten im Tempel

Besucher betreten den Tempel durch einen kleinen Eingang zur Rechten des Gebäudes, die Schuhe werden hier abgestellt. Auf angemessene Kleidung sollte geachtet werden. Von der Balustrade im Innern läßt sich der Gottesdienst sehr gut verfolgen; allerdings ist Ruhe und Zurückhaltung dabei unerläßlich. Fotos und Filmaufnahmen dürfen während der Zeremonie

Verhalten im Tempel (Fortsetzung)

gemacht werden, einige Gläubige verbitten sich jedoch das Filmen und Fotografieren als einzelne – am besten, man fragt sie um Erlaubnis. Bei Besichtigung des Tempels nach der Zeremonie sollte man nicht durch die Mitte der Halle gehen, sondern zwischen den Säulenreihen. Die Gläubigen betreten den Tempel nach Geschlechtern getrennt durch verschiedene Eingänge, von Touristen wird dies offensichtlich nicht mehr erwartet.

Gottesdienst

Der von Touristen meistbesuchte Gottesdienst ist der um 12.00 Uhr mittags, doch es gibt jeden Tag noch drei weitere: um 6.00 Uhr morgens, 18.00 Uhr und um Mitternacht. Die rund einstündigen Zeremonien sind sehr eindrucksvolle Schauspiele und erfolgen nach einem strikt festgelegten, hierarchischen Ablauf sowie fester Platzordnung und vorgegebenen Gebetspositionen. Im unteren Bereich versammeln sich die Priester viermal täglich in ihren blauen, roten und gelben Gewändern sowie die Laien, die Tin Do, in ihren weißen Kleidern. Die Vertreter des Konfuzianismus tragen rot, die des Buddhismus gelb und blaue Kleidung steht für Taoismus. Frauen können theoretisch auch Würdenträgerinnen sein, tragen jedoch stets weiße Kleidung. Ein traditionelles Orchester und ein Chor begleiten die Gebete, die stets mit einem Amen enden.

Feste

Die Cao-Dai-Sekte hält ihre Hauptmessen jeden Monat am 14. und am monatsletzten (30.) Tag um Mitternacht ab. Weitere Feste finden jährlich am 15. Januar, 15. Juli und 15. Oktober statt. Bereits Tage zuvor versammeln sich Tausende von Caodaisten und Pilgern mit ihren bunten Gewändern im Hauptheiligtum in Tay Ninh zu gemeinsamen Gebeten.

Tay Ninh und Umgebung

Tay Ninh

Die Stadt Tay Ninh liegt zu Füßen des Nui Ba Den, eines 986 m hohen Berges, und ist von Reisfeldern und anderen landwirtschaftlichen Anbauflächen umgeben. Vor allem Zuckerrohr, Erdnüsse und Maniok werden hier gepflanzt. In dieser Region wächst auch der Son-Baum, aus dessen Harz der Lack für vietnamesische kunsthandwerkliche Produkte hergestellt wird. Da etwa auf der Höhe von Tay Ninh der Ho-Chi-Minh-Pfad (→ DMZ) endete, war diese Gegend in beiden Indochinakriegen zum Brennpunkt von Widerstandskämpfen geworden. Davon zeugen etliche Reste von Tunnelanlagen und Militärstützpunkten, die heute besichtigt werden können. Auch in den 70er Jahren war Tay Ninh eine äußerst unruhige und gefährliche Gegend: Die Roten Khmer fielen wiederholt aus Kambodscha in die Grenzprovinz ein und töteten viele Vietnamesen und nach Vietnam geflohene Kambodschaner.

Nui Ba Den (Berg der Schwarzen Dame)

Ein Ausflugsziel, rund 11 km nordöstlich von Tay Ninh, ist der meist wolkenverhüllte Ba-Den-Berg. Er ist die einzige nennenswerte Erhebung weit und breit im flachen Mekong-Delta. Dieser 986 m hohe "Black Lady Mountain" ist mit einer romantischen Legende verbunden: Die junge, hübsche Schneiderin Ly Thi Thien Huong kam oft hierher zum Beten. Eines Tages wurde die Jungfrau von einem Räuber bedroht, aber ein junger Mann namens Le Si Triet rettete das Mädchen. Beide verliebten sich ineinander und wollten bald heiraten. Doch der Geliebte mußte in den Krieg ziehen, und so ging Thien Huong erneut alleine zum Beten auf den Berg. Diesmal konnte ihr niemand helfen, als ein Räuber wieder über sie herfiel. Sie stürzte bei der Flucht in einen Spalt. Eine andere Version weiß, daß bei ihrem Tod noch ein Dritter im Spiel gewesen ist – ein Mandarin, dem sie seit langem versprochen war. Noch heute, Jahrhunderte später, erscheint die Black Lady gelegentlich den weitgereisten Pilgern, die ihr Opfergaben wie einer Göttin darbringen und sich Wunder erhoffen.
Im Vietnamkrieg wurde der unwegsame Berg als Versteck vom Vietcong, zeitweilig aber auch als Hubschrauberlandeplatz von den Amerikanern genutzt. Heute betreiben hier Paraglider ihren luftigen Sport. Rund zwei bis drei Stunden dauert der teils beschwerliche Aufstieg über Felsen und Bä-

che, vorbei an Andenkenbuden und Essensständen, Tempeln und einigen Grotten. Ausländer dürfen offiziell nur bis zur schlichten Black-Lady-Pagode (Chua Ba) in rund 300 m Höhe (ca. 45 Minuten auf steinernen Stufen oder mit der Seilbahn) aufsteigen. Zur Tet-Zeit findet am Berg ein großes Tempelfest statt, das Tausende von Vietnamesen anzieht. Es gibt einige einfache Gästehäuschen am Fuß des Berges, die zu dieser Zeit ausgebucht sind. Vom Mieu-Son-Than-Tempel auf dem Gipfel ergibt sich bei gutem Wetter ein Panoramablick über den Dau-Tieng-See und den idyllischen, palmengesäumten Vam-Co-Dong-Fluß.

Umgebung des Cao-Dai-Tempels, Nui Ba Den (Fortsetzung)

Etwa 64 km nördlich von Tay Ninh befand sich die South Central Department Base. In diesem ehemaligen Hauptquartier haben sich 1962 acht Vietcong-Führer im Dschungel versteckt gehalten, darunter Vo Van Kiet, der ehemalige Regierungschef. Auf dem Gelände können das Lager, Versammlungspavillons, Tunnel und Schützengräben besichtigt werden. Zum Besuch braucht man eine offizielle Genehmigung, die über Reisebüros organisiert werden kann.

South Central Revolutionary Department Base

Chau Doc — C 7

Provinz: An Giang (Mekong-Delta)
Einwohnerzahl: 40 000
Entfernung: 245 km westlich von Saigon

Nahe der kambodschanischen Grenze liegt Chau Doc am rechten Ufer des Hau Giang. Von hier aus verläuft ein Kanal zur Hafenstadt Ha Tien, der für eine bessere Anbindung des Hinterlandes an den Golf von Siam sorgt und die Flußschiffahrt unabhängig von den Wasserstandsschwankungen des Mekong möglich macht. Die ökonomische Basis Chau Docs ist wie fast

Lage und Bedeutung

Leben am Mekong

Lage und Bedeutung (Fortsetzung)

überall im Mekong-Delta die Landwirtschaft. Das kann man im besonderen auf dem lebhaften Markt sehen, der sich am Ufer des Hau Giang befindet. Hier wird allerdings auch viel Schmuggelware aus Kambodscha angeboten. In der Stadt leben viele nationale Minderheiten wie Chinesen und Khmer. Insbesondere die Zahl der Kambodschaner hatte während der Herrschaft der Roten Khmer stark zugenommen. Ähnlich bunt ist das religiöse Leben der Stadt: Christen, Muslime und Buddhisten leben hier miteinander, und auch die etwa 1,5 Millionen Anhänger der Hoa-Hao-Religion haben in Chau Doc und Umgebung ihr Zentrum. Aufgrund der konfessionellen Vielfalt können in Chau Doc religiöse Bauwerke aller Glaubensrichtungen besucht werden.

Sehenswertes in Chau Doc

Quan-Cong-Tempel

Zwischen den Marktständen auf der Gia Long Street ragt das imposante Portal des Quan-Cong-Tempels auf. Im Innenhof geht es meist recht turbulent zu, da viele Kinder hierher zum Spielen kommen. Auf dem Dach bewachen zwei Drachenfiguren die Anlagen, und im Tempel kann man zwei Schildkröten umherwandern sehen, die das Wohl der Pagode sichern sollen. Auf dem Hauptaltar steht eine Büste des rotgesichtigen Generals Quan Cong: in eine grüne Robe gehüllt und gekrönt mit einer reichverzierten Krone.

Chau-Phu-Tempel

Nur wenige Schritte weiter, an der Ecke Gia Long und Bao Ho Thoai Street, befindet sich der nüchternere Chau-Phu-Tempel. Er wurde 1926 zu Ehren von Thoai Ngoc Hau (1761–1829) errichtet. Der hohe Offizier, der den Nguyen-Kaisern diente, liegt am Berg Sam außerhalb von Chau Doc begraben.

Chau-Doc-Kirche

Die Chau-Doc-Kirche (St. Laurence) dient der katholischen Gemeinde als Gotteshaus und liegt etwas außerhalb des Zentrums nahe der Anlegestelle der Fähre über den Hau Giang. Ende des 19. Jahrhunderts wurde sie von einem französischen Missionar erbaut.

Moscheen

Chau Doc hat daneben auch mehrere Moscheen für die moslemische Cham-Gemeinde – so die Chau-Giang-Moschee auf der gegenüberliegenden Flußseite in der Gemeinde Chau Giang und die Mubarak-Moschee, mit einer Koranschule für Kinder und Jugendliche.

Bootsfahrten

Nördlich des Quan-Cong-Tempels kann man sich per Fähre zur Insel Con Tien mit ihrer Pfahlbautensiedlung bringen lassen. Auf einem kleinen Boot kann man die Fahrt auf dem Fluß aber mehr genießen und sich auch die Fischzuchthäuser ansehen, die auf alten schwimmenden Öltonnen gebaut wurden. Durch eine Bodenluke werden die Fische – deren Lebensraum von Drahtnetzen begrenzt ist – gefüttert.

*Sam Mountain (Sam-Berg, Nui Sam)

Lage und Bedeutung

Im Nordwesten der Provinz An Giang ragen einige Bergkuppen auf, die die allerletzten Ausläufer des zu Kambodscha gehörenden Phnom-Damrei-Bergzugs darstellen. Einer dieser Kuppen ist der 3 km südlich von Chau Doc aufragende Berg Sam. “Sam” bedeutet im Vietnamesischen soviel wie “Krabbe” – und aus der Ferne sieht der Berg auch tatsächlich so aus. Mit seinen 230 m Höhe ist er zwar nicht besonders imposant, doch hat man von seiner Spitze einen weiten Rundblick über das ebene und kaum über den Meeresspiegel aufragende Mekong-Delta sowie bis weit nach Kambodscha hinein.
Um den Berg Sam herum gibt es etliche Tempel und Pagoden, die besichtigt werden können. Die bekanntesten davon befinden sich an der Nordseite des Berges.

Thoai Ngoc Hau (1761–1829) war ein Offizier und diente dem ersten Herrscher der Nguyen-Dynastie Gia Long als hoher Beamter. Unter seiner Regie wurden die Kanäle gebaut, die Long Xuyen mit Rach Gia sowie Chau Doc mit Ha Tien verbinden und seinerzeit wesentlich zur Erschließung des Landes beitrugen. Die Ruhestätte enthält die Gräber von Thoai Ngoc Hau und seinen beiden Frauen sowie die zahlreicher anderer hoher Beamter.

Grabmal des Thoai Ngoc Hau

Der Tempel der Chua Xu wurde in der ersten Hälfte des 19. Jahrhunderts gebaut und bis in die 70er Jahre hinein immer wieder verändert, so daß von der ursprünglichen Konstruktion nicht mehr viel übriggeblieben ist. Die Geschichte um die Person der Chua Xu und um den Bau des Tempels ist nicht ganz geklärt.
Einer Legende zufolge handelte es sich bei Chua Xu um eine Statue, die ursprünglich auf dem Gipfel des Berges Sam stand und dorthin getragen wurde, wo jetzt der Tempel steht. In seinem Inneren befindet sich ein Stein, der als Ba Xu verehrt wird. Einer anderen Version zufolge ging der Bau des Tempels zurück auf die Initiative der Frau von Thoai Ngoc Hau. Sie soll das Heiligtum zum Andenken an die beim Bau der Kanäle umgekommenen Arbeiter in Auftrag gegeben haben. Das wichtigste Tempelfest findet vom 23. bis zum 26. Tag des 4. Mondmonats statt. Dann kommen Pilger aus allen Landesteilen und übernachten in der Nähe des Tempels.

Tempel der Chua Xu

Statuen im Allerheiligsten der Tay-An-Pagode

Die Tay-An-Pagode steht in der Nähe des Tempels der Chua Xu. Sie wurde 1847 erbaut und immer wieder verändert, zuletzt im Jahre 1958. Ihre Architektur trägt sowohl hinduistische als auch islamische Züge. Bekannt sind ihre fein geschnitzten Holzstatuen.

Tay-An-Pagode

Die Höhlenpagode liegt auf der Westseite des Berges Sam. Sie wird von Mönchen bewohnt, deren Räume sich im unteren Teil der Pagode befinden. Gründerin der Pagode war die Schneiderin Le Thi Tha, die sich vor etwa 50 Jahren hierher zurückzog, um ein weltabgeschiedenes Leben zu

Chua Hang (Höhlenpagode)

Umgebung von Chau Doc, Sam Mountain (Fortsetzung)

führen. Der Legende nach traf Le Thi Tha bei ihrer Ankunft zwei Schlangen an, die sie zähmte und ebenfalls zu einem meditativen Leben bekehrte. Bei ihrem Tod verschwanden auch die beiden Schlangen. Das Grab Le Thi Thas sowie das eines ehemaligen Oberbonzen (Mönchs) befinden sich ebenfalls im unteren Teil der Pagode. Im oberen Teil kann man Statuen von A Di Da, dem Buddha der Vergangenheit und vom historischen Buddha Sakyamuni sehen; dahinter befindet sich in einer Grotte ein Schrein, der der Göttin der Barmherzigkeit gewidmet ist.

Ba Chuc

Ganz in der Nähe der kambodschanischen Grenze, nur wenige Kilometer südwestlich des Sam-Berges, befindet sich eine Pagode, die an die Überfälle der Roten Khmer erinnert, die diese in der Zeit zwischen 1975 und 1978 auf vietnamesisches Gebiet unternommen hatten. Offizielle Begründung war der historische Anspruch Kambodschas auf die Provinzen des Mekong-Deltas. Bei diesen Überfällen wurden über 3000 Zivilisten wahllos umgebracht. Ähnlich wie in der Cheung-Ek-Pagode bei den Killing Fields vor den Toren Phnom Penhs sind in Ba Chuc die Gebeine der Ermordeten aufgebahrt.

Cu Chi **D 7**

Stadtstaat Ho Chi Minh City (Süden)
Entfernung: 35 km nordwestlich von Saigon

Lage und Bedeutung

Die berühmt-berüchtigten Tunnel von Cu Chi sind heute ein wichtiges touristisches Ziel mit Souvenirbuden und Schießstand, Freiluftmuseum, Gedenkstätte und buddhistischem Tempel. Für die Vietnamesen sind die Tunnel eine Erinnerung an den Widerstand gegen die südvietnamesische Regierung und an die Landsleute, die im Vietnamkrieg in diesem Tunnelsystem gestorben sind. Schulklassen, ehemalige Partisanen und Staatsgäste gehen hier ein und aus. So besuchte auch Fidel Castro 1995 die Anlage in der sozialistischen Bruderrepublik. Für die ausländischen Touristen ist der Ort eine der größten Sehenswürdigkeiten Vietnams. Eine Attraktion, die den Krieg noch Jahrzehnte nach seinem Ende spür- und erlebbar macht, – wenigstens für fünf Minuten.

Die Tunnelanlagen sind von Saigon aus über die N 22 zu erreichen; im Ort Cu Chi muß man rechts abbiegen und einige Kilometer den blauen Schildern entlang der Reisfelder folgen. Die Kleinstadt Cu Chi hat ansonsten keine touristischen Sehenswürdigkeiten.

Original-Einstieg in die Tunnelanlage

Geschichte

Bereits 1934 wurde von Widerstandsgruppen und Bewohnern der Gegend mit dem Bau der Tunnel begonnen; sie dienten zu-

Geschichte (Fortsetzung)

erst als Verstecke für Nahrungsmittel und Waffen. Ende der 60er Jahre umfaßte das Netz aus unterirdischen Gängen und Räumen auf drei Ebenen insgesamt 220 bis 250 km Länge. Die Vietcong-Soldaten konnten auf diesem Wege bis nach Cholon in der südvietnamesischen Metropole gelangen. So war auch die kurze Besetzung der US-Botschaft (bzw. ihres Gartens) in Saigon durch Vietcong-Partisanen während des Tet-Festes 1968 einzig wegen dieser Tunnel möglich.
Weitere, teils unveränderte Tunnelanlagen befinden sich beispielsweise in der Nähe Vinh Mocs (→ DMZ), auf dem Weg zwischen der Grenzprovinz Tay Ninh und Saigon sowie in der Provinz Ba Ria-Vung Tau. Das Gebiet um Cu Chi gehört zu den am meisten mit Pestiziden und Napalm bombardierten Gebieten in Vietnam. Noch heute kann man hier Minensucher bei der Arbeit sehen. Die Landschaft wurde wieder mit Eukalyptusbäumen aufgeforstet und vorwiegend mit Kautschuk- und Cashewnuß-Plantagen bepflanzt.

*Tunnelanlagen

Allgemeines

In Cu Chi gibt es zwei verschiedene Tunnelanlagen, die besichtigt werden können. Die große Anlage Ben Duoc ist besser besucht, v.a. von westlichen Reisegruppen. Ben Dinh ist etwas kleiner und weniger touristisch. Bei Ben Duoc stehen englischsprachige Führer zur Verfügung. Der Propagandafilm kann auch in deutscher Sprache gezeigt werden. Geöffnet: tgl. 8.00–17.00 Uhr.

*Tunnelanlagen von Ben Duoc

Die Besucher bekommen als erstes einen Film über die Geschichte des Vietnamkriegs und des Tunnelbaus vorgeführt – aus der Sicht der jetzigen Machthaber, versteht sich. An einer Landkarte werden die Dimensionen der Tunnelanlage verdeutlicht und das einstige Gelände mit den Stützpunkten der Amerikaner, der südvietnamesischen Armee und des Vietcong erläutert. Zeichnungen und Querschnittsbilder veranschaulichen die Bauweise der Tunnel in drei Ebenen, jeweils bis zu 10 m Tiefe. Zu sehen sind auch Skizzen, die von den Militärexperten der amerikanischen Truppen angefertigt worden waren.
Der Gang über das Gelände ist nur mit Führer bzw. in einer Gruppe möglich. Dabei passieren die Besucher kaum wahrzunehmende Tunneleinstiege in der Größe von etwa 20 x 40cm, in denen die Führer zur Demonstration verschwinden. Feldküchen und Lazarette, Falltüren, eroberte Panzer und überwachsene Bombenkrater sind oberhalb des Geländes zu sehen. Die Touristenpfade führen schließlich durch "Minenfelder" mit Platzpatronen. Die Tunnel selbst sind nur auf einem kurzen Stück für Touristen geöffnet (30–50 m Länge), teils schwach beleuchtet und mit Notausstiegen versehen. Trotzdem ist die Luft sehr stickig, es ist sehr eng (120 x 80 cm), dreckig und dunkel. Dieser Ausflug ins Tunnelsystem der Vietcong-Kämpfer ist nicht für kräftige, ängstliche oder klaustrophobisch veranlagte Menschen geeignet. Die Souvenirstände in der Nähe der Kasse bieten Patronenhülsen, Feuerzeuge aus angeblichem Kriegsschrott, Vietcong-Hüte und -schals sowie allerlei bunten Nippes.

Schießstand

Die Vietnamesen wissen den Krieg nun zu verwerten, bis zur letzten Patronenhülse. Vor allem bei asiatischen Besuchern ist der Schießplatz beliebt – ein Schuß, ein Dollar. Nach Auskunft eines militärischen Experten sollte man allerdings auf dieses ohnehin fragwüdige Vergnügen verzichten: Die Gewehre (AK 47 und M 16) sollen alt und nicht besonders gut gewartet sein und stellen daher besonders für die Benutzer eine Gefahr dar.

Ben-Duoc-Tempel

Auf dem weitläufigen Gelände können die Besucher auch den Tempel Ben Duoc mit seinem 40 m hohen, neunstöckigen Tempelturm besuchen, der 1995 am Ufer des Saigon-Flusses errichtet wurde. Im Innern sind die Namen von etwa 50 000 im Vietnamkrieg Gefallenen aus dieser Region in Stein graviert.

Baedeker Special

Unterirdisches Labyrinth

Einer nach dem anderen steigt die Stufen ins Erdreich hinab, die in einen relativ großen Vorraum führen. Von hier an wird es enger, die Touristen gehen in die Knie. Eine feucht-schwüle Barriere stoppt viele Besucher der **Tunnel von Cu Chi** schon nach wenigen Metern bei dem Vorhaben, in einen winzigen Teil des 250 km langen Tunnelsystems vorzudringen. Die ersten Wagemutigen zwängen sich nach einigen Sekunden wieder rückwärts aus dem dunklen Loch – schwer keuchend. "Ich muß hier raus", stöhnt einer und gibt kopfschüttelnd auf.

In 3 m Tiefe ist die Luft stickig, der Schweiß bricht wie auf Kommando aus allen Poren. Das T-Shirt klebt, der kleine Rucksack auf dem Rücken schabt die Decke entlang, Haut und Haare werden bedeckt mit herunterrieselnder Erde. Manche Stellen sind auch in dem Touristentunnel so eng, daß man nur auf dem Bauch vorwärtsrobbend weiterkommt, an anderer Stelle geht es einen Schacht hinauf und dann wieder ein kleines Gefälle hinab. Diese Engpässe geben einen Eindruck davon, wie die Tunnel ursprünglich waren. Wer also unter Platzangst oder Übergewicht leidet, sollte den Ausflug in das Tunnelsystem besser auslassen.

Dabei sind die Tunnel auf einer Länge von rund 50 m extra für westliche Körpermaße vergrößert worden (von 0,80 m auf 1,20 m Höhe). Die ersten Tunnelbauer um das Jahr 1934 hätten sich wahrscheinlich nicht träumen lassen, daß ihre Nachfahren Jahrzehnte später Touristen – auch amerikanische – durch die Anlage schleusen und damit harte Dollar einnehmen würden. In den 30er und 40er Jahren dienten die unterirdischen Räume und Erdgräben noch als Versteck und Waffenlager für die antikolonialen Guerillas, die gegen die Franzosen kämpften. Allmählich wurden die Räume durch Gänge miteinander verbunden. Diese anfangs 17 km umfassenden Gänge breiteten sich im Laufe des Krieges immer weiter im Süden Vietnams aus. Ganze Dörfer beteiligten sich mit einfachsten Gerätschaften an ihrem Ausbau.

Ursprünglich waren die Tunnelröhren gerade so breit in den steinharten Boden gegraben worden, daß sich zwei (vietnamesische!) Menschen aneinander vorbeischieben konnten. Die Partisanen lebten in drei Etagen in bis zu 10 m Tiefe unter der Erde – 16 000 Menschen sollen es gegen Kriegsende insgesamt gewesen sein. Die Belüftung war über unauffällige Bambusrohre gewährleistet, der Rauch aus den Kochecken wurde kilometerweit umgeleitet, um keine Spuren zu verraten. Auch hunderttausende Tonnen Erde mußten gleichmäßig überirdisch verteilt werden, um dem Feind keine Hinweise auf die Eingänge zu geben.

Zur Beleuchtung benutzte man Öllampen. Die engen Schächte weiteten sich zu einem unterirdischen Labyrinth aus Schlaf- und Versammlungsräumen, Krankenstationen mit Operationstischen, Küchen, Gebetsräumen mit Schreinen, Werkstätten sowie Lager- und Bombenschutzräumen. Sogar eine Art Druckerpresse gab es hier. Das unsichtbare Wegenetz verband ganze Dörfer miteinander und reichte von der kambodschanisch-vietnamesischen Grenze, an der der Ho-Chi-Minh-Pfad (→ DMZ) entlangführte, bis in die Nähe Saigons ins Chinesenviertel Cholon. Manche Tunnelgänge sollen in einem Fluß geendet haben, was die Flucht bei Verfolgung oder Bombardierung einfacher machte.

Ohne von dem unterirdischen Feind zu wissen, hatten die amerikanischen Truppen 1966 das Hauptquartier der 25. Infanterie-Division in der Nähe der

Tunnel aufgeschlagen. Tausende von US-Soldaten ruhten quasi auf gefährlichem Terrain, und einige haben die Nachtruhe hier nicht überlebt. Zunächst konnten die Amerikaner sich die mysteriösen nächtlichen Überfälle auf das nach außen stark gesicherte Militärcamp nicht erklären – bis sie die Tunnel entdeckten.

An Platzangst darf man nicht leiden, wenn man sich im Tunnelsystem von Cu Chi in die Haut der Guerillakämpfer versetzen will.

Die Dörfer in der Umgebung von Cu Chi wurden daraufhin zwangsweise evakuiert und zur "free fire zone" erklärt. Mehrere Millionen Liter Gift und unzählige Bombenteppiche gingen auf das Gebiet herab, das schließlich durch Napalm fast vollkommen entwaldet war.
Viele Tunnelabschnitte sollen aufgrund ihrer stabilen Bauweise diesen Bombardierungen standgehalten haben und bis heute nicht gänzlich entdeckt worden sein.

Rund 50 000 US-Soldaten durchstreiften damals das Gelände auf der Suche nach den gut getarnten Eingängen ins Tunnelreich. Die Versuche, die Vietcong-Soldaten aus den Tunneln zu vertreiben, konterten diese mit vielen Tricks und grausamer Gegenwehr, beispielsweise Falltüren über Gräben, in denen angespitzte, teils mit Gift präparierte Bambusrohre lauerten – sogenannte Booby traps.

Ausgestreuter Chili-Pfeffer hielt die Suchhunde der Amerikaner fern. Die rund 200 Schäferhunde, vom deutschen Bundesgrenzschutz ausgeliehen, konnten die Vietnamesen nicht mehr von den Amerikanern unterscheiden, da der Vietcong angefangen hatte, amerikanische Seife, Rasierwasser und die Kleidungsstücke seiner Gefangenen zu benutzen.
Als "Tunnelratten" setzten die US-Truppen schließlich zierliche alliierte Soldaten aus Thailand, Korea und den Philippinen ein mit einem Seil am Fuß, um sie wieder herausziehen zu können, falls sie vom Vietcong überrascht werden sollten. Aber auch rund 12 000 Widerstandskämpfer kamen in den Tunneln ums Leben.

Viele der jungen Leute aus dieser Gegend sind in den Tunneln geboren, das "Licht der Welt" erblickten sie manchmal erst Jahre später (→ Vietnam in Zitaten S. 100/101). Einige von ihnen und auch mehrere Vietcong-Partisanen führen heute die Touristen über das Gelände. Relikte der Flächenbombardements sind noch überall zu entdecken, auch wenn die Bombenkrater heute auf den ersten Blick wie Gräben und kleine Teiche wirken und die jungen Eukalyptusbäume das öde Land bedecken.

Umgebung von Cu Chi

Handwerksdorf Phu Binh

"Mot Thoang Viet Nam" ("Vietnam auf einen Blick") – so nennt sich ein neues touristisches Projekt bei Cu Chi. Auf einem parkähnlichen, 22 ha großen Gelände mit einem kleinen See im Zentrum werden den Besuchern alte vietnamesische Handwerksberufe und traditionelle Künste vorgeführt. Eine Art Mini-Vietnam mit berühmten Bauten kann von einer Plattform aus besichtigt werden.
Die für ethnische Minderheiten und verschiedene Regionen charakteristischen Häuser – beispielsweise Lehmbauten in Mittelvietnam – sind in Originalgröße vorzufinden. Außerdem gibt es auf dem Gelände einen kleinen Zoo mit zahlreichen, in Vietnam beheimateten Pflanzen und Tieren, eine Zuckerfabrik, eine Reiswein-Destillerie und eine Reismühle, ein Freiluft-Restaurant, diverse Werkstätten, Ausstellungsräume mit Musikinstrumenten und Volkstrachten sowie Souvenirstände. Das Dorf soll einerseits als klassisches Touristenziel, andererseits als Ausbildungsstätte für traditionsreiche und typische Berufe dienen. Das Gelände liegt ca. 5 km von den Ben-Duoc-Tunneln entfernt, nahe dem Dorf Phu Binh.

Trang Bang

Auf dem Weg nach → Tay Ninh, etwa 10 km nordwestlich der Tunnelanlage, passiert man eine Kleinstadt, deren Name im Vietnamkrieg um die Welt ging. Der vietnamesische Fotograf Nick Ut war kurz nach einem Napalmbombenabwurf am 8. Juni 1972 in dem Ort angekommen, aus dem die Bauern und andere Dorfbewohner vor den Flammen flüchteten. Ein nacktes neunjähriges Mädchen lief schreiend auf ihn zu – der Mann drückte auf den Auslöser. Das Bild erschütterte die Öffentlichkeit weltweit und prägt noch immer wie kein anderes die Erinnerung an den Vietnamkrieg. Die junge Phan Thi Kim Phuc (→ Berühmte Persönlichkeiten) hatte schwere Verbrennungen erlitten, an denen sie noch heute leidet. Bei einem persönlichen Treffen in den USA soll sie dem Befehlsgeber des Angriffs 1996 vergeben haben, wie so viele Vietnamesen es taten. Der ehemalige Offizier, der damals der Meinung gewesen sein will, das Dorf sei frei von Zivilbevölkerung, arbeitet seit zwei Jahrzehnten als Friedenspastor in Amerika. Für das historische Foto erhielt Nick Ut den Pulitzer-Preis (Abb. s. S. 60).

Cuc-Phuong-Nationalpark C 2

Provinz: Ninh Binh (Delta des Roten Flusses)
Fläche: 27000 ha
Entfernung: 140 km südlich von Hanoi

Lage und Landschaftsbild

Das Urwaldgebiet von Cuc Phuong befindet sich im äußersten Nordwesten der Provinz Ninh Binh an der Grenze zu den Nachbarprovinzen Than Hoa und Hoa Binh. Zur Erschließung neuer Reisanbaugebiete sollte ursprünglich auch diese Region gerodet werden, doch entschloß man sich 1962, hier auf einer Fläche von 270 km^2 den ersten Nationalpark Vietnams zu errichten. Mit seinen Kegelbergen und seinem Kalkboden ähnelt der Cuc-Phuong-Nationalpark der Trockenen Ha-Long-Bucht, allerdings ist er etwas höher gelegen und mit einem dichten Urwald überzogen.

Pflanzen- und Tierbestand

Mit seinen ganzjährig gleichmäßigen und hohen Temperaturen, den häufigen Niederschlägen und der hohen Luftfeuchtigkeit bietet das Gelände ideale Voraussetzungen für die Entstehung eines tropischen Regenwaldes. Die höchsten Bäume sind mehr als 50 m hoch, über 1000 Jahre alt und haben imponierende, meterhohe Brettwurzeln ausgebildet. Um die spärlichen Lichtverhältnisse im Inneren des Waldes besser ausnützen zu können, gibt es viele Epiphyten, die anderen Pflanzen aufsitzen, sowie echte Schmarotzer, die sich von ihren Wirtspflanzen ernähren.
In Cuc Phuong leben ca. 250 Vogel- und 60 Säugetierarten. Etliche Arten kommen nur in Vietnam vor, z.B. der Delacour-Langur-Affe, die Fleckenrol-

Pflanzen- und Tierbestand (Fortsetzung)

ler-Wildkatze oder der Cuc-Phuong-Wels – ein Fisch, der nur in den Gewässern des Parkgebiets lebt. Obwohl der Wald von den Geräuschen der Tiere erfüllt ist, wird der Besucher Schwierigkeiten haben, diese auch zu Gesicht zu bekommen, denn sie verstecken sich meistens vor den Menschen. Trotz aller Vorsichtsmaßnahmen sind etliche der hier lebenden Wildtiere wie Leoparden, Tiger und Gibbons vom Aussterben bedroht. Der früher im Park heimische Axishirsch wird nur noch in der Zuchtstation des Nationalparks gehalten, soll aber wieder in freie Wildbahn ausgesetzt werden.

Einst lebten im Cuc-Phuong-Nationalpark große Rudel Axis-Hirsche. Die Zuchtstation des Parks versucht sie heute wieder in die freie Wildbahn auszusetzen.

Funde aus der Hoa-Binh-Kultur

In einer der vielen Höhlen des Gebiets wurden auch Zeugnisse menschlicher Besiedlung gefunden, nämlich Steinwerkzeuge aus der Zeit der Hoa-Binh-Kultur von vor rund 10 000 Jahren. Bis in die jüngste Zeit hinein war das Gebiet besiedelt durch Angehörige der Muong. Diese wurden aber in den letzten Jahren ausgesiedelt, denn es kam immer wieder zu Wildereien und illegalem Holzeinschlag, dem die Parkwächter trotz strenger Aufsicht nicht Herr wurden.

Hinweise

Der Cuc-Phuong-Urwald ist etwa 140 km entfernt von Hanoi bzw. 50 km von Ninh Binh und nur über eine teilweise schlechte Straße zu erreichen. Besonders schön ist es in den Monaten von Oktober bis Januar, durch den Park zu wandern, wenn es etwas kälter ist und man nicht von Moskitos heimgesucht wird.
Blumenfreunde sollten im Februar oder März kommen, während Liebhaber von Schmetterlingen im April und Mai voll auf ihre Kosten kommen werden. Im Hauptquartier des Nationalparks existieren einfachere, aber auch etwas komfortablere Unterkunftsmöglichkeiten. Es werden Exkursionen angeboten, die ein bis drei Tage dauern und immer von Rangern begleitet werden, die sich in diesem Gebiet auskennen.

Da Lat E 7

Hauptstadt der Provinz Lam Dong (Zentrales Hochland)
Einwohnerzahl: 150 000
Entfernung: 305 km nordöstlich von Saigon

**Lage und Bedeutung

Wer Zeit hat, sollte mit dem Auto von Saigon nach Da Lat fahren statt zu fliegen – denn die Fahrt über den Bao-Loc-Paß wird von einer atemberaubenden Landschaft begleitet: Die Straße schlängelt sich an Tälern und tiefen Schluchten, Wasserfällen und nebelverhangenen Baumriesen vorbei. Auf der Bao-Loc-Hochebene erstrecken sich die weiten Teeplantagen und Maulbeerfelder – eine fast toskanaähnliche, sanft geschwungene Hügellandschaft mit weißblühenden und intensiv duftenden Frangipani-Bäumen. Obststände mit Durian, der roten Drachenfrucht und Rambutan stehen dicht am Straßenrand. Die auffälligen Ziegelkamine längs der Straße sind mit Pfefferpflanzen bewachsen. Schon in der Zeit der französischen Kolonialherrschaft wurde Da Lat zum Ferienziel und Erholungsort auserkoren. Der kleine Ort ist umrahmt vom Langbiang (2163 m) im Norden, dem "Elefantenberg" Voi (1800 m) im Südwesten, dem nördlichen Lapbe (1732 m) und dem südlichen Lapbe (1707 m). Da Lat ist rund 100 km von der Küste entfernt, an die man über den Ngoan-Muc-Paß gelangt.

Für Vietnamesen ein ausgesprochen exotisches Ambiente: Kühle Temperaturen, waldbedeckte Hügel und exotische Pflanzen wie Erdbeeren und Rosen machen Da Lat zum beliebten Ziel für Flitterwöchner.

Da Lat wird auch die "Stadt des ewigen Frühlings" genannt. Die Bewohner leben vom Anbau von Gemüse, Obst und Blumen (v.a. Orchideen für den Export), von der Rinderzucht sowie vom Kunsthandwerk (Seidenwebereien, Stickereien und Holzschnitzkunst). Die süße und sirupartige Erdbeermarmelade und der Erdbeerwein aus Da Lat sind im ganzen Lande berühmt.

Sinnbild für Liebe und Romantik

Eine romantisch-tragische Legende erzählt, wie die Gegend um Da Lat in früher Vorzeit entstanden ist. Das Gebiet war der Lebensraum von zwei verfeindeten Stämmen, den M'Lat und den Chill. Der Chill-Mann Lapbe ging eines Tages zur Jagd, wie stets begleitet von seinem weißen Elefanten, und traf dabei auf die Tochter des M'Lat-Häuptlings: Langbiang, ein bezaubernd schönes Mädchen mit weißer Haut, rosigen Wangen und betörendem Wesen. Die beiden verliebten sich ineinander. Als Langbiang ihren Vater um Erlaubnis bat, Lapbe zum Mann zu nehmen, bekam der M'Lat-Häuptling einen Wutanfall: Seine Tochter, die bereits dem Zauberer des eigenen Stammes versprochen war, brachte den Feind mit ins Haus! Die Verliebten mußten auf dem Rücken des weißen Elefanten in den Dschungel flüchten. Der Zauberer der M'Lat, außer sich vor Eifersucht, steckte den Urwald in Brand und trieb das Pärchen in die Enge. Mit einem vergifteten Zauberpfeil zielte er auf seinen Nebenbuhler Lapbe, doch Langbiang warf sich schützend vor ihren Geliebten. In seinen Armen starb das bildschöne Mädchen. Lapbe und sein weißer Elefant weinten einen endlosen Strom aus Tränen, die heute den Da-Nhim-Fluß bilden, und schließlich erstarrten beide zu Bergen. Langbiangs Körper verwandelte die abgebrannte Einöde in eine liebliche Landschaft aus Hügeln und Tälern: Ihre Wangen wurden zu rosa Kirschblüten, ihre Augen zu grünlich schimmernden Seen, ihr Atem gab den Blüten ihren Duft. Wer heutzutage die beiden Spitzen des Langbiang-Berges bei gutem Wetter erblickt, muß nicht lange rätseln, woraus die Gipfel – der Legende nach – geformt sind. Nach diesem wunderhaften Naturschauspiel schlossen die beiden Stämme M'Lat und Chill Frieden, der bis heute andauert. Auch der Zauber wirkt offensichtlich noch immer: Unzählige verliebte Pärchen zieht es zum "Tal der Liebe" und zum "Seufzersee", nach wie vor ist Da Lat das beliebteste Ziel für vietnamesische Hochzeitspaare und Flitterwöchner.

Geschichte

Der Reiz des Hochplateaus bei Da Lat ist 1893 von einem Franzosen entdeckt worden. Dr. Alexandre Yersin (1863–1943, → Berühmte Persönlichkeiten), ein Franzose schweizerischer Abstammung, gründete hier 1897 eine Forschungs- und Wetterstation. Der Arzt und Abenteurer war angeblich der erste Europäer, der einen Fuß in dieses Siedlungsgebiet der vietnamesischen Bergstämme gesetzt hatte. Yersin berücksichtigte bei der Namensgebung das Volk der M'Lat, das hier seit Jahrhunderten, wenn nicht Jahrtausenden lebt: Die Lat siedelten ursprünglich in dem Tal, das heute durch den Xuan-Huong-See überflutet ist, die verwandten Chill lebten in der Nähe des Cam-Ly-Wasserfalls. Die landschaftliche Schönheit und das erfrischende Klima des Hochlandes sprachen sich bald herum: Gouverneur Paul Doumer ließ einen Luftkurort mit hübschen Villen und Sommerpalästen errichten, 1899 war die Straße aus Nha Trang ins Hochland gebaut, 1932 auch nach Saigon. Die Gegend entwickelte sich zum exklusiven Erholungsort und zum Gebiet für Großwildjagden, in das Besucher nur mit einem Passierschein eingelassen wurden. Die französische Aristokratie war unter sich, lediglich Kaiser Bao Dai (→ Berühmte Persönlichkeiten) durfte sich dazugesellen.

Im Zweiten Weltkrieg wurde der Gemüse- und Obstanbau im Hochland von den Franzosen stärker gefördert, weil die Lieferungen von Erdbeeren und Weintrauben, Kartoffeln und Kohl aus dem europäischen Heimatland unterbrochen waren. Aber auch unter strategischen Gesichtspunkten war das Gebiet alles andere als uninteressant: Es liegt in der Mitte zwischen Laos, Kambodscha und Vietnam, über das die französische Kolonialmacht herrschte. Als nach 1975 immer mehr Vietnamesen in "wirtschaftlichen Entwicklungszonen" um Da Lat angesiedelt wurden, entstand die von westlichen Ländern unterstützte Widerstandsbewegung FULRO ("Vereinigte Front für den Kampf der unterdrückten Rassen"), die sich gegen die

Geschichte (Fortsetzung)

"Vietnamisierung" durch das kommunistische Regime in Hanoi wandte. Die Gruppe existiert heute faktisch nicht mehr, nachdem Tausende von Mitgliedern festgenommen, hingerichtet oder in die Nachbarländer geflohen waren. Die FULRO und ihre Bekämpfung war ein Grund für die lange Abschottung des Hochlands gegenüber Ausländern und Touristen.

Sehenswertes in Da Lat

Stadtbild

Da Lat schmiegt sich zwischen die grünen Hügel der Hochebene, auf denen das Gemüse in Terrassen wächst. Das Stadtzentrum ist gut zu Fuß oder mit einem Mietfahrrad zu erkunden. Um den Xuan-Huong-See klettern pittoreske Villen und baufällige Hexenhäuschen die Hügel hinauf – die architektonische Mischung in Da Lat liegt irgendwo zwischen Schloß und Plattenbau. Von der französischen Kolonialzeit zeugen noch einige Spuren, beispielsweise die Kathedrale, die Universität und das Pasteur-Institut, und bis 1975 trugen die Straßen noch französische Namen. Besonders entlang der Tran-Hung-Dao-Straße lassen sich alte, arkadenreiche Villen mit Terrassen oder Landhäuser aus groben Felsquadern entdecken – manche Häuser wurden renoviert und dienen heute als Gästehäuser.

Markt

Die Innenstadt konzentriert sich um den zentralen Markt (Cho Da Lat) am Hoa-Binh-Platz. Frühmorgens verkaufen die ethnischen Minderheiten hier ihre Produkte, z.B. Bonsai-Bäumchen und Holzkohle. Von dem Platz zweigen die unebenen Straßen und Gassen über Treppen durch das Städtchen ab. Besonders im Frühling ist die Gegend von einem Blumenmeer übersät: Pfirsich- und Kirschblüten, Sonnenblumen und weiße Lilien, Hibiskus und Frangipani, Mimosen und Rosen, Tulpen und Gladiolen.

Farbenfrohe Webarbeiten der Lat

Dazwischen gibt es einige Garküchen, die u.a. Suppen anbieten. Vor allem auf der Treppe hinauf in die Innenstadt werden Webarbeiten der Bergvölker angeboten: Decken, Rucksäcke und Täschchen in allen Farben und Formen. Oben angelangt sieht man, daß sich auch hier die Stände weiterziehen vorbei am Kino bis zum oberen Eingang der Markthalle. In ihrer obersten Etage ist ein Restaurant untergebracht, von dem man die Stadt gut überblicken kann. Stoffe, allerlei Dekoratives, Haushaltsgegenstände und Elektrogeräte werden im mittleren Stockwerk angeboten.

Lam-Dong-Museum

Über die Phan Boi Chau und die Lu Tu Trong Streets gelangt man zu dem erhöht gelegenen Lam-Dong-Museum, das sich mit der Geschichte und der Kultur dieser Provinz beschäftigt. Vor allem Kunsthandwerk (Keramik, Webarbeiten, Schmuck und Trachten) der Montagnards ist hier ausgestellt; unter den weiteren Stücken kann man eine Zigarrenkiste Kaiser Bao Dais bewundern. Geöffnet: tgl. 8.00–11.30 u. 14.00–16.00 Uhr. Besonders schön ist von hier aus die Aussicht auf die Stadt und ihre Umgebung.

Linh-Son-Pagode

Nicht weit entfernt, aber etwas umständlich vom Museum aus zu erreichen, ist die Linh-Son-Pagode. Über Treppen geht man am besten wieder hinunter bis zur Nguyen Van Troi Street und folgt dieser dann bergan. Mitten in einer Teeplantage über der nördlichen Stadthälfte thront das kleine Kloster (gegr. 1936). Sein Ziegeldach ist geschwungen und von zwei sich windenden Drachen bekrönt. Rechts befinden sich der achteckige Turm mit drei Stockwerken und die buddhistische Lehrstätte von Da Lat. Zwei steinerne Drachen bewachen und flankieren die Treppe zum Hauptgebäude, rechts hängt eine bemerkenswerte Glocke. Im Innern des Altarraumes befindet sich ein Sakyamuni-Buddha aus Bronze. Das Kloster ist nur vormittags geöffnet.

Linh-Son-Pagode (Fortsetzung)

An der südlichen Seite des Zentrums breitet sich der von Villen umgebene Xuan-Huong-See aus, der den Namen einer vietnamesischen Schriftstellerin aus dem 17. Jahrhundert trägt. Der etwa 4 ha große See ist 1919 künstlich aufgestaut worden. Touristen können sich im Pferdewagen rund um den See kutschieren lassen, doch es gibt auch einen kleinen Spazierweg. Tretboote werden in der Nähe des Thanh-Thuy-Restaurants vermietet. An der Nordseite liegen ein 50 ha großer Golfplatz, auf dem schon Bao Dai (→ Berühmte Persönlichkeiten) spielte, und wunderschöne Blumengärten (geöffnet: tgl. 6.00–18.00 Uhr) voller Rosen, Orchideen und Hortensien.

Xuan-Huong-See

Auch die moderne Wissenschaft und Technologie haben die kleine Stadt in den Bergen nicht übergangen: Einige tausend vietnamesische Studenten sind heute an der Universität Da Lat, einer der vier führenden Hochschulen des Landes, eingeschrieben. Mit sowjetischer Hilfe entstand hier das vietnamesische Zentrum für Kernphysik. Der 1957 gegründete Campus liegt an der Dienh Tien Hoang Street und ist schon von weitem gut an dem dreieckigen Turm mit dem roten Stern zu erkennen.

Universität

Südlich davon liegt das ehemalige Grand Lycée Yersin (1 Hoang Van Thu Street), heute das Kulturzentrum Da Lats.

Grand Lycée Yersin

Die Bahnlinie zwischen Saigon/Phan Rang und Da Lat war um 1930 erbaut worden. Heute ist die Strecke größtenteils stillgelegt. Vom Bahnhof (ca. 500 m östlich des Sees) fährt eine alte Eisenbahn zur Linh-Phuoc-Pagode im Ort Trai Mat. Während der halbstündigen nostalgischen Fahrt lernt man die Hügellandschaft und Kiefernwälder der Umgebung kennen.

Bahnhof

Von der Hauptstraße im Süden Da Lats, der Tran Hung Dao Street, gelangt man in südlicher Richtung zu zwei Heiligtümern. Über die Hoanh Goa Tham kommt man zu der farbenfrohen Linh-Phong-Pagode, deren Portal ein lechzender Drachenkopf mit bedrohlich vorstehenden Augen ziert.

Linh-Phong-Pagode

Nimmt man die vorige Abzweigung an der Khe San Street, so führt diese zur Thien-Vuong-Pagode, die v.a. wegen der riesigen Buddhastatue, die auf einem Hügel oberhalb thront, besucht wird. An Ständen werden hier kandierte Erdbeeren und Artischockentee angeboten.

Thien-Vuong-Pagode

Entlang der Tran Hung Dao Street lagen einstmals viele Villen. So diente der Palast Dinh 2 ("Palace 2 Hotel") aus den 30er Jahren den französischen Generalgouverneuren Catroux und Decoux als Wohnsitz. Einige Räume konnten bis 1996 von Touristen gemietet werden, heute ist dies nur noch in den Nebengebäuden möglich. Wegen der interessanten Fotografien aus der Kolonialzeit lohnt sich durchaus ein Abstecher in dieses Gebäude, ansonsten blieben angestaubte Möbel und zerschlissene Vorhänge vom einst so eleganten Interieur – doch manch ein Besucher mag sicherlich den morbiden Charme zwischen Kronleuchtern und schweren Ledersesseln, düsteren Wandgemälden und traurig dreinblickenden Jagdtrophäen. Geöffnet: tgl. 7.00–11.30 u. 13.30–16.30 Uhr.

Dinh 2

Westlich des Dinh 2 geht die Tran Hung Dao in die Tran Phu Street über, in der sich zwei der interessantesten Gebäude aus der Kolonialzeit befinden. Das erste ist das Palace Hotel, wo sich die "bessere Gesellschaft" traf.

Palace Hotel

Auf der anderen Straßenseite erhebt sich die Kathedrale der Stadt, die in den 30er Jahren erbaut und dem Hl. Nikolaus geweiht wurde. Bemerkenswert sind die 70 bunten Glasfenster aus Grenoble und eine eher unauffällige Collage neben dem Altar. Diese wurde zu Ehren der katholischen Märty-

Kathedrale

Kathedrale (Fortsetzung)

rer Vietnams aus Altpapier angefertigt, um die Erneuerung des Katholizismus im Land zu versinnbildlichen.

*Bao-Dai-Palast (Dinh 3)

Der Palast Dinh 3 von Bao Dai (1913–1997) im Südwesten der Stadt wurde zwischen 1933 und 1938 erbaut und weist eine gewisse Ähnlichkeit mit der Art-déco-Architektur auf. Der letzte Kaiser Vietnams aus der Nguyen-Dynastie lebte hier mit seiner Familie in den 40er Jahren, später nur mit seiner Konkubine, nachdem die Kaiserin Nam Phuong und die Kinder bereits im französischen Exil weilten. Der zweistöckige, ockerfarbene Palast umfaßt 26 Räume und einen großen Garten. Mitte der 50er Jahre ging auch der Kaiser endgültig nach Frankreich ins Exil, und Präsident Ngo Dinh Diem nutzte fortan den Palast.

Ein eher nüchternes Äußeres zeichnet die Bao-Dai-Villa aus.

Im Erdgeschoß liegen die Arbeitsräume Bao Dais, im obersten Stock die privaten Gemächer der Kaiserfamilie. Die Empfangshalle ist mit einem Piano, Sitzmöbeln und Jagdtrophäen ausgestattet. Rechts des Eingangs befindet sich das schlichte Arbeitszimmer mit einer Büste des Kaisers unter dem Foto seines Vaters Khai Dinh. Im Versammlungsraum im Erdgeschoß hängen einige Fotografien aus seiner Regierungszeit.
Am Ende des Flures betritt der Besucher den recht bescheiden wirkenden Thronraum mit einigen antiken Gegenständen (u.a. Jagdlanzen). Hier steht auch der hölzerne Badezuber der Mutter des Kaisers. Eine schmale Wendeltreppe führt in den ersten Stock, in dem früher Zimmer an Touristen vermietet worden waren. Die ersten Zimmer dienten der Prinzessin Phuong Mai und den Prinzen Phuong Dung und Bao Long als Wohnräume. Es schließen sich die kaiserlichen Gemächer an, die nicht gerade durch besonderen Pomp auffallen. Bemerkenswert ist auch eine alte Holzkiste an der großen Treppe, in der Bao Dai seine Dampfbäder zu nehmen beliebte. Im Garten warten kleine Kutschen auf Kunden, vor dem Palast versammeln sich die Souvenirhändler, Fotografen und Verkäufer von kandierten Früchten.

*Hang-Nga-Villa (Crazy House)

Die oft gerühmte Hang-Nga-Villa – auch "Crazy House" genannt – in der Huynh Thuc Khang Street ist ebenfalls meist Ziel von Touristengruppen. Unter dem Motto "Back to the Nature" schuf die vietnamesische Architektin und Präsidententochter Hang Nga einen Garten aus verschrobenen Baumhäuschen und Hütten ohne Ecken und Kanten, teils in Tierform, mit Phantasie-Statuen, russischen Puppen, Spinnennetzen, Stalaktiten und "Bambus"-Brücken – alles aus Beton! Die recht skurril gestalteten Zimmer sind verschiedenen Tieren zugedacht und reichlich mit Dekor und Spiegeln ausgestattet (→ Hotels). An das Gästehaus sind noch ein Café und eine Kunstgalerie angeschlossen. Ob man diese Bauwerk nun für Kitsch oder Kunst halten will, bleibt jedem selbst überlassen. Fest steht sicherlich, daß diese Art Architektur einzigartig in Vietnam ist und auch nicht ohne den politischen Einfluß der Familie Hang Ngas hätten durchgesetzt werden können.
In der Umgebung Da Lats stehen noch weitere von Hang Nga entworfene Bauten wie der Kulturpalast für Kinder und die katholische Kirche von Lien Khuong.

Vollkommen ungewöhnlich: das Crazy House

Lam-Ty-Ni-Pagode

Die Lam-Ty-Ni-Pagode (2 Thien My Street) wurde 1961 errichtet und steht ganz im Zeichen des einzigen hier lebenden Mönchs Vien Tuc, der auch Poet, Gärtner und Künstler ist. In den vielen Jahren, in denen er hier lebt, hat er verschiedene Gärten, darunter auch einen japanischen Miniaturgarten mit Brücke, angelegt, Holzmöbel gezimmert, Teile der Pagode nach seinem Stil umgestaltet und sich ein Atelier eingerichtet.

Cam-Ly-Fälle

In der Umgebung Da Lats gibt es einige Wasserfälle, doch der nächstgelegene ist der Cam-Ly-Fall nahe der Hoang Van Thu Street. Schon seit vielen Jahren gilt er als Touristenattraktion, auch für Vietnamesen. So tummeln sich auf den Wiesen Ponies und Cowboys, um ein (für Vietnamesen) exotisches Ambiente zu schaffen. Zugänglich von 7.00–18.00 Uhr.

Nördliche Umgebung von Da Lat

*Tal der Liebe

Wer einen Einblick bekommen möchte, wie die Vietnamesen sich am liebsten am Wochenende vergnügen, der sollte dem "Tal der Liebe" einen Besuch abstatten (s. S. 142). Etwa 5 km nördlich des Stadtkerns liegt dieses gut besuchte Ausflugsgebiet, wo früher Kaiser Bao Dai auf Jagd ging. Ausgiebige Wanderungen in Pinienwäldern und Paddeln auf dem Stausee Ho Da Thien, Ponyreiten mit als Cowboys kostümierten Vietnamesen, Picknick und Souvenir-Kaufrausch sind hier möglich.
Auch ein Campingplatz ist auf dem Gelände vorhanden. Bei gutem Wetter hat man einen wunderbaren Panoramablick über die Landschaft um Da

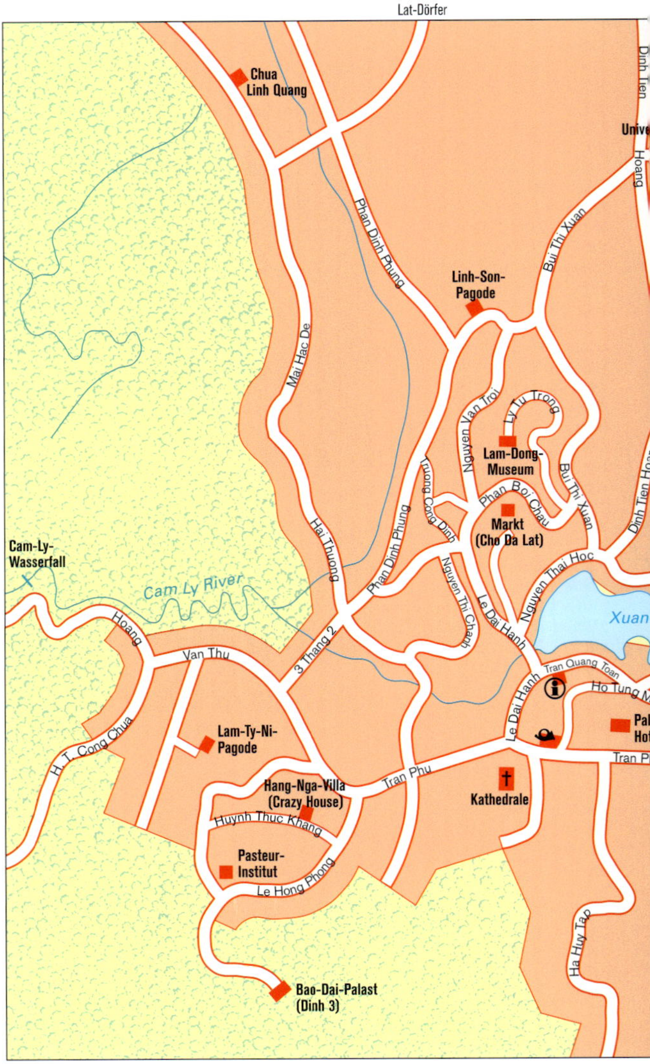

Tal der Liebe (Fortsetzung)

Lat, besonders auf die beiden sagenumwobenen Gipfel des Langbiang-Berges. Geöffnet: 6.00 – 17.00 Uhr.

*Seufzer-See

Der kleine künstliche See ist ebenfalls ein beliebtes und typisch vietnamesisches Ausflugsziel. Er liegt etwa 6 km außerhalb des Stadtzentrums im Osten inmitten von Pinienwäldern. Ponyreiten, Wanderwege um den See und jede Menge Souvenirstände gehören hier zum vielfältigen Vergnügungsangebot.

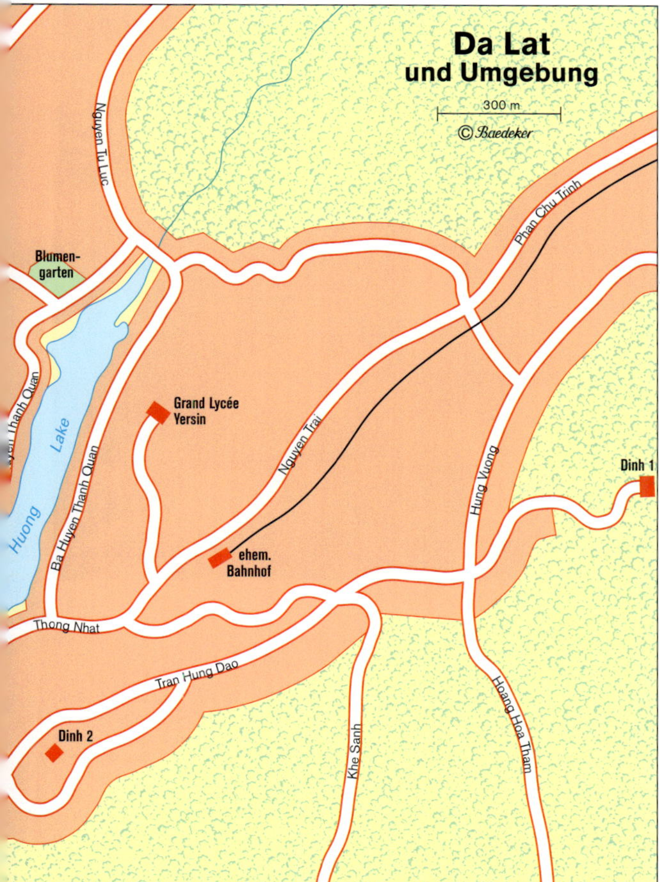

Seufzer-See (Fortsetzung)

Doch einige traurige Geschichten und Legenden ranken sich um den Seufzer- See. Die schönste ist sicherlich die von Hoang Tung und Mai Nuong, dem glücklichen Pärchen, das hier vor mehr als 200 Jahren in den Bergen lebte – bis Hoang Tung noch vor der Hochzeit in den Krieg ziehen mußte. Seiner Geliebten daheim überbrachte ein Bote die schlimme Nachricht: Hoang Tung sei in der Schlacht gefallen. Aus lauter Kummer stürzte sich Mai Nuong in den See. Doch ihr Geliebter kehrte nach einigen Jahren nach Hause zurück und suchte seine Braut – vergeblich. So folgte er ihr voller

Eingang ins Tal der Liebe

Seufzer-See (Fortsetzung)

Gram ins Wasser, und noch heute, so erzählen die älteren Bewohner Da Lats, hört man ihr Seufzen, wenn der Wind durch die Wälder streift.

Lat-Dörfer

Im Umkreis von Da Lat gibt es sechs Dörfer der Lat mit insgesamt etwa 3000 Bewohnern. Die Lat sind größtenteils katholisch und leben vom Gemüseanbau (z.B. Reis, süße Kartoffeln, Maniok, Bohnen), wobei immer noch Brandrodungsfeldbau praktiziert wird. Außerdem stellen sie Holzkohle her, die auf dem Markt in Da Lat verkauft wird.
In einem Lat-Dorf am Fuße des Langbiang-Berges, 12 km nördlich der Stadt, können einige private Pfahlbauten, die Kirche und eine winzige Webstube mit Souvenirshop besichtigt werden. Früher waren die Lat eine matriarchalische Gesellschaft, aber auch heute noch zieht der Mann in das Haus seiner Frau bzw. ihrer Eltern, bis das Paar sich ein eigenes Heim bauen kann, und die Kinder nehmen weiterhin den Namen der Mutter an. Der Alltag der hier lebenden Lat ist heute aber größtenteils dem vietnamesischen angepaßt: Die Kinder gehen auf eine vietnamesische Schule, in der Kirche erklingen die Gesänge im Wechsel in lateinisch, in der Lat-Sprache und in vietnamesisch.
Die traditionellen Trachten – eine Art zweiteiliger Sarong – werden nur noch von den Alten oder zu ganz speziellen Anlässen getragen, z.B. nach ertragreicher Ernte beim Büffel-Opferfest Sa Ropu zu Ehren des Reisgottes Ndu. Dabei fließt der Can in Strömen, oder besser: Die Feiernden saugen den hochprozentigen Reiswein mit Bambusstrohhalmen aus großen Tonkrügen. Das Feilen der Zähne und das Einsetzen von Pflöcken ins Ohrläppchen findet man heutzutage nur noch selten bei den Dorfältesten.
Der Besuch des Dorfes ist nur mit Buchung über den örtlichen Reiseveranstalter Da Lat Tourist möglich, an einer Schranke kontrollieren Polizisten den Zugang und verlangen eine Gebühr.

Langbiang-Berg (Nui Ba)

In der Nähe des Lat-Dorfes liegt das Tor zum Langbiang-Berg (s. Legende). Mit einem Führer von Da Lat Tourist können die Gipfel in rund 2000 m

Langbiang-Berg (Fortsetzung)

Höhe von Wandergruppen und Vogelfreunden innerhalb von etwa drei Stunden erklommen werden. Der Weg führt vorbei an roten Rhododendren, wilden Orchideen, zahllosen Schmetterlingen, seltenen endemischen Vögeln und vielleicht dem einen oder anderen Wildschwein. Ein Teil des Waldes ist bereits dem Kahlschlag bzw. der Holzkohleproduktion zum Opfer gefallen, v.a. an den unteren Hängen. Um die beiden höchsten Gipfel wächst noch immergrüner Wald. Je nach Wetterlage geben die Wolken von oben den sagenhaften Blick auf Da Lat und Umgebung frei.

Südliche Umgebung von Da Lat

Thien-Vien-Truc-Lam-Pagode

Oberhalb des Tuyen-Lam-Sees (auch Quang Trung) liegt die von Ausflüglern gut besuchte Pagode Thien Vien Truc Lam. Von dem buddhistischen Gotteshaus bietet sich ein fantastischer Blick auf den benachbarten Berg und den 1982 angelegten Stausee.
Viele Vietnamesen lassen sich mit Motorbooten ans andere Ufer fahren: Dort befinden sich ein Campingplatz und Bungalows. Wer will, kann auf Elefanten reiten. Das Meditationskloster (1993) beherbergt einen vergoldeten Buddha sowie viele holzgeschnitzte Szenen aus dem Leben Buddhas. Interessierte Ausländer können hier eine individuelle Einweisung in die Kunst des Meditierens bekommen – nach vorheriger Anmeldung und gegen eine kleine Spende. Kloster und Stausee liegen etwa 5 km südwestlich von Da Lat (geöffnet: tgl. 6.00 – 17.00 Uhr).

Datanla-Wasserfall

Auf dem Weg zur Thien-Vien-Truc-Lam-Pagode passiert man auf der Nationalstraße 20 auch den Datanla-Wasserfall, der am Ende eines Waldpfades plätschert.

Prenn-Wasserfall

Mitten in einer Art Vergnügungspark liegt der Prenn-Wasserfall. Besucher können hinter dem rund 10 m hohen Wasserfall entlanggehen wie hinter einem gischtenden Vorhang. Am Wochenende herrscht hier Geschiebe und Gedränge. Im waldähnlichen Park können die Touristen auf einem Zeltplatz übernachten und Tretboot fahren, ein kleiner Zoo gehört ebenfalls zu den Attraktionen. Unvorstellbar, daß noch in den 70er Jahren hier einige Tiger ihr Unwesen trieben und die Touristen fernhielten. Der Prenn-Wasserfall befindet sich an der N 20, etwa 10 km von Da Lat entfernt.

Hier werden die Seidenkokons eingeweicht.

*Seidenweberdorf Cu Xa

Über die Nationalstraßen Nr. 20 und 27b sind die Seidenbetriebe in Cu Xa zu erreichen (ca. 25 km von Da Lat entfernt). Die Fahrt ins Tal führt zuerst vorbei an Kaffeeplantagen, Ananas- und Gemüsefeldern. In den vielen merkwürdigen Strohhäuschen am Straßenrand werden Pilze gezüchtet,

Seidenweberdorf Cu Xa (Fortsetzung)

die in dem feuchten Klima bestens gedeihen. Schließlich sind in der Gegend überall Maulbeerbäume zu sehen: Die Blätter der Bäume werden von den Seidenraupen mit Vorliebe gefressen.
In den hier ansässigen Familienbetrieben werden den interessierten Besuchern die einzelnen Phasen der Seidenproduktion demonstriert. Zum Beispiel die Zucht der Raupen, die Herstellung der Fäden und das maschinelle Aufspulen. Die Raupen verpuppen sich und produzieren den Seidenfaden, indem sie sich immer wieder um sich selbst drehen. Der daumendicke Kokon wird in einem Wasserkessel gekocht, bis sich der Faden löst und dann auf Spulen gedreht werden kann. Anschließend werden die Raupen gebraten und als Delikatesse verspeist.

*Lien-Khuong-Wasserfall

Die Nationalstraße 20 (Richtung Saigon) führt nach etwa 30 km am Lien-Khuong-Wasserfall vorbei. Der etwa 100 m breite Wasserfall gehört in der Regenzeit zu den schönsten in der Gegend: Das Wasser des Da-Nhim-Flusses rauscht aus 20 m Höhe über die Felsen, gut zu sehen von der Terrasse des einfachen Straßencafés Ngoc Hoa. Von hier führen auch Treppen hinunter zum Flußbett.
Bei der Weiterfahrt fällt auf der linken Seite eine hübsche kleine Pagode inmitten eines Reisfeldes auf – in dem buddhistischen Nonnenkloster Thinh Xa Ngox Thanh werden Räucherstäbchen hergestellt.

Auf der Fahrt auf der N 20 zwischen Da Lat und Saigon bieten sich wunderbare Aussichten auf die sanfte Hügellandschaft. Besonders schön ist der Blick auf den Lien-Khuong-Wasserfall.

*Dambri-Wasserfall

Ebenfalls auf dieser Straße gelangt man zu dem Dambri-Wasserfall (110 km südwestlich von Da Lat, bei Bao Loc den Schildern über eine holprige, nur teilweise asphaltierte Landstraße folgen).
Das enorme Rauschen kündigt den rund 50 m hohen Wasserfall schon am Parkplatz des kleinen Vergnügungsparkes an. In einer mächtigen Kaskade donnern die Wassermassen über mehrere Felsstufen steil abwärts und versprühen weithin ihre Gischt – ein ohrenbetäubendes Naturspektakel.

Umgebung von Da Lat (Fts.), "Chicken Village"

An der Straße von Da Lat in Richtung → Nha Trang, nur 18 km von Da Lat entfernt, liegt das unter Travellern bekannte "Chicken Village" (eigentl. Lang Con Ga), das diesen Namen nach der 5 Meter hohen Hühnerstatue auf dem Dorfplatz bekam. Warum diese errichtet wurde, läßt sich nicht mehr genau sagen – vielleicht aus politischen oder religiösen Gründen, aber auch eine Liebesgeschichte wird manchmal genannt. Die Bewohner des Dorfes sind sehr arm und gehören zur ethnischen Minderheit der Koho.

Da Nang E 4

Hauptstadt der Provinz Quang Nam – Da Nang (Südliche Zentralküste)
Einwohnerzahl: 400 000
Entfernung: 764 km südlich von Hanoi

Lage und Bedeutung

Aufgrund ihrer idealen Lage in Vietnams Mitte, wo der Han in das Südchinesische Meer fließt, konnte sich die Küstenstadt Da Nang zur Drehscheibe zwischen Nord und Süd entwickeln. Vor allem ihre Bedeutung während des Vietnamkrieges, als Da Nang auch als "Saigon des Nordens" galt, trug dazu einen wichtigen Teil bei. Heute leben mehr als 400 000 Menschen in Da Nang. Durch die wirtschaftliche Liberalisierung ist wieder ein beachtlicher Aufschwung zu beobachten, wobei die gute Verkehrsanbindung, wachsende Hafenkapazitäten und internationale Investitionen eine wesentliche Rolle spielen. Doch nicht nur in der Gegenwart und der jüngeren Vergangenheit hatte die Region einen besonderen Stellenwert: in der Nähe Da Nangs gibt es viele Ruinen der Cham-Kultur, einer der mächtigsten Dynastien in Südostasien.
So weist die Stadt, die ansonsten keine herausragenden Sehenswürdigkeiten bietet, ein wirklich einmaliges Highlight auf – das Cham-Museum mit der weltweit größten und bedeutendsten Sammlung dieser Kunstepoche. Ansonsten kann man von hier aus mehrere interessante und erholsame Umgebungsziele in Tagesausflügen besuchen, seien es die Strände Khe My und Non Nuoc, die sich beide als China Beach ausgeben, die Marmorberge, die Bergstation Ba Na, die Fahrt über den Wolkenpaß und der weiße Strand von Lang Co, die alte Hafenstadt → Hoi An und Ruinen der Tempelstadt → My Son.

Geschichte

Vom 4. bis ins 14. Jahrhundert hinein gehörte die Gegend um Da Nang zum Königreich der Cham, erst Ende des 15. Jahrhunderts gründeten die Vietnamesen hier eine Siedlung. Aufgrund ihrer günstigen Lage wurde die Stadt immer wieder von Invasoren heimgesucht, weshalb sie einen Ruf als traditionelles Widerstandszentrum hat. Erst im 16. und 17. Jahrhundert begann sich Da Nang als Hafenort zu etablieren, da die Handelsschiffe hier oft warten und vor Anker gehen mußten, bevor ihre Ladung in Faifo (heute Hoi An) gelöscht werden konnte. Ab dem Jahre 1802, als Hue vietnamesische Hauptstadt geworden war, gingen in Da Nang alle Besucher des Hofes an Land. Der neue Ngyuen-Kaiser Gia Long sagte den Franzosen für ihre Hilfe, daß er auf den Thron kam, eine Konzession für Da Nang (frz. Tourane) zu – allerdings wurde sie erst 1888, nachdem diese den Hafen mehrere Male beschossen hatten, erteilt. In den folgenden Jahren wurde Da Nang als der Hafen bekannt, an dem französische Handels- und Missionsflotten und später amerikanische GIs einliefen.
Die Stadt wuchs stetig um die südvietnamesische Luftwaffenbasis, doch erst recht, nachdem die US-Truppen hier am 8. März 1965 gelandet waren. Vielen sind sicherlich noch die Fernsehbilder in Erinnerung, wie eine Vorhut Marines in der Da-Nang-Bucht an Land watet und der internationalen Presse hübsche Bilder der Landung mit Amphibienfahrzeugen, Hubschraubern und jungen Vietnamesinnen, die sie mit Blumengirlanden begrüßen, liefert. Nachdem die Amerikaner gekommen waren, explodierte die Stadt beinahe. Binnen kurzer Zeit verwandelte sie sich fast in eine ame-

Geschichte (Fortsetzung)

rikanischen Kleinstadt mit Krankenhäusern, Kinos, Bowlingbahnen, Parks und vor allem einer Menge Bars, da viele GIs ihre Wochenenden und Urlaubstage in Da Nang oder am China Beach (s.u.) verbrachten. Flüchtlinge aus den sog. Feuer-frei-Zonen strömten in die Dienstleistungsbereiche, sie arbeiteten u.a. als Wäscher, Arbeiter, Prostituierte und Drogenhändler. In den 40er Jahren hatte Da Nang 20000 Einwohner, 1955 hatte sich die Zahl verdoppelt, und zur Zeit des Vietnamkriegs zählte man fast 1 Million Einwohner.
Da Nang profitierte allerdings nicht nur in wirtschaftlicher und struktureller Hinsicht von dem US-Militärstützpunkt, die Umgebung der "City of War" hatte unter den Kampfhandlungen auch stark zu leiden: 33000 t Bomben wurden hier abgeworfen, Zehntausende starben. Von 1967 bis 1972 lag das deutsche Lazarettschiff "Helgoland" im Hafen von Da Nang vor Anker, in dem trotz amerikanischer Proteste Verwundete aller Kriegsparteien versorgt wurden. Im März 1975 starteten die Nordvietnamesen schließlich eine Großoffensive, die südvietnamesischen Truppen flohen, und der Vietcong konnte die Stadt ohne Gegenwehr für befreit erklären.

**Cham-Museum (Bao Tang Cham)

Einzigartige Sammlung von Kunstwerken der Cham

Die wichtigste Sehenswürdigkeit Da Nangs ist zweifellos das Cham-Museum mit seiner auf der Welt einzigartigen Sammlung zur Kunst der Cham. Man sollte einen Besuch keinesfalls versäumen, v.a. wenn man auch → My Son besichtigen möchte. Es liegt an der südlichen Vuong-Straße in der Nähe des Han-Ufers. Öffnungszeiten: täglich 7.00 – 18.00 Uhr.

Durch die gelungene Präsentation gewinnen ...

... die außergewöhnlichen Exponate noch zusätzlich.

Geschichte und Anlage

Auf Initiative der École Française de l'Extrême Orient wurde 1915 mit dem Bau eines Museums begonnen. Bis zur tatsächlichen Eröffnung sollten allerdings noch 24 Jahre vergehen. Schon allein das Gebäude und die sorgfältige Präsentation der Exponate sind sehenswert. Auch der Garten mit den blühenden Frangipani-Bäumen und einer Reihe hervorragender Skulpturen gibt eine besondere Stimmung und einen Eindruck von der Epoche und der Herrschaft der Cham, die mehr als 1000 Jahre lang in Südvietnam geherrscht hatten, wieder. Leider sind die einzelnen Exponate nicht ausreichend erläutert, auch der kleine Katalog, den man am Eingang erwerben kann, bietet nur einen allgemeinen Überblick und bezieht sich nicht auf die ausgestellten Stücke.

Cham-Kunst

Im wesentlichen handelt es sich bei der Kunst der Cham um religiöse Kunst; hier wie in ihren allgemeinen Glaubensvorstellungen sind sowohl buddhistische, hinduistische und islamische Elemente als auch lokale Einflüsse zu finden. Immer wieder trifft man auf Darstellungen

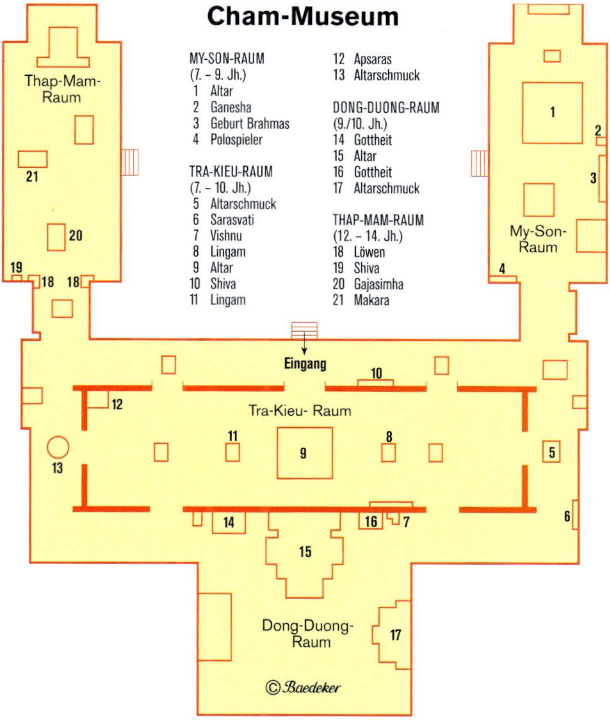

Cham-Museum (Fortsetzung)

von Löwen, Elefanten und Hindu-Gottheiten. Vor allem Shiva, die hinduistische Gottheit der Zerstörung und des Wiederaufbaus, wurde von den Cham als Verteidiger ihres Reichs verehrt. Shiva wird als kräftiger Mann oder symbolisch als Lingam (Phallus) oder Nandi (Stier) gezeigt. Indonesische und Khmer-Einflüsse kann man an den Buddha-Skulpturen aus dem 9. Jahrhundert (Indrapura) erkennen. Die bekannteste und eigenwilligste Darstellungsform der Cham-Kunst ist aber die der Uroja, einer Art Ur-Mutter der Cham-Könige, die als Brust bzw. Brustwarze veranschaulicht wurde. Weiteres zur Kunst der Cham im Einleitungskapitel→ Kunst und Kultur.

Rundgang

Auf zehn Räume verteilt kann man fast 300 Exponate (Altäre, Friese, Reliefs und Statuen) aus dem 4. bis 14. Jahrhundert finden. Gegliedert ist die Ausstellung nach Fundorten und den damit verbundenen Kulturperioden während der Cham-Herrschaft. Man beginnt den Rundgang auf der linken Seite mit den Skulpturen von My Son (4.–11. Jh.). Diesen folgen in dem die beiden Hauptflügel verbindenden Saal die Funde von Tra Kieu (Sinhapura, 4.–10. Jh.), in einem Anbau schließen sich die Dong-Duong-Stücke aus Indrapura (8.–10. Jh.) an. Last but not least sind im rechten Flügel die Skulpturen aus der Provinz Binh Dinh (11.–15. Jh.) zu sehen.

My-Son-Raum

Im ersten Raum sind Funde aus dem Tempeltal My Son (8./9. Jh.) zu sehen. Zu Beginn des 8. Jahrhunderts hatten sich die Cham-Königreiche zusammengeschlossen, ein eigener Kunststil entstand. Die unterschiedlichen Stilrichtungen, die bei Ausgrabungen zutage traten, wurden nach den verschiedenen Fundstellen benannt. Als Meisterwerk der frühen Bildhauerkunst gilt der Altar mit seinem herrlichen Fries. Auch der unvollendete Gie-

Cham-Museum (Fortsetzung)

bel mit der Darstellung der Geburt Brahmas aus dem Nabel Vishnus ist äußerst interessant.

Tra-Kieu-Raum

Bei Tra Kieu befindet sich der Fundort Sinhapura. Die prachtvolle Hauptstadt des Cham-Reiches im 4. bis 8. Jahrhundert liegt 40 km südwestlich des heutigen Da Nang. Ein monumentaler Altar mit Szenen aus dem indischen Epos Ramayana beeindruckt im Tra-Kieu-Raum. Die Darstellung der Hochzeit Prinzessin Sitas aus dem 7. Jahrhundert zeigt nicht nur thematisch, sondern auch formal einen starken indischen Einfluß.

Dong-Duong-Raum

Unter König Indravarnam II., der die Hauptstadt in den Norden (Indrapura) verlegte, fand eine Hinwendung zum Buddhismus statt. Ende des 9. Jh. wurde dort ein Kloster, später Dong Duong genannt, erbaut. Szenen aus dem Leben Buddhas sind auf den Altarreliefs zu finden.

Thap-Mam-Raum

Seit Beginn des 11. Jahrhunderts mußten sich die Cham aufgrund des Vordringens der Viet immer weiter nach Süden zurückziehen. Im Thap-Mam-Raum kann man anhand der Exponate sehr gut den Stilwandel zwischen dem 12. und dem 14. Jahrhundert nachvollziehen.
Die mythischen Wesen (Garuda, Gajasimha und Makara) und die Shiva-Statue, die hier zu sehen sind, wirken gröber, nicht mehr so fein und elegant gearbeitet wie die Beispiele aus den früheren Epochen.

◀ *Die einfühlsame Darstellung des in seine Melodien versunkenen Flötenspielers wird allgemein bewundert (My-Son-Altar).*

Weitere Sehenswürdigkeiten in Da Nang

Cao-Dai-Tempel

Der Cao-Dai-Tempel von Da Nang (35 Hai Phong Street) ist der zweitgrößte Vietnams nach der in → Tay Ninh. Auch hier wird der Innenraum von dem allessehenden Auge des höchsten Wesens beherrscht, zudem zieren Bilder der wichtigsten Heiligen wie Laotse, Konfuzius, Jesus Christus und Buddha die Wände. Von 1975 bis 1986 war das Gotteshaus geschlossen, nun werden wieder viermal am Tag Messen gelesen (6.00, 12.00, 18.00 und 24.00 Uhr). Etwa 50 000 Gläubige sollen in Da Nang leben.

Kathedrale

Ganz in der Nähe, in der Tran-Phu-Straße, steht die Kathedrale, die 1923 von den Franzosen errichtet wurde. Ihre bunten Glasfenster stammen – wie jene der Kathedrale von Da Lat – von dem Grenobler Künstler Louis Balmet.

Märkte

In Da Nang gibt es verschiedene Märkte, durch die es sich zu bummeln lohnt: die relativ neue Markthalle an der Ecke Tran Phu/Hung Vuong oder der Cho Con an der Ecke Hung Vuong/Ong Ich Khiem, in deren Läden man Kunsthandwerk, v.a. allerlei Korbwaren, erstehen kann. Ein bunter Straßenmarkt befindet sich zudem in der Hai Phong Street östlich des Bahnhofs.

Provinzmuseum

Ein amerikanischer Hubschrauber steht vor dem kolonialen Gebäude in der 24 Le Duan, in der sich das Provinzmuseum befindet (geöffnet: Di.–

So. 7.00–11.00, 13.00–15.00 Uhr). Seit längerer Zeit wird hier renoviert, und ein Ende scheint noch nicht abzusehen. Interessant ist trotzdem die Abteilung über den Vietnamkrieg und die ethnischen Minderheiten in der Umgebung. Fremd und gleichzeitig äußerst beeindruckend ist hier eine 20 m lange Bambus-Harfe, die von den Sedang gefertigt wurde. Sie erzeugt einen bezaubernden Klang, der angeblich vor wilden Tieren und bösen Geistern schützt.

Provinzmuseum (Fortsetzung)

Etwa einen Kilometer südlich des Cham-Museums kann man in 10 Nguyen Van Troi, westlich der Han-Brücke, zwei weitere Museen besuchen:
Das Ho-Chi-Minh-Museum zeigt vor allem Fotografien und Dokumente zu seiner Person, aber auch eine detailgetreue Nachbildung seines Hauses – bis hin zu Lenins Werk auf seinem Schreibtisch. Daran angeschlossen ist noch eine größere Ausstellung zur Geschichte der 5th Military Zone Army. Geöffnet: Di.–So. 7.30–11.00, 13.30–16.30 Uhr

Ho-Chi-Minh-Museum

Südliche Umgebung von Da Nang

Die langgezogene Son-Tra-Halbinsel mit dem Monkey Mountain schützt Da Nang vor dem Wintermonsun. Tatsächlich leben hier auf dem Berg eini-

Monkey Mountain

Monkey Moutain
(Fortsetzung)

ge Affen. Allerdings kann man nur einen kleinen Teil Son Tras besuchen, da hier ein militärisches Sperrgebiet ausgewiesen ist.

My Khe
(China Beach)

An der dem Südchinesischen Meer zugewandten Seite der Halbinsel liegt My Khe (7 km südöstlich vom Zentrum Da Nangs), der wahre China Beach, an dem sich amerikanische Soldaten von den Kampfhandlungen erholen konnten. Am Abend wird der Strand gerne von den jungen Leuten und Familien besucht. Es gibt hier ein Hotel mit Restaurant und viele Stände, an denen man frische Meerestiere essen kann. Aufgrund der besonderen Schönheit des Strandes und seines Bekanntheitsgrades interessieren sich auch internationale Hotelgruppen für diesen Ort. Vermutlich wird in den nächsten Jahren einiges zu seiner weiteren touristischen Erschließung geschehen.

*Marble
Mountains

**Huyen-Khong-
Höhle

Etwa 12 km westlich von Da Nang ragen relativ unvermittelt die Marble Mountains (Marmorberge oder Ngu Hanh Son) auf. Sie wurden von dem Kaiser Minh Mang (1820–1840) so genannt; die einzelnen tragen die Namen der Elemente Feuer, Wasser, Erde, Metall und Holz. Auf ihren Kuppen und in Höhlen befinden sich Heiligtümer, die während des Krieges von den Guerillas als Beobachtungsposten genutzt wurden – wegen ihrer optimalen Sicht auf den US-Flughafen.
Beeindruckend ist auch der Blick auf die Küste. Am Fuß der Berge gibt es ein kleines Dorf, in dem in einigen Läden Marmorfiguren angeboten werden. Ein Mythos erzählt, daß der Schildkrötengott an der Küste ein Ei ausbrütete, aus dem eine Nymphe schlüpfte, als die Schale in fünf Teile – entsprechend der fünf Berge – zersprang. Angehörige des Cham-Volkes kamen hierher, um ihre hinduistischen Gottheiten zu verehren und errichteten später buddhistische Altäre in den Höhlen, die mit der Zeit zu bedeutenden Wallfahrtsstätten wurden. Nach dem Tod Ho Chi Minhs wurde der Marmor von den hiesigen Steinbrüchen für sein Mausoleum verwendet.
Der meistbesuchte Berg ist der Thuy Son (Wasser). Über in den Fels gehauene Treppen kann man zur Tam-Thai-Pagode gelangen, ursprünglich ein Cham-Heiligtum. Unter Minh Mang wurde an der Stelle 1825 die Pagode errichtet, in denen die Statuen des Buddha Sakyamuni (Vergangenheit), des Bodhisattva Quan Am (Zukunft und Göttin der Gnade) und eine Statue Van Thus (Weisheit) angebetet werden.
Zweigt man vom Hauptweg nach links ab, gelangt man durch einen steinernen Bogen in eine Grotte, in der eine sehr schöne Quan-Am-Statue steht. An diese Grotte schließt noch die Huyen-Khong-Höhle an – ursprünglich ein Ort animistischer Verehrung, der später ein buddhistischer Pilgerort wurde. An der Quan Am geht es links vorbei durch einen dunklen, ein wenig rutschigen Gang. Erst mit der Zeit kann man die imposante, aus dem Stein gehauene Buddha-Statue am anderen Ende der gewaltigen Halle ausmachen. Vier bunt angemalte Wächter bewachen den Eingang; in die hohe Decke der Höhle wurden Löcher gebrochen, durch die diffus Tageslicht scheint, so daß der Buddha in der Mittagszeit hell erstrahlt. Um ihn herum findet man einige Altäre und Heiligtümer, an denen hinduistische, buddhistische, taoistische und konfuzianische Götter verehrt werden. Zudem gibt es hier einige wundersame Gesteinsbildungen zu sehen, die als Storch, Fisch oder auch Elefant gedeutet werden.

Pilger am Eingang der Huyen-Khong-Höhle

Marble Mountain und China Beach

Marble Mountains (Fortsetzung)

Eine Plakette erinnert daran, daß der Vietcong auch diese Höhle als Unterstand genutzt hatte. Eine Fraueneinheit hatte von hier 19 US-Flugzeuge mit nur 22 Raketen abgeschossen.

*Aussicht

Über eine weitere Treppe kann man auf einen Aussichtspunkt gelangen, von dem sich ein traumhafter Blick auf die anderen Berge, den Non-Nuoc-Strand, die Cham-Inseln und den Monkey Mountain bietet.

Non Nuoc

Nur etwa 500 m vom Thuy Son Mountain entfernt liegt der sog. neue China Beach, der Non-Nuoc-Strand, der mit My Khe um den Namen und den "Ruhm" streitet. Es gibt schon einige Hotels und Restaurants – und auch hier wird ein weiterer touristischer Ausbau erwartet.

Nördliche Umgebung von Da Nang

Wolkenpaß (Deo Hai Van)

Etwa 30 km nördlich von Da Nang liegt der erste von drei Bergen des Truong-Son-Gebirges, das etwa in der Mitte des Landes die "schmale Taille" Vietnams markiert: der Ai Van Son (1176 m). Hier befindet sich die Wetterscheide des Landes. Auf der einen Seite kann noch die Sonne scheinen, während auf der anderen schwarze Wolken hängen und Regen hinunterpeitscht. Über diesen Ausläufer führt der Hai-Van-Paß, was soviel wie "Paß der Meereswolken" bedeutet. Von Süden her erreicht man auf der Nationalstraße 1 den Paß auf einer Höhe von 496 m; dem folgt eine wahre Serpentinenfahrt bis auf den Gipfel mit faszinierenden Ausblicken. Man kann Fahrradfahrer und Mountainbiker bei dieser Herausforderung schwitzen sehen, aber auch kleine klapprige Busse, die auf der Strecke liegenblieben.

Einst bildete das Gebirge die Grenze zwischen dem Reich der Viet und der Cham, und seine strategische Bedeutung blieb über Jahrhunderte erhalten. Noch heute steht auf der Höhe ein altes französisches Fort, das später auch von den Südvietnamesen und den Amerikanern genutzt wurde. Von

Umg. v. Da Nang, Wolkenpaß (Fortsetzung)
*Aussicht

hier oben kann man, sofern das Wetter mitmacht, eine wunderbare Sicht auf die Bucht von Da Nang genießen. Allerdings ist es an diesem Punkt auch nicht gerade einfach, sich den Massen von fliegenden Händlern und Getränkeverkäufern zu entziehen.

Blick auf die Lagune von Lang Co

*Lang Co

Wenn man den Paß nun auf der anderen Seite hinunterfährt und es langsam wieder etwas wärmer wird, kann man nach einiger Zeit die aquamarin leuchtende Lagune von Lang Co (ca. 40 km nördlich von Da Nang) erkennen. Einige riesige Fischernetze, die an Stangen über dem Wasser hängen, sind hier aufgestellt. In der Lagune werden zudem Austern gezüchtet, mit deren Perlmutt vietnamesische Künstler ihre Intarsien gestalten.
Zwischen Palmen erahnt man das Dorf Lang Co, das auf einer kleinen Landzunge liegt. Noch heute sind die Reste der früheren Brücke, die die Lagune überspannte, bevor der Vietminh sie 1947 zerstörte, zu erkennen. Viele Reisende legen hier einen Zwischenstop ein, um etwas zu essen und zu trinken oder an dem nahegelegenen Strand zu baden.

Delta des Roten Flusses C/D 2

Lage: Norden
Fläche: 15 000 km²

Lage und *Landschaftsbild

Der Rote Fluß (Song Hong) entspringt in der südwestchinesischen Provinz Yunnan und durchfließt Nordvietnam auf den letzten 500 km seines insgesamt 1200 km langen Laufes. Zum System des Roten Flusses gehören weitere große Ströme wie der Schwarze Fluß und der Klare Fluß, mit denen er sich oberhalb von Hanoi beim Eintritt ins Tiefland vereinigt. Im Tiefland fächert sich der Rote Fluß in viele Arme auf, bevor er südlich der Hafenstadt Hai Phong ins Südchinesische Meer mündet.

Lage und Landschaftsbild (Fortsetzung)

Obgleich das nördliche Delta nur wenige Meter über dem Meeresspiegel liegt, wurde es jahrhundertelang kanalisiert und kultiviert. So sieht man heute eine Landschaft, die von einem Netz aus alten Deichen und Dämmen durchzogen und mit Tempeln, Pagoden, Kirchen, Familiengräbern und Gemeindehäusern übersät ist.
Von Hanoi aus sollte man einen Abstecher in das Deltagebiet machen, auch wenn es außer der einzigartigen Parfüm-Pagode nur wenige wirkliche Sehenswürdigkeiten gibt. Unter all den historischen Bauwerken sind sicher die Thay-Pagode und die Tay-Phuong-Pagode (alle drei → Hanoi, Umgebung) tief im Landesinneren die schönsten Beispiele klassischer vietnamesischer Architektur. Viele Städte tragen noch immer schwer an den Zerstörungen des Vietnamkrieges, doch lohnen sich Abstecher in die Dörfer Bat Trang und Dong Ky, in denen Kunsthandwerk gefertigt wird. Zu den landschaftlichen Highlights gehören dagegen die → Trockene Ha-Long-Bucht und der → Cuc-Phuong-Nationalpark.

Das Delta des Roten Flusses gilt als Wiege der vietnamesischen Kultur.

Wasserführung

Die schroffen Gebirge und die relativ steilen Gefälle sorgen dafür, daß die Wasserläufe viel Schutt mit sich führen. Die Namen der Flüsse beziehen sich auf die vorherrschende Farbe des mitgeführten Materials. Beim Roten Fluß überwiegen eisenhaltige Sedimente, was ihm seine rötlich-braune Farbe gibt, der Schwarze Fluß führt dagegen überwiegend dunkles, humushaltiges Material mit sich, und der Klare Fluß kommt aus einem Gebiet, wo wenig Erosionsmaterial anfällt, so daß keine besondere Färbung zu sehen ist. Die Wasserführung des Roten Flusses und seiner Nebenflüsse entspricht dem monsunalen Charakter des nordvietnamesischen Klimas. Seinen geringsten Wasserstand hat er am Ende der Trockenzeit im März oder April, Hochwasser führt er dagegen im Sommer, wenn die Niederschläge mit großer Intensität auf das Land niedergehen. Dabei sind die Schwankungen zwischen den Jahreszeiten viel größer als zum Beispiel im Mekong-Delta, das einem ähnlichen Niederschlagsrhythmus unterliegt. Nicht nur die großen Unterschiede in der Wasserführung sind für den Ro-

Baedeker Special

Vietnamesische Puppenkiste

Flüsse und Kanäle durchziehen die weiten Delta-Landschaften Vietnams. Seen,Teiche und Reisfelder glitzern in der Sonne. Das Leben der Menschen hier wird von den Regenfällen des Monsuns, vom Pflanzen und Ernten bestimmt. Im Frühjahr und im Herbst, zu Beginn und am Ende des bäuerlichen Kreislaufs, finden seit alters her in jedem vietnamesischen Dorf Feste statt. Dabei dreht sich meistens alles ums Wasser, weil es so reichlich vorhanden und so lebensnotwendig ist. In Nordvietnam, besonders im Delta des Roten Flusses, amüsieren sich die Dorfbewohner dann bei den traditionellen Bootsrennen und Schwimmwettbewerben – und bei dem weltweit einzigartigen **Wasserpuppentheater** (mua roi nuoc).

Laute Böllerschüsse künden von dem Ereignis, dann werden die Zuschauer musikalisch begrüßt. Die Mitglieder eines kleinen Orchesters begleiten die gesamte Aufführung und verleihen den Puppen ihre Stimmen. Sie sind in festliche, leuchtendbunte Gewänder gekleidet und sitzen neben der "Bühne", in diesem Fall dem Wasser. Normalerweise ist es der Dorfteich oder ein See. In Städten wie Hanoi oder Hue gibt es auch speziell eingerichtete Wasserpuppentheater mit einem Wasserbecken als Bühne. Links und rechts begrenzen zwei pfählerne Holz-Balustraden den Bühnenbereich. Hier werden zu Beginn der Aufführung bunte Fahnen aufgezogen – wie von Geisterhand. Das bräunliche Wasser schlägt kleine Wellen, und die weißen Rauchschwaden der verhallenden Feuerwerkskörper ziehen langsam über die Wasseroberfläche.

Da kommt Teu auf die Bühne, der Conferencier, der Spaßmacher und Vermittler zwischen Publikum und Akteuren. Die weißbemalte Puppe mit verschmitztem Gesichtsausdruck stellt einen jungen Bauern dar, der in keinem Roi Nuoc fehlen darf. Er eröffnet die Darbietung und heißt die Zuschauer willkommen. Dann erklingt eine Bambusflöte, und eine Musikerin fängt an zu singen.
Wie von Fäden gezogen, gleitet ein brauner Wasserbüffel aufs Wasser. Mit seiner breiten Schnauze taucht er immer wieder in die Fluten und spritzt dabei mächtig um sich. Schnaubend und prustend zieht er seine Bahnen durch das Wasser, mit einem Pflug und einem Bauern im Schlepptau – ein Bild, das in Vietnam genauso zur Landschaft gehört wie die Kegelhüte der Frauen. Und als ob sich eine ganze Dorfgemeinschaft verabredet hätte, tummeln sich zu den Klängen einer volkstümlichen Melodie in dem Becken alsbald andere pflügende Bauern, reispflanzende Bäuerinnen und Fischer in ihren kleinen Booten.

Die meisten Motive des Wasserpuppentheaters entstammen dem Alltagsleben der vietnamesischen Reisbauern, das mit all seinen heiteren und traurigen Begebenheiten in kleinen unterhaltsamen Szenen nachgezeichnet wird: Es geht ums Entenhüten und Füchsejagen, um Bootsrennen oder um die Tücken des Fischefangens. Die Fische hüpfen dann munter umher, und die Fischer schlagen mit gespielter Unbeholfenheit ihre Reusen immer wieder daneben. Die Zuschauer amüsieren sich natürlich königlich, wenn die springlebendigen Fische entwischen und die Fischer leer ausgehen – und besonders, wenn zu guter Letzt im Eifer des Gefechts nicht der Fisch, sondern ein kleiner, frecher Junge die Reuse übergestülpt bekommt.

Andere Episoden wurzeln in Märchen, Legenden oder anderen Theaterformen, deren Helden meist der nationalen Geschichte entstammen. Ein berühmter und besonders beliebter historischer Stoff dreht sich um den legendären König Le Loi, der im 15. Jahrhundert die Chinesen aus Vietnam vertrieb. Der Sage nach siegte er dabei mit einem magischen Schwert, das ihm die Götter überlassen hatten. In Aufführungen des Wasserpuppentheaters wird oft und gerne erzählt, wie Le Loi nach jenem Krieg eine Bootsfahrt auf dem Hoan-Kiem-See in Hanoi unternahm. Dort traf er auf eine riesige goldene Schildkröte, die ihm das Schwert entriß und dann in den Tiefen des Sees verschwand, um es seinen göttlichen Eigentümern wiederzugeben.

einander tanzen, verheißt dies in Vietnam Glück und Frieden.

Nach ihrem Auftritt verschwinden die Figuren in einem Wasserpavillon, der im hinteren Bereich des Beckens aufgebaut ist. Dieses Häuschen beherbergt unter seinem geschwungenen Pagodendach die Requisiten, die Puppenschar und auch die Puppenspieler.
Diese agieren für das Publikum nämlich unsichtbar hinter Vorhängen aus geflochtenem Bambus. Dabei stehen sie bis zu den Hüften im Wasser! Die Puppen dagegen scheinen auf dem Wasser zu laufen

Imposanter Einzug der Protagonisten des Wasserpuppentheaters – seit dem 10. Jahrhundert gehören diese Aufführungen zu jeder Dorffeier. Die schönsten kann man beim Pagodenfest des Chua Thay bei Hanoi sehen.

Am Ende der Aufführung erklingen noch einmal Trommeln und Zimbeln. Zu immer schneller werdenden Rhythmen gleiten, hüpfen und springen die vier heiligen Tiere durchs Wasser: der wundersame Vogel Phönix, das mythische Einhorn Kylin, der farbenprächtige Drache und die goldene Schildkröte. Denn wenn sie mit-

oder zu schweben. Mit 3 bis 4 m langen Bambusstangen werden die Figuren bewegt, über Ruder und Schnüre können sie zusätzlich gedreht und gewendet werden, so daß man den Eindruck bekommt, sie seien geradewegs von den Reisfeldern und aus den Dörfern auf die Bühne gekommen.

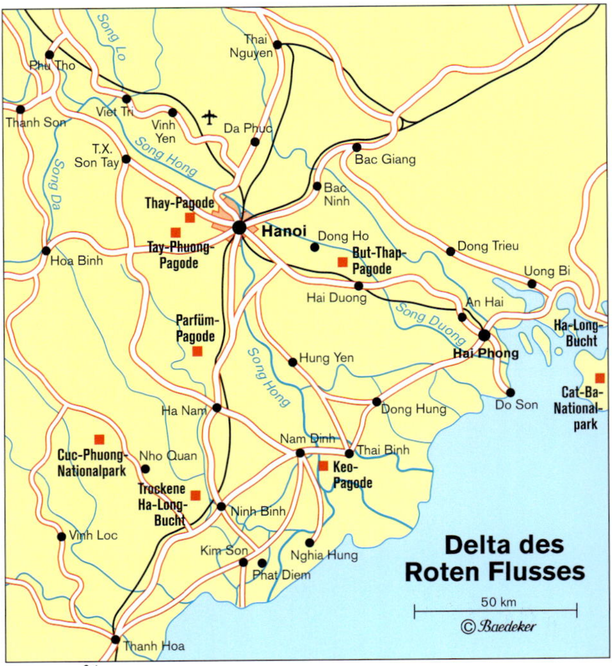

Wasserführung (Fortsetzung)

ten Fluß charakteristisch, sondern auch die raschen Pegelschwankungen innerhalb kurzer Zeit. So kann der Wasserspiegel in Hanoi innerhalb weniger Stunden von 4 m auf 13 m ansteigen. Schwere Überschwemmungen sind also keine Seltenheit. Das Leben am Roten Fluß war daher immer auch ein Leben mit und gegen den Strom. Um die Auswirkungen der sommerlichen Monsunfluten in Grenzen zu halten, werden seit vorchristlicher Zeit Dämme und Deiche angelegt. Ihre Gesamtlänge beträgt heute mehr als 3000 km. Sie bewirken zwar eine Zähmung der Wassermassen, führen aber auch dazu, daß ein großer Teil der Sedimentfracht nicht mehr auf die Felder gelangt, sondern direkt ins Meer gespült wird. Dadurch wird der Boden seiner natürlichen Fruchtbarkeit beraubt, weshalb heute künstliche Düngung unabdingbar ist.

Besiedlung

Die fruchtbaren Schwemmländer des Roten Flusses können als Kernland und Keimzelle Vietnams angesehen werden. Ihre Besiedlung reicht bis zur bronzezeitlichen Dong-Son-Kultur zurück. Heute leben fast 40 % der Vietnamesen im Deltagebiet, was einer Bevölkerungsdichte von fast 2000 Einw./km^2 entspricht. Dies ist besonders bemerkenswert, da es sich hier um ein weitgehend ländliches Gebiet handelt. Hanoi war lange Zeit die einzige nennenswerte Stadt, denn Hai Phong wurde erst von den Franzosen ab 1874 zu einem bedeutenden Hafen ausgebaut. Wegen des starken Bevölkerungsdrucks nahm auch die Expansionsbewegung der Vietnamesen im 15. Jahrhundert vom Delta des Roten Flusses aus ihren Ausgang, die das Reich bis zum Mekong-Delta hin ausweitete. In der Siedlungsweise mußte man sich den natürlichen Gegebenheiten anpassen. Charakteristisch sind die in der Nähe der Reisfelder auf Kuppen, Dünen und Dämmen errichteten Dörfer, die von Bambuszäunen geschützt werden. Auf diese Weise wird die weitgehende Autarkie des vietnamesischen Dorfes noch manifestiert. Die Häuser stehen ebenerdig und nicht, wie in Laos und Kambodscha üblich, auf Stelzen.

Delta des Roten Flusses (Fts.)

Wirtschaft

Mit 15 000 km² nimmt das landwirtschaftlich geprägte Delta des Roten Flusses nur ein Drittel der Fläche des Mekong-Deltas ein, ist aber für die Wirtschaft des Landes von ähnlich großer Bedeutung. Seine Schwemmlandböden gewährleisten hohe Erträge, auch das Klima ist günstig für den Anbau. Wie im Mekong-Delta wird der Hauptniederschlag durch den Sommermonsun verursacht. Da aber im Winter die Temperaturen im Delta des Roten Flusses wesentlich niedriger sind als dort, kommt es zur Nebelbildung mit einem beständigen Nieselregen, der auch in der Trockenzeit für genügend Bodenfeuchtigkeit sorgt. Daher kann die zweite Ernte im Jahr ohne künstliche Bewässerung eingebracht werden. Trotzdem exportiert das Gebiet keinen Reis, denn wegen der hohen Bevölkerungsdichte reichen die Erträge kaum zur Deckung des Eigenbedarfs.
Auch die Besitzverhältnisse ließen eine rationelle Bewirtschaftung des Gebiets lange Zeit nicht zu: 40 % des Landes befand sich in Gemeindebesitz oder in der Hand von Großgrundbesitzern, denen die Kleinpächter bis zu 40 % ihrer Ernte abgeben mußten. Der Rest gehörte den Bauern selbst, doch war das Land durch die Jahrhunderte währende Bewirtschaftung in so kleine Parzellen zersplittert, daß sie die Familien kaum mehr ernähren konnten. Nach dem Motto “Das Land dem Pflüger” wurde bei der ersten Bodenreform nach der Machtübernahme der Kommunisten (1953–1957) 45 % des Landes an die besitzlose Bevölkerung neu verteilt, aber mit viel zu kleinen Parzellengrößen. Ab 1963 folgte dann die Kollektivierung des Landes, die nirgends in Vietnam so vollständig durchgesetzt wurde wie im Delta des Roten Flusses. In der Folge sanken die Erträge rapide ab, so daß man weniger denn je in der Lage war, die Bevölkerung zu ernähren. Seitdem im Zuge der neuen Wirtschaftspolitik Privatbesitz wieder zugelassen wurde, stiegen zwar die Erträge wieder an, das Problem der Überbevölkerung stellt sich aber heute drängender denn je.

Beziehung zum Nachbarn China

Das Dasein der Menschen im Delta wurde auch durch die Auseinandersetzung mit dem übermächtigen Nachbarn China geprägt, der über tausend Jahre lang (111 v. Chr. – 939 n. Chr.) Vietnam unter seiner Gewalt hatte. Daher wurde beispielsweise nach dem Rückzug der Chinesen unter der kurzlebigen Dinh-Dynastie die Hauptstadt von Co Loa (→ Hanoi) aus weiter nach Süden verlagert nach Hoa Lu, das einem neuerlichen Überfall des nördlichen Nachbarn weniger schutzlos ausgeliefert war. Die Auseinandersetzungen reichen bis in die jüngste Zeit, denn der letzte kriegerische Konflikt zwischen beiden Ländern fand 1979 statt, als China einen Grenzkrieg gegen Vietnam anzettelte als “Strafe” für den Einmarsch der Vietnamesen in Kambodscha. So groß die politischen Vorbehalte gegenüber dem nördlichen Nachbarn waren, so sehr war China aber kulturell prägend für Nordvietnam. Dies zeigt sich in der ebenerdigen Bauweise der Häuser und der Anlage der Tempel, die streng den chinesischen Vorbildern folgt. Aber auch weltanschaulich ist die Bevölkerung im Tiefland des Roten Flusses noch in der konfuzianischen Tradition verhaftet, die das Individuum ganz in den Dienst der Allgemeinheit stellt.

Dien Bien Phu **B 2**

Hauptstadt der Provinz Lai Chau (Bergland des Nordens)
Einwohnerzahl: 10 000
Entfernung: 485 km westlich von Hanoi

Lage und Bedeutung

Nur 16 km von der Grenze zu Laos entfernt im Norden des Landes liegt einer der bekanntesten, zugleich aber auch abgelegensten Orte Vietnams: Dien Bien Phu. Dieser Name ist eng verbunden mit dem Ende der französischen Kolonialherrschaft. Denn die Schlacht von Dien Bien Phu ging in die

Lage und Bedeutung (Fortsetzung)

Geschichte ein, als die Vietnamesen hier den bereits neun Jahre andauernden Ersten Indochinakrieg 1954 für sich entscheiden konnten.
Die kleine Stadt liegt in einem 18 km langen und 6 bis 8 km breiten Hochtal, das der Fluß Nam Rom durchfließt. Die Region, die von Reisanbau lebt, ist sehr fruchtbar und dicht besiedelt. Milde Winter und warme Sommer zeichnen das Klima der Bergregion aus. Vor allem Thai und Muong leben hier, auch einige Vietnamesen, die von der Regierung dazu ermutigt wurden. Obwohl die Landschaft durch Brandrodungsfeldbau und Kriegsfolgen verunstaltet wurde, gibt es immer noch einige sehr schöne Stellen, vor allem auf den Höhen. So ist auch bei einem Besuch Dien Bien Phus vor allem die Fahrt durch den Nordwesten Vietnams attraktiv, die Stadt selbst allerdings nicht besonders interessant. Seit 1993 ist Dien Bien Phu Hauptstadt der Provinz Lai Chau, weil die Stadt Lai Chau in den nächsten Jahren von einem Stausee überflutet wird.

Geschichte

Dien Bien Phu wurde im Jahre 1841 gegründet und war immer wieder Ziel ausländischer Angriffe. Von den Franzosen wurde der strategisch günstig gelegene Ort zu einer wichtigen Bastion ausgebaut. Doch nach dem Zweiten Weltkrieg und mit dem Erstarken der Linken in Frankreich wandelte sich die öffentliche Meinung zum Kolonialkrieg in Indochina. Obwohl für Mai 1954 bereits die Genfer Friedenskonferenz angesetzt war, befestigte das französische Militär die Hochebene um Dien Bien Phu noch aus der Luft. Die Stellung sollte uneinnehmbar sein, mehr als 16 000 Soldaten wurden hier stationiert. Die vietnamesischen Gegner erwiesen sich aber als besonders zäh. Trotz großer Schwierigkeiten gelang es ihnen, Waffen in das nur schwer zugängliche Gebiet zu transportieren und langsam Stück für Stück das Land zu erobern. Bei diesen Kämpfen waren auf beiden Seiten Tausende Opfer zu beklagen. Am Tag vor der Friedenskonferenz, am 7. Mai, ergab sich der Kommandant nach 55tägiger Belagerung schließlich, entgegen der Anweisung aus Paris, bis zum letzten Mann zu kämpfen. Dem seither legendären General Vo Nguyen Giap wird dieser Sieg, der zugleich das Ende des Indochinakriegs bedeutete, zugeschrieben.

Sehenswertes in Dien Bien Phu

Museum

Am Schauplatz der Schlacht kann man heute ein kleines Museum besuchen. Anhand von Schaubildern und Fotografien lassen sich die damaligen Ereignisse nachvollziehen.

Strategischer Hügel A1

Der strategische Hügel A1 mit dem Bunker kann schräg gegenüber dem Museum besichtigt werden. Ein Mahnmal erinnert an die Gefallenen; auf französischer Seite ist von 10 000, auf vietnamesischer Seite von fast 40 000 die Rede.

Bunker de Castries

Etwa 1½ km entfernt, auf dem Weg zum Flughafen, liegt der Bunker des französischen Befehlshabers, Oberst de Castries, der am Nachmittag des 7. Mai kapituliert hatte. Sorgfältig wurden die Räume restauriert, in der Nähe stehen alte französische Panzer und Geschütze.

Märkte

Der Markt von Dien Bien Phu wird täglich, aber vor allem an den Wochenenden, von der Bergbevölkerung besucht. Seit kurzem existiert auch ein Markt etwa 2 km vor den Toren der Stadt.

Umgebung von Dien Bien Phu

Tuan Chau

Auf dem Weg von Dien Bien Phu nach → Hanoi erreicht man nach 110 km nordöstlich Tuan Chau, einen größeren Marktort für die Schwarzen und Weißen Thai der Umgebung. Vor allem am frühen Morgen kann man sie in ihren wunderschön gearbeiteten Trachten sehen. Wem diese Art der Handarbeiten gefallen, der findet hier besonders schöne Tücher.

Jubelnde Vietminh auf einer abgeschossenen französischen B-26 (1954)

Nach weiteren 40 km taucht die 660 m hoch gelegene Provinzhauptstadt Son La auf. Von weitem kann man schon den ehemaligen Festungsbau der Franzosen erkennen, in dem heute ein kleines Museum untergebracht ist. Südlich Son Las gibt es einige heiße Quellen, in denen man baden und entspannen kann. Ein kleiner Zoo, in dem u.a. Bären, Stachelschweine und Schildkröten leben, kann im forstwissenschaftlichen Zentrum (6 km westlich von Son La) besucht werden. Son La

Auf der weiteren Fahrt nach Hanoi sollte man auch in Hoa Binh und Mai Chau (→ Umgebung von Hanoi) Halt machen. Hinweis

DMZ (Demilitarized Zone, Entmilitarisierte Zone) D 4

Provinz: Quang Tri (Nördliche Zentralküste)

Lage und Geschichte

Die unpassenderweise "entmilitarisiert" genannte Zone war einer der heftigst umkämpften Orte während des Vietnamkrieges. Zwischen 1954 und 1975 galt der Ben-Hai-Fluß, genau am 17. Breitengrad, als Demarkationslinie zwischen Nord- und Südvietnam. Die DMZ (Demilitarized Zone) umfaßte ein Gebiet von je 5 km auf beiden Seiten.
Diese Aufteilung in zwei provisorische Einflußbereiche war ein Produkt der Genfer Friedenskonferenz im Jahre 1954. Sie entstand unter der Maßgabe, daß bald Wahlen anstehen sollten, die aber niemals durchgeführt wurden. Wie auch in Deutschland wurde die Demarkationslinie dann zu einer politischen Grenze zwischen einem kommunistischen und einem kapitalistischen Staat.

Ziele in der DMZ

Warnung

In den letzten 20 Jahren sind in dieser Region mehr als 5000 Menschen, meist verarmte Bauern, die Kriegsschrott sammelten, schwer verletzt oder getötet worden! An vielen Plätzen, die im folgenden Teil beschrieben werden, liegen noch immer scharfe Granaten, Artilleriegeschosse und Minen herum. Es empfiehlt sich daher, die wichtigen Stätten der DMZ nur mit

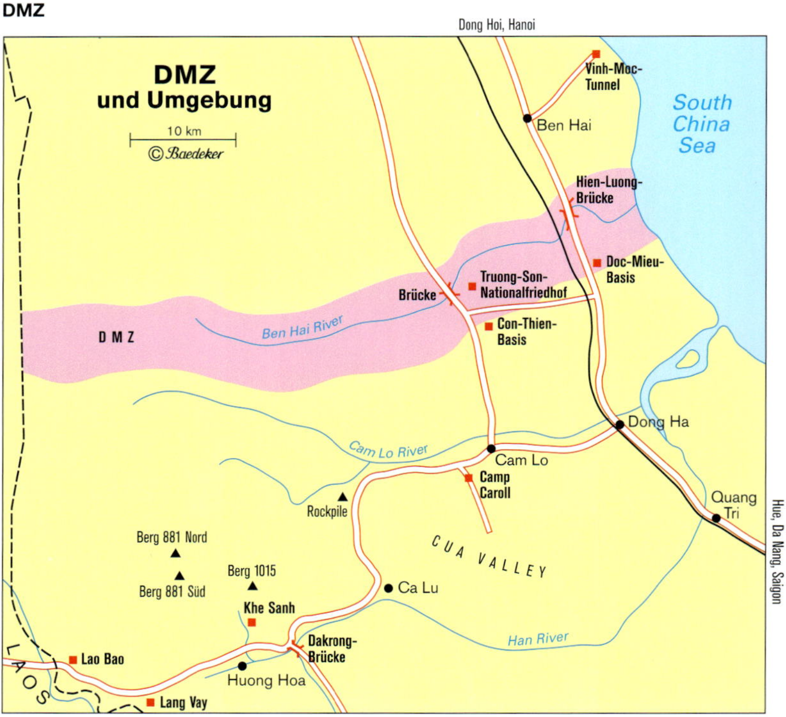

Warnung (Fortsetzung)

einem Führer zu besuchen – schon allein wegen der Gefahr und der Unübersichtlichkeit des Gebietes. Tagestouren werden von Hotels und dem DMZ Tour Office (26 Le Loi Street, Tel. 2 52 42) in Hue angeboten.

Street without Joy

Als "Street without Joy" ist der 60 km lange Abschnitt der N 1 zwischen Hue und Quang Tri bekannt, da hier während der französischen Kolonialzeit besonders schwere Kämpfe mit den Vietminh stattfanden und die Franzosen die Straße daraufhin "route sans joie" nannten. Bernard Fall, ein amerikanischer Historiker, verfaßte 1960 ein Buch über den Ersten Indochinakrieg, das er nach dem englischen Namen der Straße benannte. Sieben Jahre später fand er genau hier als Kriegsberichterstatter den Tod.

Quang Tri

Die Stadt Quang Tri (59 km nördlich von Hue) wurde 1972 beinahe dem Erdboden gleichgemacht, nachdem nordvietnamesische Divisionen sie eingenommen hatten. Südvietnamesische Truppen und amerikanische B-52-Bomber hinterließen nach einer vier Monate dauernden Schlacht nur mehr Trümmer. Es heißt, auf den 4 km^2 großen Stadtkern seien in 82 Tagen Bomben mit der 7fachen Sprengkraft der Atombombe von Hiroshima abgeworfen worden. Besichtigen kann man heute eine Gedenkstätte, die Reste der einst mächtigen Zitadelle des Kaisers Minh Mang und die durchlöcherte Ruine der La-Vang-Basilika, die eindrucksvoll den Kampf um Quang Tri vor Augen führen.

Dong Ha

Nur 12 km nördlich von Quang Tri liegt Dong Ha, das neue Verwaltungszentrum, an der Kreuzung der N 1 und der N 9. Der alte, zentral gelegene Wachturm (Le Khot) wurde ursprünglich von französischen Truppen, dann von Amerikanern und Südvietnamesen genutzt.

Tour zum Ho-Chi-Minh-Pfad

Vorbei an Schlachtfeldern und Stützpunkten

Die Fahrt auf der N 9 in westlicher Richtung führt nach Khe Sanh, Schauplatz einer der berüchtigsten Schlachten. Durch eine idyllische Landschaft mit Jackfruit-Bäumen, Pfefferpflanzen, Tee- und Kautschukfeldern gelangt man zum Schlachtfeld von Cam Lo. Etwa 10 km weiter biegt ein Weg zum ehemaligen US-Stützpunkt Camp Carroll ab, von dem nicht viel mehr als überwachsene Schützengräben und herumliegendes, rostiges Kriegsgerät übriggeblieben ist. Wieder auf der N9, nachdem die Dau-Mau-Brücke überquert wurde, erkennt man den 230 m hohen Rock Pile, der von den Amerikanern als Wachposten genutzt wurde und stark umkämpft war. Nach weiteren 20 km kommt man zur Dakrong-Brücke, die 1975/76 mit kubanischer Unterstützung wiederaufgebaut wurde. Die Kubaner halfen auch bei der Instandsetzung der schmalen Straße nach Aluoi (15 km südwestlich), die Teil des legendären Ho-Chi-Minh-Pfades war. Das, was heute davon besichtigt werden kann, ist ziemlich enttäuschend, denn das Wegenetz sollte sich ja vor allem dadurch auszeichnen, möglichst unauffällig zu sein – zumindest aus der Luft.
Weiter südlich befindet sich der legendäre Hamburger Hill (Ap Bia Mountain), an dem im Mai 1969 einer der heftigsten Kämpfe stattfand.

Lebensader in den Süden

Vermutlich ist der Ho-Chi-Minh-Pfad das beste Beispiel dafür, wie es den Vietnamesen gelingen konnte, die Überlegenheit der US-Armee im Vietnamkrieg zu überwinden: mit revolutionärem Eifer, Einfallsreichtum und dem unermüdlichen Einsatz der Menschen. Bereits im Mai 1959 hatte man mit dem Bau dieser Versorgungslinien begonnen, die der nordvietnamesischen Armee und dem Vietcong dazu dienen sollten, den Partisanen im Süden Nachschub zu bringen. Hunderttausende arbeiteten am Bau und der Instandhaltung der Wege mit: am Ende des Krieges bestand ein Versorgungsnetz aus vier Nord-Süd-Routen durch Laos und Kambodscha und einer fünften innerhalb Vietnams, die wiederum untereinander durch 21 Querpfade und unzählige Dschungelfährten verbunden waren – insgesamt mehr als 16000 km.
Auf den Schultern endloser Trägerkolonnen, auf bambusverstärkten Fahrrädern, Pferden und Elefanten gelangten Waffen, Munition, Medikamente, aber auch zentnerschwere Artilleriegeschosse und Kanonenrohre in den Süden. Erst 1964 wurden Teile des Pfades entdeckt. Doch trotz unablässiger Bombardierungen konnten die Amerikaner die Versorgungslinien nicht durchschneiden. Im Gegenteil – dem Vietcong, nordvietnamesischen Soldaten und ihren Helfern gelang es, die Dschungelwege zu LKW-Trassen mit versenkbaren Brücken, unterirdischen Reparaturwerkstätten, Sanitätsstationen und einer Treibstoffleitung auszubauen. Mit einfachsten Mitteln, perfekter Organisation und Flexibilität wurde auf die High-Tech-Kriegsführung der amerikanischen Streitkräfte geantwortet: als die Amerikaner sog. Eulenflugzeuge einsetzten, die nachts verheerende Schäden anrichteten, tagsüber aber so gut wie blind waren, wurden die Transporte einfach auf den Tag verschoben und die Wege belaubt, indem Orchideen und Schlingpflanzen in die Bäume gesetzt wurden. Allerdings reagierte die Luftwaffe auf diese Art der Begrünung mit dem Einsatz von Entlaubungsmitteln, z.B. dem dioxinhaltigen Agent Orange. Daraufhin starb nicht nur eine Waldfläche von der Größe Baden-Württembergs ab, es erkrankten auch unzählige Menschen an Krebs, Epilepsie und Allergien oder erblindeten.
Nach Schätzung amerikanischer Experten gelangten in Spitzenzeiten pro Monat 5000 t Material per Träger, Fahrrad, Lastwagen etc. zu der Guerilla in Südvietnam. So konnten die Befreiungsfront und die Demokratische Republik Vietnam letztlich den entscheidenden Schlag, die Tet-Offensive, vorbereiten.

Khe Sanh

Die Bergfestung von Khe Sanh (65 km westlich von Dong Ha) war Anfang 1968 Schauplatz einer der berüchtigsten Schlachten des Vietnamkrieges. Schon im Frühjahr 1967 gab es hier Kämpfe zwischen den US-Truppen und der nordvietnamesischen Infanterie, die sich in den umliegenden Hügeln postiert hatte. Gegen Ende des Jahres bemerkte die amerikanische Aufklärung, daß Zehntausende Soldaten und Massen von Waffen und Munition hierher verlegt wurden.
Aus Angst vor einem zweiten → Dien Bien Phu, wo die Franzosen vernichtend geschlagen worden waren, ließ General Westmoreland in wenigen Tagen 100 000 Tonnen Sprengstoff, Napalm- und Phosphorbomben auf die Umgebung der Basis abwerfen – nie zuvor war jemals ein Ort so vehement bombardiert worden. Tausende, wenn nicht Zehntausende Vietnamesen starben bei diesen Kampfhandlungen, von etwa 400 Opfern unter den GIs ist die Rede. Doch, was die Amerikaner nicht ahnten, Khe San war nur ein Ablenkungsmanöver für den eigentlichen Schlag, die Tet-Offensive. Während Militär und Medien mit Khe San beschäftigt waren, konnten Truppen der Nordvietnamesischen Volksarmee und der Südvietnamesischen Befreiungsfront Hue und Quang Tri erobern und sogar bis zur US-Botschaft in Saigon vordringen.
Heute liegt Khe San auf einem kahlen Hügel inmitten einer idyllischen Berglandschaft. Hauptsächlich die Metallsammler erinnern noch an das Kriegsgeschehen; die Umrisse des einstigen Flugfeldes lassen sich erahnen, da bis heute nichts darauf wachsen mag.

Mahnmal am 17. Breitengrad

Lao Bao

Nur 15 km weiter westlich liegt das Grenzstädtchen zu Laos, Lao Bao. Es ist ein durchaus wichtiger Ort für Handel und Tourismus zwischen Thailand und Vietnam.

Nördlich des 17. Breitengrades

Hat man nicht den Ausflug zum Ho-Chi-Minh-Pfad und nach Khe San gewählt, kann man in der Nähe des 17. Breitengrades ebenfalls einige Relikte des Vietnamkrieges besichtigen.

DMZ (Fortsetzung), Nationalfriedhof Truong Son

Am südlichen Ufer des Ben Hai liegt der Nationalfriedhof Truong Son, eine Gedenkstätte für Zehntausende Nordvietnamesen, die beim Bau, Transport oder der Verteidigung des Ho-Chi-Minh-Pfades starben. Ein großer Teil der Gräber ist namenlos und leer, da viele Leichen nicht geborgen oder identifiziert werden konnten. In fünf Zonen ist die Anlage, geordnet nach Regionen und Heimatprovinzen, eingeteilt.

Cua Tung Beach

Die N 1 kreuzt 22 km nördlich von Dong Ha den Ben Hai über die Hien-Luong-Brücke. Am nördlichen Ufer des Flusses beginnt der lange Cua Tung Beach, an dem Bao Dai (→ Berühmte Persönlichkeiten), der letzte Kaiser Vietnams, gerne seine Ferien verbachte. Vor der Küste liegt die kleine Insel Con Co, während des Krieges Luftabwehrstützpunkt und Depot.

Tunnel von Vinh Moc

Bei Ho Xa, 6 km hinter der Brücke, biegt man nach Osten ab und erreicht nach 13 km ein ehemaliges Versorgungslager und Versteck. Die Tunnel von Vinh Moc waren denen von → Cu Chi sehr ähnlich, denn sie entstanden, als sich Familien in der Nähe ihres Dorfes vergruben, um sich bei Bombenangriffen besser schützen zu können. Später übernahm der Vietcong das etwa 3 km lange Tunnelsystem als Stützpunkt. Ein kleines Museum zeigt die damaligen Lebensbedingungen auf. (→ Vietnam in Zitaten S. 100/101) Viele Besucher finden diese Tunnel authentischer als die von Cu Chi.

Dong Hoi — D 4

Hauptstadt der Provinz Quang Binh (Nördliche Zentralküste)
Einwohnerzahl: 20000
Entfernung: 489 km südlich von Hanoi

Lage und Bedeutung

An der schmalsten Stelle Vietnams beträgt die Entfernung von der Küste zur laotischen Grenze lediglich 40 km. Hier liegt der Fischereihafen Dong Hoi, Hauptstadt der Provinz Quang Binh, die zu den ärmsten des Landes zählt. Während des Vietnamkrieges wurde die Gegend aufgrund ihrer Nähe zum Ho-Chi-Minh-Pfad (→ DMZ) vehement bombardiert und mit Agent Orange besprüht, noch heute sind viele Bunker und Bombenkrater entlang der N 1 sichtbar. Die Stadt selbst hat außer den Resten einer Zitadelle nichts Sehenswertes zu bieten, doch Reisende, die die Phong-Na-Grotten besuchen möchten, legen hier gerne einen Stop ein. Nördlich und südlich von Dong Hoi erstrecken sich lange Sandstrände.

Umgebung von Dong Hoi

Phong-Na-Höhle

Wegen ihrer kilometerlangen Gänge voller Stalaktiten und Stalagmiten wird die Phong-Na-Höhle, etwa 50 km nordwestlich von Dong Hoi, gerne besucht. Die Cham sahen sie im 9. und 10. Jahrhundert als wichtiges Heiligtum an; Inschriften und Reste von Ältären sind in den Grotten noch zu erkennen. Der 1,5 km lange Hauptweg führt innerhalb der Höhle durch 15 Grotten, die man zu Fuß oder mit dem Boot erkunden kann.

Porte d'Annam/ Deo Ngang

Bis ins 11. Jahrhundert hinein bildete der östliche Teil des Hoanh-Son-Gebirges die Grenze Vietnams zum Königreich Champa. Die Franzosen ließen hier ebenfalls die Demarkationslinie zwischen den Protektoraten Annam und Tonkin verlaufen; am Paß Deo Ngang kann man noch Reste des einstigen Tores Porte d'Annam sehen. Heutzutage trennen die Berge die Provinzen Quang Binh und Ta Ninh.
Einige Teile dieses Gebiets, nahe der Grenze zu Laos, sind von dichtem Wald bedeckt, in dem noch einige Elefanten und Tiger leben sollen. Die Regierung hat hier ein Naturreservat ausgewiesen, in dem diese und andere seltene Wildtiere geschützt werden.

Die 3000 Inseln und Inselchen der Ha-Long-Bucht soll der Sage nach ein Drache geschaffen haben, der beim Kampf mit seinem Schwanz wild um sich schlug.
Für viele ist die Fahrt durch die geheimnisumwobene, märchenhafte Landschaft das Highlight einer Vietnam-Reise.

Ha-Long-Bucht **D 2**

Lage: Norden
Fläche: 1500 km²
Entfernung: 160 km östlich von Hanoi

Lage und
**Landschaftsbild

Zu den spektakulärsten Landschaften Vietnams gehört die im Nordosten des Landes gelegene Ha-Long-Bucht. Über 3000 Inseln und Inselchen ragen aus dem blauen Wasser – mal als mächtige Kalkstotzen, mal als spitze Felsnadeln. Dschunken mit ihren charakteristischen gerippten Segeln ziehen daran vorbei und machen die Ha-Long-Bucht zu einem der schönsten Fotomotive Ost- und Südostasiens. Geheimnisvoll und einmalig erscheinen einem die seltsam geformten Eilande, die alle von üppiger Vegetation überwuchert sind und Namen wie Hahnenkampfinsel oder Kröteninsel tragen. Seit 1994 ist dieses auf der Welt einmalige Gebiet von der UNESCO als Naturerbe der Menschheit anerkannt.

Turmkarst Entstehung

Oberflächenwasser versikkert im porösen Untergrund. Durch Lösungsvorgänge entstehen Hohlräume. (Verkarstung)

Bei fortschreitender Verkarstung stürzen die Höhlendächer ein. Zwischen den Karstkegeln breiten sich stern förmige Dolinen aus.

Die Kräfte der Erosion bewirken, daß sich diese Dolinen nicht nur seitlich, sondern auch in die Tiefe ausweiten. Karsttürme entstehen.

Pflanzendecke
Wasserdurchlässiger Kalkstein
Wasserundurchlässige Gesteinsschicht

Entstehung

Ha Long bedeutet soviel wie “absteigender Drache”, im Gegensatz zu Than Long (“aufsteigender Drache”), dem alten Namen der Hauptstadt Hanoi. Der Legende nach kam vor Urzeiten ein riesiger Drache vom Gebirge ins Tal hinab, um den Vietnamesen im Kampf gegen ihre Feinde beizustehen. Wütend schlug er mit seinem Schwanz um sich, spaltete so die Berge und schnitt riesige Kerben und Täler in die Landschaft. Als er anschließend im Meer untertauchte, verdrängte er soviel Wasser, daß das Land überflutet wurde und fortan nur noch die steilen Felsen herausragten.
Die naturwissenschaftliche Erklärung klingt dagegen viel nüchterner: Die Gegend um die Ha-Long-Bucht wurde aus Kalkgestein aufgebaut. Obwohl Kalk eigentlich sehr hart ist, wird er aber von leicht säurehaltigem Wasser aufgelöst. Das Wasser versickert in Spalten und Klüften. Nach und nach beginnt die Gesteinszersetzung im Untergrund und führt zur Ausbildung von Dolinen und Hohlräumen. Dort wird der Kalk wieder abgelagert. Dabei bilden sich Tropfsteine, wobei die massigen Stalagmiten vom Boden emporwachsen, während die zierlicheren Stalaktiten an den Höhlendecken entstehen. Aber auch von der Oberfläche her wird das Gestein vom Wasser angegriffen und zersetzt sich nach und nach. Durch höhere Temperaturen und Feuchtigkeit ist der Stoffumsatz in den Tropen wesentlich höher als z.B. in den Karstgebieten Europas. Dadurch schreitet auch die Verwitterung schneller in die Tiefe voran und läßt steil aufragende Kalkfelsen entstehen. Landschaften wie in der Ha-Long-Bucht findet man auch südlich von Hanoi in der → Trockenen Ha-Long-Bucht und in Guilin in Südchina.
Zwar liegt die Ha-Long-Bucht nur wenige Meter tiefer als das → Delta des Roten Flusses weiter im Süden, doch führt bei dem flachen Golf von Tonkin bereits eine geringe Schwankung des Wasserspiegels zur Verlandung bzw. Überschwemmung großer Bereiche. Aus diesem Grund steht die Ha-Long-Bucht unter Wasser, während die → Trockene Ha-Long-Bucht über dem Meeresspiegel liegt.

Kohlerevier

Trotz aller landschaftlichen Schönheit darf nicht vergessen werden, daß das Gebiet der Ha-Long-Bucht in der Nähe eines der großen Kohlereviere Vietnams liegt. Die dort lagernde, hochwertige Steinkohle (Anthrazit) ist Grundlage einer der ältesten Industrielandschaften Vietnams.
Da die Häfen im Nordosten nicht für große Schiffe ausgelegt sind, muß die Fracht auf kleinen Booten durch die Ha-Long-Bucht transportiert werden. Viele der idyllischen Dschunken sind also keine Fischerboote, sondern Kohlefrachter.

Anreise

Die Ha-Long-Bucht ist 160 km von Hanoi entfernt und 70 km von Hai Phong. Eine Fahrt dorthin läßt sich am besten von Hanoi aus organisieren. Wegen der großen Entfernung und weil unterwegs mehrfach eine Fähre benutzt werden muß, ist eine Tagestour allerdings ausgeschlossen. Stattdessen müssen eine, besser aber zwei oder mehrere Übernachtungen eingeplant werden.
Individuell läßt sich eine Fahrt zur Ha-Long-Bucht per Mietwagen unternehmen oder, indem man die Eisenbahn nach Hai Phong nimmt und von dort per Boot nach Ha-Long-Stadt weiterreist. Einfacher ist es aber unter Umständen, sich einer Gruppenreise anzuschließen. Die meisten Hotels in Hanoi bieten preiswerte Zwei-bis Mehrtagestouren an.

**Ziele in der Ha-Long-Bucht

Ha Long City (Bai Chay und Hon Gai)

Ausgangspunkt einer Fahrt durch die Ha-Long-Bucht ist einer der beiden, durch einen Meeresarm voneinander getrennten Orte Bai Chay und Hon Gai, die durch eine Fähre miteinander verbunden sind.
Kürzlich wurden beide Orte verwaltungsmäßig zusammengefaßt und heißen heute Ha-Long-Stadt, wobei das westlich gelegene Bai Chay als Ha-Long-Weststadt und das östliche Hon Gai als Ha-Long-Oststadt bezeichnet wird. Dabei handelt es sich um eine ähnliche Verwaltungsmaßnahme

Ha Long City (Fortsetzung)

wie bei der Zusammenfassung von Saigon und Cholon zu Ho-Chi-Minh-Stadt. Immerhin erleichtert sie dem Touristen die Orientierung, doch muß man davon ausgehen, daß die Bevölkerung weiterhin bei den alten Namen bleibt.

Ha-Long-Oststadt dient nicht nur als Anlegestelle für die Ausflugsboote in die Ha-Long-Bucht, sondern auch als Fährhafen für die Kohleverschiffung, wovon der Tourist allerdings nicht viel merkt. Außerdem legt hier die Fähre von Hai Phong an. Als Teil der Ha-Long-Bucht liegen beide Orte reizvoll zwischen steilen Kalkbergen, von denen man einen schönen Blick auf die Stadt und das Meer hat.

Trotz der Kohleverschiffung in Hon Gai ist Ha Long City keine schmutzige Stadt. Die vielen Hotels, Restaurants und Cafés, die in den letzten Jahren wie Pilze aus dem Boden geschossen sind, bezeugen die hohe Attraktivität der Gegend. Dagegen reizt der schlammige Strand mit flachem Wasser nicht unbedingt zum Baden. Stattdessen benutzen viele Besucher die Fahrt durch die Ha-Long-Bucht auch zu einem Sprung ins Meer direkt vom Schiff aus. So dient Ha-Long-Stadt trotz seiner schönen Lage in erster Linie als Ausgangspunkt für die Erkundung der spektakulären Inselwelt.

Wer sehr viel Geld hat, kann auch einen Hubschrauberrundflug über die Ha-Long-Bucht unternehmen. Normalerweise wird man aber auf einen der zahlreichen Ausflugsdampfer umsteigen, die am Strand bzw. Hafen auf Touristen warten.

Einige Häuser Bai Chays fügen sich – ganz der Umgebung entsprechend – in die Kalkberge der Bucht.

**Fahrt durch die wundersame Kalksteinszenerie

Hat man den Hafenbereich erst einmal verlassen, kann man sich ganz von der bezaubernden Szenerie der vorbeiziehenden Kalkberge gefangennehmen lassen, von denen viele ihrer charakteristischen Form wegen nach Tieren (Schildkröte, Elefant, Büffel) benannt sind, oder sie tragen einfache Namen wie Nase, weil die Insel einem menschlichen Profil ähnelt.

Nicht nur die Kalkfelsen selbst, sondern auch die Tropfsteine in den Höhlen bieten der Phantasie genügend Spielraum, um Feen, Geister und Kobolde

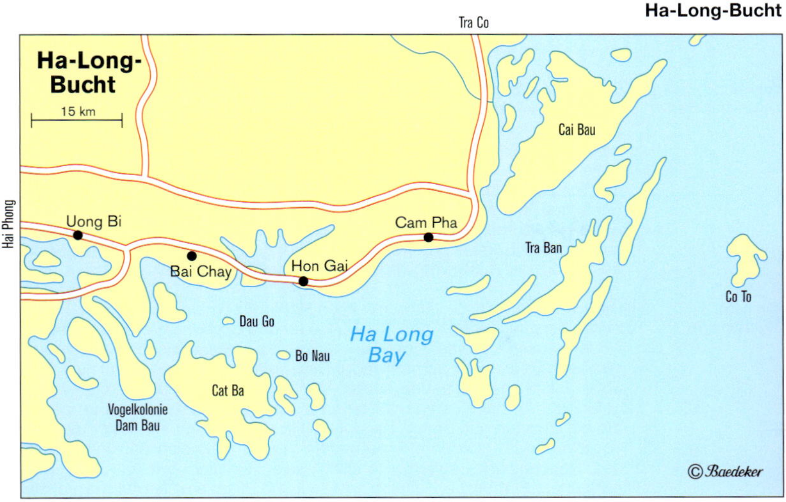

hineinzuinterpretieren. Auf einigen der Inseln kann man sich absetzen lassen, um eine der vielen Höhlen zu besichtigen. — Fahrt (Fts.)

Hang Gau Go — Die "Grotte der Hölzernen Pfähle" auf der von den Franzosen so genannten Ile des Merveilles verdankt ihren Namen den Bambuspfählen, mit deren Hilfe der Feldherr Tran Hung Dao 1288 die mongolische Flotte bei der Schlacht am Bach Dang versenken konnte. Einige davon werden in einer Tropfsteinhöhle aufbewahrt, die über 90 Stufen erreichbar ist und aus drei hintereinanderliegenden Domen besteht.

***Hang Thien Cung** — Von der Thien-Cung-Höhle, einer sehr schönen Höhle voller außergewöhnlicher Stalagmiten und Stalaktiten, hat man eine gute Sicht auf die ruhige, von kleinen Inseln und schroffen Korallenriffen umgebene Bucht. Lichtreflexe, die von aufgestellten Kerzen herrühren, verstärken den wundersamen Eindruck.

Hang Trinh Nu — In der Trinh-Nu-Höhle gibt es allerlei interessant geformte Stalagmiten und Stalaktiten zu sehen. Manche sollen dem Gesicht eines jungen Mädchens ähneln, denn eine Geschichte erzählt, ein Mandarin habe ein junges Mädchen aus einer armen Fischerfamilie hierher entführt und zu seiner Geliebten gemacht. Da sie bei einer Flucht ihre Familie in Gefahr gebracht hätte, beschloß das Mädchen, freiwillig in den Tod zu gehen. Seither wird das Eiland Jungfrauen-Insel genannt.

***Hang Dong Tien** — Hat man sich durch die teilweise engen Gänge der Dong-Tien-Höhle gezwängt, kommt man in eine größere Halle voller Stalagmiten und Stalaktiten, von der ein Weg ins Freie führt. Auf einmal steht man vor einem wunderbar ruhigen, türkisblauen See, der von einigen Büschen und Sträuchern umgeben ist.

Hinweis — Da ein Ausflug in die Ha-Long-Bucht ohne Übernachtung in Ha-Long-Stadt sowieso nicht möglich ist, lohnt es sich durchaus, mehrere Bootstouren zu verschiedenen Tageszeiten zu unternehmen, denn die Szenerie erscheint vollkommen unterschiedlich, je nachdem, ob man die Felseninseln in der klaren Nachmittags- und Abendsonne sieht, oder ob man sie morgens Reihe für Reihe aus dem Morgendunst aufsteigen sieht, der ansonsten alles verschluckt. In jedem Fall ist eine Fahrt durch die Ha-Long-Bucht ein unvergeßliches Erlebnis.

*Cat-Ba-Nationalpark

Lage und Landschaftsbild

Cat Ba ist das größte Eiland des seit 1986 naturgeschützten und aus mehr als 300 Inseln bestehenden Archipels in der Ha-Long-Bucht. Ungefähr die Hälfte seiner Fläche (rund 28000 ha) nimmt mittlerweile der Cat-Ba-Nationalpark ein. Auffallend sind die für die Gegend typischen Kalksteinformationen, bewachsen mit subtropischen immergrünen Bäumen, die sich wie mit Tentakeln an den schroffen Felsen festhalten. Noch 1893 berichteten Seefahrer über Piraten, die sich nach ihren Beutezügen auf diese damals wilde Insel zurückzogen. Zu ihren schützenswerten Ökosystemen gehören zudem noch Sumpf- und Mangrovenwälder, kleine Süßwasserseen, Strände und die der Küste vorgelagerten Korallenriffe.

Tier- und Pflanzenwelt

Die zerkarsteten Kalkwände mit ihren Höhlen (z.B. die Trung-Trang-Höhle) bieten verschiedenen Arten von Makaken und Gibbons, Bergziegen sowie Fledermäusen Unterschlupf. Hier wurden bei archäologischen Ausgrabungen auch Spuren der primitiven Cai-Beo-Kultur, deren Angehörige vor rund 5600 Jahren gelebt haben sollen, und der Ha-Long-Kultur (2000 v. Chr.) gefunden. An der Küste wird der Karst von Mangrovenwäldern umgeben, die ein einzigartiges Biotop darstellen: Hier finden sich im Winter die Zugvögel aus dem Norden ein. Außerdem versammeln sich auf dem Gebiet des Nationalparks außergewöhnlich viele Reptilien (wie Geckos, Seeschlangen, Pythons) und Delphine. Etwa 300 Pflanzen, die pharmazeutisch von Nutzen sind, kann man auf Cat Ba finden.

Hinweis

Auf der Insel leben rund 7000 Menschen. Einfache Unterkünfte sind vorhanden, mit dem Schiff gelangt man von Hai Phong aus in 3½ Stunden nach Cat Ba. Am beliebtesten ist eine 8 km lange Wanderung, die u.a. zu einem See und durch einen Wald führt, dessen Bäume man im Volksmund als "chopstick tree" bezeichnet. Diese sollen extrem auf Giftstoffe reagieren, so daß die Eßstäbchen der Kaiser aus diesem Holz gefertigt wurden. Zudem bieten die Buchten Cat Co und Cat Vang schöne Strände mit weichem, weißen Sand und kristallklarem Wasser, die zum Baden einladen.

Ha Tien — C 7

Provinz: Kien Giang (Mekong-Delta)
Einwohnerzahl: 80000
Entfernung: 320 km westlich von Saigon

Lage und Bedeutung

Inmitten einer reizvollen Landschaft liegt Ha Tien am Golf von Siam, nur 8 km von der kambodschanischen Grenze entfernt. Im Gegensatz zu anderen Gegenden des Mekong-Deltas findet man um Ha Tien neben weiten Sandstränden auch Kalksteinformationen mit einem ausgedehnten Höhlensystem, in dem Tempel errichtet wurden. Die Stadt lebt von Landwirtschaft und Fischfang. Wegen ihrer Nähe zu Kambodscha hat sie sich in den letzten Jahren aber auch zu einem Umschlagplatz für Schmuggelware aus dem Nachbarland entwickelt.

Geschichte

Ha Tien war bis ins 18. Jahrhundert Teil des Reiches der Khmer. Zu jener Zeit ließ sich in diesem dünn besiedelten Gebiet die chinesische Kaufmannsfamilie Mac nieder. Wegen der wiederholten Überfälle und Plünderungen durch Thais bat das Familienoberhaupt Mac Cuu die Vietnamesen um Hilfe. Im Jahre 1798 wurde das Gebiet endgültig unter den Schutz der ins Mekong-Delta vordringenden Vietnamesen gestellt und dem neu errichteten Kaiserreich der Nguyen eingegliedert. Während der Schreckensherrschaft Pol Pots überfielen immer wieder Truppen der Roten Khmer die nur wenige Kilometer von der kambodschanischen Grenze liegende Stadt. Hunderte von Menschen fielen den Massakern zum Opfer, Zehntausende flüchteten aus der Stadt, die dadurch zeitweise nahezu entvölkert war.

Sehenswertes in Ha Tien und Umgebung

*Gräber der Familie Mac

Auf Initiative des ersten Kaisers der Nguyen-Dynastie Gia Long wurde 1809 die Grabstätte für die Familie Mac errichtet, als Dank dafür, daß sie ihm Unterschlupf gewährt hatte während des Tay-Son-Aufstandes. Die Gräber sind im traditionellen chinesischen Stil hufeisenförmig errichtet mit Darstellungen von Drachen, Löwen, Tigern und Phönixen. Das größte Grab hat der Ahnherr Mac Cuu selbst. Die Grabmäler befinden sich auf einer Hügelkette nordöstlich der Stadt, die als Nui Lang (Hügel der Gräber) bezeichnet wird.

Eine Buddha-Figur wacht an den Gräbern der Familie Mac. Sie liegen außerhalb Ha Tiens auf einem überwucherten Hügel.

Tam-Bao-Pagode

Die Familie Mac ließ mehrere Pagoden in Ha Tien bauen, unter anderem die Tam-Bao-Pagode in der Phuong-Tanh-Straße, die von buddhistischen Nonnen betreut wird. Sie ist der Göttin der Barmherzigkeit Quan Am gewidmet, deren Statue vor dem Tempeleingang in der Mitte eines Teiches steht. Im Tempelinneren findet man eine Bronzestatue des Buddhas der Vergangenheit (A Di Da). Außerhalb der Pagode liegen die Gräber von 16 Mönchen und ein Teil der alten Stadtmauer Ha Tiens.

Phu-Dung-Pagode

In derselben Straße befindet sich die Phu-Dung-Pagode. Sie wurde Mitte des 18. Jahrhunderts gegründet auf Initiative von Mac Cuus zweiter Frau Nguyen Thi Xuan. Die Haupthalle enthält mehrere Buddha-Statuen, darunter der neugeborene Siddharta Gautama, von neun Schlangen umgeben. Auf einem Hügel hinter der Haupthalle befindet sich das Grab von Nguyen Thi Xuan und einer Dienerin. Ein kleiner taoistischer Tempel hinter der Haupthalle ist dem Jadekaiser geweiht.

Markt

Der Markt von Ha Tien befindet sich auf der linken Uferseite des To-Chau-Flusses. Es werden viele ausländische Produkte angeboten, darunter auch Schmuggelware aus Kambodscha.

Ha Tien

Thach Dong

Thach Dong, die "Steinhöhle", liegt 3 km außerhalb von Ha Tien in Richtung der kambodschanischen Grenze und beherbergt einen unterirdischen Tempel. Am Eingang steht ein Mahnmal, das an die 130 Opfer erinnert, die durch ein Massaker der Roten Khmer im Jahr 1979 ums Leben kamen. Im Inneren findet man Tafeln, die dem Jadekaiser und der Göttin der Barmherzigkeit gewidmet sind.

Dong Ho

Der Dong Ho (Ost-See) ist eigentlich ein Meeresarm und befindet sich außerhalb der Stadt eingebettet zwischen Granitbergen. In hellen Mondnächten, so heißt es, sollen Elfen über den See tanzen.

Mui Nai

Die Strände bei Ha Tien gehören mit ihrem klaren und warmen Wasser und dem feinen Sand zu den schönsten des ganzen Mekong-Deltas. Wegen ihrer abseitigen Lage und der Nähe zur kambodschanischen Grenze sind sie aber bisher noch kaum erschlossen. Etwa 4 km südlich der Stadt bildet die Felsengruppe von Mui Nai eine Landzunge, an deren beiden Seiten Strände liegen.

Hon Chon

Wunderschön ist auch der 20 km südlich von Ha Tien gelegene Duong-Strand auf der Hon-Chon-Halbinsel, der nur über eine unbefestigte Straße zu erreichen ist. Hier findet man weite Sandstrände mit Palmen und klarem Wasser, daneben aber auch Felsen, die sich ins Meer schieben und zu einem dahinterliegenden Kalkmassiv gehören, das sich von Ha Tien aus nach Süden erstreckt.

Hier haben sich wieder zahlreiche Höhlen ausgebildet. In einer davon, der Hang-Tien-Grotte, soll sich der spätere Kaiser Gia Long während des Tay-Son-Aufstandes 1784 versteckt gehalten haben. Leider muß man damit rechnen, daß der Strand in Zukunft sehr an Attraktivität verliert, denn ganz in der Nähe wird zur Zeit eine Zementfabrik gebaut. Zwar wird von den Betreibern versichert, dies habe keine Auswirkungen auf den Badebetrieb, was man glauben kann oder auch nicht.

Duong Beach mit Blick auf die Vater-Sohn-Insel

Nur wenige Kilometer weiter endet die Straße an einem buddhistischen Höhlentempel, Chua Hang. Von hier kann man weiter zum Duong Beach gehen, einem Kleinod mit Fischrestaurants und Booten, mit denen man Fahrten der Küste entlang machen kann. Vom südlichen Teil, nahe des Heiligtums, kann man die einige hundert Meter vor der Küste liegende Vater- und Sohn-Insel (Hon Phu Tu) sehen. Sie gleicht einer Säule, deren Sockel von den Wellen ausgewaschen wurde.

Umgebung Ha Tiens (Fts.), Duong Beach

→ dort

Phu Quoc Island

Hai Phong D 2

Stadtstaat Hai Phong (Delta des Roten Flusses)
Einwohnerzahl: 1600000
Entfernung: 105 km südöstlich von Hanoi

Lage und Bedeutung

Meist gelangt man nach Hai Phong, zweitgrößte Stadt und größter Hafen Nordvietnams, von Hanoi her kommend über die Nationalstraße 1. Vorbei an fruchtbaren Reisfeldern, begleitet von Lastwagen, Ochsenkarren und Fahrrädern, erkennt man schon von weitem die riesige Zementfabrik inmitten von Rauchwolken. Doch allein als Industriestandort ist Hai Phong nicht abzutun – es hat durchaus auch seine Reize. Hat man erst das Zentrum mit seinen hübschen Häusern, den schattigen Alleen und seinem unaufdringlichen Charme erreicht, – oder auch die breiten Chausseen mit den guterhaltenen, kolonialzeitlichen Villen – so erkennt man auch den Wohlstand und das kosmopolitische Flair der Stadt.
Hai Phong liegt am Zusammenfluß des Song Cam und des Song Tam Bac und wird von 16 kleinen und großen Wasserläufen durchflossen. Die Stadt ist in drei innere und sieben äußere Distrikte aufgeteilt, wobei das Viertel

Lage und Bedeutung (Fortsetzung)

Ngo Quyen im Nordosten und Le Chan im Süden zusammen mit Hang Bang das Zentrum Hai Phongs bilden. Hier leben etwa 370 000 Menschen, fast ein Drittel der Bewohner des Stadtstaates. Wie Hanoi und Ho-Chi-Minh-Stadt (→ Saigon) hat auch Hai Phong einen selbstverwalteten Status. Obwohl Hai Phong im Vietnamkrieg stark bombardiert wurde, sind noch einige schöne Kolonialgebäude im Zentrum erhalten. Da es nur über wenige Sehenswürdigkeiten verfügt, gilt Hai Phong nicht gerade als Touristenziel.
Dagegen eignet es sich ideal als Ausgangspunkt, um den nahegelegenen Strand von Do Son aufzusuchen. Zudem kann man von Hai Phong aus Fahrten in die wundersame Welt der Ha-Long-Bucht mit ihrer spektakulären Kalksteinszenerie oder auf die Insel Cat Ba (beide → Ha-Long-Bucht) unternehmen.

Geschichte

Bereits um 1500 v. Chr. soll der Raum Hai Phong besiedelt gewesen sein. Keimzelle der heutigen Stadt war wohl das kleine Dorf An Bien, das im 1. Jahrhundert n. Chr. unter Le Chan, einer der besten Kriegerinnen der Schwestern Trung (→ Berühmte Persönlichkeiten), befestigt wurde.

Schlachten am Bach Dang (938 und 1288)

In den folgenden Jahrhunderten war der nahegelegene Bach Dang immer wieder Schauplatz von Kämpfen gegen die Chinesen und Mongolen: Im Jahre 938 sah sich der vietnamesische General Ngo Quyen mit einer übermächtigen chinesischen Flotte konfrontiert, woraufhin er im Flußbett mit eisernen Spitzen verstärkte Pfähle verankern ließ. Als die Chinesen dann in der Mündung des Bach Dang auftauchten, sandte er eine kleine Flotte wendiger Boote als Köder aus. Die Feinde griffen an, doch ihre schweren Schiffe wurden, als sie die Ebbe erreichten, von den Pfosten durchbohrt (s.a. S. 53). Mehr als die Hälfte der Chinesen ertrank in dieser Schlacht. Ganz ähnlich konnte diese Kriegslist 1288 wiederholt werden, als sich 400 mongolische Schiffe in der Absicht, Vietnam zu erobern, näherten. In beiden Fällen waren die Siege so überwältigend und die Verluste der Gegner so immens, daß weitere Invasionspläne der Chinesen und Mongolen damit nun beendet waren.

Während des 17. Jahrhunderts begann man damit, aus dem kleinen Fischerdorf und Militärposten eine Hafenstadt zu machen – doch die natürlichen Voraussetzungen waren dafür nicht die besten: Das Dorf lag in einem ca. 20 km vom Meer entfernten, sumpfigen Gebiet. Erst 1874, als die Franzosen Hai Phong übernommen hatten, konnte der Ort trockengelegt und eine Stadt gebaut werden. Nur wenige Jahre später legten die Kolonialherren eine Versorgungsbasis an, womit der Grundstein für die noch heute bestehende Bedeutung des Hafens gelegt war.

Im Jahre 1910 wurden Hai Phong, Hanoi und einige Städte Südchinas mit einem Eisenbahnnetz verbunden. 36 Jahre später kam es zu heftigen Auseinandersetzungen zwischen französischen Truppen und Soldaten der jungen Demokratischen Republik Vietnams wegen Zollbestimmungen. Die Franzosen bombardierten Hai Phong, erst nach einigen Tagen des Aufruhrs konnten sie wieder Kontrolle über die Stadt erlangen. Doch diese Auseinandersetzungen hielten bis 1955 an, als die Franzosen Indochina verlassen mußten. Kaum zehn Jahre später bombardierten die US-Amerikaner Hai Phong, das damals bereits ein wichtiger Industriestandort und Nachschubbasis der Sowjets war. Präsident Nixon ordnete im Mai 1972 die Verminung des Hai Phonger Hafens an, allerdings wurden die Amerikaner aufgrund des Pariser Waffenstillstandsabkommens wenige Monate später dazu gezwungen, diese Aktion wieder rückgängig zu machen. Ende des Jahres 1973 wurde der Hafen wieder als sicher eingeschätzt – rechtzeitig für die Boat people (→ *Baedeker Special* S. 62/63), die einige Jahre später zu Hunderten auf überladenen Kähnen Vietnam verließen.

Sehenswertes in Hai Phong

Museum

Entlang der Dien Bien Phu Street liegen die meisten Hotels und Geschäfte der Stadt sowie das Stadtmuseum in einem schön restaurierten Kolonialgebäude. Geöffnet: Di., Mi. u. So. 8.00–10.00, 14.00–16.00 Uhr.

Kathedrale

Etwas südlich, in der Hoang Van Thu Street, kommt man zur Kathedrale, die Ende des 19. Jahrhunderts erbaut wurde. Leider macht sie einen eher vernachlässigten Eindruck.

Theater

In derselben Straße, einige Blocks weiter südlich, liegt gegenüber einer großzügigen Allee das lachsfarbene Theater, für dessen Bau zu Beginn des 20. Jahrhunderts die Materialien aus Frankreich eingeschifft wurden. An dem davorliegenden, weiten Platz starben im November 1946 40 Vietminh bei einer Auseinandersetzung mit den Franzosen.

Cho Sat (Sat-Markt)

Nördlich des Tam-Bac-Sees liegt das Handelszentrum Hai Phongs zwischen der Tran-Thinh-Straße und Cho Sat, voller Straßenmärkte, Blumen-

Cho Sat (Fortsetzung)

stände, Krämerläden und Eisenwarenhandlungen. Eine lokale Besonderheit sind die siamesischen Kampffische, die an vielen Straßenecken angeboten werden! Ursprünglich war der Sat-Markt eine Markthalle (19. Jh.), doch vor kurzem wurde er durch ein rundes, sechsstöckiges Gebäude ersetzt. Wegen der hohen Ladenmieten ziehen aber die meisten Händler Straßenstände vor.

Hang-Kenh-Teppichfabrik

An der Südseite des Sees findet man die berühmte Hang-Kenh-Teppichfabrik (Tapis Hang Kenh) in der 124 Nguyen Duc Canh. Im Jahre 1929 wurde sie von einem französischen Unternehmer gegründet. Heute werden ihre Produkte weltweit exportiert. Sehr interessant ist es, dabei zuzusehen, wie die Teppiche entstehen: von den zu Bergen aufgehäuften, bunten Wollsträngen über die Fertigung an den betagten Webstühlen, bis auch der letzte Faden abgeschnitten ist. Typisch sind orientalische Muster in gedämpften Farben, aber es werden auch leuchtend bunte Ansichten der Ha-Long-Bucht fabriziert.

Den Nghe

Auch der Den Nghe, etwa 10 Min. zu Fuß in östlicher Richtung gelegen, ist äußerst eindrucksvoll. Der kleine, etwas eingezwängte Tempel wurde zu Beginn des 20. Jahrhunderts errichtet und Le Chan, einer Mitstreiterin der Trung-Schwestern (→ Berühmte Persönlichkeiten), geweiht. Am Hauptaltar werden ihr Opfergaben dargebracht; besonders am 8. Tag des 2. Mondmonats, dem alljährlichen Tempelfest, finden sich hier Teller mit ihrer Lieblingsspeise Krabben mit Reisnudeln. Der Den Nghe ist ansonsten für seine hübschen Holzschnitzereien bekannt.

Feingearbeitete Holzschnitzereien kann man im Nghe-Tempel entdecken.

Du-Hang-Pagode

Südlich des Zentrums ließ bereits ein wohlhabender Mandarin, der später Mönch wurde, 1672 die Du-Hang-Pagode (121 Du Hang Street) erbauen. Im Laufe der Zeit wurde der kleine Tempel mehrmals umgestaltet. Sehr hübsch sind sein Glockenturm, der statuengeschmückte Innenhof und seine Holzornamente. Von der Khmer-Kunst beeinflußt erscheinen die vasenförmigen Zinnen und Pfeiler, die nach der Vorstellung der Buddhisten süßen Tau enthalten. An der linken Seite des Hofes birgt eine Halle wertvolle Gebetbücher. Hinter einer Gartenmauer liegt ein Feld voller Stupas.

Dinh Hanh Kenh

Ursprung des Stadtteils Le Chan war das Dorf Kenh, dessen alter Dinh an der Straße Duong Hanh Kenh liegt. Im allgemeinen werden Dorfgötter in

Hier entstehen die wunderbaren Teppiche Hai Phongs.

Dinh Hanh Kenh (Fortsetzung)

diesen Gemeindehäusern verehrt, dieses aber ist König Ngo Quyen, dem Eroberer Südchinas (938), gewidmet. Das niedrige Gebäude mit dem geschwungenen Dach wurde gegenüber einem künstlichen See in Form eines Bootes angelegt. Viel Sorgfalt verwendete man für die schöne Fassade und die erstaunlichen Schnitzereien. Mehr als 500 Holzreliefs sind hier zu finden, auf denen Szenen des täglichen Lebens dargestellt sind. Trotz ihres Alters von mehr als 200 Jahren sind die meisten noch im Originalzustand erhalten.

Umgebung von Hai Phong

Do Son

Umgeben von wunderschönen grünen Wäldern und palmengesäumten Stränden gilt die Küste Do Sons als beliebtes Ausflugsziel für die Bewohner von Hai Phong und Hanoi. Etwa 20 km südlich von Hai Phong ragt die Halbinsel in den Golf von Tonkin. Der etwa 4 km lange Sandstrand ist in drei Abschnitte unterteilt und von einer Hügelkette geschützt. Ausflügler aus Hanoi oder Hai Phong fliehen in dieses kleine tropische Paradies gerne vor der Hitze der Städte und genießen unter Palmen und Kasuarinen gerne die kühle Meeresbrise. Für die vielen Besucher stehen mehr als 40 Hotels an dem 4 km langen Strand zur Verfügung. Seit 1994 gibt es auch ein Spielkasino, das erste Vietnams. Besonders empfehlenswert ist ein Spaziergang zur Quelle des Drachen und zum Tempel Ba Da am nördlichen Ende der Halbinsel. Dieser wurde einem jungen Mädchen gewidmet, das sich nach einer Liebesnacht mit einem Höfling umbrachte.
Jedes Jahr wird in Do Son zu Ehren des Widerstandskämpfers Nguyen Huu Cao am 10. Tag des 8. Mondmonats ein Fest mit Stierkämpfen veranstaltet. Allerdings haben sie mit denen in Spanien nur wenig Ähnlichkeit: Verloren hat der, der als erster davonläuft. Hinterher werden die Stiere dann heiliggesprochen und unter den teilnehmenden Dörfern als Loc, Geschenk der Geister, verteilt.

Hanoi C 2

Hauptstadt und Regierungssitz der Sozialistischen Repubik Vietnam
Stadtstaat Ha Noi
Einwohnerzahl: ca. 1,1 Mio. (Stadtgebiet)
Entfernung: 1600 km nördlich von Saigon

Lage und Bedeutung

Hanoi bedeutet sinngemäß "Stadt zwischen den Flüssen" und so erstreckt sich die vietnamesische Hauptstadt auch zwischen dem deichbewehrten Roten Fluß, dem To-Lich- und dem Nhi (Nhue)-Fluß. Umgeben ist das Stadtgebiet von vielen ländlichen Gemeinden und Dörfern, die ebenfalls unter der Verwaltung Hanois (rund 3 000 000 Einw.) stehen. Nicht weit entfernt wird das → Delta des Roten Flusses im Norden und Westen von über 3000 m hohen Bergen begrenzt, während es zum Golf von Tonkin nur rund 80 km Luftlinie sind.
Die Gegend um Hanoi wird als die Wiege der vietnamesischen Kultur bezeichnet. Wenn auch im Bewußtsein der westlichen Welt Saigon die Hauptrolle in der Kolonial- und Kriegsgeschichte des 19. und 20. Jahrhunderts spielt, so bleibt Hanoi in der immerhin 4000jährigen Geschichtsschreibung die zweifellos wichtigere Stadt. Hier, aus dem Delta des Roten Flusses und den naheliegenden Bergen, entstammen die frühzeitlichen Herkunftslegenden des vietnamesischen Volkes, auch um die Stadt selbst und ihre Gründung ranken sich zahlreiche mythologische Erzählungen. In der Nähe Hanois führten archäologische Funde auf die Spuren von bedeutenden Frühkulturen, etwa der Dong-Son-Epoche vor 2500 Jahren und der prähistorischen Hoa-Binh-Kultur. Hanoi diente in den vergangenen zwei Jahrtausenden unter verschiedenen Namen als Residenz von Fürsten und Königen, von Verwaltung und Militär, konfuzianischer Lehre und Wissenschaft, war aber auch oftmals Schauplatz von Machtkämpfen zwischen den konkurrierenden Dynastien. Vor allem im 18. und 19. Jahrhundert wurden die vielen Paläste dem Erdboden gleichgemacht. Relikte alter Festungen wie Co Loa (3. Jh. v. Chr.) und Dai La (9. Jh.) blieben dagegen erhalten. Im Flußdelta betraten die späteren Nationalhelden Tran Hung Dao und Nguyen Hue die historische Bühne, als entscheidende Schlachten gegen die Mongolen und die chinesischen Besatzer geschlagen wurden. Und zu guter Letzt – Ho Chi Minh erklärte 1945 in Hanoi die Unabhängigkeit Vietnams und fand nach seinem Tod die letzte Ruhestätte im imposanten Mausoleum.

Wirtschaft

Viele internationale Konzerne, Banken und Weltorganisationen haben in den 90er Jahren Büros in der Hauptstadt eröffnet. Nach Saigon im Süden hat sich in und um Hanoi der zweite Investitionsschwerpunkt gebildet mit mehr als tausend Unternehmen in Industrie und Handel.
Die Hauptstadt ist das touristische Zentrum im Norden, von hier finden die Tagesausflüge in die weltberühmte Ha-Long-Bucht statt. Die Stadt bietet v.a. Kulturinteressierten einzigartige Beispiele der traditionellen vietnamesischen Architektur, z.B. die zierliche Ein-Säulen-Pagode und den Literaturtempel.

Verkehr

Der internationale Flughafen Noi Bai liegt 30 km nördlich der Stadt. Schienenstränge verbinden Hanoi mit dem Süden bis nach Saigon, der Hafenstadt Hai Phong im Osten und den Grenzstädten Lao Cai und Lang Son/ Dong Dang an der Grenze nach China.
Bis vor wenigen Jahren beherrschten eine Million Fahrradfahrer die Straßen und Gassen Hanois. Heute steigen mehr und mehr Stadtbewohner auf motorisierte Zweiräder und Autos um, was zu Verkehrsspitzenzeiten regelmäßig zum Chaos in der Innenstadt führt. Ganz besonders schlimm kann es zu Monsunzeiten (zwischen Mai und Oktober) werden, wenn das Hoch-

Die Brücke zum Jadeberg-Tempel wird auch "Ort, wo die Morgensonne ruht" genannt. ▶

Verkehr (Fortsetzung)

wasser im Roten Fluß wie seit Jahrhunderten über die Deiche tritt und die Innenstadt teilweise überschwemmt. Für die 6000 Cyclos sind viele Innenstadtstraßen gesperrt (bzw. Einbahnstraßen), und so kann es leicht zu Mißverständnissen kommen, wenn der Fahrer den Gast an irgendeiner beliebigen Straßenkreuzung abzusetzen scheint.

Geschichte

Die Chinesen errichteten in ihrem Protektorat Annam im 7. Jahrhundert die Festung Dai La –, am Ufer des Roten Flusses, wo heute Hanoi liegt. Im Jahre 1010 verlegte der erste Ly-Herrscher, Ly Thai To, seinen Sitz aus Hoa Lu inmitten der unzugänglichen Berge in die fruchtbare Ebene des Flußdeltas nach Dai La. Der Legende nach hatte der König des Dai-Viet-Reiches dabei die Erscheinung eines Drachens, und so nannte er die Stadt Thang Long (aufsteigender Drache). Unter der Ly-Dynastie entstanden im 11. Jahrhundert die Ein-Säulen-Pagode und der Literaturtempel, die erste Akademie in Vietnam, sowie das Beamtenwesen. Die wiederholten Versuche der Mongolen, die Stadt im 13. Jahrhundert während der Tran-Dynastie zu besetzen, konnten in der Schlacht am Bach Dang beendet werden (→ Hai Phong). In dieser Zeit dehnten die nordvietnamesischen Herrscher ihre Macht erstmals nach Süden aus – nicht ohne Gegenwehr der dort siedelnden Cham. Denn in den Jahren 1371 und 1377 überfielen die Champa-Heere Thang Long und zerstörten den Königspalast. Aus strategischen Gründen wurde die Königsstadt vorübergehend in die südlichere Provinz Thanh Hoa verlegt. Die chinesische Ming-Dynastie konnte 1407 erneut das Reich Dai Viet und die ehemalige Königsstadt Thang Long erobern, die nun den Namen Dong Do trug. Erst 1428 zogen sich die chinesischen Besatzer zurück, besiegt durch die Heere von Le Loi. Die Le-Herrscher kehrten daraufhin nach Dong Do zurück und änderten den Namen ihrer Kapitale in Dong Kinh. Die letzte Schlacht zwischen Vietnamesen und den übermächtigen Nachbarn aus dem Kaiserreich China wurde gegen 1789 geschlagen, jedoch verjagte einer der Tay-Son-Brüder, der spätere König Quang Trung, die chinesischen Truppen endgültig aus Dong Kinh. Neben der chinesischen Bedrohung aus dem Norden hatte sich in Zentralvietnam mit der mächtigen Nguyen-Familie eine Parallel-Herrschaft etabliert. Soldaten marschierten 1802 unter Führung eines Nguyen-Fürsten in Dong Kinh ein. Der Sieger aus dem Nguyen-Clan nannte sich fortan Kaiser Gia Long und machte 1804 Hue in Zentralvietnam zur einzigen Kaiser- und Hauptstadt des wiedervereinigten Reiches – das ab jetzt Viet Nam hieß.

Thang Long

Dong Do

Dong Kinh

Umbenennung in Hanoi

Anfang des 19. Jahrhunderts wurde auch der Städtename in Hanoi geändert. Ab 1862/63 konnten die Franzosen vom Süden aus weite Teile Vietnams unter ihren Einfluß bringen und schließlich um 1882 auch Hanoi besetzen. Die Stadt ernannten sie zur Hauptstadt ihres nördlichen Protektorats Tonkin und der gesamten Kolonie Indochina. Unter der französischen Kolonialherrschaft wurden der Königspalast und die Ein-Säulen-Pagode zerstört, dafür entstanden rund um den Hoan-Kiem-See zahlreiche Boulevards und Kolonialbauten: z.B. die Post, die Kathedrale, das Hotel Sofitel Metropole und die kürzlich restaurierte Oper aus dem Jahr 1901.

Nach dem Zweiten Weltkrieg erklärte Ho Chi Minh am 2. September 1945 auf dem Ba-Dinh-Platz die Unabhängigkeit und rief die Demokratische Republik Vietnam (DRV) im Norden aus. Die französische Kolonialmacht erkannte diese Unabhängigkeit zwar zuerst vertraglich an, besetzte jedoch kurz darauf Hanoi und Saigon erneut. Die kommunistischen Vietminh konnten erst 1954 nach acht Jahren Indochinakrieg aus dem Untergrund nach Hanoi zurückkehren und übernahmen die Macht im Norden des nun geteilten Landes – etwa 1 Million Menschen flüchteten in der Folgezeit in die südliche Republik. Nach dem Ende des Vietnamkriegs – bis Dezember 1972 fielen Bomben auf Hanoi – wurde Vietnam am 2. Juli 1976 als Sozialistische Republik Vietnam (SRV) wiedervereint und Hanoi erstmals zur landesweiten Hauptstadt. Die Wende in der vietnamesischen Politik trat mit dem 6. Parteitag der Kommunistischen Partei in Hanoi (1986) ein, auf dem weitreichende wirtschaftliche Reformen beschlossen wurden. Ein weiteres Jahrzehnt verging, bis 1996 die US-Botschaft in Hanoi eröffnet wurde.

Stadtbild und Atmosphäre

Hanois Atmosphäre ist wie an keinem anderen Ort Vietnams von den verschiedenen Epochen und ihren Vertretern geprägt. Könige und Konfuzius, Kolonialherren wie Kaderschüler und neuerdings auch Kapitalisten haben ihre Spuren im Stadtbild hinterlassen: Hunderte von Tempeln und Pagoden wechseln sich ab mit kolonialzeitlichen Fassaden, sozialistischen Renommierbauten und den Vorboten einer neuen Zeit mit spiegelverglasten Hochhaustürmen und Konsumpalästen. Das hochmoderne Hanoi zeigt sich bereits im Bezirk am Westsee: Villen, Mini-Hotels und Luxusherbergen sind am Ufer entstanden. Die vielen Parks, Seen und tamarindenüberschatteten Alleen geben Hanoi ein angenehmes und grünes Antlitz. Im Vergleich zum kosmopolitischeren und dynamischeren Saigon scheint hier noch Ruhe und Gelassenheit zu herrschen. Manch ein Besucher empfindet die Atmosphäre in der Hauptstadt dennoch – besonders nach Begegnung mit der linientreuen Bürokratie – eher als träge, zurückhaltend und konservativ. Die neoklassizistischen Kolonialbauten und Art-déco-Villen rund um den Hoan-Kiem-See und westlich davon – heute Sitz von Botschaften, Regierung, Banken, Hotels und Museen – sowie die lebhaften Cafés an den Plätzen verbreiten ein nostalgisch-französisches Flair, wenn auch die ockerfarbenen Gebäude manchmal vom Monsunregen in Grautönen verwaschen oder gar schwarz angelaufen sind.

Straßenleben

In der historischen Altstadt schlägt noch immer das alte, etwas bemooste Herz Hanois. Noch zur Monarchie vor rund 1000 Jahren war die Königsstadt der von Gräben umgebene Mittelpunkt Thang Longs. Die Außenbezirke waren einst nach 36 Zünften der Bauern, der Handwerker und der Kaufleute gegliedert. Die Gassen waren ebenfalls strikt nach Waren und Gewerbe geordnet, z.B. die Gasse der Silberschmiede (Hang Bac), die Gasse der Matten (Hang Chieu) oder die Gasse der konischen Hüte (Hang Non). Die königlichen Gebäude und Paläste bestehen heute nicht mehr, aber die vielen, teils engen Straßenzüge gibt es noch.
Zwischen der alten niedrigen Häuserkulisse aus dem vorigen Jahrhundert tauchen jedoch immer öfter Neubauten auf, die mehr oder meist weniger hineinpassen. Die Stadtsanierung schreitet unaufhaltsam und wenig behutsam voran. Doch noch immer werkeln hier vereinzelt Nachfahren der früheren Berufsstände, etwa in der Straße der Bambuswaren (Hang Tre) oder der Hang Quat, in der religiöse Devotionalien verkauft werden.
Das Leben spielt sich im Freien ab, auf dem Holzschemel mitten auf dem Bürgersteig: Die dampfende Reissuppe wird schon morgens um 6 Uhr auf dem Fahrrad durch die Gassen gefahren. An einer morschen Häuserwand hört man die klappernden Geräusche der Schreibmaschinen in einer Tipp-Firma, hier tratschen Gemüsehändlerinnen unter ihren runden Kegelhüten, dort feilt ein Mann mit olivgrünem Tropenhelm an einem Metallblock.
An einer Ecke spielen alte Männer im Pyjama-Look ein Kartenspiel, daneben ist der Ohrenputzer, einer der ältesten asiatischen Berufe, konzentriert bei der Arbeit. Blicke in die Wohnzimmer ergeben sich auf Schritt und Tritt, es gibt kaum eine Trennung zwischen drinnen und draußen, privatem und öffentlichem Leben, und erst zur Nachtzeit wird schließlich das Metallgitter zugeschoben.

Das scheint ja wirklich sehr wohltuend zu sein... – Besuch beim Ohrenputzer im Old Quarter.

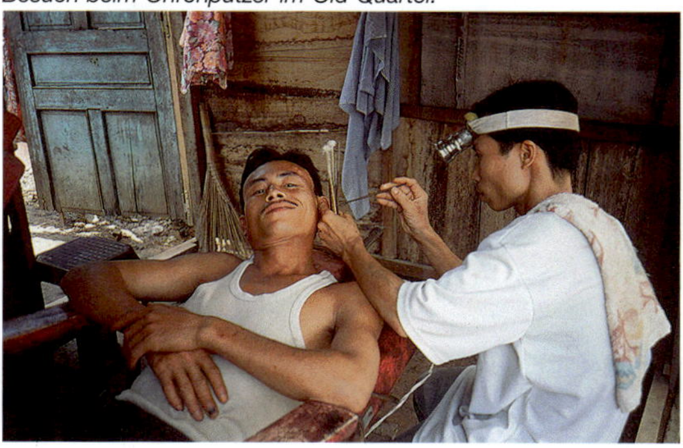

Tay-Ho-Pagode
Ethnologisches Museum
West Lake
Truc Bach Lake
Tran-Quoc-Pagode
Duong Thanh Nien
Nam Trang
Ng. Khac Hieu
Lac Chinh
Ngu Xa
Pho Duc Chinh
Pho Nghia Dung
Duong Yen Phu
Pho Chau Long
Nguyen Khac Nhu
Pham Hong
Truong
Nguyen
Pho Dang Dung
Pho Cua Bac
Pho Quan
Quan-Thanh-Tempel
Duong Thuy Khue
Pho Quan Thanh
Dang Tat
Pho Nguyen Bieu
Pho Phan Dinh Phung
Präsidentenpalast
Wohnhaus von Ho Chi Minh
Ho-Chi-Minh-Mausoleum
Duong Hung Vuong
Nguyen Canh Chan
Hoang Van Thu
Dieu
Ba-Dinh-Platz
Parlament
Duong Bac Son
Pho Hoang
Pho Nguyen Tri Phuong
Ein-Säulen-Pagode
Ho-Chi-Minh-Museum
Chua Mot Cot
Pho Doi Can
Ong Ich Khiem
Le Hong Phong
Pho Cua
Pho Ly Nam De
ZITADELLE
(gesperrtes Gebiet)
Pho Son Tay
Duong Hung Vuong
Chu Van An
Khuc Hao
Armee-museum
Dien Bien Phu
Lenin-Statue
Pho Kim Ma
Duong Tran Phu
Kunst-museum
Ly V. Phuc
Trinh Hoai Duc
H. Chao
Pho Ton Duc Thang
Literaturtempel
Pho Cat Linh
Van Mieu
Nguyen Khuyen
Quoc Tu Giam
Ngo Si Lien
Tran Quy Cap
Pho Hang Bong
Hoi Vu
Bahnhof
Duong Le Duan
Quan Su
Quan-Su-Pagode
Pho Ton Duc Thang
Luftwaffenmuseum
Lenin-Park

Hanoi
300 m
© Baedeker
Hai Phong
Long- Bien- Brücke
(Paul- Doumer- Brücke)
Red River
(Song Hong)
Hai Phong
Chuong- Duong- Brücke
Dong-Xuan-
Markt
Quan-
Chuong-
Tor
Bach-Ma-
Tempel
OLD QUARTER
Unabhängigkeits-
museum
Jadeberg-
tempel
Wasser-
puppen-
theater
Hoan
Kiem
Lake
Kathedrale
Ba-Da-
Pagode
Staats-
bank
Ehem. Residenz
des Gouverneurs
Sofitel
Metropole
Revolutions-
museum
Oper
Historisches
Museum
Frauen-
museum
Hang Nguyen
Thiep
Hang Khoai
Tran Nhat Duat
Pho Phuc Tan
Hang Chieu
Hang Giay
Nguyen Sieu
Dao Duy Tu
H. Buom
Cha Ca
Hang Duong
Luong Ngoc Quyen
Hang Bo
Hang Bac
Hang Ngang
Nguyen Huu Huan
Hang Tre
Duong Bach
Luong Van Can
Hang Quat
Hang Dao
Cau Go
Hang Gai
Ham Tu Quan
Dang
Lo Su
Tran Quang Khai
Hang Voi
Hang Trong
Ly Quoc Su
Le Thai To
Chuong Duong
Tran Nguyen Han
Pho Dinh Tien Hoang
Le Lai
Ly Thai To
Tong Dan
Le Tach
P. Nha Chung
H. Khay
Trang Tien
Bai Trung
Quang Trung
Kiet
Pho Ba Trieu
Pho Hang Bai
Pho Le Thanh Tong
D. Thai Than
Pham Ngu Lao
Duong Tran Khanh
Duong Bach Dang
Tho Nhuom
Hung Dao
Hai-Ba-Trung-Tempel

Sehenswertes in Hanoi

Hauptsehenswürdigkeiten

Hanois Zentrum ist ein engumschlossenes Areal mit dem Roten Fluß im Osten und den Bahngleisen im Norden und Westen. Mittelpunkt ist der Hoan-Kiem-See, der zwischen den engen Gassen des Old Quarters und den breiten Boulevards des ehemaligen Französischen Viertels liegt. Westlich dieses Distrikts schließt sich der Teil des Stadtgebietes an, in dem die beeindruckendsten Monumente wie der Literaturtempel und das Mausoleum Ho Chi Minhs stehen. Einige interessante Tempel und Pagoden kann man in der Umgebung des West-Sees besichtigen.
Die Hauptsehenswürdigkeiten Hanois befinden sich also im Zentrum und im Westen, doch um beiden Gebieten gerecht zu werden, sollte man mindestens zwei Tage einplanen. In den einzelnen Distrikten kann man sich gut zu Fuß fortbewegen, bei längeren Distanzen empfiehlt es sich, ein Rad zu leihen oder ein Cyclo zu nehmen.

Um den Hoan-Kiem-See

**Hoan-Kiem-See

Auf den ersten Blick wirkt der Hoan-Kiem-See im Zentrum Hanois ziemlich klein, man kann ihn ohne große Eile in einer halben Stunde umrunden. Er erscheint auch nicht gerade spektakulär mit kleinen Inselchen und den von Bäumen gesäumten Straßen – aber trotzdem ist er die Seele Hanois. Schon am frühen Morgen geht es hier lebhaft zu. Man kann Jogger und Spaziergänger sehen und auch alte Frauen und Männer, die den Tag mit ihren Tai-Chi-Übungen beginnen. Mittags verbringen viele, die in den nahegelegenen Büros und Läden arbeiten, in dem kleinen Park am See ihre Pause, am Nachmittag spielen alte Männer Schach und Kinder tollen herum. Und auch am Abend ist noch einiges los, Liebespaare treffen sich, ganze Familien gehen spazieren und viele Touristen streifen von hier aus noch einmal durch die Straßen der Altstadt.

Morgendliche Tai-Chi-Übungen am Hoan-Kiem-See

Legende von Le Loi und dem zurückgegebenen Schwert

Inmitten des Hoan-Kiem-Sees, dessen Name "See des zurückgegebenen Schwertes" bedeutet, fällt eine kleine Insel mit einem dreistufigen Pavillon, dem Schildkrötenturm, auf. Um diese rankt sich eine alte Legende, die von dem Nationalhelden Le Loi erzählt, der den Aufstand gegen die chinesischen Besatzer im 15. Jahrhundert anführte. Es heißt, Le Loi habe beim Fischen in diesem See ein glänzendes Schwert gefangen, mit dessen Hilfe er die Feinde Vietnams nach zehnjährigem Kampf besiegen konnte. Als er zurückkehrte, wollte er dem Geist des Sees danken, doch bei der Vorbereitung seiner Opfergaben ertönte ein lautes Donnergrollen und das Schwert flog aus der Scheide direkt in das Maul einer goldenen Schildkröte, die es den Göttern zurückbrachte. Noch heute ist diese Geschichte eine der populärsten in Vietnam, dargestellt kann man sie häufig im Wasserpuppentheater (→ *Baedeker Special* S. 154/155) sehen.

The-Huc-Brücke und Jadeberg-Tempel

Über die rotlackierte The-Huc-Brücke gelangt man auf ein weiteres kleines Eiland mit dem Jadeberg-Tempel. Da die Brücke aufgrund der hübschen Lage sehr romantisch wirkt, wird sie "der Ort, wo die Morgensonne ausruht" genannt (s. S. 179). Neben dem Übergang ragt ein 9 m hoher Obelisk mit chinesischen Schriftzeichen auf, die ihn als "Stift, um auf den blauen Himmel zu schreiben" bezeichnen.
Der Jadeberg-Tempel (Den Ngoc Son) liegt wunderschön zwischen uralten Bäumen. Schon im 14. Jahrhundert war er hier erbaut und einer ausgewählten Gruppe gewidmet worden: dem General Tran Hung Dao, der die Mongolen 1288 besiegt hatte, dem Gott der Literatur Van Xuong, dem Physiker La To und dem Krieger Quan Vu. Das Gebäude, das man heute sehen kann, stammt aus dem 19. Jh. und zeigt einige für die Nguyen-Dynastie typischen Elemente wie die auffallenden Drachenköpfe. Das eigentliche Highlight, wegen dem die meisten Touristen hierher kommen, befindet sich nicht im Hauptaltarraum, sondern in einem weiteren, außerhalb gelegenen Raum: der Panzer einer riesigen Schildkröte, die 1968 gefangen wurde. Geöffnet: tgl. 7.30–17.00 Uhr.

Im Hauptaltarraum des Jadeberg-Tempels

Ba-Da-Pagode
Umrundet man den südlichen Teil des Sees, bietet sich ein Abstecher zur Kathedrale in der Nha Tho Street an. Auf dem Weg kommt man an dem arkadenverzierten Eingang der Ba-Da-Pagode vorbei, in der eine beeindruckende Sammlung von Buddha-Figuren zu sehen ist.

Kathedrale

Für den Bau der Kathedrale Saint Joseph ließen die französischen Kolonialherren in den 80er Jahren des 19. Jahrhunderts die bedeutendste Pagode Hanois (Chua Bao Thien) mit ihrem zehnstöckigen Turm schleifen. Besonders auffallend sind ihre bunten Glasfenster und die vielen Votivtäfelchen in der Marienkapelle im nördlichen Kirchenschiff. Ein Grab aus schwarzem Marmor liegt an der gegenüberliegenden Seite – hier wurde der letzte vietnamesische Kardinal beigesetzt, der 1990 verstorben ist. Der Haupteingang der Kathedrale ist nur zu den Messen geöffnet; ansonsten kann man sie über das Seitentor in der Nha Chung Street betreten (geschlossen von 13.00–14.00 Uhr).

Ly-Quoc-Su-Pagode

Folgt man der Ly Quoc Su Street nun in nördlicher Richtung, gelangt man zu der kleinen Ly-Quoc-Su-Pagode (13. Jh.), die den Namen eines buddhistischen Heilers, Lehrers und königlichen Ratgebers trägt. Er soll sogar

Ly-Quoc-Su-Pagode (Fortsetzung)

den halluzinierenden König Ly Thanh Tong von dem Wahn befreit haben, ein Tiger zu sein. Sein Bildnis thront auf dem Altar, dahinter drei Buddhas. Flankiert ist er von einigen interessanten Statuen: vier Frauengestalten auf der einen und drei Mandarine auf der anderen Seite. Bei einem Rundgang um das Altarensemble kann man gegenüber der rückwärtigen Mauer einige alte Steinfiguren finden, die um 1500 datiert werden.

Pagodenzubehör kann man in der Hang Quat finden.

**Old Quarter (Das alte Viertel)

Atmosphärisches Viertel mit engen, lärmenden Straßen

Wie in einem Bienenkorb geht es in den engen, atmosphärischen Gassen des alten Handelsviertel Hanois zu. Die Geschäftshäuser sind mit Kletterpflanzen bewachsen und mit Vogelkäfigen und -kästchen behängt, aus denen es zwitschert und zirpt, die Trottoirs sind voller Straßenstände und Garküchen, in denen lecker duftende Suppen angeboten werden, und der restliche Platz dazwischen ist mit Fahrrädern und Mofas zugestellt oder von spielenden Kindern und tratschenden Nachbarn bevölkert. Hier kann man stundenlang durch die Straßen wandeln oder einfach auch nur an einer Kreuzung stehen bleiben und das bunte Treiben um sich herum auf sich wirken lassen. Allerdings sollte man den tumultartigen Verkehr dabei nicht ganz vergessen!

Lage und Geschichte

Das Old Quarter Hanois beginnt an der nördlichen Seite des Hoan-Kiem-Sees, schon an der gegenüberliegenden Straßenseite der Cau Go. Überquert man diese, befindet man sich bereits in den turbulenten Straßen des einzigen erhaltenen alten Kaufmannsviertels Vietnams. Der ungefähr einen Quadratkilometer große Bezirk wurde im 19. Jahrhundert noch hinter dikken Toren und Mauern verschlossen; nur noch das Portal am östlichen Ende der Hang Chieu erinnert daran. Er wird im Süden vom Hoan-Kiem-See, im Norden von Bahngleisen, im Westen und Osten von den Straßen Pho Phung Hung und Tran Nhat Duat begrenzt. Vielerlei Heiligtümer, Tem-

Old Quarter (Fortsetzung)

pel und Pagoden, sogar eine Moschee und mehrere heilige Bäume sind hier zu finden, wobei der Den Bach Ma in der Hang Buom Street sicherlich der bedeutendste ist.

*Röhrenhäuser

Unter all den Ablenkungen, die diese Straßen bieten, übersieht man leicht eine architektonische Besonderheit des Viertels, das neben → Hoi An die einzigen Handelshäuser aus dem 15. Jahrhundert aufweist. Diese Häuser im Old Quarter sind allerdings nicht so exquisit verziert, sondern fallen v.a. wegen ihrer auffallenden Form auf. Sie werden "tube houses" (Röhrenhäuser) genannt, denn von der Straße her sieht man nur einen kleinen Laden, oftmals nur 2 m breit, an den sich eine Werkstatt, mehrere Wohn-, Schlaf- und Lagerräume anfügen, so daß die Häuser oft 60 bis 80 m lang sind! Da früher die Steuern nach der Größe der Ladenfront berechnet wurden und die Geschäfte bei Erbteilung entsprechend dividiert wurden, konnte sich diese Art des Hauses hier etablieren. Das gesamte Gebäude verfügt in relativ regelmäßigen Abständen über Innenhöfe, die Luft und Licht spenden, in denen Regenwasser aufgefangen und Gemüse angepflanzt wird; oftmals stehen hier auch kleine Ställe für Kleintiere.
Manche Außenfassaden der "tube houses" wurden während der Kolonialzeit verändert und bekamen Balkone, als die Straßen verbreitert wurden, um Bürgersteige zu bauen. Doch einige der Besitzer waren reich oder einflußreich genug, so daß ihre Häuser ausgenommen wurden und auch heute im Straßenbild quasi "aus der Reihe tanzen", wie man in der Hang Ba und der Ma May Street sehen kann.

Stadt der "36 Straßen"

Vor 500 Jahren erhielten die einzelnen Straßenzüge im Old Quarter ihre Namen nach den 36 hier ansässigen Gilden, die sich jeweils um einen Tempel oder ein Gemeindehaus gruppiert hatten. Auch heute sind diese Geschäftsstraßen meist spezialisiert – auf die Produkte ihrer einstigen Zunft, auf deren modernes Äquivalent oder auf andere Güter. Eine der besonders farbenfrohen Straßen ist sicherlich die Hang Quat (bedeutet "zeremonielle Artikel") mit leuchtenden Wimpeln und Fahnen sowie Lackarbeiten und feierlichen Gewändern für Feiertage und Beerdigungen. Interessant sind auch die vielfältigen Papiergegenstände, die man in der Hang Ma ("Votivgaben aus Papier") verkauft: nicht nur bunter Flitterkram, Girlanden, Laternen und Drachen zur Dekoration, auch allerlei Votivgaben wie Papiermodelle von Fernsehern, Autos oder Falschgeld, die den Toten mitgegeben werden. Folgende Straßen bieten diese Produkte an:
Hang Ba (Silber): Schmuck, Gedenktäfelchen für die Ahnenaltäre
Hang Bo (Bambuskörbe): Kurzwaren, Schmuck
Hang Buom (Segel): Lebensmittel, Süßwaren
Hang Chieu (Matten): Matten, Seile
Hang Dau (Öl): Schuhe
Hang Duong (Zucker): Kleidung
Hang Ma (Votivgaben aus Papier): Papierobjekte
Hang Non (Kegelhüte): Kunststoffe, Glas
Hang Quat (zeremonielle Artikel): religiöse Gegenstände
Hang Thiec (Zinnartikel): Zinnartikel, Spiegel
Hang Vai (Gewebe): Bambusleitern
Lan Ong (Heilkräuter): traditionelle Medizin, Handtücher

Unabhängigkeitsmuseum

In dem Haus in der 48 Hang Ngang entwarf Ho Chi Minh die Unabhängigkeitserklärung der Demokratischen Republik Vietnam von 1945. Das Gebäude, in dem er während dieser Zeit lebte, beherbergt heute das Unabhängigkeitsmuseum (Museum of Independence, geöffnet: tgl. 7.00 bis 17.00 Uhr). In den oberen Räumen kann man noch die Original-Einrichtung sehen, unten gibt es eine kleine Fotoausstellung.

Ganz nach dem Pariser Vorbild geschaffen – die Oper Hanois.

*Bach-Ma-Tempel

Der Bach-Ma-Tempel in der Hang Buom Street ist das älteste und meistbesuchte Heiligtum dieses Viertels. Schon im 9. Jahrhundert gegründet, wurde es später dem Weißen Pferd (Bach Ma), dem Schutzgeist Thang Longs, geweiht. Das heutige Gebäude stammt aus dem 18. Jahrhundert, sein wertvollster Besitz ist die kupferne Bach-Ma-Statue, hier in seiner ursprünglichen Form als Erdgott Long Do dargestellt. An beiden Seiten des Altars fallen eine Pferde-Replik und zwei Wächterfiguren, die mit goldlakkierten Zahnreihen gesegnet sind, auf. Geöffnet: tgl. 7.30–11.00, 14.00 bis 18.00 Uhr.

Moschee

Vielerlei heilige Stätten gibt es im Old Quarter, sogar eine Moschee, die Guiding Light Mosque in der Hang Luoc Street. Sie wurde im Jahre 1903 von indischen Kaufleuten gebaut und ist das einzige islamische Heiligtum Nordvietnams. Ungefähr 100 Muslime leben heute in der vietnamesischen Hauptstadt.

Dong-Xuan-Markt

Einen Block östlich der Moschee liegt Hanois größte Markthalle Dong Xuan, die 1889 erbaut wurde. Nachdem sie 1994 bei einem Brand total zerstört war, konnte sie 1998 wieder neu bezogen werden. Hier ist alles zu finden, was das Herz begehrt – von Fischsauce über Gewürze und Süßigkeiten bis hin zu Lackkunstwerken und Karaokemaschinen.

Long-Bien-Brücke (Paul-Doumer-Brücke)

Weiter östlich spannt sich die Long-Bien-Brücke, ursprünglich Paul-Doumer-Brücke, über den Roten Fluß. Sie wurde zu Ehren des einstigen Generalgouverneurs von Indochina so benannt. Bevor die Chuong Duong 1980 weiter südlich erbaut wurde, war die einzige Brücke der Stadt, die über den Roten Fluß führte, von immenser strategischer Bedeutung.

Hinweis

Am schönsten ist es, sich einfach durch die Straßen treiben zu lassen, sich die verschiedenen Waren anzusehen und das "Gewusel" um einen herum zu bestaunen. In ein paar Minuten kann man von überall zurück zum

Hoan-Kiem-See gelangen. Vor allem im südlichen Teil des Viertels sind viele Souvenirgeschäfte zu finden. Bevor man das Old Quarter verläßt, lohnt sich ein kleiner Abstecher in die To Tich Street (zwischen Hang Quat und Hang Gai), wo man Holzschnitzern und Drechslern bei der Arbeit zusehen kann. Unter den leuchtenden roten Gebetsfahnen in der Hang Quat Street hindurch geht es dann zurück zum See.

Hinweis (Fortsetzung)

*French Quarter (Französisches Viertel)

Kolonialles Erbe entlang breiter Boulevards

Einen harten Kontrast zu dem geschäftigen Treiben in den engen Straßen des Alten Viertels bieten die großzügig angelegten Boulevards des Französischen Viertels, südlich und östlich des Hoan-Kiem-Sees. Die erste französische Ansiedlung erfolgte 1874, an einer Stelle nahe der heutigen Oper, die damals noch nicht kultiviert war. Doch schon acht Jahre später begannen die Kolonialherren, die Stadt nach ihren Vorstellungen umzugestalten: so auch das Gebiet des French Quarter bis hin zum jetzigen Leninpark. Viele einzigartige vietnamesische Bauwerke wurden dafür dem Erdboden gleichgemacht. Die Sehenswürdigkeiten in diesem Gebiet liegen nicht ganz so eng beieinander wie die um den Hoan-Kiem-See und im Old Quarter, daher empfiehlt es sich, ein Cyclo oder Fahrrad zu nehmen.

*Oper

Schon auf den ersten Blick kann man erkennen, daß die Oper Hanois ein bedeutendes Vorbild hatte: nämlich das Opernhaus in Paris. Für ihren Bau wurde das Land nahe des Roten Flusses erst urbar gemacht; nach zehnjähriger Bauzeit konnte sie 1911 eingeweiht werden. Lange Jahre war die Oper der ganze Stolz des französischen Hanoi, ihr kultureller und gesellschaftlicher Mittelpunkt – bis 1945 der Vietminh von ihrem Balkon die Augustrevolution proklamierte. Sie liegt an der Ecke Trang Tien und Le Thai To. Ihre Innenräume können leider nicht besichtigt werden.

*Historisches Museum

Das Historische Museum befindet sich nur einen Block weiter östlich (1 Trang Tien Street, geöffnet: Di.–So. 8.00–11.45, 13.15–16.00 Uhr). Ein wenig versteckt hinter Bäumen kann man das Gebäude entdecken, eine Mischung aus vietnamesischem Palast und französischer Villa. Von der École Française d'Extrême Orient wurde das Museum bereits 1930 gegründet, aber nach 1954 umgestaltet, um einen Überblick vom Paläolithikum bis zur Unabhängigkeit des Landes zu geben. In zahlreichen Räumen kann man nun der Geschichte Vietnams nachspüren – im Untergeschoß erfährt man alles über die Zeit vor 1400, im Obergeschoß alles bis August 1945.

Gleich im ersten Raum wird man über die Dong-Son-Kultur (1200–200 v. Chr.) unterrichtet. Die bedeutendsten Relikte dieser Zeit sind große Bronzetrommeln, die bei Zeremonien geschlagen wurden, bei Beerdigungen, um den Monsun herbeizurufen oder um Fruchtbarkeitsrituale zu vollziehen. Ein ganz besonders schönes Stück mit fein gearbeiteten Figuren (Wild, Menschen, Schiffe) ist im nächsten Raum zu finden: die Ngoc-Lu-Trommel. Weitere bedeutende Exponate auf dieser Ebene sind der meditierende Buddha aus der Phat-Tich-Pagode (11. Jahrhundert), eine goldbeschriftete Lacktafel (11. Jh.) mit einem Gedicht von König Ly Thuong Kiet, das als erste Unabhängigkeitserklärung Vietnams angesehen wird, und einer Gruppe von fünf Holzpfosten, die von der glorreichen Schlacht am Bach-Dang-Fluß (1288) stammen.

Das obere Stockwerk ist beherrscht von der 3 m hohen Stele mit der Wür-

Meditierender Buddha (11. Jh.)

Historisches Museum

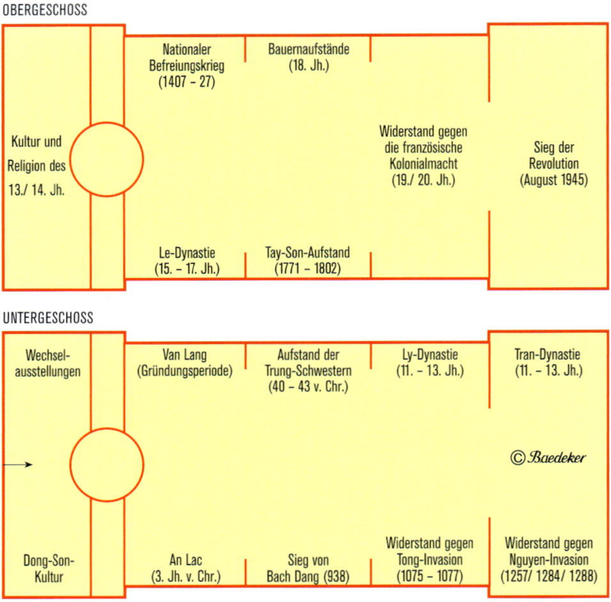

Historisches Museum (Fortsetzung)

digung Le Lois, der der Widerstandsbewegung gegen die chinesische Besatzung (15. Jh.) vorstand. Interessante Ausstellungsstücke beziehen sich auf die Nguyen-Dynastie und ihr Leben am Hof von Hue sowie auf die Zeit der französischen Kolonialherrschaft. Der letzte Raumabschnitt ist dem Unabhängigkeitskampf unter der Führung Ho Chi Minhs gewidmet.

Revolutionsmuseum

Möchte man mehr über die vietnamesische Unabhängigkeitbewegung erfahren, sollte man das Revolutionsmuseum, einen Block weiter nördlich (25 Tong Dan), aufsuchen. Das Kolonialgebäude war einst Sitz der Zollaufsicht. Heute wird hier die Geschichte der Befreiung von Beginn des 20. Jahrhunderts bis 1975 aufgezeigt. Geöffnet: Di., Fr. u. Sa. 8.00 – 11.30, Mi., Do. u. So. 8.00 – 11.30 u. 13.30 – 16.00 Uhr.

Bank

Zwei Straßen weiter westlich, in der Ngo Quyen Street, stehen zwei interessante, aber auch gegensätzliche Gebäude: die Bank mit Art-déco-Elementen und direkt gegenüber Hanois schönstes Kolonialgebäude, die Residenz des Gouverneurs von Tonkin.

*Residenz des Gouverneurs von Tonkin

Sie wurde 1918 erbaut und wird heute als Gästehaus der Regierung bei hohen Staatsbesuchen genutzt. Leider kann man das schöne Anwesen nicht besichtigen. Möglicherweise wird die Terrasse Filmliebhabern bekannt vorkommen, denn einige Szenen des Filmes "Indochine" wurden hier gedreht.

Hotel Sofitel Metropol

Vollkommen nüchtern wirkt dagegen die neoklassizistische Fassade des "Metropole" (heute "Sofitel Metropol") ein Stück weiter südlich an der Ngo Quyen Street. Wie die Oper wurde auch das "Metropole" 1911 eröffnet, das schon kurze Zeit später zu den besten Grandhotels Südostasiens gehören sollte.

*Trang Tien Street

Einige Meter weiter stößt man wieder auf die Trang Tien Street, die Hauptstraße des French Quarter, die südlich des Hoan-Kiem-Sees direkt zur Oper führt. Auf dieser lebhaften Geschäftsstraße gibt es vielerlei Buchläden und Galerien, Cafés und Hotels.
An der Ecke zur Hang Bai steht seit kurzem das achtstöckige "Hanoi Plaza" mit Läden, Apartments und Büros. Südlich der Trang Tien beginnt das eigentliche Villenviertel des French Quarter, durch das sich schattige, kühle Boulevards ziehen. Ähnlich wie im Old Quarter haben diese vornehmen Gebäude hauptsächlich aus Geldmangel überlebt. Man kann hier vielfach europäische Einflüsse des frühen 20. Jahrhunderts finden, vom eleganten Neoklassizismus der 20er Jahre bis zum Art déco mit besonderer orientalischer Note.

*Frauenmuseum

In der 36 Ly Thuong Kiet Street sollte man einen Blick in das relativ neue Frauenmuseum (1994 eröffnet) werfen. Die Ausstellungsobjekte sind auf drei Stockwerken sehr schön präsentiert und auch in englischer Sprache erläutert. Anliegen der Sammlung ist es, die Rolle der Frau in der vietnamesischen Gesellschaft darzustellen, wobei auch die Götterwelt und die ethnischen Minderheiten nicht vergessen wurden.
In der ersten Abteilung wird sich auf Quan Am, die Göttin der Barmherzigkeit, und auf die Urmutter der Vietnamesen Au Co (→ Hung-Tempel) bezogen. Zu den Exponaten gehören Armbänder aus der Dong-Son-Kultur wie einfache Waffen weiblicher Guerillamitglieder. Besonders interessant sind die kunsthandwerklichen Arbeiten der Frauen der Viet, Khmer, Hmong, Ede, Cham und Dao – v.a. wenn man noch weiter in den Norden (→ Sa Pa, Lang Son) fahren möchte. Geöffnet: Mo.–Sa. 8.00–11.30, 13.30–16.00 Uhr.

Quang Trung

Einige hundert Meter weiter westlich kreuzt man die Quang Trung, wo man Dutzenden von Straßenfriseuren bei der Arbeit zusehen kann, wobei sich mit der Zeit ein Teppich von schwarzen Haaren zu ihren Füßen bildet.

Cho 19-12

Der südliche Ausgang des Cho 19-12 (Markt des 19. Dezembers) liegt nur einige Meter weiter. In dieser kurzen, überdachten Straße voller Marktstände kann man v.a. Gemüse und Obst kaufen.

*Hanoi Hilton

Das legendäre "Hanoi Hilton", das in den 60er Jahren weltweit zu zweifelhafter Berühmtheit gelangt ist, stand nur einen Block weiter westlich an der Kreuzung der Straßen Hai Ba Trung und Hoa Lu. Keinesfalls handelte es sich hier um eine Luxusunterkunft, sondern um ein Gefängnis, in dem amerikanische Soldaten einsaßen und auch gefoltert wurden.
Seit 1997 ragt hier ein modernes Hochhaus empor, ein exklusives Hotel- und Konferenzzentrum ("Hanoi Tower"). In einem Rest des alten Gebäudes wurde ein Museum eingerichtet, um an die Gefangenen zu erinnern – an die amerikanischen wie an die vietnamesischen, die unter französischer Herrschaft hier eingekerkert waren.

*Botschafterpagode (Chua Quan Su)

An der nächsten Kreuzung biegt man links auf die Quan Su Street ab, um zur Botschafterpagode (Chua Quan Su, geöffnet: tgl. außer Sa. 8.30–11.30 u. 13.30–16.00 Uhr) zu gelangen. Wie der Name schon sagt, wurde sie im 15. Jahrhundert errichtet, um Botschaftern aus benachbarten buddhistischen Ländern als Herberge zu dienen. Allerdings ist das heutige Gebäude nicht so alt, es stammt aus dem Jahre 1942.
Bis heute ist die Quan-Su-Pagode eine der bedeutendsten und meistbesuchten Kultstätten der Stadt. In dem großen Gebetsraum sitzen alte Frauen unter verräucherten Lampions und rezitieren Sutren. Am 1. und 15. des 5. Mondmonats drängen sich Pilger und Bettler im Vorhof, während drinnen eine riesige eiserne Lampe über den Gläubigen zu schweben scheint und die karmesinrot lackierten Buddhas durch die Nebelschleier der Räucherstäbchen leuchten. In den hinteren Räumen der Pagodenanlage sind verschiedene Forschungsinstitute und ein buddhistisches Lehrzentrum untergebracht.

**Literaturtempel (Van Mieu)

Konfuzianisches Heiligtum und erste Universität Vietnams

Die Van-Mieu-Pagode ist nicht nur die großzügigste und schönste Tempelanlage der Stadt, sondern v.a. das konfuzianische Hauptheiligtum und die erste Universität Vietnams. Sie wurde 1070 vom Kaiser Ly Thanh Tong gegründet und Konfuzius zugeeignet, der in Vietnam eine große und auch wohlhabende Anhängerschaft hatte. Es heißt, man habe die Gestaltung des Tempelkomplexes einem Heiligtum in seinem Geburtsort Qufu (China) nachempfunden. Heute wird der Literaturtempel als Sinnbild für die schwindende Bedeutung des Buddhismus während der Ly-Dynastie gedeutet, als die konfuzianische Glaubenslehre diesen zu verdrängen begann. Mit der Zeit wurde Van Mieu zum intellektuellen und spirituellen Zentrum des Königreichs, wodurch die Bildung sowohl am Hof als auch unter den Mandarinen und im Volk einen neuen Stellenwert bekam. Doch nicht nur Prüfungen wurden hier abgehalten; wie in anderen Pagoden wurden auch Arme und Kranke gespeist. Man betritt den nordsüdlich ausgerichteten Komplex, der aus einer Abfolge von fünf ummauerten Höfen besteht, von der Quoc Tu Giam Street her. Öffnungszeiten: tgl. 8.00–18.00 Uhr.

Rot-golden erstrahlt die Zeremonienhalle.

Stelen

An beiden Seiten des Äußeren Tores stehen Stelen mit der Inschrift "ha ma", was einer Aufforderung gleichkommt, vom Pferd zu steigen. So sollten auch die höchsten Würdenträger daran erinnert werden, daß sie von hier an den Weg zu Fuß fortsetzen sollten.

Van-Mieu-Tor

Der Pfad führt zum großen Van-Mieu-Tor (15. Jh.), das mit Drachen verziert ist und nur an besonderen Feiertagen geöffnet wurde. Nachdem man es durchschritten hat, kommt man in einen kleinen, akkurat angelegten Park mit Rasenflächen und Bäumen.

Khue-Van-Cac-Tor

Durch das schlichtere Dai-Trung-Tor gelangt man in einen zweiten, ähnlich gestalteten Garten und zum Khue-Van-Cac-Tor (1805), dem zweistöckigen

Pavillon, der in den dritten Hof führt. Sein oberer Teil ist von vier strahlenden Sonnen geschmückt; das Dach ist nach Yin-Yang-Art gedeckt.

Khue-Van-Cac-Tor (Fts.)

Nun liegt der Stelenhof vor einem. In seiner Mitte befindet sich ein von Mauern eingefaßter Teich: der Brunnen des Himmlischen Lichtes. An beiden Seiten ist er von Reihen steinerner Schildkröten flankiert, die steinerne Stelen tragen. Diese sind die wertvollsten Stücke des Heiligtums, denn sie tragen die Resultate der Examina der konfuzianischen Akademie und auch die Namen von 1036 erfolgreichen Absolventen (s. a. S. 195). Die 82 verbliebenen Stelen – 30 sind nicht mehr vorhanden – stammen aus den Jahren 1442 bis 1779. Jede steht senkrecht auf dem Rücken einer Schildkröte, dem Symbol für Kraft und langes Leben. Zwar ist keine durchgehende Ordnung erkennbar, doch die beiden ältesten Stelen (1442 und 1448) findet man jeweils in der Mitte der ersten Reihe. Aus dem 15. und 16. Jahrhundert stammen die 14 kleinsten, die florale Motive und Yin-Yang-Symbole tragen, aber keine herrschaftlichen Drachen. Erst im 17. Jahrhundert war deren Darstellung erlaubt, wie man auf den 25 Stelen dieser Zeit sehen kann. Die übrigen 43 wurden im 18. Jahrhundert gefertigt. Sie sind die größten und imposantesten, mit zwei stilisierten Drachen und Flammen geschmückt.

**Stelenhof

Stelentragende Schildkröten

Durch das Tor des Großen Erfolges (Dai-Thanh-Tor) betritt man den vierten Hof und gelangt zu den eigentlichen Tempelgebäuden. Die Pavillons an beiden Seiten bargen einst Altäre, die den 72 Jüngern des Konfuzius gewidmet waren. Heute kann man hier Bücher kaufen und eine Ausstellung ansehen.

*Tor des Großen Erfolges (Dai-Thanh-Tor)

Die Zeremonienhalle, ein niedriges Gebäude mit einem geschwungenen Dach, ist von zwei Drachen, die einen Vollmond stützen, bekrönt. Im rotgolden gehaltenen Altarraum opferten der König und seine Mandarine, während Trommeln und Gongs ertönten. Zwei Bronzekraniche, die auf Schildkröten stehen, bewachen die Ahnentafel des Konfuzius. Auffallend sind die schönen Schnitzereien, die Drachen, Phoenixe, Lotosblumen, Früchte, Wolken und Yin-Yang-Symbole zeigen. Diese Darstellungen stehen nach konfuzianischer Vorstellung für die Ordnung des Universums und für die gottgegebene Hierarchie der Gesellschaft – beides Prinzipien, die von den kommunistischen Machthabern nicht gerade begrüßt, aber dennoch toleriert wurden. Zuweilen kann man in der Halle traditionellen Konzerten beiwohnen.

*Zeremonienhalle

Direkt hinter der Zeremonienhalle liegt das Sanktum, das einst sogar für den König verboten war. In der Mitte des abgedunkelten Raumes prangt eine Konfuzius-Statue, umgeben von seinen vier wichtigsten Jüngern. Seitlich stehen auf zwei Altären Ahnentafeln von insgesamt zehn weiteren bedeutenden Schülern.

*Heiligtum des Großen Erfolges

Der fünfte und letzte Hof war einst Sitz der Nationalakademie, der ersten Universität des Landes. Sie wurde 1076 gegründet, ursprünglich um den Thronerben hier ausbilden zu lassen, später auch die Söhne der Mandari-

Fünfter Hof

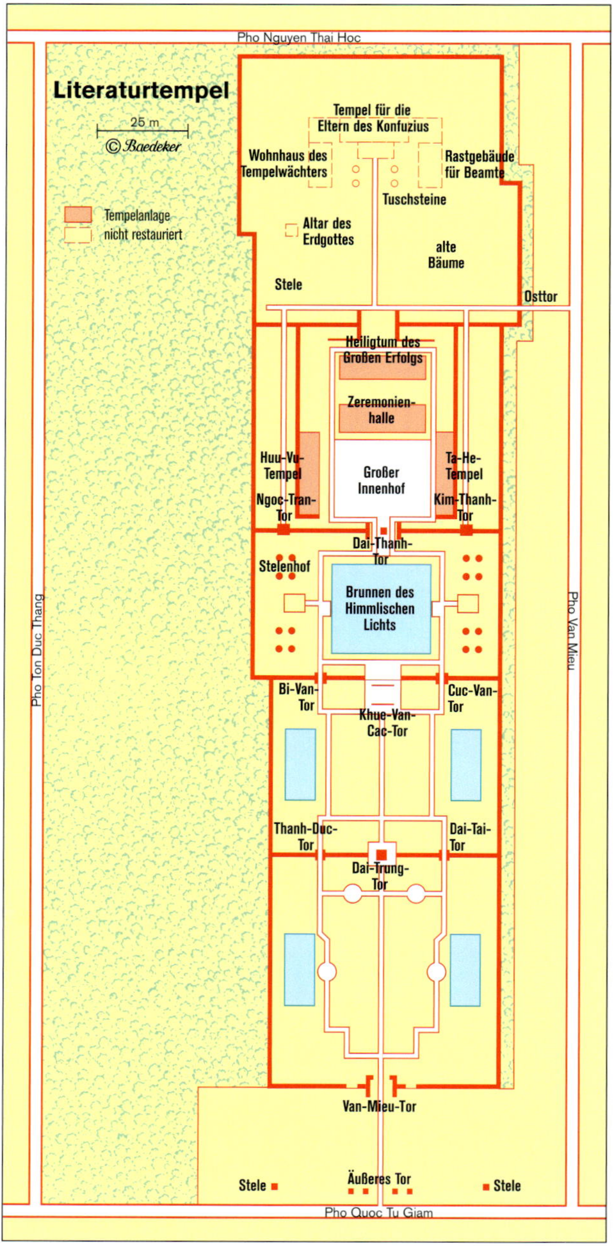
Literaturtempel
25 m
© Baedeker
Tempelanlage
nicht restauriert
Pho Nguyen Thai Hoc
Tempel für die
Eltern des Konfuzius
Wohnhaus des
Tempelwächters
Rastgebäude
für Beamte
Tuschsteine
Altar des
Erdgottes
alte
Bäume
Stele
Osttor
Heiligtum des
Großen Erfolgs
Zeremonien-
halle
Huu-Vu-
Tempel
Großer
Innenhof
Ta-He-
Tempel
Ngoc-Tran-
Tor
Kim-Thanh-
Tor
Dai-Thanh-
Tor
Stelenhof
Brunnen des
Himmlischen
Lichts
Pho Ton Duc Thang
Pho Van Mieu
Bi-Van-
Tor
Khue-Van-
Cac-Tor
Cuc-Van-
Tor
Thanh-Duc-
Tor
Dai-Tai-
Tor
Dai-Trung-
Tor
Van-Mieu-Tor
Stele
Äußeres Tor
Stele
Pho Quoc Tu Giam

ne und hohe Beamte (s.u.). Dieses Verfahren wurde beinahe lückenlos bis 1802, als Kaiser Gia Long die Hauptstadt nach Hue verlegte, so durchgeführt. Dann wurde hier ein Tempel für die Eltern des Konfuzius eingerichtet. Allerdings zerstörten 1947 französische Bomben die Gebäude. Der Hof ist für Besucher bis heute nicht zugänglich.

Literaturtempel, Fünfter Hof (Fts.)

Mandarinprüfungen im Zeichen des Konfuzius

Die Beamtenprüfungen, die man absolvieren mußte, um in die herrschaftliche Verwaltung berufen zu werden, waren nicht einfach. Zudem war eine vornehme Geburt oder Beziehungen für die ausschließlich männlichen Bewerber im Alter von 16 bis 61 Jahren von Vorteil. Betrüger, Rebellen, unmoralische Personen und Schauspieler wurden ausdrücklich nicht zugelassen. Das Prüfungssystem, das von den Ly-Königen schon im 11. Jahrhundert eingeführt wurde, gehörte zu einem Katalog von Reformen, die die Stabilität des Reiches sichern sollten. Grundlage war der konfuzianische Bildungskanon, basierend auf fünf kanonischen und vier klassischen Schriften zu Ethik, Politik und Literatur. Zudem wurden der poetische Stil und das korrekte Abfassen administrativer Texte geprüft.
Um Mandarin des Königs zu werden, mußte man Examina in drei Stufen bestehen. Es begann mit regionalen Prüfungen (thi huong). Nach einem erfolgreichen Abschneiden konnten die Schüler, ausgestattet mit einer Schlafmatte, Tintenstein und Schreibpinsel, nach Hanoi reisen, um an der zweiten Ebene (thi hoi) teilzunehmen. Dieses nationale Examen konnte bis zu sechs Wochen dauern. Die dritte und letzte Prüfung (thi dinh oder Palastexamen) war sehr schwierig und dauerte ebenfalls mehrere Wochen – im Zeitraum von 300 Jahren konnten nur 2313 Bewerber bestehen. Doch dann erhielten die frischgebackenen Mandarine vom König einen Hut, einen Talar, einen Sonnenschirm und ein Pferd, auf dem sie in einer triumphalen Prozession in ihren Heimatort zurückkehrten konnten. Erfolglose Kandidaten waren trotzdem hochgeschätzt. Meist setzten sie ihre Kenntnisse dann in ihren Dörfern als Lehrer oder Heilkundige ein.
Die Mandarinprüfungen wurden in der Regel alle drei Jahre durchgeführt: erstmals im Jahre 1075 durchgeführt, doch das Ritual blieb im wesentlichen bis 1915 (in Hanoi) bzw. 1918 (in Hue) erhalten.

*Ho-Chi-Minh-Mausoleum und Umgebung

Ba-Dinh-Platz

Der großzügig angelegte Ba-Dinh-Platz ist das politische und zeremonielle Zentrum der vietnamesischen Hauptstadt. An seiner westlichen Seite dominiert das Mausoleum Ho Chi Minhs (→ *Baedeker Special* S. 68/69) den Platz, ihm gegenüber befindet sich die Nationalversammlung. Vor einer halben Million Menschen verlas Ho Chi Minh hier am 2. September 1945 die Unabhängigkeitserklärung; seither wird an dieser Stelle jedes Jahr eine Militärparade zum Gedenken abgehalten.

**Ho-Chi-Minh-Mausoleum

In der Tradition großer kommunistischer Führer wurde die Leiche Ho Chi Minhs einbalsamiert, allerdings gegen dessen Willen. Er hatte hinterlassen: “Teilt meine Asche in drei Teile und bewahrt sie in drei Keramikurnen, die Sinnbild für Norden, Zentrum und Süden sein sollen“. Bis zum Jahre 1975 wurde er nicht öffentlich ausgestellt, doch heute ist das Mausoleum eine der Hauptattraktionen Hanois – für Vietnamesen wie für Touristen. Besonders an Wochenenden und Feiertagen ziehen Massen hierher, um “Onkel Ho” ihren Respekt zu erweisen. Auch wenn das Gebäude von außen nur wie ein düsterer Klotz wirkt, sollte man einen Besuch nicht versäumen. Durch die Eskorte der weißgekleideten Soldaten, die feierliche Stille und die effektvolle Beleuchtung des Gesichts und der Hände Ho Chi Minhs ist der Gang durch die Hallen ein einmaliges Erlebnis.

Pflege des Rasens vor dem Ho-Chi-Minh-Mausoleum

Ho-Chi-Minh-Mausoleum (Fortsetzung)

Ausländische Besucher müssen ihre Taschen und Kameras an der Rezeption in der Hung Vuong Street lassen, bevor sie sich an einem Sammelpunkt anstellen dürfen. Von diesem aus wird man ins Mausoleum eskortiert. Geöffnet: Di.–Do. u. Sa. 7.30–10.30, So. 7.30–11.00 Uhr (April bis Oktober), Di.–Do. u. Sa. 8.00–11.00 u. So. 8.00–11.30 Uhr (November bis März), montags und freitags geschlossen.

Präsidentenpalast

Wenn man das Mausoleum verläßt und dem Weg weiter folgt, gelangt man zum ehemaligen Präsidentenpalast und dem Haus Ho Chi Minhs, das sich ebenfalls auf dessen Grundstück befindet. In den Jahren 1900 bis 1908 war die Residenz des Generalgouverneurs von Indochina gebaut worden; heute werden hier Staatsgäste empfangen. Für Publikum bleibt der Palast geschlossen, doch man kann in aller Ruhe durch den Park spazieren.

***Ho-Chi-Minh-Haus**

Nach der Unabhängigkeit 1954 zog Ho Chi Minh zwar offiziell in die ehemalige Residenz, meinte aber, sie sei nun Besitz des gesamten Volkes. Er ließ sich ganz in der Nähe ein bescheideneres Haus bauen. Als es ihm dort im Sommer zu heiß wurde, entwarf er eine kleine Stelzenhütte, die in idyllischer Lage an einem kleinen See errichtet wurde. Die ebenerdig gelegenen Räume sind mit Schreibtisch, Telefon und Tisch ausgestattet, sein Studien- und Schlafzimmer oben sind noch so erhalten, wie er sie zurückgelassen hat.

Ho Chi Minh lebte hier in den letzten elf Jahren seines Lebens, auch während des Vietnamkrieges. Was links wie ein Gästezimmer aussieht, ist der Eingang zu seinem Bunker. Es heißt, Ho sei dem Garten und seinem Karpfenteich sehr zugetan gewesen. Geöffnet: Di.–So. 8.00–11.00 u. 14.00 bis 16.00 Uhr.

****Ein-Säulen-Pagode**

Ganz in der Nähe liegt die Ein-Säulen-Pagode (Chua Mot Cot) – wie der Schildkrötenturm auf dem Hoan-Kiem-See ein Wahrzeichen Hanois. Unter den Hunderten von Pagoden, die die Ly-Könige im 11. Jahrhundert stifteten, ist diese sicherlich die ungewöhnlichste. Das hölzerne Quan-Am-Heiligtum ist nämlich nur etwa 3 m^2 groß und wird lediglich von einer einzigen Säule, die mitten aus dem See ragt, getragen.

Ein-Säulen-Pagode (Fts.)

In dieser Form soll sie Abbild einer Lotosblüte, dem buddhistischen Symbol für die Erleuchtung, sein. Wie man leicht erkennen kann, handelt es sich bei dem, was man heute sieht, nicht um das Originalbauwerk, denn der aktuelle, aus Beton gegossene Pfeiler (1954) beeinträchtigt das Bild erheblich!

Über die Entstehung der Pagode ist nicht viel bekannt, doch eine Volkslegende erzählt, sie sei 1049 unter dem König Ly Thai Tong entstanden. Im Traum erschien ihm Quan Am, wie sie auf ihrem Lotosthron saß und ihm einen männlichen Säugling entgegenstreckte. Kurze Zeit später gebar die Königin einen Jungen. Aus Dank ließ Ly Thai Tong daraufhin die Pagode erbauen. Allerdings hatte er sechs Jahre, bevor er den Thron bestieg, schon einen Sohn (1022), so daß man einer weniger romantischen Version eher Glauben schenken kann: Danach träumte der König, daß Quan Am ihn eingeladen habe, mit ihr auf dem Lotosthron zu sitzen. Die königlichen Ratgeber sahen dies aber als schlechtes Omen an und wirkten auf ihn ein, eine Pagode in Lotosform zu bauen, um ein langes Leben zu erlangen.

Dahinter wächst ein Bodhibaum, ein Ableger des Baumes, unter dem Buddha die Erleuchtung fand. Ho Chi Minh bekam den Setzling im Jahre 1958 bei einer Indien-Reise geschenkt.

Ein weiteres Wahrzeichen Hanois: die Ein-Säulen-Pagode.

*Ho-Chi-Minh-Museum

Am 100. Geburtstag Ho Chi Minhs, dem 19. Mai 1990, wurde das große, moderne Gebäude, etwa 100 m westlich der Ein-Säulen-Pagode, mit sowjetischer Hilfe erbaut. In dem Museum wird seine Person und die besondere Rolle, die er für das Land gespielt hat, gewürdigt. Kleine Ausstellungen beschreiben sein Leben, die vietnamesische Revolution und die Entwicklung des Sozialismus auf der ganzen Welt. Dabei sind auch persönliche Gegenstände zu sehen wie Dokumente und Fotografien, aber auch die Verkleidung, die er trug, als er aus Hong Kong floh. Geöffnet: Di.–Do. u. Sa. 7.30–10.30, So. 7.30–11.00 Uhr (April bis Oktober), Di.–Do. u. Sa. 8.00–11.00 u. So. 8.00–11.30 Uhr (November bis März), montags und freitags geschlossen.

*Armeemuseum

In östlicher Richtung gelangt man vom Ho-Chi-Minh-Museum über den Ba Dinh Square auf die Dien Bien Phu Street, eine Straße mit knorrigen alten Bäumen und schönen Kolonialgebäuden. Etwa 500 m vom Platz entfernt steht vor dem weißen, arkadengeschmückten Armeemuseum eine Lenin-Statue. Auch wenn man sich nicht allzusehr für Militärisches interessiert, lohnt sich ein Besuch, da hier ein informativer Überblick über die Geschichte Vietnams – auch in englischer Sprache – gegeben wird. Schwerpunkt ist der Zeitraum von 1944 (Gründung der Volksarmee) bis heute, v.a. die Kriege gegen die Franzosen und Amerikaner. Interessanterweise werden die Auseinandersetzungen mit China und Kambodscha nicht behandelt. Der Hof des Museums steht voller Waffen: u.a. eine russische MiG 21, Artillerie aus Dien Bien Phu, Flakgeschütze aus dem Vietnamkrieg und das Wrack eines B-52-Bombers. Die Ausstellung beginnt im zweiten Stockwerk und geht chronologisch von dem Nghe-Tinh-Aufstand 1930 über zur Augustrevolution, dem Volksaufstand gegen die Franzosen. Eine Beson-

Armeemuseum (Fortsetzung)

derheit ist das Diorama der Schlacht von Dien Bien Phu. Begleitend kann man ein Video in englischer Sprache ansehen. Demgegenüber ist die Ausstellung zum Krieg gegen die Amerikaner relativ farblos, v.a. Medaillen sind hier zu sehen. Geöffnet: Di.–So. 8.00–11.30 u. 13.30–16.30 Uhr.

Cot-Co-Flaggenturm

Auf dem Gelände des Armeemuseums steht auch der 33 m hohe Flaggenturm Cot Co, eines der wenigen Relikte der Zitadelle, die Kaiser Gia Long im frühen 19. Jahrhundert erbauen ließ. Von oben bietet sich ein schöner Blick auf die Stadt. Allerdings kann man den Turm nicht immer besteigen.

Kunstmuseum

Weiter südlich, in Richtung des Literaturtempels, findet man das dreistökkige Kolonialgebäude, in dem das Museum der Schönen Künste untergebracht ist. Seine Sammlung erscheint zwar teilweise zusammengewürfelt und auch nicht immer optimal präsentiert, doch sind einige interessante Objekte zu finden wie z.B. Arhats aus der Tay-Phuong-Pagode (→ Hanoi, Nähere Umgebung). Die unteren Stockwerke sind der Volkskunst und der Lackmalerei gewidmet. Zeitgenössische Malerei ist in einem separaten Anbau ausgestellt. Geöffnet: Di.–So. 8.00–12.00 u. 13.00–16.00 Uhr.

West-See und Umgebung

West-See

Um den West-See spinnt sich eine Legende: Vor langer, langer Zeit kam ein Mönch aus China zurück nach Vietnam und brachte eine Menge Bronze mit, die er als Dank dafür erhielt, daß er den Kaiser geheilt hatte. Den größten Teil gab er dem Staat, doch ein wenig Bronze behielt er zurück, um daraus eine Glocke gießen zu lassen, die einen so hellen Klang hatte, daß man sie im ganzen Land und auch über die Berge hinweg hören konnte. Auch ein goldenes Kalb, das in der kaiserlichen chinesischen Schatzkammer lebte, hörte sie und folgte der Glocke, da es annahm, es sei der Ruf seiner Mutter. Als das Läuten aufhörte, verirrte sich das Kalb und drehte sich in seiner Verzweiflung andauernd um die eigene Achse. So bildete sich eine Mulde, die sich mit der Zeit mit Wasser füllte und zum West-See wurde. Es heißt, das goldene Kalb lebe immer noch am Grunde des Sees.

Etwas nüchterner betrachtet ist der West-See ein flacher Teich, der entstand, als sich der Rote Fluß nach Osten verlagerte und einen schmalen Streifen Land zurückließ. Dieser wurde im Lauf der Jahrhunderte immer größer und schließlich zu einer gemauerten Uferstraße ausgebaut, die See und Fluß voneinander trennt. Schon vor vielen Jahrhunderten zogen sich die Könige hierher zur Erholung zurück, ließen Sommerpaläste errichten und unterstützten religiöse Gruppen, die sich hier angesiedelt hatten. So entstand auch die Chua Tran Quoc, Hanois älteste Pagode. Im 17. Jahrhundert errichteten Dorfbewohner am südöstlichen Ende des Sees einen Damm, wodurch ein kleiner fischreicher See (Truc Bach) entstand.

Der Distrikt um den West-See, auch "Hanois Beverly Hills" genannt, kam in letzter Zeit als Villenviertel in Mode. Um den See herum liegen schöne Hotelbauten und Konferenzzentren, Parkanlagen und Clubs. Seine südlich gelegenen Sehenswürdigkeiten sind nur etwa 500 m vom Binh Dinh Square entfernt, so daß man die Besichtigung der dortigen Sehenswürdigkeiten gut mit einem Abstecher zum See (oder umgekehrt) verbinden kann.

Truc-Bach-See

Der Name Truc Bach geht auf einen Sommerpalast zurück, der unter den Trinh-Herrschern im 18. Jahrhundert erbaut wurde und später eine Art Asyl für Konkubinen und andere "gefallene" Frauen war, die hier mit dem Weben feiner weißer Seide (truc bach) beschäftigt wurden.

*Quan-Thanh-Tempel

Der Palast existiert nicht mehr, doch steht am Südostufer des Sees der Quan-Thanh-Tempel, der unter König Ly Thai To errichtet und dem Wächter des Nordens (Tran Vo) geweiht wurde. Zur Zeit wird das Heiligtum renoviert, doch es lohnt sich trotzdem, einen Blick hineinzuwerfen und die Ruhe in dem schön angelegten Innenhof zu genießen. Die 3 m hohe Statue

Quan-Thanh-Tempel (Fortsetzung)

Tran Vos aus schwarzer Bronze (1677) auf dem Hauptaltar zeigt den taoistischen Gott mit seinen zwei Tiersymbolen: Schlange und Schildkröte. Im Altarraum sind auch Tafeln mit Gedichten und Parallelsentenzen (Weisheiten, die paarweise an benachbarten Säulen hängen) zu sehen. Einige davon sind mit aufwendigen Perlmuttintarsien verziert. Auf dem Weg zurück zur Hauptstraße fällt am Eingangstor eine große Bronzeglocke auf, die ebenfalls aus dem Jahr 1677 stammt.

Denkmal

Direkt gegenüber liegt ein kleiner Park mit einem Denkmal für die Flakhelfer, die hier während des Vietnamkrieges stationiert waren. Im besonderen wird hier der Landung des Stabsoffiziers John McCain gedacht, der mit dem Fallschirm im Oktober 1967 in den Truc-Bach-See sprang und mehr als fünf Jahre lang im berüchtigten "Hanoi Hilton" (s. S. 191) gefangengehalten wurde. Danach kehrte er in die Vereinigten Staaten von Amerika zurück, wo er Senator von Arizona wurde und viel für die Normalisierung der Beziehungen zwischen Vietnam und den USA tat. Diese kleine Anlage ist heute ein beliebter Treffpunkt, an dem Familien picknicken und viele Getränkeverkäufer und Cyclofahrer auf Kundschaft warten.

Skulpturengruppe in der Tran-Quoc-Pagode

*Tran-Quoc-Pagode

Auf der von Flamboyants gesäumten Uferstraße (Thanh Nien Street) gelangt man zu Hanois ältestem Heiligtum, der Tran-Quoc-Pagode, die auf einer kleinen Insel im West-See liegt. Man nimmt an, daß sie bereits im 6. Jahrhundert während der frühen Ly-Dynastie gegründet wurde, die für kurze Zeit die 1000 Jahre währende chinesische Herrschaft unterbrach. Auf einer steinernen Stele (1639) am Eingang steht geschrieben, daß die Pagode im frühen 17. Jahrhundert, als der Buddhismus wieder erstarkte, vom Roten Fluß hierher verlegt wurde. Über einen relativ schmalen Steg gelangt man zur Tempelanlage. Innen sind keine besonderen Sehenswürdigkeiten vorhanden, doch die Gestaltung mit Gärten und Höfen, insbesondere der Stupa-Garten, beeindrucken sehr. Geöffnet: Mo.–Sa. 7.00 bis 11.30 u. 13.30–18.00, So.–Fei. 7.00–18.00 Uhr.

Tay-Ho-Pagode

Landschaftlich sehr schön, aber ein wenig abgelegen, liegt die Tay-Ho-Pagode einige Kilometer nördlich des West-Sees am Fuß eines Berges. Sie ist der Muttergottheit Thanh Hau gewidmet, die in der Gestalt eines jungen Mädchens hier einem berühmten Gelehrten erschienen sein soll. In ihrer üppig geschmückten Fassade haben sich Fledermäuse eingenistet, die nach chinesischem Glauben für fünf Wünsche stehen: langes Leben, Sicherheit, Erfolg, Glück und Gesundheit. Man erreicht die Pagode über eine lange Straße voller Stände, an denen Blumen, Obst und papierne Devotionalien verkauft werden. Die benachbarten Restaurants sind für Bun Oc (Riesenschnecken mit Nudeln) und gebackene Shrimpsküchlein bekannt.

**Ethnologisches Museum

Im April 1998 wurde das Ethnologische Museum in der Duong Nguyen Van Huyen Street, an der westlichen Seite des West-Sees gelegen, eröffnet. Es besticht durch seine großzügige Anlage – der Bau wurde einer Bronzetrommel nachempfungen. Mit Hilfe gut erläuternder Wandtafeln, Grafiken und Übersichten erfährt man sehr viel über das Leben und die vielfältige Kultur der ethnischen Minderheiten, die oftmals in Vietnam selbst noch als unterentwickelt angesehen werden.

Im Eingangsbereich erhält man einführende Informationen über die ethnolinguistischen Gruppen in Vietnam und die Entwicklung der verschiedenen Völker. Die folgenden Räume tragen jeweils Tafeln, die die Größe der Gruppe, ihre Verbreitung, Siedlungs- und Wirtschaftsform etc. beschreiben. Der erste Teil befaßt sich mit der größten und dominierenden Gruppe der Viet. Zu den hier dargestellten Besonderheiten gehören u.a. das Wasserpuppentheater, der Ahnenkult wie die Fertigung von Neujahrsbildern und Lackarbeiten. Interessant ist auch die Herstellung eines Kegelhutes.

Weiter geht es zur Abteilung der Muong, Tho und Chut, in der Szenen (z.B. Beerdigung) und Geräte aus dem Alltagsleben gezeigt werden. Der erste Raum im oberen Stockwerk beschäftigt sich mit den Thai, Tay und Nung, v.a. mit verschiedenen Hausmodellen und Trachten. Unter den weiteren Exponaten sollten folgende noch hervorgehoben werden: ein Rahmen der

Einige Begräbnisrituale der Muong werden hier anschaulich gemacht.

Ethnologisches Museum (Fortsetzung)

Dao, der speziell Hochzeitsfrisuren Halt gab, die Batik- und Färbearbeiten der Hmongfrauen sowie die Verwendungsmöglichkeiten von Kalebassen bei den Khmer als einfachen Behälter, Musikinstrument, Dampfkochtopf oder Vorratsgefäße, in dem die Lebensmittel lange haltbar bleiben. Bemerkenswert sind zudem die Zeugnisse schriftlicher Überlieferung: ein fächerförmig gefaltetes Palmblattmanuskript der Kho Me, der Koran der Cham oder ein chinesisches Buch der Hoa.
Da das Ethnologische Museum in einem erst teilweise erschlossenen Gebiet liegt, empfiehlt es sich, mit dem Taxi dorthin zu fahren und den Fahrer bis zum Ende der Besichtigung warten zu lassen (vorher Gebühr vereinbaren!). Ansonsten wird es sehr schwierig sein, wieder in das Zentrum zurückzukommen. Öffnungszeiten: tgl. außer Mo. 8.30–11.30 und 13.30 bis 16.30 Uhr.

Südliche Bezirke

Hinweis

Die folgenden Ziele, alle südlich des Zentrums gelegen, sind keine bedeutenden Sehenswürdigkeiten der Stadt. Wenn man allerdings längere Zeit in Hanoi verbringt, kann man beim Besuch dieser Orte neue Einblicke in das eher unspektakuläre vietnamesische Alltagsleben abseits der touristischen Highlights bekommen.

Hai-Ba-Trung-Tempel

An einem kleinen See südlich der Nguyen Cong Tru Street liegt der Hai-Ba-Trung-Tempel (Den Hai Ba Trung), der den Trung-Schwestern (→ Berühmte Persönlichkeiten) gewidmet ist. Seine Entstehung geht auf das Jahr 1142 zurück, doch wie die meisten anderen wurde auch er mehrere Male restauriert und umgebaut. In seinem Inneren befinden sich einfache Statuen der Schwestern Trung Trac und Trung Nhi, die an ihrem Feiertag im Februar jedes Jahr in einer Prozession durch die Straßen zum Meer getragen werden, wo man sie wäscht und neu einkleidet. Allerdings ist der Tempel nicht so einfach zu besichtigen; man muß damit rechnen, abgewiesen zu werden.

Lenin-Park

Im Jahre 1960 wurde ein Sumpfgebiet, westlich an der Le Duan Street, trockengelegt, auf dem sich heute der Lenin-Park ausbreitet. Man kann hier eine erholsame Pause inmitten von Wiesen und wunderschönen Bäumen verbringen. Mittlerweile macht die Anlage an manchen Stellen einen vernachlässigten Eindruck.

Luftwaffenmuseum

Das Luftwaffenmuseum (geöffnet: tgl. 7.30–11.00 u. 13.30–17.00 Uhr) beschäftigt sich hauptsächlich mit dem Vietnamkrieg, am Rande auch mit der Kampagne gegen Pol Pot und der Auseinandersetzung mit China (1979). Unter all den Ausstellungsstücken ist auch ein samtbezogener Flugzeugsitz Ho Chi Minhs aus einem MiG4-Hubschrauber zu sehen. Das Museum liegt im Südwesten Hanois an der Truong Chinh.

Nähere Umgebung von Hanoi

Tips für Tagesausflüge

Auch wenn Hanoi selbst so viel Interessantes zu bieten hat, sollte man von hier aus mindestens einen Ausflug unternehmen. Die schöne → Deltalandschaft des Roten Flußes ist von Deichen durchzogen, Dörfer mit alten Gemeindehäusern, Grabanlagen in Reisfeldern sowie Tempel und andere Heiligtümer ziehen an einem vorbei. Gerade einige der schönsten Pagoden des Landes liegen in der näheren Umgebung der Hauptstadt. Wer sich für Kunsthandwerk interessiert, hat außerdem die Möglichkeit, einige Handwerksdörfer aufzusuchen und zuzusehen, wie hier Schnitzereien oder Töpferwaren entstehen.
Alle folgenden Ziele können bei einem Tagesausflug besucht werden. Am besten, man bucht von Hanoi aus direkt die entsprechende Tour oder man mietet sich einen Wagen mit Fahrer.

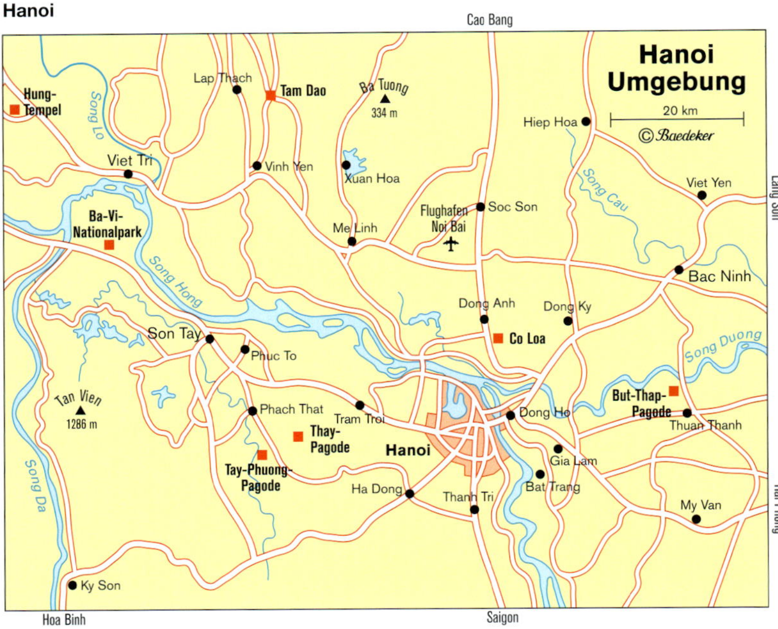

Co-Loa-Zitadelle

Hauptstadt des alten Reiches Au Lac

Schon die ersten vietnamesischen Reiche nahmen ihren Anfang in der Ebene des Roten Flusses – das legendäre Van Lang der Hung-Könige (→ Hung-Tempel) wie auch Au Lac (258–207 v. Chr.), das König An Duong von der imposanten Zitadelle Co Loa (Alte Schnecken-Stadt, 16 km nördlich von Hanoi) aus regierte. Heute ist nur noch wenig von der einstigen Pracht zu sehen, so daß es nur lohnt, im Vorbeifahren einen Stop hier einzulegen, um zwei Tempel und einen 1000 Jahre alten Banyan-Baum anzusehen. Am Eingang erinnern Statuen an König An Duong und seine Tochter. Dem vorgelagerten Teich werden Zauberkräfte zugesprochen.

Geschichte und Legende

An Duong ließ die Zitadelle innerhalb von neun Befestigungsringen – von denen heute nur noch drei erkennbar sind – errichten. Diese umschlossen die Anlage spiralförmig wie ein Schneckenhaus und waren durch schiffbare Kanäle voneinander getrennt. Nachdem die Chinesen Ende des 2. Jahrhunderts v. Chr. einmarschiert waren, lag Co Loa verlassen bis zum Jahre 939, als Ngo Quyen hier wieder ein unabhängiges Reich gründete. Archäologen machten an diesem Ort einige interessante Funde, darunter mehr als 20 000 Pfeilspitzen, von denen einige nun im Historischen Museum Hanois ausgestellt sind.
Viele Legenden ranken sich um Co Loa, von denen eine auch mit diesen Pfeilspitzen zusammenhängt. Es heißt, die heilige goldene Schildkröte habe beim Bau der labyrinthartigen Anlage geholfen und An Duong eine magische Armbrust geschenkt, mit deren Hilfe er Tausende von Pfeilen auf einmal abschießen konnte. Diese half ihm, seine chinesischen Widersacher zu besiegen. Um Frieden zu schließen, heirateten der Sohn des besiegten chinesischen Generals Trong Thuy und An Duongs Tochter My Chau. Doch schon kurz nach der Hochzeit entlockte er der Prinzessin das Geheimnis der Armbrust und tauschte den Abzug, eine Klaue der Schildkröte, aus. So waren die Chinesen in der Lage, An Duong und seine Trup-

pen zu besiegen und der Unabhängigkeit Vietnams ein Ende zu machen. My Chau, die mit ihrem Vater floh, erkannte ihren Fehler und bat ihn, sie zu töten. Als An Duong sie schließlich enthauptete und ihre Leiche in einen Brunnen warf, verwandelte sich dieser in einen Strom leuchtend rosafarbener Perlen.

Co-Loa-Zitadelle Legende (Fortsetzung)

**But-Thap-Pagode (Chua But Thap)

Domizil der schönsten Quan-Am-Figur

Die wohl schönste Tempelfigur Vietnams, eine fast vier Meter große Quan Am, umgeben von einem Kranz aus tausend Armen und Augen, findet man in der Pagode des kleinen Dorfes Dinh To, etwa 25 km östlich von Hanoi. Die 1647 von Mönchen gegründete Pagode liegt inmitten der Felder direkt hinter einem Deich. Nach dem Ende der Ming-Dynastie in China (1368–1644) flohen viele Mönche vor den Mandschuren nach Süden. Zu ihnen gehörten Chuyet Chuyet und Minh Hanh, die sich hier niederließen. Nach dem Tode Chuyets konnte Minh die Königin dafür gewinnen, den Bau einer Pagode finanziell zu unterstützen. Sie wurde im Tam-Quan-Stil auf den Überresten eines 400 Jahre älteren Heiligtums errichtet und nach dem zugespitzten Turm (thap) benannt, der sich wie das große dreifache Tor außerhalb der Anlage befindet.

Vorhalle und Mittlere Halle

Innerhalb der von Galerien gesäumten Mauern gelangt man an Wächterfiguren vorbei in eine Halle voller außergewöhnlicher, bunt lackierter Schnitzereien.

Haupthalle **Quan-Am-Statue

Dieser schließt sich ein Altarraum mit einer Fülle kunstvoller Statuen an. Doch eine sticht alle anderen aus: die gold- und lackverzierte Darstellung der Göttin der Barmherzigkeit (3,7 m hoch). Aus ihrem reich verzierten Sokkel entspringt ein Ungeheuer mit einer Lotosblüte, aus der sich Quan Am in Meditationshaltung erhebt. Ein Armpaar liegt in ihrem Schoß, ein anders ist vor der Brust gefaltet; 16 weitere wachsen aus ihrem Rücken und hielten früher die Attribute der Göttin. Weitere, kleiner gestaltete Arme – mit jeweils einem Auge in der Handfläche – umgeben die Figur wie ein Fächer. Es heißt, Buddha habe sie ihr gegeben, um das Ungeheuer zu ihren Füßen zu besiegen. Auf dem Kopf trägt Quan Am eine Krone aus Buddha-Köpfen mit einem Amitabha im Zentrum. Begleitet wird sie von Kim Dong, dem Goldkind, und Ngoc Nu, der Jadetochter. Ungewöhnlicherweise trägt die Statue auf dem Sockel eine Inschrift, die den Stifter und das Entstehungsjahr (1656) nennt. Man meint, die Hände würden sich bewegen – so wirkt die außergewöhnliche Figur durch das Spiel von Licht und Schatten. Leider läßt sich dieser zauberhafte Eindruck bei den marmornen Repliken, die in den historischen Museen Saigons (Abb. s. S. 292) und Hanois zu sehen sind, nicht nacherleben.

Bemerkenswert sind zudem die Darstellung eines Fastenbuddhas an der linken Seite des Altars und die Figuren der 18 Arhats (La Han, → *Baedeker Special* s. S. 78/79) an den Seitenwänden.

In ganz Vietnam ist die Holzskulptur der tausendarmigen Quan Am bekannt.

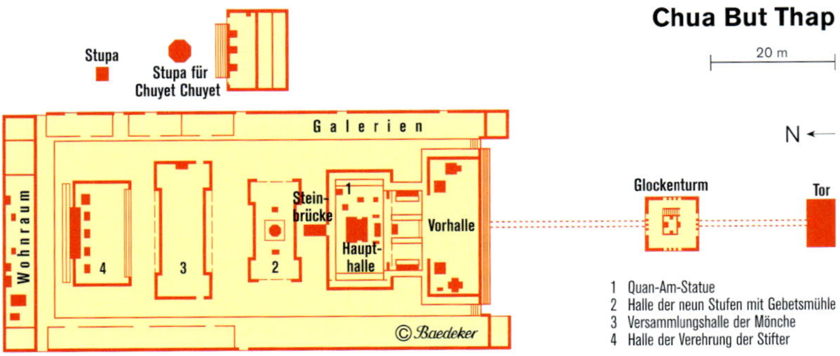

But-Thap-Pagode (Fts.)
Halle der neun Stufen

Den Übergang zu den drei folgenden, für die Anlage vietnamesischer Pagoden ansonsten nicht üblicher Gebäude bildet eine reich verzierte Steinbrücke. In der folgenden Halle der neun Stufen steht eine 6 m hohe hölzerne Gebetsmühle (13. Jh.). Sie wird während des Pagodenfestes am 24. Tag des 3. Mondmonats in einer feierlichen Zeremonie in Bewegung gesetzt, wodurch alle auf Zettelchen geschriebenen Gebete in ihrem Inneren als gesprochen gelten.

Weitere Gebäude

Dahinter liegt die Versammlungshalle der Mönche, die meist verschlossen ist. Das letzte Gebäude enthält die Statue des Neugründers der Pagode Minh Hanh sowie kleine Figuren der taoistischen Mütter. Die gesamte Anlage wurde in den Jahren 1991 bis 1993 mit bundesdeutscher Hilfe restauriert, woran eine Stele in der rechten Galerie erinnert.
Außerhalb der Umfassungsmauer auf der rechten Seite befindet sich die fünfstöckige Stupa für Chuyet Chuyet, die von Minh Mang für seinen Lehrer nach dessen Tod errichtet wurde. Der kleine Stupa dahinter stammt vermutlich aus dem 17. Jahrhundert und birgt die Asche eines Mönches.

Hinweis

Es empfiehlt sich, den Ausflug zur Chua But Thap mit einem Besuch der Handwerksdörfer zu verbinden. Dong Ky liegt nahe der N 1a, Bat Trang und Dong Ho nicht weit von der N 5 entfernt.

**Parfüm-Pagode (Chua Huong)

Pilgerort am “Berg der duftenden Spuren”

So idyllisch und geheimnisvoll wie die Parfümpagode, die berühmteste Pilgerstätte im Norden Vietnams, liegt kaum eine andere Sehenswürdigkeit des Landes versteckt. Nur mit dem Boot kann man den Huong Tich Son, den “Berg der duftenden Spuren” (60 km südwestlich von Hanoi) erreichen, der das Quan Am geweihte Heiligtum birgt. Diese Fahrt führt durch ein überflutetes Tal zwischen Karstbergen, in dem Fischer und Bauern auf den überschwemmten Feldern arbeiten. Am Ufer und ein wenig weiter taleinwärts kann man Tempelchen sehen, die mit der Legende, die sich um die Parfümpagode rankt, in Verbindung stehen sollen.

Legende

Ein König hatte einst eine wunderschöne Tochter. Doch sie wollte keinen der Bewerber, die ihr Vater vorschlug, zum Manne nehmen, sondern sich vollkommen dem Buddha verschreiben. Sie versteckte sich in einem Tempel, und als auch Drohungen und Versprechungen sie nicht umstimmen konnten, befahl der König seinen Soldaten, sie zu töten. Ein weißer Tiger rettete die Prinzessin und brachte sie in eine einsame Berghöhle. Ihr Vater erkrankte nun aber an Lepra, wurde blind und verlor seine Hände. Keiner der Ärzte und Heilkundigen konnte ihm helfen. Allerdings sagte ihm ein buddhistischer Weiser, er könne gerettet werden, wenn ihm ein Untertan seine Hände und Augen geben würde. Doch keiner erklärte sich dazu be-

Pilgerboote auf dem Weg zur Parfüm-Pagode

Parfüm-Pagode, Legende (Fortsetzung)

reit. Doch als die Kunde davon auch die Prinzessin in ihrer Höhle erreichte, brachte sie dem Vater das Opfer. Nachdem er gerettet war, wollte der König den Spender besuchen und belohnen. So wurde er zu der Höhle geführt und erkannte seine Tochter. Diese war mittlerweile zum Buddha geworden und hatte ihre Augen und Hände zurückerhalten. Daraufhin erkannte er seinen Fehler und verschrieb sich ebenfalls dem Buddhismus.

Thien-Tru-Pagode

Nachdem man das Boot verlassen hat, beginnt der anstrengende Teil des Besuchs – ein steiler, nur teilweise im Schatten liegender Pfad führt hinauf zur Chua Thien Tru, einem Heiligtum aus dem 15. Jahrhundert (ca. 2 Stunden). Hier findet man eine Steinstatue Quan Ams, die 1793 gefertigt wurde, nachdem die Tay-Son-Rebellen ihre bronzene Vorgängerin gestohlen und zu Kanonenkugeln umgeschmolzen hatten.

Tien-Son-Tempel

Auch der Felsentempel Tien Son, von dessen Decke 5 bis 6 m lange Stalaktiten herabhängen, ist sehenswert. Die einzeln aufgestellten Kerzen und die Schatten, die aufgrund dieser Lichtquelle an den Wänden tanzen, geben der Höhle eine eigentümliche Atmosphäre.

*Parfüm-Pagode

Weiter führt ein Pfad in die weitgeöffnete Höhle, die von den Vietnamesen als großes Drachenmaul angesehen wird. Sie liegt an der Seite einer großen Mulde, die von Bäumen und Sträuchern bewachsen ist. Ein Mitglied der Trinh-Familie hat die Inschrift "Die schönste Grotte unter dem Südlichen Himmel" in den Fels meißeln lassen. Stufen leiten hinunter in das Innere der über 50 m hohen Höhle. Eingehüllt in Weihrauchschwaden kann man vergoldete Buddhas in der Dunkelheit erkennen; Pilger murmeln die magischen Grußworte "Nam mo A Di Da Phat" ("Gelobt sei Amitabha Buddha"). Schon seit ihrer Gründung im 17. Jahrhundert zieht die Pagode neben Pilgern auch Dichter und Gelehrte an, deren Verse in Stelen graviert wurden. Trotz der Besuchermenge und der vielen fliegenden Händler bietet sich hier eine beeindruckende Szenerie. Vor allem in den Monaten März

Parfüm-Pagode (Fortsetzung)

und April suchen vietnamesische Anhänger das Heiligtum auf. Vom Gipfel bietet sich eine faszinierende Aussicht.

*Tay-Phuong-Pagode (Chua Tay Phuong)

Schlichte Pagode im Tam-Quan-Stil

Die im Dorf Thac Xa (42 km westlich von Hanoi) gelegene Chua Tay Phuong (Pagode des Westens) gehört zu den ältesten Pagoden Vietnams (8. Jh.). Moosbewachsene Stufen führen den Hügel hinauf zu der Tempelanlage im Tam-Quan-Stil. Seit ihrer Gründung war die Pagode mehrmals zerstört und wiederaufgebaut worden, doch ihre heutige Grundstruktur geht im wesentlichen auf das 16. Jh. zurück. Das von einer Mauer umgebene Heiligtum besteht aus drei Teilen, die von außen wie drei einzelne Gebäude aussehen, im Inneren aber auf der gesamten Breite miteinander verbunden sind. Dieser Eindruck wird noch durch die separaten Doppeldächer verstärkt, deren Schwünge mit Drachen und Phönixen verziert sind.

*Sammlung außergewöhnlicher Holzskulpturen

Berühmt ist sie für ihre einmalige Sammlung von mehr als 70 mannshohen Skulpturen, die aus dem Holz des Jackfruit-Baumes gefertigt wurden. Einige von ihnen sind heute im Museum der Schönen Künste in Hanoi zu bewundern. Vor allem die 18 Arhat-Figuren (18. Jh.), vollkommen lebensecht aussehende Abbildungen von Mönchen und Asketen, sind sehenswert. Man findet sie hinter dem Hauptaltar. Ihre realistische, individuelle Gestaltung soll den Status der Arhats, die kurz vor dem Eintritt ins Nirwana stehen, als Menschen und Buddhismus-Schüler verdeutlichen. Im ganzen Land bekannt sind zudem die imposanten Wächterfiguren (Abb. s. S. 1).
Da die Tay-Phuong-Pagode auch ein wichtiges konfuzianisches Heiligtum ist, sind neben den bekannten buddhistischen Darstellungen auch Jüngerfiguren auf dem Altar vertreten, die ihrem Meister Geschenke darbringen.

**Thay-Pagode (Chua Thay)

Ideale Kulisse für das Wasserpuppentheater

Es sieht so aus, als ob sich die langgezogene Thay-Pagode (6 km östlich der Tay-Phuong-Pagode) an einen Kalksteinfelsen schmiegen würde, vor dem sich der malerische Drachen-See ausbreitet. Nur 40 km südwestlich von Hanoi liegt dieses Heiligtum (11. Jh.) im Dorf Sai Son. Der Name der Pagode bedeutet “Pagode des Meisters”, doch man nennt sie auch Thien Phuc Tu, was “Pagode des Himmlischen Segens“ heißt.
Zu Ehren des Heilkundigen Tu Dao Hanh, des Meisters, der hier im Dorf lebte und viele Wunder vollbracht haben soll, wurde die Anlage errichtet. Allerdings war er nicht nur Mönch, sondern auch ein ausgesprochener Liebhaber des Wasserpuppentheaters (→ *Baedeker Special* S. 154/155), für das er den reizenden Seepavillon errichten ließ.

Legende

Der Legende nach soll Tu Dao Hanh als Buddha und als König Ly Nhan Tong wiedergeboren worden sein, da der eigentliche König gleichen Namens keinen männlichen Erben hatte. Was alles noch ein wenig komplizierter macht: Später soll der Mönch Tu Dao Hanh dann das Leben Ly Nhan Tongs gerettet haben. Wie dem auch sei, die Pagode ist Tu Dao Hanh in seinen drei Inkarnationen als Meister (Mönch), König und Buddha geweiht.

Gliederung

Zur Zeit wird die Tempelanlage restauriert. Doch auch so erwartet einen hier eine außergewöhnliche Atmosphäre. Drei Teile gliedern die Pagode, wobei der äußere Zeremonien dient, der mittlere ein buddhistisches Heiligtum ist und im Allerheiligsten allein Tu Dao Hanh verehrt wird. Die dunklen Gebetshallen sind voller Statuen – fast 100 sollen es sein. Die ältesten stammen noch aus den Tagen der Gründung der Pagode, doch die beiden

*Wächterfiguren

auffallendsten sind zwei riesige Wächterfiguren aus dem 15. Jahrhundert, die aus Lehm und Pappmaché gefertigt wurden. Jede von ihnen wiegt 1000 kg, und es heißt, sie seien die größten ihrer Art in Vietnam.

Thay-Pagode, Figuren (Fortsetzung)

Auf dem ersten Altar stehen ein Buddha und ein Bildnis des Meisters in einem gelben Gewand, da der Hauptaltar Tu Dao Hanh in all seinen Erscheinungen vorbehalten ist. Rechts wird in einem Schrein verschlossen der Sarg des Meisters aufbewahrt, der nur am Tempelfest (5. bis 7. Tag des 3. Mondmonats) geöffnet wird und betrachtet werden kann.

Die Pagode am Drachensee mit dem kleinen Schutzgeisttempel ist die Kulisse für eines der schönsten Wasserpuppentheater des Landes.

Insel

Vor der Pagode sieht man zwei hübsche Brücken mit geschwungenen Dächern (1602). Die eine führt auf ein Inselchen, auf dem Geister der Erde, des Wassers und des Feuers in einem winzigen taoistischen Tempel verehrt werden.

Berg

Über die zweite Brücke gelangt man auf den Berg, auf dem einige kleine Tempel stehen und ein Haus, das Ho Chi Minh ab und an besucht hat. Als Tu Dao Hanh dem Tode nahe war, nahm er diesen Weg hinauf zu der Höhle, von der aus er in das Nirwana eingegangen sein soll.

Handwerksdörfer

Hinweis

Abseits der wunderbaren Pagoden kann man auf dem Lande Dörfer besuchen, die sich schon vor Jahrhunderten einem speziellen Handwerk verschrieben haben. Inzwischen sind aus manchen Familienwerkstätten mittlere Betriebe geworden. In den folgenden Dörfern hat man Gelegenheit, bei der Fertigung zuzusehen und einige Souvenirs zu kaufen. Allerdings empfiehlt es sich, mit einem Guide hierherzukommen, da die Orte nicht einfach zu finden sind und weil Einzelreisenden manchmal eine "Eintrittsgebühr" abverlangt wird.

Dong Ho

Dong Ho ist in Nordvietnam als "Dorf der Neujahrsbilder" (s.a. S. 94) bekannt. Das Neujahrsfest Tet ist das wichtigste Fest im Jahr, an dem der

Direkt an der Straße kann man sich aussuchen, was am besten gefällt...

Dong Ho (Fortsetzung)

Küchengott Tao Quan in den Himmel auffährt, um zu berichten, wie sich die Familie verhalten hat (→ *Baedeker Special* S. 344/345). Die hier gefertigten bunten Holzschnitte, die man an diesem Tag aufhängt, zeigen alte Geschichten und Legenden, v.a. Glücksmotive wie wohlgenährte Kinder, Schweine, Fische oder Hähne. Dong Ho liegt am rechten Ufer des Song Duong, nur wenige Kilometer von Hanois Zentrum entfernt.

Bat Trang

An der anderen Seite des Roten Flusses im Gia-Lam-Distrikt (ca. 10 km östlich von Hanoi) findet man Bat Trang, das auf Keramik und Töpferwaren spezialisiert ist. Schon im 15. Jahrhundert wurden hier Ziegel und Steingut produziert, heute leben etwa 2000 Familien in Bat Trang, die vorwiegend die traditionelle blau-weiße Keramik produzieren. An den Straßenständen und in den Ausstellungsräumen läßt sich alles finden von kleinen Figürchen und Eßstäbchen-Haltern bis zu riesigen Tierskulpturen und Übertöpfen.

Dong Ky

In Dong Ky (auch Dong Quang) im Tien-Son-Distrikt (keine 20 km nordöstlich von Hanoi) beschäftigt man sich fast ausschließlich mit der Herstellung von Holzschnitzereien – sei es für kleine Kästchen oder große Zierarbeiten an Häusern und Pagoden. Das Dorf ist auch für sein Feuerwerksfest am 4. Tag des 1. Mondmonats bekannt, das jedes Jahr unmittelbar nach Tet von Zehntausenden besucht wird.

Weitere Umgebung von Hanoi

Tips für mehrtägige Ausflüge

Bei Ausflügen von zwei bis drei Tagen kann man noch einige weitere Gesichter Vietnams kennenlernen. Für Naturliebhaber bieten sich die wunderbare Landschaft der → Trockenen Ha-Long-Bucht mit der alten Hauptstadt Hoa Lu, der Ba-Vi- oder der → Cuc-Phuong-Nationalpark an. Wer sich für Kunst interessiert, sollte einen Besuch der → Keo-Pagode, einem Meisterwerk der Schnitzkunst, nicht versäumen. Die → Hung-Tempel da-

Weitere Umgebung Hanois (Fortsetzung)

gegen erinnern an die reale (oder mythische?) Dynastie, der die Entstehung Vietnams zugeschrieben wird. Um das Bergland des Nordens und verschiedene ethnische Gruppen kennenzulernen, sollte man eine Fahrt nach Hoa Binh, → Sa Pa oder → Dien Bien Phu unternehmen. Touren zu allen diesen Zielen werden von Hanoi aus angeboten. Auch hier empfiehlt es sich, eine Tour zu buchen oder einen Wagen mit Fahrer zu mieten.

Ba-Vi-Nationalpark

Lage und Bedeutung

Zahllose Seen, Bäche, Wasserfälle und Grotten sind die Sehenswürdigkeiten dieses Gebiets, wo der Schwarze in den Roten Fluß mündet (65 km westlich von Hanoi). Mit den umliegenden Naturreservaten umfaßt der Ba-Vi-Park eine Fläche von rund 7000 ha. Seine höchste Erhebung ist der Dinh-Vua-Berg (1296 m). Drei Pagoden in bis zu 1200 m Höhe werden von den Tagesausflüglern aus Hanoi gern besucht. Es sollen hier 38 Säugetierarten leben. Am leichtesten bekommt man Gibbons und Makaken, Bergziegen und Fledermäuse zu Gesicht. Ende des 19. Jahrhunderts wurden hier nahezu 5000 subtropische Pflanzenarten gezählt, von denen heute vermutlich nur noch die Hälfte existieren, was mit dem Brandrodungsfeldbau der hier lebenden Muong und Dao zusammenhängt. Der Nationalpark ist auch für seine Mythen berühmt, die von Erd- und Wassergeistern erzählen und in der Vorstellung der Bergvölker eine große Rolle spielen. Es gibt hier einige einfache Gästehäuser für Touristen. Von Hanoi aus gelangt man über die N 11 via Son Tay zum Nationalpark.

Dinh Tay Dang

Das Kulthaus von Tay Dang am Fuß des Ba Vi sollte bei einem Ausflug zum Park unbedingt ebenfalls besucht werden. Besonders sehenswert sind die Holzschnitzereien im Inneren, die Szenen aus dem Landleben zeigen.

Dong-Mo-See

Der nahegelegene See Dong Mo und seine Umgebung haben sich zu einem beliebten Bade- und Wanderrevier entwickelt, das sogar einen 18-Loch-Golfplatz aufweist.

Hoa Binh und Umgebung

Hoa Binh

Wie ein vorzeitlicher Garten Eden mutet die Landschaft um Hoa Binh (74 km südwestlich von Hanoi) mit ihren unvermittelt aus der Ebene ragenden Karstkegeln und weitläufigen Bambusdickichten an. Landschaftsbild und Stimmung scheinen symbolhaft für Vietnam zu sein. Ungefähr 2½ Stunden benötigt man für die Fahrt von Hanoi nach Hoa Binh. Meist wird die Stadt auf dem Weg nach → Dien Bien Phu besucht oder als Ausgangspunkt für Trips zu den Bergvölkern gewählt. Viel Sehenswertes hat die eher unscheinbare Hauptstadt der gleichnamigen Provinz nämlich nicht zu bieten; lediglich ein Museum, in dem archäologische Funde aus der Umgebung (ca. 10 000 Jahre alt) und ein französisches Amphibienfahrzeug aus dem Ersten Indochinakrieg ausgestellt sind. In Vietnam ist Hoa Binh als Standort des größten Wasserkraftwerkes bekannt, das einst mit sowjetischer Hilfe erbaut wurde, allerdings immer noch nicht in Betrieb ist.

Muong-Dörfer

Von Hoa Binh aus kann man einige Dörfer der Muong wie Xom Mo, Ban Dam und Giang besuchen, alle weniger als 10 km von Hoa Binh entfernt. Die Familien wohnen hier auf großen Pfahlbauten (Langhäusern), Kleinvieh und Geflügel tummelt sich auf den Wegen. Man lebt v.a. von Reis- und Gemüseanbau.

Dao-Dörfer

Boote fahren auch von Hoa Binh etwa 25 km flußaufwärts zu den Dao-Dörfern Duong und Phu.

Mai Chau

Das Dorf und das Tal Mai Chau, etwa 40 km südlich von Hoa Binh gelegen, sind wegen ihrer Schönheit weithin bekannt. Hier leben Weiße Thai in

Umg. v. Hanoi, Mai Chau (Fts.)

schön verzierten Stelzenhäusern. Auf dem Dorfmarkt werden allerlei Produkte der Gegend angeboten.

Moc Chau

Für einen Besuch bei den Thai lohnt die Weiterfahrt nach Westen bis auf die Hochebene von Moc Chau (ca. 70 km südwestlich von Hoa Binh). Die Thai-Siedlungen liegen wunderschön in einer bezaubernden Berglandschaft. Meist besucht man das Dorf Lac, dessen Bewohner schon auf Touristen eingestellt sind.

Ho-Chi-Minh-Stadt

→ Saigon

Hoi An E 5

Provinz: Quang Nam – Da Nang (Südliche Zentralküste)
Einwohnerzahl: 25 000
Entfernung: 790 km südlich von Hanoi

Lage und Bedeutung

Ein Hauch von China weht über der alten Hafenstadt Hoi An mit ihren engen Straßen und niedrigen Häusern, die sich unter eigentümlichen Ziegeldächern zu ducken scheinen. Vor allem die Tran Phu Street und ihre nähere Umgebung, wo die schönen Handelshäuser, Tempel und Pagoden liegen, wirken wie ein asiatisches Freilichtmuseum.
Lange Zeit wurde Hoi An hauptsächlich von Reisenden aus → Da Nang (32 km weiter nördlich) auf dem Weg zu den Relikten der Tempelanlage → My Son besucht. Doch der ganz eigene Zauber des Städtchens vermochte, daß immer mehr Reisende den Aufenthalt hier den anderen Sehenswürdigkeiten vorzogen. Gerade in den letzten Jahren wurde der Hafenort an den Ufern des Thu-Bon-Flusses für den Tourismus immer reizvoller. Mittlerweile findet man neben Restaurants und Bars jede Menge Souvenirläden und Galerien. Zahlreiche Schneider bieten den Fremden ihre Dienste an. Bislang konnte dieser Wandel dem bedächtigen Charme Hoi Ans allerdings noch keinen Abbruch tun. Zudem bietet der nur 4 km entfernte, weiße Strand von Cua Dai den Urlaubern eine willkommene Abwechslung nach den ausgiebigen Besichtigungen, die man hier fast "im Vorbeigehen" absolvieren kann.

Ein Erbe Chinas – Singvögel zwitschern und zirpen aus ihren in den Türrahmen hängenden Käfigen.

Geschichte

Der einstige Cham-Hafen Hoi An lag schon lange Zeit an den Handelswegen zwischen Ost und West, bevor sich im 16. und 17. Jahrhundert Chinesen aus Fujian – später auch Japaner, Holländer und Inder – hier niederließen und den Ort zu einem wichtigen Handelszentrum machten. Schiffe aus aller Welt steuerten den Hafen an, um an den wichtigen Messen und Börsen hier teilnehmen zu können.
Mit dem China-Handel verlor die Stadt, die damals "Hai Pho" (Ort am Meer) genannt wurde, allerdings an Bedeutung, und die Mündung des Thu Bon versandete. Während des Tay-Son-Aufstandes (1771 – 1788) wurde die Stadt der fremden Kaufleute beinahe zerstört; doch die Chinesen bauten

Geschichte (Fortsetzung)

ihr Viertel wieder auf, nicht so die Japaner. Unter den Nguyen-Kaisern und der französischen Kolonialmacht, die Hoi An den Namen "Faifo" gab, wurde Da Nang wegen seiner besseren Verkehrslage favorisiert. Das nun abgelegene und vernachlässigte Hoi An wurde so zu einem Versteck der Widerstandsgruppen gegen die Franzosen und später auch gegen die Amerikaner, was es auch schweren Angriffen aussetzte.

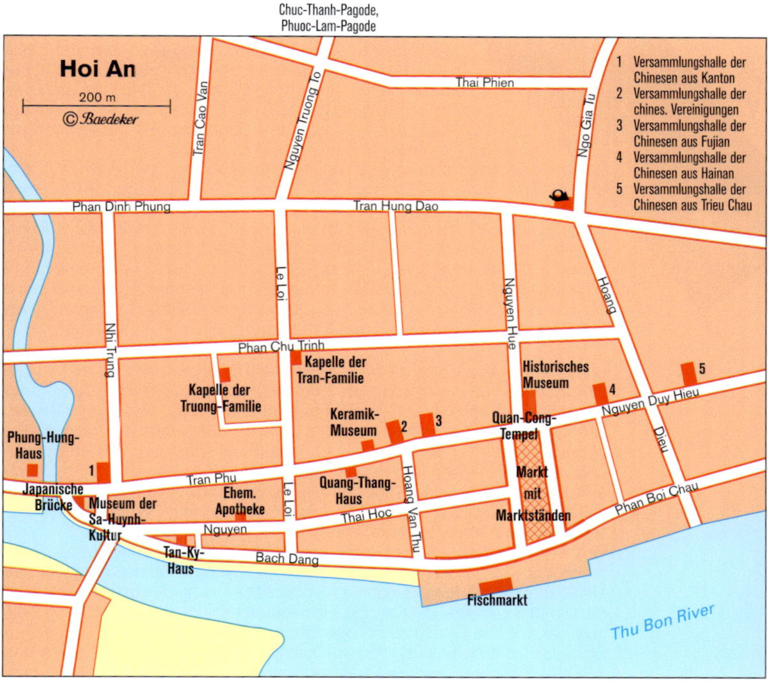

**Stadtbild

Das alte Hoi An ist relativ klein und überschaubar. Da der Ortskern mit seiner einmaligen Konzentration von Wohn- und Handelshäusern, Versammlungshallen, Pagoden, Schreinen und Tempeln, den Brunnen, dem zentralen Markt und der Werft erhalten geblieben ist, gibt es sehr anschaulich das Bild einer südostasiatischen Stadt in der Vergangenheit wieder.
Im wesentlichen besteht das historische Zentrum aus drei Straßen, die sich parallel zum Flußufer hinziehen und teilweise für Autos und Motorräder gesperrt sind. Noch heute ist die Tran Phu Street, die älteste dieser Straßen, die Hauptschlagader Hoi Ans mit den wesentlichen Sehenswürdigkeiten, aber auch mit jeder Menge Geschäfte, Galerien und Restaurants. Einen Block weiter südlich verläuft die Nguyen Thai Hoc Street mit ihren schönen Geschäftshäusern und traditionellen Apotheken. Direkt am Flußufer folgt dann die lebhafte Bach Dang Street; hier gibt es einige nette Cafés und Restaurants, von denen aus man in aller Ruhe das Treiben auf dem Fluß und auf der Straße beobachten kann. 1999 wurde die Altstadt Hoi Ans von der Unesco als Weltkulturerbe anerkannt. Östlich dieser drei Straßen liegt der Markt der Stadt mit einer großen Halle und vielen Straßenständen. Folgt man der Phan Boi Chau Street in derselben Richtung, stößt man auf einige Relikte französischer Kolonialarchitektur. In der weiteren Umgebung liegen einige Hotels und Geschäfte, aber v.a. Wohngebiete.

Architektonische Besonderheiten

Interessant ist das besondere System, wie die Dachziegel bei den alten Häusern ineinandergreifen. Man nennt es "yin-yang" nach der Art, wie die abwechselnd konkav und konvex geformten Steine aneinandergefügt wurden. Die Reihen schließen dann meist mit verzierten, häufig bunt glasierten, chinesischen Münzen ab.

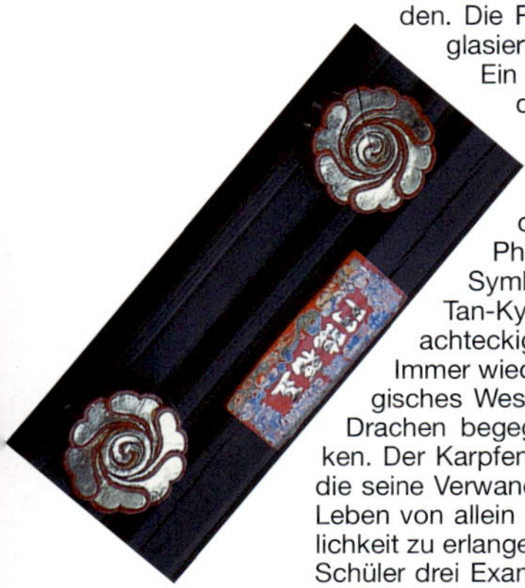

Ein anderes typisches Detail in Hoi An sind die "Augen", die den Eingang eines Hauses oder eines religiösen Gebäudes bewachen. Dabei wurden zwei dicke hölzerne Stifte, mit einem Durchmesser von ca. 20 cm, wie Nägel in den Türsturz getrieben, um Bewohnern und Besuchern Schutz vor dunklen Mächten zu geben. An der Phuoc-Kien-Versammlungshalle kann man sie als Yin-Yang-Symbol mit zwei Drachen, die der Sonne huldigen, finden; am Tan-Ky-Haus dagegen in Blumenform und oftmals einfach als achteckiges Amulett.

Immer wieder wird einem bei der Besichtigung Hoi Ans ein mythologisches Wesen mit dem Körper eines Fisches und dem Kopf eines Drachen begegnen, an Wetterfahnen, Laternenhaltern oder Dachbalken. Der Karpfen, Symbol für Wohlstand und Erfolg, soll in dieser Form, die seine Verwandlung zum Drachen zeigt, daran erinnern, daß nichts im Leben von allein geschieht. Um ein Drachen zu werden und so Unsterblichkeit zu erlangen, muß ein Fisch nämlich drei Tore passieren, so wie ein Schüler drei Examina machen muß, bevor er ein Mandarin werden kann, was eine Menge Geduld und harter Arbeit erfordert.

Kulinarisches

Nicht nur historisch und architektonisch hat Hoi An Besonderheiten zu bieten, auch auf dem kulinarischen Sektor ist es über seine Grenzen hinaus bekannt. Ein besonderer Genuß ist sicherlich Cao Lau, ein leckeres Nudelgericht, das in einer kleinen Schüssel serviert wird. Ganz unasiatisch erinnern die Nudeln an Spätzle, die mit Sojabohnensprossen, einigen Scheibchen Schweinefleisch in einer leichten Suppe – mit dem Aroma von Sternanis und Minze – schwimmen und Reismehlkräckern und Röstzwiebeln gekrönt werden. Der Original-Cao-Lau soll nur vom Wasser eines bestimmten Brunnens zubereitet werden.

Eine weitere Spezialität bekommt man unter dem Namen White Rose (banh bao oder banh vac) angeboten: sehr schmackhafte Küchlein aus Maniokmehl und feinstgeschnittenen Krabben oder Krebsen. Dazu wird ein Dip aus Limone, Zucker und Fischsauce mit knusprigen Röstzwiebeln gereicht, die den Geschmack vollends abrunden.

Probieren sollte man auch "banh it", einen Kuchen aus Bohnenpaste und gesüßter Kokosnuß und Reismehlteig – sehr nahrhaft!

Shopping

Die vielen Souvenirläden im Zentrum laden zum Herumstöbern, aber auch zum Kaufen ein. Angeboten wird von Schnitzereien, Intarsienarbeiten, Stickereien über T-Shirts und Puppen, Opiumpfeifen, vietnamesischer Keramik bis hin zu besonders schön verzierten Eßstäbchen – einfach alles. In der Le Loi Street bieten Schneider ihre Dienste an. Über Nacht kann man sich hier zu günstigen Preisen Kleider, Anzüge, Pyjamas, Kimonos, Blusen und Röcke in westlichem oder asiatischem Design nähen lassen.

Sehenswertes im Zentrum Hoi Ans

Besichtigung

Hoi Ans Zentrum ist weitgehend autofrei, so daß einer Entdeckungstour zu Fuß nichts im Wege steht. Da die interessantesten Sehenswürdigkeiten direkt an der Tran Phu Street und ihrer unmittelbaren Umgebung liegen, empfiehlt sich zuerst ein Spaziergang entlang dieser Straße, die sich im Westen von der japanischen Brücke bis zum Markt im Osten erstreckt. Beim Rückweg kann man gezielt die Sehenswürdigkeiten ansteuern, die einen noch zusätzlich interessieren. Allerdings sollte man diesen kleinen Ortskern nicht unterschätzen – um alles in Ruhe besichtigen zu können, benötigt man gut und gerne einen ganzen Tag!

Die überdachte Japanische Brücke verband früher die Viertel der Chinesen und Japaner miteinander.

Sammeltickets

Die Stadtverwaltung ist sich der Bedeutung ihres Kleinods wohl bewußt und nützt den wachsenden Besucherandrang, um den Erhalt der Gebäude zu finanzieren. Aus diesem Grund werden für die Hauptsehenswürdigkeiten Sammeltickets verkauft, die jeweils für ein Museum, eine Versammlungshalle, ein altes Wohnhaus und die japanische Brücke bzw. den Quan-Cong-Tempel gelten. Möchte man danach aber eine weitere Versammlungshalle besichtigen, muß man erneut eine Sammelkarte kaufen. Einige interessante Gebäude sind allerdings in diesem Programm nicht enthalten; man kann sie meist dennoch besichtigen, wobei ein kleiner Obolus angebracht ist.

*Japanische Brücke

Die schlichte Japanische Brücke (Japanese Covered Bridge), am westlichen Ende der Tran Phu Street gelegen, verband einst das japanische mit dem chinesischen Viertel der Stadt. Am westlichen Ausgang sind zwei einfache Hunde-Statuen, am östlichen Ende zwei Affen, zu sehen. Man vermutet deswegen, der Bau der Brücke habe zwei Jahre gedauert, er sei im Jahr des Affen begonnen und im Jahr des Hundes beendet worden. Der Überlieferung nach soll die Brücke nach schweren Erdbeben in Japan erbaut worden sein, die von den Geomanten (s.a. S. 73) einem riesigen Drachen zugeschrieben wurden. Sein Kopf soll in Indien, der Schwanz in Japan und sein Herz in Hoi An gelegen haben. So baute man den Übergang auf steinernen Pfeilern, die als Schwert symbolisch sein Herz durchbohren sollten – und gleichzeitig erhielt man eine schützende überdachte Brücke über den schlammigen Wasserlauf. Ende des 16. Jahrhunderts entstand die erste Brücke über den schmalen Arm des Thu Bon, mehrmals wurde sie zerstört und wieder aufgebaut. Man nimmt an, daß bei den Arbeiten im Jahre 1763 auch die Brückenpagode (Chua Cau) entstand, die an der nördlichen Seite "angebaut" und dem taoistischen Gott Tran Vo Bac De (dem Herrscher des Nordens) geweiht wurde, dem Macht über Wind, Regen und andere schlechte Einflüsse zugeschrieben werden.

Japanische Brücke (Fortsetzung)

Einige hundert Meter nördlich der Brücke, am westlichen Ende der Phan Dinh Phung Street, findet man einen geheimnisvollen Schrein unter einem alten Banyan-Baum, an dem ebenfalls der Herrscher des Nordens verehrt wird, damit jener die Brücke vor Schaden schützen solle.

Phung-Hung-Haus

Am westlichen Ende der Brücke steht das fast 200 Jahre alte Phung-Hung-Haus (Phung Hung Old House, 4 Nguyen Thi Minh Khai Street), das sich seit acht Generationen im Besitz derselben Familie befindet. Besonders hübsch sind die geschnitzten Fensterläden und der freischwebende Ahnenaltar im oberen Stockwerk. Das zweistöckige Gebäude wurde auf einem Marmorfundament gebaut, 80 Eisenholzpfeiler geben ihm zusätzliche Stabilität.

Museum der Sa-Huynh-Kultur

Im Museum der Sa-Huynh-Kultur, das schräg gegenüber vom östlichen Brückenausgang liegt, kann man einige archäologische Fundstücke bewundern, die ein Bild aus der Zeit vor den Cham-Herrschern wiedergeben.

*Versammlungshalle der Chinesen aus Kanton

Nur wenige Meter weiter trifft man auf das beeindruckende Portal der Versammlungshalle der Chinesen aus Kanton (Cantonese Assembly Hall, 176 Tran Phu). Die eingewanderten Chinesen organisierten sich nämlich nach ihren Herkunftsregionen und erbauten fünf Versammlungshallen, die als eine Art Treffpunkt aber auch religiöses Zentrum dienten. Selbst heute kann man noch sehen, daß hier keine museale Atmosphäre herrscht, sondern sich das Alltagsleben abspielt.
Vom Grundaufbau gleichen sich die Hallen, denn die Hauptgebäude und Altäre wurden alle auf einer Achse angelegt. Allerdings wird der Blick vom Eingang her auf die Götterfigur versperrt, da Mauern oder "blinde" Türen dazwischengebaut wurden, um die bösen Geister zu täuschen und abzuhalten. Zunächst gelangt man in einen kleinen Vorhof, dem sich eine Torhalle mit Geistertür, Erinnerungstafeln und Inschriften anschließt. Dann gelangt man in den Innenhof, den meist eine Miniatursteinlandschaft, Bäume

Darstellung der Wandlung des Karpfen in einen Drachen

Versammlungshalle der Chinesen aus Kanton (Fortsetzung)

und andere Pflanzen zieren. Beiderseits schließen sich Versammlungs- und Geschäftsräume an. Nun erst folgt der Tempelbereich, dessen Größe und Ausstattung sich nach dem Reichtum der Gemeinde richtet. In der Regel sind die Räume von lackierten und bemalten Holzsäulen und feingeschnitzten Altären mit Götterfiguren und Ahnentafeln geprägt. Auffallend sind zudem die Firste, die fast überbordende Reliefs und Mosaike aus Porzellanscherben tragen.
Die Halle der Kanton-Chinesen, erst 1884 erbaut, hat keine alten und wertvollen Schätze vorzuweisen, aber einen besonders schönen Innenhof mit Pflanzen. Sofort sticht einem der aufwendige Springbrunnen mit dem bunten, keramikverzierten Drachen und Karpfen ins Auge. Am Hauptaltar wird der rotgesichtige Quan Cong verehrt, ein chinesischer General aus der Zeit der Han-Dynastie. Ungewöhnlich an der Gestaltung dieses Gebäudes ist die Verbindung von Granitsäulen und -stürzen mit holzgeschnitzten Balken.

*Quang-Than-Haus

Das Quang-Than-Haus (Old House of Quang Than, Nr. 77) gehört zu den ältesten und besterhaltenen Privatgebäuden der Stadt. Die Anlage dieses Hauses – eigentlich zwei Bauten, die durch einen Innenhof und einen überdachten Gang miteinander verbunden sind – ist charakteristisch für Südchina und Hoi An. Von der Straße aus sieht man nur ein dunkles, holzverkleidetes Ladengeschäft, dem folgt ein luftiger und lichter Innenhof und schließlich das Wohnhaus, dessen äußerstes Ende Küche, Toilette und Brunnen einnahm. Erst vor kurzem wurde das Quang-Than-Haus für Besichtigungen geöffnet. Wunderbar sind die feinen Holzschnitzereien und die grünen Keramikziegel am First und vor allem die verschiedenen Hausaltare.

Kleiner Hausaltar

Keramik-Museum

Schräg gegenüber kann man das Keramik-Museum (Museum of Trade Ceramics, 80 Tran Phu) besichtigen. Es zeigt eine kleine Sammlung von Keramik aus verschiedenen Orten, mit denen Hoi An im 16. und 17. Jahrhundert Handelsbeziehungen unterhielt. Zudem wird man hier genauer über die typische Dachdecktechnik (yin und yang) in Hoi An unterrichtet. Mindestens genauso interessant wie die Ausstellung ist es aber, durch Haus und Hof zu streifen und einen Blick über bzw. auf die Dächer der Stadt zu werfen.

Versammlungshalle der chinesischen Vereinigungen

In der Versammlungshalle der chinesischen Vereinigungen (Chinese Assembly Hall, Chua Ba) ist heute eine Sprachschule untergebracht, in der Kinder Chinesisch-Unterricht erhalten. Sie entstand bereits 1740 und wurde von allen chinesischen Gruppen genutzt, aber als die regionalorganisierten Gemeinden ihre eigenen Tempel errichtet hatten, wurde die Anlage vernachlässigt. Im Heiligtum wird Thien Hau, die Himmelsgöttin, die Fischer und Seeleute beschützt, verehrt. Die Besichtigung wird nicht auf dem Ticket angeboten (s.o.). Allerdings ist die Halle von 7.00–11.30 und 14.00–17.00 Uhr geöffnet. Auffallend ist die Rückfront der Halle, die mit großen chinesischen Schriftzeichen bemalt ist, was man aber nur von der Parallelstraße aus (Phan Chu Trinh) sehen kann.

**Versammlungshalle der Chinesen aus Fujian

Wie man sich bei der Besichtigung der Versammlungshalle der Chinesen aus Fujian (Phuoc Kien Assembly Hall, 46 Tran Phu) gut vorstellen kann, gehörte diese Anlage der größten und einflußreichsten chinesischen Gruppe Hoi Ans. Ein relativ neuer Torweg führt in die beeindruckende Anlage mit ihren grünen Höfen und überbordend geschmückten Hallen.

Vor diesem Altar beten kinderlose Paare um Nachwuchs.

Nach Erzählungen geht der Ursprung des Heiligtums bis in das späte 17. Jahrhundert zurück, als man eine wertvolle Buddha-Statue am Flußufer fand, der zu Ehren eine Pagode errichtet wurde. Allerdings wurde sie mit der Zeit vernachlässigt, so daß die Chinesen aus Fujian den Tempel für Thien Hau umwidmeten. Am Hauptaltar kann man eine über 200 Jahre alte, goldüberzogene Pappmaché-Statue sehen. Flankiert wird sie von ihren beiden Helfern, dem grüngesichtigen Thien Ly Nhan (der mehr als 1000 Meilen weit hören kann) und dem rotgesichtigen Thuan Phong Nhi (der mehr als 1000 Meilen weit sehen kann). Ein auffallendes Wandbild am Eingang zeigt die Göttin in einem Sturm, wie sie schützend über einer Dschunke wacht.

Ziel vieler kinderloser Paare und schwangerer Frauen ist der zweite Altarraum hinter dem Hauptheiligtum. Hier werden drei himmlische Frauen verehrt, denen ein großer Einfluß auf das Schicksal der Kinder nachgesagt wird. Es heißt, die mittlere entscheide, ob eine Frau schwanger wird, die rechte könne das Geschlecht beeinflussen und die linke überwache die Geburt selbst. Ihnen sind noch zwölf Hebammen zur Seite gestellt, von denen jede den Neugeborenen während des ersten Lebensjahres etwas beibringt, beispielsweise zu saugen, zu lächeln oder sich umzudrehen. Links davon steht der eigentliche Hauptaltar dieses Raumes, an dem den sechs Ahnen gehuldigt wird, die als erste im 17. Jahrhundert Fujian verließen und sich in Hoi An (damals Faifo) ansiedelten. In einer kleinen Vitrine steht eine Figur des berühmten vietnamesischen Arztes Le Huu Trac.

Am Weg zurück sollte man einen Blick auf das kunstvoll geschmückte Eingangsportal mit seinen buntbemalten, geschnitzten Friesen und reichverzierten Steinornamenten werfen.

*Markt

Folgt man der Tran Phu Street einige Meter weiter, gelangt man mitten in das lebhafte Markttreiben. Trotz einer relativ großen Zahl von Touristen, die sich hier umsehen, hat man noch den Eindruck eines traditionellen Marktes – sicherlich nicht zuletzt wegen der Größe. Denn auch um die Halle herum haben sich jede Menge Stände angesiedelt, an denen man von Früchten und Gemüse, Geflügel und Fisch, Korbwaren und Heilkräutern bis zur Keramik und Küchengeräten alles mögliche erstehen kann.

Französisches Viertel

Am Fluß entlang, vom Markt aus in östlicher Richtung, kann man einen kleinen Abstecher in die Phan Boi Chau Street machen, in der man ein vollkommen anderes Gesicht Hoi Ans kennenlernen wird. Hier lag einst das französische Viertel mit stuckverzierten Stadthäusern, Kolonnaden und Balkonen.

Quan-Cong-Tempel (Chua Ong)

Zurück in der Tran Phu Street (Nr. 24), fällt gegenüber dem Markteingang die bunte Front des Quan-Cong-Tempels (Chua Ong, Abb. S. S. 102/103) aus dem 17. Jahrhundert auf. Einst als religiöses Zentrum der Einwanderer

Quan-Cong-Tempel (Fortsetzung)

aus der chinesischen Provinz Quang Nam errichtet, wird hier Ong Quang Cong, ein legendärer General (3. Jh.), verehrt. Rechts und links wurden ihm der Militärmandarin Chau Xuong und der Verwaltungsmandarin Quang Binh zur Seite gestellt. Sein rotes und sein weißes Pferd halten zudem Wache. Den Karpfen, ein Symbol für Geduld, das in den chinesischen Bauten Hoi Ans oft zu sehen ist, findet man hier in einer besonders netten Form wieder: als buntglasierte Dachfiguren und Wasserspeier.

Historisches Museum

Durch den hinteren Ausgang des Tempels oder über den Eingang in der Nguyen Hue Street gelangt man in Hoi Ans Historisches Museum, das ebenfalls in einer früheren Pagode untergebracht ist. Sehr interessant sind einige alte Stadtpläne des damaligen Faifo. Doch besonders hübsch ist der beschauliche Innenhof mit den vielen Pflanzen und Holzverzierungen.

Versammlungshalle der Chinesen aus Hainan

Nicht im Ticket des Tourist Office ist die Versammlungshalle der Chinesen aus Hainan (Hai Nam Assembly Hall) enthalten, vermutlich weil diese – im Vergleich zu den anderen – weniger für das Auge bietet. Um die Halle rankt sich eine blutrünstige Geschichte: Im Jahre 1851 soll ein vietnamesischer General drei Handelsschiffe geplündert und mehr als 100 Passagiere getötet haben. Ein einziger überlebte das Geschehen und berichtete dem Kaiser Tu Duc von der Tat, der den General zu Tode verurteilte und anordnete, daß die Beute an die Familien der Opfer zurückgegeben werden müsse. Als die Halle Jahre später erbaut wurde, weihte man sie den Opfern des Überfalls. Geöffnet: tgl. 7.00–11.30, 14.00–17.00 Uhr.

*Versammlungshalle der Chinesen aus Trieu Chau

Folgt man der Straße weiter (vom Markt an heißt sie nicht mehr Tran Phu Street, sondern Nguyen Duy Hieu), gelangt man zur Versammlungshalle der Chinesen aus Trieu Chau (Trieu Chau Assembly Hall), die von Kaufleuten aus Chaozhou oder Trieu Chau 1776 erbaut wurde. Auch wenn man mittlerweile schon vielerlei schöne Ornamente und Dekorationen gesehen hat, sind hier noch ganz besondere Holzschnitzereien zu entdecken. Ong

In den Schneidereien Hoi Ans kann man sich günstig Kleider nähen lassen.

Versammlungshalle der Chinesen aus Trieu Chau (Fortsetzung)

Bon, ein chinesischer Marinegeneral, der Macht über Wind und Wellen haben soll, wird hier verehrt. Um seine Statue herum verläuft ein Fries voller Vögel, Insekten und kleiner Tiere – so realistisch, daß man beinahe meint, ein Zirpen und Rascheln hören zu können. Auf dem Altar selbst sind Szenen vom Leben am Land und auf dem Meer zu sehen, an den Türen davor zwei chinesische Damen, die an sich die neueste japanische Haarmode ausprobieren.
Nachdem nun die Sehenswürdigkeiten entlang der Tran Phu Street besucht sind, kann man langsam die Straße zurückbummeln, in Ruhe etwas essen und trinken, sich die Läden ansehen und einige Souvenirs kaufen. Falls Interesse an weiteren historischen Gebäuden besteht – um die Le Loi und die Nguyen Thai Hoc Street gibt es noch einige Handelshäuser und Kapellen!

Kapelle der Familie Tran

Etwas mehr als die Hälfte des Weges zurück stößt man auf die Querstraße Le Loi; folgt man ihr rechterhand, so stößt man einen Block weiter auf die Phan Chu Trinh Street. Genau an dieser Ecke befindet sich die 200 Jahre alte Kapelle der Familie Tran (Tran Family Chapel). Wie die der anderen chinesischen Clans war auch dieses Gebäude ursprünglich als Kaufmannshaus (s. u.) errichtet worden, doch mit der Zeit überwog für die Familie die religiöse Bedeutung des Ortes. Zentraler Punkt ist hier der große Altarraum, in dem die Ahnen verehrt werden. Noch heute treffen sich hier die Tran, die einst durch Handel reich und einflußreich wurden und zu deren Vorfahren auch Mandarine gehörten, einmal im Jahr. Bei diesen Gelegenheiten werden Familienthemen besprochen, und es wird der Ahnen gedacht.

Kapelle der Familie Truong

Ein wenig versteckt liegt die kleinere, aber ebenfalls sehr schöne Kapelle der Truong-Familie neben dem Pho-Hoi-Restaurant in der 69 Phan Chu Trinh. Ihr Besuch ist über das Ticket nicht vorgesehen (s.o.); auf Anfrage darf man aber eintreten und sich umsehen. Das Haus ist voller interessanter Familienandenken und Schnitzereien.

Ehemalige Apotheke

Geht man die Le Loi Street in südlicher Richtung zurück, sollte man an der Nguyen Thai Hoc rechts abbiegen, um zum Haus von Diep Dong Nguyen zu gelangen. Es war Ende des 19. Jahrhunderts für einen chinesischen Kaufmann gebaut, dann aber in eine Apotheke umgewandelt worden. Seine Besichtigung wird ebenfalls nicht über das Ticket abgedeckt (s. o.).

**Tan-Ky-Haus (Old House of Tan Ky)

Schräg gegenüber liegt das schönste und meistbesuchte der alten Kaufmannshäuser: das Tan-Ky-Haus. Da englisch- und französischsprachige Fremdenführer in dem zweistöckigen Gebäude einiges zu dessen Architektur und Geschichte erzählen, geben sich die Reisegruppen hier die Klinke in die Hand. Eventuell empfiehlt es sich, einen ruhigeren Zeitpunkt abzuwarten und später wiederzukommen. Das fast 200 Jahre alte Gebäude mit seinen exquisiten Schnitzereien (s.a. S. 212) und Einlegearbeiten ist sehr gut instand gehalten und wird von der Stadt als Vorzeigeobjekt betrachtet. Es wurde von einem Mitglied der zweiten Generation der Tan-Ky-Familie, die aus politischen Gründen im späten 16. Jahrhundert aus China geflohen war, errichtet.
Durch einen engen, etwas düsteren Laden und den reichgeschmückten Wohnraum gelangt man in den Innenhof. Dann geht es weiter in den hinteren Teil, in dem man die Küche und den Ausgang zum Fluß sieht. Von hier aus konnte die Handelsware direkt in die Lagerräume im oberen Stockwerk gebracht werden, um sie vor Überflutung zu schützen. Interessant ist die Verwendung des dunklen Jackfruit-Holzes, das resistent gegen Termitenbefall sein soll, für die Hauptpfeiler. Phantasievoll und verspielt sind die filigranen Schnitzereien, aber ganz besonders apart ist die Fülle von Perlmuttintarsien (v.a. die Gedichttafeln mit Vögelchen).

Behindertenwerkstätte

Vor dem gegenüberliegenden Haus kann man meist Jugendliche bei Handwerksarbeiten sehen. Es handelt sich hier um eine Behindertenwerk-

Besondere Schnitzereien und Möbelstücke werden hier gefertigt.

Behindertenwerkstätte (Fortsetzung)

stätte, in der Jungen und Mädchen alle Arten des vietnamesischen Kunsthandwerks ausüben – von Tischlerei zu Lack- und Intarsienarbeiten bis hin zu Stickerei und Weberei. Man kann sich in dem großzügig angelegten Gebäude in Ruhe umsehen, mit den Jugendlichen unterhalten und auch einige der Arbeiten als Souvenir kaufen.

Außerhalb des Zentrums

Hinweis

Auch außerhalb des Zentrums gibt es noch einiges zu sehen – nicht so geballt und spektakulär, aber deswegen nicht weniger interessant und schön. Am besten, man leiht sich ein Fahrrad oder Moped und erkundet so die Umgebung.

Kirche

Über die Nguyen Truong To Street, die nördliche Verlängerung der Le Loi Street, gelangt man zu einer katholischen Kirche, auf deren Hof europäische Missionare bestattet sind.

Tiger-Tempel

Folgt man der Straße weiter, so passiert man einige Marktstände und stößt direkt auf das Tor zum Tiger-Tempel, wie man an den farbenfrohen Statuen unschwer erkennen kann (Abb. s. S. 109). Das Heiligtum selbst ist eher schlicht, nur mit chinesischen Kalligrafien geschmückt.

*Chuc-Than-Pagode

Biegt man vor dem Tempel links ab, geht es auf einer etwas staubigen Straße vorbei an kleinen Wohnhäusern mit hübschen Gärten und Grabanlagen zu zwei idyllisch gelegenen Pagoden. Hier ist es ganz ruhig und einsam – ein angenehmer Gegensatz zu dem lebhaften Treiben im Zentrum Hoi Ans. Nach etwa 700 m hat man die Chuc-Than-Pagode erreicht. Sie wurde schon 1454 von Minh Hia, dem ersten buddhistischen Mönch in Hoi An, gegründet. Das heutige Gebäude ist zwar jünger, doch einige alte Kultgegenstände wie ein karpfenförmiger Gong und Glocken sind noch zu sehen. Bäume, Bougainvillea und andere Blumen schmücken das Gelände der Pagode. Linkerhand befindet sich eine kleine Anlage mit bunten Stupas und moosbewachsenen Gräbern (Abb. s. S. 80).

*Phuoc-Lam-Pagode

Folgt man dem eingeschlagenen Weg weitere 500 m, gelangt man (über einen kleinen Kanal) zur Phuoc-Lam-Pagode, die Mitte des 17. Jahrhun-

Hoi An, Phuoc-Lam-Pagode (Fortsetzung)

derts erbaut wurde. Es heißt, der junge Mönch An Thiem meldete sich Ende des Jahrhunderts an Stelle seiner Brüder zur Armee, in der er rasch zum General aufstieg. Nach dem Krieg ging er zurück ins Kloster und fegte, um sich von seinen Sünden reinzuwaschen, 20 Jahre lang den Markt von Hoi An. Nach dieser Buße wurde er zum Oberbonzen der Phuoc-Lam-Pagode ernannt. Frangipanibäume und Blumenbeete umgeben das Heiligtum. An der Seite sieht man ein kleines Feld mit moosbedeckten Gedenksteinen, die auch mit Keramikmosaiken geschmückt sind.

Umgebung von Hoi An

Cua Dai Beach

Möchte man sich nun nach all den Besichtigungen am Strand erholen, so fährt man auf der Tran Hung Street in östlicher Richtung. Nach ca. 20minütiger Radfahrt durch ein Wohngebiet und Reisfelder ist man am weißen Cua Dai Beach angelangt. Der Strand ist sehr sauber und weitläufig, so daß man in einiger Entfernung der Getränkestände und Händler Sonne und Meer in Ruhe genießen kann. Der weitere Ausbau zum Touristenzentrum ist im Gange, wie an den neu entstehenden Hotels und Restaurants zu sehen ist.

Bootstouren

Eine weitere Möglichkeit, die Umgebung Hoi Ans kennenzulernen, ist eine Bootsfahrt auf dem Thu Bon River vorbei an Kunsthandwerksdörfern oder zu den Cham Islands.

Weitere Umgebung

Zudem eignet sich Hoi An als Ausgangspunkt für einen Besuch von → My Son, einst sakrales Zentrum des Cham-Reiches.

Hue D 4

Provinz: Thua Thien – Hue (Nördliche Zentralküste)
Einwohnerzahl: 350 000
Entfernung: 658 km südlich von Hanoi

**Lage und Bedeutung

Hue, die einstige Kaiserstadt am "Fluß der Wohlgerüche", ist zweifellos eines der absoluten kulturellen Highlights einer Vietnam-Reise. Von 1802 bis 1945 residierten hier die dreizehn Kaiser der Nguyen-Dynastie, die das Land erstmals von Yunnan (Süchina) bis zum Golf von Siam vereinigt hatten. Aufgrund ihrer geradezu idealen Lage in der Mitte des Landes (12 km vom Südchinesischen Meer entfernt) schien Hue zur Hauptstadt prädestiniert zu sein, verlor diesen Status allerdings 1945 wieder an Hanoi. Doch nicht nur aufgrund seiner höfischen Vergangenheit ist Hue einen mehrtägigen Aufenthalt wert, auch seine Lage am Parfümfluß ("Fluß der Wohlgerüche", Song Huong) – eingebettet in eine zauberhafte Landschaft zwischen den Annamitischen Bergen und dem Meer – ist unvergleichlich schön. Zudem sollte man die Bedeutung der Stadt als Zentrum des Buddhismus und als Wiege des antikolonialen Kampfes nicht vergessen.
Verglichen mit Hanoi oder Saigon bemerkt man in Hue nur wenig vom wirtschaftlichen Aufbruch und von moderner Hektik, trotz der wechselvollen Geschichte scheint es sich seine kulturelle Identität bewahrt zu haben. Schon seit dem 18. Jahrhundert verklärten Dichter den hübschen, friedlichen Ort mit seinen Seen, Kanälen und Gartenanlagen. Dadurch daß Hue dann zur Kapitale wurde, spielten auch Bildung und Lehre bald eine wesentliche Rolle. Noch heute gibt es fünf Universitäten – und viele sagen, Hues besondere Atmosphäre liege an seinem intellektuellen Touch und der Toleranz, die hier aufgrund der langen buddhistischen Tradition gelebt werde. Zudem ist auch der westliche Einfluß spürbar, denn Hue gilt als frankophilste Stadt Vietnams.

Vor den Mauern der Zitadelle ▶

Lage und Bedeutung (Fortsetzung)

Im wesentlichen läßt sich die Stadt in drei Teile gliedern, von denen jeder seinen eigenen Charakter erhalten hat. Unbedingt sehenswert ist die großartige Zitadellenanlage mit der Kaiserstadt am nördlichen Ufer des Parfümflusses. Östlich des Dong-Ba-Kanals liegt Phu Cat, einstmals Handelszentrum, heute ein überfülltes Viertel voller Läden, Pagoden und chinesischer Versammlungshallen; und am Südufer des Parfümflusses hat sich die europäische Stadt ausgebreitet, das moderne Verwaltungszentrum Hues, in dem auch viele der Hotels und Restaurants liegen, mit seinen schönen Straßen und Villen. Die Landschaft im Süden der Stadt ist von pinienbestandenen Hügeln geprägt, zwischen denen man immer wieder Gräber und Pagoden entdeckt. Hier ließen sich auch die Nguyen-Kaiser ihre Mausoleen bauen. Dazwischen schlängelt sich der Parfümfluß, so benannt nach den Blüten und Baumharzen, die er mit sich führt. Fahrten mit den Drachenbooten durch das romantische Flußtal bleiben unvergeßlich. Mit dem Fahrrad kann man zudem Ausflüge zu der berühmten Thien-Mu-Pagode oder zum Thuan An Beach unternehmen. Naturliebhaber werden von Hue aus in den Bach-Ma-Nationalpark fahren. Für viele ist auch ein Ausflug in die aus dem Vietnamkrieg noch gegenwärtige Entmilitarisierte Zone und zum Ho-Chi-Minh-Pfad (beide → DMZ) interessant.

Geschichte

Hue gehörte bis 1306 zum Reich der Cham, als das Land nördlich Da Nangs im Rahmen eines Friedensvertrages an die Vietnamesen abgetreten wurde. Doch erst Kaiser Gia Long (1802–1820), der Gründer der Nguyen-Dynastie, gab Hue als Kapitale seines Reichs seine herausragende Bedeutung. In seine Regierungszeit fallen nicht nur die Anlage der Zitadelle, sondern auch die von Deichen, Brücken und Kanälen sowie der Bau der Mandarinstraße, die Hue mit Saigon und Hanoi verband. Später wurde Hue zu einem wichtigen Zentrum des Buddhismus, der Künste und Gelehrsamkeit, doch die große Vorliebe der Nguyen für extravagante Bauwerke und ihr aufwendiger Lebensstil belasteten das Volk außerordentlich. Von Hause aus waren die Kaiser konfuzianisch eingestellt, konservativ und dem Westen gegenüber eher reserviert, doch letztlich konnten sie sich nicht gegen die Franzosen durchsetzen.

Im Jahre 1883 tauchte deren Flotte erstmals an der Mündung des Parfümflusses auf, zwei Jahre später hatten sie Hue erobert. Hiep Hoa unterzeichnete alsbald einen Vertrag, der Vietnam als französisches Protektorat anerkannte. Doch die Kolonialherren ließen die Nguyen weiter dem Namen nach Herrscher sein. Sowohl die Franzosen als auch die Japaner (während des Zweiten Weltkriegs) nützten diese Konstellation für sich aus: Während ihr Einfluß immer größer wurde, unterhielten sie quasi eine Monarchie, unterwanderten und nutzten gleichsam ihre Strukturen, bis sie letztlich irrelevant war und Bao Dai (→ Berühmte Persönlichkeiten) im Jahre 1945 zur Abdankung gezwungen wurde.

Damit verlor Hue seinen Status als Landeshauptstadt und versank für fast 20

Die Nguyen-Dynastie

Im Jahre 1802 gelang es Nguyen Anh, einem Adligen aus der südlichen Nguyen-Linie, die Tay Son zu besiegen. Er krönte sich daraufhin selbst zum Kaiser, nannte sich fortan Gia Long und begründete so die Nguyen-Dynastie, die bis zur Abdankung Bao Dais 1945 über Vietnam herrschen sollte. Die kolonialen Interessen Frankreichs kollidierten allerdings mit den Expansionsbestrebungen der Nguyen – je mehr der Einfluß der Franzosen wuchs, desto unbedeutender wurden die vietnamesischen Herrscher. Elf der 13 Nguyen-Kaiser sind in Hue beigesetzt. Der letzte, Bao Dai, starb 1997 in Paris; ob auch er hierher überführt werden wird, bleibt abzuwarten.

1802–1820: **Gia Long**
1820–1841: **Minh Mang**, vierter Sohn Gia Longs
1841–1847: **Thieu Tri**, ältester Sohn Minh Mangs
1847–1883: **Tu Duc**, zweiter Sohn Thieu Tris
1883: **Duc Duc**, ältester adoptierter Sohn Tu Ducs, regierte nur drei Tag lang, abgesetzt
1883: **Hiep Hoa**, Bruder Tu Ducs, regierte 4 Monate lang, starb vermutlich an Gift
1883–1884: **Khien Phuc**, adoptierter Sohn Tu Ducs, regierte sechs Monate lang
1884–1885: **Ham Nghi**, jüngerer Bruder Kien Phucs, starb im Exil in Algerien
1885–1889: **Dong Khanh**, älterer Bruder Ham Nghis und Kien Phucs
1889–1907: **Thanh Thai**, Sohn Duc Ducs, Exil
1907–1916: **Duy Tan**, Sohn Thanh Thais, Exil
1916–1925: **Khai Dinh**, Sohn Dong Khanhs
1926–1945: **Bao Dai**, Sohn Khai Dinhs

Geschichte (Fortsetzung)

Jahre in eine Art Dornröschenschlaf. Die Zweiteilung Vietnams durch die Genfer Konferenz 1954 schlug Hue dem Süden zu. Die Unzufriedenheit der Bevölkerung mit der sozialen und politischen Situation wuchs, bis sie schließlich im Mai 1963 eskalierte, als der katholische Präsident Diem bei einer friedlichen Demonstration auf mehrere tausend Buddhisten schießen ließ. Dies hatte mehrere Selbstverbrennungen buddhistischer Mönche und Nonnen zur Folge, doch trotz öffentlicher Proteste setzte Diem seine Repressalien weiter fort.
Während der Tet-Offensive 1968 hielt die nordvietnamesische Armee Hue 25 Tage lang besetzt. Wie erst später bekannt wurde, waren in diesen Tagen mehr als 3000 Menschen (Regierungsangestellte, Sympathisanten des südvietnamesichen Regimes, Intellektuelle, Geistliche sowie Angehörige ausländischer Hilfstruppen) exekutiert worden. Bis heute wird dies von der Regierung zwar bestritten, aber vor den Toren der Stadt entdeckte man die Massengräber.
Doch auch die andere Seite setzte alle Mittel ein, um die Kommunisten aus Hue zu vertreiben. Bei weiteren Kampfhandlungen starben 5000 Nordvietnamesen und Vietcong, 384 südvietnamesische und 142 amerikanische Soldaten – und vermutlich mehr als 1000 Zivilisten. Dabei wurde die Zitadelle, in die sich die Nationale Volksarmee zurückgezogen hatte, beinahe vollkommen in Schutt und Asche gelegt. Sieben Jahre später, am 26. März 1975, kam die Nationale Volksarmee nach Hue zurück, um sie als erste größere Stadt südlich des 17. Breitengrades zu befreien.
Mittlerweile dauert die Mammutaufgabe, Hue wiederaufzubauen, schon mehr als 20 Jahre an. Durch die UNESCO, die die Kaiserstadt und die Kaisergräber 1993 zum Weltkulturerbe erklärte, bekamen diese Initiativen eine gewaltige Unterstützung, was nicht nur den historischen Gebäuden zugute kam, sondern auch die traditionellen kunsthandwerklichen Fertigkeiten wiederbelebte.

Kulinarische und kulturelle Besonderheiten

Wenn man sich einige Zeit in Hue aufhält, sollte man keinesfalls versäumen, die kulinarischen Spezialitäten zu probieren. Am bekanntesten ist Banh Khoai, das sind kleine knusprige Pfannkuchen mit Shrimps, Schweinefleisch und Bohnensprossen, zu denen es eine Erdnuß-Sesamsauce und als Beilage meist Sternfrucht, grüne Banane, Salat und Minzblätter gibt.
Auch Nudeln sind in Hue sehr beliebt, besonders in Form einer speziell gewürzten Variante der Reisnudelsuppe, die – je nach Fleischart – Bun Bo, Bun Ga und Bun Bo Gio Heo (Rindfleisch, Hühnchen oder Rind- und Schweinefleisch) heißt. Meist wird sie mit Zitronengras, Shrimps und Basilikum zubereitet. Viele Elemente der Spezialitäten Hues sollen aus der kaiserlichen Küche stammen. So bieten einige Hotels auch luxuriöse Diners an, an denen man sich bei traditioneller Musik in kaiserliche Roben hüllen darf und allerlei Leckereien serviert bekommt.
Wer sich für die volkstümliche Musik Vietnams interessiert, sollte in Hue versuchen, an einer derartigen Darbietung teilzunehmen. Vor allem auf den Restaurantbooten und in den großen Hotels finden solche Veranstaltungen statt. Die traditionellen Volkslieder aus Hue sind in ganz Vietnam berühmt.
Viele Touristen bringen aus Vietnam Kegelhüte als Souvenirs mit. Die schönsten bekommt man zweifellos im Dong-Ba-Markt von Hue, der südöstlich der Zitadelle zu finden ist. Diese sind nämlich leicht transparent, so daß man zarte Scherenschnitte durchscheinen sieht.

**Zitadelle

Was von der einstigen Kaiserstadt übrigblieb

Die glorreichen Tage Hues begannen, als Kaiser Gia Long im Jahre 1802 den Bau der Zitadelle anordnen ließ. Doch nicht nur eine Festung sollte daraus werden, sondern eine Wohnstadt für die kaiserliche Familie und die Beamten, eigentlich eine idyllische "Stadt in der Stadt" mit kleinen Dörfchen, Reisfeldern, künstlichen Bergen, Tempeln, Gärten, Seen und Alleen. Angelegt wurde sie als Viereck mit drei konzentrischen Umfriedungen hin-

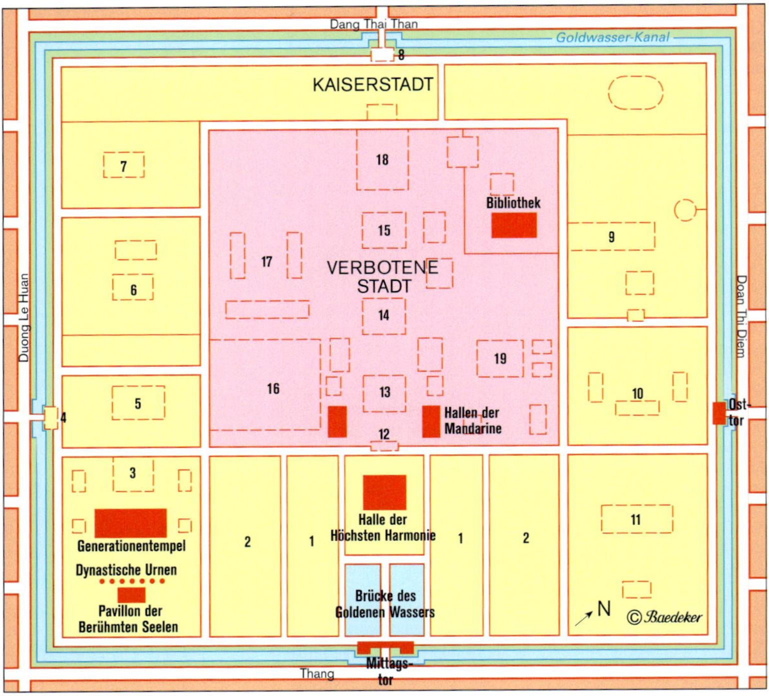

nicht erhaltene Gebäude

Zitadelle

100 m

1 Park
2 Stallungen
3 Tempel der kaiserlichen Ahnen
4 Westtor
5 Phung-Tien-Tempel
6 Wohnbereich der Kaisermutter
7 Schatzkammer der Kaisermutter
8 Nordtor
9 Bibliothek
10 Schatzkammer
11 Generationentempel
12 Goldene Pforte
13 Palast der Gesetze des Himmels
14 Kaiserlicher Palast
15 Palast der Kaiserin
16 Kaiserlicher Harem
17 Wohnbereich der Konkubinen
18 Ruhepavillon
19 Theater

Zitadelle (Fortsetzung)

ter einem hoch aufragenden Flaggenturm. Hinter der Mauer lag die Kaiserstadt mit Verwaltungsgebäuden, Gärten und dynastischen Tempeln, doch die kaiserlichen Paläste der Verbotenen Stadt waren das eigentliche Zentrum der Zitadelle. Der englische Reisende George Finlayson war so fasziniert, daß er 1821/22 schrieb, die Kaiserstadt sei von derart schlichter Eleganz, Größe und Perfektion, daß alle anderen asiatischen Städte im Vergleich zu ihr wie das Werk von Kindern erscheinen würden.
Heute kann man nur noch etwa 80 der einstmals 300 Gebäude erkennen – aber auch die sind fast alle verfallen. Schlachten, Feuer, Taifune und Überschwemmungen trugen dazu bei, doch vor allem die Bombardierungen während des Vietnamkrieges (Tet-Offensive 1968) haben den jetzigen Zustand der 1833 vollendeten Anlage verursacht. Nordvietnamesische Truppen besetzten damals 25 Tage lang Hue und hißten ihre Fahne auf dem Flaggenturm. Die Südvietnamesen und Amerikaner fühlten sich davon so provoziert, daß sie die Zitadelle zwei Wochen lang fast unaufhörlich beschossen. Tausende Zivilisten kamen dabei ums Leben, und die Verbotene Stadt wurde fast dem Erdboden gleichgemacht. Seither wird hier ständig restauriert, v.a. mit Hilfe der UNESCO, die die Kaiserstadt 1993 zum Welt-

Zitadelle (Fortsetzung)

kulturerbe erhob. An einigen Ecken ist der einstige Zauber auch noch (oder wieder) spürbar, doch trotzdem ist Hues wichtigste Sehenswürdigkeit auch ein trostloser Ort. Öffnungszeiten: tgl. 7.00–17.30 Uhr.

Geomantische Vorgaben

Nach dem Vorbild Pekings sollte Hue zur prächtigsten Stadt des Landes werden. Die Geomantie bestimmte bei ihrer Planung auch die kleinsten Details. Lange wurde nach dem günstigsten Ort für die Anlage gesucht, um die wichtige Harmonie zwischen dem Kaiser und seinen Untertanen, dem Himmel und der Erde, den Menschen und der Natur zu sichern. Dabei wurde der gesamte Komplex nach Südosten zum Hügel Nui Ngu Binh (Schirm des Kaisers), der böse Mächte abhalten sollte, ausgerichtet. Die zwei kleinen Inseln im Parfümfluß symbolisieren den guten Geist des Blauen Drachen in Opposition zur Aggression des Weißen Tigers. Falls dies als Schutz nicht ausreichen sollte, wurde die insgesamt 520 ha große Anlage noch von einem 7 m hohen und 20 m breiten Wall und einem 23 m breiten und 4 m tiefen Wassergraben umgeben. Nach den geomantischen Bauprinzipien bekam die Zitadelle einen fast quadratischen Grundriß, denn sie war Symbol für die Herrschaft auf der Erde – auch die Vorstellung der Erde war die einer quadratischen Scheibe. Alle wichtigen Gebäude wurden entlang einer Hauptachse gebaut, weniger wichtige paarweise im rechten Winkel dazu oder auf parallelen Seitenachsen. Generell mußten sich alle Bauwerke dem Gesamtensemble unterordnen (s. a. S. 73).

Flaggenturm und Kanonen

Noch vor dem Eingang zur Kaiserstadt sieht man am Fluß kleine Pavillons, in denen früher Edikte verlesen wurden. Dahinter ragt der 21 m hohe, dreistufige Flaggenturm auf, über dem während der Tet-Offensive 25 Tage lang die Vietcong-Fahne mit dem gelben Stern wehte. Seitlich reihen sich die neun heiligen Kanonen auf, die für die vier Jahreszeiten und die fünf Elemente (Erde, Feuer, Metall, Holz und Wasser) stehen. Wie die dynastischen Urnen außerhalb des Pavillons der Berühmten Seelen symbolisierten sie das Reich.

Das Mittagstor führt in die Kaiserstadt hinein.

Kaiserstadt

Vier Tore führten in die Kaiserstadt, doch das beeindruckendste ist das Mittagstor. Besucher müssen in der Blütezeit des Nguyen-Reiches überwältigt gewesen sein, wenn sie über die Dächer mit den gelb und grün glasierten Ziegeln blickten, die Pavillons voller rot-goldener Lackarbeiten betraten und zwischen den Lotosteichen lustwandelten. Doch nach 1945 wurde die gesamte Anlage vernachlässigt, und die Kriegshandlungen taten ein übriges zu ihrer Zerstörung. Doch die Gebäude, die noch stehen und sorgfältig restauriert wurden, sind sehr beeindruckend, v.a. die Halle der Höchsten Harmonie und der Generationentempel.
Geplant ist von der UNESCO die Rekonstruktion von 15 Baudenkmälern, 80 weitere Bauten sind für Reparaturarbeiten vorgemerkt, um das historische Bild zu erhalten. Im äußeren Areal der Zitadellenanlage gibt es außer einigen kleinen Museen wenig zu sehen. Doch man kann mit dem Rad durch das hübsche Gelände mit Teichen und Gärten fahren, das auch für seine vielen bunten Vögel und Schmetterlinge bekannt ist.

*Mittagstor

Durch das majestätische Mittagstor (Ngo Mon), das 1833 unter Minh Mang erbaut wurde, betritt man die Kaiserstadt. Fünf Eingänge hat dieses Portal, von dem der mittlere allein dem Kaiser vorbehalten war. Die beiden kleineren auf jeder Seite waren den Militär- und Verwaltungs-Mandarinen zugedacht, während zwei riesige Durchgänge in den Seitenflügeln für die kaiserlichen Elefanten bestimmt waren.
Der untere Teil des Mittagstores wurde aus großen Steinquadern errichtet. Auf diesem thront ein eleganter Pavillon, in dem der Kaiser wichtigen Zeremonien beiwohnte. Hier verkündete auch der letzte Nguyen-Herrscher Bao Dai (→ Berühmte Persönlichkeiten) 1945 seinen Rücktritt. Der mittlere Teil des Daches ist mit glasierten Ziegeln in königlichem Gelb, die seitlichen Teile sind in Grün – der Farbe des Adels – gedeckt. Ins Auge fallen auch die wunderbar verzierten Dachfirste, die Glückssymbole wie Drachen, Fledermäuse, Goldmünzen, Orchideen und Chrysanthemen tragen.

Brücke des Goldenen Wassers

Zwischen zwei Teichen voller Lotosblüten führt dann die Brücke des Goldenen Wassers (Cau Trung Dao), die ebenfalls nur für den Herrscher bestimmt war, auf den Hof der Feierlichkeiten.

Hof der Feierlichkeiten

Auf diesem breit angelegten Hof nahmen die Mandarine bei offiziellen Anlässen Aufstellung. 18 steinerne Stelen markieren die genauen Punkte entsprechend der neunstufigen Rangordnung, getrennt nach Zivilisten (links) und Militärs (rechts).

**Halle der Höchsten Harmonie

Wie durch ein Wunder hat die Halle der Höchsten Harmonie (Dien Thai Hoa, 1805) alle militärischen Angriffe überstanden. Sie wurde mehrmals restauriert und erstrahlt heute wieder im alten Glanz. In dem in rot-goldenen Lackarbeiten schwelgenden Thronsaal empfing der Kaiser Gesandte und wohnte wichtigen Feierlichkeiten bei. Er saß dabei erhöht unter einem schweren goldenen Baldachin, trug eine goldene Tunika und Krone, die mit neun Drachen verziert war. Diese Anlässe waren allerdings außerordentlich selten, und auch seinen Beamten zeigte sich der Herrscher kaum, um

Sich windende, reichverzierte Drachen – als Symbole der kaiserlichen Macht – zieren die Dachfirste der Halle der Höchsten Harmonie.

die Aura des Geheimnisvollen weiter zu nähren, die eng mit der kaiserlichen Macht verbunden war. In dem Raum hinter dem Thron, in dem heute Souvenirs verkauft werden, bereitete sich der Kaiser einst auf seine großen Auftritte vor.

Halle der Höchsten Harmonie (Fortsetzung)

Verbotene Stadt

Die verfallenen Mauern nördlich der Halle der Höchsten Harmonie umschlossen die Verbotene Stadt (auch Forbidden Purple City oder Tu Cam Thanh) mit den Palästen der Kaiser und Kaiserinnen. Außer der kaiserlichen Familie hatten hier nur die Konkubinen und Eunuchen Zutritt – und natürlich all das Personal, das für ihr Wohlergehen und die Pracht des Anwesens verantwortlich waren. Heute liegt hier ein ödes Feld voller Geröll und trockenem Gras vor einem. Man muß seine Phantasie spielen lassen, um sich das damalige Leben hier vorstellen zu können.

Hallen der Mandarine

Nur sehr wenige Bauten sind auf dem Gelände erhalten, so beispielsweise die Hallen der Mandarine, in denen man sich kaiserliche Roben ausleihen und für ein Foto posieren kann. In der Mitte vor ihnen lag einst der Palast der Himmlischen Gesetze, in den sich der Kaiser bei politischen Entscheidungen zurückzog.

*Bibliothek

Liebevoll wurde die kaiserliche Bibliothek wieder aufgebaut, ein hübsches Gebäude mit Garten und Teich. Es entstand in der Regierungszeit Minh Mangs und wurde auf Anordnung Khai Dinhs, der sie mit Mosaiken verzieren ließ, umgebaut. Innen kann man historische Aufnahmen von Hue ansehen und Souvenirs kaufen.

Pavillon

Der nahegelegene achteckige Pavillon ist das einzige weitere (wiederaufgebaute) Gebäude der Verbotenen Stadt. Ursprünglich hatte es noch ein Pendant. Es heißt, die Kaiser zogen sich gerne hierher zurück, um Musik zu hören.

Tempel der Ahnen

Am südwestlichen Rand der Kaiserstadt gibt es noch ein paar sehenswerte Gebäude, die auch als Tempel der Ahnen bezeichnet werden. Man erreicht sie am einfachsten, wenn man wieder bis zum Mittagstor zurückgeht und dann nach rechts abbiegt.

Pavillon der berühmten Seelen

Durch den dreistöckigen Pavillon der berühmten Seelen (Hien Lam Cac, 1821) mit seinen interessanten Schnitzarbeiten gelangt man auf den Hof, auf dem die bedeutenden Neun Dynastischen Urnen (Cuu Dinh) stehen (Abb. S. S. 110).

**Neun Dynastische Urnen

Diese etwa 2 m hohen Bronzeurnen – sie sind die besten Beispiele hiesiger Handwerkskunst – wurden auf Anordnung Minh Mangs in den Jahren 1835 bis 1837 gegossen. Jede von ihnen trägt fein ziselierte Ornamente (meist Landschaftsdarstellungen), die die Schönheit und Einzigartigkeit Vietnams preisen sollten. An einigen kann man zudem auch Spuren von Geschoßeinschlägen finden. In der Mitte der Reihe steht die größte und meistverzierte Urne (ca. 2600 kg), die dem Gründer der Nguyen-Dynastie, Gia Long, zugedacht war (Abb. s. S. 54).

*Generationentempel

Auf der anderen Seite des Hofes steht der langgestreckte Generationentempel (The Mieu), den Minh Mang 1821 zu Ehren seines Vaters errichten ließ. Zehn Altäre mit den Ahnentafeln der Herrscher und ihrer Gemahlinnen reihen sich in der Gedenkstätte aneinander. Offiziell regierten 13 Kaiser zwischen 1802 und 1945, doch einigen blieb die Anerkennung und die Aufnahme in den Tempel versagt. Auf jedem Altartisch liegt eine Schlafmatte, Decken und andere persönliche Gegenstände sowie Bilder des Monarchen. An den jeweiligen Todestagen wird ihrer im The-Mieu-Tempel in einer kleinen Feier gedacht.

Tempel der kaiserlichen Ahnen

Nördlich davon liegt der Tempel der kaiserlichen Ahnen (Hung Mieu, 1804) zu Ehren der Eltern Gia Longs.

An den Ufern des Parfümflusses

*Ausflüge mit dem Drachenboot

Nicht versäumen sollte man die Fahrt mit den bunten Drachenbooten auf dem Parfümfluß. Auf diesem Wege kann man nicht nur die idyllische Landschaft genießen, sondern sich auch zu einigen besonderen Sehenswürdigkeiten abseits der Hauptstraßen bringen lassen. In der Regel wird bei den organisierten Bootsausflügen ein Stop bei der Thien-Mu-Pagode, dem Hon-Chen-Tempel oder einem der interessanteren Mausoleen eingelegt, meist dem Tu Ducs, Khai Dainhs oder Minh Mangs (→ Kaisergräber).

Mit den Drachenbooten kann man sich geruhsam auf dem Parfümfluß zu einigen ganz besonderen Sehenswürdigkeiten fahren lassen: der Thien-Mu-Pagode und den Grabanlagen der Nguyen-Kaiser.

*Thien-Mu-Pagode

Die Geschichte der Thien-Mu-Pagode (Linh-Mu-Pagode oder Pagode der Himmelskönigin) ist eng mit zwei Legenden verbunden. Dem Fürsten Nguyen Hoang war am Song Huong eine alte Frau erschienen, die ihm sagte, er solle eine Fackel anzünden und in östlicher Richtung am Fluß entlanggehen, bis das Feuer erlischt. An dieser Stelle solle er dann seine Stadt erbauen. Später ließ Hoang hier zu Ehren der alten Frau, die er für eine Götterbotin hielt, eine Pagode errichten. Die andere Version besagt, die Greisin sei auf einem drachenkopfförmigen Berg erschienen und habe vorausgesagt, daß einer kommen werde, der hier eine Pagode errichten und dem Land immerwährenden Wohlstand bringen werde. Wie auch immer – Nguyen Hoang wird der Bau der Pagode im Jahre 1601 zugeschrieben, was sie zu der ältesten Hues macht.
Schon von weitem kann man den Turm der Pagode erblicken, die auf einer Anhöhe über dem Fluß steht, etwa 4 km stromaufwärts am früheren Platz eines Cham-Heiligtums. Der Phuoc-Duyen-Turm (1844) hat sieben Stockwerke, von denen jedes eine Inkarnation Buddhas darstellt; auf seiner Spitze wurde ein Auffangbecken für Regenwasser gebaut, da das Wasser als Quelle des Glücks angesehen wird. Zu beiden Seiten stehen Pavillons, die eine große Glocke (1710) und eine stelentragende Schildkröte (1715) beher-

bergen. Auf der steinernen Tafel ist die Geschichte der Pagode und des Buddhismus in Hue beschrieben. Von der Plattform vor diesen Bauten bietet sich ein traumhaft schöner Blick auf das romantische Flußtal.

Thien-Mu-Pagode (Fortsetzung)
*Aussicht

Durch einen Torbogen, geschützt von sechs buntbemalten Wächterfiguren, gelangt man zum Haupttheiligtum, vor dem ein lachender Bronze-Buddha steht. Draußen im Garten befindet sich linker Hand ein alter Austin. Dies war das Fahrzeug, mit dem der Mönch Thich Quang Duc (→ Berühmte Persönlichkeiten) im Juni 1963 nach Saigon fuhr, um sich aus Protest gegen das Diem-Regime selbst zu verbrennen. Dahinter erstrecken sich weitere Klostergebäude und Gärten.

Literaturtempel

Auf der Weiterfahrt kann man als nächstes eine große Anlegestelle und ein Portal sehen. Diese führten zum Literaturtempel (Van Mieu), den Gia Long hier 1808 zu Ehren des Konfuzius erbauen ließ und der sein Pendant in Hanoi ersetzen sollte. Von der Anlage sind nur mehr Ruinen und einige Stelengruppen erhalten. Wenn man von der Straße her kommt, erreicht man den Tempel 500 m westlich der Thieu-Mu-Pagode.

Hon-Chen-Tempel

Etwa 5 km weiter gelangt man zum Den Hon Chen (Tempel der Jadeschale), der an einem Steilufer liegt. Auch dieser Ort war einst ein Heiligtum der Cham, in dem ihre Schutzgöttin Po Nagar verehrt wurde. Der heutige, 1832 erbaute Tempel ist Lieu Chau, einer Tochter des Jadekaisers, gewidmet, die auch mit Quan Am und Thien Hau in Verbindung gebracht wird. Er ist ein gutes Beispiel dafür, wie sehr sich manche populäre Gottheiten ähneln und teilweise auch miteinander verschmelzen.

**Kaisergräber (Royal Mausoleums)

Parkanlagen des Todes

Die Grabanlagen der Kaiser, die südlich der Stadt in der Nähe des Flusses liegen, sind neben der Zitadelle Hues Hauptattraktion. Diese berühmten Ruhestätten von sieben der 13 Nguyen-Herrscher sind alle ähnlich angelegt, zeigen aber trotzdem den Geschmack und die Vorlieben der einzelnen Kaiser. Schon zu Lebzeiten wurden sie nach deren Vorgaben gebaut; Tu Duc (1847–1883) verbrachte hier sogar einige Jahre seines Lebens.

Manchmal dauerte es Jahre, um den geeigneten Ort zu finden, dem auch die Geomanten und Astrologen des Hofes zustimmen konnten. Ideal waren schützende Berge im Norden, möglichst auch im Osten und Westen und eine Öffnung nach Süden zum Wasser. Wo diese Bedingungen nicht naturgegeben waren, paßte man das Areal an. Oftmals wurden auch künstliche Seen, Wasserfälle und Hügel zugefügt, zum einen, um die geomantischen Gegebenheiten zu verbessern, zum anderen, um eine möglichst malerische, parkähnliche Umgebung zu schaffen, wie man an den Mausoleen Tu Ducs und Minh Mangs sehen kann.

Auch wenn sie sich in manchen Punkten unterscheiden, so besitzt doch jedes Mausoleum folgende drei Teile: einen Tempel zur Verehrung von Kaiser und Kaiserin, in dem die Reliquien der kaiserlichen Familie aufbewahrt wurden, einen Stelenpavillon mit der Lobpreisung des Herrschers, der von steinernen Elefanten, Pferden, Soldaten und Beamten bewacht wird, und schließlich – möglichst auf einem Hügel – das eigentliche Grabmal, das von dicken Mauern umgeben ist. Üblicherweise wurde der wahre Ort des Grabes aber geheimgehalten aus Angst vor Grabräubern und Staatsfeinden; in extremen Fällen wurden aus diesem Grund alle, die an der Beisetzung beteiligt waren, hinterher getötet.

Der heutige Zustand der Kaisergräber ist sehr unterschiedlich. Einige sind gut erhalten oder restauriert, andere dagegen weitgehend verfallen. Man wird kaum alle besichtigen können, darum wurde in der weiteren Beschreibung das Hauptaugenmerk auf die drei wichtigsten gelegt, an deren Beispiel auch eine Entwicklung abzulesen ist. Ganz

Steinerne Mandarine wachen über die Grabruhe der Kaiser ▶

Kaisergräber (Fortsetzung)

traditionell ist das Mausoleum Minh Mangs gestaltet, während Tu Duc mit nur minimalen Änderungen eine wundervolle Parkanlage schuf und Khai Dinh eine Gedächtnishalle aus Beton entstehen ließ.
Man erreicht die Grabanlagen am besten mit dem Auto oder Fahrrad. Zu den Mausoleen Tu Ducs, Dong Khanhs und Minh Mangs kann man auch von den Bootsanlegestellen zu Fuß gelangen.

Blick auf den imposanten Ehrenhof der Grabanlage Khai Dinhs (1916–1925)

**Minh Mangs Grabanlage (Lang Hieu)

Als einziges der Kaisergräber liegt das Minh Mangs (1820–1841) westlich des Parfümflusses (12 km von Hue entfernt). Von vielen wird die nach chinesischem Vorbild geschaffene Anlage, die sich harmonisch in die Landschaft einfügt, für die schönste Ruhestätte gehalten. Der zweite Nguyen-Herrscher Ming Manh interessierte sich sehr für Architektur. Er vollendete auch nach dem Tod Gia Longs die Zitadelle in Hue und plante sein Mausoleum mit einem symmetrischen Aufbau entlang einer Ost-West-Achse. Errichtet wurde die Grabanlage in den Jahren 1841 bis 1843 unter seinem Nachfolger.
Das große Eingangsportal führt zum Ehrenhof mit den steinernen Mandarinen und Elefanten, die als Garde dienten, und zum Stelenpavillon mit der Lobrede, die sein Sohn Thieu Tri geschrieben hatte. Durch mehrere Höfe hindurch gelangt man in den rot-golden ausgestatteten Sung-An-Tempel, in dem Minh Mang und die Kaiserin verehrt werden. Bestechend schön sind die Säulen und Balken sowie die vielen antiken Stücke, die den Raum zieren.
Drei Brücken spannen sich über den Trung-Minh-See, wobei die mittlere allein dem Kaiser vorbehalten war. Nun steht man vor dem eleganten Pavillon der Klarheit (Minh-Lau-Pavillon), von dem sich ein wunderbarer Blick über den mondsichelförmigen Tan-Nguyet-See bietet. Angeschlossen ist ein kleiner Garten, dessen sorgfältig angepflanzten Beete früher einmal das chinesische Schriftzeichen für ein langes Leben formten. Vorbei an duftenden Frangipani-Bäumen weist eine Treppe mit Drachensäulen den

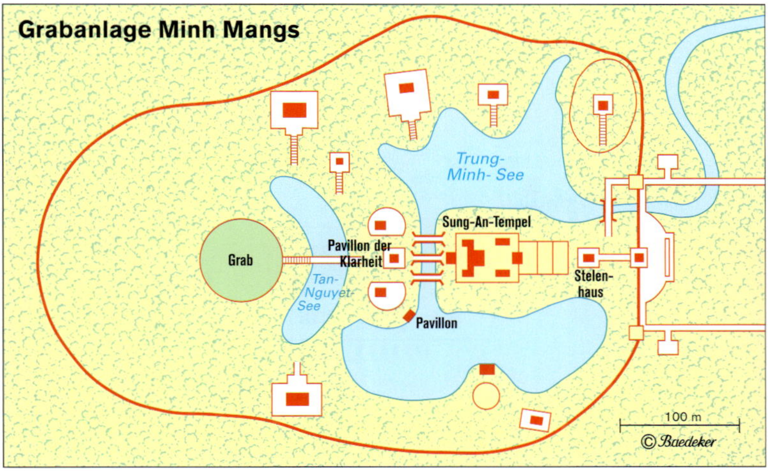

Weg zum eigentlichen Grab Minh Mangs, einen von Pinien bewachsenen Hügel, der von einer runden Mauer umschlossen wird.

Minh Manhs Grab (Fts.)

**Tu Ducs Grabanlage (Lang Khiem)

Die meistbesuchte, aber auch besonders schöne Anlage Lang Khiem (7 km von Hue entfernt) wurde zwischen 1864 und 1867 erbaut. Tu Duc (1847–1883) war nicht nur Kaiser in einer Zeit, als die Unabhängigkeit Vietnams stark gefährdet war, sondern auch und vor allem ein romantischer Poet, der sich am liebsten in seinem Garten vor der Welt versteckte. So lebte er 16 Jahre lang in dieser von einer Mauer geschützten, künstlich geschaffenen Landschaft und verbrachte seine Zeit mit Bootfahren, Angeln, Meditieren, Dichten und Tee trinken. Wobei es heißt, er habe sich den Tee nur aus Tautropfen, die von Lotosblüten gesammelt wurden, bereiten lassen. Irgendwie muß er auch Zeit für seine 104 Frauen und ein ganzes Dorf voller Konkubinen, die ebenfalls in der Anlage lebten, gefunden haben. Allerdings blieb er trotzdem kinderlos.

Man betritt die Anlage durch das südliche Tor, von dem ein Weg vorbei an einem Teich voller Wasserlilien und Lotosblumen zu einem hübsch verzierten Pavillon führt. Auf der anderen Seite des Sees kann man den Xung-Khiem-Pavillon sehen, der vor wenigen Jahren mit Hilfe der UNESCO restauriert worden ist. Tu Duc hat sich gerne hierher zum Schreiben zurückgezogen. Heute kommen vietnamesische Familien zum Picknick. Stufen führen vom See hinauf zu einem Portal mit drei Eingängen, wobei der mittlere, gelb gestrichene dem Kaiser vorbehalten war. Weiter gelangt man durch einen Vorhof zum Hoa-Khiem-Tempel, den Tu Duc als Palast des Kaisers nutzte. Nach seinem Tod wurden hier die Totentäfelchen aufgestellt, wobei auffällt, daß dasjenige Tu Ducs kleiner ist als das der Kaiserin. Hinter dem Tempel stand linkerhand einst das Theater. Gegenüber befanden sich die Kleiderkammer und nahebei die Unterkünfte seiner Frauen und Konkubinen.

Am Luu-Khiem-See entlang gelangt man zum Grab des Kaisers. Als erstes muß allerdings der von steinernen Elefanten, Pferden und Wächtern geschützte Ehrenhof passiert werden. Militär-Mandarine sind beim genaueren Hinsehen an ihrem Schwert zu erkennen, während die Mandarine aus der Verwaltung ein Zepter tragen. Weiter geht es zum Stelenpavillon mit der größten Stele des Landes (20 t schwer, fast 5000 Schriftzeichen). Üblicherweise verfaßten die Söhne der Kaiser die Lobrede auf den Vater, doch der kinderlose Tu Duc mußte voller Trauer seinen Nachruf selbst schreiben. Dahinter schließt sich ein halbmondförmiger kleiner See, hinter dem wie-

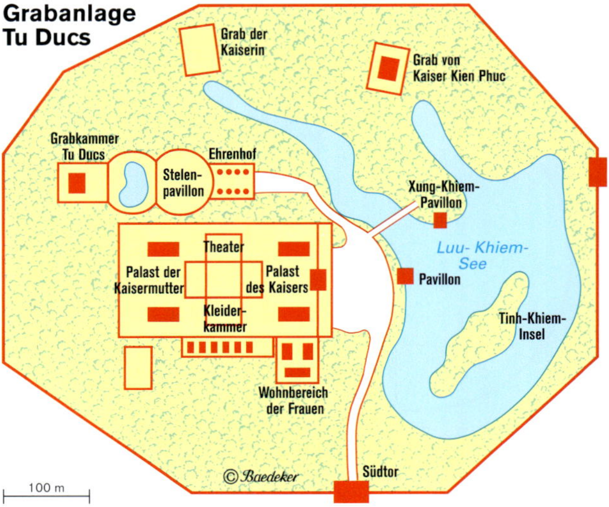

Tu Ducs Grabanlage (Fortsetzung)

derum die von einer Mauer umgebene Grabkammer des Kaisers liegt. Tu Duc soll aber tatsächlich an einem anderen geheimen Ort bestattet sein. Sein Adoptivsohn Khien Phuc, der nur sieben Monate regierte, und die Kaiserin liegen in einem Kiefernwäldchen jenseits des Sees begraben.

Tu-Hieu-Pagode

Man kann von hier aus auch einen Abstecher zur Tu-Hieu-Pagode (1843) unternehmen, die in nordwestlicher Richtung inmitten des Pinienwaldes liegt. Ihre Verbindung zum kaiserlichen Hof bestand darin, daß sich die Eunuchen im Alter hierher zurückzogen haben. Nach ihrem Tode wurden sie in dem Heiligtum neben den Erscheinungsformen Buddhas und einigen hochrangigen Mandarinen verehrt.

*Khai Dinhs Grabanlage (Lang Ung)

Die grandiose Ruhestätte Kaiser Khai Dinhs (1916–1925) ist das zuletzt erbaute Mausoleum der Nguyen-Herrscher und zugleich ein Beispiel für den Niedergang vietnamesischer Kultur während der Kolonialzeit. Khai Dinh war eine Marionette der Franzosen, der auch von französischer Lebensart und Architektur sehr angetan war. Statt Ziegelsteinen wurde für den Bau, der auch sonst europäische Einflüsse zeigt, Beton verwendet. Selbst die Gesichter der steinernen Mandarine im Ehrenhof zeigen eine Mischung aus vietnamesischen und europäischen Zügen (Abb. s. S. 230).
Die Grabanlage thront majestätisch auf dem Chau-Berg (10 km von Hue entfernt) mit Blick auf eine weiße Quan-Am-Statue. Vor ihrem Bau hatte Khai Dinh die Gräber chinesischer Adliger entfernen lassen, die diesen Ort schon zuvor wegen seiner besonders schönen und auch geomantisch günstigen Lage ausgesucht hatten. Eine breite, steile Treppe, die von imposanten Betondrachen gesäumt ist, führt hinauf zum Ehrenhof mit den obligatorischen Statuen von Mandarinen, Elefanten und Pferden und zu dem achteckigen Stelenpavillon (Abb. s. S. 230). Noch höher liegt der eigentliche Grabbau, der aus drei ineinander übergehenden Räumen besteht. Mosaike aus bunten Glas- und Keramikscherben schmücken die Wände und Decken. Dargestellt sind u.a. die vier Jahreszeiten. Etwa 9 m unter dem Thron mit der Bronzestatue des Kaisers, der ein Zepter aus Jade hält, befindet sich die eigentliche Grabkammer. Im dritten Raum steht schließlich der Altar zur Verehrung Khai Dinhs.

Gia Longs Grabanlage

Kaiser Gia Long (1802–1820) begründete die Dynastie der Nguyen und ordnete 1814 den Bau seines Grabmals an. Es heißt, er habe den Standort

Gia Longs Grabanlage (Fortsetzung)

(14 km von Hue) selbst ausgesucht, nachdem er die Gegend auf einem Elefanten erkundet hatte. Die Anlage (Lang Thien Tho) wird heute kaum mehr besucht, da aufgrund von Kriegsschäden und Vernachlässigung nur noch eine Ruine zu sehen ist. Das Gelände war ursprünglich mehr als 2000 ha groß und umfaßte nicht nur das kaiserliche Mausoleum und Tempel, sondern auch die Gräber der Mutter Gia Longs sowie mehrerer Verwandter und Konkubinen.

Dong Khanhs Grabanlage (Lang Dong Khanh)

Das Grab Dong Khanhs (1885–1889) liegt nur 500 m von dem Tu Ducs entfernt. Im Jahre 1889 erbaut, ist es das kleinste der Kaisergräber, aber mit einer besonderen individuellen Note. Obwohl Dong Khanh der erste von den Franzosen eingesetzte Nguyen-Herrscher war, hält sich das Gerücht, er sei von ihnen beseitigt worden. Auffallend ist die Zweiteilung des Mausoleums, wobei der mit einer Mauer umgebene Part Tempel, Pavillons und Höfe umschließt. In etwa 100 m Entfernung liegt der terrassenförmig angelegte, offene Teil mit Ehrenwache, Stelenpavillon und Grabkammer.

Thieu Tris Grabanlage (Lang Xuong)

Thieu Tris Grab ist eine verkleinerte Ausgabe der Ruhestätte seines Vorgängers Minh Mang. Allerdings ist seine Ausrichtung nach Nordwesten ungewöhnlich. Sie wurde auch als ungünstig angesehen, so daß noch heute viele Leute glauben, dies sei der Grund, daß Vietnam nur wenige Jahre nach dem Bau (1847/48) unter französische Herrschaft geriet. Selten kommen Besucher hierher, obwohl die Tempel und Pagoden durchaus sehenswert sind.

Duc Ducs Grabanlage (Lang An und Lang Tu)

Obwohl Duc Duc (1883) nur drei Tage lang herrschte, wurde ihm ein Mausoleum, nur 2 km vom Zentrum Hues entfernt, erbaut. Die Anlage befindet sich in einem sehr schlechten Zustand, zudem ist der Ort weniger wegen seiner architektonischen Schönheit, sondern wegen seiner historischen Hintergründe erwähnenswert. Duc Duc wurde nach nur dreitägiger Regentschaft von seinen Höflingen zum Rücktritt gezwungen und starb ein Jahr später im Gefängnis. Sein Sohn Thanh Thai ließ ihm zu Ehren an dieser Stelle 1889 eine Grabstätte errichten, doch auch er wurde 1907 gestürzt, weil man ihn einer antifranzösischen Verschwörung bezichtigte. Die Franzosen setzten daraufhin seinen achtjährigen Sohn Duy Tan auf den Thron, doch auch dieser wurde neun Jahre später mit seinem Vater auf die Insel Réunion (Indischer Ozean) ins Exil geschickt. Thanh Thai durfte 1947 nach

Stelenpavillon mit der Lobrede auf Tu Duc

Duc Ducs Grab (Fortsetzung)

Vietnam zurückkehren und starb 1953 in Vung Tau. Sein Sohn Duy Tan war während des Zweiten Weltkriegs, als er auf Seiten der Alliierten kämpfte, bei einem Flugzeugunglück ums Leben gekommen. Erst 1987 wurde sein Leichnam überführt und neben seinem Vater im Mausoleum beigesetzt. Die Anlage ist in drei Teile gegliedert: der Long-An-Tempel, Duc Ducs Grab im Süden und dahinter die Ruhestätten Thanh Thais und Duy Tans. Noch heute leben Nachfahren der kaiserlichen Familie, zwei Neffen Bao Dais, in den Tempelgebäuden. Um die Grabanlage zu finden, muß man an der Tan Lang Lane (gegenüber 36 Tran Phu) nach rechts abbiegen und der Straße etwa 100 m folgen.

Weitere Sehenswürdigkeiten in Hue

Hues andere Gesichter

Abseits der großartigen Highlights kann man auch noch andere Gesichter der Stadt kennenlernen: das bunte Treiben auf dem Dong-Ba-Markt, die engen, turbulenten Gassen des ehemaligen chinesischen Kaufmannsviertels jenseits des Dong-Ba-Kanals oder die europäische Stadt mit ihren großzügig angelegten Boulevards, an denen viele Hotels und Restaurants liegen. Wer sich noch ein wenig mehr mit der Geschichte Hues beschäftigen möchte, ist in den beiden Museen östlich der Zitadelle bestens aufgehoben. Am südlichen Ufer des Flusses kann man zudem zwei interessante Pagoden besuchen sowie den Altar von Himmel und Erde und die Kaiserliche Arena, an denen wichtige Rituale der Nguyen vollzogen wurden.

Hue-Museum

Das Hue-Museum (3 Le Truc, geöffnet: tgl. 7.30–11.00 u. 14.00–16.00 Uhr) präsentiert vielerlei Gegenstände aus dem Besitz der Nguyen-Kaiser, wie Möbel, Gewänder, Porzellan und vieles mehr. Allein das Gebäude, der schöne Long-An-Palast, ist einen Besuch wert. Er wurde ursprünglich 1845 innerhalb der Kaiserstadt erbaut, dann aber an seine jetzige Stelle versetzt. Kaiser Khai Dinh ließ den Palast 1923 als Museum einrichten.

Provinzmuseum

Direkt gegenüber liegt das Provinzmuseum. Es ist im Di-Luan-Pavillon (1808) untergebracht, der früheren Schule für Prinzen und Söhne hoher Mandarine. Drei verschiedene Ausstellungen sind hier zu sehen: In der Mitte wird die archäologische und völkerkundliche Sammlung mit beeindrukkenden Begräbnisstatuen der Ede gezeigt. Eine interessante Abteilung, die sich mit regionaler Architektur, Industrie und Landwirtschaft beschäftigt, befindet sich im westlichen Gebäude, während die Räume im östlichen Teil der jüngeren Geschichte, v.a. dem Krieg gegen die USA, gewidmet sind. Hier sind u.a. Filmausschnitte von den buddhistischen Demonstrationen 1963 und ein Diorama der Kämpfe im Jahre 1968 zu sehen. Geöffnet: tgl. außer Do. von 7.00–11.00 u. 13.30–17.00 Uhr.

Dong-Ba-Markt

Wer in Hue einige Souvenirs kaufen möchte, ist auf dem Dong-Ba-Markt richtig. Hier gibt es nicht nur Obst, Gemüse, Fleisch, Fisch und allerlei Haushaltsgegenstände, sondern auch die Korbwaren, für die die Stadt bekannt ist. Einzigartig sind die hier gefertigten transparenten Kegelhüte.

Ehemaliges chinesisches Viertel

Wenn man in der Nähe des Marktes den Dong-Ba-Kanal überquert, gelangt man auf eine Insel (Distrikte Phu Cat und Phu Hiep), auf der man vielen chinesischen Pagoden und Versammlungshallen begegnen wird. Hier lag einst das Kaufmannsviertel Hues, und noch heute kann man in den engen, überfüllten Straßen ein vollkommen anderes Hue erleben. Mit den chinesischen Tempeln in Hoi An oder Hue sind diese hier nicht zu vergleichen, doch vor allem Chua Ong und Chieu Ung (224 und 154 Chi Lang Street) sind sehenswert. Auf dem nördlichen Teil des Dong-Ba-Kanals leben Flußzigeuner.

Chua Ong und Chieu Ung

Europäisches Viertel

Obwohl die Franzosen de facto ab 1884 in Vietnam herrschten, ließen sie die Nguyen-Herrscher weiter in der Kaiserstadt Hof halten und bauten ihre Wohn- und Verwaltungsgebäude am südlichen Ufer des Parfümflusses.

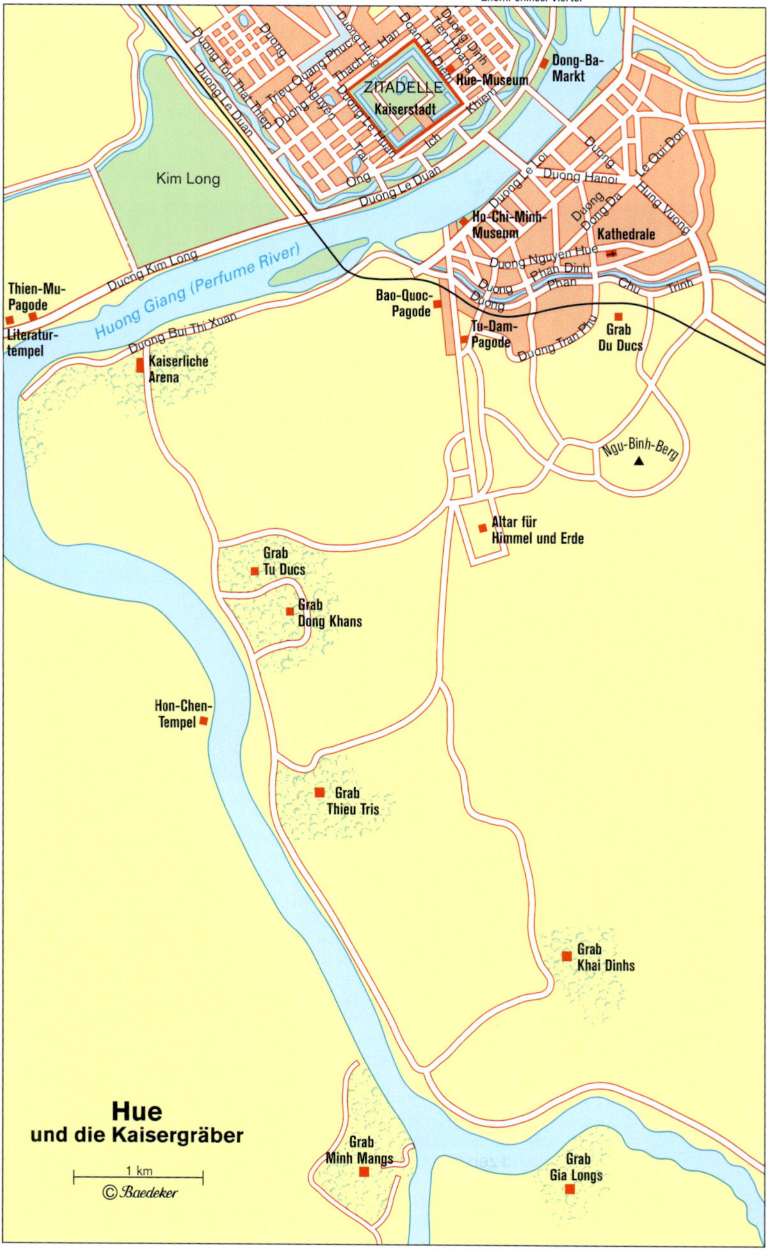
Ehem. chines. Viertel
Da Nang
ZITADELLE
Kaiserstadt
Hue-Museum
Dong-Ba-
Markt
Kim Long
Huong Giang (Perfume River)
Duong Kim Long
Duong Le Duan
Duong Tong That Thiep
Duong Trieu Quang Phuc
Duong Nguyen Trai
Duong Le Huan
Duong Han Thuyen
Duong Dinh Tien Hoang
Doan Thi Diem
Duong Le Loi
Duong Hanoi
Le Qui Don
Hung Vuong
Duong Dong Da
Duong Nguyen Hue
Phan Dinh Phung
Phan Chu Trinh
Duong Tran Phu
Duong Bui Thi Xuan
Ho-Chi-Minh-
Museum
Kathedrale
Bao-Quoc-
Pagode
Tu-Dam-
Pagode
Grab
Du Ducs
Ngu-Binh-Berg
Thien-Mu-
Pagode
Literatur-
tempel
Kaiserliche
Arena
Altar für
Himmel und Erde
Grab
Tu Ducs
Grab
Dong Khans
Hon-Chen-
Tempel
Grab
Thieu Tris
Grab
Khai Dinhs
Grab
Minh Mangs
Grab
Gia Longs
Hue
und die Kaisergräber
1 km
© Baedeker

Europäisches Viertel (Fortsetzung)

Die Hauptstraße dieses Viertels ist die parallel zum Song Huong verlaufende Le Loi Street. Hier liegt auch die Quoc Hoc High School, in der neben Ho Chi Minh auch General Vo Nguyen Giap, der Sieger von Dien Bien Phu, und der ehemalige Präsident Ngo Dinh Diem zur Schule gingen. Nur wenige Schritte weiter liegt das Ho-Chi-Minh-Museum mit den obligatorischen Fotografien und Erinnerungsstücken (geöffnet: 7.30–10.30 u. 13.30–16.30 Uhr). Wie eine Mischung aus Kirche und Pagode wirkt die Kathedrale Notre Dame in der Nguyen Hue Street. Sie wurde 1962/63 auf Veranlassung des Erzbischofs von Hue, Präsident Diems Bruder, Ngo Dinh Thuc, erbaut.

Ho-Chi-Minh-Museum

Kathedrale

Im Süden des Europäischen Viertels steht die Kathedrale der Stadt.

Bao-Quoc-Pagode

Am westlichen Rand des europäischen Viertels liegen zwei durchaus sehenswerte Pagoden. Die Chua Bao Quoc auf dem Ham-Long-Hügel wurde schon 1674 von dem chinesischen Mönch Gia Phong gegründet, doch das heutige Gebäude stammt aus dem Jahre 1949. Alle Gebäude gruppieren sich um einen orchideengeschmückten Innenhof. Der Ort strahlt einen tiefen Frieden aus. Man erreicht ihn stadtauswärts über die Dien Bien Phu Street und biegt gleich nach dem Bahnübergang rechts ab.

Tu-Dam-Pagode

Nur 500 m südlich, an der Ecke Dien Bien Phu und Tu Dam Street, steht die Tu-Dam-Pagode (1690–95). Anfang der 50er Jahre wurde hier die "Vereinigte buddhistische Gesellschaft" gegründet, die verschiedene buddhistische Strömungen zusammenführte und eine Renaissance des Glaubens in Vietnam möglich machte. Schon bald darauf wurde Chua Tu Dam zum Zentrum des buddhistischen Widerstands gegen das Regime Diems. Im August 1963 überfielen Truppen die Anlage, um die Mönche zu "warnen". Die vornehmlich katholischen Soldaten töteten dabei mehr als 30 Mönche und zerstörten die große Buddha-Statue.

Altar von Himmel und Erde

Am Altar von Himmel und Erde (Nam Giao) mußte sich der Kaiser alle drei Jahre die Legitimation seiner Herrschaft in heiligen Ritualen bestätigen lassen. Die Zeremonienstätte besteht aus drei Terrassen – zwei eckige und eine runde –, die für den Himmel, die Menschen und die Erde stehen. 5000 Höflinge wohnten den Kult- und Opferhandlungen bei, die dem Land und der Dynastie Stabilität sichern sollten. Nam Giao liegt 3 km südlich des Zentrums am Ende der Dien Bien Phu Street und kann auf dem Weg zu den Mausoleen besucht werden.

Altar von Himmel und Erde (Fortsetzung)

Kaiserliche Arena

An der westlichen Bui Thi Xuan Street, etwa 4 km außerhalb Hues, findet man die Relikte der Kaiserlichen Arena, in der sich die Herrscher mit Kämpfen zwischen Tigern und Elefanten unterhalten ließen. Man sah dies nicht nur als Sport. Der Elefant stand in dieser Auseinandersetzung für die unerreichbare Macht des Kaisers und der Tiger für rebellische Kräfte. Um den Elefanten den Sieg zu sichern, schreckte man – wenn es notwendig erschien – auch nicht davor zurück, den Tiger an einen Pflock zu ketten oder ihm die Krallen zu ziehen. Von hier bietet sich eine wunderbare Aussicht auf das idyllische Flußtal.

Umgebung von Hue

Tips für Ausflüge

Da Hue mit der alten Kaiserstadt und den Grabanlagen so viele einmalige Sehenswürdigkeiten zu bieten hat, unternehmen nur wenige Reisende Ausflüge in die Umgebung der Stadt. Hält man sich aber längere Zeit auf, so empfiehlt es sich, eine Radtour an den Strand von Thuan An zu unternehmen. Weiter im Landesinneren liegt der Bach-Ma-Nationalpark mit seinem üppigen Regenwald. Eine der beliebtesten Exkursionen führt auf den Spuren des Vietnamkrieges in die → DMZ (bei DMZ Tour in der 26 Le Loi Street zu buchen).

Thuan An Beach

Ungefähr 13 km nordwestlich von Hue (4 km von der Straße nach Da Nang entfernt) mündet der Parfümfluß in eine große Lagune, die von einer langen Sandbank geschützt wird. Jenseits der Lagune liegen das Dorf Thuan An und dahinter der Strand. Hier gibt es Getränkestände, Liegestühle und Sonnenschirme. Doch schlendert man nur ein paar hundert Meter weiter, ist man ungestört. Auf dem Weg zum Strand passiert man nach ca. 6 km das Dorf Duong No, in dem Ho Chi Minh (→ *Baedeker Special* S. 68/69) als Kind einige Jahre lebte. Das mit Gras gedeckte, einfache Holzhaus kann besichtigt werden.

Duong No

Bach-Ma-Nationalpark

Der Bach-Ma-Nationalpark (40 000 ha, 55 km südwestlich von Hue) zieht sich vom zentralen Hochland bis zur Küste und gilt als die feuchteste Regenwaldregion Vietnams mit einer durchschnittlichen Niederschlagsmenge von 2500 mm/Jahr. Während der französischen Kolonialherrschaft galt diese Gegend bereits als Erholungsgebiet; noch heute findet man viele Villen und Gästehäuser aus den 30er Jahren (z.B. Bach-Ma-Resort).
Hier endet der nördliche Teil des Truong-Son-Gebirges; der Bach Ma (1450 m) und der Noc (1259 m) sind die höchsten Gipfel im Park. Durch den steilen Abfall der Berge entstanden hier viele schöne und außerordentlich hohe Wasserfälle wie der Do Quyen (300 m); enge Täler sind mit Bächen und Flüssen durchzogen. Besonders zur Blütezeit der Rhododendren am Ende des Mondjahres im Januar ist die Szenerie bezaubernd. Auch wenn ein Großteil der subtropischen und tropischen Waldbestände in diesem Park unter Kriegsschäden stark gelitten hat, konnte man eine langsame Verbesserung durch die Aufforstungs- und Schutzmaßnahmen beobachten. Heute sind wieder viele wertvolle Hölzer unter den ca. 500 Pflanzenarten zu finden. Da viele Menschen in der Umgebung des Nationalparkes leben, ist das größte Problem aber der unkontrollierte Abbau von Holz als Bau- und Brennstoff bzw. die Brandrodung, um Platz für neues Farmland zu schaffen. Beinahe 300 Vogel- und 55 Säugetierarten sind vorzufinden, u.a. Leoparden und Gibbons (letztere v.a. am Truoi-Fluß). Sogar einige Tiger und Elefanten sollen hier gesehen worden sein. Man erreicht den Nationalpark auf der N1 (von Hue kommend südlich), bei Truoi muß man die Abzweigung zum Park nehmen.

Hung-Tempel C 2

Provinz: Vinh Phu (Delta des Roten Flusses)
Entfernung: ca. 100 km nordwestlich von Hanoi, 12 km westlich von Viet Tri

*Lage und Bedeutung

Mythos und Geschichte scheinen sich hier zu verflechten – an den Tempeln der legendären Hung-Könige begegnet man dem Ursprung Vietnams. Denn es heißt, die Hauptstadt Van Langs, des sagenumwobenen ersten vietnamesischen Reiches, habe unweit der Stelle gelegen, wo sich der Rote, der Schwarze und der Klare Fluß vereinigen.

Vom Ursprung der Vietnamesen

Den Vietnamesen gilt das Gebiet der Provinz Vinh Phu – zwischen den Ebenen des Deltas und den ersten Bergketten des Nordens – als Land der Väter. Verständlich wird dies, hört man den Mythos von ihrer Entstehung:
De Minh, Urenkel des Kaisers Thanh Long, hatte mehrere Söhne. Als der Jüngste von ihnen, Loc Thuc, erwachsen war, heiratete er die Tochter des Drachenkönigs Than Long, mit der er den Sohn Lac Long hatte. Dieser vereinigte sich mit der Bergfee Au Co, der legendären Urmutter der Vietnamesen. Sie legte 100 Eier, aus denen 100 Kinder schlüpften. Daraufhin ging Lac Long in das Königreich seiner Mutter zurück, Au Co blieb bei den Nachkommen und zog sie auf. Als der Drache aber zu seiner Frau zurückkehrte, entschied er, daß sie beide – Berggöttin und Drachenkönig – sich trennen, die Kinder aufteilen und das Land bevölkern sollten. Fünfzig gingen mit Au Co in die westlichen Berge und fünfzig folgten dem Vater in sein Reich in der Ebene, wo sie den Kampf mit dem Wasser aufnahmen. Von nun an beherrschten sie verschiedene Reiche. So entstanden die Bergbewohner und die Bevölkerung in den Ebenen Vietnams. Der älteste Sohn Au Cos und Lac Longs wurde schließlich der erste Hung-König und Gründer des Reiches Van Lang.

Nur 12 km westlich der Industriestadt Viet Tri beim Dorf Phong Chau ragt ein fast kegelförmiger Hügel aus der Ebene des Roten Flusses empor. An seinem Fuße liegen idyllisch zwei kleine Seen. Schon allein die besondere Schönheit dieses Ortes besticht und erklärt, warum hier der Tempel zu Ehren der Hung-Könige errichtet wurde. Bekannt ist das Heiligtum auch wegen seines alljährlichen Festes am 10. Tag des 3. Mondmonats.

Tempelanlage

*Kultstätte für die Gründer der Nation

Obwohl die reale Existenz der Hung-Dynastie unter Wissenschaftlern auch heute noch umstritten ist, werden deren Könige von den meisten Vietnamesen als Schöpfer ihres Landes angesehen. Auch Ho Chi Minh sammelte hier seine Truppen vor der Befreiung Hanois, um dieser Vorfahren zu gedenken und ihr Erbe zu verteidigen.

Museum

Die schlichte Tempelanlage zieht sich über drei Ebenen. Fast 500 Stufen sind bis zum obersten Tempel zu erklimmen. Vom Parkplatz her kommend gelangt man zuerst zu einem kleinen Museum, in dem Funde (13.–10. Jh. v. Chr.) aus der Umgebung wie Pfeilspitzen, Keramik und Schmuck, aber auch Bronzetrommeln aus der Dong-Son-Epoche (3.–5. Jh. v. Chr.) zu sehen sind.

Ho-Chi-Minh-Gedenkstätte

Ein Stück den Berg hinauf geht es zur Gedenkstätte für Ho Chi Minh, der sich wünschte, alle Vietnamesen sollten hierher kommen, um diesen historischen Ort zu sehen.

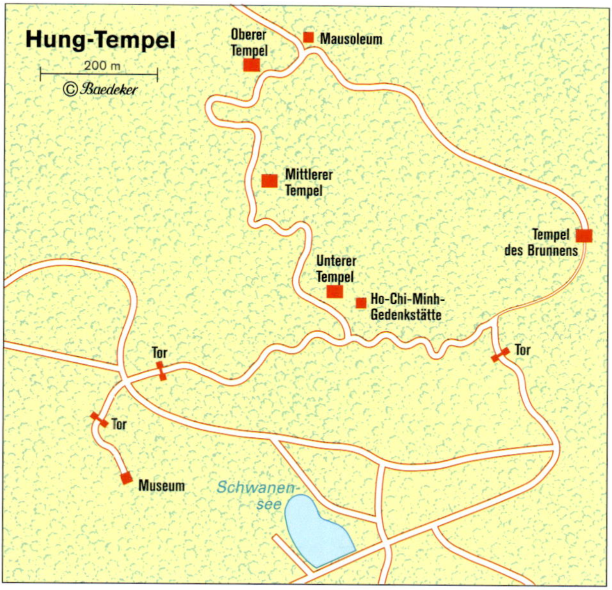

Der untere Tempel ist Au Co gewidmet. Denn es heißt, sie habe hier ihre 100 Eier abgelegt. Auf den Altären stehen Ahnentafeln, an der Rückwand die der drei ersten Hung-Könige und an der linken Seite die von Au Co. Auf der linken Seite des Heiligtums schließt ein weiterer Chua mit Glockenturm an, der u.a. Wächterfiguren und Buddhastatuen birgt.

Unterer Tempel

Auf der zweiten Ebene steht der mittlere Tempel, der dem siebten Hung-König geweiht ist, zwischen Frangipani-Bäumen. Auf diesen sollen übrigens die berühmten Klebreiskuchen zurückgehen, die besonders gern zum Tet-Fest (→ *Baedeker Special* S. 344/345) gegessen werden. Im Inneren sind drei Altäre mit Ahnentafeln und einige sehr schöne Wandmalereien zu sehen.

Mittlerer Tempel

Oben auf dem Hügel stand früher die Versammlungshalle der Herrscher. Kurz vor dem Eingang erinnert ein Stein an den 18. und letzten Hung-König, der hier geschworen hatte, sein Land zu verteidigen. Am Haupttempel der Anlage kann man interessante Drachen und bemalte Wächterfiguren erkennen. Von der Decke hängt ein alter Gong, Weihrauch zieht durch die Räume und verleiht dem Heiligtum ein eigentümliches Ambiente. Hier soll der Herrscher einst dem Erdgott geopfert und für eine gute Reisernte gebetet haben. Von der Anhöhe bietet sich ein wunderbarer Blick auf das Flußdelta und seine Hügellandschaft.

Oberer Tempel

Ein weiterer Weg führt wieder hinunter, vorbei am Mausoleum des sechsten Hung-Königs. Über Stufen gelangt man zum Tempel des Brunnens, der an die Töchter des letzten Hung-Königs erinnert. Es heißt, die beiden hätten den Brunnen als Spiegel benutzt. Am hinteren Altar findet man zwei Statuen, die die Mädchen darstellen.

Tempel des Brunnens

Wie Ho Chi Minh gewünscht hatte, kommen das ganze Jahr über Pilger hierher, um der Vorfahren zu gedenken. Doch ganz besonders lebhaft geht es hier zur Zeit des Tempelfestes, um den 10. Tag des 3. Mondmonats zu.

Tempelfest

Hung-Tempel (Fortsetzung)

Fliegende Händler, Gaukler, Buden und Imbißstände bieten allerlei Abwechslung. Auf dem Schwanensee werden Bootsrennen veranstaltet.

Umgebung der Hung-Tempel

*Tam Dao

Das nördliche Hügelland der Provinz ist geprägt von Teeplantagen, Bambushainen und Fächerpalmen. Zu Beginn des 20. Jahrhunderts errichteten die Franzosen hier ihren ersten Ferienort Tam Dao (930 m, ca. 35 km östlich der Hung-Tempel) vor der Kulisse der bis zu 1400 m hohen Berge. In den diversen Kriegen wurde der Ort stark beschädigt, nur noch wenige Gebäude aus der Kolonialzeit sind erhalten. Inzwischen hat man allerdings damit begonnen, zu restaurieren und neue Kur- und Erholungseinrichtungen aufzubauen.

Erntehelferinnen in den Teeplantagen bei Tam Dao

Keo-Pagode D 2

Provinz: Thai Binh (Delta des Roten Flusses)
Entfernung: ca. 120 km südöstlich von Hanoi

*Lage und Bedeutung

Am Ufer eines Sees zwischen schattigen Bäumen liegt die buddhistische Keo-Pagode (9 km südwestlich von Thai Binh und 12 km östlich von Nam Dinh), ein bemerkenswertes Beispiel traditioneller vietnamesischer Holzbauweise und Schnitzkunst.
Sie wurde im 12. Jahrhundert gegründet und dem Mönch Khong Minh Hong geweiht, der den Kaiser Ly Than Tho von der Lepra heilte. Unter den Herrschern der Ly-Dynastie (11. u. 12. Jh.) erhielt der Buddhismus seine größte Förderung durch den Staat. Als dies nachließ, verfielen viele der Tempelanlagen, so auch die ursprünglichen Gebäude der Keo-Pagode.

Lage und Bedeutung (Fortsetzung)

Erst im 16. und 17. Jahrhundert erfuhr der Buddhismus eine Renaissance, und aus dieser Zeit stammen auch die meisten der heutigen Gebäude der Keo-Pagode. Gleichzeitig bildete sich ein neuer Baustil heraus, der unter dem Namen Tam Quan (nach dem dreiflügeligen Eingangsportal) bekannt wurde und auch in China Verbreitung fand. Er ist hier als Original aus den 17. Jahrhundert zu finden, verziert mit Schnitzarbeiten, die Wolkenmotive, Sonnen und Drachen zeigen.

*Tempelanlage

Drei Hallen

Die Tempelanlage wird von Süden her betreten und ist von einer 2 bis 3 m hohen Mauer umgeben, die teilweise überdacht ist und so eine Art Galerie bildet. Die Gebäude befinden sich alle entlang einer Nord-Süd-Achse, zuerst die Vorhalle, dann die mittlere Halle und schließlich die Haupthalle. Diese Bauten sind normalerweise durch Gänge miteinander verbunden, doch die Keo-Pagode stellt eine Ausnahme dar, da hier die Gebäude einzeln stehen. Man geht hier von einer Frühform des Tam-Quan-Stils aus.
Die Vorhalle erscheint wegen ihres tief heruntergezogenen Daches sehr breit und niedrig; sie birgt Wächterfiguren und eine Statue des Erdgottes. In der mittleren, fast quadratischen Halle stehen Altäre für Opfergaben und Räucherstäbchen. Schließlich findet man in der Haupthalle, die wiederum recht breit wirkt, ein Pantheon mit Buddhas und Bodhisattvas. Die Statuen stammen fast alle aus dem 19. Jahrhundert, nur die Figur der Göttin der Barmherzigkeit ist älter (17. Jh.).

*Den Minh Khong

In ihrer Konstruktion weicht die Keo-Pagode von der üblichen Dreiheit der Gebäude ab, denn hinter der Haupthalle folgt die Halle zur Verehrung des Mönchs Minh Khong. Sein Heiligtum wird nur zum Tempelfest (s.u.) geöffnet, bei dem auch sechs Masken gezeigt werden. Zu diesen wird folgende Geschichte erzählt: Die Frau eines Mandarins habe statt eines Kindes einen Beutel zur Welt gebracht, in dem sich etwas bewegte. Aus Angst vor Geistern warf sie das Bündel in den Fluß, aus dem ihn Minh Khong wieder fischte. Die sechs Kinder, die dann aus dem Sack krochen, wurden von dem Mönch aufgezogen. An diese sollen die Masken erinnern. Das letzte Bauwerk entlang der Nord-Süd-Achse bildet ein dreistöckiger Glockenturm mit zwei Bronzeglocken aus den Jahren 1687 und 1796. Seine vielfältigen Schnitzarbeiten an Säulen und Balken sind einmalig. Der schwere Aufbau wird von massiven Säulen gestützt.
Besonders eindrucksvoll sind die Dächer, die tief nach unten reichen und die eigentlichen Gebäude weit überragen. Ihre Wirkung wird noch betont durch Darstellungen von Drachen, Phönixen und Einhörnern auf den Firsten. Die nach oben gezogenen Ecken verleihen ihnen trotz ihrer kolossalen Ausmaße eine bemerkenswerte Leichtigkeit. Da die Dächer tief heruntergezogen sind, erhält das Tempelinnere eine gedämpfte und feierliche Atmosphäre, und die Figuren bekommen einen leichten mattgoldenen Glanz.

Der Glockenturm ist ein Meisterwerk vietnamesischer Schnitzkunst.

Tempelfest

Alle drei Jahre, am 15. Tag des 9. Mondmonats, findet ein Tempelfest statt. Dann werden auch Bootsrennen ausgetragen. Die Boote dazu werden in den überdachten Galerien des Hofes aufbewahrt.

Nam Dinh und Umgebung

Nam Dinh

Mit 220000 Einwohnern ist Nam Dinh (12 km westlich) nach Hanoi und Hai Phong die drittgrößte Stadt Nordvietnams. Während des vietnamesischen Kaiserreichs war Nam Dinh ein wichtiges geistiges Zentrum, denn hier fanden Prüfungen für Beamtenanwärter und Literaturwettbewerbe (s. S. 195) statt. Von dem ehemaligen Glanz ist nichts mehr übriggeblieben. Die Franzosen wandelten die Stadt des Geistes und der Künste nämlich um zu einem Zentrum der Baumwollverarbeitung und Textilindustrie. Nach dem Vietnamkrieg wurden Ölraffinerien zur Weiterverarbeitung des aus dem Schelf des Südchinesischen Meeres geförderten Erdöls errichtet. Von der historischen Bausubstanz ist kaum etwas erhalten, da Nam Dinh von amerikanischen Bombern weitgehend zerstört wurde.

Gedenktempel für Tran Hung Dao

Das Dorf Tuc Mac (3 km nordwestlich von Nam Dinh) erinnert mit seinem Namen (goldene Stadt) an die ehemalige Residenzstadt der Trang-Dynastie (1225–1400), von der nur noch Beschreibungen existieren. Unter hohen Banyan-Bäumen stehen zwei Tempel, die den Trang und dem Feldherrn Tran Hung Dao, der das mongolische Heer unter Kublai Khan 1288 besiegen konnte, gewidmet sind. Der eine Tempel dient heute als Museum, in dem die Schlacht gegen die Mongolen nachgezeichnet wird. Außerdem findet man Ahnentafeln der aus Nam Dinh stammenden Trang-Herrscher. Im anderen Tempel befinden sich Ahnentafeln und Statuen Tran Hung Daos und seiner Familie sowie seiner Offiziere.

Pho-Minh-Pagode

Einige hundert Meter von diesen Gedenktempeln entfernt befindet sich die Pho-Minh-Pagode, die schon in der Ly-Dynastie angelegt wurde. Ihr Wahrzeichen, ein quadratischer Ziegelturm mit 13 Stockwerken und 21 m Höhe, der zwischen zwei Lotosteichen aufragt, wurde aber erst von Kaiser Tran Anh Tong als Beerdigungsstupa für seinen Vater Tran Nhon Tong gebaut. Nachdem dieser seinem Sohn die Krone übergeben hatte, führte er das Leben eines frommen Menschen und wurde zusammen mit den zwei Mönchen Phap Loa und Huyen Quang zum Gründer einer buddhistischen Glaubensgemeinschaft, der sog. Bambuswald-Sekte (Truc-Lam-Sekte). Der Überlieferung nach fand Tran Nhon Tong am Ende seines Lebens die Erleuchtung und wurde zum Buddha. Die Pho-Minh-Pagode ist eines der wenigen Beispiele, wo die Reliquien eines ursprünglich weltlichen Herrschers aufbewahrt werden. Von der Stupa aus gelangt man über einen Treppenaufgang, der zu beiden Seiten von Drachen gesäumt ist, zum Chua hinauf. Sein Tor ist die Nachbildung des reichverzierten Originals, das sich im Historischen Museum in Hanoi befindet. Kunstvolle Schnitzereien befinden sich auch im Inneren des Tempels. Da Tran An Tong ein Förderer des Buddhismus war, stellt eine der Figuren den Herrscher selbst dar, links und rechts flankiert von den beiden Mönchen Phap Loa und Huyen Quang.

Weitere Ziele in der Umgebung

Co-Le-Pagode

Knapp 20 km südöstlich von Nam Dinh trifft man auf den Chua Co Le – eine neunstöckige Pagode, die sich auf dem Rücken einer riesigen Steinschildkröte jenseits eines mondsichelförmigen Sees erhebt. In ihrem Inneren befindet sich eine 21 m hohe Buddha-Statue. Hinter der Pagode erstreckt sich ein weiterer See mit zwei Brücken. Auf einer davon steht eine 9 Tonnen schwere Glocke. In der Vorhalle des dahinterliegenden Tempels findet man Wächterfiguren, eine Statue des Erdgottes und eine des heilkundigen Mönchs Minh Khong, dem der Tempel geweiht ist – genau wie die Keo-Pagode. In dem anschließenden Götterpantheon soll sich eine angeblich 800 Jahre alte Buddha-Statue aus Sandelholz befinden.

Dong Chau

Etwa 30 km nordöstlich liegt das Strandgebiet von Dong Chau – wohin allerdings nur wenige Touristen fahren. Um so beliebter ist die Küste bei den Bewohnern von Hanoi, für die sie den direktesten Zugang zum Meer darstellt und preiswerte Unterkünfte bereithält. Der einzige Nachteil ist, daß in den Wintermonaten die Luft schon zu kühl werden kann für ein ungetrübtes Badevergnügen.

Umg. d. Keo-Pagode, Dong Chau (Fts.)

Lang Son D 2

Hauptstadt der Provinz Lang Son (Bergland des Nordens)
Einwohnerzahl: 50 000
Entfernung: 151 km nordöstlich von Hanoi

Lage und Bedeutung

Nach dem Einmarsch Vietnams in Kambodscha reagierte China 1979 mit einer Art Straffeldzug, was Lang Son, den neben Lao Cai (→ Sa Pa) wichtigsten Grenzübergang nach China, empfindlich traf. Seit der Wiederaufnahme des Grenzverkehrs (1992) floriert der legale und illegale Handel, und Lang Son, das über eine gute Straßen- und Bahnverbindung nach Hanoi verfügt, boomt zusehends. Die Stadt selbst ist etwas abgelegen und nicht besonders schön. Meist wird sie auf einer Tour durch das nördliche Bergland (kombiniert mit → Sa Pa, → Dien Bien Phu oder dem → Ba-Be-Nationalpark) besucht, oder sie dient als letzter Stop vor einer Weiterfahrt nach China. Von Hanoi aus kann man mit dem Zug (ca. 8 Std.) nach Lang Son gelangen oder mit dem Bus (ca. 6 Std.), was wegen des schlechten Straßenzustands recht anstrengend ist. Allerdings macht die schöne Berglandschaft, durch die man fährt, vieles wett...

Bergland des Nordens

Umgebung von Lang Son

Markt von Kya Lu

Unweit der Stadt bei einem weithin sichtbaren Granitfelsen wird jeden Tag Markt abgehalten. Schon am frühen Morgen sieht man hier Frauen der Tay, Nung und Dao, die Gemüse, Obst und kunsthandwerkliche Produkte verkaufen. Auch viele chinesische Waren werden hier angeboten, v.a. geblümte Daunendecken, Stoffe und Plastikspielzeug.

Ky-Cung-Tempel

Wenn man vom Markt etwa 1 km hinunter zum Fluß geht, kommt man zu dem kleinen Ky-Cung-Tempel, der sich unter der Brücke am nördlichen Ufer zu verstecken scheint. Er wurde vor über 500 Jahren Quan Tuan Tranh gewidmet, der tapfer gegen die Chinesen gekämpft hatte. Im Innenraum des Heilgtums ist ein Bild Ho Chi Minhs zu sehen, der Lang Son im Jahre 1960 einen Besuch abstattete.

Höhlen in der Umgebung Lang Sons

Etwa 2 km weiter nördlich kann man zwei schöne Höhlen besichtigen. In der Tam-Thanh-Höhle gibt es einen tiefen Teich und einen beeindruckenden Aussichtspunkt. Durch ein natürliches Fenster im Felsgestein überblickt man die Reisfelder der Umgebung. Den Reiz der Nhi-Thanh-Höhle machen ihre schönen Stalaktiten und Stalagmiten sowie ein kleiner Höhlenbach aus.

Dong Dang

Am Markt von Dong Dang, dem 14 km entfernten Grenzposten, wird man auch Angehörige der Tay und Thai sehen. Verkauft werden hier v.a. Wasserbüffel, Lebensmittel, russische Motorräder und chinesische Billigwaren. Auf den Hügeln zwischen Lang Son und Dong Dang sind noch einige japanische Festungen aus dem Zweiten Weltkrieg zu entdecken.

Mekong-Delta C/D 7/8

Lage: Süden
Fläche: 70 000 km²

Lage und **Landschaftsbild

Wie das übrige Land wird auch das Mekong-Delta, die südlichste Region Vietnams, nach und nach für den Tourismus erschlossen. Der Reisende findet hier allerdings keine Monumente von welthistorischem Rang und nur wenige schöne Strände – für jedes Reiseziel in den Tropen sonst ein "Muß". Dafür trifft man aber immer noch auf ein Stück echtes Südostasien. Denn dadurch, daß die Städte in ihrer Bedeutung zurücktreten, bekommt man einen Einblick in das ländliche Vietnam. Das schwülwarme Klima und die üppige Vegetation machen das Mekong-Delta zum Inbegriff einer tropischen Landschaft. Eine gewisse Schläfrigkeit liegt über dem Land, die beim Besucher mehr als anderswo in Vietnam die richtige Urlaubsstimmung aufkommen läßt.

"Gegenverkehr" in einem Kanal des Mekong

Der Mekong ist einer der großen Ströme Asiens, der Südvietnam auf den letzten 200 Kilometern seines 4500 km langen Laufes durchfließt. Er entspringt im tibetischen Hochland, fließt als Lancang Jiang durch Südwestchina, bildet dann die Grenze zwischen Burma und Laos, fließt anschließend durch Laos und markiert dann wieder die Grenze zwischen zwei Staaten, nämlich Laos und Thailand. Danach tritt er in das kambodschanische Tiefland ein, wo er sich bei Phnom Penh in zwei Ströme teilt, den Tien Giang (Oberer Mekong) und den Hau Giang (Unterer Mekong, Bassac). In Vietnam fächern sich diese beiden Flüsse erneut in acht Hauptarme und zahlreiche Nebenarme auf, die an verschiedenen Stellen ins Meer münden und ein riesiges Delta bilden. Obwohl er nur acht Mündungsarme hat, wird der Mekong in Vietnam auch als Song Cuu Long bezeichnet, was soviel bedeutet wie "Neun-Drachen-Fluß", nach der in der chinesischen Mythologie heiligen Zahl 9.

Lage und Landschaftsbild (Fortsetzung)

Die erste Fahrt in das Deltagebiet führt meist nach → My Tho, das man von Saigon aus an einem Tag besuchen kann. Hier sollte man eine Bootsfahrt auf dem nördlichsten Mekongarm, dem Tien Giang, bis zu den üppigen Obstgärten bei Ben Tre unternehmen. Cau Lanh ist das geeignete Ziel für Vogelkundler. Man erreicht den Ort über → Vinh Long, von dem aus Interessierte auch zu den Khmer-Pagoden bei Tra Vinh fahren können. Die meisten Urlauber verbringen ein oder zwei Tage in → Can Tho mit seinen angenehmen Hotels und Restaurants. Zudem warten in der Nähe schwim-

Sehenswertes

Baedeker Special

Ohne Fleiß kein Reis

Die Farbe Grün in allen Schattierungen bestimmt das Landschaftsbild Vietnams. Vor allem in den beiden Reiskammern des Landes, dem Mekong-Delta im Süden und dem Delta des Roten Flusses im Norden, scheint sich ein Mosaik verschiedener grüner Flächen vor einem auszubreiten: von den zarten Nuancen der jungen Setzlinge über die verschiedenen satten und kräftigen Töne der Pflanzen während der Reifeperiode bis zum grün-gelben Braun der erntereifen Felder. Pickende Wasserhühner und schwerfällig trabende Wasserbüffel, immer begleitet von weißen Kuhreihern, vervollständigen das Idyll, dem man nicht die unendliche Mühe ansieht, die den Reisanbau von der Aussaat bis zur Ernte begleiten.

Die Reiskörner der letzten Ernte muß man über Nacht einweichen, bevor sie in schlammige Aussaatbeete gestreut werden. Hierbei handelt es sich um besonders gutes Farmland, das möglichst konstant bewässert werden kann. Nach einem Monat, wenn die Schößlinge etwa 20 cm groß sind, werden sie einzeln ausgerupft und in die sorgfältig vorbereiteten Reisfelder gesetzt. Diese müssen vorab gepflügt, unter Wasser gesetzt und geeggt worden sein, damit sich die schwere lehmige Erde zu einem idealen Nährboden verwandelt. Traditionell werden die Felder mit Hilfe der Wasserbüffel und Ochsen bereitet. Zwar kann man heute auch vereinzelt Traktoren sehen, doch das Bild der Reisbauern, die hinter ihren Büffeln durch die Felder stapfen, gehört noch immer zu den ewig gleichbleibenden Bildern Vietnams.
Bevor die Schößlinge büschelweise in die matschigen Reisfelder gepflanzt werden, zupft man die oberen Enden ihrer Halme auseinander. Das soll nämlich die Ernte ertragreicher machen. Nun werden sie in engen Reihen in den Boden gedrückt. Diese Arbeit ist unglaublich anstrengend für die Menschen, die mit dauernd gekrümmtem Rücken im Wasser stehen und zudem der sengenden Sonne ausgeliefert sind. Um die Qual ein wenig zu erleichtern, wird den Arbeitern und Arbeiterinnen manchmal ein wenig Marihuana in ihr Mittagessen gemischt.

So akkurat werden die Schößlinge in Reih und Glied in die Beete gepflanzt...

Damit die Reispflänzchen während der folgenden Wachstumsphase weder vertrocknen noch verfaulen, muß der Wasserstand täglich kontrolliert und möglichst gleichmäßig gehalten werden. Denn um eine reiche Ernte zu erhalten, muß eine konstante

.. und so hängen die Körner an den langen Rispen, bevor sie geerntet werden.

Bewässerung gewährleistet sein, die zudem dem Wachstumsgrad der Pflanze angemessen ist. In Gegenden, in denen die Bauern vom Regen abhängig sind, bleibt nur Hoffen und Beten, daß es nie zu viel oder zu wenig sein wird. Um die Reisgöttin günstig zu stimmen, führen sie dann aufwendige und sorgfältig vorbereitete Zeremonien durch. Hat dies nicht den gewünschten Erfolg, so muß jeder Tropfen in Wassereimern mit dem Joch herbeigeschleppt werden. In Regionen, in denen der Reis künstlich bewässert werden kann, haben es die Bauern besser. Meist kann aus den die Felder umfließenden Hauptkanälen Wasser geschöpft werden. Dadurch ist es an manchen Orten möglich, daß zwei- oder dreimal im Jahr geerntet werden kann.

Allerdings übersteigt eine effektive Arbeitseinteilung und Kontrolle dieses Systems, das bei größeren Flächen angewandt wird, meist die Möglichkeiten einzelner Familien oder Clans. Hierfür ist die Kooperation ganzer Dörfer oder Distrikte notwendig. Ein Deichinspektor entscheidet dann, wann und wieviel Wasser zugeführt wird, er leitet die Arbeiter an, die Deiche und Dämme zu reparieren und zu räumen, und er entscheidet auch, welche Felder zuerst Wasser zu bekommen haben.

Während nun darauf gewartet wird, daß der Reis reift, kann man außer bewässern nur noch Unkraut jäten. Manch mal ziehen die Bauern mit ihren Familien während dieser Zeit in eine Hütte am Feld, um den Reis immer im Auge behalten zu können. Früher setzte man auch Fische und Enten ein, um das Ungeziefer in den Reisfeldern zu bekämpfen, heute verwenden die Farmer auch Pestizide, um ihren Reis zu schützen und einen hohen Ertrag zu sichern. Kurz vor der Ernte, nach 90 bis 130 Tagen, wird das Feld schließlich ausgetrocknet, um so das Korn endgültig reifen zu lassen.

Auch die Ernte selbst ist eine außerordentlich harte Arbeit. Mechanische Mittel sind kaum im Einsatz, da die auf langen Rispen wachsenden Körner schlecht von Maschinen geerntet werden können. So werden die Halme büschelweise mit der Sichel geschnitten. Von Betrieb zu Betrieb hilft man sich gegenseitig mit den Arbeitern aus. Nach der Ernte wird der Reis dann gedroschen, manchmal schon in kleinen Maschinen auf dem Feld. Doch man sieht auch die Frauen mit den Dreschflegeln in den Dörfern arbeiten. Oftmals liegen auf den Straßen auch Reisgarben, denn wenn die Autos darüberfahren, trennen sich Reiskorn und Halm von alleine – und ein Arbeitsgang ist somit gespart ... Am Straßenrand bleiben die Körner dann eine Weile zum Trocknen liegen (s.a. S. 374). Schließlich werden sie in die Dörfer gebracht, verkauft oder in Scheunen gelagert. Denn erst wenn der Reis richtig versorgt ist, wird das große Erntefest gefeiert.

Und nun kann der immer wiederkehrende Kreislauf von Säen, Pflanzen, Bewässern, Ernten und Dreschen, der seit ewigen Zeiten den Lebensrhythmus der Vietnamesen bestimmt, von neuem beginnen.

Sehenswertes (Fortsetzung)

mende Märkte und Obstplantagen auf Besucher. In südlicher Richtung liegt dann das urtümliche Sumpfland von → Ca Mau. Von dem Küstenort → Rach Gia fahren Boote zur Insel Phu Quoc, die mit ihren einmaligen Stränden ein Tourismusziel der Zukunft ist. Wer noch weiter in den westlichen Teil des Deltas vordringen möchte, sollte → Ha Tien und → Chau Doc nahe der kambodschanischen Grenze besuchen.

Wasserführung

Der monsunale Niederschlagsrhythmus bewirkt, daß die Wasserführung des Mekong erheblich schwankt: zwischen 2000 m^3/min. im Winter und 40 000 m^3/min. im Sommer. Obwohl das Delta nur wenige Meter über dem Meeresspiegel liegt, kommt es jedoch viel seltener zu katastrophalen Überschwemmungen als im Bereich des Roten Flusses im Norden des Landes. Zum einen erreicht der Mekong Vietnam nur noch als träge dahinfließender Strom, der seine Erosionskraft längst eingebüßt hat, zum anderen besitzt er in dem in Zentralkambodscha gelegenen Tonle-Sap-See ein natürliches Rückhaltebecken. Schwere Überschwemmungen, wie zuletzt im Jahr 2000, sind im Mekong-Delta deshalb eher die Ausnahme.
Dank der vom Mekong und seinen Nebenflüssen mitgeführten Sand- und Schlammfracht bleibt die Bodenfruchtbarkeit erhalten. Außerdem wächst das Mekong-Delta dadurch jährlich um rund 80 m weiter ins Meer hinaus. So liegen die Überreste der antiken Hafenstadt Oc Eo, die zum Reich von Funan gehört hatte und im 6. Jahrhundert aufgegeben worden war, heute rund 30 km weit im Landesinneren.

Besiedlung

Da das Deltagebiet im Norden nahtlos in das kambodschanische Tiefland übergeht, ist es nahezu die einzige Region Vietnams, zu der Nachbarvölker ungehinderten Zugang hatten. Daher siedelten hier die verschiedensten Volksgruppen, und noch heute weist das Mekong-Delta einen hohen Anteil an ethnischen Minderheiten auf. Seit dem 1. Jahrhundert n. Chr. war es Teil des Königreichs von Funan und nach dessen Niedergang (7. Jh.) gehörte es rund 1000 Jahre lang zu den verschiedenen Herrscherhäusern der Khmer. Im 17. Jahrhundert wurde es schließlich zum Auffangbecken für chinesische Flüchtlinge, die ihr Land unter der Qing-Dynastie verlassen mußten. Außerdem zogen sich die Cham auf der Flucht vor den Vietnamesen hierher zurück. Diese nahmen die Region auf ihrer Wanderung nach Süden erst ab dem 18. Jahrhundert in Besitz und gliederten es dem Kaiserreich der Nguyen-Dynastie ein. Da in Kambodscha genug Möglichkeiten zum Reisanbau vorhanden waren, war das Mekong-Delta zu dieser Zeit ein überwucherter, versumpfter und malariaverseuchter Landstrich. Erst die Franzosen, die ab 1861 vom Mekong-Delta Besitz ergriffen und es als Cochinchina ihrem Kolonialreich einverleibten, machten die Gegend urbar und durch umfangreiche Trockenlegungsmaßnahmen zur größten Reiskammer des Landes. Mit 16 Millionen Einwohnern stellt das Mekong-Delta heute einen der am dichtesten besiedelten und wirtschaftlich erfolgreichsten Räume Vietnams dar.
Sowohl die Kambodschaner als auch die Vietnamesen wohnen in Dörfern inmitten ihrer landwirtschaftlichen Nutzflächen. Trotzdem gibt es erhebliche Unterschiede zwischen der Siedlungsweise im Mekong-Delta und der im übrigen Vietnam. Im Gegensatz zu den sonst in Vietnam üblichen kompakten Haufendörfern bestimmen lockere Streusiedlungen das Bild. Die Häuser stehen häufig auf Stelzen. Bei diesem in Laos, Kambodscha und Thailand verbreiteten Haustyp liegt der Wohnbereich auf zwölf Rundpfeilern und wird über eine Leiter mit fünf, sieben oder neun Sprossen erreicht – denn eine gerade Anzahl bringt Unglück. Der darunterliegende Raum ist für die Haustiere reserviert. Diese Konstruktion sorgt für eine bessere Luftzirkulation im Haus. Sie hat aber noch eine zusätzliche Funktion: Dadurch, daß die Menschen bei Hochwasser nicht in ein höher gelegenes Hinterland ausweichen können, schafft man sich einen sicheren Platz, indem man auf die Wohnung noch eine Etage aufsetzt. Die Städte der Region wurden zwar nicht erst von den Franzosen gegründet, erlangten aber erst unter deren Regierung ihre heutige Bedeutung. Noch heute läßt sich ihr Einfluß an der rechtwinkligen Ausrichtung des Straßennetzes ablesen.

Familienidyll auf dem Boot

Wirtschaft

Da natürliche Bodenschätze im Mekong-Delta völlig fehlen, basiert die Wirtschaft hier vollständig auf Landwirtschaft, Fischfang und Lebensmittelproduktion. Mit Ausnahme der Mangrovensümpfe in Küstennähe wird das Gebiet landwirtschaftlich intensiv genutzt und gilt neben dem Delta des Roten Flusses als eine der beiden großen Reisschüsseln des Landes. Zwar sind die Hektarerträge weniger groß als im Norden, denn wegen des fehlenden Winterregens kann eine zweite Ernte im Jahr nur mit künstlicher Bewässerung eingebracht werden. Doch ist das Mekong-Delta rund dreimal so groß, so daß von hier aus nicht nur der Süden Vietnams mit Reis versorgt werden kann, sondern auch Mittelvietnam und Teile des Nordens. Obwohl das Mekong-Delta weniger als 10 % der Landesfläche einnimmt, kommt 60 % der vietnamesischen Reisernte von hier. Damit hat es auch wesentlichen Anteil daran, daß Vietnam nach Thailand der zweitgrößte Reisexporteur der Welt ist. Trotzdem ist man von der früher v.a. von den Franzosen gepflegten Reismonokultur mittlerweile abgekommen und baut stattdessen eine Vielzahl tropischer Früchte an wie z.B. Zuckerrohr und Kokospalmen. Auch die Krabben- und Fischzucht hat in den letzten Jahren stark zugenommen.
Nach der Machtübernahme durch die Kommunisten wurde das Mekong-Delta als letztes Gebiet kollektiviert. Niemand hat dieser Maßnahme einen derartigen Widerstand entgegengebracht wie die an selbständiges Wirtschaften gewohnten Bewohner des Deltas, nirgends ist aber auch der durch die Reprivatisierung eingeleitete wirtschaftliche Fortschritt derart augenfällig wie hier. In dieser landwirtschaftlich geprägten Region mußten keine großen Industriekombinate aufgelöst werden, die auf Bergen unverkäuflicher Waren saßen. Stattdessen ging die land- und fischwirtschaftliche Produktion reibungslos weiter und liefert seither immer neue Produktionsrekorde. Obwohl das Mekong-Delta oberflächlich betrachtet recht einheitlich aussieht, was die Gestalt und auch die Wirtschaft anbelangt, so gibt es doch auch wohlhabendere Gegenden. Wie eine Kette ziehen sich die wirtschaftsstärkeren Zentralprovinzen Tien Giang, Can Tho, An Giang

Mekong-Delta, Wirtschaft (Fortsetzung)

und Ken Giang entlang der Hauptverkehrsachse Saigon–Can Tho, oder sie haben Anschluß zu den Häfen am Golf von Siam. Demgegenüber fallen die nördlichen und südlichen Provinzen mit ihrer vergleichsweise schlechten Verkehrsanbindung deutlich ab und produzieren in erster Linie für die lokalen Märkte.

Verkehr

Das Mekong-Delta ist relativ gut durch Straßen erschlossen, die noch während der Teilung des Landes mit amerikanischer Hilfe gebaut worden waren. Dennoch ist ein Fortkommen mühsam, denn immer wieder müssen die Mündungsarme des Mekong mit größeren und kleineren Fähren überquert werden. Brücken existieren wegen der starken Spiegelschwankungen der Wasserläufe nicht. Der wechselnde Wasserstand ist allerdings auch dafür verantwortlich, daß nicht alle Flüsse ganzjährig schiffbar sind. In den Trockenmonaten März und April behindern manchmal Sandbänke die Schiffahrt. Deshalb wird das Land zusätzlich von einem insgesamt 5000 km langen Kanalnetz durchzogen, auf dem der Warentransport unabhängig von der Wasserführung der Flüsse stattfinden kann.

Kriegsfolgen

Das Mekong-Delta gehört zu den Gegenden, die unter dem Krieg am meisten zu leiden hatten. Die dichten Urwälder boten dem Vietcong ideale Unterschlupfmöglichkeiten, von denen aus er die Truppen Südvietnams und der Vereinigten Staaten mit einem Dschungelkrieg überziehen konnte. So verwundert es nicht, daß gerade dieses Gebiet durch die Entlaubungsaktionen der Amerikaner besonders in Mitleidenschaft gezogen wurde, um den Vietcong seiner natürlichen Deckung zu berauben. Die schlimmen Folgen für den Tropenwald sind auch heute noch zu sehen – in den stark dezimierten natürlichen Waldbeständen und dem deformierten Wachstum von Bäumen und Blättern. Die größte Gefahr für den Wald droht heutzutage aber von der Wirtschaft, denn zur Gewinnung neuen Ackerlandes werden immer größere Teile des natürlichen Waldbestandes gerodet.

Religiöse und ethnische Vielfalt

Im Mekong-Delta entstanden viele Glaubensrichtungen, die ihre größte Bedeutung während der Teilung des Landes hatten, als sie manche Bezirke nicht nur geistig, sondern auch wirtschaftlich, politisch und militärisch beherrschten. Nach der Vereinigung nahm ihre Bedeutung allerdings stark ab, einerseits wegen der rigiden Religionspolitik des marxistischen Regimes, andererseits, weil die Gründer der teilweise erst in diesem Jahrhundert gegründeten Sekten starben. Heutzutage befinden sie sich in einem Stadium des Wiederaufbaus, ihre Bedeutung ist aber schwer einschätzbar. Obwohl die Chinesen im Mekong-Delta zahlreich vertreten sind, ist der geistige Einfluß Chinas nirgendwo in Vietnam so wenig spürbar wie hier. Die Khmer, die nur eine Minderheit darstellen, prägen das Land deutlicher und machen das Deltagebiet zu einem Teil des von Indien beeinflußten Südostasien. Die Lebensweise ist stark von dem bei den Khmer verbreiteten Hinayana-Buddhismus geprägt, der dem wirtschaftlichen Erfolgsstreben wesentlich weniger Bedeutung beimißt als die konfuzianische Lehre der Chinesen und Vietnamesen. Statt der allgegenwärtigen Geschäftigkeit im übrigen Vietnam herrscht hier eine größere Gelassenheit dem Leben gegenüber.

My Lai E 5

Provinz: Quang Ngai (Südliche Zentralküste)
Entfernung: 870 km nordöstlich von Saigon

Lage und *Bedeutung

Auch wer nur wenig von Vietnam weiß, hat den Namen My Lai vermutlich schon gehört. Traurige Berühmtheit erlangte das Dorf (12 km nördlich der Provinzhauptstadt Quang Ngai) durch einen brutalen Einsatz der US-Armee am 16. März 1968, der als das Massaker von My Lai in die Geschichte eingehen sollte.

Bedeutung (Fortsetzung)

Der Bezirk Son My war bekannt als Hochburg des Vietcong. Nachdem in der Gegend im März 1968 einige amerikanische Soldaten verwundet und getötet worden waren, reagierte die Army mit einem Vergeltungsschlag. Während einer sog. Search-and-destroy-Aktion wurde das Dorf dem Erdboden gleichgemacht und die gesamte Bevölkerung – mehr als 500 Personen, fast ausschließlich Frauen, Kinder und Alte – auf das Grausamste mißhandelt und getötet. Weil ein "Verräter" aus den eigenen Reihen seine Erinnerungen nicht mehr für sich behalten konnte und wollte, wurden die Greueltaten ein Jahr später bekannt. Er berichtete der Presse von den wahren Vorfällen und legte zum Beweis Fotografien vor. So erfuhr die Öffentlichkeit, daß bei diesem Einsatz wehrlose Menschen zusammengetrieben und in Gräben mit Maschinengewehrsalven niedergemäht wurden (→ Vietnam in Zitaten). Es kam zu Verstümmelungen und Massenvergewaltigungen an Mädchen und Frauen; Säuglinge und Kinder waren geradezu abgeschlachtet worden. Amerika war zutiefst erschüttert. Niemand wollte wahrhaben, daß die jungen Männer, die zur Verteidigung von Freiheit und Menschenrechten nach Vietnam geschickt worden waren, sich als Mörder von Babys und Greisen entpuppten. Zwar wurde unter dem Druck der Medien eine Untersuchungskommission eingesetzt, doch diese profilierte sich vor allem dadurch, den Vorfall weiter zu verschleiern – zumal sich herausstellte, daß es sich bei My Lai um keinen Einzelfall gehandelt hatte.
Lediglich ein einziger der Beteiligten, Lieutenant William Calley, kam vor Gericht. In der ersten Instanz noch zu lebenslänglichem Gefängnis verurteilt, wurde er von einem Teil der Öffentlichkeit vehement unterstützt und zum Märtyrer stilisiert. Schließlich begnadigte Präsident Nixon ihn frühzeitig, was einer gesetzwidrigen Einmischung in die Gerichtsbarkeit der Vereinigten Staaten gleichkam. Nach $3\frac{1}{2}$ Jahren konnte Calley das Militärgefängnis verlassen. Zu seiner Verteidigung sagte er: "Ich habe an diesem Tag in My Lai keinen Menschen getötet. Nicht ich als Person tat es. Ich tat es für die Vereinigten Staaten von Amerika, für mein Vaterland. Wir waren nicht da, um menschliche Wesen zu töten, wir waren da, um eine Ideologie zu töten, um den Kommunismus zu zerstören."

*Gedenkstätte

Gegen das Vergessen

My Lai war nur eines von vier Dörfern in der Gegend von Son My, in denen zur gleichen Zeit Massaker stattfanden. Heute liegen die Weiler wieder idyllisch eingebettet zwischen Reisfeldern und Palmenhainen. An die Ereignisse des 16. März 1968 erinnert die Son-My-Gedenkstätte am Ort des einstigen Geschehens. Wie eine friedliche Parklandschaft wirkt die Anlage auf den ersten Blick, doch das monumentale Kriegsdenkmal stört diesen Eindruck sogleich wieder. Dann liest man die Tafeln an den wenigen Palmen, die besagen, dieser Baum habe einst vor der Hütte jener Familie gestanden und zeige immer noch die Einschußlöcher und Brandspuren von damals. Kleine Wege führen durch die Wiesen, vorbei an den Grabplatten mit den Räucherstäbchen zum Gedenken an die Toten. Auf ihnen steht jeweils geschrieben, wessen Haus einst an dieser Stelle stand und wieviel Familienmitglieder (mit Namen und Altersangabe) bei dem Massaker ums Leben kamen. Fast ausschließlich handelte es sich um Kinder und alte Leute. Zudem werden Massengräber genannt.

Das Museum zeigt die Aufnahmen eines amerikanischen Armee-Fotografen und gibt detaillierte Informationen über den Krieg und die Ereignisse

My Lai, Gedenkstätte (Fortsetzung)

um My Lai im besonderen. Zudem sind persönliche Gegenstände der Opfer zu sehen, die in den Trümmern geborgen wurden. Im benachbarten Gebäude wird auf Anfrage ein Dokumentationsfilm vorgeführt, den das niederländische Fernsehen zum 30. Jahrestag des Massakers gedreht hat. Zu den Gedenkfeiern 1998 fanden nur zwei der damals hier stationierten US-Soldaten – die jedoch an den damaligen Greueltaten nicht beteiligt gewesen waren – den Weg nach My Lai.
Um zu der Gedenkstätte zu gelangen, fährt man von der Provinzhauptstadt Quang Ngai auf der N 1 in östlicher Richtung und überquert den Tra-Khuc-Fluß. Hinter der Brücke zweigt ein beschilderter Weg nach Osten ab.

My Son **E 5**

Provinz: Quang Nam – Da Nang (Südliche Zentralküste)
Entfernung: ca. 830 km südlich von Hanoi

**Lage und Bedeutung

Wenn man vor ihren Ruinen im Hügelland von Song Thu Bon steht, läßt sich die einstige Größe der Tempelstadt My Son (40 km südwestlich von Hoi An) nur noch erahnen. Von den 70 Gebäuden des religiösen und kulturellen Zentrums der Cham (4.–13. Jh.), die französische Archäologen Ende des 19. Jahrhunderts hier vorfanden, sind nur mehr die Relikte von etwa 20 zu sehen. Die meisten haben die US-amerikanischen Bombardements nicht überstanden. Im Jahre 1968 war das Gebiet zur “Feuer-frei-Zone” erklärt worden. Aufgrund ihrer Abgeschiedenheit und der imposanten Lage in einer Talsenke mit dem legendären Katzenzahnberg (Cat's Tooth Mountain) im Hintergrund spürt man noch etwas von der früheren Erhabenheit des Ortes. Die Vergänglichkeit einer Hochkultur wird einem vor Augen geführt – in eigentümlichem Kontrast zu der überwuchernden Natur, die sich durch alle Ritzen und Spalten drängt.

Aus allen Ritzen sprießt es hier ...

Geschichte

Gut 20 km von der Kapitale Tra Kieu entfernt ließ der Cham-König Bhadravarman (4. Jh.) in einem fast vollständig von Bergen umgebenen Talkessel ein Heiligtum errichten, das man dem hinduistischen Gott Shiva weihte. Etwa drei Jahrhunderte später wurden die ersten, ursprünglich aus Holz errichteten Tempel durch Ziegelbauwerke ersetzt. Nachfolgende Generationen erweiterten die Anlage ständig und fügten weitere Sakralbauten hinzu. Man nimmt heute an, daß die Tempelstadt als Reich der Götter und Gottkönige angesehen wurde, in dem viele Priester, Tänzerinnen und Diener lebten. Die französischen Wissenschaftler teilten die Gebäude nach ihrem Fund in Gruppen ein und benannten diese nach dem Alphabet. Innerhalb dieser Gruppen wurden die einzelnen Bauten numerisch unterschieden. Als der Vietcong sich Ende der 60er Jahre in My Son versteckte, überzog die amerikanische Luftwaffe das Gebiet mit einem Bombenteppich. Die meisten der einzigartigen Tempeltürme wurden dabei zerstört, auch der legendäre A1-Kalan, den die Franzosen als schönstes Ziegelbauwerk Asiens bezeichnet hatten. Auch heute kann man auf dem Gelände noch Bombenkrater sehen, v.a. im Bereich E und F, wo sie als kleine Teiche voller Wasserlilien ganz harmlos wirken. Seit 1981 wird diese einmalige historische Stätte mit finanzieller Unterstützung der in Stuttgart ansässigen "Freunde der Cham-Kultur" restauriert, 1999 wurde das Heiligtum in die Unesco-Liste des Weltkulturerbes der Menschheit aufgenommen.

Hinweis

Da sich die Hitze in dem Tempeltal staut, sollte man schon früh morgens nach My Son aufbrechen. Nur so kann man noch bei erträglichen Temperaturen die Relikte des sakralen Cham-Zentrums betrachten und das Gelände erkunden. Allerdings sollte man auf den vorgegebenen Wegen bleiben, da noch viele (bisher nicht explodierte) Minen und Bomben auf dem Areal vermutet werden.

**Relikte der Tempelstadt

Anlage

Obwohl an der Anlage von My Son über Jahrhunderte hinweg gebaut wurde, findet man hier nur Tempelgruppen, die aus Turm (Kalan), Bibliothek, Meditationshalle (mandapa) und Nebengebäuden bestehen – nicht die für die spätere Cham-Architektur typischen Drei-Turm-Heiligtümer.
Die Tempeltürme symbolisieren dabei den hinduistischen Weltenberg Mehru, den Wohnsitz der Götter. Ihr Aufbau sieht folgendermaßen aus: Auf einem quadratischen Sockel steht ein zentraler Bau, der durch ein sich stufenweise verjüngendes Dach bekrönt ist. Fast immer wurde das Gebäude zur aufgehenden Sonne hin ausgerichtet, lediglich bei Heiligtümern zu Ehren eines verstorbenen Königs wurde diese Regel gebrochen – diese weisen nach Westen. Ihren Innenraum bildete ein schlichtes, schmuckloses Sanktum, in dessen Mitte ein Kultbild des verehrten Gottes stand. Meist war es das phallische Symbol Shivas, ein Lingam. Südlich des Kalans lag die Bibliothek, in der rituelle Gegenstände aufbewahrt wurden. Die Mandapa befand sich außerhalb der Tempelmauern: eine rechteckige Halle, in die sich die Priester zur Vorbereitung der Zeremonien zurückzogen und in denen Tempeltänze aufgeführt wurden. Unklar ist nach wie vor, wie selbst die höchsten Türme der Anlage ohne Mörtel aus gebrannten Ziegeln aufgeschichtet werden konnten. Eine Theorie besagt, daß die Cham statt Mörtel eine Art Harz, vermischt mit gemahlenen Muschelschalen und Ziegelstaub, benutzten. Im Gegensatz dazu gibt es auch die These, daß die ungebrannten Ziegel zu einem Gebäude aufgetürmt wurden, das dann mit Erde umgeben und komplett gebrannt worden sei.

Gruppe B

Vom Eingang her kommt man auf die Gruppen B, C und D zu, die noch vergleichsweise intakt sind und eine Ahnung davon geben können, wie die Anlage einst ausgesehen haben mag. Man nimmt an, daß sich das religiöse Zentrum im Kalan B1 befunden hat, von dem heute nur noch die Basis vorhanden ist. Unter seinem Fundament wurde vor wenigen Jahren ein Lingam entdeckt, der heute vor dem Gebäude zu sehen ist. Steinin-

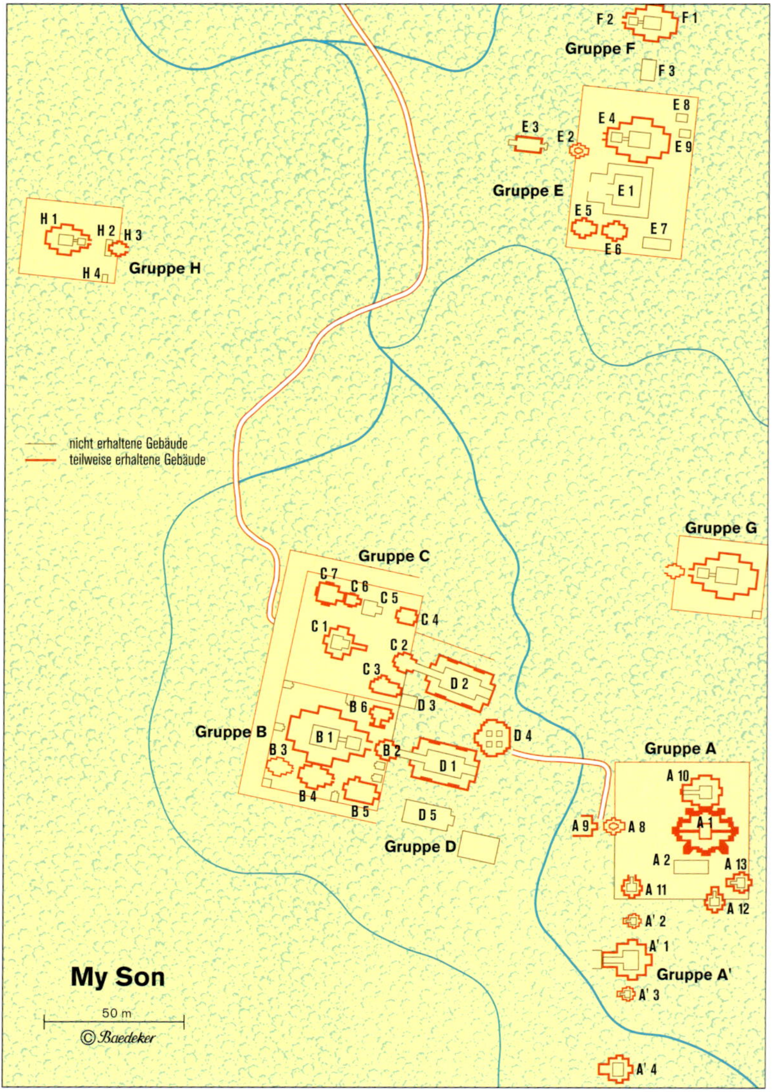

Gruppe B (Fortsetzung)

schriften, die in der Nähe gefunden wurden, besagen, daß der Lingam zu Ehren des Gottkönigs Bhadresvara, einem Abkömmling Shivas und des Königs Bhadravarmans, im 11. Jahrhundert errichtet wurde. Die zwei kleineren Tempel (B3 und B4) an der Südseite von B1 waren den Kindern Shivas, Skanda und Ganesha, geweiht. Glücklicherweise ist B5 mit seinem bootsförmigen Dach besser erhalten. Hier wurden einst Kultgegenstände und heilige Texte aufbewahrt. An seinen Außenwänden kann man schöne

Steinmetzarbeiten erkennen, aber auch Einschußlöcher, die von den Scharmützeln des Vietcong mit den Amerikanern stammen. Über den Eingängen an beiden Seiten sind Flachreliefs angebracht, die zwei Elefanten zeigen, wie sie ihre Rüssel um eine Palme schlingen. Im Innenraum von B6 wurde in einem Becken das heilige Wasser aufbewahrt, mit dem bei rituellen Handlungen der Lingam übergegossen wurde. Es stellt eine Besonderheit dar, denn es ist das einzige, das aus der Cham-Kultur bekannt ist. Zwischen B5 und B6 führte das mit B2 bezeichnete, zerstörte Tor zur Anlage D1, einer Gebetshalle, in die sich die Priester vor dem Gottesdienst zur Meditation zurückzogen. Gruppe B (Fortsetzung)

Ganz ähnlich war die Gruppe C (8. Jh.) angelegt, ursprünglich von B durch eine Mauer getrennt. Ihr Hauptturm C1 ist noch einigermaßen intakt. Kleine Götterstatuen und einen verzierten Türsturz kann man hier bewundern. Doch die Shiva-Statue in menschlicher Gestalt, die einst im Sanktum stand, wurde schon vor vielen Jahren nach Da Nang ins Cham-Museum gebracht. Außen ist ein Garuda, ein mythologisches Vogelwesen mit menschlichen und katzenartigen Zügen, zu sehen. Gruppe C

In den ehemaligen Meditationshallen D1 und D2 sind seit kurzem Ausstellungsräume mit Cham-Plastiken eingerichtet. Bereits die französischen Archäologen nannten den Platz zwischen den Bauten Stelenhof. Mittlerweile wurden hier besonders schön verzierte Stelen, Altarteile, Götterstatuen, Leisten und Säulen aufgestellt. Gruppe D

Weiter führt ein Weg in östlicher Richtung über einen Bach zur völlig zerstörten A-Gruppe, einst der Stolz der gesamten Tempelstadt. Nach dem, was man heute sieht, muß der hervorragende Kalan A1 (10. Jh.) bei den gezielten Angriffen wie ein Kartenhaus zusammengefallen sein. Ungewöhnlicherweise hatte er als einziges Cham-Bauwerk ein Ost- und ein Westtor. Man nimmt an, daß er nach Osten zu den Hindugöttern weisen sollte und in westlicher Richtung zu den Gebäude-Gruppen B, C und D, in denen man Gräber der Ahnen (Gottkönige) vermutet. Zwischen den Resten des A-Komplexes steht noch die Basis für einen Lingam, die von einem Fries mit betenden Figuren umgeben ist. Bei den Bauten A9 soll es sich um eine Mandapa, bei A8 um ein Tor und bei A1 um eine Lagerstätte gehandelt haben. Die Ruinen der Gruppe A' sind fast völlig überwuchert. Gruppe A

Uroja-Sockel

Von den A-Relikten gelangt man auf den Hügel zur Gruppe G, die erst vor kurzem geborgen wurde. Ihr Hauptkalan ist in keinem guten Zustand, aber man kann einige interessante Figuren entdecken, deren Gesichter an Teufelsfratzen erinnern. An seiner südöstlichen Ecke steht eine skurrile Gestalt, die einem Wasserspeier ähnelt. Vor der kleinen Anlage stößt man auf einen Sockel, dessen Fundament von Brüsten eingefaßt ist, dem Symbol für die Urmutter Uroja. Gruppe G

Die Gruppen E und F (7.Jh.) findet man, wenn man einem kleinen Trampelpfad in nördlicher Richtung folgt. Dieser Bereich ist nahezu vollkommen zerstört, die kleinen Tümpelchen hier sind eigentlich Bombenkrater. Um die überwucherten Tempelreste stehen einige Stelen und Lingams, eine runde Lingam-Basis, ein Nandi und eine kopflose Statue. Gruppen E und F

Den Platz der Gruppe H aufzusuchen, lohnt sich nicht, da von ihr nur wenige Steine und Brocken übriggeblieben sind. Gruppe H

My Tho D 7

Hauptstadt der Provinz Tien Giang (Mekong-Delta)
Einwohnerzahl: 120 000
Entfernung: 70 km südlich von Saigon

Lage und Bedeutung

Meist kommt man nach My Tho, um einen ersten Eindruck von der ländlichen Schönheit des → Mekong-Deltas zu bekommen. Wegen ihrer Nähe zu Saigon ist die Provinzhauptstadt relativ einfach während einer Tagestour zu besuchen, doch oft dient sie dann als Ausgangspunkt für Reisen zu weiter entfernten Zielen in der Deltalandschaft.

An drei Seiten ist My Tho von Wasser umgeben, denn es liegt am Tien Giang und am Bao-Dinh-Kanal, der zwei große Mündungsarme des Mekong (nördlich und östlich My Thos) miteinander verbindet. Nur 70 km von Saigon entfernt ist My Tho eng an die Wirtschaftsmetropole des Südens angeschlossen. Beide Städte waren einst durch die erste, im Jahr 1883 in Indochina fertiggestellte Eisenbahnlinie miteinander verbunden, die allerdings längst nicht mehr existiert. Zudem ist My Tho Zentrum einer der dichtbesiedeltsten Regionen Vietnams und Handelsplatz des ausschließlich agrarisch genutzten Hinterlandes. Während des Vietnamkriegs wurde My Tho stark zerstört und weist daher nur noch wenige alte Gebäude auf.

Geschichte

Bis zum 17. Jahrhundert gehörte die Provinz Tien Giang zum Reich der Khmer, wurde aber als eine der ersten Gegenden des Mekong-Deltas von den Vietnamesen in Besitz genommen, bevor sie 1861 an die Franzosen fiel. Die Stadt My Tho wurde Ende des 17. Jahrhunderts von chinesischen Emigranten gegründet, die vor dem Ansturm der Mandschuren aus China fliehen mußten, weil sie den Ming die Treue gehalten hatten. Das Chinesische Viertel befindet sich auf der Ostseite des Bao-Dinh-Kanals. Sein heutiges Gesicht erhielt My Tho erst während der französischen Kolonialzeit, wie man an dem rechteckigen Grundriß des Stadtbildes erkennen kann.

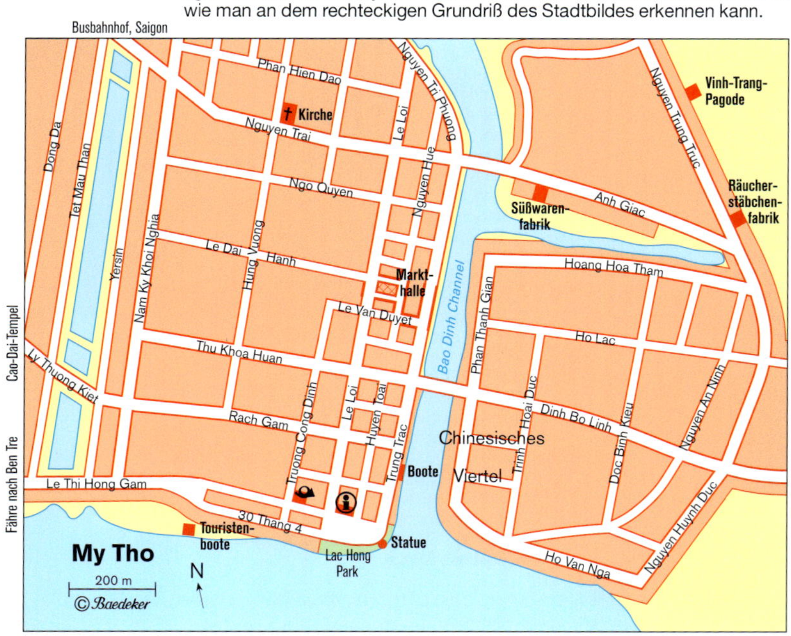

Sehenswertes in My Tho

*Markt

Entsprechend seiner Stellung als wichtiger Handelsort für das Umland besitzt My Tho einen großen, turbulenten Markt, der sich über mehrere Straßenzeilen entlang dem Bao-Dinh-Kanal erstreckt. Neben den Bergen exotischer Früchte, Reissäcken, Ständen voller frischgerupften Geflügels, eingelegter Fischspezialitäten und verschiedener Nudelsorten sieht man kleine Läden, die Fischernetze und Haushaltsgegenstände anbieten. Für einen Bummel über den Markt sollte man sich Zeit nehmen und, wenn man Lust hat, ein Stück Jackfruit, Ananas oder Rambutan probieren.

Kirche

Die katholische Kirche von My Tho wurde vor etwa 100 Jahren gebaut. Sie liegt an der Ecke Hung-Vuong- und Nguyen-Trai-Straße. Messen finden zweimal täglich um 5.00 und um 17.00 Uhr statt.

Chinesisches Viertel

Am östlichen Ufer des Kanals liegt das chinesische Viertel My Thos, in dem noch immer emsig gehandelt wird. Vor den engen Läden sind Zuckerrohr, getrockneter Fisch und Wassermelonen aufgetürmt, die auf ihren Transport nach Saigon warten.

*Vinh-Trang-Pagode

Etwa 1 km nordöstlich findet man die Vinh-Trang-Pagode, die 1820 erbaut wurde und eine Vielzahl von Buddha- und Bodhisattva-Figuren aufweist. Durch ständige Veränderungen und Renovierungen hat der Tempel mittlerweile Ähnlichkeit mit einem vor Verzierungen überbordenden Palast bekommen. Betritt man die Pagode, so sieht man zur Rechten den Speise- und Schlafsaal der hier lebenden Mönche. Im Hauptheiligtum, hinter dem Innenhof mit seinem sehenswerten Miniaturberg gelegen, beeindrucken die feingeschnitzeten Pfeiler mit ihrem Goldschmuck. Auch die 60 Statuen, darunter 18 Arhats, sind sehenswert. Teiche, Gärten und Grabanlagen umgeben die Tempelanlage. Seit einiger Zeit ist ein Waisenheim angeschlossen. Geöffnet: tgl. 7.30–12.00 u. 14.00–17.00 Uhr.

Am Miniaturberg der Pagode werden auch Naturgeister verehrt.

Räucherstäbchenfabrik

Auf dem Weg zur Pagode kann man auch an kleineren Betrieben (u.a. für Süßigkeiten) haltmachen. An der Ecke Anh Giac und Nguyen Trung ist zu sehen, wie Räucherstäbchen hergestellt werden: Dafür werden Bambusspäne in eine parfümierte Mischung aus Sägemehl und Leim getaucht und dann mit gelber Farbe überzogen. Vor dem Haus trocknen sie anschließed.

Tan-Lon-Insel

Die Tan-Long-Insel ist mit Booten erreichbar, die vom Le-Loi-Boulevard in My Tho ablegen und nur fünf Minuten für die Überfahrt brauchen. Auf der palmengesäumten Insel kann man schöne Spaziergänge durch Obstplantagen unternehmen oder sich im Inselrestaurant verköstigen.

Beim Abladen der Fracht

Umgebung von My Tho

Insel des Kokosnußmönchs

Wenige Kilometer außerhalb von My Tho befindet sich auf der sog. Phönixinsel Phung das Refugium des 1990 verstorbenen Kokosnußmönchs Ong Dao Dua. Es handelt sich um eine jener im Mekong-Delta zahlreich vertretenen Sekten, die ihre Blütezeit während der Teilung des Landes hatten. Seinen Namen erhielt der Gründer, weil er sich angeblich jahrelang nur von Kokosnüssen ernährte. Im Jahre 1945 hatte Nguyen Tanh Nam seine Familie verlassen und war Mönch geworden. Er entwickelte seine eigene Glaubenslehre (Tinh Do Cu Si), die eine Einheit von Christentum und Buddhismus propagierte, und verfocht die friedliche Wiedervereinigung von Nord- und Südvietnam, weshalb er von der Regierung im Süden mehrfach eingesperrt wurde. Wie andere Glaubenslehren auch, wurde die Dao-Dua-Sekte von der kommunistischen Führung bekämpft, aber dennoch gab es bis in die 80er Jahre hinein eine Gemeinde auf der Insel. In ihrer Blütezeit während der 60er Jahre zählte die Sekte gar einige tausend Mitglieder. Die Bauten der ehemaligen Sekte erinnern mit ihren drachenverzierten Säulen und einem vielstufigen Thron, von dem aus der Kokosnußmönch Audienz hielt, an eine Kombination aus Vergnügungspark und Weltraumbahnhof. Mittlerweile machen sie einen vernachlässigten Eindruck und lassen nur noch entfernt den Wohlstand erahnen, der auf der Insel einst geherrscht hat. Obwohl vor den Toren My Thos gelegen, gehört die Insel des Kokosnußmönchs verwaltungsmäßig schon zur Nachbarprovinz Ben Tre.

Schlangenfarm

Etwa 10 km westlich von My Tho befindet sich eine Schlangenfarm, in der Kobras und Pythons gezüchtet werden. Die Verwendungsmöglichkeiten sind vielfältig: Aus dem Gift der Schlangen werden Seren extrahiert, die Schlangenhaut wird zu Leder verarbeitet, und schließlich gilt Schlangenfleisch für viele Gaumen auch als Delikatesse. Außerdem enthält die Schlangenfarm eine Abteilung mit mißgebildeten Schildkröten und Fi-

Umgebung von My Tho (Fortsetzung)

schen, deren Erbgut vermutlich durch das Versprühen von Agent Orange im Vietnamkrieg verändert worden ist.

Ben Tre

Mit der Fähre kann man von My Tho aus auch nach Ben Tre (12 km südlich) fahren, das auf einer Insel zwischen den Mekong-Armen Cua Dai und Co Cien liegt. Während des Vietnamkriegs galt Ben Tre als Hochburg des Vietcong, der hier schon Ende der 50er Jahre Fuß fassen konnte; später wurde die Stadt amerikanischer Militärstützpunkt. Nirgends sonst waren die Kämpfe zwischen Regierungstruppen und Amerikanern gegen die Aufständischen so hart, nirgends wurden solche Mengen an Napalm und Agent Orange abgeworfen und nirgends waren die Verluste unter der Bevölkerung so groß wie hier. Ein amerikanischer Major äußerte: "Wir müssen die Stadt (Ben Tre) zerstören, um sie zu retten." So wurde Ben Tre zur "Insel der 1000 Witwen" und der nahe gelegene Ort Luong Hoa zum "Dorf der Witwen", da nur noch Frauen dort leben.
Mitten in der Stadt Ben Tre liegt die Vien-Minh-Pagode, in der die Göttin der Barmherzigkeit verehrt wird. Auch der zentrale Markt und die Reisweinfabrik im Süden der Stadt sind sehenswert. Mit dem Auto kann man innerhalb einer Stunde den südöstlich gelegenen Ort Ba Tri mit dem reizvollen Nguyen-Dinh-Chieu-Tempel erreichen.

Nha Trang E 6

Hauptstadt der Provinz Khanh Hoa (Südliche Zentralküste)
Einwohnerzahl: ca. 250 000
Entfernung: 448 km nördlich von Saigon

Lage und Bedeutung

Nha Trang mit seinem 6 km langen Sandstrand ist seit einigen Jahren Vietnams beliebtester Badeort. Palmen, Kasuarinen und Meertrauben säumen

Am Strand von Nha Trang kann man sich wunderbar erholen.

Lage und Bedeutung (Fortsetzung)

die Uferpromenade mit ihren kleinen Cafés und Fischrestaurants. Von hier blickt man auf die der Küste vorgelagerten Inselchen, beobachtet die Wassersportler und sieht den Händlerinnen zu, die Getränke und Obst verkau-

Lage und Bedeutung (Fortsetzung)

fen und auch Massagen anbieten. Die meisten Hotels liegen in den parallel zur Küste verlaufenden Straßen Tran Phu und Tran Hung Dao mit ihren eleganten Kolonialgebäuden. Im Norden der Stadt zeigt Nha Trang ein anderes Gesicht: Jenseits der Yersin Street geht es weniger ruhig und erholsam zu, denn hier liegt das umtriebige Handels- und Verwaltungsviertel mit chinesischen Geschäften und nüchternen sozialistischen Bauten.
Von → Phan Rang her kommend fährt man vorbei an Zuckerrohrfeldern, Salzbecken und Shrimpsfarmen, bis der Ort an der Mündung des Son-Cai-Flusses erreicht ist. Gerade bei Touren durch ganz Vietnam oder längeren Fahrten im Süden des Landes ist es sehr angenehm, einige Tage in Nha Trang entspannen zu können, bevor die anstrengende Reise weitergeht. Zudem hat die Stadt mehr als nur Strand zu bieten. Man kann schöne Ausflüge zu den nahegelegenen Inseln und Fischerdörfern machen oder die interessanten Museen des Ortes besuchen. Und ein ganz besonderes Highlight sollte keinesfalls versäumt werden: die Cham-Türme von Po Nagar, die auf einem Fels über dem Cai-Fluß mit seinen bunten Booten und schwimmenden Körben thronen.

Geschichte

Der Name Nha Trang (Fluß der Schilfe) wurde dem Ort von den Cham gegeben. Als die Nguyen Mitte des 17. Jahrhunderts das Gebiet besiedelten, standen die mächtigen Po-Nagar-Türme im Norden der heutigen Stadt bereits 700 Jahre lang. Im Jahre 1893 ließ sich der Schweizer Arzt Dr. Alexandre Yersin (→ Berühmte Persönlichkeiten) in dem idyllischen Fischerdorf nieder, woraufhin es auch von vielen Saigonern für die Sommerfrische entdeckt wurde. Bald schon entstanden entlang der Küste Villen und Pensionen im Kolonialstil. Auch Kaiser Bao Dai (→ Berühmte Persönlichkeiten) ließ sich von der außergewöhnlichen Schönheit der Küste bezaubern und eine Villa auf den Klippen südlich der Stadt errichten. In den 60er Jahren lag ganz in der Nähe ein US-amerikanischer Marinestützpunkt. Die GIs ruhten sich hier zwischen ihren Einsätzen aus. Nach 1975 wurde Nha Trang Erholungsort für die russischen Arbeiter auf dem Stützpunkt.

*Badeort

In den letzten Jahren ist aus Nha Trang ein international beliebter Badeort geworden, in dem man asiatische, europäische und amerikanische Urlauber trifft, aber genauso auch vietnamesische Familien, die das Strandleben genießen. Man kann sich am Stadtstrand bestens erholen. Und wenn einem die fliegenden Händler zu viel werden, muß man nur einige hundert Meter weitergehen, um ein ungestörtes Plätzchen zu finden. Zum Angebot der Hotels und der Strandbuden gehören Tauch- und Schnorchelkurse. Besonders schön ist auch eine ganztägige Bootstour zu den umliegenden Inseln. Um in die Fischerdörfer oder zu den verschiedenen Sehenswürdigkeiten Nha Trangs zu gelangen, mietet man am besten ein Fahrrad oder nimmt ein Cyclo.

Sehenswertes in Nha Trang

Alexandre-Yersin-Museum

Sollte man nach einer Weile genug von Sonne und Strand haben, kann man die Tran Phu Street in nördlicher Richtung entlangschlendern und das Pasteur-Institut mit dem Alexandre-Yersin-Museum besuchen. Seine Ausstellung befaßt sich mit dem Schweizer Arzt (→ Berühmte Persönlichkeiten), der sich im Jahre 1893 hier niederließ. Yersin wird in Nha Trang fast als Held verehrt, allerdings nicht für seine herausragende Leistung – die Entdeckung des Pestbazillus –, sondern v.a. dafür, daß er aufgrund seiner meteorologischen Kenntnisse Taifune voraussagen konnte und so das Leben vieler Fischer rettete.
Einige seiner Arbeitsgegenstände wie Teleskope und Barometer sind hier zu sehen. Außerdem zeigt die Bibliothek, wie weit sein Interessengebiet gespannt war – von Medizin über Gartenbau zu Bakteriologie und Astrologie. Das Pasteur-Institut, in dem das Museum untergebracht ist, wurde von Yersin selbst im Jahre 1895 gegründet. Geöffnet: Mo.–Sa. 13.30 bis 16.30 Uhr.

Khanh-Hoa-Museum

Wenige Häuser weiter befindet sich das Khanh-Hoa-Museum (16 Tran Phu) mit einer volkskundlichen Ausstellung und einer Sammlung zu Ho Chi Minh. Zu den Exponaten gehören eine Dong-Son-Trommel und ein steinzeitliches Xylophon (Lithophon).

Kathedrale

In südwestlicher Richtung stößt man auf die Thai Nguyen Street, die zu zwei weiteren Sehenswürdigkeiten der Stadt führt. Die Kathedrale an der Ecke zur Nguyen Trai Street wurde 1933 erbaut. Sehr schön sind ihre Buntglasfenster.

*Long-Son-Pagode

Vermutlich hat man schon von weitem den großen weißen Buddha gesehen, der über die Stadt zu wachen scheint. Er sitzt auf einem Lotosthron oberhalb der Long-Son-Pagode, nur wenige hundert Meter von der Kathedrale entfernt. Dieses Heiligtum wurde 1930 erbaut. Über seinem Hauptaltar thront ein beeindruckender bronzener Buddha, die Wände zieren Gemälde mit Jataka-Szenen. Hinter der mittleren Säulenhalle führt eine Treppe vorbei an fliegenden Händlern und Bettlern auf den Hügel.

Buddha-Statue

Dort oben war die imposante Buddha-Statue im Jahre 1963 als Symbol für den Kampf der Buddhisten gegen das repressive Diem-Regime errichtet worden. Auf ihrem Sockel sind Bilder von Mönchen und Nonnen zu sehen, die sich aus Protest selbst verbrannten, darunter auch Thich Quang Duc (→ Berühmte Persönlichkeiten). Von dem Hügel bietet sich ein wundervoller Blick auf Nha Trang und die Küste.

Bao-Dai-Villa

Im Süden der Stadt liegt die Bao-Dai-Villa inmitten eines wunderschönen Parks. Heute ist in dem auf den Klippen über dem Meer thronenden Art-déco-Gebäude ein Hotel untergebracht. Von dem Gartenrestaurant hat man eine faszinierende Aussicht auf die Küste, den Hafen und die vorgelagerten Inseln.

Nördlich des Zentrums liegen die bunten Ausflugskähne und runden Korbbote im Hafen.

Ozeanographisches Institut

Wer sich für Meereskunde interessiert, sollte das nahegelegene Ozeanographische Institut (geöffnet: tgl. 7.00–11.30 u. 13.30–17.00 Uhr) besuchen. In seinem Aquarium sind allerlei Fische und Meerestiere zu sehen, darunter Schildkröten, Langusten und Seepferdchen. Das angeschlossene Museum informiert über die Naturgeschichte der Gegend.

Cau Da

**Bootstouren

Vom Hafen des Fischerdörfchens Cau Da (5 km südlich des Zentrums) kann man mit dem Boot Touren zu den Karstinselchen vor der Küste machen. Kleine runde Korbboote bringen einen zu den bunten Ausflugskähnen, auf denen auch ein reichhaltiges Mahl (Meeresfrüchte und Fisch) zubereitet und serviert wird. Man hat zudem ausgiebig Gelegenheit, in hübschen Buchten zu baden und zu schnorcheln. Oft gibt es auch eine "schwimmende Bar", an der man sich, faul im Wasser treibend, erfrischen kann. Der Ablauf der angebotenen Touren variiert etwas, manchmal besucht man die Fischzuchtstation auf der Insel Tri Nguyen. Bekannt sind die Eilande, v.a. Hon Yen (Schwalbeninsel), für ihre Vogelnester, aus denen die "Bird's nest soup" zubereitet wird. Zweimal im Jahr, wenn die Jungen schon ausgeflogen sind, werden die zum Großteil aus Speichel bestehenden Nester von den Klippen gesammelt. Im gesamten asiatischen Raum gelten sie als Delikatesse und potenzförderndes Mittel.

**Türme von Po Nagar (Thap Ba)

Ensemble aus Kultur- und Naturschönheiten

Auf dem Weg zu den Po-Nagar-Türmen (1½ km nördlich des Zentrums) führt die Xom-Bong-Brücke über den Cai-Fluß, vorbei an einem kleinen Hafen mit seiner farbenfrohen Fischerflotte, blau-roten Kanus und runden Korbbooten. Mitten unter ihnen ragt ein riesiger Felsblock aus dem Wasser. Auf diesem wurde ein chinesischer Schrein errichtet, zu dem die Fischer kleine Opfergaben bringen, bevor sie in See stechen. Von dem Tempelhügel aus bietet sich ein sagenhafter Blick auf dieses Szenarium.
Das Heiligtum war Po Nagar, der Muttergöttin der Cham, geweiht, die während der hinduistischen Kulthandlungen zu Bhagavati, der Gattin des Gottes Shiva, wurde. Über die Jahrhunderte hinweg waren die Tempel von Kauthara, wie sie unter den Cham genannt wurden, mehrfach Angriffen der Malaien, Khmer und Chinesen ausgesetzt. So kommt es, daß von den acht Cham-Türmen oder Kalanen, die zwischen dem 7. und dem 12. Jahrhundert auf dem Cu-Lao-Hügel erbaut wurden, heute nur noch vier stehen. Mittlerweile wurde aus der Anlage eine gut besuchte, buddhistische Kultstätte, wie man an dem Räucherwerk und den vielfältigen Opfergaben erkennen kann.

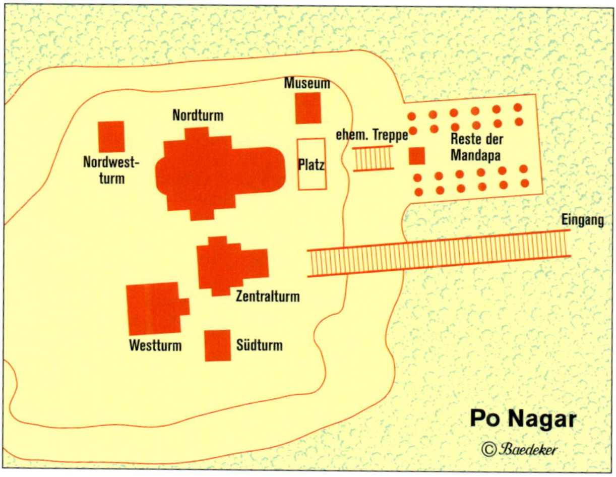

Mandapa

Die Besucher gelangen über eine Treppe auf den Hügel, vorbei an Bettlern und Händlern, wohingegen die damaligen Pilger durch die Mandapa schritten, deren Säulenreste noch zu sehen sind.

Türme von Po Nagar (Fts.)

Von hier führten Stufen direkt zum Haupttempel. Geöffnet ist die Anlage täglich von 8.00 bis 17.00 Uhr.

*Nordturm mit Po-Nagar-Statue

Derzeit wird der dreistöckige, 23 m hohe Nordturm, der im Jahre 817 unter Harivarman I. errichtet wurde, restauriert. Das beeindruckende Gebäude gilt als eines der schönsten Beispiele der Cham-Architektur. Auf seinem Sockel erhebt sich ein massiger Bau, der mit Doppelpilastern und lotosbesetzten Arkaden geschmückt ist. Über dem Portal ist ein tanzender, vierarmiger Shiva (Nataraja) zu sehen, dessen Fuß auf einem Nandikopf steht und der von Musikern eingerahmt ist. Am Türrahmen und an den Wänden des Vorraums sind Inschriften in Sanskrit angebracht, die von Opfern an die Göttin berichten. Dann führt ein Gang mit pyramidenförmigem Dach zum Sanktum, an dessen Dunkelheit man sich erst gewöhnen muß. Ursprünglich stand hier ein goldener Lingam, der von den Khmer schon im 10. Jahrhundert gestohlen wurde. Später wurde er durch die Po-Nagar-Statue ersetzt, die man heute hier sehen kann. Allerdings ist ihr Kopf nicht mehr der alte, denn das Original wurde von den Franzosen entwendet. Das neue Haupt verleiht ihr ein puppenhaftes Aussehen, was durch den gelben Umhang, der ihre zehn Arme versteckt, noch verstärkt wird. Neben der Figur wachen zwei Elefanten aus Eisenholz (8./9. Jh.). Es sind die einzigen erhaltenen Cham-Skulpturen dieser Art. In dem an der hinteren Wand stehenden Kleiderschrank werden die verschiedenen Gewänder der Po Nagar aufbewahrt, die während aufwendiger Zeremonien dreimal im Jahr (Tet, 30. März und 15. Juli) gewechselt werden. Noch immer wird sie als Schutzgöttin der Stadt verehrt und ihre Statue zum Merian-Fest (März) im Fluß gebadet.

Noch heute wird der Po Nagar als mächtiger Göttin gehuldigt.

Zentralturm

Die drei kleineren Türme sind weniger verziert und auch schlechter erhalten als der Nordturm. Sehr angegriffen ist der mittlere Kalan (12.Jh.). Ihn besuchen v.a. kinderlose Paare, die an seinem Lingam um Fruchtbarkeit beten.

Südturm

Im südlichsten Kalan (12. Jh.) kann man einen beeindruckenden Lingam sehen. Der Turm besteht aus zwei Teilen, einem gewölbten Dach und einem nahezu quadratischen Bau mit Vestibül.

Nordwestturm

Der Nordwestturm aus dem späten 10. Jahrhundert ist heute nicht mehr zugänglich. Er war einst Ganesha, dem elefantenköpfigen Sohn Shivas, geweiht. An seinen Außenwänden sind noch Darstellungen von Tiergöttern zu erkennen: im Süden Garuda, im Norden ein Löwe und im Westen ein Mensch auf einem Elefantenkopf (evtl. Indra?).

Museum

In dem kleinen angegliederten Museum kann man Fotos von den Restaurationsarbeiten und einige Sockelteile sehen.

Umgebung von Nha Trang

Hon-Chong-Bucht

Will man ruhiges Strandleben genießen, sollte man zur Hon-Chong-Bucht, etwa 500 m nördlich von Po Nagar, fahren. Zwar ist ihr Küstenabschnitt nicht ganz so gepflegt wie der Stadtstrand, doch das Wasser ist wunder-

Hon-Chong-Bucht (Fortsetzung)

bar klar und leuchtet türkisblau in der Sonne. An der Südseite findet man einige glatte Findlinge, von denen einer einen Abdruck aufweist. Die Einheimischen erzählen, er stamme von einem Riesen.

Doc Let

Auf der Fahrt in Richtung Norden lädt der weiße Sand von Doc Let (40 km von Nha Trang) zu einem Zwischenstop ein. Hier spenden Palmen und Kasuarinen Schatten; zudem sind ein Restaurant, Umkleidemöglichkeiten und Erfrischungsstände vorhanden. Vor der Küste sieht man die Korbboote aus dem nahegelegenen Fischerdorf vorbeischaukeln.

Wenn das Meerwasser verdunstet ist, muß man das Salz nur noch zusammenkehren.

Cam Ranh Bay

Etwa 50 km südlich von Nha Trang liegt die Cam Ranh Bay, deren großer natürlicher Hafen der US-Army als Militärstützpunkt diente. Heute ist der Ort als Zentrum der Salzproduktion bekannt. Überall sieht man weiße Flächen, denn das Meerwasser wird auf abgeteilte Felder geleitet, wo es dann in der Sonne verdunstet. Danach muß das zurückgebliebene Salz nur zusammengerecht werden. Cam Ranh hat außer einer kleinen Cao-Dai-Kirche und der hübschen Phuoc-Hai-Pagode keine Sehenswürdigkeiten zu bieten.

Phan Rang **E 7**

Hauptstadt der Provinz Ninh Thuan (Südliche Zentralküste)
Einwohnerzahl: 40000
Entfernung: 344 km südöstlich von Saigon

Lage und Bedeutung

Die Provinzhauptstadt Phan Rang bildet mit Thap Cham eine Doppelstadt. Zusammen liegen sie am Chai-Fluß (5 km vom Meer entfernt) in einer trockenen Ebene, die von Kakteen und Flamboyants geprägt ist. Die Häuser in

Auf einer kleinen Anhöhe ragen die Türme von Po Klong Garai auf.

Lage und Bedeutung (Fortsetzung)

den Vororten mit ihren Weinspalieren haben ein fast mediterranes Flair. Doch das Wahrzeichen der Gegend sind die Cham-Türme von Po Klong Garai, von denen Thap Cham (dt. Cham-Turm) seinen Namen ableitet. Einst lag in dem Gebiet um Phan Rang das Königreich Panduranga, und noch immer leben mehrere tausend Nachfahren der Cham hier.
Es lohnt sich nicht, längere Zeit in der Stadt zu verweilen, lediglich die lachsfarbene Quan-Cong-Pagode (Thon Nhat Street) mit ihrem ausgefallenen Dachschmuck oder das Cham-Museum (17 Nguyen Trai), in dem v.a. Schmuck und Keramik ausgestellt sind, können besichtigt werden.

*Türme von Po Klong Garai

Besterhaltenes Beispiel der Cham-Baukunst

An der Nationalstraße 20 nach Da Lat (8 km westlich von Phan Rang) erheben sich inmitten einer wüstenhaften Landschaft die vier imposanten Türme von Po Klong Garai. Ende des 13. Jahrhunderts, während der Regierungszeit Jaya Simhavarmans III., wurden die hinduistischen Tempel auf einem Granithügel erbaut. Das Heiligtum ist dem legendären Fürsten Po Klong Garai gewidmet, der in der Cham-Mythologie dem hinduistischen Gott Shiva gleichkam. Gemeinsam mit der Urmutter Po Nagar rangierte er selbst über den Gottkönigen der Dynastie.
Eine Treppe führt zu der von Kaktusgestrüpp umgebenen Anlage. Durch einen Steinbogen gelangt man zu dem 21 m hohen Hauptkalan, dessen dreistöckiges Dach stark gegliedert ist. Auffallend sind dabei seine lotosförmigen Ecktürme und Götterfiguren in den Nischen. Der Turm öffnet sich nach Osten hin zur Meditationshalle, deren Grundmauern noch erhalten sind. Diese war wiederum mit einem Torturm verbunden. Südlich davon steht die Bibliothek, deren geschwungenes Dach Abschlüsse in Form von zwei Büffelhörnern zeigt. Eine ähnliche Form ist an den Fenstern zu sehen. Aufgrund der Affinität Po Klong Garais zu Shiva finden sich in dem Heiligtum viele Symbole und Darstellungen des Gottes: der tanzende, sechsar-

Türme von Po Klong Garai (Fortsetzung)

mige Shiva (Nataraja) über dem Eingang des Hauptturmes, den Gott in Stiergestalt (Nandi) im Vorraum oder der Mukhalingam (stilisierter Phallus), der für Schöpfungskraft und Männlichkeit steht, im Allerheiligsten. Dieser ist zudem mit dem Gesicht und den Insignien von Po Klong Garai ausgestattet. Früher, so heißt es, sei der Nandi regelmäßig von den Bauern "gefüttert" worden, damit er ihnen eine gute Ernte beschere. Dieser Brauch wird auch heute noch zum Kate-Fest (Oktober), dem Neujahrsfest der Cham, durchgeführt. Am Abend dieser Feier spielt man in der Anlage traditionelle Musik und führt alte Cham-Tänze auf. Am nächsten Morgen werden in einer feierlichen Prozession die Gewänder für den König zum Tempel gebracht.

Weitere Ziele in der Umgebung von Phan Rang

Ninh Chu Beach

Einen kurzen Abstecher lohnt der Ninh Chu Beach (6 km östlich von Phan Rang) mit seinem goldenen Sand und sanften Wellen. Lange Zeit war der Ort Regierungsmitgliedern vorbehalten, doch heute ist er frei zugänglich. Vor allem an den Wochenenden wird der Strand gerne besucht.

Türme von Po Ro Me

Die Türme von Po Ro Me (15 km südlich von Phan Rang), die im 17. Jahrhundert auf einem Hügel errichtet wurden, gelten als die letzten wichtigen Cham-Bauten. Leider ist das Heiligtum zu Ehren Po Ro Mes, des letzten Herrschers des unabhängigen Champa, stark zerstört. Einige Besonderheiten des späten Baustils sind noch zu erkennen, so z.B. die ausgeprägten Ecktürme auf dem Dach des mittleren Turms.
Sehr interessant ist das buntbemalte Halbrelief, das Shiva als schnurbärtigen König Po Re Me zeigt, bewacht von zwei Nandis. Westlich der Anlage – nach Auffassung der Cham in Richtung der toten Ahnen – findet man einen grobbehauenen Erinnerungsstein (kut) für den König. Denn nachdem die Cham 1471 aus ihrer Hauptstadt Vijaya fliehen mußten und ihr Reich langsam zerbrach, konnte der Standard ihrer Bildhauerkunst nicht beibehalten werden. So orientierten sie sich an ihren Ahnen und deren Verehrung von Naturgottheiten, die in Form einfacher Steine dargestellt wurden. Dieser Tempelkomplex gilt ebenfalls noch als Cham-Heiligtum. Auch hier wird jedes Jahr das Kate-Fest gefeiert.

Cham-Dörfer

In der Umgebung Phan Rangs gibt es noch einige Cham-Dörfer. Meist erkennt man die Cham – fast alle sind heutzutage Muslime – an ihren über die Kegelhüte gebundenen Kopftüchern. Tuan Tu, ca. 5 km südlich von Phan Rang, kann besichtigt werden; man benötigt allerdings eine behördliche Genehmigung.

*Ca Na

Ein feiner weißer Strand, türkisblaues Meer und ein reizvolles Korallenriff erwarten Sonnenhungrige und Schnorchler in Ca Na (32 km südlich von Phan Rang). Einige kleine Restaurants und Strandhütten bieten Erfrischungen an. Auf der Fahrt hierher kommt man vorbei an Eukalyptushainen und Reisfeldern sowie Obstgärten mit kaktusartigen, rankenden Pflanzen, an denen exotische Früchte wachsen.
Es handelt sich dabei um die Drachenfrucht (thanh long), die ungefähr so groß wie eine Mango ist. Ihre weiche, purpurrote Schale hat grüne Fortsätze, und wenn man sie aufschneidet, hat man weißes Fruchtfleisch mit schwarzen Kernen vor sich. Manchmal werden die Drachenfrüchte an Straßenständen zum Verkauf angeboten. Wer tropische Früchte liebt, sollte sie auf jeden Fall probieren. Ihr Geschmack erinnert ein wenig an den der Kiwi.

Bei Phan Rang und Nha Trang liegen die Hauptanbaugebiete der Drachenfrucht. ▶

Phan Thiet E 7

Hauptstadt der Provinz Binh Thuan (Südliche Zentralküste)
Entfernung: 198 km östlich von Saigon

Lage und Bedeutung

Wenn man auf der Küstenstraße zwischen Nha Trang und Saigon unterwegs ist, lohnt es sich, bei Phan Thiet anzuhalten, um eine Weile am Strand zu entspannen. Die Hauptstadt der Provinz Binh Thuan ist ein netter Fischerort an der Mündung des Ca Ty, der in den letzten Jahren touristisch erschlossen wurde. Unter Kokospalmen führt die Straße vorbei an kleinen Siedlungen, an dem einen oder anderen Strandrestaurant sowie an goldgelben sandbedeckten Hügeln, die die Halbinsel Mui Ne bilden.

Sehenswertes in Phan Thiet und Umgebung

Hung-Dao-Brücke

Von der Hung-Dao-Brücke über den Ca Ty kann man im Hafen ganz idyllisch die farbenfrohe Fischerflotte des Ortes liegen sehen.

Fischmarkt

Am südlichen Ende der Trung Trac Street befindet sich der Fischmarkt, in dem auch die recht geruchsintensive Fischsauce (nuoc mam, s.u.) hergestellt wird, die auf keinem vietnamesischen Tisch fehlen darf. Die gesamte Region wird mit der hier produzierten Würzsauce beliefert. Man sollte am frühen Morgen hierher kommen, um die Rückkehr der Männer vom Fang und den Handel mitzuerleben.

Ho-Chi-Minh-Museum

Am anderen Ende der Stadt kann man ein kleines Ho-Chi-Minh-Museum (Trung Nhi Street, geöffnet: Di–So. 7.30–11.00 u. 13.30–16.30 Uhr) besuchen, in dem u.a. ein Militärhelm und eine Fotografie des volleyballspielenden Nationalhelden zu sehen sind. Im Nebengebäude ist die Duc-Thanh-

Bei Mui Ne gibt es Dünen wie in der Sahara.

Schule untergebracht, in der Ho Chi Minh ein kurzes Gastspiel als Lehrer gegeben hat.

Phan Thiet, Museum (Fts.)

Die Ong-Pagode in der Tran Phu Street wird v.a. von kinderlosen Frauen besucht, die hier um Nachwuchs beten. Im rechten Raum kann man eine große Maske für den Drachentanz sehen.

Ong-Pagode

Um zu den außergewöhnlichen Dünen von Mui Ne zu gelangen, nimmt man die Straße in nordöstlicher Richtung. Der Strand beginnt bereits etwa 7 km hinter den Cham-Türmen von Pho Hai, dem südlichsten Heiligtum der Cham (8. Jh.).

Pho-Hai-Türme

Nach weiteren 6 km verändert sich der Strand, er ist nicht mehr felsig, sondern sandiger. Kokospalmen säumen die Straße, bis man die beeindruckenden rotgoldenen Dünen erreicht, für die die Gegend so berühmt ist. Das Kap Ne (Mui Ne) ist einfach traumhaft: Man wähnt sich mitten in der Sahara, aber mit einem ruhigen, klaren Meer vor der Haustür. Bei all diesen Reizen ließ der Tourismus nicht auf sich warten. In den letzten Jahren entstanden einige Resorts und Hotals an dem 21 km langen Strand.

**Mui Ne

Phu Quoc (Insel) B/C 7

Provinz: Kien Giang (Mekong-Delta)
Einwohnerzahl: 20 000
Entfernung: 370 km westlich von Saigon

Noch gilt diese abgelegene Insel nahe der kambodschanischen Küste als Geheimtip. Phu Quoc liegt im Golf von Thailand (50 km von Ha Tien entfernt) und ist mit rund 625 km^2 das größte Eiland Vietnams. Seine Hügel sind mit dichtem Regenwald überzogen, und es hat unzählige Badebuchten zu bieten – insgesamt 40 km Sandstrand mit schattenspendenden Palmen. Ortschaften finden sich in Phu Quoc fast nur an der Küste, das urwaldbedeckte Inselinnere ist nahezu menschenleer. Die meisten Siedlungen liegen auf der flacheren Westseite der Insel, die größte ist Duong Dong mit ungefähr 10 000 Einwohnern. Bislang bilden Fischfang und -verarbeitung den Haupterwerb der Bevölkerung. Eine wesentliche Einnahmequelle ist die berühmte Fischsauce Phu Quocs, die in ganz Vietnam Anklang findet. Reisanbau spielt dagegen, anders als im Mekong-Delta, gar keine Rolle.

*Lage und Landschaftsbild

Wasser vom gesalzenen Fisch

Ein Dip darf in Vietnam bei keinem Essen fehlen. Seine Grundlage bildet Nuoc Mam – eine salzige, scharfe Sauce, die aus fermentierten Sardellen hergestellt und beim Kochen und Würzen wie Salz gebraucht wird. Doch jede Köchin und jeder Koch hat ihr/sein eigenes Rezept für Nuoc Cham und variiert es passend zum jeweiligen Gericht als Dip oder Salatsauce. Wichtigste Zutaten sind neben der Fischsauce Limettensaft, Knoblauch, Chili und Zucker.
Als Handelsware wird die geruchsintensive Nuoc Mam zubereitet, indem winzige frische Sardellen abwechselnd mit Salz in große Holzfässer geschichtet werden, in denen sie bei offenen Spünden fermentieren. Nach etwa drei Monaten tropft eine Flüssigkeit heraus, die wieder zurück auf die oberste Schicht in das Faß geschüttet wird und weitere drei Monate fermentieren muß. Wenn ein halbes Jahr vergangen ist, wird die Fischsauce abgezogen, sterilisiert und in Flaschen gefüllt. Wie bei Wein oder Olivenöl gibt es auch bei der Fischsauce verschiedene Qualitätsstufen. Die beste Fischsauce ist die vom ersten Abzug.

Geschichte

Im 18. Jahrhundert war die Insel Sitz des französischen Missionars Pigneau de Behaine, der hier während des Tay-Son-Aufstandes den späteren Kaiser Gia Long eine Zeitlang versteckt hielt. Wegen ihrer Abgeschiedenheit wurde aus der Insel von den Franzosen und später auch von der Regierung Südvietnams eine Sträflingskolonie gemacht.

*Touristisches Angebot

Phu Quoc weist im Westen und Süden der Insel sehr schöne und immer noch fast menschenleere Strände mit klarem Wasser auf, ideal zum Baden, Schnorcheln und Tauchen. Am leichtesten zugänglich sind die Strände in der Nähe des Hauptorts Duong Dong. Man kann Ausflüge zu Wasserfällen, Höhlen, Pfefferplantagen und den südlich vorgelagerten Inseln unternehmen. Fischerboote bringen die Touristen zu den vorgelagerten Korallenbänken, um zu schnorcheln und zu tauchen. Bisher sind die schönen Strandabschnitte mit kristallklarem Wasser teils nur nach längerem Fußmarsch über staubige Pfade zu erreichen. Doch das ist nur die Ruhe vor dem Sturm: Ausländische Investoren haben bereits die potentiellen Flächen für große, erstklassige Hotelprojekte erkundet. Phu Quoc ist zweifellos ein Platz, an dem die Zeit noch stehengeblieben zu sein scheint, für den aber schon große Pläne geschmiedet werden.

Spielende Jungs am Strand von Phu Quoc

Verwaltung und Verkehr

Verwaltungsmäßig gehört Phu Quoc zur vietnamesischen Provinz Kien Giang. Kambodscha erhebt wegen der geringen Entfernung zu seiner Küste (15 km) immer wieder Anspruch auf die Insel, die dort den Namen Ko Tral trägt. Zu ihrem Schutz hat Vietnam deshalb an ihrer Südspitze eine Militärbasis errichtet.
Mit dem Festland ist Phu Quoc durch eine Fähre verbunden, die zwischen Rach Gia und Duong Dong verkehrt und einen kurzen Zwischenstop an der Militärbasis im Süden einlegt. Die Überfahrt dauert etwa zehn Stunden. Viermal wöchentlich wird Phu Quoc von Saigon aus angeflogen (1 Std. Flugzeit). Straßenverbindungen existieren auf der Insel fast nur zwischen den Orten entlang der Küste.

Play Cu (Pleiku) E 6

Hauptstadt der Provinz Gia Lai (Zentrales Hochland)
Einwohnerzahl: 35 000
Entfernung: 550 km nördlich von Saigon

Lage und Bedeutung

Kautschukplantagen, Wälder und Hänge voller Kaffeesträucher weisen den Weg zum Plateau von Play Cu im Zentralen Bergland Vietnams. In diesem dünnbesiedelten Gebiet lag einst der Kommandoposten der südvietnamesischen Armee für die gesamte Bergregion. Nicht nur Agent Orange wurde regelmäßig versprüht, auch Bomben fielen hier mehrmals – besonders im Jahre 1972. Als sich die nordvietnamesischen Truppen näherten und Präsident Thieu den Truppen befahl, sich aus Play Cu zurückzuziehen, floh die gesamte Zivilbevölkerung der Gegend. Mehr als 100 000 Menschen versuchten sich in Richtung Küste zu retten, doch Zehntausende fielen dem Dauerbeschuß des Vietcong zum Opfer. Bevor die Soldaten ebenfalls den Stützpunkt verließen, legten sie die Stadt in Schutt und Asche. Erst Ende der 80er Jahre wurde konsequent am Aufbau Play Cus gearbeitet.
Heute prägen nüchterne, schmucklose Bauten in einer nebligen, oft verregneten Landschaft das Stadtbild. Lediglich der Markt ist recht interessant, zu dem schon am frühen Morgen die Bewohner der umliegenden Dörfer kommen, um Auberginen, Schalotten, Pastinaken und Knoblauch zu verkaufen. Von Touristen wird Play Cu meist in Verbindung mit Buon Me Thuot besucht, um das Bergland kennenzulernen und Siedlungen der Minderheiten (Jarai, Bahnar, Ede) zu besuchen.

Langsam tropft der Kautschuk in die Auffangschalen.

Umgebung von Play Cu

Hinweis

Beim Besuch der Dörfer ethnischer Minderheiten ist Einfühlungsvermögen vonnöten. Es empfiehlt sich, mit Führern hierher zu kommen, die einem den Weg weisen und einige fremde Dinge erläutern können.

Jarai-Dörfer

Auf dem Weg nach Kon Tum liegen einige Dörfer der Jarai. Doch zuerst kommt man nach ca. 14 km zur Bien-Ho-Teefabrik und nach weiteren 2 km an die Yaly-Fälle. Schon in diesem Gebiet wird man Jarai begegnen, die in Reisfeldern und Kautschukplantagen arbeiten oder in riesigen Körben Waren von Dorf zu Dorf transportieren. Vor allem die Trachten der Frauen sind auffällig: sehr farbenfroh und horizontal gestreift. Nur wenige Kilometer von dem Wasserfall entfernt liegen die Dörfer Plei Mrong und Plei Mun mit ihren Langhäusern. Interessant sind auch die geschnitzten Holzstatuen auf ihren Gräberfeldern.

Kon Tum

Kon Tum (46 km nördlich von Play Cu) wurde von französischen Siedlern um 1860 gegründet, die nach den Missionaren in die Berge gekommen waren. Im Jahre 1888 machte sich der französische Abenteurer Marie-David de Mayréna (→ Berühmte Persönlichkeiten) selbst zum König der Region und regierte zwei Jahre lang. Wie Buon Me Thuot und Play Cu war auch Kon Tum den Luftangriffen der Amerikaner ausgesetzt. An die französische Zeit erinnern nur noch wenige Häuser in der Nguyen Hue Street und zwei Kirchen. In der Umgebung leben viele Bergvölker, v.a. Bahnar, die als erste Gruppe in ihrer eigenen Sprache schrieben. Besonders sehenswert

Umg. von Play Cu (Fts.)

ist Kon Kotu (ca. 5 km westlich) mit seinen Bambushäusern und einem wundervollen Versammlungshaus.

Bahnar-Siedlungen

In östlicher Richtung auf dem Weg nach → Qui Nhon sieht man einige Siedlungen der Bahnar mit ihren beeindruckenden Gemeindehäusern.

Qui Nhon E 6

Hauptstadt der Provinz Binh Dinh (Südliche Zentralküste)
Einwohnerzahl: 200000
Entfernung: 677 km nordöstlich von Saigon

Lage und Bedeutung

Aufgrund ihres Reichtums an Kokospalmen wird die Provinz Binh Dinh auch "Land der Kokosnüsse" genannt. Wie in den umliegenden Provinzen leben die meisten Menschen hier vom Fischfang und der Verarbeitung von Edelhölzern und Heilpflanzen. Die Hauptstadt Qui Nhon, die auf den alten Cham-Hafen Shri Banoi zurückgeht, liegt etwa 10 km östlich der N 1 auf einer Halbinsel an der Mündung des Song Cai. Eine der großen amerikanischen Militärbasen hat sich hier in den 60er Jahren befunden, und noch immer ist die Spitze der Landzunge aus militärischen Gründen gesperrt.
Wegen der großen Feuchtigkeit – die Stadt wird oft von Taifunen und starken Regenfällen heimgesucht – sind viele der Häuser moosbefallen und wirken ein wenig ungepflegt. Reisenden hat Qui Nhon keine besonderen Sehenswürdigkeiten zu bieten, doch man kann hier gut einen Stop zwischen Nha Trang und Da Nang einlegen. Außerdem gibt es in der Umgebung einige interessante Relikte der Cham-Kultur zu besichtigen, und man kann von hier Ausflüge ins Hochland nach → Play Cu machen. Noch ein Tip für Theater-Interessierte: Die beste Tuong-Theatergruppe Vietnams hat in Qui Nhon ihren Sitz!

Farbenfrohe Grabstätten im buddhistischen Teil des Friedhofs

Sehenswertes in Qui Nhon

Lon-Markt

Zentrum der Stadt ist der lebhafte und bunte Lon-Markt, auf dem Obst und Gemüse aus der Region verkauft werden.

Chua Long Khanh

Nur einige Straßenzüge weiter – zwischen Markt und Stadion – steht in der Tran-Cao-Van-Straße der 300 Jahre alte Long-Khanh-Tempel. Schon von weitem kann man die 17 m hohe Buddha-Statue (1972) sehen, die aus einem Lilienteich ragt. Die Ursprünge des Tempels gehen bis zum Jahre 1700 zurück, doch immer wieder wurde er zum Opfer von Verwüstungen. Das erklärt sein modernes Erscheinungsbild – die letzte Renovierung fand Ende der 70er Jahre statt.

Zoo

Am östlichen Ende der Nguyen-Hue-Straße liegt ein kleiner Zoo, in dem vor allem Tiere (Affen, Bären und Krokodile), die in Kambodscha gefangen wurden, zu sehen sind.

Friedhof

Im Norden der Stadt kommt man an einem riesigen Friedhofsgelände vorbei. Es besteht aus einem Soldatenfriedhof sowie buddhistischen und katholischen Gräberfeldern. Wenn man sich ein wenig Zeit nimmt, entdeckt man hier alte und auch relativ neue Grabanlagen, schlichte und aufwendige Steine mit Bildern oder Ornamenten – alle sind bunt bemalt. Die buddhistischen Ruhestätten erkennt man daran, daß sie mit einer Lotosblüte bekrönt sind oder ein Hakenkreuz als Glückssymbol tragen.

Umgebung von Qui Nhon

Cham-Türme

Viele Relikte der Cham-Kultur sind in der Umgebung Qui Nhons zu finden, denn die einstige Hauptstadt der Cham, Vijaya, lag nur 35 km nördlich in der Nähe des Dorfes Dap Da. Nach dem Fall von Indrapura im Jahre 982 hatten die Cham sich hier niedergelassen, und obwohl der Ort immer wieder Angriffen der Khmer und der Vietnamesen ausgesetzt war, konnte er seine Stellung lange behaupten. Erst 1471 konnte Vijaya eingenommen und zerstört werden – so konnten die Vietnamesen ihr Reich weiter ausdehnen und in den Süden vordringen. In der Umgebung der einstigen Hochburg entstanden im 11. und 12. Jahrhundert einige Türme, die nach Materialien (Silber etc.) benannt wurden, was aber nichts mit ihrer einstigen Ausstattung zu tun hat.

Thap Doi

Am Stadtrand von Qui Nhon (ca. 2 km nördlich des Zentrums) kann man in der Nähe der N 1 die Zwillingstürme von Thap Doi (11. Jh.) entdecken. Im Gegensatz zu den für die Cham-Architektur typischen, meist abgestuften Dächern haben die Türme von Thap Doi geschwungene, pyramidenförmige Aufbauten vorzuweisen. An ihren Ecken sitzen Garuda-Figuren. Mit Unterstützung der UNESCO konnten die Türme in den letzten Jahren rekonstruiert bzw. restauriert werden.

Thap Bac (Banh It)

Nahe der Abzweigung (N 19) bei An Nhon (ca. 20 km nördlich von Qui Nhon) tauchen inmitten der hügeligen Landschaft vier reichverzierte Türme (Thap Bac) aus dem 12. Jahrhundert auf. Die sog. Silbertürme waren eine der ersten Kalan-Gruppen, die – wie später üblich – auf einem Berg errichtet wurden. Von hier oben bietet sich eine wunderbare Aussicht über die Landschaft und die anderen Cham-Türme der Umgebung.

Quang-Trung-Museum

Das Quang-Trung-Museum im Dorf Phu Phong (Bezirk Tay Son, 45 km nordwestlich von Qui Nhon) steht ganz im Zeichen Nguyen Hues, einer der Brüder, die den Tay-Son-Aufstand anführten. Später nannte er sich Quang Trung und ließ sich zum Kaiser krönen. Das Museum bietet eine interessante Ausstellung zu dem historischen Ereignis, und zudem Aufführungen der Kampftechnik Vo Si, die Nguyen Hue entwickelt haben soll. Am 5. Tag des 1. Mondmonats wird das Tay-Son-Fest gefeiert, in Erinnerung an den Sieg über die Chinesen.

Umg. v. Qui Nhon, Duong Long

Folgt man der Straße weiter, gelangt man nach 10 km zu den Elfenbeintürmen (Thap Duong Long, 12. Jh.), die Elemente der Khmer- und der Cham-Architektur miteinander verbinden. Es ist nicht ganz einfach, dorthin zu gelangen, da der Weg teilweise nicht befestigt ist.

Canh Tien

Zurück auf der N 1 trifft man nach etwa 14 km auf das Dorf Dap Da. Von hier sind es noch 1½ km zum Canh-Tien-Turm – einst Zentrum Viyajas, der alten Cham-Kapitale (10.–15. Jh.). Leider sind fast nur noch verstreut liegende Mauerreste zu sehen; einige Funde aus der einstigen Stadtanlage kann man im Cham-Museum in Da Nang besichtigen. Der Kalan (13. Jh.) stand einst inmitten der Zitadelle. Im Lauf der Jahrhunderte wurde er in großen Teilen zerstört und nicht mehr vollständig restauriert. Beachtenswert sind nach wie vor die Simse und das Dach mit seinen Ecktürmchen.

Hoi Van

Hat man nun genug von Cham-Türmen, dann kann man vielleicht hier entspannen: an den berühmten heißen Quellen von Hoi Van (ca. 35 km nördlich von Qui Nhon).

*Sa Huynh

An einer halbmondförmigen Bucht mit goldenem Sand taucht das hübsche Fischerdorf Sa Huynh (etwa 115 km nördlich von Qui Nhon) vor einem auf. Der schöne, palmengesäumte Strand lädt zu einer Rast auf dem Weg nach → My Lai oder → Hoi An ein. In dem kleinen Hotelrestaurant werden gute Fischgerichte angeboten, zudem gibt es Obst- und Getränkeverkäufer. Wer will, kann mit dem Boot eine Fahrt zu der nahen Insel Genh Nhu machen.

Rach Gia C 7

Hauptstadt der Provinz Kien Giang (Mekong-Delta)
Einwohnerzahl: 120 000
Entfernung: 250 km westlich von Saigon

Lage und Bedeutung

Das Zentrum von Rach Gia, am Golf von Siam im äußersten Westen des Mekong-Deltas gelegen, dehnt sich zwischen zwei kanalisierten Armen des Cai-Lon-Flusses aus. Rach Gia und Long Xuyen sind durch ein strickleiterartiges Kanalsystem miteinander verbunden, dessen Hauptkanal der Thoai Ha ist. Es wurde 1780 von dem Baumeister Thoai Ngoc Han, der später in Diensten des ersten Kaisers der Nguyen-Dynastie, Gia Long, stand, fertiggestellt (→ Chau Doc). Erst der Kanal erlaubte die Erschließung dieses außerordentlich dünn besiedelten Gebiets, in dem lediglich einige Khmer lebten. Neben Anbau und Verarbeitung tropischer Früchte spielt der Fischfang in der Hafenstadt eine wichtige Rolle.
Beim Spaziergang durch die Straßen Rach Gias entdeckt man prachtvolle Villen aus der Kolonialzeit und hübsche Cafés, eine Vielzahl von Geschäften und farbenfrohe Märkte. Insgesamt macht die Stadt einen sehr freundlichen und auch relativ wohlhabenden Eindruck.

Sehenswertes in Rach Gia

Vinh-Tanh-Van-Markt

Von der Uferpromenade (Bach Dang Street) – ungefähr auf der Höhe der westlichen Brücke – erstreckt sich der lebhafte, farbenfrohe Markt der Stadt in südlicher Richtung.

Rach-Gia-Museum

Das Rach-Gia-Museum (21 Nguyen Van Troi Street) zeigt Grabungsfunde der historischen Stadt Oc Eo, deren Ruinen nur wenige Kilometer entfernt zu besichtigen sind.

Nguyen-Trung-Truc-Tempel

Der Nguyen-Trung-Truc-Tempel in der Nguyen Cong Tru Street wurde von den Vietnamesen zu Ehren Trung Trucs erbaut, der gegen die Franzosen

Nguyen-Trung-Truc-Tempel (Fortsetzung)

kämpfte, die hier in den 60er Jahren des letzten Jahrhunderts Fuß faßten. Unter anderem führte er einen Aufstand an, bei dem das französische Kriegsschiff "Esperance" vor der Halbinsel → Vung Tau in Brand gesetzt wurde, konnte sich jedoch immer wieder der Verhaftung entziehen. Erst 1868, als die Franzosen seine Mutter und andere Zivilisten als Geiseln nahmen und sie umzubringen drohten, stellte sich Trung Truc und wurde in Rach Gia hingerichtet. Im Zentrum des Tempels befindet sich ein Altar mit dem Portrait des Widerstandskämpfers. An der Ham Nghi Street wurde ihm zu Ehren ein Denkmal errichtet und die hier abzweigende Straße nach ihm benannt.

Die freundlichen Marktfrauen machen gerne auch mal eine Pause, um eine Kleinigkeit zu essen und zu plaudern.

Ong-Bac-De-Pagode

Die taoistische Ong-Bac-De-Pagode ist einer Reinkarnation des Jadekaisers geweiht. Chinesische Einwanderer errichteten sie um 1900 in der Nguyen Du Street.

*Phat-Long-Pagode

Nördlich des Stadtzentrums steht die 200 Jahre alte Phat-Long-Pagode (Große-Buddha-Pagode), die von den Khmer im theravada-buddhistischen Stil errichtet wurde, in der Quang-Trung-Straße. Besonders beeindruckend sind ihre geschnitzten Dächer und die Wandbilder mit Szenen aus dem Leben Buddhas. Inmitten eines großen Parks mit Lotosteich und Stupafeld kann man bei dem Heiligtum verweilen. Ungefähr 30 Mönche leben in den hinteren Gebäuden des Klosterareals.

Weitere Gotteshäuser

Neben weiteren Pagoden besitzt Rach Gia einen Cao-Dai-Tempel und eine protestantische Kirche in der Nguyen Trung Tuc Street südlich des Zentrums.

Strand

An der westlichen Seite der Stadtinsel hat Rach Gia auch einen Strand. Allerdings eignet er sich weniger zum Baden als vielmehr zum Flanieren. Getränkekioske und Liegestühle sind vorhanden.

Umgebung von Rach Gia

Oc Eo

Etwa 12 km östlich von Rach Gia liegt das Ruinenfeld der historischen Stadt Oc Eo am Fuß des 210 m hohen Ba-The-Berges. Sie wurde von den Franzosen 1946 bei Grabungen zufällig entdeckt. Die Siedlung hatte ihre Blütezeit während des Funan-Reichs (1.–6. Jh.). Wie das nachfolgende Reich der Cham gehörte es zu jenen hinduistischen Staaten, die sich in einem weiten Bogen vom indischen Subkontinent bis zum indonesischen Archipel spannten. Funan umfaßte Teile Vietnams, Kambodschas, der malayischen Halbinsel und Indonesiens. Als Drehscheibe für den Handel zwischen Indien und China unterhielt es auch Verbindungen in den Westen bis nach Persien. Grundlage der hochentwickelten Stadt war ein ausgeklügeltes Kanalsystem, das sowohl der Bewässerung der Felder als auch als Transportweg diente. Das Gefälle der Kanäle in Richtung Meer wurde zudem zur Entsalzung der Mangrovenwälder in Küstennähe genutzt.

Heute ist von Oc Eo nur noch zu finden, was die Schwemmsande des Mekong unter sich begraben haben. Dazu zählen Gebäudefundamente, aber auch Münzen und Edelsteine, darunter sogar eine römische Münze (2. Jh.) mit dem Portrait Kaiser Mark Aurels, was für die weitreichenden Handelsbeziehungen Funans spricht. Ansonsten blieb von dieser Kultur so gut wie nichts übrig. Wie in Indien üblich, waren die Wohnhäuser der Menschen nicht aus Stein gebaut, sondern aus Holz und Bambus und verfielen unter dem Einfluß des tropischen Klimas rasch. Auch die Sakralbauten überdauerten die Zeit nicht.

Long Xuyen

Long Xuyen, 65 km nordöstlich von Rach Gia inmitten einer fruchtbaren Gegend gelegen, gilt als reichste Stadt des Mekong-Deltas. Sie erstreckt sich am rechten Ufer des Hau Giang und ist rechtwinklig angelegt. Seit langer Zeit ist sie eine Hochburg der Hoa-Hao-Sekte. Diese buddhistische Glaubensgemeinschaft legt Wert auf die Einfachheit der religiösen Rituale und Bauwerke. Ihre größte Zeit hatte die Hoa-Hao-Sekte während der Teilung des Landes, als sie einen Staat im Staate bildete und die Kontrolle über große Teile des Mekong-Deltas ausübte. Sehenswert sind die katholische Kirche im Westteil der Stadt (nahe der Trang-Hung-Dao-Straße) und die Quan-Tanh-De-Pagode (südlich des Marktviertels), die von Auswanderern aus Südchina zu Beginn des 20. Jahrhunderts gegründet wurde.

Sa Pa **B 1**

Provinz: Lao Cai (Bergland des Nordens)
Einwohnerzahl: 10 000
Entfernung: ca. 300 km nördlich von Hanoi

**Lage und Bedeutung

In einem Hochtal inmitten der traumhaften Berglandschaft der sog. Tonkinesischen Alpen liegt Sa Pa, ein in den 20er Jahren von den Franzosen ausgebauter Höhenluftkurort (1560 m). Die Nähe zur chinesischen Grenze und die schwere Erreichbarkeit des Ortes haben seine touristische Entwicklung behindert. Daran konnten auch die traumhaft schöne Lage und das angenehme Gebirgsklima nichts ändern. Früher gab es in Sa Pa zwar hübsche Villen, Hotels, Restaurants und eine kleine katholische Kirche, doch fiel vieles den Überfällen der Chinesen 1979 zum Opfer. Erst vor kurzem wurde Sa Pa "wiederentdeckt".

Wenn man eine Tour hierher plant, muß man – von Hanoi aus – mit drei Tagen rechnen: jeweils einen Tag hin und zurück und einen, um den Ort und die Umgebung zu erkunden. Doch diese Fahrt lohnt sich gewiß, denn man lernt hier ein neues Gesicht Vietnams kennen mit Reisterrassen, Stelzenhäusern, Albino-Wasserbüffeln und Bergvölkern. Ursprünglich sind verschiedene Minderheitengruppen um Sa Pa ansässig, v.a. die kleinen, indigoblau gekleideten Hmong und die größeren Roten Dao, deren Frauen imposante rote Turbane tragen. Seit alters her bauen sie in der kühlen Re-

Dao-Frauen, Hmong-Mädchen – und eine Exotin

Lage und Bedeutung (Fortsetzung)

gion Obst, Gemüse, Tee und Zimt an. Vor allem an Samstagen kann man die Bewohner der umliegenden Dörfer zum Markt strömen sehen. Sie bieten hier Trachten, Stickereien und Silberschmuck zum Verkauf an. Außer diesem Markt hat Sa Pa wenig Interessantes zu bieten; man besucht den Ort wegen seiner Lage in einer ausgesprochen reizvollen Landschaft und um Bergtouren zu unternehmen. So kann man den Fan Si Pan, mit 3143 m der höchste Gipfel Vietnams, erklimmen.
Für die kühlen Abende sollte man hierher warme Kleidung mitbringen; nachts können die Temperaturen unter den Gefrierpunkt fallen. Am besten sind die Monate September bis November und März bis Mai für einen Besuch in Sa Pa und eine Tour auf den Fan Si Pan geeignet, auch wenn es dann kalt und neblig sein kann.

Ausflüge in die Umgebung

Hinweis

Von Sa Pa aus besteht die Möglichkeit zu Ausflügen mit dem Mofataxi, dem Jeep oder dem Pferdewagen. Dies ist allerdings eine recht teure Angelegenheit. Außerdem ist es viel reizvoller, die Gegend auf den engen, z.T. auch steilen Pfaden zu Fuß zu erkunden. Einen Führer zu nehmen ist sinnvoll. Falls der Weg zu weit erscheint, kann man sich auf der Hauptstraße (bis zur jeweiligen Abzweigung ins Tal) von den vorbeikommenden Mofataxis mitnehmen lassen.

*Cat Cat

In der näheren Umgegung Sa Pas gibt es einige Hmong-Dörfer, zu denen man wandern kann. Das beliebteste ist sicherlich Cat Cat im Muong-Hoa-Tal (ca. 3 km entfernt). Man nimmt die Straße westlich des Marktplatzes, bis man zu einer verfallenen französischen Villa kommt, und biegt dann links auf einen Pfad ab, der nach unten in das Tal führt.
Schon bald sieht man dann die Holzhütten inmitten von Obstbäumen und Bambusdickicht. Unterhalb des Dorfes gelangt man zu einem Wasserfall,

Cat Cat (Fortsetzung)

einem angenehmen Ort für eine kleine Rast. Von hier sind es noch etwa 4 km bis zu der größeren Siedlung Sin Chai.

Lao Chai

Eine andere Wanderung führt in südliche Richtung durch Lao Chai bis nach Ta Van (ca. 12 km), in dem Giay und Dao leben. Auf diesem Weg sieht man hübsche Dörfchen und eine phantastische Landschaft. Am Wegesrand sind Steine mit eingeritzten Zeichen zu finden, von denen man annimmt, es handle sich um eine alte Hmong-Schrift.

Ta Phin

Nordöstlich von Sa Pa kann man auf der Straße nach Lao Cai zu der Siedlung Ta Phin gelangen, wo Rote Dao leben. Nach ungefähr 6 km sollte man einem Weg, der nach links abgeht, folgen. Durch ein wundervolles Tal mit Reisterrassen erreicht man Ta Phin nach etwa 5 km.

Landschaft auf dem Weg nach Lao Cai

*Fan Si Pan

Zudem werden Trekking-Touren (3 bis 5 Tage) auf den Fan Si Pan angeboten. Der höchste Berg Vietnams (3143 m) erhebt sich inmitten des Hoang-Lien-Son-Naturreservats, 9 km von Sa Pa entfernt. Allerdings ist die Tour nicht zu unterschätzen: Für den rund 14 km langen Weg muß man wieder hinunter auf 1200 m und eine wacklige Bambusbrücke überqueren. Dann beginnt der eigentliche Aufstieg (Höhenunterschied ca. 2000 m) auf teilweise überwucherten Pfaden durch Pinienwälder und Bambusdickichte. Als Belohnung für all die Mühen breitet sich auf dem Gipfel vor einem das atemberaubende Panorama der Berge Nordwest-Vietnams aus – im Süden reicht der Blick bis in die Son-La-Provinz und im Norden bis zu den Gipfeln Yunnans in China. Allerdings ist das Wetter ein ziemlich kritischer Faktor bei der Tour auf den Fan Si Pan: Es wechselt sehr schnell, und schon viele waren wegen Nebel, Regen oder Kälte gezwungen, umzukehren. Alleine sollte man sich keinesfalls auf den Weg machen! Ein Führer, der die Wege kennt und einen durch das Dickicht führen und Wasserquellen finden kann, ist auf dieser Route unverzichtbar. In den Hotels "Auberge" und "Orchid" können kompetente Guides vermittelt werden.

Umgebung von Sa Pa (Fts.), Lao Cai

Lao Cai liegt 30 km nordöstlich von Sa Pa am Roten Fluß und ist als Zwischenstation für Reisende von Hanoi nach Kunming (China) bekannt. Von Hanoi aus benötigt man etwa 10 Std. mit dem Zug hierher. Jenseits der Stahlbrücke mit dem Grenzposten (tgl. 8.00–17.00 geöffnet) ragen die Hochhäuser der chinesischen Stadt Hekou auf. Etwa 150 m östlich der Brücke über den Roten Fluß kann die Den-Thuong-Pagode besichtigt werden. Sie steht auf einem Hügel direkt neben einem Banyan-Baum.

Saigon (Ho-Chi-Minh-Stadt) — D 7

Stadtstaat Ho Chi Minh City (Süden)
Fläche: 2000 km^2
Einwohnerzahl: 6 Mio.

Lage und Bedeutung

Hochhäuser und Reisfelder, Wasserbüffel und Edelkarossen – das alles gehört zum Erscheinungsbild von Ho Chi Minh City. Denn das Verwaltungsgebiet der südvietnamesischen Metropole am Saigon-Fluß, eigentlich rund 80 km von der Küste entfernt, zieht sich vom Südchinesischen Meer fast bis zur kambodschanischen Grenze. So kann man beim Anflug auf die südvietnamesische Metropole ein Netz aus Flußarmen und Kanälen erkennen, die sich durch das Mekong-Delta schlängeln, an einer Stelle vereinen und an einer andereren wieder getrennt in den Ozean fließen.
Saigon ist heute das Touristenzentrum Vietnams. Mit seinen Kolonialbauten in weichen Ockertönen und den schattigen Alleen unter Tamarinden und Eukalyptusbäumen, die sich wie ein Dach über die Straßen beugen, den chinesischen Tempeln in Cholon, den schmalen Minihotels und pompösen Luxusherbergen nimmt die Stadt einen gefangen. Der Reiz liegt in der Mischung der Viertel, die jeweils ihr charakteristisches Gesicht bewahrt haben: herausragend der ehemals französische Stadtkern, das eigentliche Saigon und Cholon, die alte Chinesensiedlung. Gia Dinh war der dritte und vietnamesischste der Orte, aus denen die Großstadt Saigon zusammenwuchs. Auch wenn die Kommunisten sie und ihre ländlichen Nachbarregionen ab 1975 mit dem Namen Ho Chi Minh betitelten, hat kein Einwohner je aufgehört, den alten Stadtkern am Hafen so zu nennen, wie er seit Jahrhunderten heißt: Saigon.

Aufbruchstimmung im touristischen Zentrum Vietnams

Mittlerweile herrscht hier wieder Aufbruchstimmung, sichtbar an zahllosen Mofas in den Straßen und Baukränen an jeder Ecke. Mehr und mehr verändert sich das Stadtbild durch die in den vergangenen Jahren im Eiltempo hochgezogenen spiegelverglasten Hotels und Bürotürme. Das alte Saigon mit seinen bröckelnden Fassaden, den arkadengeschmückten Villen der Kolonialzeit und vom Monsun angegrauten Plattenbauten, den Straßenhändlern mit ihren Obstkarren und den unzähligen Essensständen scheint dem Antlitz einer aufstrebenden Metropole allmählich zu weichen, mit einer modernen Fassade, wie sie in den Nachbarländern und sog. Tigerstaaten Asiens schon zu finden ist – Hochhausschluchten und Dauerstaus inklusive.
Den Saigonern wird allgemein ein lockerer Lebensstil nachgesagt im Gegensatz zu den Bewohnern der politischen Zentrale in Hanoi, die dafür als verläßlicher und weitsichtiger gelten. Vielleicht erscheinen die Saigoner etwas moderner – verschwindet hier der elegante Ao Dai (s.S. 360) und der olivgrüne Tropenhelm schneller aus dem Straßenbild, weil in Saigon das internationale Geschäftszentrum des Landes entstanden ist? Viele der restaurierten Kolonialvillen dienen heute asiatischen oder westlichen Firmen als repräsentative Adressen. Besonders in der Architektur, den Restaurants und der Mode lassen sich die modernen westlichen Einflüsse erkennen: Aber auch wenn die Baseballkappen den traditionellen Kegelhut abgelöst haben und offensichtlich zur bevorzugten Kopfbedeckung der Saigoner gehören, so füllen sich dennoch die Klappstuhlreihen auf den Bürgersteigen jeden Morgen und jeden Abend bis spät in die Nacht mit Pho-

Aufbruchstimmung (Fortsetzung)

löffelnden Gästen. Hinter den neuen Kulissen, aber auch mitten auf der Straße behaupten sich weiterhin die alten Traditionen. Der vietnamesische Alltag läuft wie eh und je im Freien ab: Männer beugen sich konzentriert über Brettspiele, dem Konzert aus Fahrradklingeln und Hupen zum Trotz, Schuhputzer winken dem Spaziergänger zu, der unter hohen Bäumen durch die Boulevards flaniert, und eine Frau, mit leckerem Imbiß in den Körben ihrer Schultertrage, spült die leeren Reisschüsseln im Rinnstein.

Geschichte

Saigon bedeutet “Wald aus Kapok-Bäumen” – die Khmer benannten die waldreiche Gegend einst nach dem asiatischen Baumriesen, der am Ufer des Saigon-Flusses wuchs. An der Stelle der heutigen Metropole lagen schon vor über 1000 Jahren Khmer-Dörfer. Die Vietnamesen siedelten sich erst Ende des 17. Jahrhunderts, als die Nguyen-Herrscher von Hue immer weiter in den Süden vordrangen, hier an. Händler und Soldaten aus Südchina, die sich auf der Flucht vor den Ming-Herrschern im 18. Jahrhundert vorzugsweise hier niederließen, nannten den Ort Cholon (großer Markt).
Der erste Kontakt mit Franzosen in Südvietnam und in Saigon ging mit der Missionierung einher. Doch bald schon folgten den Mönchen französische Truppen. Im Jahre 1859 eroberten sie mit acht Schlachtschiffen die Zitadelle von Gia Dinh (heute Bezirk Binh Thanh), nachdem angeblich mehrere katholische Priester auf Befehl des Kaisers Minh Mang hingerichtet worden waren. Damit begann die Zeit der Fremdherrschaft, die bis 1975 anhalten sollte. Saigon wurde zur Hauptstadt des französischen Kolonialgebietes Cochinchina. Der sumpfige Untergrund der Stadt wurde trockengelegt, aus Kanälen wurden breite Straßen gemacht wie die Nguyen-Hue-Allee. Die Zeit der französischen Plantagenbesitzer, der opiumrauchenden Kolonialisten und der eleganten Caféhäuser war angebrochen, erste Eisenbahnstrecken wurden gebaut. Der Gouverneurspalast, die Kathedrale Notre Dame, das Opernhaus, das Postamt und die prächtigen Villen entstanden in dieser Epoche. Reisende aus dieser Zeit fühlten sich im fernen Vietnam an eine französische Provinzstadt erinnert, wie Somerset Maugham schrieb. Im Zweiten Weltkrieg besetzten die Japaner die Stadt und wurden daraufhin von Einheiten der Vietminh aus dem Norden bekämpft. Am 2. September 1945 rief Ho Chi Minh Vietnam zur unabhängigen Republik aus. Ungeachtet dessen kehrten die Franzosen als Kolonialmacht nach Saigon zurück, machten den ehemaligen Kaiser Bao Dai erneut zum Regierungschef und verteidigten die Stadt gegen die Soldaten Ho Chi Minhs.
Nach diesem ersten Indochinakrieg und der daraus resultierenden Teilung Vietnams (1954) machte der neue Präsident Ngo Dinh Diem Saigon zur Hauptstadt der Republik Südvietnam. Die Unterstützung, die er durch die USA erfuhr, machte sich bald im Stadtbild bemerkbar: Für die amerikanischen Militärfahrzeuge mußten die Straßen verbreitert und viele der alten Bäume gefällt werden. Unzählige Tanzbars und opiumverrauchte Lasterhöhlen zogen “Dancing Girls” und Straßenmädchen aus der Provinz sowie Abenteurer aus aller Welt an. Saigons Einwohnerzahl nahm in diesen Jahren rapide zu (auf 2 Millionen). Auch die (katholischen) Flüchtlinge aus dem kommunistischen Norden des geteilten Landes trugen dazu bei. Die Kriegsgefechte rückten immer näher an die Stadt heran. Am 31. Januar 1968 gelang den Vietcong-Kämpfern bei ihrer Tet-Offensive der bis dahin größte Coup – das Eindringen in den Garten der US-Botschaft. Doch zur einschneidendsten Veränderung kam es nach der Machtübernahme der Kommunisten am 30. April 1975. Zehntausende flüchteten Hals über Kopf aus der Metropole, als nordvietnamesische Truppen und Vietcong-Verbände einmarschierten. Die neuen Herrscher verboten bald den privaten Handel. Unzählige Betriebe, Handwerksstuben und Restaurants mußten schließen und verschwanden von heute auf morgen von der Bildfläche. Enteignete Ladenbesitzer wurden über Nacht zu besitzlosen Boat people. Der einst so pulsierende und leichtlebige Alltag wich Bürokratismus und Fünfjahresplänen. Seit den Reformen durch die neue Politik des Doi Moi (ab 1986), dem liberalen Investitionsgesetz (1988) und der Aufhebung des US-Embargos (1994) sorgten viele der Auslandsvietnamesen mit Investitionen bzw. ihrer Rückkehr dafür, daß Saigon heute wieder “boomt”.

Gleich schaltet die Ampel wieder auf Grün!

Wirtschaft

Saigon ist das wirtschaftliche Zentrum Vietnams. Da die beiden Flüsse Dong Nai und Saigon auch für große Containerschiffe befahrbar sind, ist hier der wichtigste Hafen Vietnams entstanden. Billige Arbeitskräfte, Handel, Banken und internationale Unternehmen prägen die Lebenskraft der Stadt. Niedrige Löhne für die als sehr fleißig geltenden Vietnamesen und investitionsfreundliche Gesetze locken ausländische Firmen nach Saigon und ins Umland. Aber auch die 2 bis 3 Millionen Auslandsvietnamesen tragen zu dem wirtschaftlichen Aufschwung maßgeblich bei, und wenn sie nur die daheimgebliebenen Familienangehörigen mit Geldsendungen versorgen. Ansonsten könnten sich viele Saigoner wohl kaum ein Mofa, ein Handy oder eine Ray-Ban-Sonnenbrille leisten. Besonders die ausländische Textilindustrie ist in einigen Joint-ventures engagiert, ebenso erkunden Automobilkonzerne wie Daimler Benz und BMW von hier aus den südostasiatischen Markt. Repräsentative Niederlassungen von asiatischen und US-Firmen, Zulieferbetrieben und Banken haben hier eröffnet.

Schattenseiten des Booms

Aber auch die Schattenseiten des Booms bleiben einem nicht verborgen. Viele Vietnamesen aus dem Umland wollen an den Geschäften teilhaben und bleiben doch auf der Strecke. Man schätzt die Zahl der Obdachlosen in Saigon auf mehr als eine halbe Million Menschen, darunter besonders viele elternlose Kinder aus den ländlichen Provinzen. An den jungen Straßenhändlern kommt kein Tourist vorbei – wie kleine Schatten folgen sie den potentiellen Kunden. Kinderarbeit ist trotz Schulpflicht weit verbreitet, da viele verarmte Eltern ihre Kinder lieber zum Geldverdienen auf die Straße schicken, denn ab der 6. Klasse kostet der Schulbesuch Geld. Nicht selten schlagen ganze Familien des Nachts ihre Lager auf Bastmatten am Straßenrand auf, unweit der großen Hotels und Flaniermeilen.

Verkehr

Als Tourist wird man sich in Saigon mit dem Taxi, auf einem Mofataxi oder in einem Cyclo fortbewegen. Diese "Fahrradtaxis" sind überall leicht zu finden; allerdings sollte man vor Antritt der Fahrt einen Preis aushandeln. Am angenehmsten ist es sicherlich, ein Taxi zu nehmen, denn der Verkehr

Verkehr (Fortsetzung)

in Saigon gleicht – auf zweirädrige Fahrzeuge bezogen – einer Art Auto-Scooter. Es gibt Verkehrsregeln, die für jedermann gelten; nur sollte man sich in Saigon nicht unbedingt darauf verlassen! Mittlerweile gibt es mehr als 3 Millionen Mofas, die sich zwar in den breiten Alleen und Straßen verteilen, aber an allen Kreuzungen zu einem unbeschreiblichen Knäuel zusammenballen. Allerdings käme an solch einer Kreuzung keiner der meist mit Mundschutz versehenen Mofafahrer oder Cyclisten auf die Idee, sein Fahrzeug zu stoppen. Da heißt es allenfalls: Kurz abbremsen, geschmeidig ausweichen, herumschlängeln, umfahren und darauf vertrauen, daß sich wie von Geisterhand eine Schneise im Blechstrom öffnet. Je lauter die Hupe, desto eher ein Vorankommen. Beim Überqueren der Straßen sollte man sich am besten an vietnamesische Fußgänger "anhängen" oder einen günstigen Moment abpassen, dann beherzt drauflosgehen, aber die herankommenden Fahrzeuge dabei im Auge behalten. Zögerer und Angsthasen sind im Saigoner Verkehrschaos fehl am Platz (→ PI, Verkehrsmittel).
Der internationale Flughafen Saigons liegt rund 7 km außerhalb des Zentrums. Ende der 60er Jahre galt der Tan Son Nhat Airport als einer der verkehrsreichsten Flugplätze der Welt.

Neujahrsfest

Zum Neujahrsfest Tet verwandelt sich ein Teil Saigons in ein Blumenmeer, besonders auf der Nguyen-Hue- und Tran-Hung-Dao-Allee. Auf den Blumenmärkten decken sich die Bewohner Saigons mit den allseits beliebten Aprikosen-, Pfirsichzweigen und Orangenbäumchen für die feierliche Dekoration ihrer Wohnungen ein (→ *Baedeker Special* S. 344/345).

Das koloniale Saigon (Zentrum)

Kolonialvillen und spiegelverglaste Neubauten

Saigon besitzt kein einheitliches Stadtbild, man kann sich jedoch auf Spurensuche nach chinesischen, französischen, sozialistischen und amerikanischen Einflüssen begeben. Die Franzosen hinterließen ein reiches architektonisches Erbe, so daß Reisende im späten 19. Jahrhundert Saigon als das "Paris des Ostens" beschrieben. Einige der Kolonialgebäude im heutigen touristischen Zentrum gehören zu den Wahrzeichen der Stadt, z.B. das Rathaus und die Kathedrale. Noch immer strahlen die verbliebenen Villen ein bißchen mediterranes Flair aus, auch wenn sie sich heute in den nagelneuen Hochhaustürmen spiegeln. Alle Sehenswürdigkeiten im Zentrum Saigons kann man von der Kathedrale aus zu Fuß innerhalb von 30 Minuten erreichen. Trotzdem sollte man sich nicht zu viel vornehmen. Denn um sich alles anzusehen, müssen mehrere Tage eingeplant werden. Wenn man müde wird und die Füße zu schmerzen beginnen, kann man sich ja mit dem Cyclo oder dem Motorradtaxi zu den weiteren interessanten Stätten bringen lassen. Denn auch solch eine – manchmal recht abenteuerliche – Fahrt durch die überfüllten Straßen Saigons gehört zum Kennenlernen der Stadt! Auch das Zusammenstellen von individuellen Touren (mit Cholon und etwas abgelegeneren Pagoden) ist kein Problem. Die Fahrer von Taxis, Motorradtaxis und Cyclos können meist weiterhelfen. Fast alle haben einen Stadtplan bei sich, auf denen die Sehenswürdigkeiten auf vietnamesisch, englisch und französisch aufgeführt sind. Man muß nur noch wählen und eine bestimmte Route vereinbaren.

Architekturmix in der Le Duan Street

Hôtel de Ville und Umgebung

*Hôtel de Ville (Rathaus)

Das Hôtel de Ville ist eine der Hauptattraktionen in Saigon und zieht unzählige Besucher an – tagsüber die Touristen und abends die Bewohner Saigons. Sobald ein Touristenbus vor dem markanten Gebäude am nördlichen Ende des Nguyen-Hue-Boulevards anhält, lösen sich aus dem Schatten der umliegenden Bäume Kinder mit Kaugummis, Postkarten und Feuerzeugen, Frauen mit Tragen voller Kokosnüsse und jede Menge anderer fliegender Händler. Das gelb-weiße Musterbeispiel kolonialfranzösischer Architektur mit dem roten Ziegeldach wurde in den Jahren 1901 bis 1908 erbaut. Säulen, Ziergiebel, Balkone und allerhand Stuckarbeiten sowie ein kleiner Glockenturm verleihen dem Amtsgebäude ein vornehmes Aussehen. Manchem Besucher mag es etwas befremdlich erscheinen, daß ausgerechnet in diesem verschnörkelten Haus heute das Volkskomitee der Stadt seinen Sitz hat. Auf dem mit Bonsai-Bäumchen geschmückten Platz vor dem Hôtel de Ville hat Ho Chi Minh (→ *Baedeker Special* S. 68/69) mit einem Kind auf dem Schoß Platz genommen – und so dient Onkel Ho jeden Abend Hunderten von Vietnamesen als geduldiger Statist für Erinnerungsfotos.

Vor dem reichverzierten Rathaus Saigons steht ein Denkmal Ho Chi Minhs, wie er ein Kind hält. Dies ist eines der beliebtesten Fotomotive der Vietnamesen.

Vor allem an Wochenenden kreist ein nichtendenwollender Strom von Mofas durch die umliegenden Boulevards. Eltern flanieren mit den herausgeputzten Jüngsten über den Platz und kaufen ihnen allerlei lauttönendes Spielzeug, Luftballons und Plastikpistolen. Aber Vorsicht: Auch Taschendiebe halten sich an diesem lebhaften Ort mit Vorliebe auf!

*Hotel Rex

Das Gebäude des heutigen Rex-Hotels – zu erkennen an der goldblinkenden Krone auf dem Dach – steht seit rund vier Jahrzehnten an einer der zentralen Kreuzungen Saigons (Ecke Nguyen Hue/Le Loi). Das Haus be-

Bahnhof
Truong Dinh
Nguyen Thong
Ly Chinh Thang
Chua Go
3 Thang 2
Ba Huyen Thanh Quan
Vo Thi Sau
Frauen-
Cach Mang Thang Tam
Tu Xuong
Dien Bien Phu
Xa-Loi-Pagode
Ngo Thoi Nhiem
Le Qui Don
Cao Thang
Nguyen Dinh Chieu
Kriegsreste-
Museum
Vo Van Tan
Nguyen Thi Minh Khai
H. T. Cong Chua
Cong Quynh
Bui Thi Xuan
Le Thi Rieng
Wieder-
halle
Nguyen Du
Thai-Binh-
Markt
Nguyen Trai
Ly Lu Trong
Mariamman-
Tempel
Nguyen Trung Truc
Le Lai
Le Thanh Ton
Pham Ngu Lao
Ben-Thanh-
Markt
Bui Vien
Le Loi
Nam Ky Khoi Nghia
Cholon
Tran Hung Dao
De Tham
Nguyen Thai Hoc
Co Bac
Kunst-
museum
Nguyen Thai Binh
Yersin
Phung-Son-Tu-
Pagode
Co Giang
Pho Duc Chinh
Calmette
Ben Chuong Duong
Ben Nghe Channel
Ben Van Don
Museum

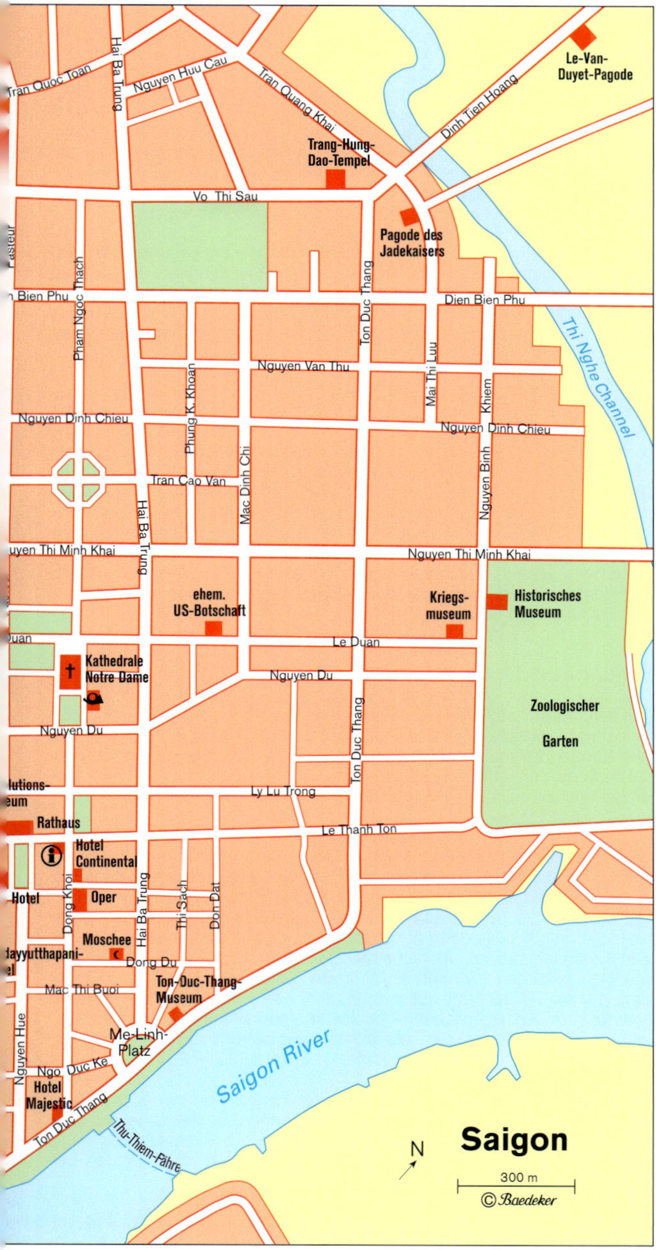
Tran Quoc Toan
Hai Ba Trung
Nguyen Huu Cau
Tran Quang Khai
Dinh Tien Hoang
Le-Van-Duyet-Pagode
Trang-Hung-Dao-Tempel
Vo Thi Sau
Pagode des Jadekaisers
Pasteur
Bien Phu
Pham Ngoc Thach
Ton Duc Thang
Dien Bien Phu
Thi Nghe Channel
Nguyen Van Thu
Mai Thi Luu
Phung K. Khoan
Khiem
Nguyen Dinh Chieu
Nguyen Dinh Chieu
Mac Dinh Chi
Nguyen Binh
Tran Cao Van
uyen Thi Minh Khai
Nguyen Thi Minh Khai
ehem. US-Botschaft
Kriegs-museum
Historisches Museum
Duan
Le Duan
Kathedrale Notre Dame
Nguyen Du
Nguyen Du
Zoologischer Garten
lutions-eum
Ly Lu Trong
Rathaus
Le Thanh Ton
Hotel Continental
Hotel
Oper
Dong Khoi
Thi Sach
Don Dat
Moschee
layyutthapani-el
Dong Du
Mac Thi Buoi
Ton-Duc-Thang-Museum
Me-Linh-Platz
Nguyen Hue
Ngo Duc Ke
Hotel Majestic
Ton Duc Thang
Saigon River
Thu-Thiem-Fähre
N
Saigon
300 m
© Baedeker

Hotel Rex (Fortsetzung)

sitzt einen legendären Ruf. Vor allem die mit kitschigen Accessoires geschmückte Dachterrasse ist ein beliebter Treffpunkt für Touristen und reiche Saigoner. Hier sitzt man zwischen lichterkettenbehangenen Bonsai-Bäumen, Bambuskäfigen mit zwitschernden Vögeln und Elefantenskulpturen. Sogar eine Miniaturkopie der Ein-Säulen-Pagode hat hier ihren Platz gefunden. Im Theatersaal fanden während des Vietnamkrieges die Pressekonferenzen der US-Armee statt. Jeden Nachmittag um 17.00 Uhr luden die Offiziere des JUSPAO (Joint United States Public Affairs Office) die Kriegsberichterstatter aus aller Welt, um die neuesten Erfolge ihrer Kriegsführung zu verkünden. In Graham Greenes Roman "Der stille Amerikaner" kann man den Ablauf einer solchen Pressekonferenz nachlesen.

Thendayyutthapani-Tempel

Einen Block weiter südlich des Rex-Hotels steht der schönste der drei Hindu-Tempel Saigons: der Thendayyutthapani-Tempel (Eingang: 66 Ton That Thiep). Sein Innenraum ist mit bunten Kacheln und Lampen verziert, Bilder von Hindugottheiten, Nehru und Gandhi schmücken die Wände. Rechts des Heiligtums führt eine Treppe auf die Dachterrasse, die ein Turm voller fein gearbeiteter Götterstatuen krönt.

Revolutionsmuseum

Ganz in der Nähe, an der 65 Ly Tu Trong Street, kann man sich im Revolutionsmuseum über den Kampf der Kommunisten um die Macht in Vietnam informieren. Allein das neoklassizistische Gebäude von 1886 ist einen Besuch wert. Ausgestellt sind u.a. Fotografien von vietnamesischen Antikriegsdemonstrationen und vom Selbstmord des buddhistischen Mönchs Thich Quang Ducs (→ Berühmte Persönlichkeiten), der sich aus Protest gegen das Regime Ngo Dinh Diems mit Benzin übergoß und verbrannte. Des weiteren kann man Waffen, Plaketten, Boote und ein kleines Diorama von den Cu-Chi-Tunneln (→ *Baedeker Special* S. 130/131) besichtigen. Unter dem Gebäude befindet sich ein Wegenetz mit Bunker, in dem sich Präsident Diem 1963 versteckt hielt. Geöffnet: tgl. außer montags 8.00 bis 11.30, 13.30–16.30 Uhr.

Entlang des Dong Khoi Boulevards

Dong Khoi Boulevard (ehem. Rue Catinat)

Der berühmte Dong Khoi Boulevard – einst als Rue Catinat die elegante Flaniermeile zwischen kolonialen Prachtbauten –, gesäumt von Tamarinden, Straßencafés und Geschäften, erstreckt sich von der Kathedrale Notre-Dame bis zum Ufer des Saigon-Flusses. Noch heute ist – trotz der vielen Baustellen und fliegenden Händler – ihr einstiger Charme spürbar.

*Kathedrale Notre-Dame

Am nördlichen Ende der Dong Khoi stößt man auf die Kathedrale Notre-Dame. Der interessanteste christliche Sakralbau Saigons erhebt sich unübersehbar auf einem großen Platz inmitten eines lebhaften Kreisverkehrs. Das neoromanische Gotteshaus ist um 1880 aus rötlichen Backsteinen erbaut worden. Die beiden quadratischen Türme im neogotischen Stil prägten lange Zeit die Silhouette der Stadt, heute werden sie von spiegelverglasten Bürohochhäusern überschattet. Das Innere der Kathedrale ist wochentags zwischen 7.00 und 11.00 sowie 15.00 und 16.00 Uhr für Besucher geöffnet. Beachten sollte man den Altar mit blauem Ave-Maria-Schriftzug und Heiligenschein – beides in Neon! Notre-Dame ist bei den vietnamesischen Katholiken sehr beliebt, und daher trifft man hier häufig auf prächtige Hochzeitsgesellschaften.

Platz der Pariser Kommune

Auf dem Platz vor der Kathedrale (Platz der Pariser Kommune) steht eine Statue der Jungfrau Maria. Hier treffen sich abends die Bewohner Saigons zum Plausch und einem kleinen Imbiß. Stände mit Hubschraubern und Autos, die aus alten Getränkedosen gefertigt wurden, sind inmitten der Getränke- und Postkartenverkäufer zu finden.

*Hauptpostamt

Ein weiteres Bauwerk aus der Kolonialzeit befindet sich gegenüber der Kathedrale. Das Hauptpostamt (1886–1891) beeindruckt durch eine kup-

Am Platz der Pariser Kommune ragt der backsteinrote Bau der Kathedrale Notre-Dame auf.

Hauptpostamt (Fortsetzung)

pelförmige Deckenkonstruktion mit gußeisernen Trägern. Die hohe Halle ist mit viel Glas, alten Landkarten, Deckenventilatoren und Kronleuchtern ausgestattet. Auf einem überdimensionalen Porträt wacht Ho Chi Minh am Ende der restaurierten Halle über das postalisch-nostalgische Geschehen. Geöffnet ist das Gebäude täglich von 6.30 bis 21.30 Uhr.

Hotel Continental

Das Hotel Continental (Lam Son Square, 132–143 Dong Khoi) ist berühmt geworden durch Graham Greenes "Der stille Amerikaner" (→ Literaturempfehlungen) und zieht noch heute viele Besucher an. Im damaligen Verandalokal am Straßenrand ließen die Romangestalten das vietnamesisch-französische Leben an sich vorbeiziehen, bewunderten die anmutigen Frauen in ihren langen, geschlitzten Ao Dais und diskutierten die neuesten Kriegsereignisse. Hier traf in den frühen 50er Jahren der Romanheld und britische Journalist Fowler erstmals den "stillen Amerikaner" und Geheimagenten Pyle, der ihm sein vietnamesisches Mädchen ausspannen sollte.
Dieses Lokal gibt es heute leider nicht mehr; dafür läßt es sich im Innenhof unter Frangipani-Bäumen angenehm verweilen. Das Haus ist um die Jahrhundertwende erbaut worden und galt schon lange vor dem Vietnamkrieg als Treffpunkt für westliche Journalisten und Schriftsteller. In den 20er Jahren hielt sich u.a. Somerset Maugham gerne hier auf. Ab 1975 diente das legendäre Hotel als Bürositz für KP-Funktionäre und Militärs.

Stadttheater

Nur wenige Schritte weiter gelangt man zu dem Stadttheater, einem auffälligen weißen Bau zwischen den traditionsreichen Hotels Continental und Caravelle.
Das Gebäude ist von dem französischen Architekten Ferré als Opernhaus entworfen und 1899 feierlich eingeweiht worden. Bis 1975 tagte hier die südvietnamesische Nationalversammlung. Von den Kommunisten wurde das Haus 1976 wieder zum Stadttheater umfunktioniert. Heute führt man hier vietnamesische und westliche Stücke auf, aber auch Modenschauen und Popkonzerte finden in dem schönen Bauwerk statt. Im Kellergewölbe zur Linken lädt eine schummrige, nette Jazz-Bar namens "Headlines" zu einem Besuch ein.

Hotel Majestic

*Aussicht

Am Ende der Dong Khoi liegt das Hotel Majestic, eines der prächtigsten und ältesten Hotels der Stadt. Von der Dachterrasse (Bar und Restaurant) hat man einen unvergleichlichen Blick auf den Saigon-Fluß und das noch wenig bebaute Land auf der anderen sumpfigen Uferseite. Graham Greene ließ sich hier bei abendlichen Cocktails und Granaten-Beschuß zu seinem berühmten Buch "Der stille Amerikaner" inspirieren.

Am Ufer des Saigon Rivers

*Uferpromenade (Bach Dang/Ton Duc Thang)

Am Me-Linh-Platz erhebt sich die monumentale Statue vom Krieger Tran Hung Dao, der im 13. Jahrhundert die Mongolen unter Kublai Khan besiegte und heute friedfertig über den Saigon-Fluß in die Ferne schaut. Sehr früh am Morgen betreiben meist ältere Frauen und Männer entlang der Uferpromende ihre Tai-Chi-Übungen. Am Abend nach Sonnenuntergang kommen dann die Saigoner hierher, um zu plauschen, grünen Tee zu trinken, zu spielen oder Zeitung zu lesen. Die Pärchen rücken in den winzigen Liegestühlen eng aneinander. Man flaniert in lauer Abendluft, teils in glitzerndem Outfit, teils im bequemen seidenen Pyjama-Anzug. Die Restaurantschiffe liegen in einer Reihe hinter bunten Lichterketten am Kai, schmachtende Liebeslieder schallen von Bord.
Das gegenüberliegende Ufer mit seinen Slumhütten auf Stelzen ist mittlerweile von den Reklametafeln der weltführenden Elektronikriesen und Bierbrauereien verstellt. Die farbigen Lichter der Neonreklamen spiegeln sich im Wasser des Saigon-Flusses.

Ton-Duc-Than-Museum

Einen halben Block vom Me-Linh-Platz entfernt erinnert das Ton-Duc-Than-Museum an den Mitstreiter und Nachfolger Ho Chi Minhs. Geöffnet: tgl. außer montags 8.00–11.00, 14.00–18.00 Uhr.

Ho-Chi-Minh-Museum

Am südlichen Ende der Uferstraße führt eine Brücke über den Fluß zum Ho-Chi-Minh-Museum. Das 1861/62 errichtete Verwaltungsgebäude war einst Sitz der französischen Schiffahrtsgesellschaft. An dieser Stelle betrat am 5. Juni 1911 ein junger Mann namens Nguyen Tat Thanh das Schiff, mit dem seine Reise in andere Teile der Welt begann. Etwa drei Jahrzehnte später kehrte er in seine Heimat zurück und wurde schließlich zum heute noch allseits verehrten Präsidenten Ho Chi Minh (→ *Baedeker Special* S. 68/69).
Die Ausstellung in dem hübschen zweistöckigen Kolonialgebäude, auch "Drachenhaus" (Nha Rong) genannt, lohnt sich besonders für historisch interessierte Besucher. Mit vielen Fotografien, Dokumenten, Zeitungsartikeln, Modellbauten, Skulpturen und persönlichen Alltagsgegenständen wird der Werdegang Ho Chi Minhs dargestellt. Die fünf Ausstellungsräume sind auf zwei Etagen verteilt; im Raum 4 befinden sich beispielsweise Kleidungsstücke von Ho Chi Minh, seine rostige Schreibmaschine und ein Gehstock. Von der Terrasse oder dem kleinen Café im Hof läßt sich das Hafengeschehen gut beobachten. Geöffnet: Di.–Do. 7.30–11.30, 13.30–16.30, Fr. 13.30–16.30 Uhr.

Geschichtsunterricht im Ho-Chi-Minh-Museum

Ben-Thanh-Markt und Umgebung

Am anderen Ende der Le Loi, im Südwesten des Stadtzentrums, liegt der Ben-Thanh-Markt. Obwohl sich das Marktgebäude mit seinem markanten Uhrturm zu einem Wahrzeichen der Stadt entwickelt hat und auf keiner Rundfahrt fehlen darf, gibt es seit kurzem Gerüchte über den Abriß dieser gut besuchten, lebhaften Markthalle. Im Jahre 1914 sind auf dem traditionellen Marktplatz die Hallen erbaut worden, in denen heute die gesamte Palette vietnamesischer Waren und Handelsgüter bestaunt werden kann von frischem Gemüse und Orchideen über Elektroartikel bis zu Kleidung und natürlich den Garküchen. Die Markthalle und der Platz mit dem lebhaften chaotischen Kreisverkehr davor sind leider auch zu einem beliebten Treffpunkt für Taschendiebe geworden. Also Vorsicht im Marktgedränge!

Ben-Thanh-Markt (Fortsetzung)

Ein kleines Stück Indien erwartet einen nur wenige Häuser weiter. Der hinduistische Mariamman-Tempel (Chua Ba Mariamman) wird nicht nur von den wenigen Tamilen der Stadt besucht, sondern auch von den Vietnamesen und Chinesen als Heiligtum angesehen. Jeden Herbst wird der Löwe (links des Eingangs) in einer Prozession durch die Straßen getragen. Im Sanktum befindet sich eine Statue der Göttin Mariamman, flankiert von zwei Wächterfiguren. Gläubige zünden bei den ebenfalls hier aufgestellten Lingams Räucherstäbchen an und bringen Blüten dar. Über eine Holztreppe kann man auf das Dach gelangen, wo zwei farbenprächtige Türme mit unzähligen Figuren zu sehen sind. Besichtigen kann man das Heiligtum in der 45 Truong Dinh Street täglich zwischen 7.00 und 19.00 Uhr.

Mariamman-Tempel

Das Kunstmuseum (Bao Thang My Thuat, 97A Pho Duc Chinh) ist in einem sehr schönen cremefarbenen Gebäude untergebracht. Hier ist eine der interessantesten Sammlungen des Landes zu sehen: von der Oc-Eo-Kultur über Werke des sozialistischen Realismus bis zu zeitgenössischen Strömungen. Sehr hübsch ist auch das zugehörige Gartencafé. Geöffnet: Di.–So. 8.00–11.30 u. 14.00–17.00 Uhr.

Kunstmuseum

Die kleine Phung-Son-Tu-Pagode in der 338 Nguyen Cong Tru Street, die Ong Bo gewidmet ist, wurde nach dem Zweiten Weltkrieg von den Chinesen errichtet. Bemerkenswert sind die schön bemalten Türen mit ihren Wächterfiguren. Über dem Brunnen im Innenhof hängenden Räucherspiralen, durch deren Rauch Verbindung zu den Göttern aufgenommen wird .

Phung-Son-Tu-Pagode

Wiedervereinigungshalle und Umgebung

Westlich der Kathedrale führen alle Straßen zur Wiedervereinigungshalle (Besuchereingang: 106 Nguyen Du Street, geöffnet: tgl. 7.30–11.00 u. 13.00–16.00 Uhr). Ganz im Kontrast zu den herrlichen Kolonialbauten präsentiert sich der dreistöckige Palast der Einheit, der bis 1975 als Präsidentenwohnsitz diente, eher nüchtern. Das moderne Gebäude wurde 1966 nach dem Entwurf des vietnamesischen Architekten Ngo Viet Thu gebaut. Doch der Reihe nach: Zuvor stand an dieser Stelle der Norodom-Palast, der 1868 für den französischen Generalgouverneur errichtet worden war. In den 50er Jahren regierte und wohnte der Diktator Ngo Dinh Diem mit seiner Familie in dem Kolonialgebäude. Am 27. Februar 1962 wurde der Bau durch Bomben stark beschädigt, als rebellierende Soldaten der südvietnamesischen Armee einen Angriff auf den Präsidentenwohnsitz flogen. Diem überlebte das Attentat und ließ die Ruine abreißen. Vier Jahre später wurde das neue größere Bauwerk mit mehr als 100 Räumen und dem Hubschrauberlandeplatz auf dem Dach eröffnet. Es wurde zum Zentrum der Kämpfe um Saigon: Am Morgen des 30. April 1975 konnte die Weltöffentlichkeit gar am Fernsehgerät verfolgen, wie ein nordvietnamesischer T-54-Panzer das Eisentor niederwalzte und kommunistische Soldaten das Gebäude besetzten. Vom Dach wurde die Fahne der Demokratischen Republik Vietnam gehißt. Im darauffolgenden Winter fanden hier die Verhandlungen über die Wiedervereinigung statt – daher der heutige Name. Im Inneren dominiert ein westlich geprägter, eher funktionaler Stil mit riesigen Versammlungs- und Konferenzsälen. Reichlich pompös wurden dagegen die Banketthallen ausgestattet. Im ersten Stockwerk befinden sich die ehemaligen Empfangs- und Wohnräume des Präsidenten. Außerdem stehen zur Besichtigung offen: Tanzsäle, ein kleines Kino und zahlreiche Räume mit roten Teppichen und wallenden Vorhängen, Ledersesseln und antiken Stühlen – alles im ursprünglichen Zustand erhalten. Im Keller liegen unterirdische Fluchttunnel und eine Art Kommandozentrale. Neben seiner Funk-

*Wiedervereinigungshalle/ Palast der Einheit (Thong Nhat)

Wiedervereinigungshalle (Fts.)

tion als Museum dient das Gebäude heute noch internationalen Kongressen und Empfängen.

**Kriegsreste-Museum

Mit vielen Zahlen und Fakten, Dokumentationen und Fotografien aus dem Vietnamkrieg wartet das ehemalige "Museum der amerikanischen Kriegsverbrechen" (28 Vo Tan Street, geöffnet: tgl. 7.30–11.45 u. 13.30–16.45 Uhr) auf. Der Ort wurde vor einigen Jahren in "Kriegsreste-Museum" umbenannt, damit sich die zahlreichen US-Veteranen unter den Besuchern nicht beleidigt fühlen. Das Museum wurde bereits im September 1975 eröffnet und auf insgesamt sechs Ausstellungsräume und eine Freifläche mit einigen Panzern, Kampfflugzeugen und Abwehrgeschützen aus amerikanischen Beständen erweitert. Der Besucher sollte auf Bilder (größtenteils von US-Fotografen) gefaßt sein, die deutlich alle nur denkbaren Kriegsgreuel zeigen.
Im ersten und zweiten Raum mit dem Titel "Historische Wahrheiten" und "Kriegsopfer" sind die meisten der grauenhaften Kriegsbilder zu sehen, z.B. aus → My Lai, wo am 16. März 1968 insgesamt 504 Dorfbewohner erschossen wurden. An dieser Stelle werden auch Zahlen genannt, u.a. daß während des Vietnamkrieges mehr als 7 Millionen Tonnen Bomben und die gleiche Menge Munition von den Amerikanern (allein über Vietnam!) abgeworfen wurden – das sind mehr als dreimal soviel wie im Zweiten Weltkrieg. Nicht zu vergessen die rund 75 Millionen Liter versprühten Entlaubungsmittel und Pestizide. Neben den Auswirkungen auf das Land beschreiben Schautafeln auch den Kampf der verwundeten US-Veteranen um Anerkennung als "Agent-Orange-Opfer" in den USA. In Einweckgläsern sind einige durch die chemischen Mittel mißgebildete Föten konserviert, die bis vor einigen Jahren noch in einem Saigoner Krankenhaus gesammelt wurden. Verschiedene Waffen werden im dritten Raum gezeigt, der letzte Raum erinnert an die vietnamesischen Kriegshelden. Am Ende des Geländes verbirgt sich hinter der Eisentür in einer massiven Mauer die Ausstellung zur Gefängnisinsel Con Dao (→ Vung Tau). In drei Gebäudeteilen sind Modelle der "Tigerkäfige" genannten Zellen (2,70 x 1,50 x 3,00 m), einige Folterinstrumente sowie eine Guillotine aus der französischen Kolonialzeit zu besichtigen. Die letzte Hinrichtung damit fand noch im Jahre 1960 statt! War-Time-Souvenirshops bieten Kriegsandenken (vermeintlich echte Feuerzeuge, Uhren, Patronenhülsen) und allerlei Kunstgewerbe zum Verkauf an. Schräg gegenüber wartet ein kleines Wasserpuppentheater auf Besucher (geöffnet: tgl. 8.00–11.45 u.12.00–16.45 Uhr).

*Xa-Loi-Pagode

Die Xa-Loi-Pagode, ein moderner buddhistischer Bau aus dem Jahr 1956, ist v.a. wegen ihrer historischen Bedeutung interessant. Das Gotteshaus (89 Ba Huyen Thanh Quan Street, nahe Dien Bien Phu Street) galt in den frühen 60er Jahren als Zentrum des Widerstandes gegen den diktatorischen Präsidenten Ngo Dinh Diem.
Rund 400 buddhistische Mönche und Nonnen hatten sich hier zum Schutz vor den Repressalien seines Regimes versammelt. Einige hatten sich in Protestaktionen sogar selbst verbrannt, wie der Mönch Thich Quang Duc (→ Berühmte Persönlichkeiten), dessen Denkmal heute unweit der Pagode an der Kreuzung Nguyen Dinh Chieu / Cach Mang Thang Tam Street zu sehen ist. Die Bilder seiner spektakulären Verzweiflungstat gingen damals um die Welt und schwächten das Ansehen des katholischen Präsidenten erheblich. Im August 1963 wurde die Xa-Loi-Pagode schließlich von Soldaten gestürmt. Die Mönche und Nonnen wurden festgenommen. Heute wird der Tempel von buddhistischen Vietnamesen gerne besucht, v.a. an Wochenenden und Feiertagen. Viele Händler bieten ihre Räucherstäbchen, Blumenketten und andere Devotionalien feil, und das Zwitschern der Glücksvögel mischt sich mit dem Klang der Trommeln und den buddhistischen Gesängen.
Am Eingang der Pagode ragt ein imposanter siebenstöckiger Turm empor. Auf dem Gelände zur Rechten steht eine weiße Quan-Am-Statue, vor der sich die Gläubigen mit Räucherstäbchen verbeugen. Der rechte Treppenaufgang ist für Frauen reserviert, der linke für Männer – auch wenn sich die

Xa-Loi-Pagode (Fortsetzung)

Vietnamesen selbst offenbar nicht so strikt daran halten. Das Gebäude mit dem doppelten Dach präsentiert sich ganz im realsozialistischen Baustil und ist von einem Hakenkreuz (ursprünglich ein glücksbringendes Zeichen des indischen Buddhismus!) bekrönt.
Im Inneren dominiert der ungefähr 5 m hohe vergoldete Sakyamuni-Buddha in Meditationspose auf dem Lotospodest. Die große Halle ist geschmückt mit 14 Wandbildern, die wichtige Stationen im Leben des Erleuchteten schildern (eine Tafel rechts des Eingangs erklärt die numerierten Gemälde in englisch, links in französisch). Links hinter der Buddha-Statue befindet sich ein Schrein zum Gedenken an Thich Quang Duc und die anderen Mönche, die sich selbst verbrannt haben. Er ist in der linken Figur, die Perlen hält, dargestellt. Geöffnet: tgl. 7.00–11.00 u. 14.00–17.00 Uhr.

Als Heiligtum des Hinayana-Buddhismus wirkt die Xa-Loi-Pagode mit einer einzigen dominierenden Buddha-Statue fast leer.

Frauenmuseum

Das Frauenmuseum in der Vo Thi Sau Street (Nr. 202) bietet eine Fülle von Ausstellungsstücken zur Geschichte der Frauenbewegung in Vietnam. In neun Sälen wird der Heldinnen des Landes gedacht, darunter die Schwestern Trung (→ Berühmte Persönlichkeiten), die vor 2000 Jahren den Freitod wählten, um nicht in die Hände der chinesischen Besatzer zu fallen, oder Ut Tich, einer Mutter von sechs Kindern, die im Befreiungskampf gegen die Amerikaner umgekommen ist. Geöffnet: tgl. außer Mo. 8.00–11.30 u. 14.00–17.00 Uhr.

Entlang des Le Duan Boulevards

US-Konsulat

Der breite Le Duan Boulevard führt von der Kathedrale aus in nordöstlicher Richtung zu einem weiteren Kriegsschauplatz in Saigon – dem Ort der ehemaligen Botschaft der Vereinigten Staaten. An ihrer Stelle steht heute, nicht sichtbar hinter hohen Mauern, der neue Flachbau des US-Konsulats.

Ehemalige US-Botschaft (Fortsetzung)

Während des Vietnamkrieges spielte die Botschaft eine zentrale Rolle. Besonders bei der Tet-Offensive im Januar 1968 schockierte der Vietcong das amerikanische Volk, als seine Soldaten bis in den Garten der Botschaft vordrangen. Am 30. April 1975 schließlich, bevor die nordvietnamesischen Panzer über den Le Duan Boulevard rollten, räumten die Amerikaner das Gebäude endgültig. US-Botschafter Graham Martin holte das amerikanische Banner ein und verließ als einer der letzten das Gebäude: Mit Hubschraubern wurden die Amerikaner vom Dach der Botschaft aus Vietnam ausgeflogen. Das ehemalige Botschaftsgelände kann von Touristen nicht besichtigt werden.

Kriegsmuseum

Folgt man dem Le Duan Boulevard in östlicher Richtung, gelangt man zum Kriegsmuseum. Neben einer Fotoausstellung sind hier amerikanische, chinesische und sowjetische Waffen und Geschütze zu sehen. Geöffnet: tgl. 8.00–11.30 u. 13.30–16.00 Uhr.

***Zoo**

Direkt gegenüber öffnet sich das Tor zum Zoologischen Garten – und schnell taucht man aus den lebhaften Straßen voller Mofa-Geknatter und Abgasen in eine ruhige, nach frisch geschnittenem Gras und Frangipani-Blüten duftende Welt. Sie wurde von den Franzosen Germain und Pierre im Jahre 1864 geschaffen und besitzt auch heute noch großen Reiz für junge Pärchen und Spaziergänger.

Nach der Befreiung Saigons wurde die Anlage lange Zeit vernachlässigt, doch seit einigen Jahren kümmert sich wieder eine Gruppe von Gärtnern um die tropischen Pflanzen. Schön ist vor allem die Orchideen-Sammlung. Einige Raubkatzen, Elefanten sowie viele Vögel sind in den teilweise sehr engen Gehegen und Käfigen zu sehen. Eine Besonderheit sind die Komodo-Echsen, ein Geschenk der indonesischen Regierung. Auf dem gleichen Grundstück sind außerdem Jahrmarktsbuden und Kinderkarusselle aufgebaut. Geöffnet: tgl. 9.00–21.00 Uhr.

****Historisches Museum**

Auf dem Gelände des Botanischen Gartens befindet sich auch das 1929 gegründete Historische Museum der Stadt. Ein Besuch des schönen Gebäudes lohnt sich wegen der Vielzahl interessanter Exponate, zu denen auch eine Dong-Son-Trommel aus der Bronzezeit gehört. Besonders beachtenswert sind die Räume 7 mit Keramiken aus der Le-Dynastie (15.–17. Jh.), Raum 8 mit Schiffsmodellen, Kleidungsstücken und Instrumenten der Tay-Son-Dynastie (18. bis frühes 19. Jh.) sowie Raum 10 mit Keramikvasen aus verschiedenen asiatischen Ländern.

In den Räumen 11 bis 14 sind einige guterhaltene Ausgrabungsstücke aus dem Mekong-Delta und der Umgebung Saigons ausgestellt. Beachtenswert ist zudem die fast 4 m hohe Kopie der berühmten "Lady Buddha mit den tausend Armen" (Quan Am, s. S. 203) aus der But-Thap-Pagode im Raum 7. Außerdem sind in dem Museum auch Buddha-Statuen aus verschiedenen Epochen und Teilen Asiens zu sehen sowie Kleider und Möbel aus der Nguyen-Epoche. Trachten und Alltagsgegenstände der Minderheiten aus dem Süden Vietnams kann man im Raum 15 bewundern.

Über Raum 10 betritt man das kleine Wasserpuppentheater, in dem tagsüber Vorführungen stattfinden, sobald sich etwa fünf Zuschauer eingefunden haben. Bei den Aufführungen spielen legendäre Tiere wie Drachen, Löwen, Schildkröten und Phönixe eine Hauptrolle. Drei oder vier Spieler, die hinter der Bühne bis zum Bauch im Wasser stehen, bewegen die Figuren an einer langen Bambusstange. In der ersten Reihe muß man mit feuchten Überraschungen rechnen (→ *Baedeker Special* S. 154/155).

Geöffnet: Mo.–Sa. 8.00–11.30, 13.30–16.30 Uhr, an Sonn- und Feiertagen 8.30–16.30 Uhr.

Replik der berühmten Quan-Am-Statue (Chua But Thap)

Historisches Museum

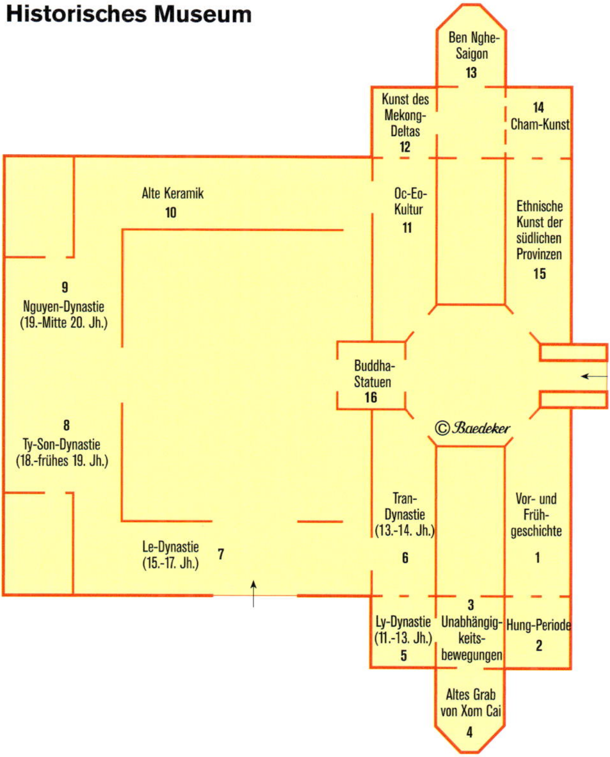

Cholon (Chinesisches Viertel)

Saigons lebhafte Chinatown

Der älteste erhaltene Teil Saigons ist Cholon im Südwesten der Stadt, in dem die aus Südchina geflüchteten Chinesen und ihre Nachfahren seit rund 300 Jahren Handel treiben – auf dem Bürgersteig, auf Märkten und in engen Gassen. Nach süßlichen Opiumschwaden schnuppert man heute jedoch vergebens. An den Hauseingängen hängen zwar wie einst die roten Papierstreifen mit chinesischen Schriftzeichen – Glücksbringer vom letzten Tempelbesuch. Doch in den Hauptstraßen weist nicht mehr allzuviel auf das exotische Chinesenviertel hin, verglichen mit den Chinatowns anderer Städte der Welt. Am besten lernt man die Gegend kennen, wenn man sich einfach in das Gassengewirr stürzt. Man kann den Straßenfriseuren bei der Arbeit zusehen oder den Vogelhändlern, die vor den Pagoden und Tempeln auf dem Trottoir hockend auf Käufer warten. Die Märkte sind voller exotischer Gerüche und scheinen durch die Menschen und den Lärm zu vibrieren. In Cholon stehen außerdem die meisten der mehr als 180 Pagoden und Tempel Saigons, viele entlang der Nguyen Trai Street. Zumindest einen sollte man besuchen: man scheint inmitten der Gläubigen in eine Welt voller eigentümlicher Gottheiten, farbenfroher Verzierungen und riesiger Räucherspiralen einzutauchen.

Geschichte

Im späten 17. Jahrhundert siedelten sich hier Chinesen (Hoa) an. Schon bald schlossen sie sich nach ihren Herkunftsregionen zusammen und spe-

Cholon, Geschichte (Fortsetzung)

zialisierten sich: die Kantonesen konzentrierten sich auf Lebensmittel- und Einzelhandel, die Leute aus Taiyan handelten mit Tee und Fisch und die aus Fujian v.a. mit Reis. Doch zu Beginn des 20. Jahrhunderts begann sich der Charakter des Viertels zu ändern, denn das erwirtschaftete Geld wurde in Restaurants, Kasinos und Bordelle gesteckt. Mit der Zeit entstanden auch die berüchtigten Etablissements, in denen man auf hölzernen Liegen ruhend Opium rauchte und die Welt vergaß. Vor allem reiche, im Exil lebende Asiaten kamen hierher – und auch Graham Greene, der dies in seinen Büchern "Fluchtwege" und "Der stille Amerikaner" (→ Vietnam in Zitaten) beschrieb.

In den 50er Jahren war aus Cholon ein ziemlich gefährliches Pflaster geworden, in dem die chinesische Mafia regierte. Franzosen und später auch Amerikaner betraten das Viertel nur mit größter Vorsicht, denn es galt auch als Versteck des Vietminh und Vietcong. Nach der Wiedervereinigung 1975 sah Cholon harten Zeiten entgegen, denn je enger sich Hanoi mit der Sowjetunion verbündete, desto schwieriger gestalteten sich die chinesisch-vietnamesischen Beziehungen. Die Hoa wurden immer weiter ausgegrenzt. Und als Vietnam in das mit China verbündete Kambodscha einmarschierte, reagierte Peking mit einem Grenzkrieg. Hunderttausende Hoa, die meisten aus Cholon, flüchteten aus Angst vor Diskriminierung und Verfolgung (→ *Baedeker Special* S. 62/63) auf meist wenig seetüchtigen Booten. Cholon verfiel über ein Jahrzehnt lang in Agonie. Doch seit einiger Zeit schätzt man wieder das kaufmännische Geschick der Chinesen, so daß der alte Stadtteil neu erwacht.

**Thien-Hau-Pagode (Chua Ba)

Schönste Pagode Cholons mit ausgefallenen figurengeschmückten Dachfirsten

Die Angaben zum Baujahr des "Tempels der himmlischen Frau" schwanken zwischen Ende des 18. und Mitte des 19. Jahrhunderts. Er wurde von den Chinesen errichtet und ist der Göttin des Meeres gewidmet. Das beliebte taoistische Gotteshaus in der 710 Nguyen Trai Street (geöffnet: 6.00–17.30 Uhr) wurde mehrfach restauriert. Vor allem wegen seiner kunstvollen Fassaden- und Dachdekorationen mit bunten Keramikfiguren ist der pittoreske Tempel einen Besuch wert. Das Bauwerk gilt als typisches Beispiel südchinesischer Tempelarchitektur.
Der Legende nach war Thien Hau ein Mädchen, das vor rund 1000 Jahren in der chinesischen Provinz Fujian gelebt hat. Eines Tages fragte sie die reichen Besitzer und Kapitäne der großen Fischerboote um Erlaubnis, mit ihnen auf See fahren zu dürfen. Da ihr dies verweigert wurde, mußte sie mit einem kleinen Boot vorlieb nehmen. Von einem plötzlich aufziehenden Sturm wurde das Mädchen verschont, während alle anderen ausgelaufenen Schiffe untergingen. Seitdem wird Thien Hau als Schutzpatronin der Seefahrer und Fischer verehrt. Im 17. Jahrhundert, als viele Chinesen vor den kriegerischen Auseinandersetzungen zwischen der Ming- und Qing-Dynastie auf dem Seeweg in Richtung Vietnam flohen, vertrauten sie der Göttin und baten sie um Schutz vor Seeungeheuern, Stürmen und Piraten. Als Dank bauten sie nach ihrer Ankunft diesen reichverzierten Tempel.

Szenen aus Legenden und auch aus dem Hofleben wurden zur Zierde der Dächer gefertigt.

*Erster Hof

Über dem Haupteingang ist ein Wandgemälde zu sehen, auf dem Thien Hau dargestellt ist. An beiden Seiten wachen buntgekleidete Mandarine mit Kopfschmuck. Im ersten Innenhof hängen entlang der Wände zahlreiche Marmortafeln bzw. rote Papierstreifen mit chinesischen Schriftzeichen – es sind die Namen von Spendern und deren Wünsche, manchmal auch mit der Spendensumme (s. a. S. 298). Das Ergebnis der vielen guten Taten hängt über den Zetteln: Bilder von den aus Spenden finanzierten Bauten, darunter auch die Poliklinik und eine Schule. Von diesem Lichthof kann man die zahlreichen farbigen Figuren entlang des Dachfirstes genauer betrachten: Die hier versammelten Gelehrten und Wächter, Könige und Prinzessinnen, Drachen und Hexen erzählen chinesische Legenden. Es wirkt ein bißchen wie in einem Puppentheater – doch so realistisch, daß man meint, die Figuren müßten jeden Moment zum Leben erwachen.

*Zweiter Hof

Im zweiten Hof sind an der Dachkante auch gehörnte Teufelsgestalten zu sehen. Riesige Räucherspiralen, bestehend aus Sandelholz und den Blättern des Kapok-Baumes, verbreiten ihre Rauchschwaden: Sie brennen zwei Wochen bis zu sechs Monaten – je länger, desto besser, denn der Rauch, so sagt man, trägt die Wünsche von den roten Wunschzetteln weiter zur himmlischen Göttin Thien Hau. In den kleinen Öfen im Hof schicken die Angehörigen symbolisch Papier-Geschenke an die Verstorbenen ins

歌里祝共沐恩波

Jenseits: Geld oder Kleidung wie Schuhe und Hüte, Autos und Häuser aus Papier werden darin verbrannt. Zudem werden zum Gedenken Räucherstäbchen in den Bronzebecken angezündet (Abb. s. S. 3).

Thien-Hau-Pagode (Fts.)

Heiligtum

Der Hauptschrein besteht aus drei goldbemalten Thien-Hau-Statuen in bestickten farbenprächtigen Gewändern; die mittlere Figur wird beim Umzug im 3. Mondmonat durch die Straßen getragen. Beachtenswert ist der linke Schrein mit der Fruchtbarkeitsgöttin Kim Hue. Ihr huldigen häufig Ehepaare, um für Nachwuchs zu bitten. Und damit dies auch klappt, steht auf dem Altarpodest ein kleines Bett mit Vorhang – rein symbolisch, versteht sich. Ein hölzernes Schiffsmodell in dieser Ecke soll an die Seereise der Thien Hau erinnern.

Weitere Räume

Auf der rechten Seite befindet sich eine etwa 200jährige bronzene Glocke, die bei jeder Spende angeschlagen wird. Hinter einer Theke sitzen die Tempelangestellten und malen Wunschzettel für die Gläubigen – diese bunten Papierstreifen werden zu Hause dann vor die Tür gehängt. In den hinteren und seitlichen Räumen sind weitere Götter und Helden zu sehen, u.a. der General Quan Cong und der Gott Than Tai, der für Vermögen und Glück zuständig ist. Vor allem an den Feiertagen strömen zahlreiche Gläubige in diesen Tempel. Am 23. Tag des 3. Mondmonats finden neben der alljährlichen Prozession auch kantonesische Gesänge und Tänze statt.

Weitere Sehenswürdigkeiten um die Nguyen Trai Street

Nghia-An-Hoi-Quan-Tempel (Chua Ong)

Dieser Tempel ist nur wenige Schritte vom Thien-Hau-Tempel entfernt und wurde 1840 zu Ehren des legendären und gottgleich verehrten Generals Quan Cong errichtet. Der tapfere Held der “Drei Königreiche” wird von den Chinesen für seinen Mut, Gerechtigkeitssinn und seine Weisheit bewundert. In seinem Aufbau erinnert das Heiligtum an den zuvor beschriebenen Tempel; ebenfalls mit zwei begrünten Innenhöfen vor dem Hauptaltar. Das typisch geschwungene Tam-Quan-Dach steigt in drei kleinen Stufen an. In der Mitte kämpfen zwei Drachengestalten um eine rote Perle.
Über dem Eingang fällt außen ein hervorragend geschnitztes Holzboot auf. Mit ihm soll der General von China nach Vietnam gelangt sein. Am Eingang zur Linken bewacht ein Tempelwächter namens Ong Bon das große rotbemalte Holzpferd des berühmten Generals. Auf der rechten Seite erblickt man den Erdgott Tho Than hinter einer blinkenden Lichterkette. Auf dem Hauptaltar sitzt eine 3 m hohe Statue des Generals in einer Glasvitrine: Eine Hand streicht über seinen langen schwarzen Bart, in der anderen hält er ein Buch mit konfuzianischen Lebensweisheiten, und auf dem Kopf trägt er einen Hut mit goldenen Blumen. Rechts und links wird er flankiert von seinen Mitkämpfern, den Generälen Chau Xuong und Quan Binh. In dem rechten Schrein befindet sich eine Statue von der Meeresgöttin Thien Hau und im linken hockt der Gott der Finanzen, Than Tai. Jedes Jahr werden mehrere Feste zu Ehren Quan Congs begangen, z.B. am 24. Juni und am 15. Tag des 1. Mondmonats. Geöffnet: tgl. 6.00–18.00 Uhr.

Tam-Son-Hoi-Quan-Pagode

Die Tam-Son-Hoi-Quan-Pagode (118 Trieu Quang Phuc Street) wird meist von kinderlosen Paaren besucht, die der Fruchtbarkeitsgöttin Me Sanh opfern. Zur Rechten steht ein entschlossen blickender Quan Cong mit Generälen und rotem Pferd. Das Heiligtum wurde im 19. Jahrhundert von Einwanderern aus Fujian errichtet.

Moschee

Wenige Schritte weiter trifft man auf die Moschee Cholons (Ecke Nguyen Trai/Ly Thuong Kiet). Ihr unauffälliger Bau mit den schlanken Minaretten steht im augenfälligen Kontrast zu den aufwendigen Pagodenbauten in ihrer Nachbarschaft.

◂ *Solange die Räucherspiralen brennen, überträgt der Rauch Botschaften an die Götter und die verstorbenen Ahnen (Thien-Hau-Pagode).*

*Quan-Am-Pagode

Vor der Quan-Am-Pagode (12 Lao Tu Street) warten schon Scharen von fliegenden Händlern auf Kunden, die ihnen Räucherstäbchen abkaufen oder die in Käfige gesperrten Vögelchen freilassen wollen, um etwas für ihr Karma zu tun. Allerdings sollte man sich etwas Zeit lassen und das Heiligtum von außen genauer ansehen. Die Dächer sind mit Szenerien voll kleiner Figuren, Häuser und Tempel geschmückt. Zwei grimmig blickende Wächter und zwei steinerne Löwen bewachen den Eingang der Pagode, um böse Geister abzuhalten. Auf vergoldeten Paneelen sind Szenen des höfischen Lebens abgebildet mit Tänzern, Musikern und Schachspielern. Als die Gemeinde aus Fujian vor etwa 100 Jahren die Kultstätte erbauen ließ, wurde sie Quan Am gewidmet, doch eine Statue der Himmelskönigin (A Pho) wird auf dem Hauptaltar verehrt. Im offenen Hof dahinter sind viele Gottheiten und Heilsfiguren zu finden, darunter auch die weißgewandete Quan Am, die viele Gläubige anzieht. In einem kleinen Raum auf der rechten Seite kann man den Kalligraphen sehen, der die roten Gebetszettelchen und Spendenquittungen beschriftet.

Spendenquittungen

Phuoc-An-Hoi-Quan-Halle

Hinter einer reichverzierten Fassade und einem alten Steingarten liegt die hübsche Phuoc-An-Hoi-Quan-Halle (184 Hung Vuong), die zu Beginn des 20. Jahrhunderts von der Gemeinde aus Fujian errichtet wurde. Auffallend sind die besonders schönen Holzschnitzereien und Einlegearbeiten im Innenraum. Vor dem Altar sind Speere mit Messingspitzen aufgereiht, die beim Eintritt in die Welt der Unsterblichkeit helfen sollen. Dahinter steht eine Figur des rotgesichtigen Quan Cong, dem die Kultstätte geweiht ist.

Binh-Tay-Markt und Umgebung

*Binh-Tay-Markt (Cho Binh Tay)

Im zweigeschossigen Binh-Tay-Markt, seinem Innenhof und den umliegenden Gassen reihen sich Marktstände aller Art aneinander. An manchen Ekken stapeln sich Keramiktöpfe und Plastikschüsseln, an anderen sind kunterbunte Süßigkeiten oder getrocknete Fische aufgetürmt. Kaum ein Wunsch wird hier unerfüllt bleiben. Die Händler hier sind Touristen gewohnt, man kann sich ungestört umsehen. Allerdings sollte man dabei seine Tasche nicht außer acht lassen! Der Markt befindet sich im westlichen Teil Cholons an der Thap Muoi Street.

Tranh Chau Chieu Street

Einige Straßen nördlich der Markthalle stößt man in der Tranh Chau Chieu Street auf einen Geflügelmarkt voller Küken, Gänse und Enten. An den Füßen zusammengebunden hocken sie auf ausgestreutem Heu und gackern und schnattern um die Wette. Getreide und Hülsenfrüchte werden am östlichen Ende der Straße angeboten, wobei Säcke voller Reis, Linsen oder Bohnen den Weg zu einer Art Hindernislauf machen.

Cha-Tam-Kirche

In der nahegelegenen Cha-Tam-Kirche verbrachten der ehemalige Präsident Diem und sein Bruder ihre letzten Stunden. Nach dem vom US-Geheimdienst unterstützten Putsch waren sie am 2. November 1963 hierher geflohen, um unter dem Schutz der Kirche mit den Generälen zu verhandeln. Als diese ablehnten, ergaben sich beide. Auf der Fahrt zum Gefängnis wurden die Brüder von Sicherheitsleuten erschossen.

Hai Thuong Lan Ong Street

Nur eine Straße südlich der Kirche findet man Geschäfte, die sich auf die traditionelle vietnamesische Medizin spezialisiert haben. Schon allein durch die vielfältigen Aromen, die in der Luft schweben, müßte man den Weg hierher finden. Auf den Straßen sind Wurzeln und Blätter zum Trocknen ausgelegt. Beim Blick in die dunklen Läden sieht man alte Männer und

Hai Thuong Lan Ong Street (Fts.)

Frauen, die kleine Mengen verschiedener Pulver abwiegen und in Mörsern Ingredienzen zusammenmischen.

*Phung-Son-Pagode (Chua Go)

Die Phung-Son-Pagode oder Chua Go (1408 3 Thang 2 Blvd.) erreicht man vom Binh-Tay-Markt aus nach einem etwa halbstündigen Spaziergang. Sie wurde in den Jahren 1803/04 auf den Fundamenten eines Khmer-Tempels erbaut. Archäologen stießen hier zudem auf einige wertvolle Überreste der Oc-Eo-Periode (2.–Anf. 7. Jh.); darunter befanden sich zahlreiche Skulpturen brahmanischer Gottheiten und Schmuck, was zu der Vermutung führte, daß sich auf diesem Platz schon vor rund 1500 Jahren ein Heiligtum befunden hat. Die kleine buddhistische Pagode mit ihren unzähligen Statuen und Figuren aus edlen Hölzern und Bronze ist wenig von Touristen besucht, gilt aber für die Vietnamesen als geselliger Treffpunkt am Nachmittag.

Binh-Tay-Markt: Süßigkeiten bergeweise und nicht nur das ...

Phung-Son-Pagode (Fortsetzung)

Unter schattenspendenden Bäumen im Vorgarten versammeln sich Männer zum Spielen, Zeitunglesen und Unterhalten. Ursprünglich stand die Pagode auf einem kleinen Hügel, von dem heute kaum noch etwas zu sehen ist. Es heißt, vor langer Zeit habe man beschlossen, das Heiligtum an einen anderen Ort zu verlegen, doch ein mit Kultgegenständen beladener Elefant sei ausgerutscht und all die Trommeln, Glocken und Statuen fielen in einen See. Das sah man als Zeichen an, die Pagode an ihrem ursprünglichen Platz zu belassen.
Vor dem Tempeleingang begrüßt eine Quan-Am-Statue die Besucher, umgeben von buntbemalten Wächtern und einem großen lachenden Di Lac in seiner typischen wohlgenährten Pose. Dann gelangt man direkt in den Hauptraum mit dem reichbestückten Altar. In der Mitte thront der vergoldete Amitabha-Buddha, umgeben von einer Quan Am sowie diversen Buddha- und Wächterstatuen. An der gegenüberliegenden Wand stehen drei bemerkenswerte Wächter, wobei Ho Phap (links) mit seinen furchteinflössenden Gesichtszügen das Böse im Menschen darstellen soll, während Tieu Dien (rechts) das Gute symbolisiert. Links daneben sitzt der indische Begründer des Zen-Buddhismus, der Mönch Bodhi Dharma. An den Wänden sind die Höllenfürsten versammelt. An der Rückwand des Hauptaltars befinden sich die rotgoldenen Grabtafeln für die verstorbenen Äbte des Gotteshauses mit diversen Gemälden und verblichenen Fotos. Eine auf einem Tischchen stehende Bronzestatue aus Thailand stellt den historischen Buddha Thich Ca dar. Rechts davon kann man in einem Glaskasten den kleinen Drachenkönig aus Sandelholz näher in Augenschein nehmen. Ein winziger Innenhof mit Teich und künstlichem Miniaturberg schließt sich an. Dahinter steht der Schrein für die 18armige Quan Am, umgeben von weiteren Buddha-Figuren und Wächtern. Geöffnet: tgl. 6.00 bis 18.00 Uhr.

Heiligtümer in Norden und Westen der Stadt

*Pagoden- und Tempeltouren

Wenn man alle Pagoden, Tempel, Klöster, Moscheen, Hinduschreine und andere religiöse Versammlungsstätten zusammenrechnet, gibt es rund tausend Sakralbauten in Saigon. Einige besonders sehenswerte sind nördlich und westlich des Zentrums zu finden. Allerdings liegen sie relativ weit auseinander. Doch die Fahrer von Taxis, Motorradtaxis und Cyclos sind durchaus auf die Wünsche ausländischer Besucher Saigons eingestellt. Ihre Stadtpläne mit den eingezeichneten Sehenswürdigkeiten (s. S. 282) helfen beim Austüfteln einer individuell zugeschnittenen Tour.

**Pagode des Jadekaisers und Umgebung

Buddhistisch-taoistische Prunkpagode

Der Phuoc-Hai-Tu-Tempel ist auch unter dem Namen Chua Ngoc Hoang (Pagode des Jadekaisers) bekannt, denn so wird der Jadekaiser auf vietnamesisch genannt. Seine Figur gehört zu den meistverehrten Gestalten der taoistischen Philosophie und steht in der Rangfolge über allen Göttern, allen mythologischen Heiligen und Königen. Der Ngoc Hoang gilt als der Weltenherrscher. Ihm und seinen Gehilfen wird nachgesagt, das Schicksal beeinflussen, über Leben und Tod, Sieg oder Niederlage entscheiden zu können.
Der gut besuchte Tempel (73 Mai Thi Luu Street) besteht aus zwei nebeneinanderliegenden Gebäuden. Er ist von den Chinesen aus der Provinz Guangdong Ende des 19. Jahrhunderts errichtet und 1906 feierlich eingeweiht worden. Das von außen recht unauffällige Gebäude gehört zu den Meisterwerken der chinesischen Tempelbaukunst und beeindruckt durch hervorragende Holzschnitzarbeiten, Skulpturen und Farben. Die Pagode wurde inzwischen mehrfach restauriert, zuletzt im Jahre 1985. Im Inneren sind unzählige taoistische Gottheiten und buddhistische Gestalten in schönster Pracht vereinigt. In diesem Tempel können die Besucher die Schuhe anbehalten, sollten aber über die hohe Türschwelle hinwegsteigen, nicht darauf treten.

Pagode des Jadekaisers (Fortsetzung)
Eingangsbereich

Auf dem Vorhof befinden sich in der Mitte und zur rechten Seite kleine Teiche mit Schildkröten, die von Gläubigen gestiftet wurden. Die Vietnamesen und Chinesen verehren die Schildkröte nämlich als Symbol für ein langes Leben. Wenn man dem Tempel eine Schildkröte schenkt, kann man somit auf eine lange glückliche Existenz hoffen. Ein Wächterhäuschen mit einem imposanten Bronzekessel für Räucherstäbchen steht direkt vor dem Tempeleingang. Im Gebäude passiert der Besucher als erstes die Wächterhäuschen und Schreine für die beiden Götter der Erde (links) und des Tores (rechts), dann folgen Devotionalienstände. Am Eingang zum eigentlichen Tempelbereich wachen die beiden überdimensionalen Generäle des Jadekaisers: Zur Linken thront ein General auf einem weißen Tiger (Bach Ho), zur Rechten steht ein weiterer Himmelsgeneral in Siegerpose auf einem grünen Drachen (Thanh Long). Der nächste kleine Altar ist mit diversen buddhistischen Figuren und Lichterketten geschmückt. In der Mitte sitzt in einer Vitrine ein Sakyamuni-Buddha aus Sandelholz. Am linken Rand steht die 18armige Quan Am, die als Göttin der Barmherzigkeit und zugleich als Bodhisattva verehrt wird. In ihren Händen hält sie u.a. eine Muschel, das Buch der buddhistischen Lehre, einen Kelch und einen Weidenzweig, verschiedene Waffen wie Schwert und Beil, eine Kette und das Rad der Lehre.

Über einen schönen Hof gelangt man in das taoistische Heiligtum.

Hauptaltar

Dahinter befindet sich der Hauptaltar mit dem Jadekaiser in seinen prächtig-glitzernden Gewändern. Rauchschwaden durchziehen den Raum, und immer wenn eine Opfergabe dargebracht wurde, ertönen Glöckchen oder eine Pauke. Vor dem Altar sind die Spenden aufgetürmt, z.B. Obst und Räucherstäbchen oder auch mal ein Sack Reis für die hier lebenden Mönche. In der Mitte des Schreines steht die Figur des Jadekaisers, aus Pappmaché geformt und mit Goldfarbe bemalt. Zu beiden Seiten gesellen sich seine vier Wächter und Schüler. Vor ihm reihen sich sechs lebensgroße Gestalten auf, von denen die beiden mittleren die Himmelsgötter Nam Tao (Gott des südlichen Polarsternes, rechts) und Bac Dau (Gott des nördli-

Pagode des Jadekaisers, Hauptaltar (Fortsetzung)

chen Polarsternes, links) darstellen – diese beiden entscheiden über das Schicksal der Lebenden und der Toten. In dem Altarkasten rechts vom Jadekaiser befindet sich Phat Mau Chuan De mit ihren 18 Armen und drei Gesichtern (auch genannt: die Mutter der Buddhas der fünf Himmelsrichtungen). Auf der linken Seite ist ein anderer Gehilfe des Jadekaisers zu sehen: Ong Bac De, der auf einer Schildkröte steht und eine Schlange in Händen hält. Weitere himmlische Gottheiten und Helden sind im Raum entlang der Wände aufgestellt. Ein dunkler Holzrahmen mit prachtvollen Tieren und mythologischen Szenen umgibt den Altar.

Weitere Räume

In einem kleineren, meist sehr verqualmten Raum (links) bekommt der Besucher einen Einblick in die Hölle und das Schicksal der Verstorbenen – hier sind die Götter zu Hause, die gute Taten belohnen und schlechte bestrafen. Hinter dem Altar, den die Gläubigen bzw. Hinterbliebenen manchmal im Uhrzeigersinn umkreisen, versammeln sich auf einem Podest der Höllenkönig Thang Hoang mit seinem roten Holzpferd, die Götter des Weiblichen (yin) und des Männlichen (yang) sowie Mandarine. Ganz links in weißem Gewand und weißer Haube sitzt der Finanzgott Than Tai vor einer weiteren Spendenbox – an ihn wenden sich vor allem die Geschäftsleute und erhoffen seinen Segen und ein gutes Einkommen.
An den Wänden zeigen Holzschnitzereien auf zehn Tafeln die unzähligen Qualen in der Hölle, wenn das Karma des Verstorbenen ein schlechtes war. Sehr eindringlich wird anhand von Folterszenen das Schicksal dargestellt, das den Gläubigen dann erwartet. Über die grausamen Darstellungen wachen die zehn Höllenrichter. An der rückwärtigen Wand gegenüber des Altars kann der Gläubige aber wieder Hoffnung schöpfen und auf eine Wiedergeburt hoffen, denn hier erteilt Thi Kinh (eine Erscheinungsform Quan Ams) ihren Segen. Die Figur auf der Holztafel ist mit einem Baby im Arm dargestellt, da sie auch als Beschützerin der Mütter und Kinder gilt.
Davor liegt noch ein winziger, oft mit beißendem Rauch gefüllter Raum mit zwölf kleinen Keramikfiguren, die alle Babies im Arm halten. Sie stellen die

Der Jadekaiser inmitten seiner Wächter und Schüler

Pagode des Jadekaisers

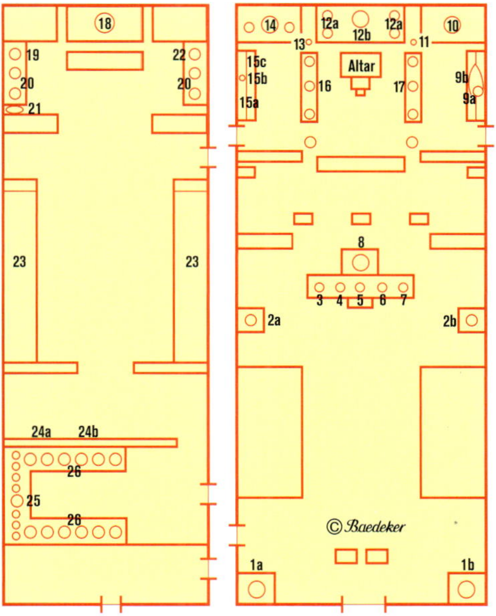

1a Tho Than (Tho Dia, Gott der Erde)
1b Mon Quan (Gott des Tores)
2a General, der den weißen Tiger besiegte
2b General, der den grünen Drachen besiegte
3 Phat Mau Chuan De (Mutter der fünf Buddhas der Himmelsrichtungen)
4 Diang Vang Vuong Bo Tat (König der Hölle)
5 Sakyamuni (Buddha der Vergangenheit)
6 Quan Am (Göttin der Barmherzigkeit)
7 Thich Ca Buddha (Basrelief)
8 Duoc Su Buddha (Glaskasten)
9a Dai Minh Vuong Quang (auf einem Phönix reitend)
9b Die Tien Nhan (Gottmenschen)
10 Phat Mau Chuan De (Mutter der fünf Buddhas der Himmelsrichtungen)
11 Sonnengott
12a Tu Dai Kim Cuong (die 'Vier großen Diamanten')
12b Ngoc Hoang (Jadekaiser)
13 Göttin des Mondes
14 Ong Bac De (Reinkarnation des Jadekaisers)
15a Wächter Thien Lois (oben)
15b Thien Loi (Gott des Blitzes)
15c militärische Befehlshaber von Ong Bac De (unten)
16 Bac Dau (Gott des nördlichen Polarsterns und des langen Lebens)
17 Nam Tao (Gott des südlichen Polarsterns und des Glücks)
18 Thang Hoang (Höllenvorsteher)
19 Am Quan (Gott des Yin)
20 Thuong Thien Phat Ac
21 Thanh Hoangs rotes Pferd
22 Duong Quan (Gott des Yang)
23 Höllendarstellungen
24a Dia Tang Vuong Bo Tat (König der Hölle)
24b Thi Kinh (Beschützerin von Mutter und Kind)
25 Kim Hoa Thanh Mau (Herr der Frauen)
26 12 Frauenfiguren

Pagode des Jadekaisers, Weitere Räume (Fortsetzung)

himmlischen Frauen sowie die zwölf Tierkreiszeichen aus dem chinesischen Mondkalender dar. Besonders Eltern oder kinderlose Ehepaare beten hier. Außerdem symbolisiert jede dieser in Seidengewändern gehüllten Figuren eine gute oder schlechte Eigenschaft des Menschen.
Wer nun zurück in den Hauptaltar-Raum geht, gelangt auf der anderen Seite durch einen schmalen Gang in einen weiteren Raum, in dem die Fotografien der beiden Tempelgründer sowie eine weitere Quan-Am-Figur stehen. Von hier kann man über eine Treppe auf die Terrasse steigen, von der man einen Blick auf das farbig gestaltete Dach werfen kann. Wie die meisten taoistischen Tempel und älteren vietnamesischen Gebäude ist es mit grünen Keramikziegeln und den vier mythologischen Tieren geschmückt: Drache, Einhorn, Phönix und Schildkröte.
Besichtigen kann man den Tempel täglich von 7.00 bis 18.00 Uhr, die Mönche beten zwischen 16.00 und 17.00 Uhr. Das Pagodenfest findet am 9. und 10. Tag des Neuen Jahres nach dem Tet-Fest statt.

Trang-Hung-Dao-Tempel

Bereits im Vorhof des Trang-Hung-Dao-Tempels (ca. 250 m westlich der Pagode des Jadekaisers, 36 Vo Thi Sao Street) hat man dem hochverehrten Helden, der 1288 die Mongolen Kublai Khans bezwang (Bach Dang River, s. S. 53), eine Statue errichtet. Der Tempel wurde 1925 angelegt und zeigt in einem Nebenraum eine Ausstellung über seine Triumphe. Der Kult um Trang Hung Dao hat allerdings auch eine "dunkle" Seite – er gilt nämlich als Patron der Verwirrten und Geisteskranken.

*Le-Van-Duyet-Tempel

Prunkvolles Heldengrabmal

Ein angenehm ruhiger und sehenswerter Tempel liegt abseits der normalen touristischen Route in der einst ländlichen Region Gia Dinh. Heute wird der nördliche Bezirk Binh Thanh genannt. Dem General Le Van Duyet zu Ehren

Le-Van-Duyet-Tempel (Fortsetzung)

wurde dieses wunderschöne alte Holzgebäude (126 Dinh Tien Hoang/Ekke Bach Dang) als Grabmal errichtet. Le Van Duyet (1763–1832), der als großzügiger Regent galt, herrschte unter der Nguyen-Dynastie in der Gia-Dinh-Provinz. Während dieser Zeit gewährte er den ausländischen Schiffen Zugang zum Hafen, ließ die Katholiken ihren Glauben frei ausüben und die Chinesen ihren Handel ohne Einschränkungen mit den Kambodschanern betreiben. Als Oberbefehlshaber hatte der General zudem entscheidenden Anteil an der Niederschlagung des Tay-Son-Aufstandes.
Der Tempel, ein Beispiel für die sog. Khai-Dinh-Architektur, besteht aus mehreren luftigen Hallen. Farbenfrohe Mosaike und Keramiken in der Gestalt kleiner Gelehrter, Drachen und Tiger begrüßen die Besucher bereits an der Außenwand und am Dach. Viele dekorative Details und Antiquitäten lassen sich im Tempel entdecken, gleichzeitig kann man diskret die Rituale der vietnamesischen Besucher verfolgen. Dazu gehören beispielsweise das Schütteln der numerierten Holzstäbchen aus einem Holzbecher (zur Weissagung) und das Hochwerfen von Holzklötzchen, die bei der richtigen Lage ebenfalls Glück bringen. Die prächtigen Altäre sind eingerahmt von holzgeschnitzten rotgoldenen bzw. marmornen Säulen, um die sich Drachen, Phönixe und Einhörner winden. Im mittleren und hinteren Raum hängen zwei Portraits des verehrten Generals. Die alten Tempeldiener, die bei Spenden den Gong ertönen lassen, sind an manchen Tagen durch die Weihrauchschwaden kaum mehr wahrzunehmen.
Besonders am Todestag des Generals, dem 1. Tag des 8. Mondmonats, sowie am Tet-Feiertag strömen die Massen hierher, um die Toten zu ehren. Geöffnet: tgl. 6.00–18.00 Uhr.

*Vinh-Nghiem-Pagode

Zentrum der buddhistischen Gemeinde

Der während des Vietnamkrieges errichtete (1964–1971) Chua Vinh Nghiem ist für die buddhistische Gemeinde Saigons die wichtigste Pagode der Stadt. Ihr weitgeschwungenes, zweifach gestaffeltes Dach trägt Drachen als Giebel sowie Phönixköpfe. Mit japanischer Hilfe wurde der Bau im Stile nordvietnamesischer Pagoden errichtet. Direkt an der Straße zum Flughafen (399 Nguyen Van Troi Street) erhebt sich der etwa 40 m hohe, siebenstöckige Glockenturm, der auf jeder Etage eine Statue der Quan Am birgt. Nur an wichtigen buddhistischen Feiertagen ist der Zugang zum Pagodenturm erlaubt. Ansonsten ist die Anlage täglich von 6.30 bis 11.30 und von 13.30 bis 18.30 Uhr geöffnet.

Haupthalle

In der großen Haupthalle finden häufig Zeremonien statt wie Beerdigungsfeiern, bei denen die Teilnehmer an der weißen Kleidung und den weißen Stirnbändern zu erkennen sind. Der Altar ist mit drei großen Buddha-Statuen bestückt: in der Mitte der 6 m hohe Buddha Sakyamuni, zu beiden Seiten seine Schüler Van Thu (der Weise) und Pho Hien (der Glücksbringende). Jeweils neun Gemälde an den beiden Seitenwänden erzählen die Geschichte der La Han, der 18 Bodhisattvas und Heiligen. Auf den Schreinen im hinteren Teil der Halle sind unzählige Ahnentafeln mit den Fotografien Verstorbener und ihren Lebensdaten aufgestellt. Zuerst wird ein Bild des Toten auf dem Altar plaziert und nach 100 Tagen gegen die hölzernen Täfelchen ausgetauscht – so soll seine Seele Ruhe in den heiligen Räumen finden. Für kürzlich Verstorbene oder an Todestagen werden vor der Quan-Am-Statue ganze (fleischlose) Mahlzeiten geopfert, meist kleine Schälchen mit Reis, Gemüse und Suppen sowie Tee oder Wasser.

Weitere Räume

Dahinter sind eine Reihe von Räumen um einen Lotosteich gruppiert. Hier befinden sich eine Halle und ein Turm mit Tausenden von Urnen, eine buddhistische Schule sowie eine der drei buddhistischen Bibliotheken der Stadt. Jeden 1. und 15. Tag des Mondmonats sowie Sonntag morgens füllt sich das Gotteshaus: Mönche und Gläubige treffen sich zur gemeinsamen Rezitation von Sutren und Predigten. Auf dem Platz vor der Pagode werden unter anderem Devotionalien und Glücksbringer verkauft, so kann man hier beispielsweise einen kleinen Singvogel aus seinem Käfig befreien und damit Gutes für das eigene Karma tun.

Vinh-Nghiem-Pagode (Fts.)

**Giac-Lam-Pagode und Umgebung

Ältestes Gotteshaus Saigons

Die Giac-Lam-Pagode (Chua Giac Lam) ist nicht nur das älteste Gotteshaus in Saigon, sondern ebenso eines der schönsten – auch wenn das flache Gebäude mit den gelben und roten Ziegeln von außen eher unscheinbar wirkt. Links vom Eingang, an der Lac Long Quan Street (nördlich von Cholon), sieht man zuerst den siebenstufigen Pagodenturm, der über eine Wendeltreppe bestiegen werden kann. Er birgt symbolische Reliquien von berühmten Mönchen sowie Buddha-Statuen auf jeder Etage. Von oben hat der Besucher einen weiten Panoramablick über den lebhaften Tan-Binh-Bezirk und Saigon. Als die Pagode 1744 von dem chinesischstämmigen Ly Thuy Long erbaut wurde, war dies ein Hügel voller Bäume und Blütensträucher. Oft trafen sich Gelehrte und Poeten in dieser pittoresken Szenerie, um Gedichte zu schreiben oder zu rezitieren. Im Garten der Anlage (geöffnet: tgl. 7.00–11.30 u. 13.30–18.00 Uhr) befindet sich auf der linken Seite ein großer Bodhi-Baum, der 1953 als Geschenk aus Sri Lanka nach Vietnam gebracht wurde. Davor steht eine weiße Quan-Am-Statue auf einem Podest aus Lotosblüten. Die Göttin der Barmherzigkeit hält dabei eine Flasche mit Weihwasser in der Hand. Acht Äbte wurden im hinteren Teil in Stupas beigesetzt.

Mönch am Hauptaltar der Giac-Lam-Pagode

Altarraum

Wenn man die Pagode durch den kleinen Seiteneingang betritt, sollte man sich gleich seiner Schuhe entledigen. Wendet man sich nun gleich nach links, kommt man direkt zum Hauptaltar. Als erstes fallen die mächtigen Säulen aus dem Holz der Jackfruit-Bäume auf; ihre feinen Schnitzereien auf dunklem Palisanderholz zeigen u.a. Fledermäuse, Seerosen und die vier mythologischen Tiere Drache, Einhorn, Schildkröte und Phönix. Der

Giac-Lam-Pagode (Fortsetzung)

Altarpodest ist von einem vergoldeten und reichverzierten Holzrahmen umgeben und beeindruckt mit einer Ansammlung von diversen hölzernen Buddhas, Bodhisattvas und Wächtern. Auf der hinteren Ebene in der Mitte befindet sich der Buddha der Vergangenheit, eingerahmt von seinen Lieblingsschülern Ananda und Kasyapa. In der mittleren Reihe stehen vor ihnen der Sakyamuni-Buddha aus Bronze und der dicke lachende Di-Lac-Buddha. Neben Di Lac thront der Jadekaiser aus Bronze. In der vordersten Reihe versammeln sich vier Bodhisattvas um einen weiteren Sakyamuni-Buddha. Die Statuen sind teilweise sehr alt und wurden aus Hue nach Saigon gebracht. An den Wänden wachen die 18 hölzernen La Han und die zehn Höllenrichter. In der linken Ecke des Raumes ertönt eine bronzene Glocke, wenn Gläubige hier nach einer kleinen Spende ihre Wunschzettel anbringen. Oft sind es Wünsche nach Genesung von alten oder kranken Menschen, mit Namen, Alter und Adresse versehen. Auch die rechte Ecke enthält ein interessantes Utensil des vietnamesischen traditionellen Glaubens: den Den Duoc Su – eine Art Medizin-Baum aus Holz, für dessen 49 kleine Öllampen die Gläubigen Kerosin spenden und an den sie Wunschzettel anheften.

Weitere Statuen

Zurück am Eingang kann man die farbigen Portraits von neun Mönchen sehen, die hier gelebt haben. Gegenüber befindet sich ein Schrein für die 18armige Quan Am und zwei weitere Bronzefiguren. Ein kleiner, leicht zu übersehender Altar im hinteren Teil dieses Raumes birgt den ältesten Buddha: Es ist die mehr als 300 Jahre alte Holzfigur eines Sakyamuni. Insgesamt findet man in der Pagode mehr als 120 Buddha-Statuen.
Jeweils am 1. und 15. des Mondmonats gedenken die im Tempel lebenden Mönche ihrer verstorbenen Äbte in einer feierlichen Zeremonie, an anderen Tagen versammeln sie sich mehrmals täglich zum Gebet. Sehr häufig finden hier Beerdigungsfeiern statt – daher die vielen Bänke und Tische mit Teeservices.

*Giac-Vien-Pagode (Chua Ho Dat)

Diese Pagode ist der Giac-Lam-Pagode sehr ähnlich und liegt in der gleichen Straße – etwa 500 m entfernt, jedoch etwas versteckt am Rande eines Vergnügungsparkes in der Nähe des Dam-Sen-Sees. Über einen staubigen Weg durch ein Wohngebiet gelangt man zu diesem verträumten Holzbau in ländlicher Umgebung, der etwa 140 Statuen birgt. Der Mönch Hay Tinh hatte das Gebäude um 1850 auf einer Insel inmitten des sumpfigen Gebiets errichten lassen. Davor diente diese Stelle als Lagerplatz für die Baumaterialien der Giac-Lam-Pagode.
Zum Hauptaltar geht es zuerst in den hinteren Teil des Gebäudes: Hier trifft man wieder auf Buddha und seine verschiedenen Erscheinungsformen sowie die buddhistischen Schüler Ananda und Kasyapa. Von der Wand blikken die zehn Höllenfürsten, die 18 Bodhisattvas und diverse Wächterfiguren. Viele detaillierte und kunstvolle Schnitzereien aus Teakholz zieren den Altar, den Altarrahmen und die Säulen. Rechts davon sitzt die Göttin der Barmherzigkeit in einem Schrein. Auch hier steht ein Medizin-Baum mit 49 Lichtern und Wunschzetteln in der Ecke. Durch eine Tür erreicht man eine idyllische Gartenterrasse mit zahlreichen hochgewachsenen Bonsai-Bäumen. Zurück im ersten Raum fallen die vielen Ahnentafeln und Gemälde der verstorbenen Äbte, eine Statue des Erbauers, ein weiterer lichterkettenbehangener Schrein mit einer 18armigen Quan Am sowie ein großer goldglänzender Di Lac auf. Im Garten sind die verstorbenen Äbte in prachtvollen Stupas beigesetzt. Geöffnet: tgl. 7.00–18.00 Uhr.
Zu dem Vergnügungspark mit Bootsausleih und Minieisenbahn geht es vom Tempel über eine kleine Holzbrücke am östlichen Rand der Anlage.

Umgebung von Saigon

Tips für Ausflüge

Wenn man von den turbulenten Straßen Saigons genug hat, bietet es sich an, einen Ausflug in die schöne Umgebung der Stadt zu unternehmen. Da die öffentlichen Verkehrsmittel etwas langsam und unzuverlässig sind,

Umgebung Saigons (Fortsetzung)

sollte man eine Tour buchen oder einen Wagen mit Fahrer mieten. Am beliebtesten ist die Fahrt nach Nordwesten zu den berühmt-berüchtigten Tunneln von → Cu Chi und zum fremdartigen Tempel der → Cao Dai in Tay Ninh. Innerhalb eines Tages kann man auch nach → My Tho fahren, wo man einen ersten Eindruck vom → Mekong-Delta bekommen kann. Wer allerdings diese besondere Landschaft eingehender per Boot erkunden will, sollte mehrere Tage einplanen. Ebenso ist der Badeort → Vung Tau durchaus einen Abstecher wert, doch auch hier lohnt es sich, ein oder zwei Übernachtungen einzuplanen. Naturliebhaber sollten sich auf dem Weg nach → Da Lat einen Besuch des Cat-Tien-Nationalparks nicht entgehen lassen.

Ein-Säulen-Pagode von Thu Duc

In der näheren Umgebung gibt es für Leute, die sich länger im Großraum Saigons aufhalten, noch einige kleinere Ziele wie die Ein-Säulen-Pagode von Thu Duc (15 km östlich von Saigon). Sie entstand nach ihrem großen Vorbild in Hanoi im Jahre 1958.

Strand von Can Gio

Bei Can Gio (60 km südlich), wo der Saigon-Fluß ins Meer mündet, liegt der einzige Strand im Großraum Saigon. Allerdings ist es hier eher rauh, windig und wild als ruhig und erholsam.

Vat-Sat-Naturschutzgebiet

Seit September 2000 können Saigon-Touristen per Auto oder Boot den nahegelegenen Vat-Sat-Naturpark besuchen. Auf einer Fläche von 2000 ha beherbergt er in einer fast unberührten Salzmarschlandschaft seltene Vogelarten, Affen, Fledermäuse, Warane, Pythonschlangen, eine Krokodilinsel sowie Garnelenzuchtfarmen.

La-Nga-See

Auf der Straße in östlicher Richtung nach Da Lat kommt man an Ziegeleien, Reispapierfabriken und Kautschukplantagen vorbei. Nach etwa 90 km überquert man den La Nga Lake. Das Besondere an diesem See ist, daß sich eine Siedlung darauf befindet. Neben Hausbooten besteht sie auch aus Holzhütten, die auf leeren Ölfässern gebaut wurden. Ähnlich wie in → Chau Doc befinden sich unter den Fußböden kleine Fischzuchtfarmen. Kurios sind auch die Boote, mit denen die Bewohner von Haus zu Haus fahren. Sie werden mit den Füßen gerudert.

Auf Fässer wurde die Siedlung im La-Nga-See gebaut.

*Cat-Tien-Nationalpark

Mit einer Fläche von etwa 80000 ha ist der Cat-Tien-Nationalpark (160 km nordöstlich von Saigon), zu dessen Gebiet auch das Cat-Loc-Naturreservat gehört, einer der größten Vietnams. Berühmt ist er für seine Nashorn-Population. Es sind die einzigen Java-Nashörner, die auf dem asiatischen Festland leben. Neben Elefanten, Gibbons und Wildbüffeln beherbergt er mindestens 60 weitere Säugetierarten, etwa 175 Vogelarten, 22 verschiedene Reptilien- und 14 Amphibienarten. Zudem wurden rund 400 verschiedene Pflanzenarten, darunter 170 medizinisch verwertbare Kräuter und 52 Orchideenarten, gezählt.

Die Landschaft besteht aus vielen Seen, Flüssen, Wasserfällen, Lagunen und ausgedehnten Sumpfgebieten. Stufenartig fällt das Gelände aus den Truong-Son-Bergen nach Süden in die Ebene ab. An den vielen Seeplatten und Wasserlöchern kann man Wasservögel und Krokodile beobachten.

Umgebung Saigons, Cat-Tien-Nationalpark (Fortsetzung)

In dem Nationalpark leben noch etwa 400 Angehörige ethnischer Gruppen, die vom Reis- und Obstanbau sowie den Erträgen aus Kaffee- und Cashewnuß-Ernten leben. Relativ gute Unterkunftsmöglichkeiten existieren am Dong-Nai-Fluß.
Von Saigon aus ist man ungefähr vier bis fünf Autostunden (N20 bis Madagui, dann noch 23 km) bis zum Park unterwegs; in der Regenzeit zwischen Mai und Oktober ist die Strecke allerdings nur mit Vierradantrieb zu bewältigen. Da der Eintritt nur mit offizieller Genehmigung des Forstamtes bewilligt wird, ist es am einfachsten, die Tour über die Reiseagenturen in Saigon zu buchen.

Thanh Hoa — C 3

Hauptstadt der Provinz Thanh Hoa (Delta des Roten Flusses)
Einwohnerzahl: 200 000
Entfernung: 152 km südlich von Hanoi

Lage und Bedeutung

Thanh Hoa wurde im Jahre 1397 unter der Ho-Dynastie als Zitadelle erbaut, doch nur noch vier Granittore und einige Grundmauern sind von der einstigen Hauptstadt des Landes erhalten. Heute bildet die Gegend um Thanh Hoa den nördlichsten Teil Zentral-Vietnams. Während ihr dichtbesiedeltes Tiefland ausschließlich von Vietnamesen bevölkert ist, wohnen in den Bergen auch Stämme der Montagnards. Am bekanntesten sind neben den Roten Thai die Muong, die als Ureinwohner Vietnams gelten und ihre eigene Sprache und Schrift bewahrt haben.

Eine sehr schöne Sammlung von Dong-Son-Trommeln kann man im Historischen Museum Hanois bewundern.

Wie die Siedlungen der Umgebung wurde auch Thanh Hoa im Krieg durch Luftangriffe völlig zerstört und mußte neu aufgebaut werden. Es hat daher kaum Sehenswürdigkeiten zu bieten. Allerdings befinden sich die berühmten Ausgrabungsstätten der Bronzezeit ganz in der Nähe bei Dong Son. Die Gräber der Le-Dynastie aus dem 15. bis 17. Jahrhundert kann man bei Lam Son besichtigen.
Wer sich am Strand erholen und Villen der Kolonialzeit bewundern möchte, ist dagegen bestens in dem Küstenort Sam Son aufgehoben.

Umgebung von Thanh Hoa

Ham-Rong-Brücke

Nördlich von Thanh Hoa überspannt die Ham-Rong (Drachenkiefer)-Brükke den Song Ma. In beiden Indochinakriegen war die 160 m lange Brücke fortwährend Zielscheibe von Angriffen, sie wurde mehrmals beschädigt und wieder aufgebaut. Doch während des Vietnamkrieges bekam sie einen fast mythischen Status, als die Amerikaner sie fast drei Jahre lang erfolglos bombardierten. Erst im Mai 1972 konnten sie ihr Ziel nahezu vollständig zerstören.

Dong Son

In einem Ausgrabungsfeld bei Dong Son, das sich etwa 8 km nordwestlich von Thanh Hoa befindet, wurden die bis zu 2 m großen rituellen Bronzetrommeln gefunden, die der Dong-Son-Kultur (8.–13. Jh.) ihren Namen gaben. Einige schöne Exemplare sind in den historischen Museen Saigons und Hanois zu besichtigen.
Bis heute ist nicht geklärt, welche Bedeutung das sternförmige Zeichen im Zentrum der Schlagfläche hatte. Darstellungen von Schiffen und Seevögeln auf den Bronzetrommeln legen die Vermutung nahe, daß die Bewohner einst aus der malayisch-indonesischen Inselwelt über das Meer kamen und sich mit den in Nordvietnam ansässigen sino-tibetischen Bewohnern vermischten. Außer diesen einmaligen Relikten fand man bei den Grabungen auch Beile, Dolche und Gürtelschnallen.
Heute wird die Dong-Son-Kultur als Wiege der vietnamesischen Zivilisation angesehen. Sie erstreckte sich über die Einzugsbereiche des Song Ma und Song Hong und wird von den Vietnamesen auf die gleiche Stufe mit den mythologischen Hung-Königen (→ Hung-Tempel) und ihrem Königreich Van Lang gestellt.

Ba-Trieu-Tempel

Der Den Ba Trieu liegt 20 km nördlich von Thanh Hoa bei dem Dorf Phu Dien. Von der N 1 aus kann man den Hügel sehen, auf dem der 19jährigen Ba Trieu ein Tempel geweiht wurde. Sie hatte im Jahre 248 einen Aufstand gegen die Chinesen angeführt und letzten Endes den Freitod gewählt – wie ihre berühmteren Vorbilder, die Trung-Schwestern (→ Berühmte Persönlichkeiten).

Grabmal Le Lois

Der Volksheld Le Loi, dem zu Ehren in Lam Son (40 km nordwestlich von Thanh Hoa) ein Grabmal errichtet wurde, stammt aus diesem Ort. Er koordinierte ab 1418 den Widerstand gegen die Herrschaft der Chinesen und konnte sie zehn Jahre später aus dem Gebiet des Roten Flusses vertreiben. Danach machte er sich als Le Thai To zum ersten König der Le-Dynastie. Der Sieg des Le Loi über die Chinesen ist auch verbunden mit der Legende des Hoan-Kiem-Sees (→ Hanoi, *Baedeker Special* S. 154/155), wo Le Loi von einer Schildkröte ein goldenes Schwert erhalten haben soll, mit dessen Hilfe er die Chinesen besiegen konnte.
Von dem Grabmal selbst, das am Ufer eines Sees liegt, sind allerdings nur noch wenige Teile erhalten. Dazu zählen eine Statue des Kaisers und eine Stele aus dem Jahr 1433, auf der sein Mitkämpfer Nguyen Trai nach dem Sieg über die Chinesen seine berühmte Proklamation verewigte, in der es heißt: "Die Ruhe ist wiederhergestellt / Berge und Flüsse haben ihr Aussehen verändert / Das in Unordnung geratene Universum hat seine Harmonie wiedergefunden / Sonne und Mond kehren aus der Finsternis ins Licht zurück."

Sam Son

Zu den schönsten Badegebieten Nordvietnams zählen die weiten Sandstrände von Sam Son (16 km südöstlich von Thanh Hoa). Diese Strände wurden schon von den Franzosen geschätzt, die hier ihre Kolonialvillen bauten. Später kamen vermehrt Touristen aus den Ländern des Ostblocks. Heute sieht man auch viele westliche Besucher.
Sam Son ist auch ein beliebtes Ausflugsziel für die wohlhabenden Einwohner Hanois. Entsprechend weitgefächert ist auch das Angebot an Unterkünften, das von alten französischen Kolonialvillen über Hotelkästen der sozialistischen Zeit bis zu modernen Bungalows reicht.

Trockene Ha-Long-Bucht C/D 2

Lage: Delta des Roten Flusses
Entfernung: ca. 90 km südlich von Hanoi

Lage und **Landschaftsbild

Wie dunkle geheimnisvolle Steinwälder wachsen Kalksteinkegel aus üppig-grünen Reisfeldern empor – dieses Bild begegnet einem nur wenige Kilometer nördlich der Provinzhauptstadt Ninh Binh, vor deren Toren sich die überwältigende Karstlandschaft der Trockenen Ha-Long-Bucht ausbreitet.
Zwar liegt das Gebiet nur wenige Meter höher als die berühmtere → Ha-Long-Bucht, doch eine Absenkung des Wasserspiegels im Tertiär um nur wenige Meter sorgte dafür, daß das Gebiet um Ninh Binh trockenfiel, während die Ha-Long-Bucht unter Wasser blieb. Daher ragen hier heute die mittlerweile waldbedeckten Kalkstotzen über Reis- und Lotosfelder auf, was der Gegend ein zauberhaftes Gepräge verleiht. Der Reiz der Trockenen Ha-Long-Bucht läßt sich am besten bei einer kombinierten Rad-Bootstour erkunden.

Im morgendlichen Nebel erscheint die Trockene Ha-Long-Bucht besonders geheimnisvoll.

Ninh Binh

Touristen kommen nur in die Provinzhauptstadt Ninh Binh (93 km südlich von Hanoi, 60000 Einw.), um Fahrten in die Trockene Ha-Long-Bucht und nach Hoa Lu zu unternehmen, die eindrucksvolle Kathedrale von Phat Diem zu besichtigen oder den ältesten Nationalpark Vietnams, → Cuc Phuong, zu besuchen.
Von der schönen Umgebung bemerkt man in der Industriestadt Ninh Binh allerdings recht wenig. Hier wird der hochwertige Kalkstein aus der Umgebung zu Zement und Schotter verarbeitet. Wegen der günstigen Verkehrslage und einiger Übernachtungsmöglichkeiten eignet sich der Ort sehr gut als Ausgangspunkt für Ausflüge in die Umgebung.

Drei Grotten

Von Ninh Binh aus gelangt man mit dem Fahrrad oder zu Fuß ins 10 km entfernte Ninh Hai. Dort befindet sich eine Bootsanlegestelle, von der man in die unvergleichliche Landschaft aufbricht. So gleitet man vorbei an hohen Felsen und Reisfeldern und taucht schließlich in die dunkle Welt der Drei Grotten (Tam Coc) ein. Diese hintereinanderliegenden, 40 bis 160 m langen Höhlen können mit dem Boot durchfahren werden. Unterwegs muß man allerdings immer wieder aussteigen, weil die Boote über Dämme von einem Wasserlauf in einen anderen gehievt werden müssen (2–3 Std.).

Bich-Dong-Pagode

Nur 2½ km entfernt von der Bootsanlegestelle liegt die Bich-Dong-Pagode, die auf zwei Ebenen in einen Berg gehauen wurde. An seinem Fuß liegt die Haupthalle, ein zweiter Raum weiter oben enthält einige hölzerne Buddha-Statuen. Über eine steile Treppe erreicht man die Grüne Grotte mit den drei Buddhas der Vergangenheit, der Gegenwart und der Zukunft und Darstellungen der Göttin der Barmherzigkeit (Quan Am). Der Klang der Glocken und der Weihrauchduft im Tempel entführen die Besucher in die spirituelle Welt des Buddhismus. Vom Gipfel des Berges hat man einen einmaligen Ausblick über die Trockene Ha-Long-Bucht. Seit jeher waren Tam Coc und Bich Dong das Ziel vietnamesischer Touristen, doch seit sie als Kulisse für den Film "Indochine" mit Cathérine Deneuve dienten, kann man hier auch viele französische Reisegruppen antreffen.

Linh-Coc-Pagode

Nur 300 m weiter befindet sich der Cua Linh Coc. Diese kleine Pagode ist mit Wandmalereien ausgestattet und zu Fuß, über einige Dämme hinweg, erreichbar.

Hoa Lu

Relikte einer alten Reichshauptstadt

Mitten in der Trockenen Ha-Long-Bucht befindet sich der Ort Hoa Lu, einst Hauptstadt des vietnamesischen Reiches. Nachdem im Jahr 939 das Joch der chinesischen Zentralregierung abgeschüttelt worden war, zerfiel das Land zunächst in eine Vielzahl kleiner Fürstentümer. Erst dem Gouverneur Dinh Bo Linh gelang es wieder, eine Zentralmacht aufzubauen. Im Jahre 968 verlegte er die Hauptstadt von Co Loa in seine Heimat Hoa Lu, die vor möglichen Angriffen der Chinesen besser geschützt war. Als Kaiser Dinh Tien Hoang ergriff er die Macht und baute in Hoa Lu seinen Hofstaat auf. Während zweier kurzlebiger Dynastien behielt Hoa Lu den neuen Status bei. Dinh Tien Hoang und sein ältester Sohn fielen allerdings 980 einem von General Dinh Bo Linh angestifteten Attentat zum Opfer. Daraufhin wurde sein jüngster Sohn Dinh Tue im Alter von nur sechs Jahren zum Kaiser gekrönt. Nachdem Dinh Bo Linh aber dessen

Figuren aus dem Dinh-Tempel

Hoa Lu (Fortsetzung)

Mutter geheiratet hatte, krönte er sich selbst zum Kaiser Le Dai Hanh und begründete die frühe Le-Dynastie. Diese hatte Bestand bis 1009, als die Herrscher der Ly-Dynastie die Macht ergriffen und die Hauptstadt nach Thang Long (Hanoi) verlegten. Von der Zitadelle der alten Hauptstadt, die Tempel, Schreine und den Regierungssitz des Kaisers beherbergte, ist nicht mehr viel übriggeblieben. Es existieren aber noch zwei Tempel, die an die beiden Hauptherrscher erinnern, die in Hoa Lu regierten.

Den Dinh Tien Hoang

Der Dinh-Tempel (11. Jh.) wurde zu Ehren des Kaisers Dinh Tien Hoang erbaut. Sein vorderer Raum ist mit schönen Schnitzereien versehen und mit Schriftzeichen, die vom Ruhm des Königs künden. In der dahinterliegenden Halle ist eine der ältesten Herrscherstatuen Vietnams zu sehen. Sie stellt Dinh Tien Hoang dar. Begleitet wird er von seinen drei Söhnen: auf der linken Seite der älteste Sohn Dinh Lien, rechts die beiden jüngeren Hang Lang und Dinh Tue.

Den Le Dai Hanh

Der Le-Dai-Hanh-Tempel ähnelt stark dem danebenliegenden Den Dinh, ist aber einfacher gestaltet. Er ist etwa 600 Jahre jünger und wurde zum Gedenken an den Le Dai Hanh, erster Kaiser der frühen Le-Dynastie, errichtet. In der hinteren der beiden Hallen findet man die Statuen des Kaisers und seiner Frau Duong Van Nga, die schon mit seinem Vorgänger Dinh Tien Hoang verheiratet war.

Daneben steht die Statue ihres Sohnes Le Ngoa Trieu, der im Jahre 1005 noch zu Lebzeiten seines Vaters Kaiser wurde. Die Gräber der beiden Herrscher befinden sich hinter den Tempeln am Hügel Ma Yen: unten liegt die Grabstelle für Le Dai Hanh, auf der Kuppe die von Dinh Tien Hoang. Von dort oben genießt man einen herrlichen Blick über die Landschaft der Trokkenen Ha-Long-Bucht.

Ziele in der Umgebung

Phat Diem

Die Gegend südlich von Ninh Binh war traditionell eine Hochburg des Katholizismus in Vietnam. Obwohl 1954 bei der Machtübernahme der Kommunisten über 100000 Christen nach Südvietnam flohen, sind heute noch rund die Hälfte der Einwohner katholisch. Dies erkennt man auch daran, daß fast jeder Ort seine Kirche hat, deren Türme zwischen den Reisfeldern aufragen. Besonders beeindruckend ist die Kathedrale von Phat Diem (28 km südlich von Ninh Binh), die im Krieg stark zerstört, danach aber wiederaufgebaut wurde.

Die Stadt Phat Diem wurde vor ungefähr 100 Jahren direkt am Meer gebaut. Um Überschwemmungen vorzubeugen, wurde der Schutt aufgehäuft, der während des Kirchenbaus anfiel. Durch die fortschreitende Verlandung des Gebiets infolge der Schwemmsande des Roten Flusses sind es aber heute immerhin 10 km bis zur Küste.

*Kathedrale

In den 80er und 90er Jahren des 19. Jahrhunderts war die Kathedrale im Auftrag des vietnamesischen Priesters Tran Luc, auch bekannt unter dem Namen Père Six, erbaut worden. Sein Grab befindet sich auf dem Hof der Kathedrale, zwischen Kirchenschiff und Glockenturm. Im Jahre 1933 wurde hier der erste vietnamesische Bischof geweiht. Die Katholikenverfolgung (1954–75) führte zur Verhaftung der Priester und zur Schließung des Seminars, doch aufgrund der Doi-Moi-Politik entspannte sich die Situation Mitte der 80er Jahre. Heute gilt der imposante Gebäudekomplex wieder als Zentrum der Katholiken Vietnams. Geöffnet: tgl. 7.30–11.30 u. 14.30 bis 17.00 Uhr, Messe: Mo.–Fr. 5.00 u. 17.00 Uhr, Sa. u. So. 5.00, 10.00 u. 16.00 Uhr.

Die Anlage besteht aus mehreren Gebäuden und vereinigt in ihrer Konstruktion westliche und östliche Stile sowie in ihrer Ausstattung buddhistische und christliche Elemente. So birgt der freistehende Glockenturm nicht nur eine riesige Glocke, sondern auch eine buddhistische Trommel. Um den Glockenturm herum sind Statuen der vier Evangelisten aufgestellt.

Daneben sieht man zwei große Steinplatten, die den Mandarinen der Region als Sitzgelegenheit dienten, um die Rituale eines Gottesdienstes zu studieren. Auf diese Weise sollten wohl Vorbehalte gegenüber dem Christentum abgebaut werden.

Umgebung der Trockenen Ha-Long-Bucht, Kathedrale von Phat Diem (Fortsetzung)

Den Innenraum prägen lackierte, vergoldete Pfeiler aus Eisenholz und zahlreiche Altäre. Am eindrucksvollsten ist der Hochaltar an der Rückfront, der aus einem einzigen Granitblock besteht. Darstellungen von sechs Märtyrern erinnern an die Christenverfolgungen während der Nguyen-Dynastie im 19. Jahrhundert. Neben dem Hauptgebäude befinden sich kleinere Kapellen – am eindrucksvollsten ist St. Peter mit herrlichen Schnitzarbeiten – und dahinter drei künstliche Grotten sowie ein weiterer Glockenturm. Gärten sowie Wohn- und Seminargebäude für die Priesteranwärter, die hier ihre Ausbildung absolvieren, schließen sich an.

Vinh C 3

Hauptstadt der Provinz Nghe An (Nördliche Zentralküste)
Einwohnerzahl: 150 000
Entfernung: 293 km südlich von Hanoi

Lage und Bedeutung

Hauptstadt der bevölkerungsreichsten Provinz Vietnams, Nghe An, ist die Industrie- und Hafenstadt Vinh. Sowohl im Krieg gegen Frankreich wie auch im Krieg gegen die Vereinigten Staaten von Amerika wurde sie nahezu dem Erdboden gleichgemacht. Dank der Hilfe der ehemaligen DDR konnte Vinh ab 1975 wiederaufgebaut werden – allerdings wirken die nüchternen Gebäude heute schon sehr vernachlässigt. Sehenswürdigkeiten hat die Stadt nicht vorzuweisen, doch es bietet sich an, die Fahrt von Hue nach Hanoi hier – ungefähr auf halber Strecke – zu unterbrechen, denn Vinh verfügt über einige Hotels und Restaurants.

Schon früh am Tage wird mit der Erntearbeit in den Reisfeldern begonnen.

Vinh (Fortsetzung)

Nghe An gehört zu den benachteiligteren Provinzen des Landes – die Böden sind schlecht und das Klima ist rauh. In Vietnam heißt es, der Taifun sei hier geboren worden und komme gerne immer wieder hierher zurück. In dem armen Gebiet werden vornehmlich Reis, Zuckerrohr, Tee und Maulbeerblätter angebaut.
Was die revolutionäre Vergangenheit betrifft, steht die Region aber ganz vorne: Viele Nationalhelden wie auch Ho Chi Minh (→ *Baedeker Special* S. 68/69) wurden hier geboren. Zudem fanden während des Vietnamkrieges eine Menge Waffen ihren Weg über den Hafen von Vinh zum Ho-Chi-Minh-Pfad (→ DMZ).

Umgebung von Vinh

Kim Lien

Das Dorf Kim Lien, in dem Ho Chi Minh seine Kindheit verbrachte, liegt nur 14 km nordwestlich von Vinh. Geboren war er am 19. Mai 1890 in dem nur 2 km entfernten Hoang Tru, aus dem seine Mutter stammte. Nachdem die Familie den Ort verlassen hatte, verfiel das einfache Haus zusehends. Die Dorfbewohner begannen allerdings 1955 mit dem Wiederaufbau. Zu besichtigen ist heute das hübsch renovierte Wohnhaus mit Schreibpult, Büchern und Spielsachen des kleinen Ho. In einem nahegelegenen Museum werden Fotografien von den verschiedenen Reisen Ho Chi Minhs gezeigt.

Cua Lo

Mit Bussen kann man von Vinh aus in das 18 km nordöstlich gelegene Cua Lo gelangen, das über einen schönen weißen Strand verfügt.

Vinh Long **C 7**

Hauptstadt der Provinz Vinh Long (Mekong-Delta)
Einwohnerzahl: 80 000
Entfernung: 135 km westlich von Saigon

Lage und Bedeutung

Von Wasser umgeben, von Booten und Pfahlbauten umringt wirkt die Insel, auf der das Zentrum Vinh Longs liegt, wie eine mittelalterliche Festung. In den Straßen geht es auf den ersten Blick sehr hektisch und laut zu, doch an der Uferpromenade mit ihren Cafés und Restaurants kann man in Ruhe das Leben an und auf dem Tien Giang beobachten. Vinh Long ist auch unter dem Namen Cuu Long (Neun Drachen) bekannt, der ja auch dem gesamten → Mekong-Delta den Namen gibt. Die Stadt bietet nicht allzuviele Sehenswürdigkeiten, lohnt aber einen Aufenthalt, um Ausflüge in die herrliche Umgebung zu unternehmen. Ein Muß ist die Bootstour zur Insel An Binh – durch Kanäle voller Wasserhyazinthen vorbei an Kokospalmen und Obstgärten. Beinahe fühlt man sich in den Garten Eden versetzt.
Wie ein Gegenpol dazu wirkt die neue, an die "Golden Gate" in San Francisco erinnernde Hängebrücke über den Tien Giang (Oberen Mekong). Mit australischer Hilfe wurde die My-Thuan-Brücke in 34 Monaten errichtet und Mitte 2000 eröffnet. Nach ihrem Vorbild entsteht 30 km weiter eine noch imposantere Mekong-Brücke bei → Can Tho, deren Fertigstellung bis 2005 geplant ist. Mit ihrer Hilfe soll die Anbindung an die Nationalstraße 1, Südvietnams wichtigste Verkehrsader, gelingen – wie keine anderen Vorhaben symbolisieren beide Projekte die Aufbruchstimmung im Mekong-Delta.

Van-Than-Mieu-Tempel

Der 1866 errichtete Van-Than-Mieu-Tempel liegt einige Kilometer südöstlich des Stadtzentrums an der Tran-Phu-Straße und ist Konfuzius geweiht. Damit stellt er eine Besonderheit dar in einem Gebiet, in dem der Konfuzianismus so wenig verbreitet ist wie sonst nirgends in Vietnam. Das etwas vernachlässigte Heiligtum besteht aus zwei Hallen, wobei in der hinteren das Portrait des bärtigen Konfuzius über dem Altar wacht. Der vordere Raum hingegen ist dem Freiheitskämpfer Phan Thanh Giang gewidmet, der 1930 einen Aufstand gegen die Franzosen anführte. Als der Aufstand fehlschlug, beging Phan Thanh Giang Selbstmord.

Van-Than-Mieu-Tempel (Fts.)

Das Gebäude an der Uferpromenade, in dem heute das Vinh-Long-Museum untergebracht ist, diente während der französischen Kolonialzeit als Rathaus. Gezeigt werden hauptsächlich Militaria. Wer möchte, kann sich im Hof zwischen Panzern, Flammenwerfern, Hubschraubern und Flugzeugen umsehen.

Vinh-Long-Museum

Nicht versäumen sollte man einen Ausflug zu den kleinen Inseln Binh Hoa Phuoc und An Binh, die nur per Boot erreichbar sind. Hier kann man Spaziergänge durch die üppige Tropenlandschaft machen, in der Blumen aller Art wachsen und Obst und Gemüse angebaut werden. Besonders eindrucksvoll sind die sog. Affenbrücken, das sind wacklige Hängebrücken, die die Inseln miteinander verbinden. Zu bedenken ist, daß sie für zierliche Vietnamesen gebaut wurden und nicht für Europäer, die bei dem Versuch, diese Brücken zu überqueren, eine Bauchlandung riskieren würden.
Auf An Binh kann man auch die Tien-Chau-Pagode (nördlich der Landungsbrücke) besuchen, in deren hinterem Raum ein Wandbild zeigt, was einen nach buddhistischer Vorstellung in den zehn Höllen erwartet. Einige hundert Meter östlich des Stegs liegt eine Fabrik für Fischsauce (s. S. 269).

**Fahrten zu den Inseln im Fluß

Auf diesen Brücken werden die schmalen Kanäle des Mekong überquert.

Ziele im Norden und Westen Vinh Longs

Die ehemalige Hauptstadt der Provinz Dong Thap, Sa Dec (23 km westlich von Vinh Long), wurde bekannt als Drehort für die Verfilmung von Marguerite Duras' Roman "Der Liebhaber". Auffallend sind die vielen Gärtnereien in der Stadt. In ganz Vietnam sind Schnittblumen außerordentlich begehrt – und die aus Sa Dec werden täglich bis nach Saigon transportiert.

Sa Dec

Cao Lanh ist die neue Hauptstadt der Provinz Dong Thap und übernahm damit die Nachfolge Sa Decs. Die rechtwinklig angelegte und von mehreren Kanälen umflossene Stadt (ca. 45 km nordwestlich von Vinh Long) liegt außerhalb eines Sumpfgürtels in der Nähe des Tien Giang und hat damit über Kanäle, Flüsse und Straßen eine gute Anbindung an die anderen Provinzhauptstädte des Mekong-Deltas und an Saigon. Da Cao Lanh relativ jung ist, hat die Stadt kaum Sehenswürdigkeiten zu bieten.
Am östlichen Rand der Stadt befindet sich ein Mahnmal zu Ehren der gefallenen Vietcongkämpfer (Dai Liet Si) mit über 3000 Gräbern. Vor diesem

Cao Lanh

Cao Lanh (Fortsetzung)

sozialistisch geprägten Werk stehen mehrere Bauern und Soldaten aus Zement – mit Waffen und hochgereckten Fäusten. Etwa 1 km südwestlich der Innenstadt trifft man auf das Grabmal für Nguyen Sinh Sac, den Vater Ho Chi Minhs. Er wäre wahrscheinlich kaum zu solchen Ehren gekommen, hätte er nicht einen derart berühmten Sohn gehabt. Denn Belege dafür, daß Nguyen Sinh Sac wirklich ein großer revolutionärer Kämpfer war, wie es in der Grabstelle heißt, gibt es kaum. Ausflüge in die Sümpfe und zu den Vogelreservaten können von Cao Lanh aus mit dem Boot unternommen werden.

Rung-Tram-Wald

Der Rung-Tram-Wald (oder Xeo Quit) ist ein urwaldbestandenes Sumpfgebiet in der Nähe des Dorfes My Long, ungefähr 15 km südöstlich von Cao Lanh. Es diente dem Vietcong als Versteck und Kommandostation im Kampf gegen Südvietnamesen und Amerikaner. Da hier immer nur wenige Männer gleichzeitig lebten, ging es auch komfortabel zu im Vergleich zu den Tunneln von → Cu Chi.

Storchreservat Thap Muoi

Die sumpfige Umgebung der Stadt eignet sich gut zur Tierbeobachtung. Ein kleines Vogelschutzgebiet befindet sich im Nordosten vor den Toren von Cao Lanh (35 km nordöstlich). Hier leben v.a. weiße Störche, die Wappentiere des Mekong-Deltas, die sich von Besuchern des Reservats wenig stören lassen.

Naturschutzgebiet Tam Nong

Ein weiteres Naturreservat liegt in der Nähe des kleinen Städtchens Tam Nong (knapp 50 km nördlich von Cao Lanh) und ist auf dem Landweg oder per Boot erreichbar, wenn auch ziemlich mühsam. Das Gebiet bietet Hunderten von Vogelarten, u.a. Kranichen und Purpurreihern, Lebensraum. Allerdings erfordert deren Beobachtung viel Geduld, denn diese Vögel sind nicht an Menschen gewöhnt und zeigen sich nur selten. Daher bleibt das Gebiet echten Liebhabern vorbehalten.

Tra Vinh

Lage und Bedeutung

Die kleine Provinzhauptstadt Tra Vinh (67 km südöstlich von Vinh Long, 50 000 Einw.) liegt abseits der Hauptverkehrswege im Mekong-Delta in der Nähe des Co-Cien-Flusses, der die Grenze zur Nachbarprovinz Ben Tre markiert. Obwohl oder gerade weil Tra Vinh recht weit von der kambodschanischen Grenze entfernt ist, leben hier über 300 000 Khmer, was auch in der Tempelarchitektur und in der Lebensweise Ausdruck gefunden hat. In den ruhigen, von Bäumen gesäumten Straßen wird man einen lebhaften Markt, einen französischen Friedhof, eine katholische Kirche, die chinesische Ong-Pagode, einen caodaistischen Tempel und die mit einem goldenen Dach bekrönte Ong-Met-Pagode der Khmer (Le Loi Street) finden. Doch die meisten Touristen kommen hierher, um die schönen Khmer-Tempel zu besuchen oder um Störche zu beobachten.

Sam-Rong-Ek-Tempel

Der 1000 Jahre alte Sam-Rong-Ek-Tempel (4 km südlich des Zentrums) könnte direkt aus Thailand oder Kambodscha hierher versetzt worden sein, denn er weist alle Merkmale der dort üblichen Tempelarchitektur auf. Dazu zählen die übereinander geschachtelten Dächer, die stilisierten Nagas auf den Dachfirsten und die Hörner an den Giebeln, die den Feuervogel Garuda symbolisieren. Im Innenraum findet man, wie im Hinayana-Buddhismus üblich, nur Darstellungen des historischen Buddha, diese aber in so großer Zahl, daß niemand genau weiß, wieviele es wirklich sind. Nicht nur die Architektur erinnert an Kambodscha, sondern auch die Lebensweise der Mönche. Während diese in Vietnam normalerweise selbst für ihre Versorgung aufkommen und Reisanbau betreiben, erbetteln sie sich im Hinayana-Buddhismus ihr Essen in einer zweimal am Tag stattfin-

◂ *Die An-Vuong-Pagode mit ihrem geschwungenen, geflügelten Dach ist das Hauptheiligtum der Provinz Tra Vinh.*

Umgebung Vinh Longs, Sam-Rong-Ek-Tempel (Fts.)

denden Prozession. Die Menschen kommen zum Tempel und füllen den Mönchen ihre Bettelschalen mit Speisen. Durch diese gute Tat erhoffen sie sich eine bessere Wiedergeburt im nächsten Leben.

Ba-Om-Teich

Zurück auf der Hauptstraße zweigt bei einem Friedhof ein Weg zum Ba-Om-Teich ab. Am Straßenrand kann man Gestelle sehen, auf denen runde, weiße Fladen trocknen. Es handelt sich dabei um Reispapier für Frühlingsrollen, das in kleinen Betrieben hergestellt wird. Wer möchte, kann hier anhalten und sich zeigen lassen, wie aus den kleinen Breiklecksen – ähnlich wie bei Crêpes – das nahezu transparente Reispapier entsteht.

Hier trocknet Reispapier...

Der Name Ba Om bedeutet soviel wie “quadratisch” und bezieht sich auf die Form des von Bäumen umgebenen Sees (ca. 5 km südwestlich des Zentrums). Für die Vietnamesen stellt er ein beliebtes Ausflugsziel dar, für die Khmer hat er dagegen auch eine religiöse Bedeutung, denn hier finden zu verschiedenen Anlässen, wie z.B. dem Neujahrsfest, Feiern und Umzüge statt.

*An-Vuong-Pagode (Abb. S. 316)

Hinter dem hübschen Lotosteich und Stupas steht inmitten von Frangipani-Bäumen die An-Vuong-Pagode. Die Tempelanlage selbst soll 1200 Jahre alt sein, doch das heutige Gebäude ist wesentlich jünger. Im Inneren des Heiligtums findet man Wand- und Deckengemälde, die Szenen aus dem Leben Buddhas zeigen. Die bei der letzten Renovierung des Tempels im Jahr 1939 hinzugekommenen Bilder erkennt man an den Uniformen der französischen Kolonialherren, die darauf zu sehen sind. Nach der Ernte wird neben dem Altar Reis von den umliegenden Feldern aufgehäuft, wo er von einer beeindruckenden goldenen Sakyamuni-Figur bewacht wird.

Onkel-Ho-Tempel

Vermutlich hätte sich Ho Chi Minh nicht träumen lassen, daß er einmal in einem Tempel von seinen Landsleuten verehrt wird. Doch das Heiligtum, 5 km nördlich von Tra Vinh in der Gemeinde Long Duc errichtet, erfreut sich bei der Bevölkerung großer Beliebtheit.

Beobachtung von Störchen

Mehr als 100 Störche leben auf dem Gelände der Hang-Pagode (6 km südlich von Tra Vinh). Am besten lassen sie sich am frühen Morgen beobachten, wenn sie über den Baumwipfeln kreisen, oder vor Sonnenuntergang. Eine noch größere Gruppe von ca. 300 Störchen kann man bei der Giong-Lon-Pagode (43 km südöstlich von Tra Vinh) antreffen.

Ba Dong

Etwa 40 km südlich Tra Vinhs liegt der schöne Strand von Ba Dong, der in den nächsten Jahren für den Tourismus erschlossen werden soll.

Vung Tau — D 7

Hauptstadt der Provinz Ba Ria - Vung Tau (Süden)
Einwohnerzahl: ca. 180000
Entfernung: 130 km südöstlich von Saigon

Lage und Bedeutung

Vung Tau ist der Name einer hügeligen Halbinsel, die südöstlich von Saigon ins Südchinesische Meer hinausragt. Zwischen den beiden bewaldeten Bergen Nui Lon (auch Tuong Ky, 245 m) im Norden und Nui Nho (auch

Lage und Bedeutung (Fortsetzung)

Tao Phung, ca. 170 m) im Süden liegt die gleichnamige Stadt, die schon den europäischen Handelsflotten als markante Navigationshilfe bei ihren Reisen nach Fernost diente. An drei Seiten ist der Ort von Meer umgeben: Im Süden und Osten liegen die Strände, im Norden befindet sich der Hafen und das Industriegebiet mit Werften und Fischverarbeitungsbetrieben.
Vung Tau wurde 1979 zur Sonderwirtschaftszone mit internationaler Beteiligung erklärt, denn das der Küste vorgelagerte Schelf birgt reiche Öl- und Gasvorkommen. So hat sich das Städtchen seit den 80er Jahren zum größten Ölförderzentrum in Vietnam entwickelt, anfangs v.a. mit sowjetischer Hilfe. Noch heute kann man den sowjetischen Einfluß spüren, auf einigen Speisekarten Vung Taus finden sich – auch in kyrillischer Schrift angeboten – russische Gerichte wie Borschtsch. Mittlerweile haben sich auch westliche Firmen hier angesiedelt und beuten die Ölvorkommen gemeinsam mit den Vietnamesen aus. So ist die Provinz mit dem bedeutenden Tiefseehafen zu einem Magneten für ausländische Investoren in Südvietnam geworden. Die ersten spiegelverglasten Bürohäuser überragen bereits die Palmen an der Strandpromenade. Es wird daran gearbeitet, den Tourismus als wirtschaftliches zweites Standbein zu fördern, denn die Provinz verfügt über eine 200 km lange Küstenlinie mit schönen Sanddünen und ein günstiges Klima, das Badespaß das ganze Jahr lang verspricht. Unzählige Hotels wurden in Vung Tau entlang der insgesamt 12 km langen Strände gebaut sowie ein 27-Loch-Golfplatz. Auch die Verkehrsanbindung an Saigon ist bestens: Über die N 51 erreicht man in zwei bis drei Stunden Vung Tau, mit der Fähre benötigt man lediglich eine Stunde.

So ein leckeres Baguette schmeckt besonders gut an einem Strandtag.

Geschichte

Zur Zeit des Kaisers Gia Long (1802–1820) wimmelte es in dieser Gegend vor Piraten, die die Schiffe auf ihrer Route von Saigon nach Hue überfielen und ausraubten. Als Gegenmaßnahme befahl der Kaiser drei Generälen, mit ihren Armeen nach Vung Tau zu ziehen, um die Küste besser kontrollieren zu können. Mit Erfolg – die Piraten wurden verjagt und die Generäle gründeten drei Dörfer auf der Halbinsel.

Geschichte (Fortsetzung)

Tam Thang hieß schließlich der Ort, der aus den drei Fischerdörfern zusammengewachsen war. Die Portugiesen gingen zu Beginn des 16. Jahrhunderts in Vung Tau an Land, blieben und gaben der Halbinsel den Namen "Cinco Chagar Verdareiras" (die fünf Wunden des Erlösers), benannt nach den fünf Spitzen der beiden markanten Berge. Die Franzosen machten daraus "Cap Saint Jacques". Ende des 19. Jahrhunderts begann der Aufstieg zum Ferienort: die französischen Kolonialherren erholten sich von der drückenden Schwüle in Saigon und genossen hier die frische Meeresbrise. Heute wird der Vung Tau hauptsächlich von vietnamesischen Touristen und Tagesausflüglern bevölkert.

Legenden

Vung Tau steckt voller Legenden. Eine Liebesgeschichte rankt sich beispielsweise um den Nui Lon, den großen Berg. Hier rettete einst ein tapferer Mann das Mädchen Mai vor den Klauen eines Tigers, die damals noch den dichten Urwald am Berg durchstreiften. Er schlug dem Tiger mit seinem Schwert den Kopf ab.
Als Dank für die heroische Tat gab der Großvater dem Helden das Mädchen zur Frau und nannte den Berg fortan Tuong Ky (das glückliche Zusammentreffen). Die Legende des kleineren Nui Nho handelt dagegen von der Meeresprinzessin, die in einen Goldfisch verwandelt wurde, und ihrem geliebten Ehemann und Fischer nur alle fünf Jahre auf dem kleinen Berg in Menschengestalt begegnen durfte.

Sehenswertes in Vung Tau

*Bach-Dinh-Villa

Der Weiße Palast, die Bach-Dinh-Villa, thront oberhalb der Küstenstraße Tran Phu und ist über einen steilen Weg zu erreichen. Das restaurierte Kolonialgebäude wurde gegen Ende des 19. Jahrhunderts erbaut und diente zunächst dem französischen Gouverneur Paul Doumer als Sommersitz. In den Jahren 1909/1910 wurde der antikolonial eingestellte Nguyen-Kaiser Thanh Thai von den Franzosen hier gefangengehalten, ehe er auf die Insel Réunion verbannt wurde.
Später nutzten auch Kaiser Bao Dai und die südvietnamesischen Präsidenten Ngo Dinh Diem und Nguyen Van Thieu das Haus als Erholungsort. Im Garten wachsen duftender Frangipani und Bougainvilleen. Von hier kann man einen fantastischen Blick auf die Stadt und den Bai-Truoc-Strand genießen. Das Innere der Villa besticht heute durch den Charme längst vergangener Zeiten. Auf zwei Etagen sind das Original-Mobiliar und Fundstücke aus einem gesunkenen Schiff zu bewundern. Dazu gehören u.a. verrostete Kanonenrohre, kambodschanische Bronzestatuen, Porzellanwaren der Qing- und Ming-Dynastie und eine große Bronzetrommel (2. Jh. v. Chr.). Besonders beachtenswert ist der aufwendig gearbeitete Keramik-Fußboden, aus dem sich leider allmählich Kachelstückchen lösen.

Bai Truoc

Der Bai-Truoc-Strand bildet eine geschwungene Bucht zwischen den beiden Hügeln Nui Lon und Nui Nho und verläuft parallel zur Straße Quang Trung. Zum Baden eignet sich dieser Küstenabschnitt nicht. Dafür kann man am Bai Truoc hervorragend die Fischer beobachten.

Nui-Nho-Leuchtturm

Ein kleiner Weg führt von der breiten Küstenstraße in der Nähe des Hai-Au-Hotels auf den Gipfel des Nui Nho (ca. 3 km). In 170 m Höhe steht der 1910 erbaute Leuchtturm, dessen Licht noch 35 Meilen vor der Küste zu sehen ist. Der Blick ins Hinterland reicht bei guter Sicht weit über die Obstbäume und Kaffeeplantagen, Gummibaumwälder, Reisfelder und Sanddünen.

**Tinh-Xa-Pagode

Die buddhistische Tinh-Xa-Pagode wurde in den Jahren 1969 bis 1974 am Westhang des Nui Nho erbaut. Wegen des liegenden Buddhas ist das Heiligtum wirklich sehenswert, doch am Wochenende sollte man die Pagode eher meiden. Von weitem weist die 21 m hohe Fahnenstange den Weg. Ihre 42 Ringe stellen die 42 Seiten aus Buddhas Gebetsbuch dar. Eine kleine ansteigende Budenstraße mit Souvenirs und Devotionalien führt zu

Die Hauptattraktion der Tinh-Xa-Pagode ist ihr liegender Buddha.

Tinh-Xa-Pagode (Fortsetzung)

dem unscheinbaren Eingangstor, das von dem Gott des Guten (Than Thien) und dem Gott des Bösen (Than Ac), den Wächtern am Eingang zum Nirwana, flankiert ist.
Der Hauptschrein beeindruckt mit dem 12 m langen liegenden Buddha, der eine marmorne Hülle besitzt. Sein wunderschön geschnitzter Holzrahmen mit Pfauen, Affen, Blumen und Schlingpflanzen soll den Ort versinnbildlichen, an dem Buddha ins Nirwana einging. Wendet man sich beim Verlassen der Halle nach links, gelangt man zu einem höher gelegenen Raum mit drei meditierenden Buddha-Figuren. Über eine enge Treppe zur Linken erreicht man die Dachterrasse, auf der das 12 m lange, bepflanzte Drachenboot Thuyen Bat Nha mit bunten Keramikmosaiken steht. Es symbolisiert das buddhistische Gefährt, mit dem die Menschen das Meer des Leidens durchqueren und schließlich überwinden können – wie einst Buddha selbst. Beachtenswert ist auch die $3\frac{1}{2}$ Tonnen schwere Turmglocke aus Bronze, die von den Gläubigen mit Wunschzetteln beklebt wird. Eine der Nonnen schlägt sie dann mit einem Riesenbolzen an, damit die Wünsche auch in Erfüllung gehen. Von hier bietet sich eine schöne Aussicht auf die zahlreichen religiösen Statuen, die über Vung Taus Küste wachen.

Bai Dua

Der Bai-Dua-Strand ist vor bunten Sonnenschirmen kaum noch zu erkennen und entpuppt sich als schmaler Sandstreifen zwischen Kaimauer und sanft anrollenden Wellen, seitlich von schwarzen Felsen begrenzt.

*Jesus-Statue

Diese Figur gibt Vung Tau ein gewisses brasilianisches Flair: Wie in Rio de Janeiro breitet Jesus seine Arme schützend über die Halbinsel aus. Bei der Rundfahrt um den Nui Nho wird jeder Cyclo-Fahrer hinter dem Bai-Dua-Strand seinen westlichen Gästen einen Stop beim "Catholic Buddha" empfehlen. Eine Treppe windet sich zu dem 1971 von den Amerikanern erbauten und 33 m hohen Jesus-Monument hinauf. Im Innern der weißen Betonfigur sind weitere 130 Stufen zu erklimmen. Von seinen 18 m weit ausgebreiteten, begehbaren Armen bietet sich schließlich ein weiter Blick

Jesus-Statue (Fortsetzung)

aus 136 m Höhe über Meer und Stadt. Zu Füßen der Statue befindet sich eine Dokumentation der Bauarbeiten zu diesem Monument. Geöffnet: tgl. 7.30 – 11.30 u. 13.30 – 17.00 Uhr.

Hon-Ba-Tempel

Wieder zurück an der Hauptstraße kann man die kleine Insel Hon Ba sehen, auf der 1881 ein Mann namens Ho Quang Minh einen Tempel erbaut hat. Im Jahre 1939 wurde er von den Franzosen beschossen, teilweise zerstört und erst 1971 wieder vollkommen instandgesetzt. Unter dem Gebäude soll sich ein Keller befinden, in dem sich patriotische Vietnamesen zu geheimen Treffen gegen die Kolonialherrscher versammelt haben. Die 200 m Distanz zur Insel können bei Ebbe trockenen Fußes über die Felsen überwunden werden. Eng wird es hier aber am 15. Tag des Monats, wenn Pilger mit glühenden Räucherstäbchen und anderen Gaben auf die winzige Insel strömen.

Bai Sau

Bai Sau, der 8 km lange hintere Strand, versteckt sich zum größten Teil hinter einer Reihe von Straßenrestaurants und Bretterbuden entlang der verlängerten Ha Long Street, die hier Thuy Van heißt. Der breite Strandabschnitt ist von Sonnenschirmen, Liegestühlen und Kasuarinas gesäumt, Motorscooter brausen durchs Wasser.
An diesem Strandabschnitt tummeln sich unübersehbar die Reichen der Gesellschaft. Fliegende Händler werden von diesem privaten Gelände ferngehalten. Es gibt Umkleideräume und Restaurants, und selbst wer seinen Badeanzug vergessen hat, könnte in den Boutiquen fündig werden. Während der zentrale Strand am Wochenende sehr belebt ist, erstreckt sich am Ende ein weites menschenleeres Stück Küste noch ohne jegliche touristische Infrastruktur.

Lang Ca Ong (Walgrab)

Der dreiteilige Gebäudekomplex in der Hoang Hoa Tham Street birgt die Knochen von einigen Walen, die an der Küste Vung Taus gestrandet und verendet sind. Fast alle Fischer im Süden glauben ehrfurchtsvoll an die Wunderkraft der imposanten Säugetiere, und daher werden Wale bis heute hochverehrt. Im Jahre 1911 hatten die Fischer Vung Taus schließlich genug Geld gesammelt, um eine angemessene Grabstätte für mittlerweile drei am Bai Truoc vergrabene Wale zu erbauen. In dem Tempel werden die Knochen hinter den drei, mit Holzschnitzarbeiten verzierten Altären aufbewahrt. An jedem 16. Tag des 8. Mondmonats begehen die Fischer den Todestag der Wale mit Opfergaben und Umzügen.

Bau Dau

Der Bau-Dau-Strand im Nordwesten der Halbinsel ist von den bewaldeten Hängen des Nui Lon umgeben, aus denen mal ein Tempel, mal eine Riesenstatue (wie die Jungfrau Maria oder die Göttin der Barmherzigkeit), hervorschaut. Der kleine ruhige Strand liegt unterhalb einer nicht gerade pittoresken Kaimauer. Das Wasser in der Bucht ist flach und ruhig, der Sand von Steinen durchsetzt. In den kleinen Restaurants und einfachen Cafés oberhalb des Strandes sitzt es sich besonders bei Sonnenuntergang sehr angenehm.

Fischerorte Ben Da und Sao Mai

Wer sich hierher wagt, sollte nicht zu geruchsempfindlich sein. In den Fischerdörfern im Norden der Halbinsel wird der Fang für den Export gereinigt und verarbeitet. Die winzigen Shrimps dienen der Herstellung der Mam-Ruoc-Sauce, einer Spezialität aus Vung Tau: Die Garnelen werden

Trockenfisch in allen Varianten

Fischerorte Ben Da und Sao Mai (Fortsetzung)

hierfür in der Regenzeit zwischen Mai und Oktober gefangen, von den Frauen der Fischer gesäubert, anschließend in der Sonne für mindestens drei Monate getrocknet, danach gesalzen und zerstoßen, in großen Töpfen weitere 45 Tage im Freien gelagert und am Ende mit Zucker vermischt. Auch der in Vietnam beliebte Trockenfisch findet von hier aus seinen Weg in die Berge. Der Geruch zwischen den silbrig in der Sonne glitzernden Trockenfischgestellen und den zappelnden Netzen verschlägt einem fast den Atem.

*Thich-Ca-Phat-Dai-Pagode

Über die Tran Phu Street gelangt man zur Thich-Ca-Phat-Dai-Pagode, die im Norden Vung Taus am Fuße des Nui Lon liegt. In dem weitläufigen Park sind die verschiedenen Stationen aus Buddhas Leben anhand von großen Statuen dargestellt (1961–63 errichtet). Da der 5 ha große Park sehr gut besucht wird, finden sich hier auch zahlreiche Kinder ein, die den Besuchern wie kleine Schatten hartnäckig folgen. Gleich links hinter dem Eingang unterrichtet eine kleine Ausstellung über Geschichte und Gegenwart der ehemaligen Gefängnisinsel Con Dao (s.u.).
Eine lange Treppe führt als erstes an einem kleinen achteckigen Grab vorbei, wo die Asche des ersten Mönches dieser Pagode aufbewahrt wird. Eine Treppe bringt die Besucher zu den Hauptattraktionen: Eine etwa 10 m hohe, auf Lotosblüten sitzende Statue des Sakyamuni befindet sich rechter Hand, dahinter der achteckige, 19 m hohe Bao-Thap-Turm, der des Erleuchteten Asche enthalten soll. An den vier Ecken der Turm-Plattform stehen Urnen mit heiliger Erde von den vier wichtigen Orten in Buddhas Leben: aus Lumbini, seinem Geburtsort im heutigen Nepal, aus Uruvilva, dem Ort, an dem er die Erleuchtung erlangte, aus Isipatana, wo er predigte, und aus Kusinagari, wo er das endgültige Nirwana erreichte. Eine andere Figur auf der linken Seite des Geländes zeigt den Erleuchteten, wie ihm ein Affe und ein Elefant Obst reichen.
Dahinter steckt folgende Geschichte: Buddha war der nichtendenwollenden Rivalität zwischen zweien seiner Anhänger leid und zog sich als Einsiedler in den Wald zurück. Die Tiere mochten offenbar seine Predigten und versorgten ihn solange mit Nahrungsmitteln, bis die beiden zerstrittenen Mönche zusammenfanden und ihren spirituellen Meister um Rückkehr baten. Von den Felsen am Rande des Parkgeländes hat man eine gute Aussicht auf den Hafen und den kleinen Fischerort Ben Da. Geöffnet: tgl. 7.00–17.00 Uhr.

Umgebung von Vung Tau

Long Hai

Wem es in Vung Tau zu hektisch und laut wird, kann sich ins 25 km weiter nördlich gelegene Long Hai zurückziehen. Hier ist alles noch etwas ruhiger und weniger touristisch. Die beiden angrenzenden Long Hai und Phuoc Hai Beaches sind kilometerlange weiße Sandstrände mit schattenspendenden Palmen. Eine kleine Villa dient als Hotel im äußersten Norden des kleinen Fischerortes. Allerdings sollte man darauf gefaßt sein, daß viele Saigoner an den Wochenenden hierher kommen.

Binh Chau (Xuyen Moc)

Etwa 45 km nördlich von Vung Tau sprudeln mehr als 70 heiße Quellen in einem mangrovenbewachsenen Waldgebiet nahe der Küste. Der größte Pool ist ca. 100 m^2 groß und 1 m tief. Am Wochenende wird das Gelände nahe der Landstraße 23 zum Ziel vieler vietnamesischer Ausflügler. Das Gebiet um die Quellen soll demnächst auch zu einem großen Freizeit- und Erholungszentrum ausgebaut werden.

Con-Dao-Inseln

Rund 200 km vor der Küste Vung Taus liegen die 14 Inseln des Con-Dao-Archipels im Südchinesischen Meer. Die bergige Hauptinsel ist ab 1862 von den Franzosen und später von den Südvietnamesen und Amerikanern als Internierungsstätte für politische Gefangene und Regimegegner benutzt worden. 10 000 bis 12 000 Vietnamesen wurden in den als "Tigerkäfige" bezeichneten Zellen des berüchtigten Lagers gefangengehalten und

Con-Dao-Inseln (Fortsetzung)

gefoltert. Zu den berühmtesten Häftlingen gehörte Ton Duc Thang, der Stellvertreter Ho Chi Minhs und spätere Präsident Vietnams.

Das Inselreich, das seit 1982 unter Naturschutz steht, zeichnet sich durch eine reichhaltige Flora und Fauna aus. Allein 360 Baumarten soll es hier geben; unter den Tieren seien nur Wale, Delphine, Seevögel, Schildkröten und Warane genannt. Die Inseln besitzen nicht nur traumhaft schöne Sandstrände, sondern auch wunderbare Korallenriffe.

Derzeit ist Con Dao von Fischern und einigen tausend Soldaten bewohnt. Doch bald schon soll der Tourismus stärker ausgebaut werden, eine Hotelanlage der Mittelklasse gibt es bereits. Zudem existieren Pläne, ein Casino zu bauen und den Inseln den Duty-Free-Status zu geben. Bislang werden dreimal pro Woche Flüge von Saigon und Vung Tau aus angeboten.

Praktische Informationen von A bis Z

Praktische Informationen von A bis Z

Anreise

Die Anreise wird in der Regel über den Luftweg erfolgen. Die vietnamesischen Zielflughäfen sind Tan Son Nhat International Airport in Saigon und Noi Bai International Airport in der Hauptstadt Hanoi. Wer über Land einreisen will, sollte seine Route sorgfältig planen.

Mit dem Flugzeug

Internationale Flughäfen befinden sich in Saigon (7 km vom Zentrum) und in Hanoi (30 km vom Zentrum), wobei der Tan Son Nhat International Airport in Saigon öfter von ausländischen Gesellschaften angeflogen wird als der Noi Bai International Airport in Hanoi.
Von Frankfurt fliegt die Lufthansa dreimal wöchentlich nach Saigon, die Vietnam Airlines von Frankfurt nach Saigon sowie aus Berlin-Tegel über Paris (Zubringer mit der Air France) zweimal wöchentlich nach Hanoi und dreimal wöchentlich nach Saigon. Die Lauda Air verkehrt wöchentlich ab Wien nach Hanoi und Saigon. Außerdem steuern weitere europäische und asiatische Fluggesellschaften von Europa regelmäßig Saigon an, beispielsweise die KLM, British Airways und Air France. Thai Airways fliegt mehrmals wöchentlich von Frankfurt und München über Bangkok nach Saigon, Hanoi und Da Nang. Bei Flügen mit den asiatischen Linien muß generell innerhalb Asiens umgestiegen werden, auch Garuda Indonesia, Singapore Airlines oder der australischen Qantas. Stopover sind in Dubai, Bangkok, Singapur, Kuala Lumpur und Hongkong möglich.
Von den meisten asiatischen Hauptstädten und allen Nachbarländern gibt es mindestens eine tägliche Direktverbindung nach Saigon und Hanoi. Die Flugzeit aus Europa beträgt zwischen 13 und 15 Stunden, je nach Flugroute und Zwischenstops. Für die Reisesaison ab Oktober sollte man frühzeitig buchen. Die Tickets werden vor allem zur Zeit des Tet-Festes im Januar/Februar knapp, da dann auch viele Vietnamesen, die im Ausland leben, in ihre Heimat reisen (→ *Baedeker Special* S. 344/345).

Über Land

Seit kurzem ist es möglich, von Europa mit der Bahn nach Vietnam zu reisen, was allerdings nicht unbedingt billiger als ein Flugticket ist. Spezial-Veranstalter organisieren auf Wunsch die gesamte Reise mit Anschlüssen.
Die Visa für die Einreise über Land müssen vorher beantragt werden, und möglichst sollten alle Grenzübergänge im Visum vermerkt sein bzw. in Vietnam (vor der Ausreise) eingetragen werden. Dies erledigen i.d.R. Reisebüros. In allen Nachbarländern Vietnams befinden sich Botschaften und Konsulate.
Die Öffnung der Grenzübergänge hängt in dieser Region allerdings stark von der jeweiligen politischen Situation ab – in den vergangenen Jahren hat sich die Situation stabilisiert, kurzzeitige Änderungen sind aufgrund der anhaltenden Grenzstreitigkeiten und jahrhundertealten Animositäten jedoch nicht auszuschließen. Die Anreise auf dem Landweg aus den Nachbarländern sollte auch unter dem Sicherheitsaspekt entschieden werden,

◂ *Kleine Hausschreine und andere religiöse Artikel kauft man am besten im Old Quarter Hanois.*

Über Land (Fortsetzung)

besonders aus oder nach Kambodscha. Deswegen sollte man sich stets vor Reiseantritt erkundigen, wie die aktuelle politische Situation aussieht und ob die Grenzen passierbar sind.

Mit dem Zug

Seit dem Frühjahr 1996 fährt die Bahn wieder zweimal wöchentlich von Hanoi nach Kunming (Provinz Yunnan) und nach Peking in China. Die Fahrtzeit beträgt etwa 32 Stunden und länger (Liegewagen, die Route führt über den Grenzübergang Lao Cai–Heiku). Die Formalitäten können trotz gesonderter Abfertigung von Ausländern etwas langwierig sein, dabei werden trotz gültigem Visum nicht selten "special fees" als kleine private Nebeneinnahme der Zöllner erhoben. Man sollte unbedingt darauf achten, daß der Grenzübergang Lao Cai im Visum eingetragen ist (Antrag: Einwanderungsbehörde beim Innenministerium oder über Reisebüros). Es gibt Abteile der 2. und 3. Klasse; eine Reservierung sollte mehrere Tage im voraus vorgenommen werden.
Innerhalb von Vietnam verkehrt der Wiedervereinigungs-Expreß viermal täglich zwischen Hanoi und Saigon, inzwischen auch mit klimatisierten Abteilen (32–41 Stunden). Die Tickets sollten rechtzeitig, d.h. etwa drei Tage zuvor, gekauft bzw. im Reisebüro gebucht werden. Es gibt vier verschiedene Klassen, Buchungen für die Liegewagen-Abteile der 1. und 2. Klasse sind unerläßlich: die Wahl besteht zwischen hartem (Strohmatten) und weichem Bett (im 4-Bett-Abteil) sowie hartem und weichem Sitzplatz. Drei Mahlzeiten sind im Reisepreis inbegriffen. Die Ausstattung des Zuges kann nicht mit europäischem Standard verglichen werden, doch die Fahrt ist trotzdem relativ bequem, wenn auch beengt. Für die Nord-Süd-Reise ist der Zug immer noch empfehlenswerter als die relativ anstrengende Fahrt auf der Nationalstraße 1, der einzigen Nord-Süd-Verbindung – zumal ab Da Nang Richtung Norden weniger Sehenswürdigkeiten sind als im südlichen Teil des Landes.

Mit dem Bus oder Sammeltaxi

Aus China kommend ist der Grenzübergang Lang Son (Dong Dang) in der Provinz Guangxi auch für Europäer geöffnet. Bis nach Hanoi muß man weitere 160 km zurücklegen. Außerdem gibt es einen Grenzübergang bei Hai Ninh (Mong Gai) im Nordosten (Straße 18) sowie bei Lao Cai (Heikou) im Nordwesten Richtung Yunnan. Über den Landweg gelangt man auf der jetzt asphaltierten Route 9 vom Nachbarland Laos (Savannakhet) über den Grenzübergang Lao Bao nach Mittelvietnam (Dong Ha) sowie weiter nördlich über den Keo Nua-Paß bei Cau Treo (Höhe der Stadt Vinh). Von Phnom Penh erreicht man Vietnam in ca. fünf Stunden über die N 22 in der Provinz Tay Ninh (Grenzübergang Moc Bai). Neuerdings gelangt man im Süden Vietnams über den Mekong von Chau Doc über den Grenzort Vinh Xuong (Bootstransfer) oder Tinh Bien (Straße) nach Kambodscha (Visum vorher besorgen). Möglich ist dies mit den täglich verkehrenden Schnellbooten und Booten (z.B. über Victoria Hotel und Kim Cafe).
Von Moc Bai sind es nur noch etwa drei Stunden nach Saigon. Entgegen anderen Strecken in Kambodscha gilt diese Straße seit einigen Jahren als sicher und wird von ausländischen Travellern regelmäßig frequentiert. Trotzdem sollte man sich über die die jeweilige Sicherheitslage bei der deutschen (oder einer anderen europäischen bzw. der amerikanischen) Botschaft erkundigen. Seit 1998 wird die Route zur vierspurigen Autobahn ausgebaut und soll in Zukunft Saigon über Phnom Penh mit Bangkok verbinden. Visa für Kambodscha sind innerhalb eines Tages über die kambodschanische Botschaft in Vietnam zu erhalten.

Mit dem Schiff

Vietnam hat eine Küste von über 3200 km Länge, und in jedem größeren Küstenort gibt es einen Hafen – ideale Voraussetzungen für eine Reise mit dem Frachter oder mit dem Kreuzfahrtschiff. Diese Art der Anreise ist zwar nicht billig, erfreut sich aber dennoch zunehmender Beliebtheit. Die Kreuzfahrten starten in verschiedenen Ländern Asiens, z.B. Thailand, bzw. sie führen von Vietnam in die Zielhäfen in Thailand, Hongkong und Singapur. In Vietnam werden die Häfen Hai Phong, Da Nang, Nha Trang, Saigon und Vung Tau angelaufen.

Anreise (Fortsetzung)

Zu buchen sind die Touren bei Vietnam Tourism und Saigon Tourist (Star Cruises Company und Kien Giang Tourist Company). Die touristische Bootsfahrt auf dem Mekong nach Kambodscha wurde Ende 2000 wieder ermöglicht (Expressboote, Boot des Victoria Hotels).

Auskunft

Hinweis

Leider gibt es in Deutschland derzeit kein vietnamesisches Fremdenverkehrsamt. Auskünfte zu Visumsfragen erteilen die Botschaft und die konsularische Vertretung in Bonn. Außerdem sind in Deutschland einige auf Vietnam spezialisierte → Reiseveranstalter und Reisebüros sowie Vereine ansässig.

Vietnamesische Vertretungen in Deutschland

Botschaft der SR Vietnam
Elsenstr. 3
12435 Berlin
Tel. (030) 53630108 u. 53630103 (Visa-Abt.), Fax 53630100 u. 63630200

Konsularische Vertretung in Bonn
Konstantinstr. 37, 53179 Bonn
Tel. (02 28) 35 70 21/22, Fax 35 18 66
Geöffnet: Mo. u. Fr. 9.30–12.00, 14.00–16.30 Uhr, Mi. 9.30–12.00 Uhr

Weitere Auskunftsstellen

Bundesverband Deutsch-Vietnamesische Gesellschaft e.V.
Postfach 140 241, 40072 Düsseldorf
Tel. (02 11) 48 97 72, Fax 48 95 62
(Zweigstelle Berlin: Tel. (030) 28040990, Fax 28040993)

Ostasiatischer Verein (OAV)
Neuer Jungfernstieg 21, 20354 Hamburg
Tel. (0 40) 3 57 55 90, Fax 35 75 59 25

Auskunftsstellen in Vietnam

Vietnam Tourism (offizielles staatl. Reiseunternehmen)
234 Nam Ky Khoi Nghia Street, Saigon
Tel. (08) 932 6776, 9326276, Fax 9325811,
www.vietnamtourism.com, E-mail: vnthcm@hcmc.vnn.vn
(in Hanoi: vnthnbr@fmail.vnn.vn oder chautitc@hn.vnn.vn)

Saigon Tourist
49 Le Thanh Ton Street, Saigon
Tel. (08) 8251525 u. 8298914, Fax 8225516 u. 8224987
www.saigon-tourist.com, www.saigontourist.net,
E-mail: sgtvn@hcmc.netnam.vn

Visitors Information and Services Center
Tan Son Nhat International Airport, Saigon (tgl. 9.00–23.00 Uhr)
Tel. (08) 8486711, Fax 8486712
www.saigonairport.net, E-mail: sasco@hcmc.vnn.vn

Hanoi Tourism
18 Ly Thuong Kiet, Hanoi
Tel. (04) 8266714 u. 8257886, Fax 8241101 u. 8254209
www.hanoitourism.com, E-mail: hanoitourism@hn.vnn.vn

Badestrände

Badeorte in Vietnam

Eine 3200 km lange Küste, weiße Sandstrände, gesäumt von Palmen und Kasuarinen, locken immer mehr Badeurlauber nach Vietnam. Bisher war

Badeorte in Vietnam (Fortsetzung)

Vietnam eher das Ziel für kulturelle Sightseeing-Rundreisen, aber seit kurzem läßt sich verstärkt eine Nachfrage nach der Verlängerungswoche am Meer feststellen. Das touristische Potential scheint unerschöpflich, die internationalen Investoren stehen in den Startlöchern. Allerdings ist die Infrastruktur in vielen Badeorten derzeit noch mangelhaft. Es fehlen beispielsweise nahe Flugplätze, und viele westliche Gäste vermissen den bequemen Zugang zu den Traumstränden wie in Thailand oder auf den Philippinen – ein Bungalow unter Palmen direkt am Strand.

Die Vietnamesen haben bisher nur wenige Kilometer ihrer Küste in Badeorte mit Hotels, Strandrestaurants und Nachtleben verwandelt, vorwiegend für die einheimischen Urlauber mit Kasino-Charakter und Karaoke-Bars. Vung Tau, Da Nang, Nha Trang und Phan Thiet (Mui Ne) gelten als die bekanntesten Badeorte mit der besten Infrastruktur. Der Standard läßt jedoch oft noch zu wünschen übrig. Nur wenige Hotelanlagen genügen bisher internationalen Ansprüchen und bieten beispielsweise Bungalows und Chalets direkt am Meer. Auch einige Inseln werden z.Zt. als Badeorte ausgebaut, so Lang Co, Con Dao und Phu Quoc. Leider setzt sich beim touristischen Ausbau sehr oft die in Asien beliebte Variante des riesigen Hotelklotzes mit Golfplatz, Karaoke-Diskotheken und Disneyland-ähnlichen Vergnügungsstätten durch. Weite Küstenabschnitte im Süden und das gesamte Mekong-Delta sind mit Mangroven bewachsen und wegen des schlammigen Untergrundes zum Baden ungeeignet. Im Norden befinden sich auf Cat Ba einige schöne Badebuchten, auch hier sind weitere Hotels und touristische Attraktionen entstanden.

Auch an den entlegeneren Stränden wird man von Händlerinnen mit Getränken und Früchten versorgt.

Menschenleere Traumstrände wird man in Vietnam jedoch vergebens suchen, und falls man doch fündig wird, sind die kleinen Paradiese eventuell noch gar nicht ans Stromnetz angeschlossen, so etwa die idyllischen Lao-Inseln vor der Küste bei Da Nang. Denn Vietnam ist ein bevölkerungsreiches Land, und dies ist an der Küste allgegenwärtig. Knatternde Fischerboote im Morgengrauen, ganze Dorfgemeinschaften, die die Netze an Land ziehen, ein reger Handel mit den frisch gefangenen Meeresfrüchten, oft direkt neben dem Liegestuhl – darauf sollten Touristen in Vietnam eingestellt sein. Wo sich viele vermeintlich reiche Urlauber in der Sonne aalen, sind natürlich die Verkäufer auch nicht weit. An den bekannten Stränden offerieren unzählige fliegende Händler allerlei Produkte und Dienstleistungen (von Kokosnüssen und Ananas über T-Shirts bis hin zur Massage). Liegestuhl und Sonnenschirm müssen immer extra bezahlt werden. Doch auch an den ruhigeren Orten verkaufen Fischersfrauen Getränke.

Verhaltensregeln

Auf gar keinen Fall sollte in Vietnam "oben ohne" oder gar nackt gebadet werden. Der Strand (oder generell die Öffentlichkeit) ist auch kein geeigneter Ort für Zärtlichkeiten, so romantisch der Sonnenuntergang über dem Meer auch sein mag – dies würde eindeutig gegen die guten Sitten verstoßen und schlimmstenfalls die Polizei auf den Plan rufen.

Strandorte

Con Dao

Die bergige Insel Con Dao (s. S. 325) steht unter Naturschutz und verdankt ihren Bekanntheitsgrad der Gefängnisanlage, die die Franzosen hier im 19. Jahrhundert errichteten. Heute kann das ehemalige Gefängnis als Museum und Gedenkstätte besucht werden. Die bewaldeten Inselberge fallen dramatisch ins Meer ab, es gibt weite einsame Sandstrände. Hubschrauber fliegen mehrmals wöchentlich von Saigon nach Con Dao. Ein renoviertes Hotel der Mittelklasse hat hier bereits eröffnet. Beste Reisezeit: zwischen März und Juli.

Da Nang/ China Beach

Da Nang ist auf dem besten Weg, sich als internationaler Badeort mit vielen Bars und Karaoke-Clubs zu entwickeln. Weltweit berühmt wurde die sanft geschwungene und scheinbar endlose Badebucht südlich von Da Nang namens China Beach (s. S. 150). Hier, wo die ersten amerikanischen Bodentruppen im März 1965 mit rasselnden Panzerketten an Land gingen und wo zehn Jahre später die Flüchtlingsboote mit unbekanntem Ziel in See stachen, stehen heute die ersten First-Class-Herbergen für ausländische Besucher. Palmen gibt es hier wie Sand am Meer, bald wohl auch Hotels und Gästehäuser. In der Zeit zwischen August und Oktober können Taifune das Gebiet heimsuchen. Besonders im Winter treten gefährliche Strömungen auf. Beste Badezeit: von April/Mai bis Juli.

Lang Co

Der beste Blick auf die kleine Halbinsel (50 km südlich von Hue, s. S. 152) mit ihrem langen Sandstrand ergibt sich bei der Fahrt über den Wolkenpaß, sofern die Wolken den Blick auf diesen paradiesischen Küstenabschnitt freigeben: Blauer Ozean schäumt an den goldenen Strand, Fischerboote unter Palmen, eine tiefblaue Lagune im Hinterland. Der kleine Fischerort ist bisher wenig touristisch erschlossen – bis auf ein einfaches Bungalow-Hotel. Allerdings ist beim Baden Vorsicht geboten: Es kann zu gefährlichen Strömungen kommen. Weiter nördlich, in der Nähe von Hue, ist ein weiteres riesiges Hotel- und Vergnügungszentrum mit Golfplatz geplant.

Nha Trang

Der bekannteste Badeort Vietnams ist in der Hafenstadt Nha Trang (s. S. 259) entstanden, allerdings schon zur Zeit der französischen Kolonialherrschaft. Ein 5 km langer Sandstrand zieht sich an der Uferstraße entlang, Palmen und Flamboyant-Bäume spenden Schatten. Nachts herrscht Hochbetrieb in den vielen Strandrestaurants, Cafés, Imbißständen und Bars. Wasserski, Windsurfen, Scooter, Tauchen, Schnorcheln, Segeln und Parasailing gehören zum aquatischen Ferienangebot. Tagesausflüge per Boot führen zu den vorgelagerten Inseln und ihren schönen Stränden, zum Beispiel zur allseits beliebten Bambusinsel (Hon Tre) und zu den Korallenriffen von Hon Mun.

Phan Thiet/Mui Ne

Der Strand mit zahlreichen Strandhotels und Bungalowanlagen liegt rund 10 km von Phan Thiet entfernt (s. S. 269). Wer hierher kommt, sucht Ruhe und Erholung an kilometerlangen Sandstränden mit kleinen Fischerdörfern. Abwechslung bieten die Wassersportmöglichkeiten (bei Wellengang besonders Windsurfen), ein Golfplatz, die Überreste eines Cham-Heiligtums sowie ein Ausflug zu den berühmten Sanddünen von Mui Ne.

Phu Quoc

Noch gilt diese abgelegene Insel nahe der kambodschanischen Küste als Geheimtip (s. S. 269). Sie ist mit rund 625 km² das größte Eiland Vietnams, liegt im Golf von Thailand und wird sechsmal wöchentlich von Saigon aus angeflogen (1 Std. Flugzeit). Von den Küstenorten Rach Gia und Hat Tien im Mekong-Delta verkehren regelmäßig Fähren. Die Insel ist von Regenwald bedeckt und hat unzählige Badebuchten – insgesamt 40 km Sandstrand mit Palmenschatten. Der Tourismus hat sich hier in den vergangenen Jahren stetig entwickelt, es gibt mindestens vier empfehlenswerte Hotels der Mittelklasse, teils mit Pool. Ausflüge können zu Wasserfällen, Höhlen, Pfefferplantagen und den südlich vorgelagerten Inseln unternommen werden. Fischerboote bringen die Touristen hierher zum Schnorcheln über Korallenbänken. Die Gegend gehört zu den besten Tauchgründen in Vietnam mit Sichtweiten bis zu 50 Metern.

Badestrände, Nha Trang (Fortsetzung)

Vung Tau

Vung Tau ist immer noch der Badeort für die Einwohner von Saigon (s. S. 318). In zwei Autostunden oder einer Stunde per Schnellboot ist man bereits am Meer. An Wochenenden und Feiertagen füllen sich die zahlreichen Hotels und Strände mit vietnamesischen Familien, Liebespärchen und Betriebsgruppen auf Tagesausflug. Die vier Strände reichen für westliche Ansprüche an Badefreuden, Hygienestandards und Traumkulisse allerdings nicht unbedingt aus. Zu den Attraktionen gehören zahlreiche Souvenirstände, einige Tempel sowie die große Jesus-Statue auf dem Hügel über dem Meer. Etwas weniger touristisch und ruhiger ist der kleine Ort Long Hai im Norden, der ebenso lange, aber noch relativ ruhige Strände bietet.

Diplomatische und konsularische Vertretungen

Vietnamesische Vertretungen in Deutschland

Botschaft der SR Vietnam
Elsenstr. 3, 12435 Berlin
Tel. (030) 53630108 u. 53630103 (Visa-Abt.), Fax 53630100 u. 53630200
Öffnungszeiten: Mo. u. Fr. 9.30–12.00, 14.00–16.30, Mi. 9.30–12.00 Uhr.

Konsular-Vertretung in Bonn
Konstantinstr. 37, 53179 Bonn
Tel. (0228) 357021/22, Fax 351866

in Österreich

Botschaft der SR Vietnam
Felix-Mottl-Straße 20, A-1190 Wien
Tel. (01) 368 7560, Fax 3680754

in der Schweiz

Ambassade de la République Socialiste du Vietnam
Schlossligasse 26, CH-3008 Bern
Tel. (031) 3887878, Fax 3887879

Europäische Vertretungen in Vietnam

Deutsche Botschaft
29 Tran Phu, Hanoi
Tel. (04) 8 45 38 36, Fax 8 45 38 38
Öffnungszeiten: Mo.–Fr. 8.30–11.30 Uhr

Deutsches Generalkonsulat
126 Nguyen Dinh Chieu, Q 3, Saigon
Tel. (08) 8 29 19 67 u. 8 29 24 55, Fax 8 23 19 19
Öffnungszeiten: Mo.–Fr. 8.30–11.30 Uhr

Schweizer Botschaft
44B Ly Thuong Kiet Street (Melia Hotel, 15. St.),
GPO Box 42, Hanoi
Tel. (04) 9346589, Fax 9346591

Österreichische Botschaft
53 Quang Trung Street (8. Stock), Hanoi
Tel. (04) 9433050/-1, Fax 9433055

Botschaften und Konsularvertretungen der Nachbarländer in Vietnam

Chinesische Botschaft
46 Hoang Dieu, Hanoi
Tel. (04) 8 54 37 36, Fax 8 23 28 26

Chinesisches Generalkonsulat
39 Nguyen Thi Minh Khai, Saigon
Tel. (08) 8 29 23 50 u. 8292457, Fax 8 29 50 09

Diplomatische und konsularische Vertretungen (Fortsetzung)

Laotische Botschaft
22 Tran Binh Trong Street, Hanoi
Tel. (04) 9 42 45 76, Fax 8 22 84 14

Kambodschanische Botschaft
71ATran Hung Dao Street, Ecke Quang Trung, Hanoi
Tel. (04) 9 42 47 88, Fax 8 26 52 25

Kambodschanisches Generalkonsulat
41 Phung Khac Khoan, 1. Bezirk, Saigon
Tel. (08) 8 29 27 51, Fax 8 29 27 44

Thailändische Botschaft
63-65 Hoang Dieu, Hanoi
Tel. (04) 8 23 50 92, Fax 8 23 50 88 oder 8 25 60 53

Thailändisches Generalkonsulat
77 Tran Quoc Thao Street, 3. Bezirk, Saigon
Tel. (08) 9 32 76 37-8, Fax 9 32 60 02

Botschaften von der SR Vietnam in den Nachbarländern

Vietnamesische Botschaft
85 That Luang Road, Vientiane, Laos
Tel. (0085–6) 41 34 09

Vietnamesische Botschaft
436 Blvd. Preah Monivong, Phnom Penh, Kambodscha
Tel. (00855–23) 36 27 41

Vietnamesische Botschaft
Chaoyang Qu, Jianguomen Wai, Guanghua Lu 32 Hao, Peking, VR China
Tel. (0086–10) 65 32 11 55

Vietnamesische Botschaft
83/1 Wireless Road, Bangkok 10330, Thailand
Tel. (0066–2) 2 67 96 02

Einkaufen

Wer sich für Kunsthandwerk interessiert und gerne Souvenirs einkauft, wird in Vietnam reiche Beute finden – von stabilen Korbwaren über bunte Webarbeiten, blau-weiße Keramik bis zu den hübschen Kegelhüten. Am besten kauft man in Hanoi oder Saigon ein, doch es gibt einige Tips, wo man unterwegs Besonderheiten finden kann.

Neujahrsbilder

Die Kunst des Holzschnitzens zu Dekorationszwecken wird seit etwa 1000 Jahren in Vietnam praktiziert. Die bunten oder schwarz-weißen Holzschnitte sind auch bei Vietnamesen v.a. zur Neujahrszeit sehr beliebt und stellen meist glücksbringende Inhalte dar, wie Schweine oder Hähne. Von dem Holzausfuhrverbot sind diese Kunsthandwerksprodukte ausgenommen. In der Nähe Hanois liegt das traditionelle Holzschnitzerdorf Dong Ho (s. S. 94 und 207).

Keramiken

Seit fast 1000 Jahren gibt es das Töpferhandwerk in Vietnam schon. Viele Tempel und Häuser wurden mit bunten Keramikkacheln auf dem Dach ausgestattet. Jede Dynastie hatte ihre eigene charakteristische Töpferkunst, etwa die blauen Keramiken der Nguyen-Dynastie aus Hue aus dem 17. Jahrhundert. Einen guten Überblick verschaffen die Historischen Museen in Hanoi und Saigon. In Binh Hoa, nördlich von Saigon, gibt es ein Kunstgewerbezentrum mit Fabriken und Familienbetrieben zur Herstellung von Keramiken. Zu den beliebtesten Mitbringseln gehören die handge-

Figuren aus dem Wasserpuppentheater – ein beliebtes Souvenir

Keramiken (Fortsetzung)

machten Elefanten. Vorsicht ist geboten bei "antiken" Waren aus vermeintlich jahrhundertealten Dynastien. Sollte es sich tatsächlich um echte Antiquitäten handeln, läßt der Zoll sicherlich nicht mit sich reden.

Seide

Die Seidenraupenzucht und Seidenweberei wird seit rund 1000 Jahren in Vietnam praktiziert. Seidenstoffe und maßgeschneiderte Kleidung sind v.a. in Saigon preiswert zu erhalten. Innerhalb von ein bis zwei Tagen fertigen die Schneider nach Vorlage Kleider an. Man sollte die Preise vergleichen und nach einem Rabatt für mehrere Kleidungsstücke fragen. Gute Auswahl und Fertigmodelle: Thanh Thuy, 125 Le Thanh Ton, 1. Bezirk Saigon (neben Norfolk Hotel), Tel. 8 23 46 20. Wer über Hoi An reist, sollte die Schneidereien in der Le Loi Street besuchen. Über Nacht kann man hier Anzüge, Kimonos und Kleider zu günstigen Preisen genäht bekommen.

Lackwaren

Das ursprünglich aus China stammende Kunsthandwerk wird heute überall feilgeboten und ist seit mindestens 1500 Jahren in Gebrauch. Der schwarze oder braune Lack wird aus dem Harz des Son-Baumes gewonnen. Besonders weit verbreitet und teilweise sehr billig sind die Perlmuttarbeiten: Schmuckkästchen und Aschenbecher, Schreibtischutensilien und Betelnußschalen, Teeservices und Eßstäbchen, Musikinstrumente und Altäre bis hin zu Wandbildern, Schränken und kompletten Sitzgarnituren. Sightseeing-Touren führen regelmäßig zur Lackwarenfabrik Lam Son in der Nähe des Omni-Hotels.
Neben den traditionellen Farben und Motiven werden auch zunehmend etwas zurückhaltendere Designs angeboten, die moderner und weniger ausgefallen wirken. Vor allem Schüsseln, Schalen, Tabletts u.ä. kann man in diesem Stil finden (s. S. 336).

Sonstiges

Viele touristische Erzeugnisse und Alltagsgegenstände werden aus Rattan und Bambus hergestellt, z.B. klassische Instrumente. Zur Souvenir-Palette gehören auch handgewebte Teppiche und Decken. Auf den Märkten gibt

Sonstiges (Fortsetzung)

es ein reichhaltiges Angebot an grünem Tee und Gewürzen. Gold, Silber und Edelsteine (Rubine, Jade) sollte der erwerben, der sich wirklich auskennt, und dann auch nur in lizensierten Geschäften. Opiumpfeifen als Souvenir könnten bei der Ausreise zu Problemen führen, da der Verkauf eigentlich nicht erlaubt ist.

Einkaufsmöglichkeiten in Saigon und Umgebung

Galerien, Souvenirshops und Kunsthandwerksgeschäfte haben sich in der Dong-Khoi-Straße und Hai Ba Trung angesiedelt. Rund um den Ben-Thanh-Markt, die Nguyen-Hue- und Le-Loi-Straße findet man allerlei Elektrowaren und Fotogeschäfte. Die Le-Loi-Straße ist auch bekannt für ihre teils maßgeschneiderten Lederwaren, ebenso die Le Thanh Ton für ihre Schuster. Gegenüber vom Omni-Hotel befindet sich die Lam-Son-Lackfabrik (106 Nguyen Van Troi) mit allerlei Kunsthandwerksprodukten.
Entlang der Straße 22 nach Tay Ninh kommt man an Tan Binh vorbei, einem Distrikt, der bekannt für seine vielen Handwerksstätten und Holzschnitzereien ist. Möbel, Korbwaren, Keramik und Spielzeug bekommt man etwa in Dong Duong, 28/3A Cach Mang Thang Tam Street, Ward 15, Tan Binh (Tel. (08) 8 64 03 28).
Nördlich von Saigon führt die Nationalstraße 1 am Ort Bien Hoa vorbei, einem ebenfalls bekannten Zentrum für Kunsthandwerk.

Schlichtere Lackarbeiten wie diese findet man in den Galerien in der Dong Khoi Street.

in Hanoi

In Hanoi kann man sich sehr gut Kleidung maßschneidern lassen, v.a. die Läden in der Hang Gai Street sind dafür die beste Adresse. Bao Hung und Hai Van (beide Ly Quoc Su Street) verkaufen die verschiedensten T-Shirts, v.a. die bei den Touristen beliebten mit Ho Chi Minh als Motiv. An der nordöstlichen Seite des Hoan-Kiem-Sees gibt es einen großen Schuhmarkt – allerdings hat man hier nur bei einer kleinen Schuhnummer Chancen, etwas für sich zu finden.
In der Hang Gai Street und ihrer Verlängerung, der Hang Bong Street, findet man auch viele Läden für Kunsthandwerk, seien es Patchworkdecken, Wandbehänge, Keramiken oder Lackarbeiten. Kunsthandwerk der ethnischen Minderheiten bekommt man bei Culture of Vietnam Ethnic Groups (44 Hang Ga, Tel. 8 28 05 09). Ein Souvenirgeschäft für Ausländer liegt an der Ly Thuong Kiet Street/Ecke Hang Bai. Kassetten mit vietnamesischer Musik bekommt man bei Sun Ashaba in der 32 Hai Ba Trung Street. Kalligraphiefans können in dem Laden in der 216 Hang Bang Street/Ecke Phung Hung Pinsel und Farben einkaufen.
Seit kurzem gibt es im Zentrum einige Läden von Non-Profit-Organisations, die ihre Verkaufserlöse an Projekte mit Straßenkindern und Minoritäten weiterleiten. Verkauft werden hier wunderschöne Decken, Stoffe, Taschen, Lackarbeiten, Holzfiguren u.v.m. Zu ihnen gehören: Craft Link – the Shop, 43 Van Mieu oder Hoa Sen Gallery 51 Van Mieu (beide am Literaturtempel). Die Hoa Sen Gallery hat zusätzlich einen Laden in der 61 Quan Su Street, nahe der Botschafterpagode. Zudem sei der Besuch in einem Laden empfohlen, in dem Straßenkinder durch ein holländisches Hilfsprojekt zu Kunsthandwerkern ausgebildet werden (30 Hang Trong Staße).

Duty Free

Auf dem Flughafen in Saigon sind alle genannten Waren im Souvenirshop zu einem überhöhten Preis erhältlich (vom Bonsai-Bäumchen bis zu den in Schnaps eingelegten Kobras), bezahlbar mit diversen ausländischen Währungen.

Elektrizität

Die Netzspannnung beträgt 220 Volt Wechselstrom (50 Hertz) in den Städten, auf dem Land meist noch 110 Volt. Sowohl russische Runddorn- (im Norden) als auch amerikanische Flachpolstecker (im Süden) sind im Gebrauch. In den meisten Hotels passen die europäischen Stecker von zu Hause. Zur Sicherheit sollte ein Adapter mitgenommen werden. Zu berücksichtigen ist auch, daß Stromausfälle oder -schwankungen noch relativ häufig vorkommen können, auch in besseren Hotels. Dort wird der Engpaß mit der Stromversorgung dann mit dem Generator zeitweilig behoben, teils liegen Kerzen in den Hotelzimmern bereit. Eine Taschenlampe kann trotzdem immer von Nutzen sein.

Essen und Trinken

Allgemeines

Das Essen spielt in Vietnam eine wichtige Rolle, es geht um wesentlich mehr als um die reine Nahrungsaufnahme – eine ganze Lebensphilosophie rankt sich um die Mahlzeiten. Die Vietnamesen essen nicht nur einfach zwischendurch, sondern dreimal täglich ausgiebige Mahlzeiten zu ein- und derselben Stunde am Tag (gut zu wissen beim Planen der Mietwagentouren mit Fahrer und Reiseleiter!). Ein französischer Ethnologe kam beim Beobachten der Essensrituale gar zu dem Schluß: “Die Sorge um eine gefüllte Reisschale beschäftigt den Vietnamesen nicht nur in seinem jetzigen Leben, sondern auch danach in seinem künftigen.” So erklären sich auch die vielen Speiseopfer bei der Ahnenverehrung auf dem Hausaltar.
Die Bedeutung des Essens liegt in der vietnamesischen Geschichte begründet, die über Jahrtausende von Kriegen, Dürre und Überschwemmungen, Seuchen und anderen Katastrophen bestimmt war. Not macht bekanntlich erfinderisch, und so landen noch heute alle möglichen Lebewesen im Kochtopf (→ *Baedeker Special* S. 338/339).

Regionale Vorlieben

Wie das Land aus drei Regionen besteht – Norden, Mitte, Süden – so gibt es drei kulinarische Traditionen. Im Norden ist der chinesische Einfluß am stärksten. Pfannengerührte und geschmorte Gerichte, Reisbrei und Suppen sind in dieser Gegend, wo das Klima kühler und trockener ist, besonders beliebt. Da hier nicht so viele Gewürze und Kräuter wachsen, sind die Speisen auch weniger stark aromatisiert. Im Winter versammelt man sich gern um ein auf dem Tisch stehendes Holzkohleöfchen, um genau wie in China mit den Stäbchen Fleisch- und Gemüsestücke in einer Brühe zu garen. Bekannte nordvietnamesische Gerichte sind die Hanoi-Suppe (pho bac), Spargelsuppe mit Krebsfleisch (mang tay nau cua) und würzig gefüllte Tofuschnitten (dau hu nhoi).
In der Zentralregion, der Gegend um Hue, erreichte die Küche einen hohen Grad an Raffinesse. Die Kunst des Essens wurde als wesentlicher Bestandteil der feinen Lebensart angesehen. Besondere Aufmerksamkeit wurde dabei dem Garnieren und der Präsentation der Speisen gewidmet, die den königlichen Gaumen erfreuen sollten. Die Köche aus Hue sind bekannt für ihre Schweinswürste, süße und salzige Reiskuchen und für Suppeneinlagen aus einer Mischung von gebratenem Tomatenmark, Chilies und Garnelensauce. Bei Hue werden auch viele europäische Gemüsesorten verwendet: Artischocken, Blumenkohl, Spargel und Kartoffeln.
Die Küche des Südens ist einfacher, aber auch schärfer als die des Nordens. Auf den fruchtbaren Böden gedeihen exotische Früchte und Gemüse in bester Qualität, sie werden roh zu den Speisen gereicht. Das schnelle Pfannenrühren und Sautieren wird hier dem Fritieren und langsamen Schmoren vorgezogen, und kräftig gewürzte Curries sind üblich. Der französische Einfluß zeigt sich am deutlichsten in der Verwendung von Spargel, Tomaten und Kartoffeln, die aber auf vietnamesische Art zubereitet werden. Grillgerichte sind auch hier beliebt. Ein Brauch des Südens ist, bei

Baedeker Special

À la française oder gebratener Hund und geröstete Schlange

Die Küche Vietnams bildet innerhalb der asiatischen Küche einen kulinarischen Höhepunkt, denn Asien und Europa scheinen sich hier sich zu einer leichten, gut bekömmlichen und außerordentlich leckeren Mischung zu vereinen. Schon beim ersten Hinsehen entdeckt man viele Techniken und Zutaten der thailändischen und der chinesischen Küche. Und doch ist die Küche Vietnams etwas ganz Eigenes – weniger scharf als in Thailand, obwohl ebenfalls mit Fischsauce, Garnelenpaste, Zitronengras, Minze, Basilikum, Chilies und Currypulver gekocht wird. Scheinbar Bekanntes wie Frühlingsrollen erinnern nur entfernt an die chinesische Variante, denn vietnamesischen Cha Gio haben eine andere Umhüllung, eine andere Füllung und sie werden sogar ganz anders gegessen – in ein Salatblatt gerollt tunkt man sie in den allgegenwärtigen Dip mit Fischsauce (nuoc cham). Ungewöhnlich für ein tropisches Land sind die vielen Rohspeisen, etwa köstliche frische Salate mit exotischen Kräutern und die Allgegenwart des Baguette – beides Relikte aus der französischen Kolonialzeit. Und es gibt auch ganz Exotisches von der vietnamesichen Küche zu berichten: Manchmal stehen gebratener Hund, Schlangenfleisch, Schildkröten, Aale, Fledermäuse oder sogar Ratten auf der Speisekarte. Doch der Besucher kann diese Gerichte, die zwar Neugier, aber machmal auch Abscheu wecken, in Vietnam problemlos meiden.

Der Tag beginnt für die meisten Vietnamesen mit einer Nudelsuppe. Dieses Frühstück wird entweder mit flachen weißen Reisnudeln (banh), oder mit gelben, festeren Weizennudeln (mi) serviert. Sie werden bereits gekocht in eine große Schale gegeben und mit einigen Gemüseblättern und Kräutern bestreut, oft auch mit Mungbohnensprossen. Obenauf liegen Hühner- oder Rindfleisch, der kleine Berg wird dann mit heißer, lange gekochter Fleischbrühe übergossen. Auch am Morgen würzt man in den Garküchen auf der Straße wie in guten Restaurants bereits mit Pfeffer und frisch geschnittenen Chilischoten. Meist gibt es dazu ein kleines Baguette. Gefrühstückt wird reichhaltig und sehr früh am Morgen. Auch Reisbrei mit Fleisch oder Meeresfrüchten, chinesische Krapfen oder ein Gemisch aus Klebreis, gekochten Bohnen, bestreut mit Zucker, gemahlenen Erdnüssen oder Kokosnußraspeln wird gern gegessen. Auf dem Weg zur Arbeit kauft man sich bei Straßenhändlern gedämpfte Nudelteigrollen, und Kinder lieben morgens ein mit Wurst belegtes Baguette.

Mittags und abends gibt es gekochten Reis. Dazu stellen viele Vietnamesen eine Mischung aus würzigen und milden, weichen und harten Speisen, Fleisch, Fisch und Gemüse zusammen. Ein Charakteristikum der vietnamesischen Küche ist die Kombination sich gegenseitig ergänzender Zutaten unterschiedlicher Konsistenz zu neuen Geschmacksverbindungen, bei denen die Zunge zugleich fühlen und schmecken kann. Farblicher Kontrast und die Verbindung unterschiedlicher Aromen spielen ebenfalls eine große Rolle. Viele Gerichte vereinen Gekochtes mit rohem Gemüse und selbst Pfannengerührtes wird mit wenig Fett zubereitet. Überhaupt verwenden Vietnamesen so wenig Fett wie möglich und bevorzugen zum Braten pflanzliche Öle.

In den Restaurants wird meist Geflügel, mariniertes Schweine- oder Rindfleisch, gegrillte Schweinerippchen, Rindfleisch in dünnen Scheiben und Gehacktes sowie Fisch in allen Varianten angeboten. Allerdings enthalten die Gerichte mit Hühnerfleisch sehr oft noch die Knochen und eine Fettschicht, selbst in touristischen Gaststätten. Bun Cha heißen die Nudel-

gerichte mit gegrilltem Fleisch, dazu wird meist rohes Gemüse auf einem Extrateller serviert. Das Entscheidende ist jedoch die Sauce, und die soll in Hanoi die beste des Landes sein, denn hier werden Pfefferminzblätter als Kräuter hinzugegeben.
Zu den proteinreichen Hauptnahrungsmitteln, die auch für viele Vietnamesen erschwinglich sind, gehört der Fisch. Ob Krabben oder Krebse, Langusten oder Hummer, Muscheln oder Schnecken, Garnelen oder Tintenfisch, Makrele oder Karpfen, Thun- oder Haifisch – in Vietnam sind Fisch und Meeresfrüchte relativ preiswert, schmackhaft und kommen vor allem in den Küstenorten immer frisch auf den Tisch.

Kein Tourist muß befürchten, einen gebratenen Hund, einen zerlegten Python oder Entenfüsse und Geckos unaufgefordert serviert zu bekommen. Solcherlei Delikatessen verschwenden die Vietnamesen nicht ohne weiteres an die Langnasen! Und billig sind diese Speisen auch nicht unbedingt. Dem Hundefleisch wird nachgesagt, daß es eine wärmende Wirkung hat – und so finden sich die speziellen Restaurants besonders im kühleren Norden. In den Großstädten kommen immer mehr Vietnamesen der oberen Zehntausend auf den Hund als Haustier, daher ist fraglich, wie lange sich diese Sitte noch hält. Das Schlangenfleisch soll dagegen heilende Kräfte haben, besonders die Kobra gilt als wohlschmeckend und nahrhaft. Einige Vietnamesen verzehren außerdem Haifischflossen, geröstete Hühnerkrallen, Frösche, Fledermäuse und Schildkrötenfleisch. Stachelschwein- und Ziegenfleisch ist dagegen schon weiter verbreitet, allerdings vor allem in Garküchen am Straßenrand und im Norden.

Als Nachtisch empfiehlt sich Obst. Ananas, Wassermelonen, Bananen, Litschis, Longan, Mangos, Papayas und Pomelos sind nur einige der köstlichen Sorten, die in Vietnam wachsen. In besseren Restaurants bekommt man auch fritierte Bananen, mit Reiswein flambierte Ananas oder die traditionellen Kokosnußdesserts. Unter den Getränken wird oft auch der Regenbogendrink, ein kaltes Süßgetränk aus gemahlenen Mungbohnen, Agar-Agar und Kokosnußmilch, als Nachtisch gereicht. Natürlich kann man auch "westliche" Desserts wie Crème Caramel, Eis oder Früchtesorbets bestellen. In den Großstädten gibt es zudem gute, gelegentlich sehr süße Kuchen aus Teig oder Klebreis.

Doch dies sollte man nicht vergessen: Je mehr Menschen am Tisch sitzen, desto größer ist die Auswahl. Alles wird auf Tellern oder in Schüsseln aufgetragen, jeder bedient sich nach Geschmack und gegessen wird mit Stäbchen. Wer satt ist, sollte die Stäbchen parallel über das Eßschüsselchen legen und sie nicht in den restlichen Reis stecken – das bringt nämlich Unglück.

Meist werden die Gerichte sehr phantasievoll dekoriert – hier hat der kleine Gurkenpinguin einen gehörig großen Fisch an der Angel!

Regionale Vorlieben (Fortsetzung)

Tisch Stückchen von gebratenen oder gegrillten Speisen zusammen mit rohem Gemüse und Kräutern in ein Salatblatt zu wickeln. Dieses Päckchen wird dann in eine scharfe Sauce getunkt.

Einflüsse

Die vietnamesische Küche ist zwar stark von der chinesischen Kochkunst beeinflußt, aber leichter zuzubereiten. Nudeln und Reis gehören zu jeder Mahlzeit, selbst am frühen Morgen. Es finden sich z.B. winzige Frühlingsrollen, Garnelensuppen und die Fischsauce (nuoc mam, S. 269) bei jedem Festmahl wieder. Fleisch und Fisch sind sehr beliebt, es gibt aber auch rein vegetarische Gerichte mit Gemüse und Tofu. Allerdings hinterließen die Franzosen ebenfalls Spuren: Das Baguette wird oft zu den Mahlzeiten serviert, besonders zum Frühstück, und die in Bananenblätter gewickelte Schweinefleischpastete (cha lua) gehört mittlerweile zum Imbiß auf der Straße. Verglichen mit der Schärfe der thailändischen oder indischen Küche sind die vietnamesischen Speisen eher lasch, allerdings durchaus schärfer als die chinesischen. Die vorherrschende Geschmacksrichtung wird durch die Zugabe vieler frischer Kräuter, v.a. Koriander, bestimmt.

Garküchen findet man in allen Orten – außer Suppen erhält man Reisgerichte oder gebratene Meeresfrüchte und Wachteln wie hier.

Eßgewohnheiten

Relativ früh (mittags gegen 12.00 und abends zwischen 18.00 und 20.00 Uhr) füllen sich die Restaurants mit einheimischen Gästen. Die Vietnamesen essen gerne in großen Runden mit der ganzen Familie oder den Geschäftspartnern. Je größer die Runde, desto opulenter das Mahl: Alle bestellten Speisen kommen zur gleichen Zeit auf den Tisch, und jeder Gast kann von jeder Bestellung kosten, indem er sich mit Stäbchen etwas in seine Reisschüssel füllt (nie zuviel!). Meist wird Fleisch mit Fisch und Seafood kombiniert; Eierspeisen, Gemüse, Salate und Suppen dürfen auch nicht fehlen. Zu den verwendeten Gemüsen gehören u.a. Zwiebeln, Knoblauch, Tomaten, Gurken, Pilze, Bohnen, Sojabohnensprossen, Bambussprossen, Auberginen, Möhren – auf dem Land oft als Rohkost in Salz eingelegt.

Ein Essen mit Vietnamesen kann mitunter relativ lebendig ablaufen und wird meist von lauter (Live-)Musik begleitet, mitunter aus verschiedenen Quellen. Vor allem in volkstümlichen, aber auch in besseren Restaurants muß man auf einige typische Nebengeräusche wie Schlürfen, Spucken, Schmatzen und Rülpsen gefaßt sein. Oft wird in den Restaurants auch geraucht und lautstark mit dem Funktelefon kommuniziert.

Reis

Seit Jahrtausenden bauen die Vietnamesen Reis (→ *Baedeker Special* S. 246/247) an, der vietnamesische Alltag wäre ohne ihn nicht denkbar. "Moi ong xoi com" ("Lassen Sie sich den Reis schmecken") sagte man früher, womit dessen Bedeutung erkennbar wird. Heute heißt "Guten Appetit" eher schlicht "Chuc an ngon!". Leider bestellen die meisten Touristen in allen Ländern Asiens den überall angebotenen gebratenen Reis – wohl nicht wissend, was sie verpassen. Diese Reis-Gemüse-Pfannen sind eher die unterste Stufe kulinarischer Expeditionen in die Landesküche. Die Vietnamesen essen den Reis meist gekocht, die Zutaten werden entweder auf dem Teller gemischt oder getrennt dazu gereicht.

Fischsauce (nuoc mam)

Die Vietnamesen lieben ihre Fischsauce, sie ist mehr als nur ein Salzersatz. Nuoc mam wird in Fabriken im Mekong-Delta und auf der Insel Phu Quoc hergestellt (s. S. 269). Das Rezept ist denkbar einfach: Die gesalzenen Sardinen werden in Fässern etwa ein Jahr gelagert und fermentiert, der Sud wird in Flaschen abgefüllt und zu Hause noch mit Zitronensaft, Essig, frischem Chili, Zucker, Pfeffer, Knoblauch und Koriander verfeinert. Ausländer werden allerdings selten zu Anhängern dieser vietnamesischen Würze, viele greifen stattdessen zu der immer öfter mitservierten Würze aus der Heimat und Ketchup.

Suppen

Es gibt in Vietnam an jeder Ecke spezielle Suppenküchen oder auch wandelnde Köchinnen, die ihre Küche mit der Schultertrage immer bei sich haben bzw. als kleine Schrankkarren vor sich herschieben. In den Suppenküchen werden auf niedrigen Bänken und Hockern beispielsweise zum Frühstück die traditionellen, spottbilligen Suppen gegessen. Auch zum Mittagessen oder am Abend gehört immer eine Suppe auf den Tisch.
Aus dem Norden stammt die würzige Suppe namens Pho, mittlerweile eine Nationalspeise: Sie besteht aus Reis- oder Weizennudeln, die mit hauchdünnen Rindfleisch-Scheiben, Huhn oder Garnelen und ein paar Sojabohnensprossen gekrönt werden. Darüber wird die (seit Stunden!) kochende Fleischbrühe gegossen, eine dampfende und scharfe Angelegenheit. Wer möchte, bekommt noch ein rohes Ei darüber. Die Suppe ist bereits gewürzt mit Pfeffer, Minze, Koriander, zerstossenem Chili und Zitronensaft, – aber wer mag, gibt noch ein wenig salzige Fisch- oder Sojasauce und die auf dem Tisch bereitgestellten Kräuter dazu (Pho ißt man in Hanoi übrigens am besten im Familienunternehmen in der 11 Lo Duc Street – eine Institution!).
Außer dieser weit verbreiteten Variante gibt es noch süß-saure (chinesische) Suppen sowie rein säuerliche Suppen, die mit Shrimps oder Fisch, Tomaten und Zwiebeln eingelegt sind (canh chua). Nudelsuppen werden mit Löffel und Stäbchen verspeist; die Stäbchen stehen meist auf dem Tisch bereit. Mien ist eine chinesische Glasnudelsuppe mit Fleischbällchen, Chao ist eine ziemlich dicke Reissuppe, und die süßliche Che wird mit Kokosmilch zubereitet. Nicht versäumen sollte man den Feuertopf, eine Art vietnamesisches Fondue: In einem großen blechernen Samowar oder im Tontopf werden die Zutaten (Fisch, Seafood, Rindfleisch, Gemüse, Glasnudeln) von den Serviererinnen in den brodelnden Suppensud getan und am Tisch gegart.

Vorspeisen, Beilagen und Snacks

Die kleinen, pikanten Frühlingsrollen (cha gio) sind frittiert oder gegart. Die mit Gemüse, Hackfleisch oder Krabben, Garnelen, Glasnudeln, zerhackten Zwiebeln und Sojabohnensprossen gefüllten Frühlingsrollen werden vom Gast meist selbst in Salatblätter oder dünnes Reispapier eingewickelt. Dann tunkt man das kleine Paket in eine Flüssigkeit aus Fischsauce, Chili, Pfeffer und Zitronensaft (nuoc cham). Eine Schale mit Salaten und Kräutern wie Koriander, Melisse, Minze, Zitronengras und Basilikum steht ebenfalls meist auf dem Tisch. Westliche Ausländer, die nur kurze Zeit zum Urlaub in Asien sind, sollten sich allerdings mit rohem Gemüse, Salaten und Kräutern vorsehen. Vietnamesisches Omelette ist abwechlunsgreich gefüllt mit zahlreichen Gemüsen und Fleisch. Mit Shrimps oder Fleisch gefüllte Teigtaschen sind eine weitere Spezialität an der Küste. Am Straßenrand

Vorspeisen, Beilagen und Snacks (Fortsetzung)

wird außerdem eine Art Eierkuchen verkauft, gefüllt mit Fleisch (banh bao). Knusprige Fladen aus Sesam und Reismehl werden über Holzkohle gebakken, aber auch würzig-scharfe Sa-Giang-Chips aus Garnelenpaste und Mehl (banh phong tom) stehen in einigen Restaurants als kleine Vorspeise bereit und werden in alle Welt exportiert.
An den Straßenständen werden Sandwiches aus Baguette angeboten (com tay cam oder banh mi pate), belegt je nach Wunsch mit Käse, Hühnchen, Fisch oder Schweinefleisch, Gemüse und Zwiebeln, meist ziemlich scharf gewürzt. Auf Holzkohle gegrilltes Fleisch ist ebenfalls ein beliebter Snack für unterwegs. Gleiches gilt für die überbackenen Bananen aus den Körben der Straßenhändlerinnen.

Nudeln

Die Vietnamesen kennen verschiedene Arten von Nudeln – entweder gelb (mi, aus Weizenmehl und Eiern) oder weiß (banh, aus Reis). Die durchsichtigen dünnen Glasnudeln werden hauptsächlich als Suppeneinlage verwendet.

Mooncakes

Regelmässig zu den Vollmondfesten füllen sich die Läden und Straßenstände mit den goldgelben Banh Nuong und Banh Deo – den kleinen runden Mondkuchen. Aus gebratenem Klebreis, Reismehl und Zuckerwasser werden diese typisch vietnamesischen Leckerbissen gezaubert. Je nach Geschmacksrichtung entstehen in den Backstuben verschiedene Varianten aus Kokosmilch, Sesamkörnern, Schweinefett, Cashew- und Erdnüssen, Mandeln und Eiern sowie Hühnerfleisch.

Getränke

Tee

Der Tee wird gewöhnlich frühmorgens für den ganzen Tag gekocht und unter einem wattierten Teewärmer warm gehalten. Er wird Besuchern sofort nach der Ankunft zusammen mit Nüssen, getrockneten Früchten und Kuchen angeboten. Dabei wird etwas Tee in die Schale gegossen und mit heißem Wasser aus der Thermosflasche verdünnt. Es gibt viele Teesorten, getrunken wird vor allem grüner und schwarzer Tee. Der Unterschied liegt in der Verarbeitung: grüner Tee besteht aus unmittelbar nach dem Pflükken gerösteten Teeblättern, die nicht fermentiert werden. Schwarzer Tee dagegen wurde vorgetrocknet, fermentiert und danach geröstet. Zusätzlich gibt es viele Teesorten, die mit getrockneten Blüten aromatisiert werden. Besonders beliebt sind Chrysanthemen-, Jasmin-, Lotus-, Hibiskus- und Rosenblütenaroma. Die getrockneten Blüten läßt man im Tee, damit sie ihren Duft und ihr Aroma entfalten können.

Softdrinks und Säfte

Weiter gibt es Mineralwasser, Soda, Softdrinks wie Cola oder Sprite und die süße Sojabohnenmilch (sua dau nanh), die allerdings für den westlichen Gaumen Geschmackssache ist. Eine gute Alternative sind frischgepreßte Obstsäfte und Kokosnußsaft. An vielen Straßenständen (und Restaurants) kann man eine Kokosnuß aussuchen und sie mit der Machete aufschlagen lassen. Des weiteren wird Zuckerrohr am Straßenrand frisch ausgepreßt. Grundsätzlich sollte kein Leitungswasser getrunken werden (→ Gesundheit).

Kaffee

Zum Abschluß des Essens bestellen Sie den sogenannten Französischen Kaffee (ca phe sua). Es ist ein am Tisch in Gläser gefilterter Kaffee, den Sie mit dem kleinen Blechfilter auf dem Glas serviert bekommen, solange der Kaffee noch durchläuft. Häufig steht das Glas wiederum in einer Schale mit heißem Wasser, damit der Kaffee nicht kalt wird. Dieser Kaffee wird bereits mit Kondensmilch und viel Zucker serviert.

Alkohol

Das vietnamesische Wort für Wein, Ruou, bezeichnet die verschiedensten alkoholischen Getränke. Ein bekanntes Nationalgetränk heißt Ruou De oder Choum. Es ist ein starker farbloser Alkohol, der aus Klebreis hergestellt wird und japanischem Sake ähnelt. Er wird nur bei besonderen Gelegenheiten warm getrunken und dient dabei dem Ausbringen von Trinksprüchen.

Essen und Trinken, Alkohol (Fts.)

Bier

Abends wird auch gerne einmal ein Bier getrunken. An jeder Straßenecke Vietnams hängen die Schilder der singapurianischen Brauerei Tiger Beer. Sie läßt ihr vergleichsweise starkes Bier im Land herstellen. Ein anderes Joint-venture ist das französische BGI-Bier. Doch auch vietnamesische Flaschenbiere schmecken gut: Ba-Ba-Ba (333) löste das Saigon Export ab und ist meist in Dosen erhältlich. Manche der lokalen Flaschenbiere schmecken etwas fad, da hilft dem Saigon Beer auch der Drache auf dem Etikett nicht viel.

→ Sprache
→ Gesundheit

Speisekarte
Risiken

Feiertage

Allgemeines

Es gibt staatliche und traditionelle Feiertage nach dem chinesischen Mondkalender sowie unzählige regionale Feierlichkeiten und Pagodenfeste. Die vietnamesischen Buddhisten begehen am 8. Tag des 4. Mondmonats (8. April) den Geburtstag Buddhas. Außerdem ziehen die meisten von ihnen jeweils am ersten und 15. Tag jedes Monats in die Pagoden und Tempel.
Zu Ehren von Kaisern, Königen, Prinzessinnen und Nationalheldinnen werden ebenfalls Feste mit Laternenumzügen, Hahnenkämpfen und Wasserpuppenspielen, Opfergaben und Blumengestecken, Reisgebäck, Tanz und Gesang begangen. Zum Gedenken der Ahnen und ihrer herumirrenden Geister gibt es ebenfalls einen eigenen Feiertag (Mitte des 7. Mondmonats). Einige Feste sind nur auf ethnische Minderheiten beschränkt, z.B. das Laternenfest der Khmer im Südwesten Vietnams (15. des 10. Mondmonats; wird jährlich neu nach dem Mondkalender berechnet) oder im Frühjahr das Büffelfest der Minoritäten im zentralen Hochland.

Mondkalender

Die offizielle Zeitrechnung in Vietnam wird wie in der ganzen Welt nach dem Gregorianischen Kalender angegeben. Doch die traditionellen Feste werden seit Jahrtausenden nach dem Stand des Mondes berechnet: Das Mondjahr hat ebenfalls 12 Monate, sein Anfang wird Mitte Januar gefeiert. Jedes neue Jahr ist durch ein anderes Tier aus dem Tierkreis gekennzeichnet. Das Jahr 2001 war das Jahr der Schlange, 2002 ist das Jahr des Pferdes, darauf folgen Ziege (2003), Affe (2004), Hahn (2005), Hund (2006) und Schwein (2007). Ursprünglich wurde der Mondkalender von den Chinesen vor rund 4600 Jahren eingeführt. Noch heute errechnen die Astrologen nach dem Mond die glücksbringenden Tage im Jahr und die Tage, die Unheil bringen!

Tet-Fest

Die zweifellos wichtigste Feier aller Vietnamesen ist das Neujahr Tet (s. o., tet nguyen dan), eine Mischung aus buddhistischen, taoistischen und konfuzianischen Bräuchen und Legenden, aber ebenso aus animistischem Glauben und Ahnenverehrung. Man nimmt an, daß das Tet-Fest so alt ist wie die vietnamesische Nation selbst, d.h. etwa 4000 Jahre.

Staatliche Feiertage (landesweit)

1. Januar	(westliches) Neujahr
3. Februar	Gründungstag der KP (1930)
30. April	Tag der Befreiung der Südrepublik/Saigons und der Vereinigung
1. Mai	Tag der Arbeit
19. Mai	Geburtstag Ho Chi Minhs (1890)
2. September	Unabhängigkeitstag (1945)
3. September	Todestag Ho Chi Minhs (1969)
25. Dezember	Weihnachten

Baedeker Special

Glückliches Neues Jahr!

Bereits eine Woche vor dem Neujahrstag beginnen die Feierlichkeiten: Am 23. Tag des 12. Mondmonats wird zu Hause eine Zeremonie abgehalten, bei der Opfergaben wie Früchte, Blumen, Speiseopfer und Papiergeschenke auf dem Hausaltar präsentiert werden. Dadurch wohlgesonnen und gut gelaunt verläßt nun der Küchengott Tao Quan das Haus und zieht in den Himmel, um dem dortigen Herrscher, dem Jadekaiser, seinen alljährlichen Bericht über die irdischen Zustände zu erstatten. Erst am Neujahrsabend kehrt er wieder zur Erde zurück. Und so müssen sich in dieser einen Woche die Vietnamesen selbst um den Schutz ihres Hauses vor bösen Geistern kümmern.
Zu diesem Zweck sind die Wohnhäuser mit Lichterketten und die Straßen mit roten Bannern behangen, und die Wohnstuben werden mit rotgoldenem Dekor, Blumen und Orangenbäumen ausgeschmückt. In den Dörfern werden oft auch Bambusstangen mit alten Kleidungsstücken in die Gärten gestellt, um damit die Geister zu verteiben.

Das **Neujahrsfest Tet** ist der Höhepunkt des Jahres. Da man sich in Vietnam nach dem Mondkalender richtet, wird Tet vom 1. bis zum 7. Tag des 1. Monats (Ende Januar/Anfang Februar) gefeiert. Offiziell sind drei Tage zum Neujahrsfest arbeitsfrei, aber die meisten Vietnamesen nehmen eine ganze Woche Urlaub. Denn mit Tet kommt nicht nur der Jahreswechsel, sondern die langersehnte Zeit für große Familientreffen und Festessen. Die Leute bezahlen ihre Schulden, sie bereinigen Streitigkeiten, sie kaufen neue Kleider und verschicken Glückwunschkarten. Die auf rotes Seidenpapier gemalten chinesischen Schriftzeichen wünschen ebenfalls Glück und werden im Haus oder an der Haustür aufgehängt. Im Dörfchen Dong Ho, in der Nähe Hanois, werden das ganze Jahr über die traditionellen Neujahrsbilder (→ Kunsthandwerk) gefertigt, die Szenen aus Legenden und Mythen oder Glückssymbole wie reife, runde Früchte, Fische oder wohlgenährte Kinder zeigen. Bis 1995 gehörten auch Feuerwerke und Knallfrosch-Ketten unverzichtbar zu den Tet-Feierlichkeiten. Doch die Regierung verbot die letzten Male die jahrhundertealte Tradition, nachdem es zu schweren Unfällen mit einigen Toten gekommen war.

Ein Neujahrsfest ohne großes Essen ist unvorstellbar. Vor allem dürfen Banh Chung oder Banh Day nicht fehlen: Die mit Schweinefleisch und Sojabohnen gefüllten, runden Klebreiskuchen sind in Bananenblätter gewickelt und symbolisieren Erde und Himmel. Auch wenn es die finanzielle Situation der Familie eigentlich nicht erlaubt, wird für ein Familienbankett alles aufgefahren, was der Markt hergibt, denn so wie heute soll es ja das ganze Neue Jahr über sein.

Landesweite Feiertage (Fortsetzung)

Am 15. Tag des 7. Mondmonats begehen die Vietnamesen landesweit mit dem Besuch in Pagoden das "Fest der Vergebung" (xa toi vong nhan), das zweitwichtigste Fest zu Ehren der Ahnen nach Tet. Zu diesem Zeitpunkt entscheiden der Jadekaiser und die Höllenfürsten über die Sünden ihrer Schützlinge auf Erden. In der Ly- und Tran-Dynastie durften Gefangene an diesem Tag nach Hause zurückkehren.
Am 15. August findet das Mitherbstfest statt.

Geschäftszeiten an Feiertagen

An staatlichen Feiertagen sind die Banken, Ämter und auch einige Museen geschlossen. Die meisten Läden bleiben jedoch geöffnet. Während der

Verkauf von Kalendern für das Neue Jahr

In den Tempeln herrscht zudem Hochbetrieb, besonders zum mitternächtlichen Wechsel des Mondjahres. Viele Gläubige versammeln sich hier, um die Ahnen zu dieser Stunde zu ehren und die guten Geister mit auserwählten Speisen und vielen Räucherstäbchen wieder auf der Erde willkommen zu heißen. Innerhalb der Familien werden dann kleine Geschenke ausgetauscht.

Und auch der Aberglaube hat jetzt Hochkonjunktur. Alles , was um Tet geschieht, ist symbolbeladen. So soll nicht nur der erste Besuch, sondern auch das erste wahrnehmbare Geräusch im Neuen Jahr (außer dem Feuerwerk!) Aufschluß über den Verlauf des kommenden Jahres bringen: Ein Hahnenschrei beispielsweise bedeutet viel Arbeit und eine schlechte Ernte, Hundegebell dagegen verheißt Vertrauen und Zuversicht, und ganz schlecht wird es dem ergehen, der eine Eule schreien hört – sie kündigt nämlich Epidemien und Unglück für die gesamte Gemeinde an! Pech bringt es auch, wenn zu dieser Zeit Glas bricht, Wäsche gewaschen und geflucht oder unanständig geredet wird – denn so etwas lockt nur die bösen Geister herbei!

Feiertage (Fortsetzung)

Feierlichkeiten zum traditionellen Tet-Neujahr im Januar/Februar bleiben viele vietnamesische Restaurants geschlossen. Sonntags ruhen sich auch die fleißigen Vietnamesen aus, d.h. die Büros und Ämter sind geschlossen.

Flugverkehr

Allgemeines

Die Vietnam Airlines erweiterte in den vergangen Jahren ihre Flotte und die Zahl der Flughäfen um ein Vielfaches. Das Passagieraufkommen war seit

Flugverkehr (Fortsetzung)

1990 schlagartig gestiegen. Heute fliegt die staatliche Fluggesellschaft vorwiegend mit modernen Airbus-Maschinen, ATR und Fokker werden nur noch auf den Strecken nach Kambodscha, Laos und Kanton eingesetzt. Von Hanoi werden u.a. regelmäßig Saigon, Da Nang, Hue, Nha Trang, Play Cu und Dien Bien Phu angeflogen, von Saigon aus: Hanoi, Da Nang, Can Tho, Nha Trang, Pleiku, Hue, Da Lat, Buon Ma Thuot, Rach Gia und Phu Quoc. Vom dritten internationalen Flughafen Da Nang gehen Flüge nach Saigon, Hanoi, Nha Trang, Da Lat, Buon Ma Thuot, Plei Ku und Vinh. Die Verbindungen und Flugzeiten sind in den Touristenbroschüren abgedruckt (u.a. in "What's on in Saigon"). Reservierungen und Ticketkauf sind in allen Städten auch in Reisebüros möglich, sollten aber vor der Abreise rechtzeitig stattfinden. Die Flüge sind in der Regel pünktlich, außer in Monsunzeiten, wenn Start und Landung gelegentlich aufgrund der Wetterlage verschoben werden müssen. Zum Flughafen in Hanoi gibt es einen Minibusservice, der von der Vietnam Airlines organisiert wird.

Ausreise

Eine Ausreisesteuer (airport tax) wird bei der Ausreise aus Vietnam erhoben und ist an einem Extraschalter zu bezahlen. Zwei bis drei Tage vor dem Abflug müssen die Flüge im jeweiligen Airline-Büro telefonisch bestätigt werden (confirmation).

Adressen internationaler Fluglinien (in Saigon)

Air France, 130 Dong Khoi Street, Tel. (08) 8 29 09 81, Fax 8 22 05 37
British Airways, 114A Nguyen Hue Boulevard, Tel. (08) 8 29 2 62 und 8 22 41 41, Fax 8 25 65 78
KLM, 2A–4ATon Duc Thang Street, Tel. (08) 8 23 19 90, Fax 8 23 19 89
Lauda Air, 9 Dong Khoi Street, Tel. (08) 8 29 93 65, Fax 8 29 58 32
Lufthansa, 132-134 Dong Khoi Street, Tel. (08) 8 29 85 29, Fax 8 29 85 37
Thai Airways, 65 Nguyen Du Street, Tel. (08) 8 22 33 65, Fax 8 22 34 56
Qantas Airways, 114A Nguyen Hue Boulevard, Tel. 8 23 88 44, Fax 8 25 65 78

Adressen der Vietnam Airlines in Vietnam

Internet: www.vietnamairlines.com
Hanoi: Central Booking Office, 94 Tran Quoc Toan, Tel. (04) 9 42 08 48, Fax 9 42 08 46
Saigon: Saigon Central Booking Office, 116 Nguyen Hue Street (am Rathaus), Tel. (08) 8 29 21 18, 8 32 03 20, Fax 8 23 02 73 und 15B Dinh Tien Hoang Street, Tel. 8 25 83 77 (domestic)
Da Lat: 40 Ho Tung Mau, Tel. (0 63) 82 28 95
Da Nang: 35 Tan Phu, Tel. (0 51) 81 11 11
Hue: 7B Nguyen Tri Phuong Street, Tel. (0 54) 82 47 09
Vung Tau: 27 Quang Trung Street, Bai Truoc, Tel. (0 64) 85 31 00

Pacific Airlines

Saigon: 77 Le Thanh Ton Street, Tel. (08) 8 23 12 85
Hanoi: 100 Le Duan Street, Tel. (04) 8 51 53 50
Da Nang: 52 Hai Phuong Street, Tel. (0 51) 83 09 99

Vasco Airlines

114 Bach Dang, Tel. (08) 8 42 27 90, Fax 8 44 52 24

Vietnam Airl. in D

Treskow Allee 82, 10318 Berlin, Tel. (030) 2 84 89 50, Fax 2 84 89 519, E-mail: vna.berlin@t-online.de

Helikoptertouren

→ Verkehrsmittel

Fotografieren

Filmmaterial

Negativfilme sind problemlos in Vietnam zu erhalten – allerdings sollte man auf das Verfallsdatum achten! Schwieriger zu finden und wesentlich teurer sind Diafilme. Achtung: Die Bildqualität nach der Entwicklung von Filmen in vietnamesischen Laboren entspricht nicht immer den Erwartungen. Die Röntgengeräte auf den Flughäfen entsprechen zwar internationalem Standard. Das Filmmaterial kann trotzdem in speziellen strahlensicheren Tüten transportiert werden.

Fotografieren (Fortsetzung)

→ Verhaltenstips

Geld

Währung und Zahlungsmittel

Die vietnamesische Währung ist der Dong. Es gibt keine Münzen, nur Banknoten (Scheine à 100, 200, 500, 1000, 2000, 5000, 10 000, 20 000 und 50 000), die sich teilweise sehr ähnlich sehen. Seit Anfang der 1990er Jahre ist der Wechselkurs relativ stabil:

10 000 Dong = 0,49 EURO	1 EURO = 20312 Dong
10 000 Dong = 0,64 USD	1 USD = 15750 Dong
10 000 Dong = 0,75 sFr	1 sFr = 13345 Dong

(Stand: November 2004)

Von allen Dong-Scheinen lächelt Ho Chi Minh.

Für den Reisenden interessanter ist der Wechselkurs zum US-Dollar, der immer noch als gängiges Zahlungsmittel im Umgang mit Ausländern dient (1 US-Dollar = rund 12 000 Dong).
In allen Hotels, Restaurants, Reisebüros, beim Mietwagenverleih, an Bahnschaltern, am Flughafen und bei Arztbesuchen werden meist US-Dollar als Zahlungsmittel verlangt, es kann aber selbstverständlich auch in der Landeswährung Dong bezahlt werden. Für Marktbesuche, bei Cyclofahrten, auf der Post und in ländlichen Gegenden sollte man immer kleinere Scheine in Dong oder Dollar bei sich führen. In allen größeren Hotels, bei Flug- und internationalen Mietwagenunternehmen werden die gängigen Kreditkarten akzeptiert, manchmal auch in Supermärkten (Visa-, Master-, Euro-, Eripluscard, Diners Club). Es empfiehlt sich jedoch, sich stets zuvor zu erkundigen. Bei einigen Banken kann man Bargeld (max. 300 US-Dollar, 2–4 % Gebühr) mit einer Kreditkarte an Automaten abheben, z.B. in Saigon bei der Hongkong Bank (New World Hotel.)

Geldwechsel

Zum Umtauschen von Bargeld und Reiseschecks wird der Reisepaß benötigt. In Hotels, Banken und Postämtern, am Flughafen (außerhalb des Gebäudes) und in einigen Wechselstuben können folgende Währungen gegen Dong eingetauscht werden: US-Dollars, Euro, Schweizer Franken, Yen, Hongkong- und Singapore-Dollar sowie Traveller Cheques gegen eine Gebühr (pro Scheck 1 % der umgetauschten Summe bei Auszahlung in Dong, 2 % oder mindestens 2 Dollar bei Auszahlung in US-Dollar). Der Umtausch von Euro-Reiseschecks kann selbst in Saigon problematisch sein, da nicht jede Bank Euro entgegennimmt; noch riskanter ist es in abgelegenen, wenig touristischen Gebieten. Keine Probleme bekommt man bei der Vietcombank (47-49 Le Thai To Street, Hanoi und 29, Chuong Duong, Saigon), der Vietcombank-Wechselstube (175 Dong Khoi Street, Saigon) und der Citibank (115 Nguyen Hue – 15. Stock, Saigon) und der Deutschen Bank (Saigon Centre – 14. Stock, Le Loi / Ecke Pasteur), die die deutschen Reiseschecks auf jeden Fall eintauschen. Bei Reisen in die Provinzen seien US-Dollar-Reiseschecks oder Bargeld empfohlen. Die Banken sind täglich außer sonntags geöffnet. Am Samstag nachmittag und ein bis zwei Stunden über Mittag sind die Geldinstitute geschlossen.

Aufbewahrung / Sicherheit

Am sichersten ist die Mitnahme von Reiseschecks. In großen Hotels sind die Zimmer mit Safes ausgestattet, andernfalls können die Wertsachen an der Rezeption gegen eine Quittung abgegeben werden. Auf keinen Fall sollten größere Geldmengen offen im Zimmer liegenbleiben oder in der Hosentasche oder Handtasche mit sich geführt werden.

Geld (Fortsetzung)
Ausländerpreise

Immer wieder entpuppen sich die höheren Preise, die von Ausländern verlangt werden, als Ärgernis für Reisende. Diese speziellen Ausländerpreise gelten z.B. für Zug- und Flugtickets, Eintrittspreise und in manchen Restaurants. Bis zu zehnfach höhere Eintrittspreise für ausländische Touristen in Tempeln und Vergnügungsparks sind keine Seltenheit. Selbstverständlich werden auch Souvenirs nur gegen einen Ausländer-Aufschlag verkauft. Außerdem macht sich leider seit einigen Jahren eine unangenehme Sitte breit: Es werden des öfteren für eigentlich selbstverständlichen Service Extra-Dollar verlangt. Das hat nicht immer etwas mit verständlicher Geschäftstüchtigkeit in einem unterentwickelten Land zu tun. So kann es beispielsweise vorkommen, daß für das Betreten eines 20m langen Insel-Strandabschnittes bei einem Ausflug in der Ha-Long-Bucht eine Gebühr vom 1 US-Dollar pro Tour-Teilnehmer verlangt wird.

Gesundheit

Allgemeines

Das Reisen in tropischen Ländern kann sehr anstrengend sein, je nach körperlicher Verfassung. Allerdings ist das Risiko zu erkranken relativ gering, wenn man sich an bestimmte Vorsichtsmaßnahmen hält. Über die Risiken von ansteckenden Tropenkrankheiten und ihrer Vorbeugung informieren die jeweiligen Landestropeninstitute.

Krankheitsvorbeugende Maßnahmen

Sicherlich – niemand möchte in seinem dreiwöchigen Urlaub durch einen verdorbenen Magen oder tagelangen Durchfall beeinträchtigt werden. Vor allem in den ersten Tagen empfiehlt sich daher Vorsicht bei allen Speisen mit rohem Gemüse, Salaten und nicht schälbarem Obst. Danach sollte man abwägen und nicht grundsätzlich auf landestypische Speisen verzichten. Besonders bei einer privaten Einladung kann es unhöflich wirken, wenn der Gast die ihm zuerst angebotenen Speisen ablehnt! Jeder sollte für sich selbst entscheiden, ob nach einer gewissen Gewöhnungsphase durchaus auch mal Rohkost und Eis probiert wird, nur die eigene Erfahrung lehrt, ob man einen tropentauglichen Magen hat oder nicht.
Bei Reisen in tropische Länder ist es sehr wichtig, viel zu trinken. Der Körper verbraucht beim Schwitzen mehr Flüssigkeit als in heimischen Breitengraden, und so sollten mindestens 2 l/Tag als Ausgleich getrunken werden. Meist sind die Eiswürfel nicht zu beanstanden, da sie aus abgekochtem Wasser bereits in Würfelform hergestellt werden. Wer seine Getränke trotzdem lieber ohne Eis haben möchte, muß bei der Bestellung auf den Sonderwunsch hinweisen: "khong co da" heißt "ohne Eis, bitte".
Suppen sind selbst für empfindliche Mägen ungefährlich, da sie kochendheiß serviert werden, das zusätzlich gereichte kalte Gemüse muß man ja nicht unbedingt mitessen. Fleisch sollte grundsätzlich sehr gut durchgebraten und niemals halbroh bzw. lauwarm verspeist werden. In Orten, die einige Fahrtstunden von der Küste entfernt liegen, sollte man in einfachen Gaststätten möglichst auf Fisch verzichten, da nie sicher ist, ob die Kühlung während des Transportes ununterbrochen gewährleistet war.
Sollte man trotz aller Vorsichtsmaßnahmen Probleme bekommen, helfen Kohletabletten sowie ausreichende Flüssigkeits- und Elektrolytaufnahme.
Um einem Sonnenbrand oder Sonnenstich zu vermeiden, gewöhnt man den Körper erst allmählich an die intensive Sonneneinstrahlung und verwendet ausreichend Sonnenschutz mit einem hohen Lichtschutzfaktor.

Impfungen

Es besteht keinerlei Impfpflicht für Vietnam. Lediglich bei der Einreise aus Ländern, in denen Gelbfieber herrscht, ist eine Impfung vorgeschrieben. Außerdem werden Auffrischimpfungen empfohlen für Polio und Tetanus (Wundstarrkrampf, auch in Kombination mit Diphtherie), sobald diese mehr als zehn Jahre zurückliegen, und Hepatitis A sowie die Schluckimpfung gegen Typhus. Die Gefahr von Cholera kann dadurch ausgeschaltet werden, indem man nur abgekochtes Wasser zu sich nimmt. Dengue-Fieber und Japanische Encephalitis sind vereinzelt in Vietnam aufgetreten.

In den Tropen sollte man so viel wie möglich trinken – und wer könnte bei so einem netten Angebot schon Nein sagen ?

Malariaprophylaxe

Vietnam gehört zum Verbreitungsgebiet der Malaria. Die Malariagefahr in städtischen Gebieten wird als gering eingeschätzt, anders dagegen bei Reisen in ländliche und waldreiche Regionen (z.B. Cat-Tien-Nationalpark, Mekong-Delta usw.), auf Flüssen oder an Küstengebieten. Die Mücken sind während und kurz nach den Monsunzeiten besonders verbreitet. Daher sollte eine Prophylaxe eingenommen werden (verschreibungspflichtig).
Auf alle Fälle sollte man sich rechtzeitig vor der Abreise (ca. 6 Wochen vorher) bei einem der Landestropeninstitute oder einem Tropenmediziner beraten lassen. Dort werden Malaria-Tabletten zur regelmäßigen Einnahme und auch ein Notfall-Medikament verschrieben. Die Einnahme beginnt ca. eine Woche vor der Abreise und dauert noch etwa vier Wochen nach Verlassen des Malariagebietes an. Aber auch bei kurzfristiger Buchung kann noch eine Prophylaxe gemacht werden.
Um das Risiko zu verringern, empfiehlt sich die Mitnahme eines Moskitonetzes (v.a. für Hotels ohne Klimaanlage) und die Anwendung von Mückenschutzmitteln ab der Dämmerung und im Morgengrauen. Lange feste Socken sowie langärmelige, helle Kleidung erhöhen ebenfalls den Schutz vor Mückenstichen. Einen weiteren Schutz versprechen die Hersteller von Rauchspiralen (coils) und Lotionen gegen Mückenstiche.
Die Inkubationszeit kann eine Woche, aber auch wesentlich länger dauern. Man sollte sofort einen Arzt aufsuchen, wenn grippeähnliche Symptome wie Fieber, Schüttelfrost, Schwindel und Kopfschmerzen auftauchen, auch Monate nach der Rückkehr aus Vietnam!

Reiseapotheke

In die Reiseapotheke gehören alle Medikamente, die regelmäßig eingenommen werden müssen. Es sollten nicht fehlen: Mittel gegen Schmerzen, Fieber, Durchfallerkrankungen (Elektrolyte, Glukosemischungen) und Verstopfungen sowie Antibiotika. Außerdem Thermometer, Heftpflaster, Verbandsmittel und Wundsalbe. Kleinere Wunden heilen u.U. im feuchten Klima langsamer als zu Hause.

Reiseapotheke (Fortsetzung)

Zur Vermeidung einer HIV-Infektion gehören Kondome ins Reisegepäck – Vietnam gehört mittlerweile zu den Ländern mit einer rapide steigenden Aids-Rate. Wenn man jegliches Risiko einer Infektion durch fremdes Blut ausschalten will, sollte man auch Einwegspritzen für etwaige Arztbesuche sowie Plastikhandschuhe besorgen. In Vietnam herrscht ein ausgeprägtes Problembewußtsein in puncto Aids. In fast jedem Dorf und an vielen Straßenecken in den Städten stehen Tafeln, auf denen die Übertragungswege und die Gefahren erklärt werden.

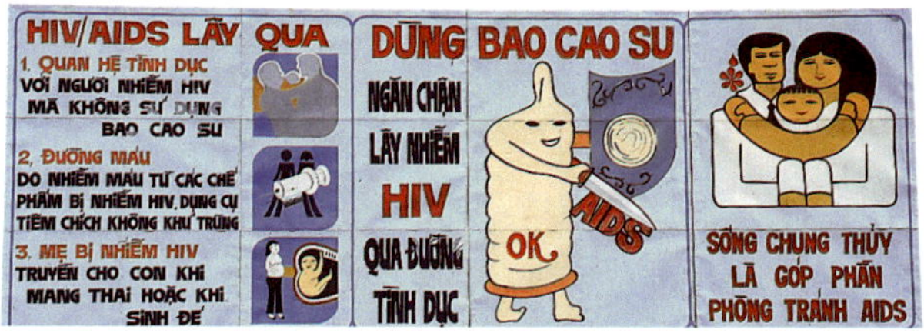

Im ganzen Land sieht man Tafeln, die vor Aids warnen.

Reisekrankenversicherungen

Die heimische Krankenversicherung gilt für Vietnam nicht. Auf alle Fälle empfehlenswert ist daher der Abschluß einer Reisekrankenversicherung für das Ausland, mit Rücktransport im Notfall.

Ärztliche Versorgung

Die ärztliche Versogung in Saigon und Hanoi entspricht europäischem Standard, es gibt in Saigon eine 24-Stunden-Notfallklinik mit internationalem Ärzteteam. Je ländlicher die Gegend, desto schlechter ist allerdings die medizinische Versorgung. In den Apotheken sind gängige Medikamente aus westlichen Pharmakonzernen vorhanden, man sollte allerdings auf das Verfallsdatum achten. Malaria-Bluttests werden überall von den Ärzten durchgeführt.

Adressen in Saigon

AEA International SOS (24-Std.-Notruf, auch Zahnklinik): 65 Nguyen Du Street, Saigon, Tel. (08) 8 29 85 20
International Medical Center, French Doctors, 1 Han Thuyen (nahe der Kathedrale), Tel. (08) 8 27 2 66–7, 8 65 40 25 (24-Std.-Notruf)
Cho Ray Hospital, 201 Nguyen Chi Thanh Street, Tel. (08) 8 55 41 37/8

in Hanoi

Bach Mai International Hospital, Giai Phong Street, Tel. (04) 52 20 04
Viet Duc Hospital, 48 Tranh Tri Street, Tel. (04) 8 25 35 31
Friendship Hospital, 1 Tran Khanh Du Street, Tel. (04) 25 22 31
AEA International SOS, 31 Hai Ba Trung, Tel. (04) 9 34 05 55

Hotels

Allgemeines

Das Übernachtungsangebot hat sich vor allem in den Touristenzentren seit der Öffnung Vietnams erheblich verbessert. Nach einer Phase des Engpasses mit überhöhten Preisen in staatlich kontrollierten Hotels hat sich die Situation seit Mitte der 90er Jahre gewandelt. Es kam zu einem wahren Hotel-Boom, v.a. in Saigon – hier schossen die Baustellen für luxuriöse Hotels und Hochhaus-Herbergen aus dem Boden.
Durch die Privatwirtschaft sind in den vergangenen zehn Jahren auch jede Menge kleiner und guter Familienbetriebe entstanden – die Minihotels, meist schmale Häuser mit drei bis fünf Etagen. Besonders beliebt bei den Urlaubern sind die ehemaligen Kolonialhotels und die französischen Villen sowie die Saigoner Hotels, die im Vietnamkrieg eine Rolle als Treffpunkt der Amerikaner und der Weltpresse gespielt haben, z.B. das Rex und das Continental (s. u.).

Allgemeines

Abseits der üblichen Touristenroute kann es allerdings schwierig werden, eine angemessene Unterkunft zu finden, es sei denn, auf den Standard wird nicht allzu großer Wert gelegt. Mangels Konkurrenz und finanziellen Mitteln wird hier meist nicht viel zur Erhaltung der Herberge getan.

Kategorisierung

Die Palette an Unterkünften reicht von einfachen Gästehäusern und Minihotels, ehemaligen Kolonialbauten und Mittelklasseunterkünften, First Class-Hotels bis hin zu einigen supermodernen Luxusherbergen, die sich allerdings größtenteils noch auf Saigon und Hanoi beschränken. Die Kategorisierung bezieht sich auf Doppelzimmer ohne Frühstück.

Gästehäuser/ Minihotels (ab 10–30 $)

Die Gästehäuser und Minihotels bieten einfache, kleine und meist saubere Zimmer ohne Klimaanlage, meist mit Bettwäsche und manchmal mit Handtüchern, dafür ohne tägliche Zimmerreinigung. Sie eignen sich vor allem für Rucksackreisende. Oft wird in diesen Unterkünften die Toilette und Dusche gemeinsam mit anderen Etagengästen geteilt, es gibt aber auch richtige Schnäppchen mit eigenem Duschbad und Warmwasser! Wer länger in einem Ort bleibt, sollte daher die Suche nicht so schnell aufgeben. Manche Zimmer haben keine Fenster, andere wiederum sind mit einem Balkon ausgestattet.

Mittelklasse-Hotels untere Klasse (ab 40–70 $)

Die Mittelklassehotels im unteren Preisbereich entsprechen nicht immer den europäischen Erwartungen an Service, Sauberkeit und Ausstattung. Hier tropft schon mal nervtötend der Wasserhahn, und die air condition hört sich an wie eine neben dem Hotel liegende Autobahn. In dieser Preislage sind die Zimmer mit Dusche, Balkon und Schrank sowie des öfteren auch mit TV, Telefon, Kühlschrank und Radio ausgestattet. Manchmal besitzt das Zimmer lediglich ein Fenster zum Lichthof oder zum Flur. Das Hotel verfügt i.d.R. über ein Restaurant, meist einen Fahrstuhl und manchmal auch einen Swimmingpool. Das Personal spricht nicht immer ausreichend englisch.

gehobenere Klasse (ab 70/80 $)

Wer auf einen gewissen internationalen Standard Wert legt, sollte die gehobenere Kategorie der Mittelklasse-Hotels wählen. Hier werden alle touristischen Wohn-Bedürfnisse ausreichend befriedigt.

First Class (ab ca. 150 $)

Zur Ausstattung gehören in dieser Preislage Dusche und/oder Badewanne, Klimaanlage, Satelliten-TV und Hotelvideos, Telefon, Minibar, Zimmersafe usw. Die Hotels bieten außerdem Swimmingpools, Karaoke-Bars, Diskotheken, 24Stunden geöffnete Coffee-Shops, Fitnesseinrichtungen und Business-Center und somit alle erdenklichen Unterhaltungs- und Service-Angebote. Die Reservierung läuft häufig über Pauschalbelegung der ausländischen Reiseveranstalter, wobei es i.d.R. zu günstigeren Preisen kommt. Auch viele ausländische Geschäftsleute sind hier zu Dauertarifen untergebracht.

Luxushotels (ab ca. 250 $)

Die Luxusklasse bietet internationalen Standard (5 Sterne) mit allen Annehmlichkeiten und hervorragend ausgebildetem Personal. Die Zimmer sind luxuriös eingerichtet. Swimmingpool, mehrere Spezialitäten-Restaurants usw. gehören ebenfalls zum Hotel.

Buon Me Thuot

Cao Nguyen Hotel
65 Phan Chu Trinh, Tel. (0 50) 85 59 60-62, Fax 85 19 12
Staatliches Hotel (32 Z.) mit gehobenem Standard, sämtliche Räume verfügen über Satelliten-TV (Mittelklasse).

White Horse/Bach Ma Hotel
61/5 Hai Ba Trung, Tel. (0 50) 85 39 63, Fax 85 21 21
Relativ neues Hotel (22 Z.) mit gut ausgestatteten Räumen und Badezimmern, TV, Telefon, großes Restaurant (untere Mittelklasse).

Ca Mau

Phuong Nam Hotel
92 Phan Dinh Phung, Tel. (07 80) 83 17 52 u. 87 70 39, Fax 83 44 02

Hotels

Ca Mau (Fortsetzung)	Bestes Hotel (38 Z.) Ca Maus, Zimmer mit Ventilator oder Klimaanlage, tlw. auch mit TV. Frühstück ist inbegriffen (Gästehaus).
Can Tho	Quoc Te International Hotel 12 Hai Ba Trung, Tel. (0 71) 82 20 80, Fax 82 10 39, E-mail: ksquo-ct@hcm.vnn.vn Modernes Hotel (40 Z.) an der Flußpromenade, gutes Restaurant mit vietnamesischer und internationaler Küche (gehobene Mittelklasse).
	Saigon Can Tho Hotel, 55 Phan Dinh Phung, Tel. (071) 82 58 31, Fax 82 32 88, E-mail: sgcthotel@hcm.vnn.vn Modernes Hotel mit etwas überteuerten Zimmern an der Hauptstraße, teils ohne Fenster, Karaoke und Sauna (gehobene Mittelklasse).
	Tay Ho 36 Hai Ba Trung, Tel. (0 71) 82 33 92 Preisgünstige Alternative zu den Spitzenhotels Can Thos (Minihotel).
Chau Doc	Thanh Tra Hotel 77 Thu Khoa Nghia, Tel. (0 76) 86 68 45 Neues angenehmes Hotel (36 Z.) nördlich des Zentrums (Gästehaus).
	Thuan Loi 18 Tran Hung Dao Street, Tel. (076) 86 61 34, Fax 86 53 80 Auf Stelzen über dem Mekong treiben: Minihotel mit 26 Zimmern, kleines Restaurant.
	Victoria Chau Doc 32 Le Loi Street, An Giang, Tel. (076) 86 50 10, Fax 86 50 20, E-mail: victoriachaudoc@hcm.vnn.vn Luxus in kolonialer Atmosphäre: Gelungener Nachbau eines Kolonialpalastes mit französisch-vietnamesischem Flair. Direkt am Hau-Ufer gelegen, Pool mit Flußterrasse (First Class).
Da Lat	Hang Nga Guesthouse 3 Huynh Thuc Khang, Tel. (0 63) 82 20 70, Fax 83 14 80 Gästehaus mit ausgefallenem künstlerischen Ambiente – sicherlich einzigartig in Vietnam. Phantasievoller Garten, Kunstgalerie und Café sind zudem vorhanden (gehobene Mittelklasse, Abb. s. S. 139).
	Minh Tam Villas 20A Khe Sanh, Tel. (0 63) 82 24 47, Fax 82 44 20 Nettes Hotel in hübscher Parkanlage, etwa 3 km vom Zentrum entfernt. Auf einem Hügel gelegen mit Aussicht auf die landschaftlichen Schönheiten. Bar und Restaurant mit vietnamesischer Küche (Mittelklasse).
	Sofitel Da Lat Palace 12 Tran Phu, Tel. (0 63) 82 54 44, Fax 82 56 66 Eine Klasse für sich: Restauriertes Kolonialhotel, 43 Zimmer mit wunderschön nostalgischem Mobiliar – allein das Badezimmer ist einen Aufenthalt hier wert! Auf Wunsch werden Kochkurse angeboten (Luxushotel).
	Than Thuy Villas 2 und 5 Nguyen Thai Hoc (nördl. am See), Tel. (0 63) 83 38 88 Am See gelegenes kleines Hotel, einfache Zimmer mit Holzparkett und Terrasse (Minihotel bis untere Mittelklasse).
Da Nang/ China Beach	Furama Resort 68 Ho Xuan Huong, China Beach, Tel. (05 11) 84 76 88, Fax 84 76 66, www.furamavietnam.com In den Dünen gelegene Luxus-Oase, mit Pool, Tennisplatz, eigener Tauchschule und allen sonstigen erdenklichen Annehmlichkeiten (Luxushotel).

Da Nang/ China Beach (Fortsetzung)

Hoa Sen Hotel
103-105 Hung Vuong, Tel. (05 11) 82 45 05, Fax 82 90 01
Hübsches kleines Hotel in Familienbesitz (10 Z.), nett eingerichtete Zimmer mit eigenem Bad und Klimaanlage, allerdings an einer lebhaften Straße (untere Mittelklasse).

Non Nuoc Seaside Resort
Hoa Hai, Hoa Vang, Tel. (05 11) 83 62 16, Fax 83 63 35
Inmitten von Pinien nahe der Marmorberge gelegenes Resort (100 Z.), schlichtes Gebäude, relativ einsamer Strand (Mittelklasse).

Bamboo Green Riverside Hotel
68 Bach Dang, Tel. (05 11) 83 25 91, Fax 83 25 91, E-mail: bamboo-green@dng.vnn.vn
Schönstes Hotel Da Nangs (22 Z.), große hübsch eingerichtete Zimmer mit Blick auf den Han-Fluß (gehobene Mittelklasse).

Dien Bien Phu

Dien Bien Phu Mini Hotel
7 Be Van Dan, Tel. (0 23) 82 43 19
Zentral gelegene Pension, einfache Zimmer mit Bad (Minihotel).

Ha-Long-Bucht

Halong 1 Hotel
Bai Chay, Tel. (0 33) 84 63 20, Fax 84 63 18
Kolonialhotel (110 Z.) am Westende der Bucht, empfehlenswertes Fischrestaurant (First Class).

Heritage Hotel
88 Ha Long Ave, Tel. (0 33) 84 68 88, Fax 84 69 99,
E-mail: heritagehl.qn@hn.vnn.vn
Luxushotel in Bai Chay, sehr schön restaurierte alte Herberge (First Class).

Van Hai Hotel
Bai Chay, Tel. (0 33) 84 64 03
Nahe der Kais gelegen, hübsche Zimmer mit Klimaanlage und Meerblick (untere Mittelklasse).

Ha Tien

Dong Ho Hotel
Tran Hau, Tel. (0 77) 85 21 41
Schlichte Ausstattung, die Zimmer haben zwar alle ein eigenes Bad, ansonsten aber Gemeinschaftstoiletten (Minihotel).

Khai Hoan Hotel
239 Phuong Thanh, Tel. (0 77) 85 22 54
Neue Pension in Flußnähe mit freundlichen Zimmern, Familienbetrieb, Klimaanlage bzw. Ventilatoren vorhanden (Minihotel).

Hai Phong

Holiday Mansion Hotel
Khach San Dau Khi, Tel. (0 31) 84 56 67, Fax 84 56 68
Neue komfortable Anlage am östlichen Rand Hai Phongs (untere Mittelklasse).

Hong Bang Hotel
64 Dien Bien Phu, Tel. (0 31) 84 22 29, Fax 84 10 44
Nettes Hotel (29 Z.) mit gut ausgestatteten Zimmern (Bad, TV und Kühlschrank), vietnamesisches Restaurant – sowie ein Dampfbad und Massageservice (Mittelklasse).

Royal Garden Harbour View
4 Tran Phu, Tel. (031) 82 78 27, Fax 82 78 28,
E-mail: royalgarden@hn.vnn.vn
Das Edelste, was Hai Phong zu bieten hat Business-Hotel mit kolonialem Flair und luxuriösen Zimmern (gehobene Mittelklasse).

Hotels

Hanoi

Army Hotel
33c Pham Ngu Lao, Tel. (04) 8 25 28 96 u. 8 26 55 41, Fax 8 25 92 76
Nicht vom Namen abschrecken lassen! Dieses Hotel (84 Z.) ist zentral und trotzdem ruhig in einer Seitenstraße nahe des Historischen Museums gelegen. Die Einrichtung – in einem ehemaligen Militärgästehaus – ist zwar schlicht, aber in Ordnung. Guter Service (Mittelklasse).

Chains First Eden Hotel
2 Phung Hung, Tel. (04) 8 28 38 96, Fax 8 28 40 66, cfeden@hn.vnn.vn
Business-Hotel (42 Z.) mit Gesundheitszentrum, Sauna, Konferenzräumen und Restaurant. Das Chains First Eden Hotel liegt im Norden des Old Quarter in der Nähe der Long-Bien-Brücke (gehobene Mittelklasse).

Daewoo Hotel
Daeha Centre, Tel. (04) 8 31 50 00, Fax 8 31 50 10,
www.hanoi-daewoohotel.com, E-mail: info@daewoohotel.com.vn
Das Daewoo Hotel im Westen der Stadt ist Hanois größtes und teuerstes Hotel (410 Z.). Aufgrund eines Joint-ventures mit Südkorea entstand dieses moderne 15stöckige Gebäude mit vielerei Extras: Swimmingpool, Nachtclub, Fitnesscenter, Restaurants und Konferenzräume sind nur einige ... (Luxushotel).

Hoa Binh Hotel
27 Ly Thuong Kiet, Tel. (04) 8 25 33 15, Fax 8 26 98 18,
E-mail: kshoabin@hn.vnn.vn
Hotel mit kolonialem Ambiente, Austattung der Zimmer modern. Bar auf der Dachterrasse, zentral gelegen (First Class).

Hong Ngoc Hotel
34 Hang Manh, Hoan Kiem, Tel. (04) 8 28 50 53, Fax 8 28 50 54
Traditionelles Hotel mit großen Zimmern, schöne Bäder, TV und Klimaanlage, internationales Restaurant (Mittelklasse).

Hotel Sofitel Metropol
15 Ngo Quyen, Hoan Kiem, Tel. (04) 8 26 69 19, Fax 8 26 69 20
www.arcorhotels-vietnam.com, E-mail: sofitel@hn.vnn.vn
Hanois Traditionshotel aus dem Jahre 1911, wurde schon von den Schriftstellern Graham Greene und Somerset Maugham gelobt. Zu Beginn der 1990er Jahre unterzog man es einer Generalüberholung. Komfortable Zimmer und ein sehr guter Service, französisches Restaurant, Bar, Swimmingpool sowie Konferenzräume (Luxushotel)

Mango Hotel
118 Le Duan, Tel. (04) 8 24 37 54, Fax 8 24 39 66
Zentral nahe des Bahnhofs gelegenes Hotel (60 Z.) mit empfehlenswertem Restaurant. Hier werden oft und gerne vietnamesische Hochzeitsempfänge veranstaltet (Mittelklasse).

Thang Loi
Yen Phu, Tel. (04) 8 29 42 11, Fax 8 29 29 27, E-mail: thangloiht@hn.vnn.vn
Schöne, exklusive Hotelanlage (178 Z.) am West-See, wurde von einem kubanischen Architekten Ende der 1970er Jahre erbaut. Die Zimmer bieten z.T. Seeblick. In dem Komplex gibt es zudem auch Restaurants, Friseur, Tennsianlage, Sauna und Swimmingpool (First Class).

Thang Long 1 Hotel
52 Cau Go, Tel. (04) 8 24 57 12, Fax 8 24 55 02
Nettes Minihotel im Old Quarter beim Hoan-Kiem-See, saubere Bäder, Klimaanlage (Gästehaus).

Victory Hotel
225th Street, Tel. (04) 8 25 87 25, Fax 8 26 05 39

Hübsches, altes Hotel mit gutem Service, in der Nähe des Bahnhofs und der Literaturtempels gelegen (Mittelklasse – gehobene Klasse).

Hanoi (Fortsetzung)

Hoi An

Hoi An Hotel
6 Tran Hung Dao, Tel. (05 10) 86 14 45 u. 86 17 28, Fax 86 16 36
E-mail: hoianhotel@dng.vnn.vn
Staatliches Hotel (160 Z.) im Kolonialstil mit Gartenanlage in Zentrumsnähe. Swimmingpool, Diskothek, Tennisplätze (Mittelklasse).

Sao Bien / Seastar Hotel
15 Cua Dai, Tel. (05 10) 86 15 89, Fax 86 13 82
Neues, modernes Hotel an der Straße zum Strand. Gepflegte Zimmer, kleiner Garten (Gästehaus).

Victoria Hoi An Resort
Cua Dai Beach, Tel. (05 10) 92 70 40, Fax 94 70 41,
E-mail: victoriahoian@dng.vnn.vn
Pure Eleganz im besten Strandhotel Hoi Ans (10 Minuten vom Zentrum entfernt): 4-Sterne-Luxus unter französischem Management mit wunderschönen Bungalows und Zimmern mit Balkon: Meeresblick oder Aussicht auf Flußmündung – das Ganze angelegt im Stil eines Fischerdorfes.

Vinh Hung
143 Tran Phu, Tel. (05 10) 86 16 21, Fax 86 18 93,
E-mail. vinhhung.ha@dng.vnn.vn
Traditionelles Hotel an der schönen Hauptstraße Hoi Ans, in einem alten, restaurierten Kaufmannshaus eingerichtet. Nettes Personal, aber die Zimmer sind sehr unterschiedlich (Gästehaus).

Hue

Dong Loi Hotel
11A Pham Ngu Lao, Tel. (0 54) 82 33 90 u. 82 49 96, Fax 82 33 99
Nettes kleines Hotel (37 Z.) in der Nähe des Flußufers. Saubere Zimmer mit Ventilator oder Klimaanlage. Man kann hier Räder und Wagen mieten, darunter auch einen alten US-Jeep (Gästehaus).

Hue Century Riverside
49 Le Loi, Tel. (0 54) 2 33 90, Fax 2 33 99, www.vietnamtourism.com,
E-mail: cenhotvn@dng.vnn.vn
Elegantes Hotel (138 Z.) am Ufer des Parfümflusses, mit Pool, Fitness-Center, Sauna, Shopping-Arcade etc. (gehobene Mittelklasse).

Auch hier läßt es sich gut ausruhen – im Vien Dong Hotel (Nha Trang).

Hue (Fortsetzung)

Huong Giang Hotel
51 Le Loi, Tel. 82 21 22, Fax 84 55 55, www.huonggiangtourist.com, E-mail: hghotel@dng.vnn.vn
Renoviertes Hotel (102 Z.) der gehobenen Mittelklasse. Hübscher Garten, in der Nähe der Dap-Da-Brücke an der zentralen Kreuzung des Ostufers. Exzellentes Restaurant.

Lang Co

Lang Co Beach Resort
Loc Hai, Phu Loc District, Thua Thien, Hue, Tel. (054) 87 35 55 u. 87 36 01, Fax 87 36 11/2, www.asia-hotels.com/hotel/lang_co_beach_resort.htm, E-mail: langco@dng.vnn.vn
Nagelneue Hotelanlage im Stil der kaiserlichen Architektur von Hue auf der Traumlagune: 60 Zimmer in Bungalow-Villen mit Tv und Meeresblick. Pool, Tennis und Wassersport (z. T. noch in Bau, Mittelklasse).

My Tho

Huong Duong Hotel
33 Trung Trac, Tel. (0 73) 87 20 11, Fax 87 35 78
Staatliches Hotel (20 Z.), schlichte Ausstattung, doch Klimaanlage bzw. Ventilatoren sind vorhanden (Minihotel).

Rang Dong
25-30 Thang 4, Tel./Fax (0 73) 87 44 00
Neues Minihotel mit geräumigen Zimmern, tlw. mit Blick auf den Mekong, Restaurant mit asiatischer und internationaler Küche (Minihotel).

Nha Trang

Ana Mandara Resort
86 Tran Phu, Tel. (0 58) 82 98 29 u. 81 07 00, Fax 82 96 29
Elegante Bungalow- und Hotelanlage mit jeglichem Komfort, direkt am Strand mit vielen Wassersportangeboten (gehobene Mittelklasse).

Vien Dong Hotel (Abb. s. S. 355)
1 Tran Hung Dao, Tel. (0 58) 82 16 06, Fax 82 19 12, viendonghtl@dng.vnn.vn
Hotel mit hübsch ausgestatteten Zimmern, Swimming Pool, Restaurant, Einkaufsläden (gehobene Mittelklasse).

Nha Trang Lodge Hotel
42 Tran Phu, Tel. (0 58) 81 09 00, Fax 82 88 00, www.nt-lodge.com
Preisgünstiges Mittelklassehotel (ca. 100 Z.) im Zentrum, der Palmenstrand liegt nur über der Hauptstraße. Tennis und Wassersport, Pool ist im Bau.

Phan Rang

Huu Nghi Hotel
354 Thong Nhat, Tel. (0 68) 82 26 06, Fax 82 29 43
Zentral gelegene Pension (21 Z.), zweckmäßig eingerichtet (Gästehaus).

Thong Nhat Hotel
99 Thong Nhat, Tel. (0 68) 82 72 01, Fax 82 29 43
Renoviertes vierstöckiges Hotel (16 Z.) in guter Lage (untere Mittelklasse).

Phan Thiet

Hai Duong Resort/Coco Beach
Phan Thiet (Binh Thuan), Mui Ne, Tel. (0 62) 84 71 11, Fax 84 71 15
Wunderschöne Pfahlhäuschen am Mui-Ne-Strand mit deutsch-französischem Management. Klimaanlage, Pool, sehr gute Küche (Mittelklasse).

Palmira Resort
Mui Ne, km 11, Tel. 84 70 04, Fax 84 70 06, www.palmiraresort.com
20 zweistöckige Villas im mediterranen Stil gruppieren sich leicht verschachtelt um den riesigen Pool, alle mit Meerblick.

Victoria Phan Thiet Resort
Binh Thuan, Phan Thiet, Tel. (0 62) 84 71 70, Fax 84 71 74
Weitläufige Vier-Sterne-Anlage mit 50 palmgedeckten Cottages, Meeresblick von der Terrasse, Poollandschaft und Golfplatz (Luxusklasse).

Saigon Phu Quoc Resort — Phu Quoc
Ward 1, Duong Dong, Tel. (0 77) 84 69 99, Fax 84 71 63
38 Zimmer in Bungalows der 3-Sterne-Mittelklasse mit Pool am Strand.

Yaly Hotel — Play Cu
89 Hung Vuong, Tel. (0 59) 82 48 58, Fax 82 76 19
Zentral gelegenes Minihotel (35 Z.), angenehme Zimmer mit und ohne Klimaanlage.

Seagull Hotel — Qui Nhon
489 Nguyen Hue, Tel (0 56) 84 64 73, Fax 84 69 26,
Nettes Hotel, ein wenig außerhalb der Stadt, aber direkt am Strand gelegen. Gutes Restaurant mit asiatischer und europäischer Küche. Tennisplatz (Mittelklasse).

To Chau Hotel — Rach Gia
4F Le Loi, Tel. (0 77) 68 37 18, Fax 86 21 11
Der äußere Schein trügt. Auch wenn das Gästehaus (29 Z.) erst nicht so einladend wirkt, sind die Zimmer in Ordnung und mit Klimaanlage oder Ventilator ausgestattet. Großes Restaurant, Rad- und Bootsverleih für Ausflüge in die Umgebung.

Palace Hotel
41 Tran Phu, Tel. (0 77) 86 30 49
Neues Miniholtel (18 Z.), schlichte Ausstattung der Zimmer.

Auberge — Sa Pa
Tel. (0 20) 87 12 13 u. 87 12 43, Fax 87 16 66, E-mail: auberge@fpt.vn
Nettes Gästehaus aus der Kolonialzeit, das an ein Schweizer Chalet erinnert. Von den Zimmern im oberen Stockwerk hat man einen wunderbaren Blick auf die Berglandschaft (Mittelklasse).

Ham Rong Hotel
Tel. (0 20) 87 12 51, Fax 87 13 03, www.vietnamhotelinfo.com/hamronghotel
Nahe der Kirche gelegen, in einer alten französischen Villa mit geräumigen Zimmern und Kamin. Empfehlenswert ist das Restaurant, das vor allem für seine Schlangengerichte bekannt ist (untere Mittelklasse).

Victoria Sapa
Tel. (0 20) 87 15 22, Fax 87 15 39, www.victoriahotels-asia.com
Inmitten der Berge gelegenes First-Class-Hotel im Landhausstil. 77 gemütliche Zimmer teils mit Himmelbetten und Balkon; weitere Angebote: Tennis, Badminton und beheizter Innen-Pool.

Asian Hotel — Saigon
150 Dong Khoi St., Tel (08) 8 29 69 79, Fax 8 29 74 33
Zentral gelegenes kleines Hotel mit großen und kleinen Zimmern (Mittelklasse).

Caravelle Hotel
17 - 23 Lam Son Square, Tel. (08) 8 23 49 99, Fax 8 24 39 99
Direkt beim Stadttheater befindet sich das Caravelle Hotel mit seinen Annehmlichkeiten (Restaurants, Sauna, Massagesalon etc.).

Galaxy Hotel
190 Le Thanh Ton, Tel. (08) 8 22 32 83, Fax 8 29 27 99
Einfaches zentrales Stadthotel am Ben-Thanh-Markt, 32 Zimmer mit Bad, Klimaanlage, TV oder Ventilator (untere Mittelklasse).

Hotel Continental
132-134 Dong Khoi, Tel. (08) 8 29 92 01, Fax 8 24 17 72, www.continental-saigon.com

Hotels

Saigon (Fortsetzung)

Geschichtsträchtig wohnen wie einst Graham Greene und Somerset Maugham. Ein kolonialer Klassiker nahe der Oper (First Class).

Graham Greene verewigte das Hotel Rex in "Der stille Amerikaner".

Hotel Rex
141 Nguyen Hue, Tel. (08) 8 29 60 43 u. 8 29 21 85, Fax 8 29 65 36
www.rexhotelvietnam.com,
Luxushotel (207 Z.) mit dem vielfältigsten Service: Schönheitssalon, Massageservice, Akupunktur, Fotokopier-Shop, Schneiderei, Geschenkeladen, Swimmingpool u.v.m. Auch wenn man nicht hier wohnt, sollte man einen Drink auf der Dachterrasse nehmen – zwischen allerlei Bäumchen, Bambuskäfigen mit zwitschernden Vögeln und Skulpturen (First Class – Luxus).

Kim Do Royal City Hotel
133 Nguyen Hue Avenue, Tel. (08) 8 22 59 14 u. 8 29 37 87, Fax 8 22 59 13,
www.kimdohotel.com
Im Herzen der Stadt, bequem und freundlich. Schöner Blick aufs Saigoner Treiben vom Terrassenrestaurant im 4. Stock (gehobene Mittelklasse).

Majestic Hotel
1 Dong Khoi, Tel. (08) 8 29 55 14, Fax 8 29 55 10,
www.majestic-saigon.com
Luxushotel an der Ecke, an der die Uferpromenade des Saigon Rivers und der Dong Khoi Boulevard zusammentreffen. Eines der schönsten Hotels der Stadt! Empfehlenswert ist es – auch für Nicht-Gäste – einen Drink auf der schönen Dachterrasse zu nehmen und die laue Abendstimmung über dem Fluß zu genießen.

Omni Saigon Hotel
251 Nguyen Van Troi Street, Tel. (08) 8 44 93 33, Fax 8 44 92 00
www.marcopolohotels.com/saigon, omnisaigaonhotel@hcm.vnn.vn
Eines der besten Hotels der Stadt, etwas außerhalb des Zentrums gelegen (Luxusklasse).

Orchid Hotel
29A Don Dat, Tel. (08) 8 23 18 09, Fax 8 29 22 45
Solides Hotel im Herzen Saigons, komfortable Zimmer. Restaurant und Café vorhanden (Mittelklasse).

Que Huong / Liberty Hotel
167 Hai Ba Trung, Tel. (08) 8 29 42 27, Fax 8 29 09 19,
qhuong1@libertyhotelhotel.vnn.vn
Gutes 50-Zimmer-Hotel im ruhigeren Diplomaten- und Wohnviertel (Mittelklasse).

Saigon Hotel
45 Dong Du, Tel. (08) 8 29 97 34, Fax 8 29 14 66, saigonhotel@hcm.vnn.vn
Das moderne Hotel (103 Z.) liegt mitten im Zentrum nahe der Moschee. Die Zimmer sind sauber, meist mit Klimaanlage und TV ausgestattet. Frühstück inbegriffen (gehobene Mittelklasse).

Tay Ninh

Hoa Binh Hotel
30/4 Street, Tel. (0 66) 82 03 04, Fax 82 23 45, tanitour@hcm.vnn.vn

Größtes Hotel (57 Z.) des Ortes mit nüchternem sozialistischen Charme, etwa 5 km vom Cao-Dai-Tempel entfernt (Gästehaus).

Tay Ninh (Fortsetzung)

Thanh Hoa

Thanh Hoa Hotel
25A Quang Trung, Tel. (0 37) 85 25 17, Fax 85 39 63
Hotel (50 Z.) in zentraler Lage westlich der Nationalstraße 1 (Minihotel – untere Mittelklasse).

Vinh

Hong Ngoc Hotel
86B Le Loi, Tel. (0 38) 84 13 14, Fax 84 12 29
Komfortables kleines Hotel (19 Z.) mit gut ausgestatteten Zimmern und zuvorkommendem Personal (Minihotel – untere Mittelklasse).

Saigon Kim Lien Hotel
12 Quang Trung, Tel. (0 38) 83 88 99, Fax 83 88 98, sgklna@hn.vnn.vn
Das Kim Lien Hotel wurde 1990 anläßlich des 100. Todestags Ho Chi Minhs errichtet. Es hat allerlei moderne Annehmlichkeiten wie Restaurant, Reisebüro und Massagesalon (untere Mittelklasse).

Vinh Long

Cuu Long Hotel B
1 Thang 5, Tel. (0 70) 82 36 56, Fax 82 33 57, cuulongtourist@hcm.vnn.vn
Das schönste Hotel Vinh Longs direkt am Flußufer. Die Zimmer sind relativ geräumig und haben Balkon (untere Mittelklasse).

Truong An Tourist Villas
Tel. (0 70) 82 31 61, Fax 80 02 40
Die kleinen Bungalows dieser Anlage findet man auf der Straße zur Fähre, etwa 4 km außerhalb von Vinh Long. Die parkähnliche Umgebung am Fluß lädt zum Verweilen ein (Minihotel).

Vung Tau

Anoasis Beach Resort
Long Hai, Tel. (0 64) 86 82 27, Fax 86 82 28-9, www.anoasisresort.com.vn, anoasisresort@hcm.vnn.vn
30 Bungalows und Hütten in einem tropischen Garten am Privatstrand, teils mit Balkon und Meeresblick, sowie eine prachtvolle Luxusvilla.

Hai Au Hotel
100 Ha Long, Tel. (0 64) 85 61 78, Fax 85 68 68
64 Z., Neubau mit Seeblick, beim Fähranleger gelegen, Restaurant, Karaoke-Bar, Konferenzzentrum (untere Mittelklasse).

Petro House Hotel
89 Tran Hung Dao, Tel. (0 64) 85 20 14, Fax 85 20 15, www.vietnamhotelinfo.com/petrohousehotel, petro.htl@hcm.vnn.vn
Eleganter Kolonialbau in der Stadt mit Zimmern und Appartements, kleiner Pool, exklusives vietnamesisches Restaurant "Sao Mai" (und französisch), Reservierung empfohlen (gehobene Mittelklasse).

Royal Hotel
48 Quang Trung, Tel. (0 64) 85 98 52, Fax 85 98 51, rht@hcm.vnn.vn
Mittelklassehotel mit Meerespanorama, Restaurant, Diskothek, Swimmingpool, Tennisplatz (untere Mittelklasse).

Sammy Hotel
18 Thuy Van, Tel. (0 64) 85 47 55, Fax 85 47 62, sammyhotel@hcm.vnn.vn
Modernes Drei-Sterne-Hotel mit 120 Zimmern am Ende des Bai-Sau-Strandes, Restaurant, Business-Center (gehobene Mittelklasse).

Saigon Con Dao Resort
18 Ton Duc Thang, Con Dao, Tel. (0 64) 83 01 55, Fax 83 03 35, www.saigontourist.com, sgtcd@hcm.vnn.vn
Am Meer gelegene Bungalows, Pool und Tennisplatz (Mittelklasse).

Kleidung

Allgemeines

Die Vietnamesen kleiden sich generell leger, daher wird auch von Touristen keine besonders schicke Kleidung erwartet, was bei den Temperaturen auch nicht zweckmäßig wäre. Allerdings sollte darauf geachtet werden, angemessene Kleidung für Tempel- und Moscheebesuche mitzunehmen – Shorts für Männer und Frauen sind absolut tabu in allen Gotteshäusern!

Anpassung an das Klima

Gegen die intensive Sonneneinstrahlung sollten neben Sonnenschutzmittel mit hohem Lichtschutzfaktor und Sonnenbrille auch ein Sonnenhut sowie langärmelige Kleidung oder ein Tuch (im Falle eines Sonnenbrandes) mitgenommen werden. Eine leichte Strickjacke oder ein Pullover ist ebenfalls zu empfehlen, da Klimaanlagen die Hotelzimmer, Restaurants, Mietwagen und Taxis oft in eisgekühlte Räume verwandeln – die Erkältungsgefahr dabei ist nicht zu unterschätzen.
Auch kann es in den Bergen und im Norden je nach Jahreszeit kühl werden (bis zu 10 °C). Ansonsten sei die Mitnahme von leichter, locker sitzender Baumwoll- oder Leinenkleidung empfohlen, für die Dämmerung auch lange Socken und langärmelige helle Kleidung als Mückenschutz. Da es in Vietnam unterschiedliche Regenzeiten gibt, kann ein Regencape von Vorteil sein.

Reizvoller Ao Dai

Das berühmteste und sicherlich auch reizvollste Kleidungsstück in Vietnam ist der Ao Dai, wörtlich übersetzt: langes Gewand. Das schmal geschnittene Oberteil mit Stehkragen und angesetzten Ärmeln fällt bis zu den Knien herab und ist von den Hüften ab seitlich geschlitzt. Darunter tragen die Frauen meist weite Seidenhosen. Ursprünglich wurde der Ao Dai auch von Männern als eine Art Zeremonienrock genutzt – eine Tradition, die sich wieder verloren hat. Unter den Sozialisten war er auch als Frauenkleidung verpönt, doch dann konnte er wieder durchsetzen. Vor allem im Süden und im Mekong-Delta kann man junge Mädchen damit sehen – meist die weiße Variante als Uniform an höheren Schulen. Trauernde tragen den Ao Dai in schwarz oder weiß. Doch es gibt auch sehr kleidsame farbige und bunt gemusterte Modelle, wie man häufig an Hotel- und Büroangestellten bewundern kann. Etwas kühner geschnitten, aus edlen Materialien oder leicht transparent hat sich der Ao Dai nun auch zu einem begehrten Stück eleganter Abendgarderobe gemausert.

Literaturempfehlungen

Auswahl

Duong Thu Huong: Bitterer Reis. Bekanntester Roman der vietnamesischen Autorin, der auch verfilmt worden ist. (Momentan im Buchhandel vergriffen, soll aber wieder aufgelegt werden.)

Duong Thu Huong: Liebesgeschichte vor der Morgendämmerung erzählt. Bad Honnef 1992. Luu, eine einfache Frau vom Dorf, rächt sich verbissen an ihrem Ex-Ehemann. Mit Hilfe der kommunistischen Partei läßt sie ihn bespitzeln. Privates Familienglück wird zur öffentlichen Parteisache, Luus Machtgelüste zerstören jede Liebe.

Duong Thu Huong: Roman ohne Titel. Bad Honnef 1995. Vietcong-Kommandant Quan beschreibt seine Gefühle während zehn Jahren Krieg. Seine Begeisterung für den Freiheitskampf wandelt sich in Verzweiflung und Trauer. (→ Literatur)

Auswahl (Fortsetzung)

Duras, Marguerite: Der Liebhaber. Frankfurt a.M. 1995. Duras, selbst in Indochina geboren, erzählt die heikle, zwischen Liebe und Prostitution schwankende Geschichte einer jungen Französin und eines älteren Chinesen. Erotik ohne Scham und ohne eine Spur von Koketterie.

Fallaci, Oriana: Nichts und Amen. München 1995. Schonungslos offenes Tagebuch der italienischen Journalistin Oriana Fallaci, die 1967/68 als junge Reporterin aus Vietnam berichtet. Ehrgeizig und kriegsbesessen erlebt sie jedes Gefecht hautnah mit.

Greene, Graham: Der stille Amerikaner. München 1995. Klassiker der Vietnam-Literatur, zugleich Liebesgeschichte und spannender politischer Krimi. Die junge Vietnamesin Phuong verläßt während des Kolonialkriegs gegen die Franzosen ihren Geliebten, um sich einem Amerikaner zuzuwenden. Von dessen Geheimauftrag ahnt sie nichts.

Hayslip, Le Ly: Geboren in Vietnam. Eine Lebensgeschichte. Hamburg 1992. Während einer aufwühlenden Reise in die eigene Vergangenheit blickt Le Ly zurück auf ihre Jugend als Bauernmädchen und Kollaborateurin während des Vietnam-Kriegs. Geflohen in die USA besucht sie 1986 ihre Familie zum ersten Mal. Vermutlich der beste Roman über Vietnam. Wurde von Oliver Stone verfilmt ("Zwischen Himmel und Hölle").

Kotte, Heinz und Siebert, Rüdiger: Vietnam. Die neue Zeit auf 100 Uhren. Göttingen 1997. Empfehlenswerte Reiselektüre, da die beiden Asien-Journalisten ihre Besuche an Orten schildern, die viele Touristen ebenfalls aufsuchen. Viele Zusatzinformationen.

Malraux, André: Der Königsweg. München 1993. Zwei europäische Abenteurer begeben sich auf den Königsweg nach Angkor (heutiges Kambodscha), um dort antike Statuen aus den Tempeln zu rauben. Die Tat gelingt, doch der Weg zurück führt in eine existentielle Krise.

Mc Namara, Robert S.: Vietnam. Das Trauma einer Weltmacht. Hamburg 1996. Das beste politische Buch über Vietnam. Mc Namara, US-Außenminister von 1961–68, zeigt aus sehr persönlicher Sicht, wie die USA in den Krieg hineingezogen wurden und warum er nicht zu gewinnen war.

Pham Thi Hoai: Sonntagsmenü. Zürich 1995. Mit Ironie, Schalk und zarter Erotik wird in elf Kurzgeschichten das Alltagsleben in Hanoi geschildert. Es entsteht das Bild einer kalten Welt, in der die Beziehungen verlogen, die Geschäfte krumm, die Dichter angepaßt und die Beamten korrupt sind.

Pfeifer, Claudia: Konfuzius und Marx am Roten Fluß. Vietnamesische Reformkonzepte nach 1975. Bad Honnef 1991. Für den politisch aufgeschlossenen Leser, der sich für den theoretischen Hintergrund aktueller Tagespolitik interessiert.

Reinecke, Stefan: Hollywood goes Vietnam. Der Vietnamkrieg im US-amerikanischen Film. Marburg, 1993. Wie sehr unser Bild und unsere Klischees von Vietnam durch amerikanische Filme geprägt sind, zeigt diese spannende Analyse u.a. von "Coming Home" und "Apocalypse Now".

Routhier, Nicole: Vietnam. Eine kulinarische Entdeckungsreise in 150 Rezepten. Aarau/CH 1996. Routhier, geboren in Saigon und heute Chefköchin in New York, ist die Tochter eines Franzosen und einer Vietnamesin. Zeigt Höhepunkte chinesischer, mongolischer, thailändischer und europäischer Einflüsse auf die Küche Vietnams. Haute Cuisine.

Schneider, Wolfgang: Apokalypse Vietnam. Berlin 2002. Ganz und gar nicht "objektive" Sicht auf den Krieg anhand von Interviews mit amerikanischen und vietnamesischen Zeitzeugen und ausführlicher Chronik.

Literaturempfehlungen (Fortsetzung)

Scholl-Latour, Peter: Der Tod im Reisfeld. Dreißig Jahre Krieg in Indochina. Franfkurt 1992. Sicherlich das in Deutschland am häufigsten verkaufte Buch über Vietnam. Vom Bartresen wechselnder Luxushotels aus beurteilt der Autor Land und Leute.

Thich Nhat Hanh: Der Mondbambus. München 2001. Der vietnamesische Zenmeister und Dichter führt mit märchenhaften Erzählungen und Fabeln über den Krieg und den Alltag in buddhistische Weisheiten ein.

Vietnamesisch Wort für Wort. Kauderwelsch Band 61 von Monika Heyder. Bielefeld 1991. Einfache Grammatik und Ausspracheregeln der überaus schwierigen Sprache. Geeignet für Reisende, die mit wenigen Sätzen leichter Kontakt zu Einheimischen suchen möchten.

Vietnamesische Märchen. Erzählt von Frantisek Honzák, Petra Müllerová und Marie Záková. Hanau 1991. Aufwendig hergestelltes, aber sehr preisgünstiges Märchenbuch mit vielen Zeichnungen exotischer Märchengestalten. Manches wirkt fremd an diesen Märchen, doch auch hier siegt das Gute, das Böse wird bestraft.

Zeitschrift "du" Juli/August 1997. Vietnam. Dossier Erinnerung. Zu erhalten über item GmbH Leser-Service "du", Speyer. Erinnerungen in Texten und Fotos, mit Texten u.a. von Cordt Schnibben, Urs Jaeggi und bekannten vietnamesischen Autoren wie Pham Thi Hoai und Bao Ninh.

Zeitun, Nariman und M. Nader Asfahani: Vietnamesische Küche. Kochrezepte aus allen vietnamesischen Regionen, sowie Rezepte von den Minderheiten Vietnams. Hamburg, 1995. Einfache Gerichte zum problemlosen Nachkochen. Leider sehr schlicht aufgemacht, ohne Fotos.

Maße und Gewichte

Hinweis

In Vietnam – als ehemaliger französischer Kolonie – gilt das metrische System.

Mietwagen

Mietwagen

Am bequemsten kann man Vietnam kennenlernen, wenn man einen Wagen mietet – allerdings sind diese nur mit Fahrer (selten englischsprechend) zu buchen. Verschiedene Modelle sind in allen größeren Städten über Agenturen, Reisebüros und Hotels zu mieten. Der Preis setzt sich zusammen aus gefahrenen Kilometern, und manchmal werden zusätzlich Kosten für die Begleiter erhoben (für Übernachtung und eine Mahlzeit). Es gibt aber auch Pauschalangebote. Generell gilt: Mehrere Angebote vergleichen!

Selbstfahren

Der deutsche und auch der internationale Führerschein werden in Vietnam nicht anerkannt! Die Städte selbst auf zwei motorisierten Rädern zu erkunden, erfreut sich zunehmender Beliebtheit unter den Ausländern. Offiziell ist dies Touristen aber nicht erlaubt. Wer es trotzdem wagt, muß seinen Paß beim Ausleiher abgeben und bei Straßenkontrollen mit einer Geldbuße rechnen. Zudem sollte man sich darüber im klaren sein, daß es keine Versicherung gibt und im Falle eines Unfalles der vermeintlich reiche Ausländer meist die Schuld hat ...
Will man das Land trotzdem auf dem Motorrad erkunden, sollte man sich diesbezüglich genauer informieren. Mehrere Reiseveranstalter bieten mittlerweile nämlich von Reiseführern geleitete Motorradtouren durch Vietnam an (→ Spezialtouren).

In Vietnam herrscht Rechtsverkehr. Die Straßenschilder sind auf dem Land relativ selten, aber grundsätzlich in lateinischer Schrift.

Mietwagen (Fortsetzung)

Nationalparks

Allgemeines

Es gibt insgesamt elf Nationalparks (200000 ha), etwa 87 Naturschutzgebiete und 50 Naturreservate in Vietnam. Der erste Nationalpark wurde 1962 eingerichtet. Illegaler Holzraub und Wilderei machen den Naturschützern jedoch auch hier zu schaffen. Die meisten Nationalparks bieten Unterkunft in einfachen Gästehäusern bzw. im Headquarter für die Besucher. Touren in die Nationalparks sind in der Trockenzeit empfehlenswert. Weitere Informationen im Reiseteil.

Ba-Be-Nationalpark

Der Ba-Be-Nationalpark im Norden Vietnams besteht aus Kalksteinbergen, die sich um den 500 ha großen Ba-Be-See gruppieren. Die Landschaft ist geprägt von immergrünem Tropenwald, Höhlen, Seen und Wasserfällen. Vermutlich leben in dem Gebiet noch Tiger und Leoparden sowie einige Herden Makaken. Innerhalb des Parks siedeln rund 1000 Tay- und Hmong-Angehörige in kleinen Ortschaften (s. S. 112).

Ba-Vi-Nationalpark

Der Ba-Vi-Nationalpark im Delta des Roten Flusses (rund 60 km westlich von Hanoi) umfasst mit den umliegenden Naturreservaten rund 7000 ha. Zahllose teils riesige Seen, Bäche, Wasserfälle und Grotten sind die Sehenswürdigkeiten in diesem Gebiet (s. S. 209). 38 Säugetierarten (u.a. Gibbons, Makaken, Bergziegen und Fledermäuse) und 5000 subtropische Pflanzen wurden hier gezählt. Einfache Gästehäuser für Touristen.

Bach-Ma-/Hai-Van-Nationalpark

Der Bach-Ma-/Hai-Van-Nationalpark zieht sich vom zentralen Hochland (Höhe Da Nang) bis in die Küstenregion. Während der französischen Kolonialherrschaft galt dieser Nationalpark bereits als sommerliches Erholungsgebiet; noch heute stehen 139 koloniale Villen aus den 1930er Jahren und Gästehäuser auf etwa 1400 m Höhe (z.B. Bach-Ma-Resort). Ca. 1150 Pflanzenarten, mindestens 330 Vogel- und 55 Säugetierarten sind hier beheimatet, sogar einige Tiger und zehn bis 14 Elefanten wollen die vietnamesischen Naturschützer hier gesehen haben (s. S. 237).

Cat-Ba-Nationalpark

Der Cat-Ba-Nationalpark (s. S. 170) im Norden von Vietnam (rund 140 km östlich von Hanoi) ist rund 28000 ha groß. Auf einer bergigen Insel in der Ha-Long-Bucht gelegen gilt er als schönster Nationalpark Vietnams. Höhlen (z.B. die Trung-Trang-Höhle) bieten verschiedenen Arten von Makaken und Gibbons, Bergziegen sowie Fledermäusen Unterschlupf. Bei Ausgrabungen stieß man auf Funde aus der Cai-Beo-Kultur und der Halong-Kultur. Mangrovenwälder. Korallenriffe sowie außergewöhnlich viele Reptilien kann man hier finden. Unterkünfte und schöne Strände zum Baden sind vorhanden; an Wochenenden und Feiertagen ist der Park z.T. überlaufen!

Cat-Tien-Nationalpark

Der Cat-Tien-Nationalpark in der Dong-Nai- und Lam-Dong-Provinz (4–5 Std. von Saigon entfernt, s. S. 307) kann in der Regenzeit zwischen Mai und Oktober nur mit Vierrad-Antrieb erreicht werden. 400 verschiedene Pflanzensorten, darunter 170 medizinisch verwertbare Kräuter und 52 Orchideenarten wurden hier gezählt. Außerdem leben ca. 175 unterschiedliche Vogelarten, 22 verschiedene Reptilien-, 14 Amphibien- und mindestens 62 Säugetierarten im Nationalpark. Zu den Wildtieren gehören einige bedrohte Arten, darunter das Java-Nashorn und Elefanten sowie Gibbons und Wildbüffel. Seen, Flüsse, Lagunen und ausgedehnten Sumpfgebiete prägen das Landschaftsbild. Eintritt nur mit offizieller Genehmigung des Forstamtes, d.h. am besten über die Reiseagenturen buchen.

Con-Dao-Nationalpark

Der Nationalpark Con Dao (s. S. 325) befindet sich ca. 200 km vor der Küste südlich von Saigon und umfaßt insgesamt 14 Inseln in der Südchine-

Nationalparks, Con-Dao-Nationalpark (Fortsetzung)

sischen See. 361 Baumarten sind hier anzutreffen, unter den 62 Vogelarten gibt es einige einzigartige tropische Spezies. Die größtenteils bewaldete Hauptinsel ist umringt von malerischen Felsenbuchten, Sandstränden und Korallenriffen. In der nahen Zukunft soll der Tourismus auf Con Dao stärker ausgebaut werden, eine Hotelanlage der Mittelklasse gibt es bereits, ebenso mehrmals wöchentlich Flüge von Saigon und Vung Tau.

Cuc-Phuong-Nationalpark

Der Cuc-Phuong-Nationalpark, rund 140 km südlich von Hanoi, ist der älteste Nationalpark in Vietnam, einer der letzten mit primärem Regenwald (s. S. 132). Wanderwege führen durch den Park und zu den Sehenswürdigkeiten. Rund 2000 subtropische Pflanzen- und Baumarten (darunter Moose, Magnolien und Lilien, diverse wilde Orchideenarten), ca. 80 verschiedene Säugetierarten, rund 150 Vogel- und 36 Reptilienarten sowie mehr als 1800 Insektenarten sind hier heimisch. Einige Höhlen kann man besuchen, in denen Archäologen Relikte aus der Hoa-Binh-/Bac-Son-Kultur fanden. Es gibt einfache Unterkünfte beim Headquarter und ein Hotel mit Stelzenbungalows sowie Campingmöglichkeiten. Die Führer sprechen teilweise englisch.

Yok-Don-Nationalpark

Der Yok-Don-Nationalpark (58000 ha) liegt in der Dac-Lac-Provinz. Fast 500 Pflanzenarten, 62 Tierarten und 196 unterschiedliche Vogelfamilien sind in dem Gebiet anzutreffen. In den Mischwäldern wachsen viele Arten von pharmazeutisch verwertbaren Pflanzen sowie Orchideen und verschiedene Bambusarten. 80 bis 100 Elefanten sollen in den grasreichen Wäldern des Nationalparks leben.

Außerdem wollen die Wildhüter noch zehn Tiger und sogar Leoparden gezählt haben. Etwas weiter verbreitet sind Gibbons, Sambar-Wild, Wölfe, Wildbüffel, Krokodile sowie Nashornvögel, Pfauen und Fasane. Tier-Expeditionen per Elefanten sind geplant. Auf dem Gebiet befinden sich auch die Überreste des Ho-Chi-Minh-Pfades und von Schlachtfeldern, die ebenfalls für Besucher zugänglich gemacht werden sollen. Die Regenzeit ist zwischen April und Oktober (s. S. 114)

Öffnungszeiten

Hinweis

Die meisten Geschäfte öffnen täglich gegen 7.00 oder 8.00 Uhr und schließen zwischen 19.00 und 21.00 Uhr; manchmal wird eine Mittagspause gemacht.

Kaufhäuser und Supermärkte sind von 8.00 bis 18.00 Uhr geöffnet. Die Märkte betreiben ihr Tagesgeschäft bereits von 6.00 Uhr morgens bis gegen 18.00 Uhr; Straßenmärkte kann man meist länger besuchen.

Restaurants sind ungefähr von 10.00 bis gegen 22.00/23.00 Uhr offen. Bei Banken verhält es sich unterschiedlich, in der Regel montags bis freitags von etwa 7.30 bis 11.30 sowie 13.30 bis 15.30/16.00 Uhr.

Die Poststellen mit Telefonvermittlung sind täglich zwischen 7.30 und 19.00 bzw. 20.00 Uhr geöffnet.

Museen sind täglich von 8.00 bis 11.30 und 13.30 bis 16.00 Uhr zugänglich, einige allerdings am Montag und an Feiertagen geschlossen.

Die meisten Büros haben montags bis freitags von ca. 7.30 bis 16.30 Uhr Sprechstunde, in der Mittagszeit ist kein Ansprechpartner anwesend (variabel zwischen etwa 11.30 und 14 Uhr).

Post

Hinweis

Die Auslandspost wird am besten direkt bei den Postämtern abgegeben. An vielen Hotelrezeptionen werden Briefmarken verkauft und ebenfalls die Post entgegengenommen. Briefe (Porto: 11000 Dong) und Postkarten (7000 Dong) nach Europa sind mindestens sieben bis zehn Tage unterwegs, manchmal auch länger. Faxe sind grundsätzlich teuer (1 Seite: ca. 8 US-Dollar).

Post (Fortsetzung)

Reisedokumente

Reisepaß und Visum

Zur Einreise nach Vietnam sind ein gültiger Reisepaß und ein Visum notwendig. Die Visaangelegenheit kann bei Gruppen und Einzelreisenden über einen deutschen oder vietnamesischen Reiseveranstalter bzw. direkt bei der vietnamesischen Botschaft erledigt werden. Dies sollte man so früh wie möglich in die Wege leiten. Die Visa gelten vier Wochen und können in Vietnam (in Ausnahmefällen) verlängert werden. Auch von den Botschaften in den Nachbarländern Vietnams können Visa ausgestellt werden (→ Diplomatische und konsularische Vertretungen).
Das normale Touristenvisum für Individualreisende kostet inklusive einer behördlichen Bearbeitungsgebühr (für die Bestätigung durch das vietnamesische Innenministerium) 64 Euro in Deutschland. Touristenvisa gelten offiziell vier Wochen und können in Vietnam bei den Einwanderungsbehörden verlängert werden, ansonsten werden pro überschrittenem Tag bei der Ausreise 5 US-Dollar kassiert. Bei einer offiziellen Einladung kann auch eine längere Aufenthaltsdauer gewährt werden.

Bei der Einreise

Im Flugzeug werden Einreise- und Zollformulare ausgeteilt. Eine Durchschrift der Zollerklärung und des Einreiseformulars erhält man zurück und muß sie bis zur Ausreise aufbewahren. Ansonsten sind seit 1993 keine weiteren Reisegenehmigungen mehr erforderlich; es ist allerdings immer noch üblich, daß die Reisepässe in Hotels und Pensionen an der Rezeption eingesammelt und bei polizeilichen Kontrollen überprüft werden.

Mehrfache (Wieder-)Einreise aus den Nachbarländern

Es gibt außerdem die Möglichkeit der sog. Multivisa, die inklusive der Behördengebühr aus Hanoi zwischen 100 und 150 Euro kosten und für eine längere Aufenthaltsdauer gelten. Da die mehrfache Einreise (multiple entry) nur selten von der vietnamesischen Botschaft in Bonn gewährt wird, empfiehlt sich vor einem eventuellen Abstecher in Vietnams Nachbarländer ein Besuch in einem Reisebüro in Saigon oder Hanoi. Dort kann u. U. für die erneute Einreise nach Vietnam ein Re-entry-Visum besorgt werden. In den Nachbarländern sind ebenfalls Visa für Vietnam zu erhalten, beispielsweise in Reisebüros in Bangkok oder Hong Kong innerhalb von 24 Stunden.

Visaverlängerung in Vietnam

Eine einmalige Verlängerung des Geschäftsvisums kann in Vietnam arrangiert werden, die Touristenvisa werden allerdings offiziell nur in Ausnahmefällen verlängert (Informationen über die Reisebüros in Vietnam). Die Verlängerung läuft i.d.R. schneller und unkomplizierter über einen lokalen Reiseveranstalter (ca. 40 US-Dollar Gebühr).

Botschaft der SR Vietnam
Elsenstr. 3, 12435 Berlin, Tel. (030) 53 63 01 08 u. 53 63 01 03 (Visa-Abt.), Fax 53 63 01 00 u. 53 63 02 00
Öffnungszeiten: Mo. u. Fr. 9.30–12.00, 14.00–16.30, Mi. 9.30–12.00 Uhr

Konsular-Vertretung in Bonn
Konstantinstr. 37, 53179 Bonn, Tel. (02 28) 35 70 21/22, Fax 35 18 66

Immigration Department
40A Hang Bai, Hanoi
Tel. (04) 8 25 79 41, Fax 8 24 32 88

Paßverlust

Für alle Fälle sollte man Kopien seiner Reiseunterlagen sowie mehrere Paßfotos mitnehmen. Bei Paßverlust sollte man sich sofort an die Polizei und an die Botschaft wenden – dort wird ein vorläufiges Ersatzdokument ausgestellt.

Reiseveranstalter

Allgemeines

Vietnam wird als Reiseland bereits in vielen Pauschalangeboten der großen Reiseunternehmen geführt, dabei überwiegen noch die kulturellen Rundreisen. Bei Studienreisen von kleineren Spezialveranstaltern sind die Touren nach Vietnam oft mit Abstechern nach Thailand, Laos, Kambodscha (v.a. Angkor Wat), China bzw. Burma kombiniert. In Vietnam werden sogar Touren speziell für Veteranen angeboten, die sich in erster Linie an Amerikaner und ihre Alliierten wenden (→ Spezialtouren). Die Reiseführer von den vietnamesischen Unternehmen sprechen oft deutsch.

in Deutschland und der Schweiz

Geoplan, Steglitzer Damm 96b, 12169 Berlin, Tel. (0 30) 7 95 40 21, Fax 7 95 40 25, www.geoplan.net, E-mail: geoplan@geoplan.de. Einer der führenden Asien-Spezialisten im deutschsprachigen Raum, Angebote für First-Class, aber auch Budget-Reisen, Badeverlängerungen möglich.

Lernidee Reisen, Dudenstr. 78, 10965 Berlin, Tel. (0 30) 7 86 50 56, Fax 7 86 55 96, www.lernidee-reisen.de, E-mail: team@lernidee-reisen.de. Organisiert Bahnreisen nach Vietnam.

Müller und Partner, 10117 Berlin, Friedrichstr. 130c, Tel. (030) 30 88 92 20/-33, Fax 30 88 92 50, www.mnp.de, E-mail: travel@mnp.de. Großes vietnamesisches Reisebüro mit Zweigstellen in Saigon und Hanoi, Logistikunternehmen, deutschsprechende Reiseleiter vor Ort.

Ornitours Vietnam, c/o Walter Genenger, Am Würmsee 34, 30938 Burgwedel, kooperiert mit Dalattourist und Exotissimo Travel (dalatour@hcm.vnn.vn., http://members.tripod.com/~ornitours, dalattourist.com oder www.exotissimo.com). Einer der ersten Veranstalter von ornithologischen und naturkundlichen Reisen.

Wikinger Reisen, Kölner Str. 20, 58135 Hagen, Tel. (0 23 31) 90 46, Fax 9 04 740, www.wikinger.de, E-mail: mail@wikinger.de. Gruppen- oder Individualreisen für Abenteurer.

in Vietnam

Vietnam Tourism, 234 Nam Ky Khoi Nghia, Saigon, Tel. (08) 9 32 67 76 u. 9 32 62 76, Fax 9 32 58 11, www.vietnamtourism.com, E-mail: vnthcm@hcm.vnn.vn (Hanoi: vnthnbr@fmail.vnn.vn). Staatliches Reiseunternehmen.

Saigon Tourist, 49 Le Thanh Ton, Saigon, Tel. (08) 8 29 89 14, Fax 8 22 49 87 (7.30–11.30, 13.00–16.30 Uhr). Größter Reiseveranstalter mit abwechslungsreichem Angebot, z.B. Trekking.

Buffalo Tours, 11 Hang Muoi, Hanoi, Tel. (04) 8 28 07 02, Fax 8 26 93 70, www.buffalotours.com, E-mail: info@buffalotours.com
in Saigon: Tel./Fax (08) 8 41 12 69, E-mail: saigon@buffalotours.com. Abenteuerliche Ausflüge beim Trekking, auf Elefantenrücken oder in Kanus; auch ins Nachbarland Kambodscha möglich.

Da Lat Tourist, 80 Truong Dinh Street, Saigon
Tel. (08) 8 23 567 37 u. 8 23 71 77, Fax 8 22 23 47, www.dalattourist.com
in Hanoi: 12 Nguyen Huy Tu, Tel./Fax (04) 9 71 73 40
und in Da Lat: 07, 3 Thang 2 Street, Tel. (0 63) 82 17 31, Fax 82 83 30. Veranstaltet (ornithologische) Touren in und um Da Lat, auch durch ganz Vietnam; der Saigoner Direktor Tran Dinh Son spricht deutsch.

Far East Tourist, 23 Dong Du, Saigon, Tel. (08) 822 92 40, Fax 8 22 51 87. Eine der ersten privaten Reiseagenturen in Vietnam, sehr hilfreich und günstig, arrangiert Visa und bei Wunsch auch die Weiterreise in die Nachbarländer Kambodscha und Laos.

Reiseveranstalter (Fortsetzung)

Indochina Services, 27 Dang Tat, Tan Dinh, Saigon, Tel. (08) 8 46 81 04, Fax 8 46 81 05, www.indochina-services.com, E-mail: europa@is-eu.com. Internationales Reise- und Infobüro, spezialisiert auf ausgefallene Indochina-Touren (vom Tai-Chi-Unterrricht am Mekong bis zu Ausflügen mit Fischerbooten in der Südchinesischen See).

OSC (Oil Services Company),
Hanoi: 38 Yet Kieu, Hoan Kiem District, Tel. (04) 8 26 45 00, Fax 8 25 92 60;
Saigon: 65 Nam Ky Khoi Nghia, Tel. (08) 8 29 66 58, Fax 8 29 01 95;
Vung Tau: 2 Le Loi, Tel. (064) 85 26 03, Fax 8 52 28 34.
Die Ölfirma gilt als Spezialist für Vung Tau, vermittelt aber auch vietnamweit Touren und Unterkünfte.

Trails of Indochina, Saigon, 10/8 Phan Dinh Giot Street, Tan Binh District, Tel. (08) 8 44 10 05, Fax (84–8) 8 47 74 13, Toi@fmail.vnn.vn. Individuelle Touren mit deutschsprechenden Führern.

Vung Tau Tourist, 33-35 Tran Hung Dao, Vung Tau, Tel. (0 64) 85 64 45, Fax 85 64 44, www.vungtautourist.com. Offizielles Touristenbüro in Vung Tau, vermittelt u.a. Flüge nach Con Dao.

Vinatour, 28 Le Thi Hong, Saigon, Tel. (08) 8 29 70 26, Fax 8 29 98 68 oder 54 Nguyen Du, Hanoi, Tel. (04) 9 42 28 54, Fax 9 42 27 07, www.vinatour@hn.vnn.vn. Veranstalter mit großem Programm, z.B. Trekking.

Reisezeit

Allgemeines

Vietnam ist wegen seiner geographischen Länge in zwei bzw. drei große klimatische Zonen aufgeteilt, die außer dem kühleren Hochland von den Monsunwinden bestimmt werden. Als Wetterscheide gilt der Wolkenpaß zwischen Hue und Da Nang. Im Norden herrscht subtropisches Klima mit heißen Sommern und milden Wintern, im Süden warmes tropisches Klima.

Monsun

Der Monsun unterscheidet sich durch feuchte, regenbringende Winde (aus Südwest) oder trockene Winde (aus Nordwest). Es kann zwischen Mai und November in Vietnam sehr feucht werden: Im ganzen Jahr fallen in Vietnam während der unterschiedlichen Regenzeiten rund 600 Mrd. Tonnen Regen – Vietnam ist somit eine der regenreichsten Regionen der Welt. Allerdings ist der Regenfall selten langandauernd (außer um Hue, Hanoi und Da Lat). Im August und September/Oktober suchen Taifune und tropische Zyklone mit einer Windgeschwindigkeit von bis zu 160 km/h die Küste in Mittel- und Nordvietnam heim, fegen mit ungeheurer Macht über die Palmen und jagen einen dichten grauen Regenschleier vor sich her – Überflutungen ganzer Landstriche und Zerstörungen an Deichen, Brücken und Häusern sind die Folge. Die gefährdeten Regionen sollten zu Monsunzeiten gemieden werden. Generell ist die beste Reisezeit für Vietnam im Dezember und Januar – dann fällt am wenigsten Regen, und es ist noch nicht so heiß.

Der Süden

Der Süden ist heißer und tropischer als der Norden (v.a. im April und Mai), die Temperaturen liegen bei durchschnittlich 30 °C. Südvietnam ist geprägt durch den Südwest-Monsun mit starken, aber kurzen Regenfällen – meist ab April/Mai bis Oktober – und sehr hoher Luftfeuchtigkeit über 90 %. Die Trockenzeit liegt zwischen November und April. Die kühlste, trockenste und angenehmste Reisezeit für den Süden ist die Zeit von November/Dezember bis Januar.

Die Mitte/Zentralvietnam

In Zentralvietnam an der Küste macht sich der Nordost-Monsun mit starken Taifunen von August bis Dezember bemerkbar. Häufig kommt es in

Reisezeit (Fortsetzung)

dieser Zeit zu Überschwemmungen: Die Küstenstraßen und Bahnverbindungen müssen dann unter Umständen wegen Überflutung gesperrt werden, selbst Flüge werden manchmal gestrichen. Unter den touristischen Zielen ist besonders Hue betroffen, wo manchmal ganze Stadtteile unter Wasser stehen können. Die Weiterfahrt von Hue in den Norden kann in dieser Zeit sehr anstrengend werden, da viele Flüsse über die Ufer treten. Beste Reisezeit ist die trockenere Periode zwischen Juni und Juli / August. Die südliche Zentralküste ist regenärmer, in Nha Trang fällt der meiste Regen im Oktober und November.

Das Zentrale Hochland

Im Hochland um Da Lat herrschen kühlere Temperaturen um 20–25 °C, die nachts noch weiter abkühlen. Der Regenfall kann hier tagelang anhalten; die trockenste Zeit ist zwischen Dezember und März.

Der Norden

Im Norden gibt es zwei Jahreszeiten: Sommer und Winter. Die Sommer- und Regenzeit zwischen Mai und Oktober herrscht mit subtropischem Klima. Mit durchschnittlich 25 °C sind die Temperaturen hier angenehmer als im tropischen Süden (Hanoi im Januar: durchschnittlich 17 °C, im Juli: 29 °C). Auch die Winter und Nächte sind kühler mit viel Nieselregen, die Temperatur kann auf 10 °C sinken. Die meisten Niederschläge fallen im Juli und August. Allerdings kommt es im Norden auch außerhalb des Monsuns zu Regenfällen, meist Nieselregen, und sogar Nebel. Beste Reisezeit: November bis Mai.

Restaurants

Essen in vietnamesischen Restaurants

Jeder Reisende wird in Vietnam sicherlich etwas Passendes für seinen Geschmack finden. Eine Vielzahl von Restaurants in Saigon und Hanoi bietet internationale Küche. Weit verbreitet sind chinesische und französische Gerichte – das fängt bei der Nudelsuppe oder dem Baguette zum Frühstück an und hört bei den vielen kleinen Konditoreien noch lange nicht auf. Unzählige Cafés säumen in Saigon, Hanoi und anderen Städten die Plätze. In Saigon sind die diversen Restaurantschiffe am Ufer des Saigon-Fluß eine beliebte Ausgehvariante bei Vietnamesen und bei ausländischen Touristen.

Ausstattung und Service

Die Ausstattung der Restaurants ist oftmals sehr einfach. Man sollte sich allerdings nicht von Holzbänken, Plastikstühlen und Plastikgeschirr oder befleckten Tischdecken abschrecken lassen. Ausländer bekommen meist ungefragt Löffel und Gabel statt der Stäbchen gereicht. Speisekarten gibt es in den Gaststätten größerer Orte oft auch in englisch oder französisch. Das Bedienungspersonal in vietnamesischen Restaurants spricht nur selten englisch. Der Gast zeigt die gewünschten Speisen auf der Karte, darunter steht meist die vietnamesische Bezeichnung, manchmal illustrieren Fotos die Speisekarte. In Straßenrestaurants und Garküchen ohne Speisekarte kann man sich behelfen, indem man auf die hinter Glas ausgelegten Gemüsesorten zeigt. Es kann vorkommen, daß Preise auf den Speisekarten fehlen, man sollte dann unbedingt vor der Bestellung nach dem Preis fragen. Oftmals sind Preise für verschiedene Portionsgrößen angegeben, da die Vietnamesen häufig in großen Gruppen zum Essen ausgehen – meist reicht die erste Portionsgröße für eine Person aus. Grüner Tee wird überall kostenlos serviert, die dazugestellten Knabbersachen wie gesalzene Mandeln oder Trockenfisch mit Chilisauce kosten extra, auch die gereichten feuchten Handtücher.

Internationale Küche

Westliche Gaststätten sind besonders im Saigoner Zentrum zu finden. Vor allem die großen Luxushotels haben i.d.R. mehrere Spezialitäten-Restaurants – sei es mit Schwalbennestersuppe, deftig-bayrischer Hausmannskost, japanischem Sushi oder italienischer Pasta. In den Touristenzentren wie Saigon, Hanoi, Da Nang, Nha Trang und Hue haben sich auch außerhalb der Hotels Gaststätten mit ausländischer Küche angesiedelt, v.a. koreanisch und thailändisch. Allerdings liegen die Preise hier grundsätzlich höher als in einheimischen Restaurants.

Internationale Küche (Fortsetzung)

Preise

Die Preise in den nobleren Hotelrestaurants können den in Mitteleuropa üblichen entsprechen, doch in Restaurants speist man in der Regel preisgünstiger. Für ein Hauptgericht zahlt man zwischen 3 und 5 Euro. In einfacheren Straßenlokalen und Garküchen sind die Preise oft noch günstiger.

Auswahl

Buon Me Thuot

Cafe Diep
82 Dinh Tien Hoang
Lockerer Studententreffpunkt in einem hübschen Garten, das Essen ist eher einfach.

Ca Mau

Thanh Thanh Restaurant
9 Phan Ngoc Hien, Tel. (07 80) 83 10 76
Angenehmes Lokal mit guter Küche, v.a. bekannt für seine Meeresfrüchte und Schlangengerichte.

Can Tho

Quan Com Vietnam
16 Nam Ky Khoi Nghia, Tel. (0 71) 82 31 65
Netter Einheimischentreff in Can Thos “Eßstraße”. Sehr gute Reis- und Nudelgerichte.

Nam Bo
50 Hai Ba Trung, Tel. 82 39 08
Lokal mit Panorama: Vom Balkon an der Uferpromenade hat man das abendliche Can Tho-Treiben im Blick, die westlich-vietnamesischen Gerichte sind trotzdem immer noch sehr preiswert.

Chau Doc

Lam Hung Ky
71 Chi Lang, Tel. (0 76) 86 67 45
Restaurant in der Marktgegend mit der besten chinesischen und vietnamesischen Küche der Stadt.

Da Lat

Le Rabelais (Sofitel Palace Hotel)
12 Tran Phu, Tel. (0 63) 82 54 44
Elegantes französisches Restaurant mit Seepanorama.

Shanghai Restaurant
8 Khu Hoa Binh, Tel. (0 63) 82 25 09
Vietnamesische, chinesische und französische Gerichte werden in dem Restaurant am Hauptplatz Da Lats angeboten. Lebhafte Atmosphäre.

Thanh Thanh
4 Tang Bat Ho, Tel. (0 63) 82 18 36.
Winziges vietnamesisches Restaurant in einer Altstadtgasse mit gutem Service und hervorragendem Essen.

Thuy Tha, “La Grenouillère”
1 Yersin, Tel. (0 63) 82 22 88.
Außen häßlich, innen gemütlich: Vietnamesische Speisen mit Seeblick und Pianobegleitung oder traditioneller Volksmusik.

Da Nang

Christie’s Harborside Grill
9 Bach Dang, Tel. (0511) 82 66 45.
Das kleine Restaurant, mittlerweile Treffpunkt der in Da Nang lebenden Ausländer, steht auf Pfählen im Fluß. Leckere internationale und vietnamesische Gerichte, Tauschbörse für Bücher, e-mail-Anschluß vorhanden.

Restaurants

Da Nang (Fortsetzung)

Kim Do
Tran Phu, Tel. (05 11) 82 18 46
Gute asiatische und europäische Küche, Spezialität: Meeresfrüchte.

Tu Do
Tran Phu 180, Tel. (05 11) 82 18 69
Vietnamesische und europäische Speisen in sehr guter Qualität.

Dien Bien Phu

Lien Tuoi Restaurant
an der N 42, ca. 500 m nördlich des Armeemuseums, Tel. (0 23) 82 49 19
Das einzige empfehlenswerte Lokal in Dien Bien Phu, Speisekarte in englisch und französisch.

Ha-Long-Bucht

In Bai Chay gibt es entlang der Uferpromenade viele kleine Restaurants, die gute Gerichte anbieten. Vor allem Meeresfrüchte werden lecker zubereitet und sind sehr preisgünstig.

Ha Tien

Tan Phat Restaurant
Hong Chong, Tel. (0 77) 85 44 04
Großes Lokal auf Pfählen mit wunderbarem Inselblick. Krabben und Fische werden ganz frisch – fast "aus dem Netz heraus" – zubereitet.

Xuan Thanh Restaurant
Ecke Ben Tran Hau / Tham Tuong Sam (beim Markt)
Bestes Lokal Ha Tiens, hier sollte man eine der vielen lokalen Spezialitäten mit Kokosnuß probieren!

Hai Phong

Hana Kim Dinh
Bach Dang
Vietnamesische und internationale Küche, doch weitaus außergewöhnlicher ist der wunderbare Ort. Große Terrasse mit wunderbarer Aussicht über den Fluß.

Lucky
22 B2 Minh Khai
Leckere Gerichte in angenehmer Atmosphäre. Die Besitzerin Frau Yen spricht deutsch, da sie einige Jahre in Leipzig gelebt hat.

Trung Duong Restaurant
1-3 Nguyen Tri Phuong
Etwas außerhalb gelegen, aber ein Geheimtip. Sehr gutes vietnamesisches Essen.

Hanoi

Bistro Restautant
34 Tran Hung Dao
Kleines Café mit guter französischer Küche, besonders empfehlenswert sind die Crepes.

Cha Ca La Vong Restaurant
14 Cha Ca, Tel. (04) 8 25 39 29.
Für viele ein Muß in Hanoi! Berühmt für seine Spezialität: Fisch mit Reisnudeln, Kräutern, Nuoc Mam und Erdnüssen. Relativ teuer.

Club Opéra
59 Ly Thai To, Tel. (04) 8 26 88 02
Zwei Restaurants in schönem Kolonialgebäude: Im Erdgeschoß gibt es internationale, im oberen Stock vietnamesische Küche. Wird von der vietnamesischen Journalistenvereinigung geführt.

Indochine
16 Nam Ngu, Tel. (04) 9 42 40 97
Elegante Einrichtung und exzellente Küche.

Hanoi (Fortsetzung)

Ky Dong
11 Tong Duy Tan
Große Speisekarte mit allerlei asiatischen Spezialitäten.

My Van Thanh
73 Lo Su
An der Nordseite des Hoan-Kiem-Sees gelegene Garküche, in der man die leckere Pho Ga (Hühnersuppe) versuchen sollte.

Nam Phuong
19 Phan Chu Trinh, Tel. (04) 8 24 09 26
Elegantes Restaurant in einer wundervoll restaurierten französischen Villa. Südvietnamesiche Gerichte, traditionelle Musikdarbeitungen.

Restaurant Hue
6 Ly Thuong Kiet
Kleines Restaurant mit hübschem Innenhof, Gerichte nach Hue-Art zu moderaten Preisen.

Restaurant 202
202A Pho Hue, Tel. (04) 8 25 94 87
Alteingesessenes Restaurant mit traditioneller vietnamesischer und französischer Küche. Guter Service.

Tam Tu
84 Ly Thuong Kiet, Tel. (04) 8 25 16 82
Sehr gute thailändische Küche zu günstigen Preisen. Empfehlenswert sind die Frühlingsrollen und die Curry-Gerichte.

Hoi An

Han Huyen
Bach Dang, Tel. (05 10) 86 14 62

Das Song Huong Restaurant "schwimmt" auf dem Parfümfluß (Hue).

Hoi An (Fortsetzung)

Kleines, schwimmendes Restaurant an der Flußbiegung nahe der Japanischen Brücke. Küche mit chinesischem Einschlag und vorzüglichen Spezialitäten wie auf Zuckerrohr gegrillte Garnelen, die in Reiskuchen mit frischen Kräutern gerollt werden.

Honh Phuc
86 Bach Dang, Tel. (05 10) 86 25 67
Nettes Ambiente in einerm der alten Handelshäuser am Fluß. Empfehlenswert sind hier Cao Lau (s. S. 212) sowie Fisch in Bananenblättern.

Hue

Banh Khoai Thuong
6 Dinh Thien Hoang (nahe der Phu-Xuan-Brücke), Tel. (0 54) 52 73 48
Die Spezialität des Hauses sind Banh Khoai: Pfannkuchen mit Garnelen, Fleisch, Sojasprossen und Nuoc Leo, einer Erdnuß-Sesam-Sauce.

Huong Sen
42 Nguyen Trai (Altstadt)
In dem netten Lokal werden vietnamesische Gerichte serviert. Man sitzt hier sehr angenehm in einem von Lotos umgebenen Pavillon.

Song Huong Floating Restaurant (Abb. s. S. 371)
3 Thang 2 Park, Le Loi Street, Tel. (0 54) 82 37 38
Am Flußufer nahe der Trang-Tien-Brücke liegt das auf Pfählen erbaute Restaurant. Hier kann man Hue-Küche probieren, es gibt aber auch internationale Gerichte.

Lang Son

In Lang Son kann man in den Lokalen in der Le Loi und der Tran Dang Ninh Street gut essen, doch auch die Gerichte in den Garküchen und Marktständen sind nicht zu verachten, v.a. Nudelgerichte, Spanferkel und Ente.

My Tho

Cuu Long Restaurant
28 - 30 Thang 4
Hier kann man schön sitzen und dem Treiben auf dem Mekong zusehen, das Essen ist gut, aber etwas teuer.

Truong Luong, Tel. (0 73) 85 54 41
Nettes Gartenlokal an der N 1 kurz vor dem Ortseingang. Auch Helmut Kohl war hier schon einmal zu Gast!

Nha Trang

Dua Xanh Restaurant
23 Le Loi, Tel. (0 58) 82 36 87
Lokal mit empfehlenswerten Fischgerichten, auch die Desserts sind nicht zu verachten!

The 4 Seasons Cafe
Strandpromenade (gegenüber vom Lodge Hotel)
Direkt am Strand gelegenes Restaurant mit einfacher guter Küche. Ein kleiner Stand, an dem man Bücher tauschen kann, ist angeschlossen.

Ngoc Suong
16 Tran Quang Khai, Tel. (0 58) 82 70 30
Exzellentes Lokal nahe des Segelklubs, vielerlei Meerestiere schwimmen hier in den Bassins. Man muß nur aussuchen, wonach einem der Sinn steht – ob Muscheln, Krabben, Hummer oder Qualle.

Phan Rang

Hiep Thanh
18A Le Hong Phong
Angenehmes Lokal mit leckeren Gerichten, beispielsweise Hühnchen mit Lotossprossen und Zitronensaft.

Phan Thiet

Kim Phong Restaurant
kurz vor Mui Ne auf der rechten Straßenseite.

Phan Thiet (Fortsetzung)

Meeresfrüchte-Restaurant direkt am Strand, wenige kleine Tische unter Strohdächern, wunderbares Ambiente.

Restaurant im Coco Beach Resort
Tel. (0 62) 84 84 01.
Sehr gute vietnamesische und internationale Küche, relativ große Auswahl an Bieren und Weinen.

Phu Quoc

Trung Duong Restaurant (beim Duong Dong Hotel)
Gutes vietnamesisches Lokal im Zentrum Duong Dongs.

Qui Nhon

Pacific Restaurant
274 Le Hong Phong, Tel. (0 56) 82 37 10
Nettes Restaurant mit familiärem Ambiente, Fisch und Fleisch werden auf vietnamesische und chinesische Art zubereitet.

Rach Gia

Dong Ho Restaurant
124 Tran Phu
Chinesische, vietnamesische und internationale Gerichte zu moderaten Preisen.

Sa Pa

Auberge
(talauswärts am Ortsende, s. Hotels)
Gute Küche, auch mit vegetarischen Gerichten. Wunderbarer Blick auf die Berglandschaft.

Saigon

Café Brodard
131 Dong Khoi, Tel. (08) 8 22 39 66.
Legendäres Café-Bar-Restaurant mit opulentem Frühstück, Spezialität: Torten, Eiscreme, große Weinkarte.

Camarque
16 Cao Bat Quat, Tel. (08) 8 24 31 48.
Gartenrestaurant unter Palmen, französische und internationale Speisen.

Canh Buom
127 Pasteur Street, Tel. (08) 8 25 72 72.
Wie wäre es mit Wildschwein, Schildkröte oder Lachs? Man kann auch ganz "normal" speisen in dem beliebten vietnamesischen Freiluftlokal, z.B. einen Seafood-Curry-Feuertopf (Lau Cari Hai San) für 2 Personen. Die nicht bestellten Appetizer gleich zurückgeben, sonst werden sie berechnet (preiswert bis mittel).

Chu Bar (Abb. S. 374)
158 Dong Khoi, Tel. (08) 8 22 39 07
Hier sitzt man im modernen Ambiente mit Blick auf die Dong Khoi Street bei gutem Wein oder einem Cappuccino. zudem werden Frühstück und kleine Gerichte angeboten (mittel bis gehobene Preise).

Dong Du Restaurant
57 Dong Du, Tel. (08) 8 29 50 45
Hervorragende vietnamesische und französische Küche. Angenehmes Ambiente mit "tropischem Regen", aufmerksamer Bedienung und dezenten Musikdarbietungen.

Globo Cafe
6 Nguyen Thiep, Tel. (08) 8 22 88 55.
Nettes kleines Restaurant mit internationalen Gerichten.

Huong Rung 2
146 Hai Ba Trung, Tel. (08) 22 85 10
Das richtige Lokal für Leute, die die wirklich exotischen Spezialitäten Viet-

Auch unter dem neuen Namen ein Wahrzeichen des modernen Saigon: die "Chu Bar" (ehem. "Spago") in der Dong Khoi Street.

Saigon (Fortsetzung)

nams kennenlernen wollen. Zuerst meint man, sich in einer Tierhandlung wiederzufinden zwischen Mäusekäfigen und Terrarien mit Echsen und Schildkröten. Besonders gelobt wird die Zubereitung von Schlangenfleisch; das Opfer wird direkt am Tisch getötet, danach trinkt man das Blut als Stärkung.

Madame Dai ("Bibliothek")
Nguyen Du 84, Tel. (08) 8 23 14 38
Nostalgisches Ambiente in einer ehemaligen Anwaltskanzlei. Das kleine, exklusive Restaurant ist bekannt für seine exquisite vietnamesische und französische Küche.

Maxim's
15 - 17 Dong Khoi, Tel. (08) 8 22 55 54.
Vietnamesisches Restaurant mit Folklore-Aufführungen, mittlere Preislage.

Thanh Nien
11 Nguyen Van Chiem, Tel. (08) 8 22 59 09
Schönes Open-air-Lokal mit Live-Band, auch klimagekühlte Räume, vietnamesische u. vegetarische Gerichte, mittlere Preislage.

Vinh Long

Cuu Long
1 Thang 5
Nettes Lokal an der Uferpromenade, vietnamesische Gerichte.

Phuong Thuy Restaurant
Direkt am Fluß gelegenes Ausflugslokal mit einem schönen Blick über den Mekong, vietnamesisches und internationales Essen.

Vung Tau

Bai Dua Restaurant
22 Halong, Tel. (0 64) 5 62 90
Auf der Terrasse über Kasuarinen am Meer gelegen, vietnamesische Gerichte in drei verschiedenen Größen, untere Preislage.

Hue Anh Restaurant
446 Truong Cong Dinh, Tel. (0 64) 85 66 63.
Großes Gartenlokal, auch klimagekühlten Räumen (300 Plätze), riesige Auswahl an vietnamesischen Gerichten, mittlere Preislage.

Sicherheit

Hinweis

Das Reisen in unterentwickelten Ländern beinhaltet ein gewisses Risiko. Dort, wo die sog. Erste Welt auf die Dritte oder sogar Vierte trifft, kommt es zwangsläufig zu Sehnsüchten nach den Konsum- und Luxusgütern, die die Fremden mit sich führen. Und die werden oft auf kriminelle Art und Weise gestillt. Wer ganz sicher gehen will, läßt wertvollen Schmuck zu Hause. Trotzdem sollten einige Vorsichtsmaßnahmen beachtet werden. Gut geeignet zur Aufbewahrung von Bargeld sind die Hotelsafes, unterwegs eignen sich Geldgürtel, Brustbeutel und Bauchbinden.

Tricks und Gaunereien

Ein trauriges Kapitel, aber bisher v.a. auf Saigon beschränkt: Leider haben die Belästigungen durch kleine und große Gauner seit der Öffnung arg zugenommen. Da werden Touristen auf der Dong-Khoi-Promenier-Allee von ganzen Kinderbanden bestürmt und mit lauter kleinem Handelsgut abgelenkt, während einer der Kleinsten einen Griff in die Hosentasche und in den Bauchgürtel versucht. Auch unter den Zeitungs- und Kartenverkäufern soll es einige begabte Taschendiebe geben. Vorsicht auch vor kontaktfreudigen "Hello my friend"-Typen, besonders wenn sie dann kein weiteres Wort englisch sprechen! Immer vorsehen sollte man sich im Gedränge auf Märkten, am Flughafen und in Bahnhöfen – Taschendiebstahl ist hier verbreitet. Aber selbst beim gemütlichen Cyclofahren sollte der Besucher aufpassen, denn der Klau im Cyclo ist eine der beliebtesten Methoden der Großstadtbanden. Besonders gewarnt sei vor nächtlichen Cyclofahrten oder Spaziergängen. Opfer von Diebstählen können ihr Glück bei der Hotline der Polizei versuchen: Tel. 8 33 00 28, 8 39 92 50.
In den Restaurants sollte die Rechnung geprüft und eventuell reklamiert werden, beispielsweise wenn Obst o.ä. nicht bestellte Speisen zwar nicht verzehrt, aber doch berechnet wurden – eine durchaus übliche Schummelei in Vietnam.

Korruption

Ein gängiges Übel, unter dem auch die Vietnamesen zu leiden haben, ist die weitverbreitete Korruption und Vetternwirtschaft von Staatsbeamten. Die ausländische Gemeinde in Saigon und Hanoi klagt seit Jahren über bestechliche Zollbeamte, die "individuelle Steuern" auf Pakete erheben. Grund für die Korruption ist zweifellos der katastrophal niedrige Lohn für die Staatsdiener. Am Flughafen wird gelegentlich eine schnellere Abfertigung versprochen gegen Bares in US-Dollar – gegen solches Ansinnen hilft nur lautstarker Protest. Bis vor kurzem hing über der Zollkontrolle am Flughafen in Saigon noch der unmißverständliche Hinweis: "Don't put any notes in your passport". An den Grenzübergängen zu China sollen Touristen mehrfach zur Kasse gebeten worden sein, die Summen sind in der Regel nicht sehr hoch und können auch als Spende betrachtet werden.

Minen und Kriegsschrott

Es gibt in Vietnam noch immer die Gefahr durch nicht explodierte Minen und Bombenschrott, besonders in den einst stark bombardierten Gegenden, wie die ehemalige Entmilitarisierte Zone, der 17. Breitengrad (Dong Ha, My Son), der frühere Ho-Chi-Minh-Pfad sowie grundsätzlich die Grenzgebiete zu Laos und Kambodscha. Selbst in der Gegend um Cu Chi sieht man noch gelegentlich Minensucher mit Helm und Detektoren. Daher sollte man bei Tempelbesichtigungen oder Wanderungen nie von den markierten Wegen abweichen!

Spezialtouren

Veteranentouren

Vietnam ist ein Land, das wie kein anderes seine Kriegsgeschichte im Tourismus vermarktet, z.B. bei Veteranentouren. Dabei besuchen die ehemaligen Soldaten aus den (westlichen) alliierten Ländern die alten Schlachtfelder und Stützpunkte, Museen und Kriegsmaterialienmärkte, die entmilitari-

Baedeker Special

1700 Kilometer auf der Nationalstraße 1

Der Gepäckträger vor mir transportiert ein lebendes Schwein in einem Drahtkorb. Vorsichtig tritt der Bauer in die Pedale. Das Fahrrad links davon befördert schwankend Backsteine, dem Fahrer läuft der Schweiß. Drumherum radeln Kinder in Schuluniform gemächlich ins nächste Dorf. Rush-hour in Vietnam. Bereits morgens um sieben müssen wir auf die Gegenfahrbahn ausweichen, so viele klapprige Fahrräder umrunden die Schlaglöcher auf der Nationalstraße 1, der Hauptverkehrsader Vietnams. Zu zweit haben wir uns vorgenommen, Vietnam "der Länge nach" zu erkunden. Von Hanoi nach Saigon, von der sozialistisch nüchternen und doch auch beschaulich verträumten Hauptstadt bis in die Metropole des Kapitalismus: Boomtown Saigon. Dazwischen liegen 1700 Kilometer.

In Hanoi haben wir uns zwischen den vielen Mopeds und Fahrrädern ganz gut an den Verkehr gewöhnt. Tagelang sind wir immer wieder durch die alleengesäumten Boulevards der Hauptstadt geradelt, wo auf den Trottoirs ganze Familien lebten und damit beschäftigt waren, Mahlzeiten zu kochen, Mopeds zu reparieren und alles zu verkaufen, was man im vietnamesischen Alltag braucht. Auf den ersten Kilometern der N 1 rollten hauptsächlich alte DDR-Lastwagen und überfüllte Busse an uns vorbei. Ziemlich knapp, besonders, wenn auf der anderen Seite Gegenverkehr herannahte. Eingehüllt in schwarze Dieselwolken waren wir kurz hinter Hanoi dankbar für ein blaues, handgemaltes Verkehrsschild: es zeigte einen Ochsenkarren und ein Fahrrad – der einzige "ausgewiesene" Fahrradweg in ganz Vietnam. Doch je größer die Entfernung von Hanoi, um so mehr wird die Nationalstraße 1 selbst zu einer Art Fahrradweg – mit Schlaglöchern übersät, aber geteert. Noch ist Vietnam ein ideales Fahrradland, noch gibt es außerhalb der Metropolen kaum Autos und wenn, dann kündigen sich die Fahrer durch Dauerhupen an und schlagen beim Überholen einen höflichen Bogen, nicht ohne dabei aus dem Seitenfenster zu winken.

Wie ein langgezogenes "S" scheint Vietnam geformt zu sein. Norden und Süden bilden gemeinsam die Sozialistische Republik Vietnam, doch die Unterschiede sind nach wie vor sehr groß. Auf einer Reise mit dem Fahrrad sind sie deutlicher spürbar, weil man sich langsamer fortbewegt und jede kleine Veränderung dabei registrieren kann.
In der Taille des "S" geht die wirtschaftliche Entwicklung am langsamsten voran. Hier, an der früheren Grenze zwischen Nord und Süd, am ehemals heißumkämpften 17. Breitengrad spürt man die Auswirkungen des Vietnamkriegs noch heute deutlicher als anderswo. Von Napalm und Agent Orange sind die Böden dioxinverseucht; die Amerikaner haben im einstigen Urwald keinen Baum stehen lassen. Während endloser Kilometer geradeaus zieht die Landschaft an einem vorbei. So kann man die Bilder aus seinem Kopf hervorkramen, die man aus Kriegsfilmen wie "Apocalypse Now" oder "Platoon" kennt.

Gegenüber den anderen schwer beladenen Verkehrsteilnehmern kommt man sich oft wie auf Rennfahrzeugen vor. Obwohl auch wir unser ganzes Gepäck transportieren, im größten Gang langsam und stetig tretend, fliegen Dörfer und Reis felder auf dem flachen Land nur so vorbei. Mit Rückenwind und etwas Übung sind 120 km am Tag zu schaffen. Wir haben unsere eigenen Fahrräder mit dem Flugzeug mitgebracht. Das war zwar mühsam, doch ein eingefahrener Fahrradsattel hat seine Vorteile. Immer wieder versuchen kleine Jungen auf der Strecke mit viel "hello" und "where do you come from?" auf ihren Fahrrädern mit uns schrittzuhalten. Da merkt man, was es heißt, ohne Gangschaltung zu radeln. Nach drei, vier Kilometern wilden Tretens ebbt die Unterhaltung ab, nicht nur der gemeinsame Wortschatz ist erschöpft. Immer leiser hören wir sie keuchen. Länger halten es die Mopeds aus. Eine Weile fährt eine ganze Familie neben uns her und staunt über unseren Aufzug. Zwei Kinder sitzen auf dem Tank, die Frau hinten im Damensitz, der Fahrer lächelt freundlich-amüsiert und deutet auf die dicken deutschen Waden.

Am späten Vormittag wird es Zeit für eine "pho". Die heiße, kräftige Brühe mit Nudeln und Fleisch macht fit für mindestens 40 km mehr. Je weiter man nach Süden kommt, desto reichhaltiger und raffinierter wird die Küche, und jedesmal, wenn uns ein Lastwagen aus einer der Fischsauce-Fabriken überholt, riecht es in der Dieselwolke intensiv nach Nuoc Mam" – uns Radfahrern läuft das Wasser im Mund zusammen. Beim nächsten "Einwinker" – das sind Jungen, die mitten auf der Straße stehend und den Lastwagen winkend auf ein Lokal aufmerksam machen – halten wir wieder an.

Etwa 30 km hinter dem 17. Breitengrad liegt endlich wieder ein Städtchen. Ein endloser Regentag auf der schmalen N 1, vorbei an endlosen Dünen, hinter denen sich ein einziger langer Traumstrand mit gigantisch tosenden Wellen dehnt. Mitten im Regen taucht das Kriegsdenkmal an der Demarkationslinie auf. Viele Vietnamesen haben sich Mülltüten übergestülpt. Wer mehr Geld hat, trägt einen dunkelblauen japanischen Regenanzug, in dem alle gleich aussehen. Dann sorgt auch noch ein Nagel für den zweiten Platten auf der Strecke. Unter dem Bambusvordach einer Hütte wechseln wir den Schlauch. Tropfnaß schaut die ganze Familie dabei zu, ungläubig betasten auch sie die dicken Reifen der Mountain-Bikes

Oftmals sieht man an den Straßenrändern Reis liegen. Die Körner trennen sich leicht von den Halmen, wenn die Gespanne und Wagen darüberfahren; zudem trocknen sie hier gut.

Unglaublich, was alles auf Rädern transportiert wird: ganze Familien, Schweine und Hühner, riesige Keramiktöpfe – oder wie hier eine große Ladung von Körben und Reusen.

und bieten uns grünen Tee an. Die Felder um die Hütten sind überschwemmt, zum Teil auch die Häuser.

Während der nächsten Etappe stehen die Häuser dichter, kleine Läden und Restaurants wechseln sich ab, auf einem Platz steht ein verrosteter Panzer, den die Vietnamesen von den Amerikanern erbeutet haben. Das Provinznest Dong Ha ist erreicht, hier soll es wieder ein Hotel geben. Daß wir uns nun in Südvietnam befinden, zeigt uns Vuong Hun Khoi. Wie alle Männer von hier bis Saigon trägt er eine Baseballkappe. Die Männer im Norden dagegen bevorzugen eine Art Stahlhelm aus grünem Kunststoff, der an die nordvietnamesische Armee erinnert.
Aus Vuong Hun Khois Restaurant dröhnt "You're in the army now" und mit breitem, texanischen Akzent führt er uns stolz seine englischsprachige Speisekarte vor – sogar die Preise sind in US-Dollar statt in Dong angegeben. Khoi hat im Krieg mit den Amerikanern kollaboriert. Heute organisiert er auf Wunsch Touren zum Ho-Chi-Minh-Pfad. Dort können die Touristen mitten im Morast die Tunnelgänge besichtigen, in denen der Vietcong sich vor den Amerikanern verborgen hatte – inkomplizierten, mehrstöckigen Maulwurfsgängen mit Küchen, Schlafräumen, Lazarett und Fluchtmöglichkeiten, die in den nahegelegenen Fluß führten. Besichtigt werden sie auch von US-Veteranen, ebenso wie die endlosen Soldatenfriedhöfe, die die Nationalstraße am 17. Breitengrad säumen. Nach einer Tasse starkem vietnamesischen Kaffee und einer Dose Cola radeln wir aber lieber weiter.

Endlich kommt die Sonne durch, glitzert in den überschwemmten Äckern. Die Fischer in den Reisfeldern und am Fluß haben wenig Glück. Jedesmal, wenn sie den etwa 2 m^2 großen, von Bambusstangen gespreizten Köcher hochheben, sieht man nur ein paar winzige Fischchen darin.

Tage später knallt die Sonne besonders heiß auf uns herunter. Wie jeden Tag sind die letzten zehn Kilometer die längsten, vor allem an einem der wenigen Pässe in diesem ansonsten flachen Land, dem Wolkenpaß, der Wetterscheide zwischen Nord und Süd. Beim stundenlangen Treten von Kehre zu Kehre feuern uns die Autofahrer an. Fäuste mit dem Daumen nach oben grüßen aus Busfenstern, alle lachen und manche sind sogar entsetzt, wie man sich hier mit einem Fahrrad hochquälen kann. Wer soviel Geld hat wie ihr, der sollte sich ein Auto kaufen – steht in ihren Gesichtern.

Irgendwo geht es am nächsten Tag von der N1 ab, auf ein noch kleineres, holpriges Sträßchen nach Hoi An, dem alten Handelsstädtchen der Chinesen. Mit seinen schönen alten Handelshäusern und Versammlungshallen gefällt es vielen Touristen. Geschäftstüchtige Vietnamesen haben in den letzten Jahren einige private Hotels eröffnet, noch vor zwei Jahren stand hier nur ein einziges staatliches Guesthouse. Zum erstenmal auf der Reise nimmt ein Hotelangestellter unsere Fahrräder und trägt sie vors Haus. Dann wäscht er sie mit einem Eimer Wasser, bevor sie ins Zimmer kommen. Dort werden sie dann direkt neben unser Bett gestellt – das halten die Vietnamesen für die sicherste Lösung.
Hoi An besteht aus malerischen Straßenzügen, durchsetzt von Touristencafés. Hier lernen wir Phan Thanh Trong kennen. Er ist fünfzehn und hat es schon zu etwas gebracht: Sein ganzer Stolz, ein Mountain-Bike aus Saigon, lehnt am Zaun, während Trong Milchshakes serviert. Jeder versucht hier ein kleines Geschäft zu machen, wegen der vielen Touristen klappt das in Hoi An besser als anderswo. Stärker als sonst wird hier aber auch deutlich, daß der Staat mitverdienen will – wenn ihm dabei nicht ein Schnippchen geschlagen wird.
Die Besitzer der alten Handelshäuser dürfen Besucher beispielsweise nur mit einer Eintrittskarte des staatlichen Touristenbüros einlassen, darüber wacht ein Staatsbeamter. Vom stolzen Eintrittsgeld sieht der Eigentümer aber nichts, obwohl sein Haus nur deshalb noch steht, weil Generationen es gepflegt haben. Um nicht ganz leer ausgehen zu müssen, können viele der sehenswerten Häuser Hoi Ans, gegen ein kleines, privates Entgelt auch nach Feierabend besichtigt werden.

Die Vietnamesen haben unter den Chinesen, den Franzosen und spätestens mit den Amerikanern eben gelernt, sich zu arrangieren. In dem sozialistischen Land wohnen Menschen, die Ideen haben und Wege suchen, das Gewünschte zu erreichen. Khe Tran ist einer von ihnen. Der Exilvietnamese, den wir in Nha Trang treffen, lebt seit 23 Jahren in Kalifornien. Auch er hatte mit den Amerikanern zusammengearbeitet. Als sie abzogen, ging er gleich mit. Nun will Khe Tran in seine Heimat zurückkommen. Gemeinsam mit seinem Bruder lotet er aus, welches Geschäft sich lohnen könnte. Rückkehrer treffen wir immer wieder, viele von ihnen haben es im Ausland geschafft und bauen sich eine neue Existenz auf, so zum Beispiel im boomenden Tourismusgewerbe. Da gibt es den Hotelier Tuc in Ninh Binh, dessen Frau uns die Regenanzüge in der Stadt lieber alleine kaufen geht. ("Dann sind sie viel billiger, wenn die reichen Langnasen nicht dabei sind."). Oder den Cyclofahrer Thien in Nha Trang, der uns erzählt, wie man mit der Beförderung von Touristen etwas mehr Geld verdienen kann, weil sie oft vergessen, den Fahrpreis vorher auszuhandeln.

Khe Tran fliegt für seine Geschäfte weiter nach Saigon, wir nehmen wie gewohnt die N1. Tage später in Saigon fallen wir kaum mehr auf – in der Großstadt ist man eher an Touristen gewöhnt. Nur beim Losfahren sind auch hier jedesmal Bremsen und Schaltung der Räder verstellt – anscheinend muß einfach jeder mal zur Probe daran herumdrehen. Während die Räder wieder einmal auf einem der vielen bewachten Fahrradparkplätze auf uns warten – man darf in Vietnam ein Fahrrad nicht einfach so abstellen – wandert bei Tiger Beer und vietnamesischem Fondue der Blick noch einmal über die Landkarte.

1700 Kilometer liegen seit Hanoi hinter uns – und mit ihnen viele Erinnerungen an die Mühen der Fahrt, aber auch an die Menschen, denen wir begegnet sind.

Spezialtouren, Veteranentouren (Fortsetzung)

sierte Zone und die Reste des Ho-Chi-Minh-Pfades. Auch alte Ruinen und Festungen wie Khe Sanh im Norden und die Tunnel von Cu Chi oder andere Tunnelreste stehen dabei auf dem Programm. Hier treffen die Teilnehmer sich auch mit den einstigen Feinden, dem Vietcong. Informationen erhält man bei: Vietnam Veteran's Tour Co. Ltd., 192b Quan Thanh, Hanoi, Tel. (04) 8 23 77 51, Fax 8 23 74 68.

Motorradtouren

Für einige ist es die Erfüllung eines langgehegten Traumes: Einmal auf zwei Rädern von Nord nach Süd oder umgekehrt auf der Nationalstraße 1 durch ganz Vietnam fahren. Nicht selten begegnet dem Reisenden eine ganze Armada Motorräder. Da diese Touren, wie auch mit dem Auto, offiziell noch nicht alleine gemacht werden dürfen, haben sich einige Veranstalter auf diese Zweirad-Klientel spezialisiert, z.B. Tracodi Tours (→ Reiseveranstalter). Die Organisatoren besorgen die notwendigen Papiere, da der deutsche und auch der Internationale Führerschein in Vietnam nicht anerkannt wird. Die Teilnehmer dieser zwei- bis dreiwöchigen Motorradtouren haben nach Angaben von Vietnam Tourism die Wahl zwischen Harley Davidson, BMW, Honda und Kawasaki oder einigen Oldtimern. Die Straßenverhältnisse erfordern allerdings auch gute Fahrkünste und Reaktionsschnelligkeit. In Hotels und in Zelten auf Campingplätzen werden die Teilnehmer untergebracht. Meist nehmen mindestens zehn Personen an solchen Motorradtouren teil.

Fahrradtouren

Wer unmotorisiert mit dem Fahrrad von Süden nach Norden fährt, kann die ca. 1700 km lange Strecke zwischen Saigon und Hanoi in drei bis vier Wochen bewältigen, je nach eingelegten Stops (→ *Baedeker Special* S. 376–379). Die eigenen Fahrräder können als Flugfracht aufgegeben oder ein neues Fahrrad in Saigon gekauft werden.
Wer sich einer Gruppe anschließen möchte, kann diese Reise bei Veranstaltern buchen. Genauere Informationen zu Fahrradtouren: c/o Monika Gresser, Waldstr. 18, 53343 Wachtberg-Villiprott, Tel. (0228) 32 11 00, Fax 32 39 54, www.vietnam-tours.de, e-Mail: gresser@vietnam-tours.de.

Sprachunterricht

Im Norden Vietnams studieren die meisten Sprachenschüler an der Hanoi National University (Tel. 04/8 34 05 69, Fax 9 34 07 24, www.vnu.edu.vn) oder am Hanoi Foreign Language College (Tel./Fax 04/8 54 45 50). In Saigon bietet u.a. das Department for Foreigners der Universität (Tel. 08/8 35 51 00) und das Khoi Nguyen Language Center (Tel. 8 29 37 44) Sprachkurse für Ausländer an.

Sport

Golf

Das Golffieber ist mittlerweile auch in Vietnam ausgebrochen. Besonders asiatische und amerikanische Touristen haben dazu beigetragen, daß in den vergangenen Jahren eine Reihe von Golfanlagen im Land entstanden sind. Im Hochland hat man allerdings schon zu Kaisers Zeiten Golf gespielt – Bao Dai selbst schwang den Schläger auf dem Golfplatz in Da Lat (Da Lat Palace Golf Club, Tel. 0 63/82 12 01 u. 82 35 70, Fax 82 43 25, E-mail: dpgc@hcm.vnn.vn, in Saigon: Tel. 08/8 22 88 88). Einen weiteren 18-Loch-Golfplatz gibt es bei Phan Thiet an der Küste (Ocean Dunes Golf Club, Binh Thuan, Lam Dong, Tel. 062/82 19 95). In der Nähe von Saigon spielt man u.a. im Distrikt Thu Duc und Song Be (Thuan an Distrikt, Tel. 08/8 23 12 23 u. 06 50/75 58 02). Eine Autostunde von Hanoi entfernt befindet sich das Valley of the Kings, ein 18-Loch-Platz mit Vier-Sterne-Hotel (King's Island Golf, Tel. in Hanoi: 04/ 8 26 03 42 u. 034/83 46 66, Fax 8 26 0330). Neu und sehr beliebt ist der Daewoo Hotel Golf Course (Tel. 04/8 31 50 00, Fax 8 31 50 10). Weitere Informationen erhält man beim Vietnam Royal Country Club (Tel. 08/8 99 74 84, Fax 8 99 13 52), dem Vietnam Golf & Country Club, Long Thanh My Village, Tel. (08) 8 25 29 51 oder unter www.vietnamgolfresorts.com.

Wassersport

Was liegt angesichts der 3200 km langen Küste näher als Wassersport zu treiben? Die meisten First-Class-Hotelanlagen am Strand in den Badeorten (wie das Furama in Da Nang, Ana Mandara in Nha Trang und die kleine Hai-Duong-Anlage in Phan Thiet, → Hotels) bieten verschiedene Arten des feuchten Vergnügens: Paddel- und Segelboote, Surfbretter und Parasailing, manchmal auch Wasserski. Einige westlich geführte Tauchschulen (mit PADI-Qualifikation) haben sich an Vietnams Küste angesiedelt (z.B. Nha Trang Diving Club, 40 Tran Phu, Tel. 0 58/82 53 90; Nha Trang Scuba Diving Center, 58 Tran Phu, Tel. 0 58/81 13 75, Fax 81 13 74, E-mail: scubadiving@vietravel-vn.com und Jeremy Stein's Rainbow Divers, 52 Tran Phu, Tel. 0 58 / 82 99 46, 81 37 88 u. 09 13 / 40 81 46, www.divevietnam.com, E-mail: info@divevietnam.com).
Auf dem Meer und an Flüssen können Hochseefischer und Angler ihr Glück versuchen. In der Nähe von Da Lat ist geplant, Wildwasser-Rafting in Schlauchbooten anzubieten (aktuelle Auskunft und Buchung über Da Lat Tourist). Da sich die Vietnamesen gerne im nassen Element tummeln, kann man im Saigon Water Park (Kha Van Can, Thu Duc District, Tel. 8 97 04 56, Fax 8 96 53 00) auf viele Arten naß werden, z.B. auf den Riesenrutschen oder im Wellenbad. Nicht weit entfernt liegt noch ein ähnlicher Vergnügungspark: Vietnam Water World.

Sonstiges

Für Anhänger des Fallschirmspringens bietet z.B. die Pacific Company (→ Reiseveranstalter) spezielle Touren an. Wer gerne Tischtennis, Federball, Badminton oder Volleyball spielt, kann sich frühmorgens in den Parks und Plätzen von Saigon und Hanoi unter die frühsporttreibenden Vietnamesen mischen. Dabei können Freunde des Tai Chi auch Bewegungen der (meist älteren) Vietnamesen studieren.
Federball und Indiaca werden hier übrigens auch mit den Füßen gespielt. Eislaufen kann man ebenfalls in Saigon (Ky Hoa Ice Skating, 16A Le Hong Phong, 10. Bezirk). Wer sich für Pferderennen interessiert, sollte am Wochenende die Rennbahn in Phu Tho aufsuchen und sich zwischen die Menge wagen – keine extravaganten Hüte, aber echtes Volksvergnügen mit vielen wetteifrigen Vietnamesen. Außerdem gibt es in Saigon Bowling-Center, Kinos und jede Menge anderer Vergnügungsstätten.

Sprache

Aussprachehilfe

Zur Erleichterung der Aussprache sind alle vietnamesischen Wörter mit einer einfachen Aussprache (in eckigen Klammern) versehen.

Auf einen Blick

Ja.	Co; U, Da [go/öh/sa] /
Nein	Khong. [chong]
Vielleicht.	Co le. [go lä]
Bitte.	Xin./Lam on. [sin/lahm ön]
Danke.	Cam on. [gahm ön]
Gern geschehen (bitte).	Khong sao. [chong sau]
Entschuldigung! Pardon!	Xin loi! [sin leu]
Wie bitte?	Lap lai/Lam on. [lablai/lahm ön]
Ich verstehe (nicht).	Toi (khong) hieu. [teu chong hju]
Was ist das?	Cai nay la cai gi? [kai nai la kai ji]
Können Sie (Herr/Dame) mir bitte helfen?	Ong/Ba co the giup toi duoc khong? [ong/bä ko tä jub teu duak chong]
Ich möchte (nicht)...	toi (khong) muon/can ... [teu (chong) muen/ gan]
Das gefällt mir (nicht).	Toi rat (khong) thich. [teu ra' (chong) tik']
Haben Sie (Herr/Dame) ...?	Ong/Ba co ...? [ong/bah ko]
Wieviel kostet es?	Gia (tien) bao nhieu? [sa din bau nju]
Wieviel Uhr ist es?	May gio roi? [mai sjö reu]

Sprache

Kennenlernen	Guten Tag!/Abend!	Loi chao. [löj tschau]
	Hallo!/Grüß dich!/Tschüß!	Chao! [tschau]
	gegenüber einem /einer...	
	... älterem/jüngerem Herrn ...	... Ong./Anh. [ong/an]
	... alten/älteren/jüngeren Dame	... Ba./Chi./Co. [bah/tschi/goh]
	Wie geht es Ihnen/dir?	Ong co khoe khong? [ong goh kuä chong]
	Mein Name ist ...	Ten toi la ... [tenn teula]
	Auf Wiedersehen!	Tam biet! [dahm bi-eh']
Auskunft	links/rechts	Trai/Phai [trei/fei]
	geradeaus	Thang [thangh]
	nah/weit	Gan/Xa [gan/sa]
	Bitte, wo ist ...?	Lam on /o dau ...? [lahm ön/ö dau]
	... der Hauptbahnhof?	... Nha ga [nja ga]
	... der Flughafen?	... Phi cong [fih gung]
	... das Hotel?	... Khach san [chak' sahn]
	Ich möchte ... mieten.	Toi muon thue ... [teu mu-en tü-e]
	... ein Fahrrad.	... xedap [sä dab]
	... ein Auto/Taxi.	... xe hoi/tac-xi [sä heuö/taksi]
	Wie weit?	May khoang cach? [mai chwang gatsch]
Tankstelle	Wo ist bitte die nächste Tankstelle?	O dau co tram xang gan nhat? [ö dau goh dahm sang gannjat']
	Ich möchte ... Liter.	Toi muon ... Lit [teu mu-en lit']
	Normalbenzin/Superbenzin.	Xang binh thuong./Xang Supe. [sang bin te-ung/sang suppe]
	Diesel.	Dau. [jau]
	Volltanken, bitte.	Day Binh, lam on. [dai bin, lahm ön]
	Benzin mit /ohne Blei.	Dau niem chi/khong chi. [jau nimh tschi/chong tschi]
Unfall	Hilfe!	Giup Do!
	Achtung!/Vorsicht!	Chu Y! [tschu-i]/Coi Chung! [geu king]
	Rufen Sie schnell ...	Ong lam on goi nhanh ... [ong lahm ön geu najnn]
	... einen Arzt.	... Bac Si. [baksi]
	... Krankenwagen.	... Xe cuu thuong. [sä guhtöong]
	... die Polizei.	... Cong an. [gong ahn]
	Es war meine/Ihre Schuld.	Toi co/Ong ta loi. [teu goh/ong tah leu]
	Geben Sie mir bitte Ihren Namen und Ihre Anschrift.	Ong lam on cho toi biet ten Ong va dia chi. [ong lahm ön tscho teu bie' tehn ong wa di-e tschi]
Einkaufen	Wo finde ich ...?	Toi tim o dau ...? [teu dihm ö dau]
	Apotheke.	Nha thuoc tay. [nja tuok dai]
	Fotoartikel.	Tiem ban do chup hinh. [di-em ban doh tschub hin]
	Bäckerei/Brotladen.	Tiem banh mi. [di-em banmi]
	Kaufhaus/Geschäft.	Cua hang. [guhang]
	Lebensmittelgeschäft.	Hang thuc pham kho. [hang dög fam cho]
	Markt.	Cho [tschö]
	Wann wird das Kaufhaus öffnen/schließen?	Cua hang bach hoa tong hop mo cua/dong cua/vao luc may gio? [guhang batsch hwatong höb mögu/dongu wau lu'maijo]
	Was kostet dieses ...?	Quyen ... nay gia bao nhieu? [gwi-en ... naija baunju]

Übernachtung

Könnten Sie mir bitte ... empfehlen?	Ong co the tim cho toi ...? [ong goh tä tihm tscho teu]
... ein Hotel	... Khach san. [chak' sahn]
... eine Pension.	... Phong tro. [fang dscho]
Haben Sie noch ...	Ong co con can ... [ong goh gon gän]
... ein Einzelzimmer?	... Phong rieng? [fang ri-eng]
... ein Zweibettzimmer?	... Phong doi? [fang deu]
... mit Dusche/Bad?	... voi Phong tam? [weu fang damm]
... für eine Nacht?	... cho mot dem? [cho mot'dehm]
... für eine Woche?	... cho mot tuan? [tscho mot'dun]
Was kostet das Zimmer mit ...	Gia tien bao nhieu mot phong voi ... [sa din bau njiu mot' phong voi]
... Frühstück?	... an sang? [ansang]
... Halbpension?	... an sang va an chieu? [ansang wa antschju]

Arzt

Können Sie mir einen Arzt empfehlen?	Omg co the tim, cho toi mot Ong bac si? [ong goh tä timh, tscho teu mot' ong baksi]
Ich habe ... (hier Schmerzen).	Toi co ... (dau o' day) [Teu ko ... dau o dai]
... Fieber.	... sot. [sot]
... Durchfall.	... tieu chay. [diu tschai]
... Kopfschmerzen.	... dau dau/nhu't dau. [daudau/njit'dau]
... Zahnschmerzen.	... dau rang/nhu't rang. [daurang/njit'rang]

Bank

Wo ist hier bitte ...	O dau co ... [ö dau ko]
... eine Bank?	... ngan hang? [n'nan hang]
... eine Wechselstube?	... doi tien? [deu di-en]
Ich möchte ... Euro (Schweizer Franken, US-Dollar) in Dong wechseln.	Toi muon doi ... tien Euro (tien Thuy Si, tien Dola) ra dong. [teu mueng deu ... ti-en dök (ti-en au, ti-en tui-se, ti-en dohla) rahdong]

Post

Was kostet ...	Bao nhieu tien ... [bau nju ti-en]
... ein Brief?	... mot bi thu? [mot' bih tö]
... eine Postkarte?	... mot thiep goi? [mot'ti-eb geu]
... nach Deutschland?	... toi nuoc Duc? [teu nök dök]

Zahlen

0	khong/linh [chong/lin]	17	muoi bay [muöbei]
1	mot [mot']	18	muoi tam [muödahm]
2	hai [hai]	19	muoi chin [muötschin]
3	ba [bah]	20	hai muoi [haimuö]
4	bon [bohn]	21	hai muoi mot [haimuö mot']
5	nam [nam]	30	ba muoi [bahmuö]
6	sau [sau]	40	bon muoi [bohnmuö]
7	bay [bei]	50	nam muoi [namuö]
8	tam [dahm]	60	sau muoi [saumuö]
9	chin [tschin]	70	bay muoi [beimuö]
10	muoi [muö]	80	tam muoi [dahmuö]
11	muoi mot [muömot]	90	chin muoi [tschinmuö]
12	muoi hai [muöhai]	100	mot tram [mo'dscham]
13	muoi ba [muöbah]	1000	mot ngan [mo'dnjahn]
14	muoi bon [muöbon]	10000	muoi ngan [muönjahn]
15	muoi nam [muönam]	½	mot phan hai [mot fanhai]
16	muoi sau [muösau]	¼	mot phan tu [mot' fandö]

Essen

Wo gibt es hier ...	O dau co ... [ödau go]
... ein gutes Restaurant?	... nha hang ngon? [nja hang n'nong]
... eine gemütliche Kneipe?	... tiem bia lich su? [di-em bia lik'sö]

Essen (Fortsetzung)	Reservieren Sie uns bitte für heute abend einen Tisch für vier Personen.	Ong/lam on, cho chung toi mot ban bon nguoi toi nay. [ong/lahm ön tscho tschung teu mot' bahn bohn n'nöi teunai]
	Auf Ihr Wohl!	Chuc mung Ong! [tschuk' möng ong]
	Erfreut, Sie kennenzulernen!	Han hanh duoc gap ong! [han hann dög'gab ong]
	Das Essen ist sehr gut.	Thuc an rat ngon. [tuk an rat'n'nong]
	Bezahlen, bitte.	Tinh tien, lam on! [tin di-en, lahm ön]

Speisen und Getränke

Frühstück (Bua an diem tam/ bua an sang)	ca phe den [kafee dähn]	Kaffee schwarz
	ca phe sua/da [kafee schuö/da]	Kaffee mit Milch/Eis
	tra denh/xanh [dscha dähn/san]	Schwarztee/grüner Tee
	bahn mi [banmih]	Brot/Toast
	bo [bö]	Butter
	pho mat [fomat']	Käse
	mut nhu [mö'njö]	Marmelade
	doi [soi]	Wurst
	trung/luoc/chien [dsöng/luog/tschi-en]	weiches Ei/hartes Ei/Spiegelei
	trung op la [dsöng obla]	Omelett
	yoghurt [jo-uhr]	Joghurt
Suppen und Vorspeisen (xup)	nuoc leo [nök leau]	Hühnerbrühe
	bun thang [buntang]	Suppen-Eintopf
	chao [tschau]	Reissuppe mit Einlage (Huhn/ Schwein/Pilze/Gewürze etc.)
	canh chua ca [gantschwa gah]	Fischsuppe (scharfsauer)
	lau [lau]	Fisch-Gemüsesuppe
	pho (bo/ga) [fö (bo/ga)]	Reisnudelsuppe (mit Rind/Huhn)
	mien luon/ga [mi-en luön/ga]	Glasnudelsuppe mit Aal/Huhn
	an chay [antschai]	vegetarisches Gericht (mit Tofu)
	cha gio [kajo]	Frühlingsrolle
Fisch und Meeresfrüchte (ca/do bien)	ca [gah]	Fisch
	ca luoi [gahlöi]	Seezunge
	ca thu [gahtu]	Thunfisch
	ca ngu [gah n'nö]	Zander
	ca map [gahmab]	Hai
	cua [gwo]	Krabben
	tom nho [domnjo]	Shrimps
	tom lon/to [domlöhn/domdo]	Hummerkrabben/Garnelen
	muc [mög]	Tintenfisch
	so [soh]	Austern
Fleisch und Geflügel (cac mon thit)	thit bo [ti'bo]	Rindfleisch
	thit be [ti'be]	Kalbfleisch
	thit cuu non [ti'gihnong]	Lammfleisch
	thit heo [ti'häo]	Schweinefleisch
	thit bam [ti'bam]	Hackfleisch
	thit ga [ti'ga]	Huhn
	thit vit [ti'wid']	Ente
	thit chim [ti'tschihm]	Vogel
Reisgerichte (com)	com trang/com chien [gömdschang/göm tschi-en]	gekochter/gebratener Reis
	banh cuon [ban gwen]	gedünsteter Reiskuchen mit Hackfleisch
	com tay cam voi ga/heo ...	Reis, Pilze, Gewürze und Hühner-/

[göm daigam wöi ga/häo]	Schweinefleisch	Reisgerichte (Fortsetzung)
com xuon nuong [göm söen nöeng]	Reis mit Rippchen vom Rost	
com chien nhan chau [göm tschi-en njantschau]	gebratener Reis mit Allerlei (Shrimps, Schwein, Huhn)	
mi (chien) [mi tschi-en]	(gebratene) Nudeln	Nudelgerichte (mi)
bun xao [bunsau]	Reisnudeln	
mien [mi-en]	Glasnudeln	
rau xao [rausau]	gekochtes Gemüse	Gemüse (rau cai)
mang [mang]	Bambussprossen	
ca [gah]	Auberginen	
xa-lach [sala']	Salat	
bap cai/sup-lo [babgai/sublö]	Kohl/Blumenkohl	
ca rot [karo']	Karotten	
dua leo [su leau]	Gurken	
ca chua [katschwa]	Tomate	
hanh [hann]	Zwiebel	
toi [deu]	Knoblauch	
gung [göng]	Ingwer	
dua chua [süatschwa]	saurer Bohnenkeimsalat	
khoai tay (chien) [chwaidai/tschien]	Kartoffeln/Bratkartoffeln	
nuoc mam [nöc mamm]	Fischsauce	
mam tom [mamm tom]	Shrimpssauce	
xa [sah]	Zitronengras	
bo bay mon [bobai mong]	Rindfleisch auf sieben verschiedene Arten zubereitet	Vietnamesische Spezialitäten (dat biet)
cha [tscha]	gegrilltes Schweinefleisch	
bun cha [buntscha]	gegrillter Schweinefleischspieß	
gio [jo]	Schweine-Hackfleisch in Blättern gegart	
cha ca [tschaka]	gegrillter Fleischspieß	
mam chung [mamtsching]	fermentierter Fisch mit Fleisch-/Gemüsefüllung	
heo rung [häu röng]	Wildschwein	
cho [tscho]	Hund (nur im Winter)	
ech tam bot ran [äkdam bot'ram]	Froschschenkel im Teig	
oc noi [ogneu]	Schnecken (mit Schweinefleisch)	
ba ba [baba]	Schildkröte	
men [män]	Reh	
ran ho/tran [rangho/dschan]	Kobra-/Pythonschlange	
doi [seu]	Fledermaus	
chao tom [tschautom]	gegrilltes Zuckerrohr	Nachspeisen (trang mieng)
banh bao [banbau]	kleine Kuchen mit Fleisch-/Gemüsefüllung	
banh chung [bantsching]	Klebreiskuchen	
banh xeo chay [bansäo tschai]	Klebreiskuchen mit Früchtefüllung (und Sesam)	
banh xeo man [bansäo man]	Klebreiskuchen mit Fleischfüllung (und Krabben, Ei, Salat)	
banh dau xanh [ban dausan]	Bohnenkuchen	
mut [möt']	kandierte Frucht	
bom/tao [bom/dau]	Apfel	Obst (trai cay/hoa qua)
dao [dau]	Pfirsich	
man [mang]	Pflaume	
le [leh]	Aprikose	
quit [gwid']	Mandarine	
dau [jau]	Erdbeere	
chanh [tschann]	Limone	

Sprache, Obst (Fortsetzung)	chuoi [tschu-e]	Banane
	cam [gahm]	Orange
	nho [njo]	Weintrauben
	thom [töm]	Ananas
	buoi [böi]	Grapefruit
	dua hau [juahau]	Wassermelone
	mang cau [mang gau]	Zimtapfel
	roi [reu]	Wasserapfel
	xoai [so-ai]	Mango
	bo [bö]	Avocado
	nhan [njahn]	Longan
	khe [che]	Carambola (Sternfrucht)
	dua [sua]	Kokosnuß
	sau rieng [sau ri-eng]	Durian
	oi [eu]	Guave
	mit [mi']	Jackfruit
	vai [wai]	Litschi
	mang cut [mang gug]	Mangostane
	dudu [duhduh]	Papaya
	trung ca [dschöng ga]	Passionsfrucht
	tao ta [dauda]	Jujube (chinesische Dattel)
	hong xiem [haung si-em]	Khaki (Sapodilla)
	hong [haung]	Scharonfrucht
	sung/va [sung/wa]	Feige
Alkoholische Getränke (ruou)	bia [bih-a]	Bier
	ruou trang/ruou do [rou dschang/rou doh]	Weißwein/Rotwein
	mot ly/mot chai [mod'li/mo'tschai]	ein Glas/eine Flasche
	ruou de [rou de]	Reisschnaps
	ruou nep thang [rou nebtahng]	Klebreis-Schnaps
Alkoholfreie Getränke (nuoc ngot)	nuoc soi [nök säu]	heißes Wasser
	nuoc suoi [nök swe]	Mineralwasser
	nuoc chanh [nök tschann]	Zitronensaft / -limonade
	nuoc dua [nök jua]	Kokosmilch
	nuoc soda [nök soda]	Limonade / Seven up
	xa xi [sasi]	Colamix/Spezi
	nuoc xoai [nök so-ai]	Mangosaft
	nuoc cam [nök gahm]	Orangensaft
	nuoc bom [nök bom]	Apfelsaft
	nuoc da [nökda]	Eiswürfel

Eine leckere Erfrischung zwischendurch – Ananas (thom) kann man auch "am Stiel" kaufen.

Telefon

Hinweis

Telefongespräche ins Ausland können am günstigsten von den Postämtern geführt werden, da von den Hotels ziemlich hohe Gebühren erhoben werden. Es gibt mittlerweile in allen größeren Städten Telefonzellen (Hotellobbies), auch für Telefonkarten (erhältlich in den Postämtern à 30000, 60000, 150000 und 300000 dong) und für internationale Gespräche verwendbar. Die meisten Hotels haben Telefone mit IDD-Selbstwählverfahren.

Vorwahlen & wichtige Rufnummern

Deutschland: 00 49, Schweiz: 00 41, Österreich: 00 43
Polizei: 113, Feuerwehr: 114, Rettungsdienst: 115, Auskunft: 1116 oder 1080

Mobiltelefone

Augenblicklich muß man davon ausgehen, daß nur D1- und Viag Interkom-Verträge bestehen, die die Möglichkeit bieten, mit dem Handy in Vietnam zu telefonieren. Vor der Reise sollte man sich immer bei seinem Tarifpartner über die aktuelle Situation vor Ort informieren, da hauptsächlich in den Ballungsgebieten und touristischen Zentren eine Netzabdeckung vorhanden ist.

Trekking

Trekking- und Wandertouren

Trekking- und Wandertouren werden bereits von verschiedenen Veranstaltern angeboten und dürfen nicht ohne offizielle Genehmigung und einen vietnamesischen Trekkingführer unternommen werden. Auf eigene Faust durch Vietnams Wälder zu streifen ist auch wegen der eventuell (noch) nicht explodierten Kriegsüberreste nicht zu empfehlen. In den Wandergebieten oder Nationalparks gibt es oft polizeiliche Checkpoints, außerdem könnten sich die erklommenen Gipfel als militärisches Sperrgebiet entpuppen. Richtige Trekkingtouren dauern bis zu einer Woche mit achtstündigen Tagesmärschen, übernachtet wird bei den Angehörigen der Bergstämme z.B. der Hmong, Muong oder Thai in sehr einfachen Holzhütten. Teilweise gehören Kanufahrten, Schlauchbootausflüge und Elefantenausritte zum Programm. Wer eine Wandertour mit Bustransport für nur einen Tag bucht, landet unweigerlich in einem der bereits touristisch vermarkteten Minderheitendörfer. In der Regenzeit ist Trekking wegen der vermehrten Blutegel und der verschlammten Pfade nicht zu empfehlen. Eine Malaria-Vorsorge bzw. umfassender Mückenschutz ist in ländlichen Gegenden unerläßlich, bes. in der Regenzeit. Zu Trekkinggebieten haben sich vorerst die folgenden Regionen entwickelt: die Provinzen nahe Da Lat und Dac Lac, der Cuc-Phuong-Nationalpark im Norden, das Hochplateau von Tam Dao sowie Hoa Binh/Mai Chau. Auch Touren auf den höchsten Berg Vietnams, den Fan Si Pan (3143 m), werden zwischen November und April beispielsweise bei Saigon Tourist im Trekking-Programm angeboten.

Ökotourismus

Ökotourismus ist ein relativ neuer Begriff in Vietnam. Bis vor kurzem waren noch die Jagd-Ausflüge im Hochland sehr populär, v.a. bei koreanischen Touristen. Geschossen wird heute nur noch mit der Kamera – offiziell jedenfalls. Die Jagdurlaube werden glücklicherweise immer mehr durch ornithologische Touren und Trekkingreisen ersetzt. In Deutschland hat sich Ornitours in Zusammenarbeit mit dem lokalen Veranstalter Da Lat Tourist auf diese Art der naturkundlichen Reisen spezialisiert (→ Reiseveranstalter).

Trinkgeld

Hinweis

In Vietnam ist es unüblich, Trinkgelder zu geben. In den Hotels sind ohnehin meist 10–15 % Steuer und Servicezuschlag enthalten, ebenso oft die Preise in Restaurants. Allerdings wird bei einem durchschnittlichen Mo-

Trinkgeld (Fortsetzung)

natsgehalt von 50 US-Dollar ein kleines Dankeschön von den Angestellten gern gesehen, v.a. bei Hotelpersonal und Reiseführern.
In den Tempeln sind Spenden für den Unterhalt bzw. Restaurierungsarbeiten notwendig. Wer von den Mönchen oder Nonnen zum Gebet geladen wird bzw. wenn diese ein Gebet für die ausländischen Gäste sprechen, sollte eine Geldspende in die aufgestellten Holzkisten als Zeichen des Dankes selbstverständlich sein.

Verhaltenstips

Feilschen

Wer in Asien nicht handelt, ist selbst schuld und verdirbt manchmal sogar die Preise. Allerdings wird nicht überall um jeden Preis gefeilscht, z.B. haben Supermärkte, Kaufhäuser, Restaurants, Ärzte und Bahntickets selbstverständlich feste Preise. Auch bei Artikeln im Pfennigbereich ist Handeln eher peinlich und führt zum Gesichtsverlust auf beiden Seiten. Bei der Unterkunftssuche, auf Märkten, an Obstständen, in Souvenirgeschäften und bei Rikschafahrern ist dagegen Handeln oberste Pflicht und bringt oftmals ein bis zwei Drittel Preisnachlaß. Wichtig ist, daß man beim Handeln Geduld zeigt und das Lachen nicht vergißt. Grundsätzlich sollte man beim Feilschen mit Rikschafahrern und Markthändlern deutlich machen, ob man gedenkt, mit Dollar oder Dong zu bezahlen.

Bettelei und Straßenhändler

Nicht selten begegnen dem Reisenden in Vietnam noch Kriegsveteranen, v.a. an touristischen Schwerpunkten. Manchmal sind die Verstümmelungen derart schockierend, daß man im ersten Augenblick nur wegschauen will. Touristen sollten auf den Anblick gefaßt sein und diesen bemitleidenswerten Menschen eine Spende geben, da es in Vietnam keine kostenlose Gesundheitsversorgung mehr gibt.
Auf keinen Fall sollte man bettelnden Kindern Bonbons oder gar Geld geben, so bedauernswert sie auch erscheinen. Die Kinder verdienen als Bettler irgendwann mehr als ihre hart arbeitenden Eltern und gehen dann nicht mehr zur Schule! Ob man die ohnehin weitverbreitete Kinderarbeit dadurch unterstützt, daß man den kleinen Straßenhändlern Postkarten oder Zigaretten abkauft, muß jeder Reisende selbst entscheiden. Die Kinder tragen auf diese Weise im erheblichen Maß zum Einkommen der Familie bei. Oft werden sie aber auch von Banden eingesetzt, die die Einnahmen der Kinder später abkassieren. Aber jeder muß schließlich irgendwie überleben ...
Ein Xame-Ausweis wird von den Hilfsorganisationen ausgestellt, damit die Kinder zeigen können, daß sie sozusagen auf eigene Rechnung arbeiten.

Fotografieren

Die Vietnamesen sind grundsätzlich nicht abgeneigt, sich fotografieren zu lassen. Man sollte jedoch immer vorher fragen und ein Nein bzw. das Kopfschütteln als solches akzeptieren, auch wenn die Vietnamesen dabei herzlich lachen – es kann v.a. den Frauen peinlich sein, in Straßen- oder Arbeitskleidung fotografiert zu werden.
Auch Straßenhändler mit Schwarzmarktprodukten lassen sich verständlicherweise nicht gerne ablichten. Die westlichen Urlauber werden immer öfter von den Vietnamesen selbst zum gemeinsamen Foto gebeten. Eine nette Geste: Man läßt sich die Adresse des Fotografierten aufschreiben und schickt einen Abzug aus Europa.

Verkehrsmittel

Hinweis

Vietnam bietet eine Vielzahl von Fortbewegungsmöglichkeiten – allerdings werden nur wenige Touristen auf einem Ochsenkarren, einer Fahrradrikscha oder einer "Honda dream" durchs Land reisen. Wer trotzdem auf eigene Faust durch Vietnam fahren möchte, kommt mit den öffentlichen Verkehrsmitteln bis ins letzte Bergdorf. Es ist durchaus möglich, in vier

Man muß nur freundlich fragen ...
Die meisten Vietnamesen lassen sich gerne fotografieren.

Hinweis (Fortsetzung)

Wochen auf der Nationalstraße 1 einmal von Nord nach Süd zu reisen und dabei alle wichtigen Touristenzentren zu besuchen (→ Routen, *Baedeker Special* S. 372–375). Das Fahren in überfüllten, klapprigen Bussen auf gesplitterten Holzbänken mit einer atemberaubenden Geschwindigkeit von 20 km/h ist jedoch nicht jedermanns Sache. Außerdem sind die insgesamt 100 000 km Straßennetz und rund 3000 km langen Eisenbahnschienen nicht überall in bestem Zustand. Wer wenig Zeit hat, Bequemlichkeit und Sicherheit dem Abenteuer auf der Straße oder Schiene vorzieht, sollte lieber per Flugzeug durchs Land reisen.

Stadtverkehr

Allgemeines

Die Zahl der privaten Kraftfahrzeuge nimmt stetig zu, denn immer mehr Vietnamesen aus dem Mittelstand oder mit Verwandtschaft im Ausland können sich ein eigenes Fahrzeug leisten. Die Zentren von Saigon, Da Lat, Hue und Nha Trang sind relativ gut zu Fuß zu erkunden – dabei sieht, riecht und hört man ohnehin mehr als aus dem Reisebus oder Taxi! Bei allen mittleren Entfernungen empfiehlt es sich, eines der Cyclos (Dreiradtaxis) anzuhalten. Alle Touren außerhalb der Städte sollten dagegen mit Bussen oder Taxis unternommen werden.

Verhalten als Fußgänger

Es gibt in Vietnam sowohl Ampeln als auch Zebrastreifen. Trotzdem gehört ein gewisses Maß an Durchsetzungsvermögen und Mut zum Überqueren einer Straße. Dabei gilt: Nicht zu lange am Straßenrand auf eine Lücke im scheinbar endlosen Verkehrstrom warten, sondern Augen auf und durch! Man sollte dabei stets den Verkehr im Blick behalten und die Mopeds notfalls mit Handzeichen stoppen. Am Rande von Landstraßen ist Vorsicht geboten, auch wenn die Vietnamesen selbst oft auf dem Asphalt sitzen und plaudern.

Verkehrsmittel

Taxis

In der Stadt sind die weißen und gelben Taxis v.a. für die Fahrten mit viel Gepäck geeignet. Es gibt Taxistände in den Städten Saigon und Hanoi, Vung Tau und Da Lat, andernorts können Wagen mit Fahrer an der Hotelrezeption bestellt werden. Der Fahrpreis ist sehr billig und richtet sich nach dem eingeschalteten Taxameter, kann aber für einen längeren Zeitraum (z.B. einen Tagesausflug) auch ausgehandelt werden.

Cyclos

Unbetrittene Nr. 1 in der Urlaubergunst sind die dreirädrigen Fahrradrikschas. Bei diesen Gefährten sitzt der Fahrgast vor dem Cyclo-Fahrer in einem mehr oder weniger bequemen Sessel. Zurückgelehnt rukkelt der vietnamesische Alltag mit all seinen Lauten und Gerüchen, Staubwolken und nasenschleimhautreizenden Chili-Schwaden an dem Fremden vorbei. Auch als Lasttransporter sind die Rikschas noch immer sehr beliebt – ganze Inneneinrichtungen inklusive Couchgarnitur und TV werden so transportiert. Die Fahrer fahren entweder um die Blocks oder warten an Märkten, Bahnhöfen, Hotels, Restaurants und Sehenwürdigkeiten auf potentielle Fahrgäste. Mit einem Zettel, auf dem das Hotelpersonal das gewünschte Ziel in vietnamesisch aufgeschrieben hat, kann es losgehen. Die vor den Hotels wartenden Fahrer sind meist besserzahlende Kunden gewohnt als ihre herumkurvenden Kollegen. Wer des Feilschens noch nicht so mächtig ist, aber trotzdem keinen der oft geforderten Phantasiepreise zahlen möchte, begibt sich am besten zu Fuß einige Meter weiter und hält mit Winken einen anderen Fahrer an. Häufig können die Cyclo-Fahrer einige Brocken englisch (v.a. in Saigon), andere kennen nicht einmal die Hauptstraßen. Hilfreich für die Verhandlungen um den Fahrpreis sind einige Zahlen in vietnamesisch oder Fingersprache. Für einen US-Dollar bringt der Cyclo-Fahrer seinen Gast in der Innenstadt zu jedem gewünschten Ort. Nachts sollte man wegen wiederholter Überfälle und Geldstreitereien aber grundsätzlich ein Taxi nehmen.
Immer mehr Straßen im Zentrum Saigons und Hanois werden für die Fahrradrikschas gesperrt (z.B. Dong Khoi, Nguyen Hue und Le Loi) Also nicht wundern, wenn der Fahrer eine vermeintlich falsche Richtung einschlägt! Die Fahrer bieten am Zielort meistens an, bis zur Rückkehr zu warten. Wer dies nicht will, muß es deutlich verneinen.

Im Norden trägt der Verkehrsteilnehmer auf den Straßenschildern manchmal noch Kegelhut.

Mofataxis

In Saigon oder auch in kleineren Städten wie Vung Tau und Nha Trang kann man sich von Mopedfahrern in der Gegend herumfahren lassen; der Fahrpreis muß aber vorher ausgehandelt werden. Das Moped und die Fahrtüchtigkeit des Fahrers sollte dabei allerdings ebenfalls eine Rolle spielen. Am Abend ist diese Transportart wenig empfehlenswert.

Fahrräder

Man kann natürlich auch selbst in die Pedale treten. Eine äußerst angenehme Art, in kleineren Städten wie Hue, Da Lat, Nha Trang und Vung Tau vorwärtszukommen, ist das Leihfahrrad. In Großstädten wie Saigon und Hanoi ist dies eine eher nervenaufreibende und schweißtreibende Fortbewegungsart – immer mitten im unendlichen Strom aus Zweirädern. Die Fahrräder haben in der Regel keine Klingel, Gangschaltung oder Licht; die Bremse sollte vorher auf alle Fälle getestet werden. Es gibt an vielen Stellen extra bewachte Fahrrad-Parkplätze, diese sollten auch gegen eine kleine Gebühr benutzt werden.

Stadtbusse

Es gibt in Saigon und Hanoi erstaunlich moderne Stadtbusse, allerdings ist das System für Ausländer etwas schwierig zu durchschauen. Wer kein festes Sightseeing-Programm hat, kann sich jedoch im City-Bus mit unbekanntem Ziel durch die Stadt fahren lassen und gelangt so garantiert zu einigen Sehenswürdigkeiten (z.B. mit dem blauen Bus, der vom Me Linh

Platz über Le Loi nach Cholon verkehrt). Die neuen Busse sind angenehm, da sie selten überfüllt sind.

Stadtbusse (Fortsetzung)

Flugverkehr

Helikopter-Touren

Wer wenig Zeit und viel Geld hat, kann Vietnam auch aus der Luft mit einem gecharteten Hubschrauber bereisen. Zu den Zielen gehören Saigon, Cu Chi, Tay Ninh (Landung auf dem Black Lady Mountain), Da Lat, Vung Tau (über die Ölbohrinseln im Südchinesischen Meer), Con Dau, Hanoi, aber auch weniger zugängliche Regionen in den Bergen wie Dien Bien Phu und die Ha-Long-Bucht im Norden. Vor allem der Flug von Hanoi über die Kalksteinriesen in der Ha-Long-Bucht ist ein spektakuläres Erlebnis. Die Tagespreise starten bei 1000 US-Dollar. Zu buchen ist diese Tour beispielsweise über Vietnam Tourism (→ Reiseveranstalter).

Schienenverkehr

Eisenbahn

Das vietnamesische Eisenbahnnetz umfaßt rund 3000 Kilometer und wurde während der französischen Kolonialzeit angelegt. Die noch heute einspurigen Gleise sind in einem maroden Zustand, Brücken teilweise seit der Kriegszeit zerstört oder erst seit kurzem wiederaufgebaut. Die wichtigsten Strecken sind die Nord-Süd-Verbindung von Saigon nach Hanoi und Hai Phong sowie zur Grenze nach Lao Cai (→ Anreise). Beliebt bei Touristen ist die Nord-Süd-Strecke mit dem täglich verkehrenden Wiedervereinigungszug zwischen Saigon und Hanoi. Ein luxuriöser Expreßzug des Victoria-Hotels verkehrt zwischen Sa Pa, Hanoi und Lao Cai (chin. Grenze) viermal wöchentlich (Tel. 08/9 90 13 50, Fax 9 90 02 29, E-mail: eem-victoria@hcm.vnn.vn).

Zugfahren in Vietnam

Zugfahren in Vietnam ist noch immer ein Erlebnis und eine gute Möglichkeit, Kontakt zu der Bevölkerung zu bekommen: 1. weil es in den gewöhnlichen Abteilen (hard seats) ziemlich eng werden kann, und 2. weil die Zugfahrten bei einer durchschnittlichen Geschwindigkeit von 30 km/h endlos erscheinen (je nach Anzahl der Stops). Die Liegewagen (soft berth) sind die bequemste Variante der Zugreise, allerdings im Verhältnis relativ teuer, da man für annähernd denselben Preis auch per Flugzeug wesentlich schneller ans Ziel kommt. Die Preise sind für Ausländer höher als für Vietnamesen. Er ist meist brechend voll, daher ist eine Reservierung für Liegewagen mehrere Tage vor Abfahrt notwendig, besonders zum Tet-Fest im Januar/Februar. Die Buchung übernehmen Reisebüros und Hotels.

Busverkehr

Express- und Minibusse

Nichts für Reisende mit wenig Zeit ist das Busfahren über Land. Der veraltete Fuhrpark der Regionalbusse soll nach und nach durch neue Busse (aus deutscher Produktion) ersetzt werden. Nicht selten sind Wracks und liegengebliebene Busse am Wegesrand zu sehen. Die Sitzreihen in den scheppernden Vehikeln sind für asiatische Staturen gebaut, was v.a. großen Europäern etwas zu schaffen macht.
Auf einigen Hauptstrecken verkehren auch die Expreßbusse, die zwar bequemer erscheinen und nach Fahrplan starten (meist früh morgens), aber dafür etwas überteuert sind. Für die steigende Zahl an Touristen werden zwischen den wichtigsten Touristenorten mehrmals täglich klimatisierte (Mini-)Busse eingesetzt: "Augen zu und durch" scheint das Motto der Fahrer zu sein, die das Fahrzeug über die löchrigen Straßen jagen. Pausen werden Tag und Nacht an den Garküchen und Restaurants am Straßenrand eingelegt. Buchen kann man diese Fahrten z.B. über das alternative und bekannte Reiseunternehmen Sinh Café (248 De Tham Street, 1. Bezirk, Saigon, Tel. 8 36 73 38, Fax 8 36 93 22, www.sinhcafevn.com). Ein

Verkehrsmittel, Busverkehr (Fortsetzung)

ähnlich günstiger Veranstalter ist Kim Cafe, v. a. für den Bootsgrenzverkehr nach Kambodscha (187A Pham Ngu Lao, Saigon, Tel. 08 / 8 36 85 42, E-mail: sgnkimcafe@hotmail.com). Reservierungen für die Mini- und Expreßbusse sollten einen Tag zuvor im Reisebüro oder am Busbahnhof stattfinden, ansonsten begibt man sich möglichst früh am Morgen zum Busbahnhof und versucht sein Glück. Zeit darf dabei allerdings keine Rolle spielen...

Schiffsverkehr

Per Schiff / Fähren

An der 3200 km langen Küste von Vietnam verkehren seit 1990 Kreuzfahrtschiffe. Auf der Route werden die Seehäfen von Saigon, Vung Tau, Da Nang, Nha Trang, Hai Phong und die Ha-Long-Bucht / Hong Gai angesteuert. Über Vietnam Tourism, Vinatour u.a. (→ Reiseveranstalter) kann man diese Fahrten buchen. Die staatliche Schiffahrtgesellschaft Vinaship fährt innerhalb Vietnams von Hai Phong nach Saigon.
Im Mekong-Delta und in der Ha-Long-Bucht, vor den Küsten und auf Flüssen werden allerorten Touren mit Ausflugsbooten angeboten: das Barkenboot von "Mekongstar" fährt beispielsweise durch die Kanäle und Flußarme des Mekong-Delta (www.mekongstar.com, Tel. 08/8 23 63 79) und in Hue kann man im Hausboot den Huong-Fluß (Parfümfluß) entlangtreiben. Im alten Stil mit Dschunken (Sampans) erkunden viele die Gegend um Nha Trang, Hue und die Ha-Long-Bucht (ein- oder mehrtägigen Dschunken-Törns z.B. bei Huong Hai Tourist Ltd. Co. in Halong-City, Tel. 033/84 50 42, Fax 84 62 63, www.vietnamtourism.com/huonghai-halong). Es ist auch möglich, von Saigon mit dem Schnellboot von Vinaexpress innerhalb von einer Stunde nach Vung Tau zu fahren. Auch verkehren Tragflächenboote von Greenlines und Fähren von Saigon nach Vung Tau, ebenso täglich Expreßboote (auch private Boote und das Hotelschiff des Victoria-Hotels) in benachbarte Kambodscha, z.B. von Chau Doc nach Phnom Penh (→ Grenzübergänge).

Zeit

Hinweis

Vietnam liegt sechs Stunden vor der mitteleuropäischen Zeit (MEZ). Während der Sommerzeit beträgt die Zeitverschiebung fünf Stunden.

Zeitungen · Zeitschriften · TV

Zeitungen und Zeitschriften

In Vietnam erscheinen einige einheimische Tages- und Wochenzeitungen in englisch, beispielsweise die "Saigon Times Daily", "Vietnam News", "Vietnam Weekly", die "Vietnam Business" und die "Vietnam Economic News". Außerhalb der Großstädte sind diese Zeitungen nur schwer zu erhalten. Darin finden sich auch Hinweise zu Restaurants und Unterhaltungsangeboten. Internationale Zeitschriften und Magazine bekommt man in den großen Hotels, an Kiosken und über Straßenhändler in Saigon und Hanoi zu erhalten, wie die "Bangkok Post", die "FAZ", "Süddeutsche Zeitung", "Die Welt", der "Spiegel", "International Herald Tribune" oder "Newsweek".
Speziell für Touristen liegen in den Hotels monatlich bzw. wöchentlich erscheinende (Anzeigen-)Broschüren aus. "What's on in Saigon?" enthält u.a. Flugtermine und Restaurantsadressen.

Fernsehen

Im Satellitenfernsehen sind die Programme von CNN, ABC, Star plus sowie französische, australische, indonesische und japanische Sender zu empfangen. Englischsprachige Nachrichten werden im Staatsfernsehen abends ausgestrahlt.

Zollbestimmungen

Ein- und Ausfuhr in Vietnam

Bereits im Flugzeug werden die "entry card" sowie die Zollerklärung an die Passagiere verteilt. Der Zollbeamte bekommt dann beides sowie den zweiten ausgefüllten Visumsantrag und den Paß vorgelegt. Vor der Einreise muß zudem die weiß-gelbe Zollerklärung ausgefüllt werden (den gelben Durchschlag unbedingt aufheben!). Die grüne Durchschrift der Einreisekarte wird ebenfalls bis zur Ausreise aufbewahrt; sie wird auch bei der Anmeldung in den Hotels benötigt. Die Einfuhr von Waffen, Munition und Sprengstoffen, leicht brennbaren Materialien, Drogen (Todesstrafe gilt theoretisch bereits bei kleinen Mengen!), regierungskritischer Literatur und Pornographie ist verboten. Die Ein- und Ausfuhr von Dong ist gleichfalls verboten. Nach Deutschland, Österreich und die Schweiz dürfen folgende Mengen eingeführt werden: 1 Liter hochprozentiger Alkohol oder 2 Liter Wein, 200 Zigaretten oder 50 Zigarren oder 250 g Tabak sowie andere Waren (z.B. Geschenke) bis 175 Euro.

Washingtoner Artenschutzabkommen

Besonders zu beachten sind die Verbote durch das Washingtoner Artenschutzabkommen. Mit der steigenden Zahl an Fernreisen stoßen die Zollfahnder an europäischen Flughäfen immer öfter auf verbotene Waren in den Urlaubskoffern. Bekannt ist Vietnam bereits für geschmuggelte Produkte bedrohter Tierarten, viele Läden bieten derlei Gegenstände offen an. Man darf sich keinesfalls auf die Zusicherung der Verkäufer verlassen, das Elfenbein stamme von zahmen oder bereits toten Elefanten...

Schlangenschnäpse fallen unter das Artenschutzabkommen!

Spätestens am europäischen Zoll wird der Verstoß gegen das Artenschutzabkommen entdeckt und mit Geldstrafen bis zu 55000 Euro bzw. Haft bis zu fünf Jahren geahndet. Man sollte daher unbedingt auf folgende Produkte beim Souvenirkauf verzichten: alle Produkte aus tierischen Häuten (z.B. Schlangenleder, Krokodilhäute), Fellen (Leoparden, Bären), Panzer (auch Schildpatt!), Hörner (Rhinozerus, Rehwild), Krallen (Tiger usw.), Zähnen (auch Elfenbein!), Federn sowie "traditionelle fernöstliche Medizin", bestehend aus tierischen Körperteilen (u.a. Bärentatzen, Tigerpenis, Schlangenliköre). Verboten ist selbstverständlich auch der Transport von lebenden Tieren, wie Zierfischen, Vögeln, Insekten und Reptilien oder Souvenirkästen mit aufgespießten Schmetterlingen o.ä. Mitgeführte Orchideen und Kakteen können ebenfalls Ärger bringen, wenn kein Kaufnachweis einer entsprechenden Zuchtfarm vorgelegt werden kann.

Hinweis

Weitere Auskünfte erhält man in Saigon bei:
City Customs Office, 2 Ham Nghi, Tel. (08) 8 29 74 49 und 8 29 48 77 und Import-Export Control of Interieur Ministry, 333 Nguyen Trai Street, Tel. 8 32 54 19.

Glossar

A Di Da	vietnamesische Form für → Amitabha
Agent Orange	Entlaubungsmittel (krebserregend und genschädigend), das von den Amerikanern während des Vietnamkrieges in großen Dosen eingesetzt wurde
Amitabha	Buddha der Vergangenheit und des unermeßlichen Glanzes
Animismus	Glaube an Geister in Naturelementen wie Bäumen und Steinen
Annam	Protektorat des französischen Indochina, entspricht dem Küsten- und Hochland Mittelvietnams
Ao Dai	traditionelles Kleidungsstück vietnamesischer Frauen
Apsara	himmlische Tänzerin, meist in Reliefs dargestellt
Arhat	Titel der 16 bedeutendsten Schüler Buddhas
Avalokiteshvara	einer der am häufigsten verehrten → Bodhisattvas, bedeutet "der Herr, der voll Mitleid auf die Welt herabschaut"; s.a. → Quan Am
Bodhi-Baum	Baum, unter dem Buddha die Erleuchtung fand
Bodhisattva	ein nach buddhistischer Auffassung erleuchtetes Wesen, das sich durch Tugend und Mitgefühl auszeichnet und auf den Eintritt ins Nirwana verzichtet, um anderen den richtigen Weg zu zeigen
Bonze	vietnamesischer buddhistischer Mönch
Brahma	einer der drei höchsten hinduistischen Götter, wird als erschaffende Gottheit verehrt
Buddha	der Erleuchtete, Ehrentitel für Siddharta Gautama
Cao Dai	vietnamesische Religionsgemeinschaft, die von allen großen Weltreligionen und der humanistischen Tradition Europas beeinflußt ist
Cay Son	Baum, aus dessen Harz Lack hergestellt wird
Champa	Hindu-Königreich, das vom 4. bis 14. Jahrhundert über große Teile Vietnams herrschte
Chu Nho	traditionelle chinesische Zeichenschrift
Chu Nom	vietnamesische Schriftzeichen, eng mit den Chinesischen verwandt; heute noch in alten Schriften und Tempeln erhalten
Chua	ursprünglich buddhistischer Tempel oder Kloster; inzwischen auch für Tempel anderer Glaubensrichtungen gebraucht

Cochinchina – Protektorat des französischen Indochina, südliches Drittel Vietnams

Cyclo – Fahrradriksha

Den – Gedenktempel für historische Persönlichkeiten und mythische Figuren

Di Lac – vietnamesischer Name für dicken lachenden Buddha der Zukunft; stellt einen Mönch des 10. Jh. dar

Dien – kleiner taoistischer Tempel

Dinh – Gemeindehaus in einem vietnamesischen Dorf, birgt meist einen Schutzgeisttempel

Doi Moi – vietnamesische Form der Perestroika; wurde als Reformkurs zur wirtschaftlichen Liberalisierung 1986 beschlossen

Dong – Landeswährung

Ganesha – Sohn Shivas mit Elefantenkopf

Garuda – Fahrzeug Vishnus, mythisches Vogelwesen mit Klauen und einem menschlichen Körper

Geomantie – Lehre von der Wahrsagung aus der Erde, versucht bei der Anlage und dem Bau von Gebäuden die Strömungen der Erdenergie zu berücksichtigen (s.a. S. 73)

Gia Pha – hölzerne Tafel mit dem Namen der Verstorbenen, steht auf dem Haus- oder Ahnenaltar

Hinayana-Buddhismus – frühe, strenge Form des Buddhismus, die keine Erlösung durch Bodhisattvas kennt, sondern nur von innen, durch eigene Anstrengungen des einzelnen (Lehre des Kleinen Fahrzeugs)

Ho-Chi-Minh-Pfad – Route, auf der die nordvietnamesische Armee und der Vietcong den Partisanen im Süden Nachschub lieferten; führte größtenteils durch Laos und Kambodscha (s.a. S. 59 und 161)

Höllenrichter – → Thang Hoang

Indochina – Oberbegriff für Vietnam, Laos und Kambodscha; geht auf chinesische und indische Einflüsse in der Region zurück

Jadekaiser – höchster Gott des Volkstaoismus

Jataka – Prosaerzählung der altbuddhistischen Literatur mit eingestreuten Versen, in denen Szenen aus einem früheren Leben Buddhas (als Mensch, Dämon oder Tier) als vorbildlich geschildert werden

Kalan – Turmheiligtum der Cham, in dem sich eine Götterfigur, ein Gottkönigrelief oder ein Lingam befindet

Karma – im Buddhismus das die Form der Wiedergeburten eines Menschen bestimmende Handeln bzw. das durch ein früheres Handeln bedingte gegenwärtige Schicksal

Khmer – ethnischer Kambodschaner

Konfuzius – chinesischer Philosoph (ca. 551–479 v. Chr.), entwickelte eine Art moralischen Kodex, der die Verpflichtungen des einzelnen gegenüber Familie, Staat und Gesellschaft festschrieb

La Han	→ Arhat
Lingam	phallisches Symbol für Shiva, meist Steinsymbol, das sich über der → Yoni erhebt
Lotos	wichtiges Sinnbild des Buddhismus, steht für Reinheit
Mahayana-Buddhismus	spätere volkstümliche Form des Buddhismus (im Gegensatz zum → Hinayana-Buddhismus), der allen Menschen die Erlösung verspricht und Hilfe von außen, v.a. durch → Bodhisattvas zuläßt; v.a. in Tibet, China, Vietnam, Korea und Japan verbreitet
Maitreya	Buddha der Zukunft, soll 4000 bis 5000 Jahre nach → Sakyamuni auf die Erde kommen, um den Buddhismus erneut zu verkünden; wird meist in einer Dreiergruppe mit Sakyamuni und → Amitabha dargestellt.
Mandapa	offene oder geschlossene Pfeilerhalle eines hinduistischen Tempels
Mandarine	Staatsbeamte (Zivilisten oder Militärs), die durch Prüfungen ermittelt wurden (s.a. S. 195)
Mehru	Weltenberg, Sitz der Götter
Moi	"Wilde", abschätzige Bezeichnung, womit meistens Bergstämme (auch Montagnards genannt) gemeint sind
Naga	mythisches Wesen, halb Schlange, halb Mensch
Nandi	Shivas Reittier (Buckelrind), auch symbolische Darstellung Shivas
Nghe	Tempel für Schutzgeister
Ngoc Hoang	vietnamesischer Name für den → Jadekaiser
Nirwana	Begriff aus der buddhistischen Lehre (Verlöschen, Verwehen); bezeichnet den Zustand, der nach dem Stillstand des Rads der Wiedergeburten erreicht wird
NLF	National Liberation Front, offizieller Name für den Vietcong
Nuoc Mam	Fischsauce, die fast jedes vietnamesische Gericht enthält (S. 269)
Oc Eo	indisiertes Königreich (auch Funan genannt), das im südlichen Vietnam vom 1. bis zum 6. Jahrhundert herrschte
Po Nagar	Muttergöttin der Cham
Quan Am	vietnamesischer Name der Göttin der Barmherzigkeit; höchster weiblicher → Bodhisattva; dargestellt als Quan Am Bo Tat (stehend und die Flasche für Wunderwasser haltend), Quan Am Thi Kinh (mit Kind) oder Quan Am Thien Tu (als Sinnbild der Gutmütigkeit, mit tausend Armen)
Quan Cong	heldenhafter General aus dem 3. Jahrhundert
Quoc Ngu	im 17. Jahrhundert entwickelte lateinische Umschrift des Vietnamesischen
Roi Nuoc	Wasserpuppentheater (→ *Baedeker*-Special S. 154/155)
Sakyamuni	historischer Buddha, geboren als Prinz Siddharta Gautama (ca. 563–483 v. Chr.), der den Buddhismus begründete
Sampan	leichtes, flaches Boot

einer der drei höchsten hinduistischen Götter, wird als Gott der Zerstörung und der Fruchtbarkeit verehrt	Shiva
aufrecht stehende Steinplatte oder -säule, z.B. um Geschichte eines Tempels oder das Wirken eines Königs zu dokumentieren; stehen oft auf Schildkröten, dem chinesischen Symbol für ein langes Leben	Stele
buddhistischer Sakralbau, Turm zur Aufbewahrung von Reliquien, in Vietnam meist Grabstätte für Mönche	Stupa
kanonische Bücher des Buddhismus	Sutren
Name für die seit dem 17. Jh. entwickelte Stilrichtung im Tempelbau, bezieht sich auf ein dreiteiliges Tor, das in die Anlage führt; das dahinterliegende Heiligtum besteht aus drei hintereinanderliegenden Räumen	Tam-Quan-Stil
in China entstandene Philosophie (3./4. Jh. v. Chr.), die die Harmonie der in der Natur wirkenden Kräfte zum obersten Prinzip erklärt	Taoismus
vietnamesisches Neujahrs- oder Frühlingsfest	Tet
Großoffensive der Nationalen Befreiungsfront in allen Provinzen Südvietnams am vietnamesischen Neujahrsfest 1968, wodurch die USA zum Rückzug aus Vietnam veranlaßt wurde	Tet-Offensive
Bezeichnung für die taoistischen Könige und Richter, die den 10 Höllen vorstehen	Thang Hoang
vietnamesische Bezeichnung für Turm	Thap
Schule des → Hinayana-Buddhismus	Theravada
vietnamesische Bezeichnung für den historischen Buddha (→ Sakyamuni) in den Darstellungen als Thich Ca Cuu Long (als Kind, umgeben von neun Drachen) oder als Thich Ca Mau Ni (meditierend)	Thich Ca
Himmelskönigin und Schutzgöttin der Seeleute	Thien Hau
große runde Weidenkörbe, mit Pech versiegelt, dienen als Ruderboote	Thung Chai
Protektorat des französischen Indochina, nördlicher Teil Vietnams; auch Name eines Gewässers im Norden (Golf von Tonkin)	Tonkin
Literaturtempel, erste Universität Vietnams, in der Mandarinprüfungen abgehalten wurden (s.a. S. 195)	Van Mieu
verkürzte Form von "Viet Nam Cong San" (Vietnamesische Kommunisten), wurde benutzt für die von der Kommunistischen Partei organisierten Widerstandsgruppen	Vietcong
verkürzte Form von "Viet Doc Lap Dong Minh" (Vietnamesische Front für Unabhängigkeit), wurde 1941 als national-kommunistische Einheitsfront gegen die japanische und französische Besatzung gegründet	Vietminh
einer der drei höchsten hinduistischen Götter; Gott der Gnade und Güte, der die Ordnung des Universums aufrechterhält	Vishnu
Symbol für das weibliche Geschlechtsteil, Gegenstück zum → Lingam	Yoni

Register

A Di Da 41, 128, 171
A Pho 298
Affen 21, 112, 132, 170, 209, 237, 307
Affenbrücken 315
Agent Orange 18, 59, 113, 161, 163, 259, 271, 290, 376
Ahnenverehrung 34, 200
Ai Van Son 151
Aluoi 161
Amaravati 75
Amerikaner 19, 33, 117, 124, 129, 131, 145, 151, 161, 175, 191, 197, 224, 252, 255, 309, 317, 324
Amitabha 41, 78, 203, 300
Amnesty International 89
An Bien 174
An Binh 314
An Duong 202
An Duong Vuong 50
An Giang (Provinz) 125, 249
An Thiem 220
Ananda 306
Angkor 75
Animismus 32, 34-35
Annam 11, 41, 52, 55, 163, 180
Anreise 328
Ao Dai 360
Ap Bia Mountain 161
"Apocalypse Now" 67, 89, 376
Arbeitslosigkeit 49
Architektur 72
Arhats 78, 198, 203, 206, 257
Art déco 138, 181, 190,262
Artenschutzabkommen 393
Ärztliche Versorgung 350
ASEAN-Bund 46, 49, 51
Au Co 50, 191, 238-239
Au Lac 50-52, 202
Auskunft 330
Avalokiteshvara 78
Axishirsche 133

Ba Chuc 128
Ba Dong 318
Ba Na 145
Ba Ria – Vung Tau 318
Ba Trieu 309
Ba-Be-Nationalpark 112, 363
Ba-The-Berg 276
Ba-Trieu-Tempel 309
Ba-Vi-Nationalpark 209, 363
Bac Dau 39, 79, 301
Bac Lieu 120
Bach Dang 303
Bach Ho 301
Bach Ma 35, 188, 237
Bach Viet 50
Bach-Dang-Fluß 53
Bach-Ma-Nationalpark 222, 237, 363
Badestrände 319, 330
Bahnar 96, 271
Bai Chay 111, 167
Balmet, Louis 148
Bambus 73, 112, 114, 209, 240, 277
Bambuswald-Sekte 242
Ban Dam 209
Ban Don 21, 114
Bao Dai 55, 66, 114, 135, 139, 163, 222, 226, 234, 261, 280, 320
Bao Loc 104, 144
Bao Long 138
Bao-Dai-Villen 96, 262
Bao-Dinh-Kanal 256
Bao-Loc-Ebene 134
Bat Trang 95, 153, 208
Baumwolle 20, 242
Behaine, Pigneau de 270
Ben Duoc 129
Ben Hai 163
Ben Tre 107, 245
Ben-Da-Berg 107
Ben-Hai-Fluß 110, 159
Berg der duftenden Spuren 204
Berg der Schwarzen Dame 124
Bergland des Nordens 112, 157, 243, 276
Bergländer 11, 12, 32
Bergvölker 209, 271, 276
Berühmte Persönlichkeiten 66
Bevölkerung 27
Bhadravarman 253
Bhadresvara 254
Bhagavati 76, 263
Bich-Dong-Pagode 311
Bien Hoa 104
Bildhauerei 72, 74
Bildungssystem 28
Binh Dinh 147, 272
Binh Thanh 280
Binh Thuan 268
Black Lady Mountain 124
Boat people 30, 61, 175, 280, 294
Bodenschätze 13, 33, 44, 55
Bodhi Dharma 52, 300
Bodhisattvas 40, 78, 241
Brahma 123, 148
Brandrodungswanderfeldbau 18, 142, 158, 209
Bronzetrommeln 50, 72, 189, 200, 238, 309
Bronzeurnen 227
Buddha 39, 42, 143, 171, 189, 197, 206, 216, 242
Buddhismus 34, 39, 51, 57, 126, 148, 191, 199, 204, 220, 222, 234, 240, 242, 258, 311
Buon Me Thuot 21, 106, 113, 271
Buon Tur 113
Burma 245
Bush, George 65
But-Thap-Pagode 203

Ca Mau 116
Ca Na 267
Ca Ty 268
Cai Be 107
Cai Rang 119
Cai-Beo-Kultur 170
Cai-Fluß 263
Cai-Lon-Fluß 274
Calley, William 99, 100, 251
Cam Lo 161
Cam Ranh 106, 108, 265
Cam-Ly-Wasserfall 135, 139
Camp Carroll 161
Can 142
Can Gio 307
Can Tho 107, 117, 249
Canh Tien 274
Cao Bang 69, 112
Cao Lanh 315
Cao-Dai-Sekte 42, 81, 107, 121, 148
Cao-Dai-Tempel 107, 121
Cap Saint Jaques 320
Castries, Oberst de 158
Castro, Fidel 128
Cat Ba 174
Cat Cat 277
Cat Co 170
Cat Vang 170
Cat's Tooth Mountain 252
Cat-Ba-Nationalpark 111, 170, 363
Cat-Loc-Naturreservat 307
Cat-Tien-Nationalpark 20, 104, 307, 363

Cau Da 263
Cau Lanh 245
Cham 29, 42, 52, 54, 80, 107, 109, 145, 150, 180, 191, 201, 210, 214, 222, 228, 248, 252, 263, 267
Cham Islands 151, 220
Cham-Architektur 253, 264, 274
Cham-Museum 75, 145, 255, 274
Cham-Türme 75, 106, 108, 261, 266, 269, 273
Champa 30, 51, 53, 75, 163, 267
Chau Doc 108, 125
Chau Xuong 217, 297
Chiang Kai Shek 68
"Chicken Village" 145
China 10, 12, 34, 46, 49, 54, 56, 80, 111, 157, 178, 180, 197, 201, 210, 243, 279
China Beach 109, 145, 150
Chinesen 30, 46, 50, 53, 61, 70, 118, 126, 174, 178, 180, 202, 210, 214, 250, 256, 263, 273, 289, 293, 300, 304
Cho Ra 112
Cholon 30, 129, 279, 293
Christen 32, 41, 55, 126
Christentum 41, 258
Chua But Thap 203
Chua Huong 204
Chua Tay Phuong 206
Chua Thay 206
Chua Xu 127
Chuong Duong 188
Chuyet Chuyet 204
"City of War" 146
Co Cien 259, 317
Co Loa 52, 73, 157, 178, 311
Co-Le-Pagode 242
Co-Loa-Zitadelle 202
Cochinchina 12, 55, 248, 280
Con Dao 11, 55, 290, 324, 332, 363
Con Tien 126
Coppola, Francis F. 67, 89
"Crazy House" 138
Cu Chi 59, 107, 128, 131, 163
Cu Xa 143
Cua Dai 210, 220, 259
Cua Lo 314
Cua Tung 163
Cuc-Phuong-Nationalpark 111, 132, 153, 310, 364
Cuu Mac 171
Da Lat 71, 104, 109, 134
Da Nang 51, 55, 75, 108, 145, 332
Da Nhim 106, 135, 144
Dac Lac 113
Dai Co Viet 52
Dai La 178, 180
Dai Viet 52, 180
Dai-Lanh-Paß 109
Dai-Viet-Reich 180
Dakrong-Brücke 161
Dambri-Wasserfall 144
Dao 111, 191, 200-201, 209, 243, 276, 278
Dao-Dua-Sekte 258
Dap Da 273-274
Datanla-Wasserfall 143
Dau-Dang-Wasserfall 112
Dau-Mau-Brücke 161
Dau-Tieng-See 125
DDR 65, 313
De Minh 238
Delta des Roten Flusses 11, 29, 44, 50, 52, 84, 86, 111, 132, 152, 154, 173, 178, 201, 238, 240, 246, 308, 310
Demilitarized Zone 159
Demokratische Republik Vietnam 51, 56, 69, 161, 175, 180, 187, 289
Deng Xiao Ping 47
Deo Hai Van 151
Deo Ngang 163
"Der stille Amerikaner" 286, 294
Di Lac 41, 78, 123, 306
Diem-Regime 262
Dien Bien Phu 56, 59, 69, 157
Dinh Bo Linh 311
Dinh Lien 312
Dinh Tien Hoang 52, 312
Dinh To 203
Dinh Tue 311
Dinh-Dynastie 157
Dinh-Vua-Berg 209
Diplomatische Vertretungen 333
DMZ 100, 110, 159
Do Quyen 237
Do Son 174
Doan Hung 111
Doc Lap 113
Doc Let 265
Doi Moi 25, 47, 51, 64, 88, 280, 312
Dominotheorie 58
Don-Duong-Stausee 106
Dong 347
Dong Chau 242
Dong Dang 178, 244
Dong Do 180
Dong Duong 76, 147-148
Dong Ha 56, 110, 160
Dong Ho 94, 172, 208
Dong Hoi 163
Dong Khanh 222, 234
Dong Kinh 53, 180
Dong Ky 153, 208
Dong Son 72, 308-309
Dong Thap 315
Dong-Ba-Kanal 222
Dong-Mo-See 209
Dong-Nai-Fluß 308
Dong-Son-Kultur 50, 72, 83, 156, 178, 189, 191, 238, 309
Dong-Son-Trommeln 262, 292, 308
Dong-Tien-Höhle 169
Dörfer 29, 157
Doumer, Paul 135, 320
Drachen 35, 78, 84, 123, 155, 165, 167, 171, 180, 185, 192, 206, 212, 226, 241, 295, 297, 303, 304
Drachenboote 228
Drachenfrucht 267
Drachenkönig 50, 238
Dray-Sap-Wasserfälle 113
Duc Duc 222, 234
Dünen 269
Duong 209
Duong Dong 269
Duong No 237
Duong Thu Huong 89
Duong Van Nga 312
Duong Beach 172
Duras, Marguerite 91, 315
Duy Tan 222, 233
Dynastische Urnen 227

École Française d'Extrême Orient 146, 189
Ede 106, 113, 191, 234, 271
Edelhölzer 19, 114, 272
Einhorn 123, 155, 241, 303
Einkaufen 334
Eisenbahn 175, 256
Elefanten 20, 106, 113, 163, 237, 255, 307
Elefantendorf 114
Elektrizität 337
Entlaubungsaktionen 19, 59, 117
Entmilitarisierte Zone 159, 222
Erster Indochinakrieg 51, 56, 158, 160, 209, 280
Essen 337
Ethnische Minderheiten 29, 82, 96, 200, 292

Fahrradtouren 380
Faifo 51, 145, 211, 217
Fall, Bernard 160
Familienplanung 27
Fan Si Pan 11, 111, 277
Fastenbuddhas 203
Feiertage 343
Feng Shui 73
Festungen 151, 244
Feuer-frei-Zone 59, 146, 252
Film 89
Finlayson, George 224
Fische 113, 116
Fischfang 48, 120, 126, 269, 272, 274
Fischsauce 107, 188, 269, 315, 340
Flagge 23
Flamboyants 112, 199, 265
Fledermäuse 112, 120, 170, 200, 209
Flugverkehr 345, 391
Fluß der Wohlgerüche 110, 220
Fonda, Jane 90, 98
Fotografieren 346, 388
Franzosen 29, 32, 43, 51, 55, 71, 112, 122, 134, 145, 148, 157, 163, 175, 180, 189, 197, 211, 220, 222, 232, 240, 248, 252, 256, 264, 270, 274, 276, 309, 314, 324
Früchte 20, 118, 134, 267, 274, 277, 315
Fujian 79, 210, 216, 297
FULRO 135
Funan 54, 108, 248, 276

Ganesha 76, 254
Garuda 255, 264, 273, 317
Geld 347
Genfer Indochina-Konferenz 51, 56, 66, 158
Genh Nhu 274
Geomantie 73, 213, 225, 229, 232
Geschichte 50
Gesellschaft 23, 36
Gesundheit 28, 348
Getränke 342
Gia Dinh 54, 279, 303
Gia Lai 271
Gia Long 52, 54, 110, 127, 145, 171, 180, 195, 198, 222, 227, 229, 233, 270, 274, 319
Gia Phong 236
Giang 209
Giao Chi 50, 53, 70
Giay 278
Golf 209, 319, 380
Golf von Siam 10, 125, 170, 220, 250
Golf von Thailand 108, 269
Golf von Tonkin 58, 111, 177
Göttin der Barmherzigkeit 41, 78, 128, 171, 191, 203, 241, 311
Greene, Graham 97, 286, 294

Ha Tien 107, 127, 170
Ha-Long-Bucht 10, 12, 91, 108, 111, 165, 174
Ha-Long-Kultur 170
Ha-Long-Stadt 167
Hai Pho 210
Hai Phong 13, 111, 152, 156, 167, 173, 175, 178
Hai-Van-Nationalpark 363
Hai-Van-Paß 108, 110, 151
Hainan 217
Hakenkreuz 79, 273, 291
Ham Nghi 222
Ham-Rong-Brücke 309
Hamburger Hill 161
Han-Dynastie 50, 75, 215
Han-Fluß 109
Handwerksdörfer 95, 132, 153, 204, 207
Hang Dong Tien 169
Hang Gau Go 169
Hang Lang 312
Hang Nga 138
Hang Thien Cung 169
Hang Trinh Nu 169
Hang-Nga-Villa 138
Hanoi 51, 56, 108, 111, 154, 156, 178, 376
  Armeemuseum 197
  Ba-Da-Pagode 185
  Bach-Ma-Tempel 188
  Bank 190
  Botschafter-Pagode 191
  Cho 19 - 12 191
  Cot-Co-Flaggenturm 198
  Dong-Xuan-Markt 188
  Ein-Säulen-Pagode 196
  Ethnolog. Museum 200
  Frauenmuseum 191
  French Quarter 189
  Guiding Light Mosque 188
  Hai-Ba-Trung-Tempel 201
  "Hanoi Hilton" 191
  Historisches Museum 189
  Ho-Chi-Minh-Haus 196
  Ho-Chi-Minh-Mausoleum 195
  Ho-Chi-Minh-Museum 197
  Hoan-Kiem-See 184
  Hotel Sofitel Metropol 190
  Jadeberg-Tempel 185
  Kathedrale 185
  Kunstmuseum 198
  Lenin-Park 201
  Literaturtempel 192
  Long-Bien-Brücke 188
  Luftwaffenmuseum 201
  Ly-Quoc-Su-Pagode 185
  Old Quarter 186
  Oper 189
  Präsidentenpalast 196
  Quan-Thanh-Tempel 198
  Residenz des Gouverneurs von Tonkin 190
  Revolutionsmuseum 190
  Röhrenhäuser 186
  Tay-Ho-Pagode 200
  The-Duc-Brücke 179, 185
  Tran-Quoc-Pagode 199
  Tran Tien Street 191
  Truc-Bach-See 198
  Unabhängigkeitsmuseum 187
  West-See 198
Hau Giang 117, 125, 245, 276
Hau-Fluß 119
Hay Tinh 306
Hekou 279
Hiep Hoa 222
Hiep Hung 117
Hinayana-Buddhismus 40, 250, 291, 317
Hinduismus 30, 34, 76, 286, 289
Hmong 33, 111, 191, 201, 276
Ho Chi Minh 19, 23, 33, 55, 58, 61, 68, 88, 110, 112, 118, 149, 178, 180, 187, 190, 195, 201, 207, 236, 243, 262, 268, 279, 283, 287, 314, 317
Ho Phap 300
Ho Quang Minh 322
Ho Xa 110, 163
Ho-Chi-Minh-Pfad 33, 58, 110, 114, 124, 130, 161, 222, 314, 378
Ho-Chi-Minh-Stadt 279
Ho-Dynastie 53, 308
Hoa 30, 201, 294
Hoa Binh 132, 159, 209
Hoa-Binh-Kultur 133, 178
Hoa-Hao-Sekte 43, 126, 276
Hoa Lai 76, 106
Hoa Lu 111, 157, 180, 311

Hoang Tru 314
Hoang Tung 142
Hoang-Lien-Gebirge 12
Hoanh-Son-Gebirge 163
Hoi An 96, 109, 145, 210, 379
Hoi Van 274
Höllenrichter 78, 302, 306
Hon Gai 111, 167
Hon Gom 109
Hon Phu Tu 173
Hon Yen 263
Hon-Chon-Halbinsel 172
Hon-Chong-Bucht 264
Hotels 350
Hue 51, 54, 73, 81, 108, 145, 154, 162, 190, 220
Hugo, Victor 43, 121, 123
Hung-Könige 51, 238, 309
Hung-Tempel 111, 238
Huong Tich Son 204
Huyen Quang 242
Huyen-Khong-Höhle 150
Huynh Phu So 43

Impfungen 348
Indochina 12, 68, 80, 91, 97, 158, 175, 180, 188, 196, 256
Indochinakrieg 33, 124, 180
"Indochine" 91, 190, 311
Indrapura 75, 147
Indravarnam II. 148
Insel des Kokosnuß-mönchs 258
Instrumente 82
Islam 34, 42

Jadeberg-Tempel 178
Jadekaiser 39, 79, 171, 275, 300, 306
Japaner 51, 55, 112, 210
Jarai 32, 67, 114, 271
Jataka-Szenen 262
Java-Nashörner 20, 307
Jaya Simhavarmans III. 266
Jesuiten 41, 67
Jesus 42, 123, 321
Johnson, Lyndon B. 58, 60
Joint-ventures 64, 281

Kaffee 20, 32, 44, 55, 71, 106, 113, 144, 271, 308, 342
Kalkstein 150, 168, 170, 310
Kambodscha 30, 34, 46, 49, 51, 54, 56, 61, 64, 80, 107, 114, 124-126, 135, 157, 161, 170-171, 197, 243, 245, 248, 270, 273
Kap Ne 269
Karpfen 212, 214-215
Karst 12, 167, 204, 310
Kasyapa 306
Kathedrale 137, 148, 185, 236, 286, 312
Katholiken 55, 142, 304
Katholizismus 34, 312
Katzenzahnberg 252
Kauthara 75, 263
Kautschuk 20, 44, 55, 71, 104, 113, 129, 271
Kegelhüte 96, 200, 223
Ken Giang 250
Kenh 176
Kennedy, John F. 58
Keo-Pagode 240
Keramik 92, 95, 208, 215, 334
Khai Dinh 66, 138, 222, 227, 230, 232, 234
Khanh Hoa 259
Khe My 145
Khe Sanh 59, 161-162
Khien Phuc 222, 232
Khmer 30, 42, 54, 75, 80, 107, 109, 114, 118, 126, 170, 176, 191, 201, 245, 248, 250, 256, 263, 273, 280, 299, 317
Khmer-Architektur 107, 274, 317
Kho Me 201
Khong Minh Hong 240
Khonsonuk 114
Khu Lien 75
Khuong Thai Cong 123
Kien Giang 170, 269, 274
Kim Dong 203
Kim Hue 297
Kim Lien 110, 314
Kinderarbeit 281
Kissinger, Henry 27
Klarer Fluß 152, 238
Kleidung 360
Klima 13
Ko Tral 270
Koho 145
Kokosnußmönch 258
Kollektivierung 46, 61
Kolonialzeit 41, 55, 134, 180, 274
Kommunisten 121, 223, 258, 280
Kommunistische Partei 23, 55, 61, 180
Kon Tum 67, 271
Konfuzianismus 34, 51, 85, 157, 192, 314
Konfuzius 36, 42, 123, 192, 195, 229, 314
Korallen 170, 267
Korbboote 263
Kriegsbilanz 18, 61
Kriegsverbrechen 290
Krishna 123
Kublai Khan 53, 242, 288, 303
Kunming 279
Kunst und Kultur 72
Kunsthandwerk 92
Kya Lu 243
Kylin 35, 84, 155

La Han 79, 203, 304, 306
La To 185
La-Nga-See 104, 307
Lac Long 238
Lackarbeiten 92, 198, 335
Lagune von Lang Co 152
Lai Chau 157
Lakshmi 76
Lam Dong 134
Lam Son 308
Lancang Jiang 245
Landwirtschaft 44, 48
Lang An 234
Lang Co 108, 110, 145, 152, 332
Lang Son 178, 243
Lang Son 243
Langbiang 134, 139, 142
Langhäuser 32, 271
Lao 114
Lao Bao 110, 162
Lao Cai 13, 111, 178, 243, 276, 279
Lao Chai 278
Laos 10, 34, 51, 54, 56, 61, 80, 135, 161, 245
Laotse 36, 38, 42, 123
Lapbe 134
Lat 135, 142
Le Chan 174, 176
Le Dai Han 312
Le Dai Hanh 312
Le Dat 88
Le Huu Trac 216
Le Loi 21, 51, 53, 85, 155, 180, 185, 189, 309
Le Ly Hayslip 91
Le Ngoa Trieu 312
Le Si Triet 124
Le Thai To 53, 309
Le Thanh Tong 53
Le Thi Tha 128
Le Van Duyet 303
Le-Dynastie 51, 292, 308, 312
Lien-Khuong-Wasser-fall 104, 139, 144
Lieu Chau 229
Linh-Mu-Pagode 228
Literatur 87, 360
Literaturtempel 86, 180, 192, 229

Loc 177
Loc Thuc 238
Long Do 188
Long Hai 324
Long Xuyen 108, 127, 274
Long-Bien-Brücke 188
Lotos 273, 310
Ly Cao Tong 52
Ly Nhan Tong 206
Ly Tai Pe 123
Ly Thai To 52, 180, 198
Ly Thai Tong 197
Ly Than Tho 240
Ly Thanh Tong 186, 192
Ly Thi Thien Huong 124
Ly Thuong Kiet 189
Ly-Dynastie 51, 180, 192, 195, 199, 240, 242, 312

Ma Da Gui 104
Mac Dang Dung 53
Mac, Familie 170
Mahayana-Buddhismus 40
Mai Chau 159, 209
Mai Nuong 142
Maitreya 41, 78
Malariaprophylaxe 349
Mandarine 55, 192, 195, 212, 226, 229, 302
Mandarinprüfungen 37, 87, 193, 195, 242
Mangroven 17, 116, 170
Marble Mountains 150
Marmorberge 109, 145, 150
Martin, Graham 292
Massaker von My Lai 60, 90, 99, 250
Maße und Gewichte 362
Matriarchat 113, 142
Maugham, Somerset 280
Mayréna, Marie-David de 67, 271
McCain, John 199
Me Sanh 297
Mekong 12, 244
Mekong-Delta 11, 18, 29, 43, 54, 85, 107, 116, 125, 170, 244, 246, 256, 269, 274, 279, 314
Meo 33
Mercurol, Alphonse 67
Minderheiten 32-33
Minen 129, 252
Ming Manh 75
Minh Hai 116, 119
Minh Hanh 204
Minh Hia 219
Minh Khong 241
Minh Mang 54, 150, 160, 222, 227, 229, 233, 280
Missionare 34, 41, 55, 67, 86, 126, 219, 270
Mnong 106, 113
Moc Bai 107
Moi 32
Mondkalender 343
Mongolen 51, 169, 174, 178, 185, 288, 303
Monkey Mountain 149, 151
Monsun 13, 154
Montagnards 32, 308
Moscheen 126, 188
Motorradtouren 380
Mui Nai 172
Mui Ne 108, 269, 332
Muong 33, 96, 133, 158, 200, 209, 308
Muong-Hoa-Tal 277
Musik 80, 223
Musikinstrumente 113
Muslime 30, 42, 126, 188, 267
Mutter Meng 78
My Chau 202
My Khe 150
My Lai 90, 99, 109, 250
My Long 317
My Phuoc 119
My Son 75, 109, 147, 252
My Tho 107, 256

Nachkriegszeit 61
Nam Dinh 242
Nam Phuong 138
Nam Rom 158
Nam Tao 39, 79, 301
Nam Viet 50
Nandi 147, 255, 267
Napalmbomben 67, 107, 129, 131
Nationale Befreiungsfront Südvietnam 57
Nationale Volksarmee 223
Nationalhymne 23
Nationalparks 363
Nationalstraße 1 104, 108, 119, 173, 376
Naturraum 11
Naturschutzgebiet 163, 317
Ndu 142
Neujahr 94, 207, 282, 318, 344
Neujahrsbilder 94, 200, 207, 334
Nghe An 313
Nghe-Tinh-Aufstand 197
Ngo Dinh Diem 41, 57, 66, 138, 236, 280, 286, 289, 320
Ngo Dinh Thuc 236
Ngo Quyen 51, 174, 176, 202
Ngo Van Chieu 42, 121
Ngo Viet Thu 289
Ngo-Dynastie 52
Ngoan-Muc-Paß 106, 109, 134
Ngoc Hoang 39, 300
Ngoc Nu 203
Ngu Hanh Son 150
Nguyen Ai Quoc 68
Nguyen Anh 54, 222
Nguyen Hoang 228
Nguyen Hue 178, 273
Nguyen Huu Cao 177
Nguyen Sinh Cung 68
Nguyen Sinh Sac 317
Nguyen Tanh Nam 258
Nguyen Tat Thanh 288
Nguyen Thi Binh 27
Nguyen Thi Xuan 171
Nguyen Trai 309
Nguyen Van Thieu 61, 320
Nguyen Vinh Thuy 66
Nguyen-Dynastie 41, 51, 53, 66, 81, 95, 110, 126, 138, 145, 170, 180, 185, 190, 211, 220, 222, 229, 234, 248, 274, 280, 304
Nha Phac 112
Nha Trang 71, 106, 108, 259, 332
Nhi-Fluß 178
Nick Ut 60, 67, 132
Ninh Binh 111, 132, 310
Ninh Chu Beach 267
Ninh Hai 311
Ninh Thuan 265
Nirwana 39, 78, 207
Nixon, Richard 60, 99, 175, 251
Noc 237
Non Nuoc 145, 151
Nong Duc Manh 27
Nördliche Zentralküste 159, 163, 220, 313
Nordvietnam 58
Nordvietnamesen 113, 223
Nui Ba 143
Nui Ba Den 124
Nui Lon 318
Nui Ngu Binh 225
Nui Nho 318
Nui Sam 126
Nung 33, 200

Oc-Eo-Kultur 107, 248, 274, 276, 289, 299
Ökotourismus 387
Ong Ac 78
Ong Bac De 302
Ong Bo 289
Ong Bon 118, 217, 297
Ong Dao Dua 258
Ong Quang Cong 217
Ong Thien 78

Ong Troi 35
Opium 33, 55, 97
Orchideen 18, 107, 112, 114, 134, 137, 292, 307
Orderly Departure Program 63, 64

Pac Bo 112
Pagode 77, 80
Pagode der Himmelskönigin 228
Panduranga 75, 266
Paracel-Inseln 11
Parfüm-Pagode 153, 204
Parfümfluß 110, 220, 228
Pariser Friedensverhandlungen 51, 58, 60, 175
Pasteur-Institut 71, 261
Paul-Doumer-Brücke 188
Père Six 312
Pfahlbauten 32, 72, 114, 142, 314
Pflanzen und Tiere 16
Pham Cong Tac 122
Pham Thi Hoai 88
Pham Van Dong 69
Phan Ke Binh 88
Phan Rang 75, 106, 109, 265
Phan Thanh Giang 314
Phan Thi Kim Phuc 67, 132
Phan Thiet 75, 106, 108, 268, 332
Phan Van Khai 27
Phap Loa 242
Phat Diem 111, 310, 312
Phat-Tich-Pagode 189
Philosophie 34
Phnom Penh 51, 64, 117-118, 128, 245
Phnom Damrei 126
Pho Hien 304
Pho-Hai-Türme 269
Phönix 35, 84, 123, 155, 206, 303
Phönixinsel Phung 258
Phong Chau 238
Phong Dien 119
Phong-Na-Grotten 163
Phu 209
Phu Binh 132
Phu Dien 309
Phu Phong 273
Phu Quoc 11, 107, 248, 269, 332
Phu Xuan 54
Phuc Yen 111
Phung Hiep 107, 119
Phuoc Hai 324
Phuoc-Duyen-Turm 228
Phuong Dung 138
Phuong Mai 138
Play Cu 271
Plei Mrong 271
Plei Mun 271
Pleiku 271
Po Klong Garai 76, 106, 108, 266
Po Nagar 76, 108, 229, 261, 263, 266
Po Ro Me 77, 106, 108, 267
Pol Pot 51, 64, 170, 201
Porte d'Annam 163
Portugiesen 51, 320
Prenn-Wasserfall 143
Puong-Höhle 112

Quan Am 41, 78, 150, 171, 191, 197, 203, 229, 292, 298, 300, 304
Quan Binh 297
Quan Cong 79, 118, 123, 126, 215, 297
Quan Tuan Tranh 243
Quan Vu 185
Quang Binh 163, 217
Quang Nam – Da Nang 145, 210, 252
Quang Ngai 109, 250
Quang Tri 75, 159, 160, 162
Quang Trung 54, 180, 273
Qui Nhon 109, 272

Rach Gia 107, 127, 274
Reagan, Ronald 98
Reformen 46, 64, 180, 280
Reis 20, 32, 44, 46, 48, 55, 65, 108, 113, 118, 124, 156, 209, 246, 248, 267, 308, 310, 314, 341
Reisedokumente 365
Religion 34
Restaurants 368
Rhodes, Alexandre de 41, 55, 67, 86
Rock Pile 161
Röhrenhäuser 187
Rote Khmer 30, 61, 64, 124, 126, 128, 170, 172
Roter Fluß 11, 152, 178, 184, 188, 199, 209, 238, 279
Rung-Tram-Wald 317

Sa Dec 315
Sa Huynh 274
Sa Pa 108, 111, 276
Sa Ropu 142
Sa-Huynh-Kultur 214
Sai Son 206
Saigon 54, 104, 107, 279, 379
 Ben-Thanh-Markt 288
 Binh-Tay-Markt 298
 Cha-Tam-Kirche 298
 Chinesisches Viertel 293
 Cholon 293
 Dong Khoi Boulevard 286
 Frauenmuseum 291
 Giac-Lam-Pagode 305
 Giac-Vien-Pagode 306
 Hauptpostamt 286
 Historisches Museum 292
 Ho-Chi-Minh-Museum 288
 Hôtel de Ville 283
 Hotel Continental 287
 Hotel Majestic 287
 Hotel Rex 283
 Kathedrale 286
 Koloniales Saigon 282
 Kriegsmuseum 292
 Kriegsrestemuseum 290
 Kunstmuseum 289
 Le-Van-Duyet-Pagode 303
 Mariamman-Tempel 289
 Moschee 297
 Nghia-An-Pagode 297
 Tempel
 Phung-Son-Tu-Pagode 289
 Quan-Am-Pagode 298
 Pagode des Jadekaisers 300
 Phung-Son-Pagode 299
 Phuoc-An-Pagode
 Rathaus 283
 Revolutionsmuseum 286
 Saigon River 129, 279, 286, 288
 Stadttheater 287
 Tam-Son-Pagode 297
 Thendayyutthapani-Tempel 286
 Thien-Hau-Pagode 295
 Ton-Duc-Than-Museum 288
 Trang-Hung-Dao-Tempel 303
 Uferpromenade 289
 US-Konsulat 291
 Vinh-Nghiem-Pagode 304
 Wiedervereinigungshalle 289
 Xa-Loi-Pagode 290
 Zentrum 282
 Zoo 292
Sakyamuni 78, 123, 150, 291, 301, 306
Salzgewinnung 106, 120, 261, 265
Sam Mountain 126
Sam Son 308

Sam-Berg 108, 126, 128
Sampans 119
Sanddünen 106, 108, 268
Schildkröten 21, 35, 84, 108, 116, 123, 155, 185, 193, 202, 228, 242, 301, 303
Schlacht am Bach Dang 53, 169, 180, 189
Schlacht um Dien Bien Phu 56, 66, 157, 197, 236
Schlangen 107, 116, 258
Schnorcheln 261
Schrift 41, 67, 86
Schwarzer Fluß 152, 209, 238
Schwimmende Dörfer 104
Schwimmende Märkte 107, 118
Sedang 67, 149
Seide 96
Seidenproduktion 104, 134, 143, 335
Sekten 34, 250
Selbstverbrennungen 57, 70, 223, 229, 262, 286, 290
Shiva 76, 123, 147, 253, 263, 266
Shrimpsfarmen 120, 261
Siddharta Gautama 39, 41, 78, 171
Simhapura 148, 75
Sin Chai 278
Skanda 254
Soc Trang 119
Son La 159
Son My 109, 251
Son Tay 209
Son-Baum 124
Son-Cai-Fluß 261
Son-La-Provinz 278
Son-My-Gedenkstätte 251
Son-Tra-Halbinsel 149
Song Cai 272
Song Cam 173
Song Cuu Long 245
Song Duong 208
Song Hong 152, 309
Song Huong 220, 228
Song Ma 309
Song Tam Bac 173
Song Thu Bon 252
South Central Department Base 125
Sowjetunion 47, 56
Sozialistische Republik Vietnam 51, 61, 180
Sprache 381
Spratly-Inseln 11
Stadtstaat Ha Noi 178
Stadtstaat Hai Phong 173
Stadtstaat Ho Chi Minh City 128, 279
Stelen 193, 199, 226, 228, 255
Stelzenhäuser 113, 210, 248, 276
Stieng 106
Stone, Oliver 90, 91
Störche 114, 317, 318
Strand 163, 177, 242, 274, 309
"Street without Joy" 160
Stupas 80, 199, 219, 242
Südchinesisches Meer 10, 152, 242, 279, 318, 324
Süden 121, 128, 318
Südliche Zentralküste 145, 210, 250, 252, 259, 265, 268, 272
Südvietnam 56, 113, 161, 270
Südvietnamesen 121, 129, 151, 224, 317, 324
Sun Yatsen 43, 55, 121, 123
Suoi Dua 71

Ta Ninh 163
Ta Phin 278
Ta Van 278
Tabak 20, 32, 55
Tai Chi 184, 288
Tal der Liebe 135, 139
Tam Coc 111
Tam Dao 240
Tam Nong 317
Tam-Quan-Stil 77, 206, 241
Tan-Long-Insel 257
Tanz 84
Tanz der vier heiligen Tiere 84, 155
Tao Phung 319
Tao Quan 208
Taoismus 34, 38
Tauchen 261
Tay 33, 112, 200, 243
Tay Ninh 43, 81, 107, 121, 124
Tay Ninh 121
Tay-Phuong-Pagode 153, 198, 206
Tay Son 222
Tay-Son-Aufstand 54, 172, 210, 273, 304
Tay-Son-Dynastie 54, 180, 205, 292
Tee 20, 32, 44, 55, 104, 113, 134, 240, 271, 277, 314, 342
Teilung Vietnams 41, 45, 54, 56, 280
Tet-Fest 94, 207, 239, 282, 343
Tet-Offensive 51, 59, 129, 161, 223, 280, 292
Thac-Ba-See 111
Thach Dong 172
Thai 33, 114, 158, 200, 209, 244, 308
Thai Binh 240
Than Ac 321
Than Hoa 132
Than Khanh 117
Than Long 238
Than Tai 297, 302
Than Thien 321
Thang Hoang 302
Thang Long 52, 180, 312
Thanh Hau 200
Thanh Hoa 72, 180, 308
Thanh Hoa 308
Thanh Long 238, 301
Thanh Phuoc An 109
Thanh Thai 222, 233
Thap Ba 263
Thap Bac 273
Thap Cham 265
Thap Doi 77, 109, 273
Thap Mam 76, 148
Thap Muoi 317
Thay-Pagode 86, 153, 206
The-Huc-Brücke 178
Theater 84, 154, 272
Theravada-Buddhismus 30, 118, 275
Thi Kinh 302
Thi Sach 70
Thich Ca 78, 300
Thich Ca Mau Ni 41
Thich Quang Duc 70, 229, 262, 286, 290
Thien Hau 79, 118, 215, 229, 295, 297
Thien Ly Nhan 79, 216
Thien Phuc Tu 206
Thien-Cung-Höhle 169
Thien-Mu-Pagode 110, 222, 228
Thien-Vien-Truc-Lam-Pagode 143
Thieu Tri 54, 222, 230, 233
Tho 200
Tho Ha 95
Tho Than 297
Thoai Ha 274
Thoai Ngoc Hau 126, 274
Thu Duc 307
Thu-Bon-Fluß 109, 210, 213, 220
Thua Thien – Hue 220
Thuan An Beach 237
Thuan Phong Nhi 216
Thuan Phuong 79
Thuc Phan 50
Thuy Son 150, 151

Tiefländer 12, 29, 44, 152
Tien Giang 245, 249, 256, 315
Tien-Son-Distrikt 208
Tiere 20
Tieu Dien 300
Tiger 21, 112, 114, 133, 163, 171, 237, 304
To-Chau-Fluß 171
To-Lich-Fluß 178
Ton Duc Than 288, 325
Tonkin 41, 55, 163, 180
Tonkin-Resolution 58
Tonkinesische Alpen 276
Tonle-Sap-See 12, 248
Töpferei 208, 334
Tourane 55, 145
Tourismus 48
Tra Kieu 76, 147, 253
Tra Vinh 245, 317
Tra-Khuc-Fluß 252
Tran An Tong 242
Tran Anh Hung 92
Tran Anh Tong 242
Tran Duc Luong 27
Tran Hung Dao 169, 178, 185, 242, 288
Tran Nhon Tong 242
Tran Thai Tong 52
Tran Thu Do 52
Tran Vo 199
Tran Vo Bac De 213
Tran-Dynastie 51, 77, 95, 180
Trang Bang 60, 67, 107, 132
Trang Hung Dao 303
Trang-Dynastie 52, 242
Trekking-Touren 278
Tri Nguyen 263
Tri-An-Stausee 104
Trieu Chau 217
Trieu Da 50
Trieu-Dynastie 50, 51, 53, 198, 205
Trinh-Nu-Höhle 169
Trockene Ha-Long-Bucht 13, 91, 108, 111, 132, 153, 310
Trong Thuy 202
Truc-Lam-Sekte 242
Trung Nhi 70, 201
Trung Tac 70
Trung Trac 201
Trung Truc 274
Trung-Schwestern 52, 70, 85, 174, 176, 201, 291, 309
Trung-Trang-Höhle 170
Truoi 237
Truong-Son-Berge 163, 237, 307
Tu Dao Hanh 206
Tu Duc 55, 217, 222, 229
Tu-Hieu-Pagode 232
Tuan Chau 158
Tuc Mac 242
Tuong 272
Tuong Ky 318
Turmheiligtümer 76
Turmkarst 166
Tuyen-Lam-See 143

U-Minh-Wald 117
Umweltschutz 22
Unabhängigkeit 51, 56, 178, 180, 190, 203, 231
Unabhängigkeitserklärung 56, 187, 189
UNESCO 166, 223, 226, 231, 273
Universitäten 87, 118, 137, 192, 220
Uroja 76, 147, 255
US-Embargo 280
Ut Tich 291

Vam-Co-Dong-Fluß 125
Van Lang 238, 309
Van Thu 150, 304
Van Xuong 185
Vater- und Sohn-Insel 173
Verhaltenstips 388
Vereinigte Staaten von Amerika 46, 49, 51, 55, 65
Vereinigung 42, 45
Verkehrsmittel 388
Versammlungshallen 211
Veteranentouren 375
Viet 50, 52, 151, 191, 200
Viet Nam 51
Viet Tri 111, 238
Vietcong 18, 33, 57, 113, 117, 121, 124, 129, 146, 151, 161, 223, 225, 251, 255, 259, 271, 280, 292, 294, 315, 317
Vietminh 51, 55, 66, 69, 152, 159, 180, 189, 294
Vietnam in Zitaten 97
Vietnamesen 29
Vietnamkrieg 18, 58, 75, 98, 108, 129, 132, 153, 159, 162, 180, 197, 199, 222, 224, 237, 259, 290, 292, 309, 314
Vijaya 75, 267, 273
Vinh 110, 313
Vinh Long 107, 314
Vinh Long 314
Vinh Moc 100, 110, 129, 163
Vinh Phu 238
Vishnu 76, 148
Viyaja 274
Vo Nguyen Giap 56, 69, 158, 236
Vo Si 273
Vo Van Kiet 27, 125
Vögel 22, 114, 117
Vogelreservate 107, 117, 317
Voi 134
Volksarmee 56, 197
Vu Le My 92
Vu-Quang-Naturreservat 21
Vung Tau 108, 234, 318, 333

Washingtoner Artenschutzabkommen 393
Wasserbüffel 21, 244, 276
Wasserpuppentheater 86, 95, 154, 185, 200, 206, 292
Webarbeiten 136, 142
Wehrdörfer 58
Weltkulturerbe 224-225
Westmoreland, General 59, 162
Widerstand 51, 55
Wirtschaft 44
Wirtschaftsembargo 49, 51, 65
Wolkenpaß 108, 110, 145, 151
Wudi 50

Xeo Quit 317
Xom Mo 209
Xuan-Huong-See 135

Yaly-Fälle 271
Yang-Kanal 119
Yersin, Alexandre 71, 135, 137, 261
Yin und Yang 38, 73, 79, 123, 193, 212, 215
Yok-Don-Nationalpark 114, 364
Yunnan 220, 278

Zeit 392
Zeitungen 392
Zen-Buddhismus 52, 300
Zensur 88
Zentrales Hochland 113, 134, 271
Zentralvietnam 11
Zollbestimmungen 392
Zuckerrohr 20, 108, 124, 261, 314
Zweiter Indochinakrieg 51
Zweiter Weltkrieg 55

Verzeichnis der Karten und graphischen Darstellungen

Lage 10
Klima 14
Provinzen 24
Minderheiten 31
Vietnamkrieg 59
Cham-Heiligtümer 75
Vietnamesische Pagode 77
Routenvorschläge 105
Can Tho: Stadtplan 117
Da Lat und Umgebung 140/141
Da Nang: Cham-Museum 147
Da Nang: Stadtplan 149
Delta des Roten Flusses 156
DMZ: Übersichtsplan 160
Turmkarst, Entstehung: Graphik 166
Ha-Long-Bucht: Übersichtsplan 169
Hai Phong: Stadtplan 174
Hanoi: Stadtplan 182/183
Hanoi: Historisches Museum 190
Hanoi: Literaturtempel 194
Hanoi: Umgebungsplan 202
But-Thap-Pagode: Lageplan 204
Hoi An: Stadtplan 211
Hue: Zitadelle 224
Hue: Grabanlage Minh Mangs 231
Hue: Grabanlage Tu Ducs 232
Hue: Übersichtsplan 235
Hung-Tempel: Übersichtsplan 239
Mekong-Delta: Übersichtsplan 245
My Son: Übersichtsplan 254
My Tho: Stadtplan 256
Nha Trang: Stadtplan 260
Po Nagar: Lageplan 263
Saigon: Stadtplan 284/285
Saigon: Historisches Museum 293
Saigon: Cholon 294
Saigon: Pagode des Jadekaisers 303
Vung Tau: Stadtplan 322
Touristische Höhepunkte (hintere Umschlaginnenseite)

Bildnachweis

AKG: 57, 60, 63, 69, 90, 159
Associated Press: 99
Baedeker-Archiv: 23
Beck, Josef: 122, 197, 230, 287
dpa: 66
Häusler, Nicole: 358
HB: 153, 171
Heil, Günther: 82, 127, 207, 241, 302, 316
Ihlow, Frank: 85, 93, 116, 152, 168, 176, 177, 179, 185, 199, 213, 225, 296, 310, 311, 339
laif (Bildagentur): 6, 6/7, 8/9, 64, 115, 142, 151, 164/165, 184, 196, 205, 221, 236, 243, 265, 268, 281, 283, 288, 319
Mauritius: 326/327
Miethig, Martina: 79, 136, 143, 181, 321
Petrich, Martin H.: 155, 345
E.H. Rao/Nas/Okapia: 133
Rußwurm, Dr. Winfried: 131, 371
Schapowalow (Bildagentur): 172/173
Schultes, Michael: 120, 162, 315
Steffens (Bildagentur): 203
Szerelmy, Beate: 1, 3, 5, 6, 7 (3x), 13, 17, 19, 20, 27, 28, 33, 34, 36, 37, 38, 40, 43, 45, 46, 53, 54, 70, 72, 74, 76, 80, 87, 94, 102/103, 106, 109, 110, 112, 119, 123, 125, 128, 134, 138, 139, 144, 146 (2x), 148, 150, 186, 188, 189, 192, 193, 200, 208, 210, 212, 214, 215, 216, 217, 219, 226, 228, 229, 233, 240, 244, 246, 247, 249, 251, 252, 255, 257, 258, 259, 262, 264, 266, 267, 270, 271, 272, 275, 277, 278, 282, 291, 292, 295, 298, 299, 301, 305, 307, 308, 313, 318, 323, 331, 335, 336, 340, 347, 349, 350, 355, 374, 377, 378, 386, 389, 390, 393

Titelbild: IFA Bilderteam (Ha-Long-Bucht)
Hintere Umschlagseite: Szerelmy (Marktszene in Can Tho)

Impressum

Ausstattung:
189 Abbildungen (Bildnachweis s. zuvor)
39 Karten und graphische Darstellungen (Kartenverzeichnis s. zuvor), 1 große Reisekarte

Text: Beate Szerelmy und Martina Miethig
mit Beiträgen von Dr. Heinrich Motzer
sowie Andrea Lotter, Sabine Stahl und Helmut Linde

Bearbeitung: Baedeker-Redaktion (Beate Szerelmy)

Kartographie: Christoph Gallus, Hohberg-Niederschopfheim
Mairs Geographischer Verlag (große Reisekarte)

Gesamtleitung: Rainer Eisenschmid, Baedeker Ostfildern

3. Auflage 2005

Urheberschaft: Karl Baedeker GmbH, Ostfildern
Nutzungsrecht: Mairs Geographischer Verlag GmbH & Co., Ostfildern
Sprachführer: In Zusammenarbeit mit Ernst Klett Verlag GmbH, Redaktion PONS Wörterbücher

Druck: Mairs Graphische Betriebe GmbH & Co., Ostfildern
Printed in Germany
ISBN 3-89525-905-5

Gedruckt auf 100% chlorfreiem Papier